WIR WAREN DIE MÜLLER-SPIELER

Wir danken Johanna Schall, Hermann Beyer und Dieter Montag und
wir gedenken Michael Gwisdek. Thomas Wieck und Renate Ziemer

Thomas Wieck
WIR WAREN DIE MÜLLER-SPIELER
Hermann Beyer Michael Gwisdek Dieter Montag
Über die Kunst des Schauspielens in der DDR
Mitarbeit Renate Ziemer

Recherchen 169

Verlag Theater der Zeit
Verlagsleiter Harald Müller
Winsstraße 72 | 10405 Berlin | Germany
www.tdz.de

Korrektorat: Sophie-Margarete Schuster
Gestaltung: Tabea Feuerstein

Printed in Germany

ISBN 978-3-95749-497-9 (Paperback)
ISBN 978-3-95749-498-6 (ePDF)
ISBN 978-3-95749-499-3 (EPUB)

Recherchen 169

Thomas Wieck

WIR WAREN DIE MÜLLER-SPIELER

Hermann Beyer Michael Gwisdek Dieter Montag

Über die Kunst des Schauspielens in der DDR

Theater der Zeit

Inhalt

»Mir liegt viel daran, daß meine Stücke auch bei uns in der DDR gespielt werden.«[1]

Die Durchsetzung der Theatertexte von Heiner Müller und der ihnen immanenten Theaterästhetik auf den Bühnen Ost-Berlins ist eine bisher ungeschriebene Geschichte kollektiver schauspielerischer Selbstbestimmung.

Eine erschöpfende Erzählung über die Theaterarbeit Müllers in der DDR umschließt drei Zeiträume: Die Zeit des Schreibens und der ersten öffentlichen Resonanz der Texte, die Perioden des öffentlichen Verschweigens und der offiziellen Verbote und die Zeit der endlichen theatralischen Realisierung. In diesem »Müllerschen Wirkungszyklus« spiegeln sich wesentliche Etappen der politischen und ökonomischen Entwicklung der DDR in ihrer Konflikthaftigkeit und Widersprüchlichkeit wider. Die Texte, die ursprünglich unmittelbar zeitkritisch wirken sollten, wurden plötzlich höchst aufschlussreiche und überraschende Gegenentwürfe zu all den fabulösen DDR-Geschichten eines steten vorgeblich sozialistischen Fortschreitens. Müller war der einzige Dramatiker, der die DDR konsequent als zerrissene, aufgespaltete, sich selbst ungewisse Klassengesellschaft, als eine historische Zumutung und aus der Zeit gefallene Einmaligkeit begriff. Die Gesellschaft wurde zusammengezwungen durch politische Repression und der Staat zerstörte sich selbst ökonomisch. Was Marx und Engels der bürgerlichen Gesellschaft und ihrem kapitalistischen Staatswesen attestierten, wurde in der DDR haarklein reproduziert.

> Je mehr die normale Verkehrsform der Gesellschaft und damit die Bedingungen der herrschenden Klasse ihren Gegensatz gegen die fortgeschrittenen Produktivkräfte entwickeln, je größer daher der Zwiespalt in der herrschenden Klasse selbst und mit der beherrschten Klasse wird, desto unwahrer wird natürlich das dieser Verkehrsform ursprünglich entsprechende Bewußtsein, d. h., es hört auf, das ihr entsprechende Bewußtsein zu sein, desto mehr sinken die früheren überlieferten Vorstellungen dieser Verkehrsverhältnisse, worin die wirklichen persönlichen Interessen pp. als allgemeine ausgesprochen werden, zu bloß idealisierenden Phrasen, zur bewußten Illusion, zur absichtlichen Heuchelei herab. Je mehr sie aber durch das Leben Lügen gestraft werden und je weniger sie dem Bewußtsein selbst gelten, desto entschiedener werden sie geltend gemacht, desto heuchlerischer, moralischer und heiliger wird die Sprache dieser normalen Gesellschaft.[2]

Angesichts der ständig sich vertiefenden Gegensätze zwischen der Programmatik der führenden Partei und den tatsächlichen Interessen der werktätigen Massen und des sich stetig verschärfenden und nicht zu lösenden Problems, unter nichtsozialistischen Produktionsverhältnissen eine sozialistische Arbeitskultur zu entwickeln, wurden die schnell verdrängten Stücke Müllers, die »Geschichten aus der Produktion«, die den Grundwiderspruch dieser Gesellschaft in diesem Staatsgebilde als unlösbar darstellten, von Jahr zu Jahr aktueller.[3] Sie wurden zum unbestechlichen Maß der verlorenen Zeit. Die Texte offenbarten, je älter sie wurden, umso genauer die wachsende Unfähigkeit von Partei, Staat und Gesellschaft, gesellschaftliche Reformen oder gar Umkehr und Neubeginn zu wagen. Müllers Figuren sprachen unverblümt in der Umgangssprache ihrer Zeit, zugleich aber ästhetisch raffiniert geformt, aus, was all überall gedacht und gesagt wurde, was aber nicht gesagt und gedacht werden sollte, was auf keinen Fall unter dem Zeichen des sozialistischen Realismus künstlerischer Beachtung wert war. Die Figuren brachen aus der Dumpfheit der lastenden Realität auf und bestanden lautstark auf ihren unmittelbaren Lebensinteressen und forderten sie unmissverständlich, dialektisch gewitzt, hier und jetzt und sofort ein. So wurden sie zu historisch bestimmten Abbildern der Menschen ihrer Zeit und zugleich zu übergreifenden Kunstfiguren eigener Art. Sie stellten ihre Gegenwart dem Sozialismus in Rechnung und zogen eine niederschmetternde Bilanz: Kein Sozialismus nirgends.[4] Müllers Theatertexte befragten das Publikum, inwieweit es fähig und willens war, der bedrohlichen Wirklichkeit standzuhalten, sich in ihr menschlich zu behaupten. Folgten die wenigen Inszenierungen dieser Intention, übten sie eine »theatralische Gerichtsbarkeit« aus. Der gesellschaftlichen Praxis wurde der Prozess gemacht, da diese Gesellschaft davor scheute und unter Strafandrohung davon abgehalten wurde, nach den tieferen Gründen für die unbefriedigenden Verhältnisse, in denen sie sich eingerichtet hatte, zu fragen. In Müllers Theater sollte die Gesellschaft mit sich selbst ins Gericht gehen.[5] Sein Theater kannte deshalb auch keinen abschließenden Urteilsspruch, hier wurde weder über Sühne, Buße noch Strafe verhandelt, er ließ sein Publikum unter sich mit sich allein:

> […] die Funktion von Kunst besteht für mich darin, die Wirklichkeit unmöglich zu machen – die Wirklichkeit, in der ich lebe, die ich kenne. Meine Chance in der DDR ist, daß dort Ideologie viel mehr eine Wirklichkeit ist, oder […] Materie, als

> anderswo; vielleicht gefällts mir deswegen dort zu leben. Ich habe doch zunächst ganz primitiv das Bedürfnis, Illusionen zu zerstören. Ich habe einen großen Spaß daran, Illusionen zu zerstören. Vielleicht, weil sie bei mir sehr früh zerstört worden sind. Und nun will ich diesen Effekt bei anderen auch erleben.[6] [...] Das Bewußtsein für Konflikte zu stärken, für Konfrontationen und Widersprüche. Einen anderen Weg gibt es nicht. Antworten und Lösungen interessieren mich nicht. Ich kann keine anbieten. Mich interessieren Probleme und Konflikte.[7]

Die Theaterarbeiten Müllers waren für die führende Partei das unfassbarste Theater mit dem sie jemals konfrontiert war. Schon die erste professionelle Aufführung eines Textes von Heiner Müller, die Szenen *Zehn Tage, die die Welt erschütterten,* in Zusammenarbeit mit Hagen Stahl geschrieben, scheiterte am unauflösbaren Gegensatz zwischen marxistisch inspirierter Dramaturgie und tradierter Spielweise:

> Die neue Kunst steckt in der neuen Wirklichkeit. Wer sie herausreißen kann, der hat sie. Heiner Müller ist einer der wenigen, die das können. Es gibt heute in Deutschland keinen Stückeschreiber, der soweit in die unerforschten Bezirke der neuen Wirklichkeit vorgestoßen ist wie er. Es ist der wesentliche Fortschritt seiner Arbeiten (sogar gegenüber Strittmatters »Katzgraben«), daß die Theorie konsequenter auf die Probe der neuen Wirklichkeit gestellt wird: sie geben nicht das Exempel, sondern Proben auf das Exempel; die Unaufhaltbarkeit der sozialistischen Umgestaltung wird bewiesen aus den Widerständen, die da überwunden werden (Hier wurde von der frühen Sowjetliteratur gelernt: Gladkow, Scholochow, Serafimowitsch). Müllers Stücke »Der Lohndrücker«, »Die Korrektur« und »Die Umsiedlerin oder das Leben auf dem Lande« sind sozialistische und realistische Stücke hoher Qualität. [...] Das wird verlangt: statt hoher Dichtung – politische Direktheit, statt Psychologie – Historie, statt unverbindlichem Schwung – dokumentarische Direktheit, statt Ewigkeitswert – unmittelbarer Nutzwert, statt Charakteren, die sich selbst aushandeln – Verhaltensweisen, sozial motiviert. Der Stoff gab die Möglichkeit, auf die Konstruktion einer Fabel zu verzichten, die die Praktikabilität vorgeführten Verhaltens nur eingeengt hätte. An ihre Stelle tritt der historische Ablauf selbst als Bezugssystem für die Verhaltensweisen. Die einzelnen Szenen, konzentriert auf einen Grund-

> gestus, erhalten so eine gewisse Selbständigkeit: die Dramaturgie, reduziert auf ein Minimum, hindert nicht die Politik. Der direkte Bezug auf die Geschichte, die die Szenen hält, läßt uns das dargestellte Verhalten als unmittelbar politisches sehen.[8]

Tragelehns Kritik drang nicht durch, die parteioffizielle Theaterkritik verwies das Frühwerk Müllers in den Vorhof sozialistisch-realistischen Schreibens, verabschiedete kurzerhand seine dramaturgischen Verfahren und verlangte ihm, natürlich im Namen imaginärer werktätiger Zuschauer, »richtige Dramen« traditioneller Bauart ab:

> Haben wir also mit »Der Lohndrücker« und »Die Korrektur« zwei Stücke des sozialistischen Realismus? Jawohl, wir haben sie. Damit man uns recht versteht, fügen wir eins gleich hinzu. Noch haben wir nicht das klassische Theater des sozialistischen Realismus, weder der Form nach, noch in der Bewältigung unserer Probleme in Dialogführung und Szenenfolge. Aber mit dem »Lohndrücker« und der »Korrektur« haben wir einen ersten wichtigen Schritt zu echten Gegenwartsstücken im Sinne des sozialistischen Realismus getan. [...] Nicht neue, dramatische Reportagen, sondern Dramen, in denen ein Konflikt bis zu Ende ausgespielt wird, das ist es, was der Zuschauer von den beiden begabten Schriftstellern in Zukunft erwartet.[9]

Müller hatte genau das nicht im Sinn. Die ästhetisch unliebsamen Texte Müllers wurden systematisch aus den Spielplänen der Theater ausgeschlossen. Die zentralistische Kunstverwaltung handelte gemäß der kulturpolitischen Herrschaftsformel der führenden Partei: Sowohl ästhetisch Unliebsames als auch gesellschaftspolitisch Aufstörendes wird zum Feindlichen erklärt, in Acht und Bann geschlagen – und im schlimmstmöglichen Fall kriminalisiert und juristisch geahndet.[10]

Die Umsiedlerin wurde nach der Uraufführung 1961 sofort sanktioniert, *Der Bau* zwar 1965 gedruckt, aber nicht zugelassen auf dem Theater, gleiches galt für den ebenfalls 1965 veröffentlichten *Philoktet*. Der für die marxistische Revolutionsdebatte und eine grundlegende Kritik des Selbstverständnisses der SED wichtige Text *Mauser* (1970) wurde 1972 verboten und blieb bis zum Mauerfall 1989 in der DDR auch theoretisch weitgehend unerschlossen. Somit wurde das 1978 entstandene Gegenstück zu *Mauser*, *Der Auftrag* als Einkehr Müllers in die marxistische Orthodoxie missverstanden und umgedeutet in ein

»Dritte-Welt-Stück«.[11] So setzte Müller sich andere Ziele und suchte andere Empfänger seiner Texte. Sein Werk mutierte zu Texten ohne Adressaten, ward allein der Zeit anvertraute Flaschenpost.[12]

> Es geht um die Frage, was Literatur überhaupt noch soll. Ich selbst kann keine Geschichten mehr lesen, kann auch keine Geschichten mehr erzählen und schreiben. Ich glaube auch, daß das jedenfalls für sehr lange Zeit, vielleicht nur in Europa, vorbei ist, Geschichten zu schreiben. Und das bedeutet fürs Theater einen Verzicht auf Publikum. Ich glaube nicht an irgendeine besonders eingreifende Funktion oder Möglichkeit von Theater. Im Moment muß man diese Apparate benutzen, um das zu machen, was einen interessiert, ohne Rücksicht darauf, was das Publikum interessiert. Stückeschreiben wird immer mehr eine Sache von Leuten, die die Stücke schreiben, das Stücke-Inszenieren wird immer mehr eine Sache der Leute, die die Stücke inszenieren. Das heißt, die Bedürfnisse der Autoren, Regisseure, der Schauspieler und des Publikums fallen immer mehr auseinander. Das ist im Moment die Situation des Theaters.[13]

Erst mit *Wolokolamsker Chaussee I – V* griff er wieder in die Sozialismus-Debatte ein, da er in Glasnost den Vorboten eines geschichtlichen Umbruchs ganz im Sinne der Forderung von Marx vermutete:

> Proletarische Revolutionen dagegen [...] kritisieren beständig sich selbst, unterbrechen sich fortwährend in ihrem eigenen Lauf, kommen auf das scheinbar Vollbrachte zurück, um es wieder von neuem anzufangen, verhöhnen grausam-gründlich die Halbheiten, Schwächen und Erbärmlichkeiten ihrer ersten Versuche, scheinen ihren Gegner nur niederzuwerfen, damit er neue Kräfte aus der Erde sauge und sich riesenhafter ihnen gegenüber wieder aufrichte, schrecken stets von neuem zurück vor der unbestimmten Ungeheuerlichkeit ihrer eigenen Zwecke, bis die Situation geschaffen ist, die jede Umkehr unmöglich macht, und die Verhältnisse selbst rufen. »Hic Rhodus, hic salta. Hier ist die Rose, hier tanze.«[14]

In fünf historisch präzise angesiedelten Episoden versuchte er, die Ursprünge und das Scheitern der kommunistischen Machtnahme in Deutschland in knappster Lehrstückmanier zusammen zu raffen, in der Hoffnung, noch einmal mit Theater gesellschaftlich wirken zu können. Die Texte rufen wieder den ursprünglich gesuchten, zwischenzeitlich jedoch verabschiedeten gesellschaftlichen Adressaten auf – den deutschen demokratischen Sozialisten. Doch dieser war zu einer Randfigur im realen Geschichtsverlauf verkommen und die vielen Inszenierungen der Texte in den Jahren 1986 bis 1989 zeugten von wenig Interesse, sich in den von Müller vorgeschlagenen Sozialismus-Diskurs einzuschalten.[15] Die Regisseure, fast alle der Generation der sogenannten »Hineingeborenen« zugehörig, interessierten sich nicht mehr dafür, sie deuteten die Texte zu glatten Absagen an alle sozialistischen Gesellschaftsentwürfe und ein materialistisches Geschichtsverständnis um. Damit unterschieden sich die Aufführungen substanziell von den zum Teil schwer erkämpften Inszenierungen der Müller-Stücke vor 1982. Zu jener Zeit bedeutete das Spiel von Müllers Texten eine strenge ideelle Selbstbefragung und eine Expedition in die eigene Geschichte und das politisch-historische Gewordensein des Landes. Auch wenn es nur ein Jahrfünft her war, sah die Generation, die weder *1961* noch *1968* bewusst erlebt hatte, in der vergangenen Zeit nichts weiter als eine vergessenswerte, von ihr offen eingestanden unverstandene, schleunigst zu fliehende Unzeit. Gänzlich anders hingegen wurden die Texte von der vorhergehenden Generation aufgenommen und genutzt. Sie begriffen, wie sie durch eine Geschichte geprägt wurden, von der offiziell viel verschwiegen, manches falsch und selten Weniges richtig gesagt wurde.[16] Müller öffnete den Blick zurück und weitete solcherart den Sinn für das Kommende. Volker Braun charakterisierte 1989 trefflich den lang in der DDR ausharrenden und lange verkannten Dichter:

> Der Verkannte wird endlich angenommen in der DDR, deren Zukunftsstruktur er beschrieb als Altertum, er hatte den Humor dafür, und der half ihm auszuharren. Es liegt ihm, sich aufzuhalten, wo die Bedrängnisse zusammenstoßen; in seiner selbstlosen, freimütigen Sprache wird er sie los. Er lebt den Konflikt, der Text ist die Lebensform, seine Schönheit, die Souveränität des Aushaltens der Widersprüche, eine oft gräßliche, mitunter triviale Schönheit, immer abgezwungen den Schrecken.[17]

Das machte ihn zum bevorzugten Dramatiker der zwischen 1940 und 1950 geborenen Schauspieler. Für sie waren diese Texte die erste und einzige aufgeschriebene realistische Geschichte und Vor-Geschichte ihres Landes, ihrer Eltern und ihrer selbst. Hier wurden ihre wirklichen Biographien wieder gegenwärtig, wieder gegenständlich fassbar. Sie waren ihnen in den offiziell abgeforderten Lebensläufen, Kaderakten und den üblichen ideologischen Ritualen systematisch entwunden und in der sonst verbreiteten dramatischen Literatur verniedlicht, vereinseitigt und verfälscht worden.[18] Angesichts der Müller-Texte wurden sie sich ihrer selbst als in wilden Zeiten aufgewachsene Menschen bewusst. Sie ertrugen sowohl die ungewöhnlichen schauspielerischen Schwierigkeiten mit den Texten wie auch die schmerzhaften Kämpfe um ihr Recht, diese Texte spielen zu dürfen. Arg umkämpft und hart erstritten wurden die Inszenierungen und ihre Aufführungen zu bewusst gezielten, gesellschaftspolitisch verstörenden und widerständigen Einsprachen, sie wurden zum Widerspiel der herrschenden Spielregeln der Gesellschaft. Natürlich gab es genügend andere aktuelle Stücke mit punktuell kritischem, aufklärerischem, gar aufstörendem Potential. Vor Probenbeginn waren diese Texte nach zuweilen jahrelanger dramaturgisch-ideologischer Behandlung oft schon so durchgewalkt, dass die ursprüngliche und nur im vorurteilslosen Spiel zu entdeckende Substanz den Texten ausgepresst war.[19] Und so wurden die Inszenierungen von Gegenwartsdramatik zu unwillkommenen Pflichtübungen. Oftmals bargen die Texte aber auch dramaturgisch-poetisch zu wenige Innovationen, um dieser theatralischen Eingemeindung ins Übliche zu widerstehen. Sie wurden in den routinierten Darstellungs- und Inszenierungsweisen des telegenen »Küchenrealismus« vernutzt. Ein solches Schicksal drohte den Müller-Texten nicht, stellten sie doch dem Theater ästhetische Aufgaben neuer Art, versprachen schauspielerische Ausfahrten ins Unbekannte, was jedoch wiederum vielen Theatern Handhabe gab, diese Stücke zurückzuweisen, indem sie bedauernd auf die verwirrende Unverständlichkeit oder Missverständlichkeit der Texte hinwiesen – dazu bedurfte es keineswegs nur restriktiver staatlicher Maßnahmen.[20] Die Distanz vom »Damals des Schreibens« zum »Heute des Spielens« musste in den Inszenierungen der Müller-Texte beachtet und kräftig ausgespielt werden, nicht um »das Neue im Alten aufzufinden«, das wäre ein Kapitel aus der abgenutzten sozialistischen Aufstiegsgeschichte gewesen, sondern, »um das Alte im Neuen aufzufinden und darzustellen« (Müller), um die Stagnation, den Rückschritt, das Vereisen der sozialistischen Impulse, den Verlust der Hoffnung auf Progress offen zu legen.[21] Müller spielen hieß, sich auf substantielle Weise mit dem Leben in der DDR auseinanderzusetzen und in »der Flucht der Erscheinungen« eine Haltung zu finden und vorzuzeigen. Das fiel vielen Theaterleuten schwer, denn welcher Autor forderte von ihnen ein vergleichbares kritisch-eingreifendes, politisch bewusstes Spiel? Das, was gemeinhin als politisches Spiel, als parteiliche Rolleninterpretation gelobt wurde, war leichthin produziert. Die Mittel des Bösen, die des klassischen Bösewichts und des Guten, die des positiven Helden, diese jahrhundertealten Schemata der Bühne, waren schnell zur Hand. Das verfing hier nicht. Das mag ein Grund gewesen sein, neben der ständig drohenden Gefahr des endgültigen Verbots durch die jeweiligen staatlichen Organe, dass bis Mitte der achtziger Jahre nur drei Theater neben der Volksbühne den Mut hatten, die frühen Werke Müllers zu inszenieren.[22] Im Rückblick auf die Inszenierung des *Macbeth* 1982 an der Volksbühne stellte Müller fest:

> Um es ganz primitiv zu sagen: Die Inszenierung wäre überhaupt nicht möglich gewesen im Berliner Ensemble, sie wäre nicht möglich gewesen am Deutschen Theater. Sie war nur möglich an der Volksbühne, also basierend auf den Erfahrungen der Schauspieler dort mit Besson, mit Marquardt, mit Karge/Langhoff und so. Und das war schon sehr spezifisch; umso trauriger ist es, daß dieses Ensemble zersprengt ist. Jetzt könnte man das da auch nicht mehr machen. Und ich meine, wenn man über Ästhetik redet – das kann ja immer nur die Ästhetik hier und jetzt sein, eine andere gibt es nicht am Theater. Es gibt nur jeweils eine spezifische Ästhetik eines Ortes und eines Ensembles im Grunde. Und so muß es auch sein, sonst entsteht totes und akademisches Theater.[23]

Die ungenannten Schauspieler waren Hermann Beyer, Michael Gwisdek, Dieter Montag und Jürgen Holtz.

Wie unter dem Druck der strikt ideologisierten und eingeschränkten Öffentlichkeit ein Ensemble mit einer ganz spezifischen, gesellschaftskritischen Ästhetik des Theaters sich dennoch formierte, wird ausführlich zu beschreiben sein und deshalb ist von diesen Schauspielern zu sprechen, waren sie doch der Kern eines Ensembles, das verstand, Müllers Stücke zu spielen. Wie sich alles zusammenfand zu einer künstlerisch geformten zweiten Wirklichkeit auf dem Theater, wie sich im Biographischen das Historische, im Historischen das Ästhetische niederschlug, ist aufzuspüren. Die sechs Inszenierungen von Müller-Stücken an der Volksbühne Berlin: *Das Laken* im Rahmen des *Spektakel 2* (September 1974), *Die Schlacht/Traktor* (Oktober 1975), *Die Bauern* (Mai 1976), *Der Bau* (September 1980), *Der Auftrag* (November 1980) und *Macbeth* (September 1982), wie auch die beiden späteren Inszenierungen am Deutschen Theater Berlin *Wolokolamsker Chaussee I* (Mai 1985) und *Der Lohndrücker* (Januar 1988) sind in ihrer wechselseitigen Bezüglichkeit und ihrer jeweils eigenen theaterästhetischen Wirksamkeit nicht allein durch die Analyse der vorliegenden Inszenierungsdokumentationen und der zum Teil vorrätigen Videoaufzeichnungen sehr unterschiedlicher Qualität zu erschließen.[24] Erst die ausführlichen Gespräche mit Hermann Beyer, Michael Gwisdek, Dieter Montag, den Protagonisten dieser Aufführungen, und ergänzende Nachfragen an zwei Schauspielerinnen, an Gabriele Gysi und Johanna Schall, ermöglichen eine historisch gerechte Darstellung der Theaterarbeit in ihrer Zeitbedingtheit und in ihrer menschlichen Dimension.[25] Noch immer – sehr zum Nachteil der Theaterkultur unseres Landes – wird die Grundlage allen Theaters, die schauspielerische Praxis, in theoretische Systeme umgemünzt, mit denen auf dem Wissens-Markt trefflich gehandelt werden kann. In diesen geistesgeschichtlichen Konzentraten werden die schauspielerischen Mühen, Leiden und Triumphe zermahlen, verschwindet spurlos die Kunst der Schauspieler.[26]

1 Heiner Müller im Gespräch über die Aufführung der *Bauern* in der VB 1976, in: *Revolution und Geschichte auf dem Theater*, MzT, Nr. 100, hrsg. v. VT der DDR, Berlin 1978, S. 46.

2 Karl Marx/Friedrich Engels: *Die Deutsche Ideologie*, Berlin (Ost) 1969, S. 274.

3 Vgl. Sigrid Meuschel: *Legitimation und Parteiherrschaft in der DDR*, Frankfurt/M. 1992, Einleitung, S. 9–19 und Manfred Lötsch: »Der Sozialismus – eine Ständeoder eine Klassengesellschaft?«, in: *Der Zusammenbruch der DDR*, hrsg. v. Hans Joas und Martin Kohli, Frankfurt/M. 1993, S. 115 ff.

4 In der DDR herrschte eine Dauerinflation der ursprünglichen marxistischen Begrifflichkeit. Im parteioffiziell zurechtgestutzten Wortgeprassel verkamen die einstmals erkenntnisleitenden Begriffe zur Phrase und hinter der Phrase verschwamm die Wirklichkeit. Dagegen wehrte sich ein eigenständiges, nichtinstrumentalisiertes marxistisches Denken, indem es die marxistische Tradition und die ihm eigene Begrifflichkeit überprüfte, ob sie noch dazu geeignet war, gegenwärtiges Denken und Handeln kritisch zu durchleuchten und praktikable, gesellschaftlich akzeptable Gegenbilder zu entwerfen. Dementsprechend unterscheide ich strikt zwischen einem »marxistischem Denken und Handeln« und der »marxistisch-leninistischen Ideologie und Politik der führenden Partei«. Die Begriffe Sozialismus/sozialistisch benutze ich nur, wenn ich ein bestimmtes Denken und Handeln hin zu einem demokratisch verfassten, gesellschaftliches Eigentum entwickelnden und unentfremdetes Arbeiten ermöglichenden staatlichen Gemeinwesen kennzeichnen will.

5 Das ist der Wirkungsmechanismus, der oft mit dem psychologischen Begriff des Schocks umschrieben wurde und wird. Peter Bürger präzisierte ihn 1974 in seiner *Theorie der Avantgarde* und ersetzte ihn, produktionsästhetisch gewendet, durch den Begriff der Verfremdung brechtscher Denkart. Müller folgt in bestimmten künstlerischen Verfahren Brecht, aber er trifft auf einen völlig anders sozialisierten und gesellschaftlich geprägten Zuschauer als ihn sich Brecht vorgestellt hatte, woraus sich die Differenzen zu Brechts Theaterarbeit zu einem Gutteil ergaben.

6 Heiner Müller: »Das Wiederfinden der Biographien« (1977), in: *Gesammelte Irrtümer2*, hrsg. v. Gregor Edelmann/Renate Ziemer, Frankfurt/M. 1990, S. 13.

7 Heiner Müller: »Ich glaube an Konflikt. Sonst glaube ich an nichts« Ein Gespräch mit Sylvère Lotringer (1981), in: *Heiner Müller Werke*, Band 10, hrsg. v. Frank Hörnigk, Frankfurt/M. 2008, S. 197.

8 B. K. Tragelehn: »Spielweise contra Schreibweise«, in: *TdZ* 3/1958, S. 52 ff. Hier spricht Tragelehn vorschnell von der *Umsiedlerin* als einem fertigen Stück, oder lag die 1. Fassung des Stückes in Prosa zu diesem Zeitpunkt schon vor?

9 Willi Köhler: »Mit Erfolg korrigiert und inszeniert«, in: *ND*, 6. September 1958, S. 4.

10 Die Lukács-Disqualifikation, die Bloch-Verdammung sowie die Entfremdungsdebatte samt Dekadenzgeschrei und das Kafka-Verdikt waren die herausragenden Beispiele für die parteioffiziellen Denkverbote. Parteiamtlich wurden die unbotmäßigen Marxisten, die trotz alledem Lukács, Bloch und Kafka schätzten, zusammengefasst unter dem Begriff des Revisionismus.

11 Beispielhaft Gottfried Fischborn: »In dieser ›Erinnerung an eine Revolution‹ – die klassische der Bourgeoisie – wird geschichtlich-revolutionäres Handeln als objektive Möglichkeit der historischen Entwicklung wie als solche des einzelnen Subjekts gewiß auch problematisiert, noch mehr jedoch u.E. behauptet, verteidigt und tradiert. Hier wird letztlich der revolutionäre Auftrag nicht auf-, sondern weitergegeben.«, in: *Stückeschreiben*, Berlin (Ost) 1981, S. 16.

12 In den westdeutschen Theatern war Müller marginal und dem breiten Publikum fremd: »Bereits Heiner Müller ist mehr nur ein Feuilleton- und Theaterwissenschaftler als ein Zuschauerphänomen. Aber immerhin wird er doch von vielen Bühnen im kleinen Studio aufgeführt.«, Klaus Völker: »Zehn Punkte zum Autorentheater«, in: *TZS* (29), III/1989, S. 19.

13 Heiner Müller: »Notate zu Fatzer, Einige Überlegungen zu meiner Brecht-Bearbeitung«, in: *Die Zeit*, 12/1978.

14 Marx: *Der 18. Brumaire des Louis Bonaparte*, zit. nach: Marx/Engels: *Ausgewählte Schriften in zwei Bänden*, Band 1, Berlin (Ost) 1982, S. 229.

15 Siehe Heinz Klunker: »Vom parasitären Umgang mit einem Gegenwartsstück. Heiner Müllers ›Wolokolamsker Chaussee‹ auf der Bühne«, in: *Spiele und Spiegelungen*, hrsg. v. Gregor Laschen u. a., Bonn 1990, S. 29 ff.

16 Christa Wolf thematisierte 1976 in *Kindheitsmuster* erstmals diese mentalitätsgeschichtliche Lücke.

17 Volker Braun am 9. Januar 1989 zum sechzigsten Geburtstag Heiner Müllers, in: Volker Braun: *Werktage. Arbeitsbuch 1977–1989*, Frankfurt/M. 2009, S. 922.

18 »Braun und Müller fordern in anderer Weise heraus. Ich denke, diese beiden Autoren stellen schon so etwas wie ›Eckpfeiler‹ in unserer Gegenwartsdramatik dar ... Man ist doch dankbar dafür, wenn einem der Text bei der Premiere nicht schon zum Hals heraushängt. Wenn man im Text – in den laufenden Vorstellungen – immer noch Neues entdecken kann. Solche Beobachtungen mache ich gegenwärtig bei den Vorstellungen von ›Übergangsgesellschaft‹. [...] Solch ein Gefühl habe ich auch beim Lesen von Müller-Stücken. [...] Ihre Anforderungen an Theaterleute und Zuschauer sind größer, weil ihre Texte knapper und zugleich vieldeutiger sind. Das hat sehr stark mit der Zeit, in der wir leben, zu tun. Wie wir uns artikulieren. Scheinbar sind die Stücke ärmer, sie geben mehr Rätsel auf. Aber löst du sie, bist du reicher. [...] Und schließlich und endlich sind Müller und Braun deutsche Dichter. Belastet und befruchtet von dieser Kultur, ihrer Philosophie und auch von diesem Land mit seiner Geschichte und Tradition.«, Ruth Reinecke in *TdZ*, 7/1988, S. 31.

19 So erging es den Stücken *Die Sorgen und die Macht* von Peter Hacks, *Die Ballade vom Kipper Paul Bauch* von Volker Braun und *Der Aufstieg der Edith Eiserbeck* von Rolf Gozell.

20 »Die Unverständlichkeit [bestimmter Texte von Müller und Braun; ThW] ist eine nicht nachprüfbare Erfindung. Über nichtgespielte Texte läßt sich nicht sagen, daß sie unverständlich sind. Die Mehrzahl unserer Theater ist gegenwärtig nicht fähig, sich diesen Texten zu nähern. Ihnen fehlen einfach die Voraussetzungen dafür. Alle hier zur Debatte stehenden Texte stellen doch Fragen nach dem Gewordensein unseres Landes und Fragen, wie es mit ihm weitergeht. Diese Fragen pflegen wir im Allgemeinen nicht zu debattieren. Wir behandeln sie punktuell, aber nicht als grundsätzliche Auseinandersetzung mit unserer eigenen Existenz. Ich meine, diese grundsätzliche Auseinandersetzung ist eindeutig verdrängt worden. Deshalb braucht man diese Stücke zum Abbau von Verdrängungen.«, Thomas Wieck in: »Revolutionsdarstellungen – Darstellung der Revolutionen in der Dramatik«, Podiumsgespräch mit Volker Braun, Rainer Kerndl, Karl Mickel, Heiner Müller, Leitung Joachim Fiebach, in: *Revolution und Geschichte auf dem Theater*. Beiträge vom Erich-Engel Seminar 1977, a.a.O., S. 58.

21 »Die Produktion, der Aufbau, die sozialistische Dynamik bzw. ihr Ausbleiben sind ihr Stoff und Thema, mehr oder minder realistische Formen herrschen vor, aber der ›Mythos‹ der Produktivkraft, die sich verkehrt, die Frage nach der ›asozialen‹ Energie, die Selbstzerstörung sind überall präsent und sprengen in mannigfacher Weise den künstlerischen und ideologischen Rahmen der meisten DDR-Literatur. Der erste Satz des Stücks *Der Bau* fasst Müllers Thema emblematisch zusammen. Er lautet ›Warum zertrümmert ihr das Fundament?‹«, Hans-Thies Lehmann: »Zwischen Monolog und Chor«, in: *Heiner Müller: Problem und Perspektive*, hrsg. v. Ian Wallace, (Amsterdamer Beiträge zur neuen Germanistik 48/2000), Amsterdam/Atlanta 2000, S. 24.

22 So begann das Theater Neustrelitz 1975 eine auf staatlichen Einspruch hin schnell wieder aufgegebene Inszenierung der *Bauern* in der Regie von Wilfried Mattukat. Thomas Vallentin gelang am gleichen Theater die mehr oder weniger folgenlose Uraufführung von *Traktor* und *Herakles 5*. Die Inszenierung *Der Lohndrücker* 1978 am BE (Probebühne) durch zwei Studenten des Instituts für Schauspielregie Berlin (Ost), Matthias Renner und Axel Richter, verblieb im rein historisch orientierten Nachvollzug der Textoberfläche. Auch die *Lohndrücker*-Aufführung 1981 am Staatsschauspiel Dresden und die *Bau*-Aufführung am Neuen Theater Halle 1982 wurden den Stücken in ihrer gesellschaftspolitischen Dimension ebenfalls nicht gerecht.

23 Heiner Müller, in: Lily Leder / Angela Kuberski: »Aus Gesprächen mit den Regisseuren«, in: *Macbeth von Heiner Müller nach Shakespeare, Volksbühne Berlin 1982*, Dokumentation von Lily Leder und Angela Kuberski, Theaterarbeit in der DDR, Heft 17, hrsg. v. VT der DDR, Berlin (Ost) 1988, S. 222.

24 Die Aufführung *Horizonte* spielt in diesem Zusammenhang keine Rolle (vgl. S. 128) und die Aufführungen von *Weiberkomödie* und *Herakles 5* an der VB waren weder Erstaufführungen noch von einer besonderen Wirkung.

25 Das Gespräch mit Hermann Beyer, Michael Gwisdek und Dieter Montag führten wir am 24. Oktober 2019, mit Johanna Schall am 20. November 2019 und am 6. Februar 2020 mit Hermann Beyer. Die Verschriftlichung wurde von allen Beteiligten autorisiert. Gabriele Gysi autorisierte die Verschriftlichung eines Gesprächs mit ihr am 14. Febraur 2020 nicht.

26 Die schmalen Annotationen zu den Regiearbeiten Heiner Müllers im *Heiner Müller Handbuch*, hrsg. v. Hans Thies Lehmann und Patrick Primavesi, Stuttgart 2003 sind zu vernachlässigen, da sie ein Theater ohne Schauspieler statuieren.

»Jeder Autor hat ein Grunderlebnis und das liegt meist ziemlich früh.«[1]

In dem unvorstellbar kurzen Zeitraum von dreißig Jahren (1871 bis 1933) durchlebte die deutsche Bevölkerung mehr oder weniger glimpflich davonkommend, drei sich wechselseitig aufs Blut bekämpfende Gesellschaftssysteme. In ihrer Mehrheit ordnete sie sich diesen widerstandslos unter, obwohl die neuen Macht- und Herrschaftssysteme tief in die Lebensbedingungen breiter Bevölkerungsschichten eingriffen. Das, was nationales Behauptungsvermögen scheint und oftmals auch so gefeiert wurde, ist wohl eher Ergebnis absoluter politischer Indolenz, Ausfluss einer langfristig erworbenen Fähigkeit zum Überleben unterhalb eines eigenen politisch-gesellschaftlichen Gestaltungswillens, hier obwaltet eine verinnerlichte Technik des historischen Verdrängens, Anpassens, des Gehorsams vor aller militärischen Herrschaft. In drei Kriegszügen zwischen 1864 und 1871 unterwarf das preußische Königreich, nachdem es 1848 die bürgerliche Revolution militärisch abgewürgt hatte, alle anderen Staaten des Deutschen Bundes, besiegte die beiden angrenzenden Großmächte Österreich-Ungarn und Frankreich, um ein preußisch majorisiertes Deutsches Reich zu gründen und somit Preußen zur europäischen Großmacht zu erheben. Die nationale Einheit des deutschen Volkes war Mittel zum Zweck.

> Die politische und militärische Führung blieb überwiegend in den Händen der Aristokratie. Dagegen konzentrierte sich das Bürgertum auf die moderne Wirtschaft, […] politisch begnügte es sich mit einer untergeordneten Rolle, als politische Hilfstruppe der überwiegend agrarischen Konservativen wie als ohnmächtige liberale Opposition. Die Arbeiterschaft blieb ohnehin von Staat und Gesellschaft ausgeschlossen.[2]

> Willig und gehorsam duckte sich die Nation unter das bunte Joch [der allgemeinen Wehrpflicht, seit 1871 dreijährig, ab 1895 zweijährig; ThW], umso williger, als man dem Teile der Bevölkerung, den die Behörden als gebildet abgestempelt hatten, das Allerschlimmste ersparte und ihm die Möglichkeit einer raschen Beförderung gab. So eignete man sich bis tief in die Familien hinein – besonders die Frauen wirkten kräftig mit – eine Anschauungsweise an, die in allen Dingen den äußern Erfolg über den innern stellte, die Titelbezeichnung verherrlichte und

> im übrigen den Vorrang nur dem gab, der ihn sichtbar auf den Kleidern trug. Kein Mittel blieb da unbenutzt, konnte man sich Rang und entsprechend höheres Einkommen nur durch Servilität nach oben und Menschenverachtung nach unten hin erwerben, so tat man es. Wies die Vorgesetztenschaft auch vielerlei Abstufungen auf, so schied sich doch das ganze Volk deutlich in zwei Kasten: in Mannschaften und Offiziere, und das galt auch für die Beamten.[3]

Werner Sombart gestand 1913 ohne Umschweife ein: »Wir sind noch heute ein halb absolut regiertes Land«. Ein Jahr später kollabierte die bürgerliche Vernunft und feierte den Weltkrieg als ihr »Damaskus«:

> Wie einer in der Gefahr des Ertrinkens blitzartig sein ganzes vergangenes Leben beleuchtet sieht, so ist die deutsche Nation hellsichtig geworden im Augenblick der Gefahr. Sie hat erkannt, daß es in dieser Welt, die der deutsche Geist als Welt des Leidens längst erkannt hat, eine andere Welt gibt, die des deutschen Leidens, des Heldenleidens. Sie hat erkannt, daß sie bescheiden alles Fremde zu hoch, alles Eigene zu gering geschätzt hat. Jetzt wollen wir es aber aussprechen: das, was da, in ungleichem Einsatz, für uns im Felde steht, ist die Blüte der Menschheit. [...] Dieser schönste Verteidigungskrieg, den je ein Volk geführt – das ist dem blödesten Auge offenbar, seit England mit Rußland verbündet ist – gilt nicht nur Deutschland, gilt der ganzen Kultur. Der Kultur dienen, heißt jetzt, dem Krieg dienen. Wie im Traum geht uns einmal durch den Sinn, daß es so etwas gibt wie deutschen Wald, deutsche Musik, deutsche Bücher. Die Seele wird wiederkommen, wenn wir durch sind. Jetzt haben wir nur noch Einen (sic!) Wunsch. Wir wollen siegen oder alle untergehen, alle.[4]

Spät, allzu spät versuchte das deutsche Proletariat die Selbstbefreiung, doch »die Revolution vom neunten November 1918 war keine« (Kurt Tucholsky).

> Dem unerhörten Missbrauch einer absolutistischen Kommandogewalt folgte keinerlei Abrechnung. Offiziere und Beamte gingen straffrei aus. Sie waren einmal klein: am zehnten November. Sie hielten den Atem an. Nichts geschah. Aus Gummi, wie sie waren, schnellten sie alsbald wieder hoch, breiteten sich

> aus und waren überhaupt da. Unfähig sich eine andere Ordnung als die der Bajonette vorzustellen, unfähig, durch die Uniform hindurchzusehen, wetteiferte Bürgerschaft und ein Teil irregeleiteter Sozialisten, die vollziehende politische Gewalt in die Hände der alten Offiziere zu legen. Die hatten sich der bürgerlichen Regierung zur Verfügung gestellt – so nannten sie ihren Verrat an ihrem alten Eide; sie waren fast alle gesonnen, das ihnen geliehene Schwert gegen den Geber zu schärfen.[5]

Deutschland wurde zu einem »Land der halben und niemals beendeten Revolutionen, der geglückten Konterrevolutionen und der versäumten Evolutionen. Zu jeder Zeit, in der die bestehenden Verhältnisse reif zu ihrem Umbruch waren und in der sich Gegenströmungen erhoben, blieben die revolutionären Kräfte in ihren Anfängen stecken, wurden sie verraten, desavouiert, diffamiert, wurden sie irregeführt und niedergeschlagen.«[6] Die »halbe« Novemberrevolution brütete einen die deutsche Gesellschaft irre machenden und die Republik zerstörenden fünfzehnjährigen Bürgerkrieg aus.[7] Und wie in jedem Bürgerkrieg wurde jetzt der Verrat wohlfeil.

Nicht mit einem tatsächlichen Verratsgeschehen, sondern erst mit der propagandistisch weidlich ausgewalzten Lüge vom Verrat der republikanischen Politiker am im Feld ungeschlagenen Heer im Jahre 1919, der sogenannten »Schmach von Versailles«, begann der politische Verrat sein Unwesen zu treiben. Verräter all überall, Frontwechsel zuhauf. All die Deserteure, Überläufer, Abweichler der einen Front konnten und wurden als Bundesgenossen auf der anderen Seite der Front willkommen geheißen, oder schnell gemeuchelt. Der politische Verrat und seine mörderischen Konsequenzen, probates Mittel aller Parteien, das Schlachtfeld für den letzten Waffengang zu planieren, verschreckte das deutsche Bürgertum und unterminierte die demokratische Republik, die trotz ihrer legislativ gesicherten Macht keine Mittel fand, sich als Ordnungsmacht im Machtkampf der unversöhnlich gespaltenen Volksschichten zu behaupten. Sie selbst konnte keine Massen mobilisieren. Der Verrat mutierte zur Ware, der Gesinnungshandel blühte.

In diesem Umfeld mussten sich Heiner Müllers Eltern zurechtfinden und wuchs Heiner Müller auf. Die Geburtsjahrgänge 1920 bis 1930 sind von einer Elternschaft erzogen, die traumatisiert von den Materialschlachten des Ersten Weltkrieges, von der militärischen Niederlage tief getroffen oder aber von der gescheiterten Revolution schwer enttäuscht, in ihrem sozialethischen Wertesystem erschüttert war und in den folgenden Jahren in ungewohnte prekäre soziale Lagen geriet und sich daraus nicht zu befreien wusste, sondern auf das Wunder der nationalen Wiedergeburt oder die Verheißungen des Lebens in der klassenlosen Gesellschaft hoffte. Der National-Sozialismus versprach beides und gewann diese Schichten problemlos für sich und seine Zwecke.

Im Zeitalter des »europäischen Bürgerkriegs« (Ernst Nolte) wurde der politische Verrat heimisch, er grassierte auf den Straßen und in den Häusern, Wohnungen, Hörsälen, Büros und Fabrikhallen, in den Institutionen und Apparaten, Parteien und Armeen des zwanzigsten Jahrhunderts. Eine »Landschaft des Verrats« (Margret Boveri) tat sich auf. »Verrat ist in unserem Leben zum Alltagsbegriff geworden. Der Inhalt des Verrates wechselt, indem sich das Rad der Geschichte dreht. Heute werden als Helden oder Märtyrer die gefeiert, die gestern als Verräter gehenkt wurden, und umgekehrt. Aber der Verrat bleibt bei uns, als sei er der dauernd sich wandelnde Schatten, der unserer Epoche zugehört.«[8] Im europäischen Bürgerkrieg zählte nur die Unterwerfung der Massen. Der Mensch wurde in seiner physischen Existenz ausgelaugt und zerstört durch Zwangsarbeit, in Hungersnöte gestoßen, hilflos sich selbst überlassen. Seinem Leib wurde Gewalt angetan, um ihn zu beugen, schließlich unterwarf er sich dem Leid des Körpers und so verriet der Widerstehende sich selbst. Er passte sich der herrschenden Macht an. »Hart wie Kruppstahl, zäh wie Leder und schnell wie Windhunde« (HJ-Devise) sollte er über die Anderen herfallen.

> Als Adjudant war ich Führer des Kommandanturstabes. Als solcher hatte ich die Exekutionen durchzuführen. Ich suchte mir schnell drei ältere, ruhige Unterführer zusammen, unterrichtete sie über das Bevorstehende, belehrte sie über das Verhalten und die Durchführung. In der Sandgrube auf dem Industriehof wurde schnell ein Pfahl eingegraben. Und schon kamen auch die Wagen angefahren. Der Kommandant bedeutete dem Verurteilten, daß er sich an den Pfahl zu stellen hätte. Ich führte ihn hin. Ruhig stellte er sich bereit. Ich trat zurück und gab den Feuerbefehl – er sank in sich zusammen und ich gab ihm den Fangschuß. Alle die Führer, die bei der Exekution zugegen waren, saßen anschließend noch eine Weile im Kasino. Eigenartigerweise aber kam gar keine rechte Unterhaltung zustande. Jeder hing seinen eigenen Gedanken nach. [...] Und jedem trat mit aller Deutlichkeit die bevorstehende Härte des Kriegsge-

schehens vor Augen. Aber alle waren sie tief beeindruckt von dem eben Erlebten. Ich nicht zum wenigsten.[9]

Der Verrat trat in zwiefacher Gestalt vor und nach 1945 in Deutschland auf. Von 1933 bis 1945 vagierte er als handfeste und augenscheinliche Bedrohung von Leib und Leben eines jeden einzelnen durch die Gesellschaft. Die alltägliche Denunziation war praktisch grenzenlos, angesichts der zahllosen zu strafenden Verräter. Verräter war der politische Gegner aus der Systemzeit. Verräter war der Volksverräter, seine Untaten hießen: Unglaube an den Führer, Feigheit vor dem Feind, Zersetzung der Wehrkraft des deutschen Volkes. Denunziert wurde aber auch jede individuelle Andersartigkeit, »Fremdrassigkeit«, »rassische Minderwertigkeit«. Diese Anderen aufzuspüren und zu melden, war die Pflicht eines jeden Deutschen, war Dienst an der rassischen Gesundung des deutschen Volkes. Auch wer bewusst nicht denunzierte, war ein Verräter. Der Verrat war der Kitt der nationalsozialistischen Herrschaft. Im Verrat bezeugte der Verräter seine Treue zu Führer, Staat und Volk. Die Verkehrung war total. In dem Moment, in dem die Denunziation, zu anderen Zeiten Verrat geheißen, zum Treuebekenntnis umgewandelt wurde, stand alle bisherige Begrifflichkeit Kopf, alle bürgerlichen Wertmaßstäbe zerschellten. Das Bürgerliche selbst ging unter. »Gestern das erste Beispiel von Werwölfen in unserem Viertel: ein Professor wollte in der Nacht seine Amtswalteruniform [Uniform der NSDAP-Amtsträger; ThW] im Lietzensee ertränken, wurde dabei erwischt und man schnitt ihm die Gurgel durch. Um die Stelle, wo die Blutlache war, 100 Meter von unserem Haus, wurde ein Kreis gezogen und hineingeschrieben ›Verräter‹.«[10]

Im Kalten Krieg auferstand der Verrat von neuem. So war der politische Verrat ein ständiger Lebensbegleiter mehrerer deutscher Generationen. In der DDR wurde schon die innere Abkehr von diesem Staat zum Verrat gestempelt. Die führende Partei war sich sicher und das konnte sie nicht ruhen lassen, dass im Denken, im Bewusstsein der Verrat am Sozialismus zu Hause war. Der Verrat war unsichtbar geworden und er musste ans Licht gebracht werden. Zum Schutz des Sozialismus und seiner Einrichtungen wurde das flächendeckende System der informellen Mitarbeiter der geheimen politischen Polizei eingerichtet. Diese institutionalisierte Spitzeltätigkeit trug zum Aufbau der neuen Gesellschaftsordnung bei, war also gesellschaftlich nützliche Arbeit. Diese Qualifizierung des Verrats als Arbeit verlangte dem Mitarbeiter entsprechende Leistungsnachweise ab. Wenn es aber nichts zu vermelden gab, was dann? Dann lag es im Ermessensspielraum des IM, ob er einen Verrat konstruierte oder gar provozierte oder ob er der Wahrheit genügte und vermeldete, nichts zu melden zu haben. Der IM, der sich strikt der Wahrheit verpflichtet fühlte, auch solche gab es, und keinen Verratsfall herbeiredete, wurde vom MfS bald entpflichtet. Der IM, der sich zum Spiel mit dem Verrat entschlossen hatte, lieferte unentwegt. Das war die Lust des IM, der Overkick im sozialistischen Alltag.[11] Der politische Verrat war für Heiner Müller ein zentrales dramatisches Motiv.[12] Über die enge Beziehung des Stalinismus zum politischen Verrat war er durch seinen Vater frühzeitig unterrichtet.[13]

Stalin und seine Politik sind für Müller nicht nur unter dem Gesichtspunkt des Verrats wichtig. In Stalin sah er den Exponenten der fehlgehenden bolschewistischen Gesellschaftspraxis. Auf Kosten und Knochen derer, die das Alte verjagten und die Gesellschaft ins Neue schossen, denen programmatisch die Zukunft gehören sollte, wurde eine Gesellschaft aus dem Boden gestampft, die in Nichts dem verhießenen und herbeigesehnten Zukunftsbild entsprach. Das Proletariat verschliss sich in einer Arbeit für eine neue Herrschaft, die viel versprach, aber die schwer Arbeitenden unter dem Joch der Arbeit zerbrach.[14]

Entscheidend für Heiner Müllers Welthaltung war, dass ihm die Gunst der Umstände staatlich gelenkte ideologische Indoktrinationen ersparte. Vor 1945 war er einerseits durch sein Elternhaus beschirmt und andererseits zu jung, um der nationalsozialistischen Ideologie anheim zu fallen, und nach 1945 sicherte ihn einerseits sein anerkannt antifaschistisches Elternhaus vor politischer Beargwöhnung und Reglementierung und andererseits waren die damaligen Gymnasien in der SBZ noch bestimmt von liberal gerichteten Lehrern, die sich durch die Nazi-Diktatur hindurch gewunden hatten, schweigend zu vielem, wenn nicht zu allem, aber nicht schuldig geworden im juristischen Sinne. Das änderte sich ab 1948, aber da hatte Müller den obligaten schulischen Bildungsweg bereits hinter sich gebracht. Und ab jetzt – und das war die entscheidende Konsequenz, die er für sich zog – verzichtete er auf jegliche staatlich gelenkte, ideologisch belastete Ausbildungswege. Er studierte nicht. Er wurde zum intellektuellen Freibeuter. Seine Jagdgründe waren erst die väterliche Bibliothek und dann die im Zuge der antifaschistischen Säuberung zu kontrollierenden, aufzulösenden und neu aufzubauenden privaten und kommunalen Bibliotheken im mecklenburgischen Waren und im sächsischen Frankenberg und Umgebung. Der

Lesehunger Müllers und sein erstaunliches Gedächtnis für Gelesenes und der von ihm sehr ernst genommene klassische Latein-Unterricht bildeten sein Sprachempfinden, seine Lust am sprachlichen Experiment, den Sinn für Vers und Syntax kräftig aus. Er hat wahrlich fleißig sein Glück genutzt, lesend und lernend durch den Malstrom der Meinungen 1945–1948/49 ruhig gleiten zu dürfen, nahezu unberührt von äußeren Misshelligkeiten, sich so sein eigenes Bild von den Dingen bildend.

Gemeinhin entsteht im Lesenden bei der Lektüre ein zweiter Text. Der Leser emanzipiert sich vom Autor, indem er beginnt, seine Interessen, Erfahrungen, Erlebnisse in den Autoren-Text einzuspeisen oder herauszufiltern. Er zettelt mit dem vorliegenden Text ein Gespräch an, das in einem bestimmten Moment überspringt in einen eigenen Text. Der Lesende emanzipiert sich von der Vorlage. Jetzt schreibt er. Lange ist er der fremden Spur gefolgt, um nun im befreienden Moment des Innewerdens des eigenständigen Umgangs mit der Vorlage, diese hemmungslos zu plündern, sie zu expropriieren, ohne indes ihr wirklich entkommen zu können. Aus der Lektüre entsteht ein zweites Werk. Großteile des dramatischen Werkes Müllers sind dramatisch anverwandelte Lektüre. Übersehen werden in der Müller-Philologie die Autoren, die radikal gesellschafts- und zeitkritisch die »Deutsche Misere« beschrieben und in den damaligen Auseinandersetzungen parteiunabhängige sozialistische Konzepte und Zukunftspläne entwarfen.[15] In diesen Texten sind auf oftmals erstaunliche Weise stoffliche, thematische und poetische Anregungen für die künftigen dramatischen Texte Heiner Müllers zu entdecken. Von besonderem Gewicht sind dabei – und das bezeichnet Müller mit dem Begriff des »Heroischen« – die sozialistischen Ansätze und Zielstellungen, die schon unmittelbar nach Kriegsende vor der gewaltsam durchgesetzten Parteidoktrin des alleingültigen sowjetischen Weges zum Sozialismus vorgelegt, diskutiert und versuchsweise realisiert wurden.[16] In dieser kurzen Zeit von 1945 bis 1948 formte sich eine Sozialismus-Vorstellung bei Müller, die ihn gegen irrationale Zukunftsgläubigkeit, gegen ideologische Blindheit angesichts der »wirklichen Wirklichkeit« immunisierte.

Ernst Blochs Antrittsvorlesung an der Universität Leipzig im Jahre 1949 war eine erste umfassende Anleitung zum selbstständigen Durchdenken des marxistischen Gedankenguts fern von allen kurzschlüssigen parteipolitischen Indienstnahmen. Gleich ob Müller den Text kannte oder nicht, der Text spiegelte und bündelte die gedanklichen Ansätze eines kleinen Zirkels selbstbewusster junger marxistischer Künstler und Denker in der DDR. An Blochs selbstbewusste Marx-Lektüre war anzuknüpfen, so drohte keine Gefahr im Ideologischen steckenzubleiben und der Marx-Orthodoxie zu unterliegen. Blochs Denken war der einzige deutschsprachige Versuch in jener Zeit, die marxistische Weltanschauung weiterzutreiben. In seiner Vorlesung erklärte Bloch, wie der Marxismus sein eigenes philosophisches Projekt bestimme und wie ein Programm des kritischen Bedenkens der Vergangenheit, des Suchens nach dem Möglichen im Wirklichen und der Wegweisung in eine historisch beispiellose Zukunft mittels einer individuellen Anverwandlung marxistischer Erkenntnisse aussehen sollte:

> Es gibt keine konkrete Praxis mehr ohne jenes Totum des Blicks, das Philosophie heißt. Und es gibt keine Philosophie mehr ohne jenen Bezug auf die Praxis, der Herstellung der klassenlosen Gesellschaft heißt, das ist, Aufhebung der menschlichen Entfremdung und der Verdinglichung. Wo immer also Gewissen Wissen hat und Wissen Gewissen, gibt es keine Philosophie, erst recht keine Verwirklichung der Philosophie ohne Kampf gegen die Entfremdung. Revolution ist ja nicht nur Umwälzung eines falsch Bestehenden, sie bedeutet und bewirkt in dieser Umwälzung ebenso, daß der Mensch in der Geschichte sich endlich um sich selbst bewegt. [...] Uns ist die dialektisch-materialistische Geschichtsauffassung ein Vehikel zum Leben und ein Zugang zum wirklich bleibenden Leben in der Geschichte, zur unabgegoltenen Zukunft in der Vergangenheit. [...] Ist die Theorie marxistisch auch keinesfalls autonom, so ist sie der Praxis, gar einer willkürlichen, doch ebenso keinesfalls ihre Dienerin. Vielmehr beide sind sich ebenbürtig, dergestalt, daß Praxis, als konkrete, keinen Schritt tun wird, ohne auf Theorie, als Erläuterung des Wirklichen, gehört zu haben. Wesentlich also ist, zum Verständnis der marxistischen Praxis und auch Propaganda: nicht deshalb ist etwas mehr, weil es natürlich ist, sondern weil und indem und sofern es wahr ist, ist es nützlich. Unwahres kann, als nicht mit der Wirklichkeit übereinstimmend, überhaupt keinen konkreten Erfolg auf begründete Dauer bringen.[17]

In diesem Zusammenhang nimmt Bloch den Marxismus in den Dienst seiner Philosophie, was ihm die führende Partei sehr bald als unverzeihlichen Verrat am Marxismus-Leninismus vorhielt:

> Da ist das Organon [der Marxismus; ThW] zur weitergehenden, weitergreifenden Gesamterkenntnis des real-Möglichen das im bisher Wirklichen impliziert ist. Die ganze Wirklichkeit der Welt ist selber noch nicht heraus, sie braucht den Menschen als höchste Produktiv- und Artikulierungskraft, um das Was ihres Daß, den eigentlichen Inhalt ihres Anstoßes und Antriebs zu finden. [...] Es stimmt realiter noch etwas nicht in ihr, es ist etwas noch gleichsam krank in ihr, das nach Gesundem ruft, nach Aufhebung des Proletariats, nach Verwirklichung der Philosophie, nach Verwirklichung des Proletariats, nach Aufhebung der Philosophie. Und der Prozeß mit Marxismus-Philosophie als besonderem Licht, ist der Weg der Natur selber, denen wir Menschen ein Teil sind, zur Lösung des Realproblems, das ist der noch ausstehenden Gegenständlichkeit, die nicht ein Fremdes ist. Es gäbe keinen Prozeß, wenn das Universum bereits fertig wäre, wenn die Welt nicht noch bis zur Kenntlichkeit zu verändern wäre. [...] Und auch die Knorren oder Abgründe im keineswegs glatten Dasein sind nicht Irrationales schlechthin, gar ein heilig Ganz-Anders im Dunkelmänner- oder blutigen Schamanentum. Sondern sie sind eine Aufgabe für den menschlichen Verstand, für den schöpferischen Humanismus, um die Knorren, entweder in ihr Nichts zu vernichten oder, sofern Leben in der Sache ist, sie dazu aufzulösen.[18]

Wesentliche Teile des theatralischen Werkes von Heiner Müller sind bestimmt von dieser kurzen Zeitspanne deutscher Geschichte, in der vieles noch möglich, in dem auch eine sozialistische Perspektive denkbar, und der Kalte Krieg noch aufhaltbar schien. In den Werken finden sich kräftige Abdrücke der, wenngleich wenigen, so doch ernsthaften Erwägungen einiger Autoren, einen eigenständigen deutschen demokratischen sozialistischen Entwicklungsweg zu suchen und gesellschaftlich durchzusetzen. Müller bediente sich in seinen Stücken der parteioffiziell verworfenen Sozialismus-Modelle gesellschaftlicher Offenheit, um die Irrungen und Wirrungen und die Abwege des sprichwörtlichen »sozialistischen Gangs« seit 1917 unnachgiebig zu vermessen.[19]

Noch bis Anfang 1948 war es opportun in der SED, wie auch in den anderen osteuropäischen kommunistischen Parteien, von einem nationalen Weg zum Sozialismus zu sprechen. Auf den sogenannten Verrat Titos, den einige Dezennien lang bedingt erfolgreichen Versuch einer moskaufernen national-kommunistischen Gesellschaft, reagierte die KPdSU und das von ihr kommandierte *Informationsbüro der Kommunistischen Parteien* schlagartig und brutal. [20] Militärisch und ökonomisch war dem jugoslawischen Staatenbund nicht beizukommen, um so strenger wurde jeder Gedanke an einen besonderen nationalen und demokratischen Weg zum Sozialismus zum politischen Verrat an der KPdSU und am eigenen Volk umgedeutet und in den osteuropäischen Staaten, in denen von der KPdSU abhängige kommunistische Parteien regierten, kriminalisiert. Die schauerlichen Prozesse in Ungarn gegen »Rajk und seine Gruppe« und in Bulgarien gegen »Kostoff und Komplizen« und ihre unvorstellbaren Urteilssprüche waren der aberwitzigen stalinistischen Logik nach objektiv notwendige revolutionäre Antworten auf den titoistischen Verrat.[21]

In der SBZ waren die staatlichen und rechtlichen Voraussetzungen für derartige Prozesse noch nicht gegeben. Der Parteivorstand der SED startete deshalb Mitte 1948 ersatzweise eine wütende und lang anhaltende ideologische Kampagne gegen alle Arten des »Abweichlertums«. Der Parteivorsitzende Wilhelm Pieck gab die Richtung vor: »Es kann [...] keinen besonderen deutschen Weg zum Sozialismus geben. Es gibt nur einen Weg zum Sozialismus, den Weg des Klassenkampfes.«[22] Die führende Partei begann Mitte 1948 das von ihr verwaltete Land und die von ihr dominierte Gesellschaft in eine Sowjetrepublik und in eine amorphe Masse umzumodeln und sich selbst in eine stalinistische »Partei neuen Typs« rückzuverwandeln. Die politischen und juristischen Bedingungen in der DDR wurden so weit stalinistisch bürokratisiert, dass die führende Partei einen Schauprozess gegen die Parteifeinde in ihren Reihen vorbereiten konnte. Der Parteiintellektuelle Anton Ackermann, zwei Jahre zuvor ein glühender Befürworter des deutschen Weges zum Sozialismus, geht beispielhaft voran und wütet gegen sich selbst und sein schändlich-schädliches Versagen.

> Von Anfang an war es grundfalsch, von einem besonderen deutschen Weg zu sprechen. Diese Theorie von einem »besonderen deutschen Weg« bedeutet zweifellos eine Konzession an die starken antisowjetischen Stimmungen in gewissen Teilen der deutschen Bevölkerung: sie bedeutet ein Zurückweichen vor der wilden antikommunistischen Hetze. [...] Die Theorie von einem besonderen deutschen Weg zum Sozialismus läßt dem Antibolschewismus Raum, statt ihn entschieden und mit aller Kraft zu bekämpfen. [...] Im Kampf um die Partei neuen Typus

> muß deshalb vor allem diese ernste »theoretische« Entgleisung liquidiert und bis auf den letzten Rest ausgemerzt werden. Das ist die einzige Schlußfolgerung, zu der ich nach reiflicher Prüfung und auf Grund der Erfahrungen des Kampfes der letzten Jahre gelangen konnte.[23]

Die Reinigung der Partei von allen wider allem Erwarten wieder und wieder in ihren eigenen Reihen sich einnistenden Feinden war eingeläutet. Die zwei Prozesse in Ungarn und Bulgarien waren die stalinistische Begleitmusik zu den Gründungsfeierlichkeiten der DDR und Kurt Hager schliff das Schwert: »Der Budapester Prozeß lehrt uns, daß jeder faule Liberalismus gegenüber der Schädlingsarbeit der Tito-Agenten und anderer Trotzkisten ein Verbrechen an der Arbeiterklasse und ein Verrat an ihren Zielen ist«.[24] Trotz ihrer peinigenden Erfahrungen aus Haft, Zwangsarbeit und Folter bedienten sich Funktionäre der SED der Sprache des Dritten Reiches, der Sprache ihrer Richter und Folterer, wenn sie die Umwandlung der Einheitspartei von Kommunisten und Sozialdemokraten und anderer marxistischen Splitterparteien der Weimarer Zeit in eine streng stalinistische Kaderpartei vorwärtstrieben:

> Es soll hier nur darauf hingewiesen werden, daß der überall notwendige Kampf gegen die Überreste des Sozialdemokratismus sehr konkret geführt werden muß. Die geschichtliche Entwicklung hat die unterschiedlichen Nuancen aller dieser Gruppen weitgehend ausgeglichen. Die Logik des Fraktionskampfes hat sie restlos zu Agenturen des Klassenfeindes gemacht. Ihre Führer stehen heute – soweit sie noch leben und nicht den Weg zum Proletariat zurückgefunden haben – im Solde des amerikanischen Imperialismus. Sie knüpfen an etwa noch vorhandene ideologische Überreste an, um Eingang in die Reihen unserer Partei zu finden. Darum muß die Partei diese Überreste aufspüren und einen konkreten Kampf gegen sie führen. Dort, wo früher starke Gruppen der SAP waren, wie in einigen Gegenden Sachsens, muß gegen diese Tradition gekämpft werden. Wo frühere ultralinke Strömungen in der KPD waren, muß der Kampf gegen die trotzkistische Gefahr konzentriert werden. Nur ein solcher konkreter Kampf wird es uns ermöglichen, die schädlichen Traditionen des Sozialdemokratismus völlig auszurotten und die Partei neuen Typus zu schmieden.[25]

Zum zweiten Mal griff der politische Terror in die Lebensgeschichte Müllers ein. Das erste Mal wurde sein Vater vor den Augen des Jungen gewaltsam in das KZ verschleppt. Und wiederum drohte seinem Vater ein ähnlich gewaltsames Schicksal. Der Satz vom »Ausrotten der Schädlinge« war die terroristische Sprache des Dritten Reiches, sie traf seinen Vater unmittelbar. Er war als ehemaliges SAP-Mitglied in der neuen Einheitspartei ein nur schlecht gelittenes Mitglied und noch dazu ein sehr selbstständig handelnder Bürgermeister im sächsischen Frankenberg. Die Drohungen des Politbüro-Mitglieds Oelßner waren blutig ernstgemeint. Das Politbüro der SED instrumentalisierte nach dem Vorbild Stalins die Justiz, den Staatsapparat, um ihre Personalintrigen grundsätzlich juristisch zu klären.[26] Müllers Eltern flohen die DDR. »So ging mein Vater, um sich herauszuhalten aus dem Kampf der Klassen über den Potsdamer Platz in Berlin in den amerikanischen Sektor.«[27] Hier verharmloste Heiner Müller. Sein Vater hielt sich nicht aus dem Kampf heraus, er rettete seine unmittelbar bedrohte Freiheit. All die dramatischen Ballungen im politischen Wetterleuchten zwischen Kreml, Brandenburger Tor und Weißem Haus nahm Heiner Müller hellwach wahr. Später wird Müller, sich dieser Zeit erinnernd, den Gedanken Bechers wiederholen, dass dramatisches Talent daran zu messen sei, welche »Fähigkeit es besitzt, in gesellschaftlich aufschlußreiche Situationen zu geraten.«[28] In sich musste er nicht nach Stoff, Gegenstand und Thema ästhetischen Gestaltens suchen, dort suchte er nach der treffenden Sprache, nach dem treffenden Wort für das ihn treibende und beutelnde, das ungeheuerliche Zeit-Geschehen. Und in dieser Zeit, angesichts des physischen und psychischen Terrors, fand er das Zentrum seiner Theaterarbeit: Körper und ihr Konflikt mit Ideen werden auf die Bühne geworfen. Solange es Ideen gibt, gibt es Wunden, Ideen bringen den Körpern Wunden bei.[29] Diese anthropologische Kurzformel der theaterästhetischen Vorstellung Müllers ist die Konsequenz aus den Jahren der NS-Herrschaft, der Stalin-Zeit und der Zeit des Kalten Krieges. Am einzelnen Leib sah Müller die Politik in der Geschichte ihr Werk verrichten. Überall und täglich kreuzten die schlecht versorgten Kriegsversehrten die unschuldigen Wege der glücklich davongekommenen Zivilisten. Langsam begannen nationalsozialistische Gefängnisse, die Baracken und Appellplätze der KZ ihre Geschichten preiszugeben, »sprachen die Steine ...«. Diese augenscheinlichen Erfahrungen schlossen sich unmittelbar mit den fiktiven Bildern von gewalterleidenden und gewalttätigen Einzelkämpfern aus den frühgelesenen Geschichten von Poe, Friedrich von

Gagern[30] und aus den wüsten Dramen Grabbes zu einem phantastischen theatralischen Tableaux von Folter, Mord und Tod als Summe politischen Wollens in der poetischen Phantasie Müllers zusammen.[31]

> In dem starken Erleben des Leibes können wir Anteil gewinnen an der ungehemmten und unmittelbaren Daseinsfreude alles Lebendigen. [...] Aber welche Blindheit, nur diese eine Seite zu sehen, welche Grausamkeit, nur diese eine Seite sehen zu wollen! Sind wir nicht zugleich durch unseren Leib aller Bedrohung und Hinfälligkeit der Kreatur peinlich ausgeliefert. Der häßliche und verkümmerte Menschenleib, der durch Armut und Siechtum, durch Not und Laster entstellte und verdorbene Leib, der verbrauchte und welkende und dem Tod entgegensiechende Leib, der von grauenhaften Zerstörungsmaschinen zerfetzte Leib, schreckhafte Gestalt menschlicher Ohnmacht, die allen Glanz und alle Ehre seelischen Adels vergessen läßt, beschämende und niederdrückende Erfahrung, daß der Mensch nichts ist als ein Häuflein Elend? Ist das nicht auch die Botschaft des Leibes?[32]

Müller entdeckt eine der wirkungsvollsten und ältesten Grundlagen des Theaterspiels für sich. Der Schauspieler behandelt seinen Körper-Leib, wie ihn ein anderer behandeln würde, wenn er ihn strafen wollte. Das ist der anthropologisch entscheidende Aspekt der alten schauspielästhetischen Metapher der Identität von Spieler und Instrument. Der Schauspieler trennt sich von der Erscheinung und von der Empfindung seines Leibes durch ein anderes körperliches Verhalten als das ihm leibhaftig gegebene eigene Verhalten. Er baut seinen Leib um, indem er ihn zum Körper, zum Ding macht, auch mit Hilfe von Kostüm und Maske, um ihn in einen anderen, in einen ihm fremden Leib zu verwandeln. So wird nicht der Leib des Schauspielers, sondern eine von ihm angenommene Leiblichkeit im Bühnenspiel kenntlich. Jetzt ist der Schauspieler bereit zum ausschweifenden Figurenhandeln und zum leidvollen Tun und Lassen. Der dargestellte Leib leidet, aber im Moment der Spiel-Handlung ist es nicht der darstellende Leib des Schauspielers, der leidet, es ist der Leib eines Anderen, einer fiktiven Person. Müllers aphoristische Verkürzung dieses möglicherweise innersten Kerns der schauspielerischen Existenz, zeugt von einem tieferen Wissen um die Funktion des Theaters.

1 Heiner Müller im Gespräch mit Dieter Kranz über die Inszenierung des *Philoktet* am DT, in: Dieter Kranz: *Berliner Theater – 100 Aufführungen aus drei Jahrzehnten*, Berlin (Ost) 1990, S. 275.

2 Imanuel Geis: »Sozialstruktur und imperialistische Dispositionen im Zweiten Deutschen Kaiserreich«, in: *Liberalismus und imperialistischer Staat*, hrsg. v. Karl Holl und Günther List, Göttingen 1975, S. 45.

3 Kurt Tucholsky: Militärbilanz (1920), in: *Gesammelte Werke*, Band 2, 1919–1920, S. 308.

4 Red. »Krieg«, in: *Süddeutsche Monatshefte* September 1914, S. 770.

5 Kurt Tucholsky: a.a.O., S. 308f.

6 Hans Werner Richter: »Die versäumte Evolution«, in: *Der Ruf* 11/1947, zit. nach: *Der Ruf Eine deutsche Nachkriegszeitung*, hrsg. Hans Schwab-Felisch, München 1962, S. 120f.

7 »Wir haben in dieser Zeitwende, die wir, wie kaum eine andere Nation die ihre, mit qualvoller Bewußtheit erleben, Menschen um Ideen wie um Fahnen bis zum Zerfetzen kämpfen sehen. Vielleicht ist um keine Idee raffinierter und trivialer geschriftstellert worden als um die: Vaterland. Um keine wurde mehr Schultinte von Knaben verkleckst, mehr Blut von Männern vergossen. Ideen, mit denen viel hochgestapelt wird, sind verdächtig. Da nennen Schriftsteller »Vaterland« den gültigsten aller immanenten Werte, den gültigsten aller Stoffe. Andere entlarven ihn als einen Betrug oder als eine Fiktion.« Anna Seghers: »Vaterland«, in: *Neue deutsche Blätter* 6/1935. Carl Sternheim: *1913*/Heinrich Mann: *Der Untertan*/Bertolt Brecht: *Trommeln in der Nacht*/Ödön v. Horvath: *Sladek*/Ernst Glaeser: *Jahrgang 1902*/Lion Feuchtwanger: *Erfolg*/Hans Fallada: *Bauern Bonzen Bomben*/Anna Seghers: *Der Kopflohn* sind genaue belletristische Dokumente dieser Zeit.

8 Margret Boveri: *Der Verrat im XX. Jahrhundert. Für und gegen die Nation*, Hamburg 1956, S. 7.

9 *Kommandant in Auschwitz.* Autobiographische Aufzeichnungen des Rudolf Höss, hrsg. v. Martin Broszat, München 1963, S. 72 f.

10 Margret Boveri: *Tage des Überlebens* (1968), Neuausgabe München 1985, S. 72.

11 Die zeitweise überschätzte Literaturszene des Prenzlauer Bergs ist anders nicht zu verstehen. Vgl. *MachtSpiele, Literatur und Staatssicherheit im Fokus Prenzlauer Berg*, hrsg. v. Peter Böthig und Klaus Michael, Leipzig 1993.

12 Geistesgeschichtlich verunklärt Hans-Thies Lehmann: »Um zwei Brennpunkte zog Müllers Schreiben seine elliptische Bahn. Der eine war sein besonderes Bild menschlicher Arbeit, der andere die mythische Idee des Verrats. In dessen düsteres Scheinwerferlicht taucht sein Werk die Bewußtseinslandschaft der Epoche als Clinch zwischen Revolution und Konterrevolution.«, Hans Thies Lehmann: »Über Heiner Müllers Arbeit«, in: *Merkur* 6/1996, S. 543.

13 Der Vater gab ihm das Buch von Karl I. Albrecht: *Der verratene Sozialismus – Zehn Jahre als hoher Staatsbeamter in der Sowjetunion* (Volksausgabe, Berlin-Leipzig 1943) zum Lesen. Eine bezeichnende Passage: »Als Stalin die Führer der Opposition und ihre Anhänger vernichtet hatte, glaubte er, seine Macht endgültig stabilisiert zu haben. Er vergaß, daß es immer noch tausende kleiner Stalins gab, die gleich ihm zur Macht drängten und ihm ununterbrochen seinen Raub, zu dem sie ihm verholfen hatten, streitig machten. [...] So wurde Stalin in jenen steten Kreislauf gezwungen, immer wieder diejenigen als Verräter und Staatsfeinde zu vernichten, die er noch vor wenigen Monaten in aller Öffentlichkeit als seine getreuesten Helfer und Berater gepriesen und mit Ehre und Ruhm überhäuft hatte. Jeder wußte und weiß, daß er nur dann Einfluß und Macht erhalten und behalten kann, wenn er seinen Vordermann oder seine etwaigen Nachfolger zur Strecke zu bringen vermag, Furcht, die entsetzliche Furcht vor dem Morgen – das ist die Lebensluft von 170 Millionen. Jeder, ob oberster Staats- oder Parteifunktionär, ob kleiner Rotarmist oder Kommandierender General, ob hoher GPU-Funktionär oder Vorsitzender in einem entlegenen Dorfkollektiv – sie alle zittern vor dem Verrat, der sie umgibt, auf sie lauert, ihnen den Tod bringt.« S. 250 ff.

14 »Denn die ursprüngliche Akkumulation, die dieses Stalinsche Experiment bedeutet, wird durchgeführt auf Kosten der Lebensmöglichkeiten und des Lebensglückes der Werktätigen selbst, auf Kosten des physischen und

psychischen Gedeihens ihrer Kinder. Das Stalinsche Experiment, das für die Menschen außerhalb Rußlands ein Experiment der Technik, der Planwirtschaft, der Theorie sein kann, ist für die Bevölkerung Rußlands ein Experiment am lebendigen Leib.«, Friedrich Adler: »Das Stalinsche Experiment und der Sozialismus«, in: *Der Kampf* 1/1932, S. 15.

15 Vgl. Genia Schulz: »Kein altes Blatt. Müllers Graben«, in: *Heiner Müller - Rückblicke, Perspektiven*, hrsg. v. Theo Buck/Jean-Marie Valentin, Frankfurt /M. 1995, S. 9 f. Ähnlich bei Michael Töteberg: »Vorgeschichte eines Autors«, in: *Text und Kritik 73, Heiner Müller*, München 1982. Auch Jan-Christoph Hauschild folgt in seiner Biographie *Heiner Müller oder Das Prinzip Zweifel* (Berlin 2001) dem einseitigen Bild des die bürgerliche Moderne und dazu Nietzsche, Ernst Jünger und Carl Schmitt verschlingenden Lesers. Diese Lektüre ist unbestritten, aber sie ist im Werk nicht prägend geworden, sondern post festum in die Interpretation der Werke durch die von den Gesprächen Müllers verführten Exegeten hineingewoben worden unter freundlicher Mithilfe Müllers selbst.

16 Alexander Abusch: *Der Irrweg einer Nation*, Berlin 1946; Ernst Niekisch: *Deutsche Daseinsverfehlung*, Berlin 1946, *Europäische Bilanz*, Potsdam 1951 und *Das Reich der niederen Dämonen*, Hamburg 1953; Stephan Hermlin/Hans Mayer: *Ansichten über einige Bücher und Schriftsteller*, erw. und bearbeitete Ausgabe, Berlin o. J. (1947); Heinrich Deiters: *Die Schule der demokratischen Gesellschaft*, Berlin 1948; F. C. Weiskopf: *Elend und Größe unserer Tage*, Berlin (Ost) 1950.

17 Ernst Bloch: »Universität, Marxismus, Philosophie«, in: *Ost und West* 11/1949, S. 65 ff.

18 Ebd.

19 Besonders eindrücklich in *Mauser*, *Germania Tod in Berlin* und in *Wolokolamsker Chaussee I – V.*

20 Der Hauptvorwurf der KPdSU (B) lautete: »Die jugoslawischen Führer meinen, daß sie die Unabhängigkeit erhalten und den Sozialismus ohne die Unterstützung der UdSSR aufbauen können.«, in: *Die Lehren aus der Entartung der jugoslawischen Parteiführung*, Berlin 1948, S. 17.

21 Vgl. die zwei Gerichtsprotokolle *Laszlo Rajk und Komplicen vor dem Volksgericht*, Berlin 1949 und *Traitscho Kostoff und seine Gruppe*, Berlin (Ost) 1951.

22 Wilhelm Pieck: »Vorwort«, in: *Die Lehren aus der Entartung der jugoslawischen Parteiführung*, a.a.O., S. 8.

23 Anton Ackermann: »Über den einzig möglichen Weg zum Sozialismus«, in: *ND*, 24. September 1948, S. 2.

24 Kurt Hager: »Vorwort« (29. Oktober 1949), in: *Laszlo Rajk und Komplicen vor dem Volksgericht*, a.a.O., S. 8.

25 Fred Oelßner: »Konkreter Kampf zur Überwindung des Sozialdemokratismus«, in: *ND*, 19. Juli 1950, S. 4.

26 Die »große Reinigung« sollte zwei Jahre später in Szene gesetzt werden, die Hauptangeklagtes des Schauprozesses waren 1950 schon auserkoren: die beiden Politbüromitglieder Franz Dahlem und Paul Merker. Paul Merker (*1894, † 1969) war von von 1923 bis 1950 führender Funktionär der KPD und SED, emigrierte nach seiner Internierung in Frankreich 1942 nach Mexiko. Dort veröffentlichte er 1945 seine voluminöse Abrechnung mit der jüngsten deutschen Geschichte *Deutschland – Sein oder Nicht-Sein?* in den zwei Bänden: *Von Weimar bis Hitler* und *Das Dritte Reich und sein Ende.* Dieses Buch ist die einzige Beschreibung und ansatzweise Analyse der realen Geschehnisse zwischen 1918 und 1945 aus deutscher kommunistischer Sicht. Das Buch wurde, obwohl geplant, weder in der SBZ noch in der DDR wiederaufgelegt, da Merker eine eigenständige Wiedergutmachungspolitik gegenüber Israel vertrat und seine Unterlagen im Zuge seiner damit begründeten Verhaftung 1950 für immer »verschwanden«. Franz Dahlem (*1892 † 1881) Politbüromitglied der KPD ab 1929, 1933 Emigration nach Paris, Mitglied der Internationalen Brigaden im spanischen Bürgerkrieg, Internierung in Frankreich und Auslieferung an das Deutsche Reich, KZ-Häftling von 1943–1945 in Mauthausen. Nach 1945 wiederum Politbüromitglied der KPD und später der SED bis 1953. Doch bevor das Prozess-Skript fertig geschrieben war, starb Stalin. Dennoch wurde noch im Jahre 1955 Paul Merker kriminalisiert und widerrechtlich verurteilt und insgesamt drei Jahre lang inhaftiert. Dahlem entging der

Kriminalisierung. Er wurde nur parteiintern abgestraft. Rehabilitation 1956. Seit 1957 wieder ZK-Mitglied, aber politisch kaltgestellt; als stellvertretener Minister/Staatsekretär im Ministerium bzw. Staatsekretariat für Hoch- und Fachschulwesen von 1967 bis 1974.

27 Heiner Müller: »Der Vater«, in: *Angaben des Dichters Heiner Müller zur Person*, zwölfseitiges Faltblatt der Volksbühne Berlin, Spielzeit 1977/78.

28 Heiner Müller erinnert den Gedanken von Becher im »1. Leipziger Gespräch« (1974), in: *Müller MP3*, Heiner Müller, Tondokumente 1972–1995. 4 CDs mit Booklet, hrsg. v. Kristin Schulz, Berlin 2011.

29 Die Müller-Philologie missachtet oft die konkreten lebenspraktischen Erfahrungen Müllers. Ein Beispiel: »Diese im Gespräch mit Lotringer 1981 gebrauchte Formel schlägt den für Müllers Arbeit als Autor und Theatermacher entscheidenden Bogen vom antiken Theater der Tragödie über Shakespeares Trauerspiele und das bürgerliche Drama der Aufklärung bis zum modernen und postmodernen Theater, das sich im beschleunigten Wechsel und Zusammenbruch politischer Systeme und Utopien den Prozess der Geschichte vor allem als eine Anhäufung von Opfern ausgesetzt sieht. Der Gedankengang durchquert zugleich die einander berührenden Extreme, von denen Müllers Denken des Theaters ausgeht und die es kommentierend immer wieder umkreist: Brechts im Fatzer-Material explodiertes Lehrstückprojekt und Antonin Artauds notwendig utopisches Theater der Grausamkeit.«, Patrick Primavesi: »Theater des Kommentars«, in: *Heiner Müller Handbuch*, a.a.O., S. 46.

30 Friedrich von Gagern: *Der Marterpfahl*, Leipzig 1925 (RUB Nr. 6533).

31 So notwendig der Gang durch die gesamte deutsche Geschichtsdramatik von Schiller, Kleist, Grabbe, Hebbel hin zu Müller, dem dunkelsten und gewalttätigsten Winkel des nachshakespearischen Dramas, wäre, so wenig ist hier Raum dafür. Müller war seit seiner Jugend fasziniert vom poetischen Mut dieser Autoren, die realen Grausamkeiten in ihren Stücken zum Augenschein zu bringen. Diese brachialen Durchgriffe auf die blanke Körperlichkeit, verbunden mit den horrenden Beschreibungen von Stalins Terror, befördert durch die praktische Tiefenwirkung von NS-Idealen und HJ-Ritualen in seiner Jugend, werden Teile seines Werkes mitbestimmen. Die metaphorischen und pantomimischen Darstellungen des Terrors, der Folter und des Todes sind völlig unabhängig von Artauds »Theater der Grausamkeit« zu verstehen. Gesetzt, Müllers Behauptung stimmt, er habe Jüngers *Auf den Marmorklippen* schon vor 1945 gelesen, dürfte sich das bestätigen. Die obligaten Artaud-Verweise in seinen eigenen Texten wie in den Texten über sein Werk sind modisch – akzidentielle Volten, die Grabbe-Erinnerung dagegen ist in seinem Werk poetisch substantiell geworden.

32 Wilhelm Stählin: *Vom Sinn des Leibes*, Stuttgart 1930, S. 90.

Berliner ABC des Kalten Kriegs

Berlin war der Ort in Europa, an dem eine wahrlich spannungsreiche »gesellschaftlich aufschlußreiche Situation« sowohl im historischen wie im gegenwärtigen Kampf der Klassen und Systeme unmittelbar zu erleben und zu erfahren war. In Berlin erlebte Müller, wie die beiden kulturellen Paradigmenwechsel, die Sowjetisierung und die Amerikanisierung, die deutsche Gesellschaft spalteten. Ihm gelingt, wie wenigen nur, im Dazwischen den Überblick zu bewahren, sich als autonomes geschichtliches Subjekt zu behaupten. Die Grundmotivation seines Schreibens ist über das *Da-Zwischen* hinweg zu kommen zu einem Darüber. Er wird der erste parteilose, proletarische Bohemien der DDR. Später geistert er als der »zweite Clown im kommunistischen Frühling« durch die intellektuellen Zirkel diesseits und jenseits der Systemgrenzen. Zuletzt sucht er »zwischen Moskau und Berlin«, auf dem Schlachtfeld eines vergangenen und eines wieder denkbaren Dritten Weltkriegs für sich und andere nach einer Überlebenshoffnung. Müller stimmte mit der ihn tief beunruhigenden welthistorischen Lagebeschreibung von James Burnham überein: »Der Unterschied zwischen militärisch und zivil ist ausgelöscht. Die Scheidelinie zwischen Krieg und Frieden ist verschwunden. Wir müssen einsehen, daß der Krieg schon im Gange ist und sich in seiner politisch-untergründigen Widerstandsphase befindet«.[1]

Müller hypertrophierte Geschichte keineswegs aus persönlicher Neigung ins Katastrophische, ins Apokalyptische, vielmehr sieht er die reale Gefahr, dass die dem marxistischen Geschichtsdenken immanente schlimmstmögliche Wende der Menschen-Geschichte eintreten kann, dass der Krieg der Klassen ins barbarisch-selbstzerstörerische Gemetzel ausufert. Brecht hatte hierfür die Formel vom »gemeinsamen Sturz der kämpfenden Klassen in das Chaos« gefunden. Allein der nicht weniger gewaltsame, aber eine menschliche Perspektive sichernde Umsturz oder Umbau aller bisherigen aus Klassenkämpfen hervorgegangenen Gesellschafsformen verhinderte seiner Ansicht nach, als ultima ratio nur zu denken, die Selbstvernichtung der Gattung Mensch. Der Revolutionsbegriff von Müller ist aus dem Wissen um den möglichen Endpunkt allen Menschlichen bestimmt, den allein die Revolution verhindern kann, wenn aus dieser Revolution der blutig grausamen Revolution der »befreite Mensch« aufersteht und alles Schlachten endet. Die Revolution und ihre tödliche Arbeit legitimierten sich allein dadurch, dass sie den Menschen zum Wissen über sich selbst und sich im Anderen zu erkennen verhilft, und dem Töten der Menschen durch den Menschen ein Ende bereitet. Eingedenk der historischen Erfahrungen der Revolutionen des zwanzigsten Jahrhunderts bilanziert Müller die realgeschichtlichen Konsequenzen aus den Voraussagen von Marx und Engels, »daß sowohl zur massenhaften Erzeugung dieses kommunistischen Bewußtseins wie zur Durchsetzung der Sache selbst eine massenhafte Veränderung der Menschen nötig ist, die nur in einer praktischen Bewegung, in einer Revolution vor sich gehen kann; daß also die Revolution nicht nur nötig ist, weil die herrschende Klasse auf keine andere Weise gestürzt werden kann, sondern auch, weil die stürzende Klasse nur in einer Revolution dahin kommen kann, sich den ganzen alten Dreck vom Halse zu schaffen und zu einer neuen Begründung der Gesellschaft befähigt zu werden«.[2]

In *Mauser* heißt es:

> Nicht Menschen zu töten ist dein Auftrag, sondern
> Feinde. Nämlich der Mensch ist unbekannt,
> Wir wissen, daß das Töten eine Arbeit ist
> Aber der Mensch ist mehr als seine Arbeit
> Nicht eh die Revolution gesiegt hat endgültig
> In der Stadt Witebsk wie in anderen Städten
> Werden wir wissen, was das ist, ein Mensch.
> Nämlich er ist unsre Arbeit, der unbekannte
> Hinter den Masken, der begrabene im Kot
> Seiner Geschichte, der wirkliche unter dem Aussatz
> Der lebendige in den Versteinerungen
> Denn die Revolution zerreißt seine Masken, tilgt
> Seinen Aussatz, wäscht aus dem steinharten Kot
> Seiner Geschichte sein Bild, der Mensch, mit
> Klaue und Zahn, Bajonett und Maschinengewehr
> Aufstehend aus der Kette der Geschlechter
> Zerreißend seine blutige Nabelschnur
> Im Blitz des wirklichen Anfangs erkennend sich selber
> Einer den anderen nach seinem Unterschied
> Mit der Wurzel gräbt aus dem Menschen den Menschen.
> Was zählt ist das Beispiel, der Tod bedeutet nichts.[3]

Eine angemessene theatralische Reaktion auf den Geschichtsverlauf der letzten hundert Jahre erheischte eine oftmals ins Groteske übersteigerte, dem Grand Guignol angenäherte, streng antiidealistische Tragödie: »Eine allen Autoren unseres Jahrhunderts von Hauptmann bis Beckett gemeinsame ›Struktur‹ trat hervor, die komprimiert bereits bei Georg Büchner angelegte [...] permanente Anwesenheit der Katastrophe. Aufhebung des Komischen und Tragischen durch die Groteske, in der sie ununterscheidbar werden. Identität zwischen distanziertem Spiel und distanzloser Verzweiflung.«[4]

Wenn Müller seinem selbst erteilten Auftrag, den von Marx prognostizierten »15, 20, 50 Jahre Bürgerkriege und Völkerkämpfe, nicht nur um die Verhältnisse zu ändern, sondern um die proletarische Klasse zu ändern und zur politischen Herrschaft zu befähigen«[5], ästhetisch genügen wollte, musste er diese Prozesse in ihrer unerbittlichen Zwanghaftigkeit radikal ausformulieren, eine »plebejisch-proletarische, eine materialistische Tragödie« anstreben. Er tat es und so konnte er nur in der Spanne zwischen Tod und Leben dramatisch Ernsthaftes entwerfen.

In den frühen Inszenierungen des BE und in manchen Texten und Theoremen Brechts entdeckte er dramatisch-theatralische Verfahren, die ihn in seinem Wollen bestätigten, weiterhalfen und herausforderten. Eine Mitarbeit, eine »theatralische Lehre« am BE war ihm nicht vergönnt, er war aufs Zuschauen verwiesen, aber was er in den Aufführungen sah und hörte, bestimmte kräftig seine künstlerische Biographie.

> Der Schutt war noch nicht aus den Straßen von Berlin weggekehrt, und noch viel mehr Menschen als heute waren vom Krieg und Faschismus innen und außen genau so zertrümmert wie ihre Stadt, da sprach die Frau wieder deutlich und laut zu dem Volk, das die Sprache geschaffen hat. Es zuckte zusammen und sah und horchte betroffen auf etwas, das man ihm entwendet und verunstaltet hatte, so daß es sein Eigentum zuerst nicht wiedererkannte. Denn sogar um seine Sprache war es betrogen worden. Es hatte so oft und so lange gespreizte Phrasen, Hetzreden und Mordbefehle angehört, daß seine Sprache Sanftheit und Witz und echte Härte abhanden gekommen waren. Jetzt sah und hörte es wieder, wie sich ein Mensch ausdrückt und bewegt, im eigenen und im sozialen Raum, den die Bühne darstellt. [...] Man könnte sagen, die Weigel spielt, als hätte sie keine Zuschauer. So spielt sie, weil sie das wirkliche Publikum kennt, das nicht das Publikum eines Theaterabends bildet, sondern das Publikum aller denkbaren Abende auf dem Boden

> der Heimat. Da konnte das Deutsch denn wieder langsam, unmerkbar in seine eigene Quelle zurückströmen und wieder Gefühle und Gedanken erwecken, die nur die klaren Bewegungen dulden. Die Schauspielkunst half dem Menschen, sich wieder neu aufzubauen.[6]

Anna Seghers erkannte das Geheimnis der schauspielerischen Wirkung Helene Weigels. Diese Wirkung lag jenseits aller schauspielmethodischen Verfahren, sie lag in der von Helene Weigel durchlebten theatralischen Sendung ihres Spiels, sie transzendierte die Bühne und den Zuschauerraum. Erwachsen ist ihr dieses Spielbewusstsein zweifellos in den Proben und Vorstellungen der *Mutter* im bürgerkriegsgefährdeten Berlin des Jahres 1932, in den »Sälen der Vorstädte« (Brecht).

> Nicht ohne Schwierigkeit lernte sie, nachdem sie mit solcher Mühe gelernt hatte, das Interesse der Zuschauer auf große Gegenstände [...] zu lenken, nunmehr dieses Interesse von ihr, der Darstellerin, auf die Gegenstände, das Dargestellte, hinüberwechseln zu sehen. Und doch war gerade dies ihre größte Errungenschaft. Viele Künstler erreichen bei ihren Zuschauern, daß ihnen vor solcher Kunst Hören und Sehen vergeht, und was die Welt betrifft: Die Weigel erreichte, daß sie mehr als nur sie sahen und mehr als nur sie hörten.[7]

Paul Rilla definierte kurz und bündig die Spezifik des ensembleprägenden Spiels:

> Die Personen bewegen sich spielend mit so heiterer Perfektion, daß auch der Vorgang, in welchem sie zum Zuschauer hin aus dem Spiel heraustreten, ein Spielvorgang bleibt. Das Spiel, indem es nicht auf Illusion aus ist, wendet desto mehr Kunst an, um in der realistischen Führung der Fabel natürlich und genau zu sein. Das Spiel unterbricht sich nicht, wenn es sich nähert und wieder entfernt. Beides, die Nähe und die Entfernung, dient dazu, dem Zuschauer die Perspektive merkwürdig zu machen. Der Humor, wie er in den Vorgängen frei wird, wird auch im Schauspielerischen frei, er ist die heitere Mitte zwischen dem sich darstellenden und dem vorstellenden Spiel der Spieler. Dieses Gleichgewicht zu beachten, ist so unterhaltsam wie lehrreich; wo immer der Darsteller sich ihm anvertraut, vertraut

> er sich einer künstlerischen Bindung an, die so locker wie unzerreißbar ist. Die Wahrheit der Figuren ist es, daß sie darstellen, was sie sind, und sagen, wer sie sind; sie führen, weil Alltägliches sich historisch zuträgt, das Protokoll der Vorgänge und sie geben auch ihre Personalien zu Protokoll. Das Protokoll ist eine Urkunde des Klassenkampfes, und Urkunden wollen richtig gelesen sein. Im Stück lernen nicht nur jene Arbeiter das Schreiben und Lesen, das Stück lehrt auch den Zuschauer, dem Buchstaben zu folgen und zu prüfen, was er besagt.[8]

So oder ähnlich hat Heiner Müller die Aufführungen des BE erlebt und so blieben sie ihm zeitlebens erinnerlich:

> Die Aufführung von *Hofmeister* 1950 war glänzend, bis zum Marionettenhaften durchgearbeitet. Ich habe erfahren, daß ich dabei noch eine falsche Erinnerung an die Aufführung habe. Und zwar an die Kastrationsszene. Ich erinnere mich daran, daß der Hofmeister sich einen roten Latz aus der Hose zieht und den zerschneidet. Ich habe nie wieder erlebt, daß das Publikum den Atem anhält. Das ging wirklich ins Mark. Aber andere, die die Aufführung gesehen haben, sagen, es wäre gar nicht so gewesen.[9]

Die Inszenierung verfolgte Müller. Sie war in seiner Erinnerung der artistische Höhepunkt des Berliner Ensembles, wenn nicht gar von Theaterspiel schlechthin.[10] Dieses Theater und dieses Theaterspiel zu fördern, zu propagieren und weiterzuentwickeln war zweifellos die theaterpolitische Aufgabe des Tages. Doch im Jahre 1951 hob das große ideologische Verschreien Brechts im Namen des kunstfeindlichen »Sozialistischen Realismus« an, und die praxisferne, theaterästhetisch sinnlose und theatergeschichtlich unhaltbare Konfrontation »Brecht-Stanislawski« behinderte jahrelang zeitgerechte Innovationen des Theaterspiels in der DDR.[11] So wechselte auch in der Theaterkunst endgültig die unmittelbare Nachkriegszeit über in die Zeit des Kalten Krieges. Die Sowjetisierung Osteuropas und Stalins Diktum vom unaufhaltsam sich verschärfenden Klassenkampf prallte auf die westliche Befreiungspolitik und -rhetorik des Rollbacks. Das epische Theater Brechts war plötzlich heimatlos, wurde herabgewürdigt zu einem fundamentalen Irrtum, einem abwegigen Privatissimum eines zwar parteinahen aber individualistischen bürgerlichen Intellektuellen.

Der Kalte Krieg wurde Heiner Müllers Universität. In dieser tumultuarischen und verlogenen Zeit erlebte Müller um sich herum, wie jedes einseitige politisch und ideologisch vorgeformte Handeln Menschen beschädigte. Der Logik des Kalten Krieges nach gab es keinen gemeinsamen deutschen Weg in die Zukunft. Wieder brachen kollidierende Sonderinteressen auf, die Klassengegensätze obsiegten über die nationalen Interessen, die ganze Misere deutscher Zwietracht setzte sich fort. Die in zweifeindliche Lager separierte deutsche Bevölkerung willfahrte den Interessen ihrer jeweiligen Besatzungsmacht. Sie nahm Partei schon wieder für die Mächtigen, zeigte sich wandelbar und verfügungsbereit. Der Opportunismus siegte und das notwendige »große Gespräch« über Vergangenheit und Zukunft zwischen den Klassen, Schichten, Gruppen, Generationen wurde, wenngleich zuweilen angemahnt, erleichtert aufatmend, auf ewig verschoben. Müller insistierte darauf.

Er verstand seine künstlerische und publizistische Arbeit als bewusste sozialistische, gesellschaftlich eingreifende Tätigkeit. Er folgte der Grundmaxime des damaligen sozialistischen Kunstverständnisses, wie es ihm das Berliner Ensemble nahegebracht hatte: mit der ästhetisch anspruchsvollen Gestaltung des Klassenkampfes im Kunstwerk den Kampf der Klassen mitzukämpfen. Müller arrangierte sich nicht mit den ästhetischen und kunstmethodisch vereinseitigenden Geboten und Verboten des sozialistischen Realismus, dem ideologisch platt zurechtgestutzten Darstellungs- und Gestaltungskanon, weil »die Komplizierung des ästhetischen Genusses [...] die moralische und politische Wirkung des Kunstwerks vertieft.«[12] 1953 geriet das Berliner Ensemble wiederum in den inquisitorischen Blick der parteipolitischen Meute, die, um Stalins Erbe zu würdigen und zu ehren, auf Formalisten-Jagd ging:

> Die Pflege der demokratischen Elemente des nationalen Kulturerbes gehörte zu den wichtigsten Aufgaben, die sich Stanislawski gestellt hatte. Ohne ihre Verwirklichung hätte er das sowjetische Theater nicht auf die unerreichte Höhe heben, hätte er den Weg des sozialistischen Realismus nicht beschreiten können. Bertolt Brecht würde die großen künstlerischen Potenzen und die Ziele seines eigenen Lebenswerkes zerstören, wenn er den Weg der Negierung des nationalen kulturellen Erbes weiter beschritte.[13]

Eine dem bildungsbürgerlich-traditionellen *Faust*-Verständnis gewiss nicht entsprechende, kleine aufrührerische Studio-Aufführung des

Ur-Faust in Potsdam samt einigen Vorstellungen in Berlin wurde von der zentralen Parteipresse zur staatsgefährdenden, kulturschänderischen Untat aufgeblasen, während die führende Partei und der von ihr kontrollierte Staatsapparat auf dem letzten Loch pfiff. Die drei Spitzenfunktionäre der SED, Otto Grotewohl, Fred Oelßner und Walter Ulbricht wurden am 2. Juni 1953 nach Moskau zitiert und dort wurde ihnen von Georgi Maximilianowitsch Malenkow, dem neuen sowjetischen Ministerpräsidenten nach Stalins Tod, ein sie zutiefst erschreckender Text präsentiert:

> Infolge der Durchführung einer fehlerhaften politischen Linie ist in der Deutschen Demokratischen Republik eine äußerst unbefriedigende politische und wirtschaftliche Lage entstanden. [...] Unter den breiten Massen der Bevölkerung, darunter auch unter den Arbeitern, Bauern und der Intelligenz, ist eine ernste Unzufriedenheit zu verzeichnen in bezug auf die politischen und wirtschaftlichen Maßnahmen, die in der DDR durchgeführt werden. Das kommt am deutlichsten in der massenhaften Flucht der Einwohner der DDR nach Westdeutschland zum Ausdruck. So (sind) vom Januar 1951 bis April 1953 447 000 Personen nach Westdeutschland geflüchtet, darunter über 120 000 lediglich während der vier Monate des Jahres 1953. Die sozial-wirtschaftlichen Maßnahmen, die in Verbindung damit durchgeführt werden, und zwar eine Beschleunigung der Entwicklung der Schwerindustrie, die dabei auch keine gesicherten Rohstoffquellen hat, eine jähe Einschränkung der Privatinitiative, die die Interessen einer breiten Schicht der (kleinen und mittleren) Eigentümer in Stadt und Land beeinträchtigt, (der) Entzug der Lebensmittelkarten für alle Privatunternehmer und Freischaffenden, besonders eine übereilte Schaffung der Landwirtschaftlichen Produktionsgenossenschaften ohne eine dafür notwendige Grundlage auf dem Dorf, haben dazu geführt, daß auf dem Gebiet der Versorgung der Bevölkerung mit Industriewaren und Nahrungsmitteln ernste Schwierigkeiten entstanden, daß der Kurs der Mark stark gefallen ist, daß eine große Anzahl der kleinen Eigentümer wie Handwerker, Gewerbetreibende usw. ruiniert sind und haben bedeutende Schichten der Bevölkerung gegen die bestehende Macht gestimmt.[14]

Auf diese nüchterne Bestandsaufnahme ihrer desaströsen Politik reagierte die untereinander zerstrittene SED-Führung viel zu spät. Am

17. Juni 1953 eroberten nach zwanzig Jahren erzwungener und selbstverordneter Untertänigkeit streikende Arbeiter die Straße, ihren ureigenen politischen Kampfplatz für einige Stunden zurück. Bevor die sowjetischen Panzer sie verdrängten, forderten sie lautstark auf den Straßen Berlins, einiger Bezirksstädte und in mehreren Industriezentren eine andere Republik, riefen lauthals nach gesamtdeutscher Staatlichkeit und gingen gelegentlich, wenig bedacht, gewaltsam auf staatliche Einrichtungen, auch gegen ihnen im Wege stehende oder sich ihnen in den Weg stellende Volkspolizisten und Parteimitglieder los. Gegen die später am Tag aufziehenden sowjetischen Soldaten schrien sie nur an. In diesen Stunden brachen alle Widersprüche der Ost-West-Konfrontation, alle Konflikte zwischen führender Partei und Bevölkerung auf und alte, bisher nur mühsam zurückgehaltene trübe und aggressive nationalistische Parolen erklangen wieder. All das drehte sich auf den Straßen und Plätzen ein paar Stunden im Kreise, da bar jeder Führung und ohne einen erkennbaren politischen Gesamtwillen konnten die Massen nicht zum politischen Tanz aufspielen. Revolutionär war an diesem Ausbruch nichts. Die demonstrierenden Arbeiter hätten möglicherweise einen ersten Schritt zur ihrer Selbstbewusstwerdung als Klasse gehen können, aber sie gingen angesichts der sowjetischen Panzer nach Hause und am nächsten Tag wieder als einzelne an die Arbeit.

Die marxistischen Intellektuellen waren sich einig, dass die Arbeiterrevolte in ihrem spontanen, politisch ungeschickten und fallweise auch fremdgesteuerten Verlauf allein die gesellschaftliche Schwäche der proletarischen Klasse demonstrierte. Die Klasse war depraviert, sie war das eigentliche Opfer der sozialistischen Umgestaltung in der SBZ. Von der KPD/SED fehlgeleitet und von der SPD und den Gewerkschafen allein gelassen, war sie nach dem NS-Terror und der NS-Demagogie nicht mehr zu sich gekommen. Sie hatte sich selbst als Klasse aufgegeben. Ernst Niekisch schrieb an den sowjetischen Hochkommissar Semjonow:

> Der deutsche Arbeiter will weniger eine grundsätzlich neue Ordnung, er erstrebt vielmehr selbst ein kleiner Bürger zu werden. Er fühlt sich nicht als Proletarier, der alles, was er hat, in seinem Taschentuch unterbringen kann; ihn verführt die gute Stube, das Vertiko, das Eigenheim und das kleine Gärtchen um sein Häuschen. [...] Das bürgerliche Gesamtbewußtsein der deutschen Arbeiterschaft belebte sich nach 1945 wieder aufs Neue angesichts der unmittelbaren Begegnungen mit den

> bolschewistischen Gesellschafts- und Ordnungsgedanken, die im östlichen Teile Deutschland sinnfällig in Erscheinung traten.[15]

Ähnlich äußerte sich Stefan Heym gegenüber dem sowjetischen Chefredakteur der *»Täglichen Rundschau«*:

> Denn wir haben es mit Deutschen zu tun. Wir brauchen nicht über die Geschichte des deutschen Volkes unter dem Kaiserreich und unter Hitler zu sprechen; das ist bekannt. Man muß aber darüber sprechen, daß man die bekannten Tatsachen der Geschichte und ihre Auswirkungen auf das Wesen breiter deutscher Schichten nicht genügend beachtet hat. Regierung und Partei haben bereits festgestellt, daß zuviel administriert und zuwenig überzeugt wurde. [...] Das, zusammen mit der zu Formeln erstarrten, beinahe unmenschlichen Sprache in Presse und Rundfunk, führte zu einem allgemeinen Absinken des Vertrauens.[16]

In seiner Kolumne *So liegen die Dinge* in der *»Berliner Zeitung«* hob Heym besonders eine fatal unterschätzte, weit verbreitete Einstellung hervor:

> Es ging vielen Deutschen, auch Teilen der deutschen Arbeiterklasse recht gut unter Hitler. Erstens gab es Arbeit. Daß die Arbeit ausschließlich der Vorbereitung des Krieges und des eigenen Unterganges diente, davor verschlossen viele Leute, die jahrelang ohne Arbeit waren, die Augen. Und dann kamen die ersten Früchte der Eroberungen – und selbst die Menschen, die keine Beutestücke zugesandt bekamen, nahmen an der Beute indirekt teil: Denn sie lebten besser als der Rest Europas, weil die Völker Europas auch ökonomisch ausgepreßt wurden, damit die Mehrheit der deutschen Bevölkerung von den Nazis korrumpiert und bestochen und mitschuldig gemacht werden konnte.[17]

Brecht erkannte:

> Wir haben allzufrüh der unmittelbaren Vergangenheit den Rücken zugekehrt, begierig, uns der Zukunft zuzuwenden. Die Zukunft wird aber abhängen von der Erledigung der Vergangenheit. Wo sind die Kunstwerke, die die ungeheure Niederlage

> der deutschen Arbeiterschaft von 1933 schildern, von der sie sich nur langsam erholt?
> Sie würden auch heroische Beispiele eines zähen Kampfes zu zeigen haben. Und sie würden unseren jetzigen Kampf inspirieren, indem sie ihn mit Kenntnissen und Vorbildern versähen. Unser sozialistischer Realismus muß zugleich ein kritischer Realismus sein.[18]

Selbst Ministerpräsident Otto Grotewohl sprach auf einer außerordentlichen Parteizusammenkunft am Abend des 16. Juni in Berlin, also vor dem 17. Juni!, eine Sekunde lang einsichtig und realitätsnah: »Die Methode des Administrierens, der polizeilichen Eingriffe und die Schärfe der Justiz ist falsch und erstickt die schöpferischen Kräfte eines Volkes.Wenn sich Menschen von uns abwenden, wenn neben der staatlichen und wirtschaftlichen Spaltung noch die menschlichen Beziehungen zwischen den Deutschen zerrissen werden, dann ist diese Politik falsch.«[19] Schwächlich und verblasen klang dann aber wieder seine Schlussfolgerung, sinnigerweise mit der Allerweltsformulierung des uneinklagbaren »Man« eingeleitet: »Daraus muß man unerschrocken und entschieden alle Schlußfolgerungen ziehen. Man muß eine Wendung vollziehen. Es handelt sich nicht um die Durchführung kleiner und unbedeutender taktischer Maßnahmen, sondern es handelt sich für uns jetzt darum, die notwendige und unaufschiebbare Schwenkung in der erforderlichen Ordnung und Disziplin zu vollziehen.«[20]

Der 17. Juni 1953 war der historische Augenblick, in dem weitblickende Marxisten aus den Erfahrungen der handgemachten Arbeiterrevolte lernend, gegen die führende Partei eine marxistische Fronde organisieren und langfristig eine dritte deutsche Arbeiterpartei hätten gründen müssen, um erstmals eine sozialistische deutsche Arbeiterbewegung zu formieren zu helfen. Der marxistische »Geist«, eingekeilt zwischen den weltteilenden Blöcken, beheimatet in einem Land, in dem weite Teile der Bevölkerung das Jahr 1945 keineswegs verwunden hatten, die begangenen Untaten nicht als ihre ureigenen Untaten anzuerkennen bereit waren, war nicht in der Lage, seiner historischen Aufgabe gerecht zu werden. Der 17. Juni vertiefte die Gräben zwischen Arbeiterschaft und marxistischer Intelligenz in der DDR.

Die rebellierenden Arbeiter gaben durch ihr Handeln zu verstehen, dass der Sozialismus, den sie seit Jahren kennengelernt hatten, für sie Fremdherrschaft und Bürokratisierung bedeutete. Sie stimmten mehrheitlich in den ironisch gemeinten und dennoch sehr bewussten und erschreckend dummen Ruf ein: »Wir wollen unsere Ausbeuter wieder!« Auf der Straßenbühne des 17. Juni spielte sich für ein paar Stunden ein weiterer Akt aus der Leidensgeschichte der politisch enthaupteten deutschen Arbeiterklasse ab. Der eine Teil der Klasse begriff nicht, dass es keine einheitliche deutsche Arbeiterklasse mehr gab und der andere Teil scherte sich nicht um das Schicksal der einstigen Klassengenossen und handelte nicht.[21]

Wer das alles zusammen jedoch als künstlerischen Stoff wahrzunehmen verstand, als poetischen Auftrag annahm und wer darauf baute, revolutionäre Umbrüche würden die Geschichte bestimmen, wer es wagte, den Massen ihre eigene Geschichte vorzuspielen, ihnen ihre eigene Geschichte zur sinnlichen Erfahrung zu verdichten und sie an ihre Selbstbefreiung als ihren uneingelösten historischen Auftrag zu erinnern, der hatte eine Jahrhundertaufgabe auf sich geladen. Müller nahm die Aufgabe ernst, die »deutsche Daseins-Verfehlung« (Niekisch) und die Möglichkeiten ihrer historischen Überwindung auf dem Theater zur Sprache zu bringen. Er handelte gemäß der unwiderlegbaren Einsicht des großen deutsch-baltischen Vormärz-Demokraten Jochmann:

> Soll aber der Wert eines Gedankens beurteilt werden, so ist seine Prüfung erforderlich. Andere Gedanken müssen ihm zur Seite und gegenüber stehen; er muss der Vergleichung und dem Widerspruche unterworfen sein. Um dem Kampfe der Gewalten zu entgehen, müssen wir uns den Kampf der Meinungen gefallen lassen, denn eben aus der Reibung sich bekämpfender Meinungen leuchtet die Wahrheit hervor. Die Reibung der Meinungen aber setzt ihre Bewegung voraus, und sie bewegen sich in ihrer Mitteilung. Wo die beste Meinung erkannt werden soll, muss auch die schlechteste gehört werden dürfen. Der Preis, der einzige Preis, um den uns die Wahrheit ihre Orakel verkauft, heißt Öffentlichkeit. [...]
> Wachen, Prüfen und Untersuchen ist Arbeit, und Arbeit ist unbequem; hingegen auf guten Glauben annehmen und gelten lassen, was einem gesagt oder vorgelegt wird, ist mühelos und vergleichungsweise ein Vergnügen und sagt schon darum den auf Genuss und Untätigkeit gerichteten Neigungen der Menge zu.[22]

1 James Burnham: *Die Strategie des Kalten Krieges*, Stuttgart 1950, S. 104 ff; Siehe auch: Bernd Stöver: *Die Befreiung vom Kommunismus. Amerikanische Liberation Policy im Kalten Krieg 1947–1991*, Köln 2002, S. 102 ff.

2 Marx/Engels: *Deutsche Ideologie*, a.a.O., S. 70.

3 Heiner Müller: *Mauser*, in: *alternative* 19. Jahrgang (1976) Heft 110/111, S. 187 f.

4 Wilhelm Emrich: »Lamentieren statt konfrontieren« (1964), in: Ders.: *Polemik*, Frankfurt/M. 1968, S. 34.

5 Marx: *Enthüllungen über den Kommunistenprozeß in Köln* (1853), in: *MEW*, Band 8, Berlin (Ost) 1960, S. 412.

6 Anna Seghers: »Die Sprache der Weigel«, in: *Theaterarbeit. 6 Aufführungen des Berliner Ensembles*, hrsg. v. Berliner Ensemble, Helene Weigel, Berlin (Ost),1961, S. 266.

7 Bertolt Brecht: »Abstieg der Weigel in den Ruhm«, zit. nach: Bertolt Brecht: *Schriften. Über Theater*, hrsg. v. Werner Hecht, Berlin (Ost) 1977, S. 257.

8 Paul Rilla: Auszüge aus seinen Rezensionen zu den Aufführungen *Herr Puntila und sein Knecht Matti, Der Hofmeister, Die Mutter* am BE von 1950 und 1951, zit. nach: Paul Rilla: *Essays*, Berlin (Ost) 1955, S. 404 ff.

9 Heiner Müller, in einem unveröffentlichten Gespräch mit Manfred Dietrich und Th. Wieck, Berlin (Ost) 1976, Privatarchiv Th. Wieck (Müller autorisierte den hier zitierten Text für den Abdruck im Programmheft der *Hofmeister*-Aufführung 1977 am BE. Der Text wurde auf Weisung des Chefdramaturgen Joachim Tenschert nicht gedruckt.)

10 Eine erstaunliche Sicht auf die Aufführung, die wohl am treffendsten die Faszination der Aufführung auf Heiner Müller erklärt, überlieferte Siegfried Melchinger: »Kein Lehrstück für die genußreiche Kritik am deutschen Schulmeister und den immanenten Stolz, dass es ihn dort drüben nämlich nicht mehr gebe, sondern ein Totentanz. Auch bei Brecht gibt es Abstraktionen im Sinne von Reduzierung. Aber sie gelangt seltsamerweise nie dorthin, wohin sie im Westen Deutschlands so oft gelangt: zu Spruchbandmenschen. Die Reduzierung reißt einige Glieder ab, auch das Fleisch vom Leib, aber das Gerippe darunter, verstümmelt und enthäutet, lebt weiter. Im Hofmeister wurde es zum Gespenst.«, Siegfried Melchinger: *Theater der Gegenwart*, Frankfurt/M. 1956, S. 203.

11 Unermüdlich polemisierte allein Paul Rilla gegen die von den dogmatisierten Moskau-Emigranten aufgewärmte Schein-Alternative »Episch oder Dramatisch«.

12 Heiner Müller: »Stimme eines Kontinents. Zu Pablo Nerudas Canto General«, in: *HMW*, Band 8, hrsg. v. Frank Hörnigk, Frankfurt/M. 2008, S. 71.

13 Johanna Rudolph: »Weitere Bemerkungen zum »Faust«-Problem. Zur Aufführung von Goethes »Urfaust« durch das Berliner Ensemble«, in: *ND*, 27. Mai 1953.

14 »Über Maßnahmen zur Gesundung der politischen Lage in der Deutschen Demokratischen Republik«. Beschluß des Präsidiums des Zentralkomitees der KPdSU von Ende Mai 1953, zit. nach: *Beiträge zur Geschichte der Arbeiterbewegung*, Band 32, Hamburg 1990, S. 651 f.

15 Ernst Niekisch: »Denkschrift an den sowjetischen Hochkommissar Semjonow«, in: *17. Juni 1953 – Arbeiteraufstand in der DDR*, hrsg. v. Ilse Spittmann / Karl Wilhelm Fricke, Köln 1982, S. 153.

16 Stefan Heym: »Memorandum vom 21. Juni 1953 an Oberst Sokolow, Chefredakteur der *Täglichen Rundschau*«, in: Stefan Heym: *Stalin verläßt den Raum*, Leipzig 1990, S. 64 f.

17 Stefan Heym: *So liegen die Dinge*, Sonderbeilage *Tribüne*, 29. Juli 1953. Vgl. Götz Aly: *Hitlers Volksstaat*, Frankfurt/M. 2005.

18 Brecht: »Kulturpolitik und Akademie der Künste«, in: *ND*, 12. August 1953. Schärfer noch: »Es ist ein Hauptfehler der SED [...] und der Regierung, daß sie diese Nazi-Elemente in den Menschen und den Gehirnen nicht wirklich beseitigt hat. Es ist ein Fehler, wir wissen das von unserem Kunstgebiet, daß es ein Tabu war, ein Verbot von der Nazi-Zeit zu sprechen. Es wurden Bücher am Herauskommen gehindert, wenn davon gesprochen wurde. [...] Die ganze Nazibande ist immer noch da, sie hat nicht mehr geherrscht, geistig war sie immer noch ganz lebendig. Das sollte vertuscht werden, darüber sollte nicht

geredet werden.«, BBA 1447/07, zit. nach: Roland Ulrich: »Goethes ›Faust‹ und der Fauststoff in der DDR«, unveröffentlichte Dissertation, Ernst-Moritz-Arndt-Universität Greifswald 1984, S. 89.

19 Rede des Vorsitzenden der SED, Ministerpräsident Grotewohl, auf der Parteiaktivtagung der Berliner Parteiorganisation der SED am 16. Juni, in: *ND*, 18. Juni 1953. Zu den unaufgeklärten Merkwürdigkeiten der Tage im Juni 1953 zählt, dass diese Rede von Grotewohl nicht am 17. Juni in den Ostberliner Tageszeitungen zu lesen war, sondern mit einer folgenreichen, möglichweise beabsichtigten Verspätung erst am 18. Juni.

20 Ebd.

21 Die Klasse und die Nation waren für eine historische Epoche gespalten: »Die deutsche Einheit ist, so wie Dinge heute liegen, nur auf zwei Wegen zu erreichen: Entweder kommt die Sowjetzone zu uns, oder die Bundesrepublik tritt zum Osten über. Die Bevölkerung der Sowjetzone hat am 17. Juni deutlich genug bekundet, wie sie sich selbst die Lösung denkt.«, Franz Böhm: »Ansprache anläßlich der Feier des Tages der deutschen Einheit am 16. Juni 1954 im Bundeshaus in Bonn« in: Franz Böhm: *Reden und Schriften*, Karlsruhe 1960, S. 294 ff.

22 Carl Gustav Jochmann: *Öffentliche Meinung. Öffentliches Leben.* (postum 1833), in: Ders.: *Die unzeitige Wahrheit*, hrsg. v. Eberhard Haufe, Weimar 1976, S. 223 ff.

Stalinismus ohne Stalin oder demokratischer Sozialismus?

Erste antistalinistische Demokratisierungsversuche begannen auf dem IV. Schriftstellerkongress 1956 mit der Rede von Ernst Bloch, die der durchschnittlich parteihörigen Literatur des Tages und damit auch der Mehrheit der eingeschüchtert zuhörenden und sich gedanklich wegduckenden Schriftsteller und Literaturpolitiker eine geharnischte Absage erteilte und sie aufrief eigenständig zu denken.[1]

> Die gleiche Öde, unter der unsere begabten Studenten bei den marxistischen Grundlagen-Vorlesungen an den Universitäten häufig leiden, tritt auch vielen Schriftstellern bei mancher ideologischer Unterweisung entgegen. Das hält dann weithin von der echten, großen Unterweisung, von der Anstrengung des wirklichen Begriffs ab. Oft ist diese Unterweisung auch praktizistisch, dazu noch von besonders kurzfristigem Praktizismus, die Poesie in die jeweiligen Abschnitte des geltenden Fünfjahrplanes tranchierend. Die revolutionären Horizonte (es gibt ja keine anderen) werden dadurch oft matt, die aufgehende Sonne kann zuweilen so reklamehaft-schöngefärbt dreinsehen, als hätte sie amerikanische Zahncreme zu beleuchten oder auch das *keepsmiling* im Urlaub. Leid, Mühe, Sorgen, Hoffnungen, Abgründe in den menschlichen Beziehungen und gerade in den sich wandelnden einer neuen Zeit und ihrer schmerzlichen Geburt sehen sich oft auf ein Betriebssoll reduziert – gleich wie wenn Marx umsonst auf den zu entbindenden Reichtum der menschlichen Natur gewiesen hätte. Damit kein Mißverständnis entstehe: Gerade die Arbeit auf dem täglichen Bauplatz unserer Republik, als der des werdenden Sozialismus, verlangt vordringlich Darstellung. Doch gerade wieder die Arbeit auf solchem Bauplatz hat implicite, wenn sie recht geschieht und geschehen soll, moralische Hintergründe, solche vor allem, die in die Phantasie greifen müssen. Und die rote Moral wie die rote Phantasie ertragen bei der Darstellung keinen Schematismus bloßer Unmittelbarkeit, oder sie werden beide poetisch-praktisch unterernährt. Hier fehlen schädlicherweise die Kraft des geschulten Träumens, das Salz der konkreten Antizipation, die Fülle exakter Phantasie. [...] Wir jedenfalls haben die Kunst nirgends durch Schulmeistern zu stören, statt sie samt der

> Wissenschaft durch wirkliche ideologische Klarheit zu fördern. Durch jene Klarheit in Weite, Fülle und Tiefe, die die Kunst von wirklicher Begriffsarbeit nicht minder lernen läßt, wie die Wissenschaft von wirklicher Phantasiearbeit. Unsere Zeit steht im Zeichen einer neuen, zur Vollendung fähigen Aufklärung; so sucht sie an ihrem bürgerlichen Vorspiel das Beste, nicht das Vergängliche. So sucht sie Lessing, nicht Nicolai, so versteht sie die »Erziehung des Menschengeschlechts« durch den wirklichen Marxismus, als der Wissenschaft der begriffenen Tendenz und Perspektive, nicht durch einen Schematismus, der am wenigsten die Poesie erhellt und noch weniger ein Führer der Verirrten sein kann.[2]

Georg Maurer, einer der wenigen Bereitwilligen, zog unmittelbar nach dem Kongress ernsthafte Konsequenzen aus den beiden Ansprachen:

> Es ist die literarische Gestaltung der Perspektive, in der nach Lukács »die Überlegenheit unserer Literatur am klarsten zum Ausdruck kommt«. Diese Perspektive meinte auch Ernst Bloch, als er eintrat »für die Offenheit des materiellen Prozesses, für die objektive reale Möglichkeit, die an der Front der Wirklichkeit steht und sie umgibt fast wie ein Meer, viel größer als die vorhandene Wirklichkeit«. Und in Anna Seghers' Referat fesselten gerade die Stellen, wo sie auf die Ursache des Schematismus zu sprechen kam, die nach Lukács »in der mechanischen Darstellung der Perspektive zu finden ist«. Mit Recht stellte Anna Seghers fest: »Unsere Autoren nehmen oft das Entwicklungsziel vorweg, von dem sie Leser in dem Buch überzeugen sollten. Das könnten sie nur, wenn sie einen durch alle Widersprüche geführt hätten, die man im Leben durchmachen muß«. [...] Freilich liegt es an den Schriftstellern, an »ihrer Begeisterung für das Neue, der Kenntnis der Dialektik und damit neuer Kunstmittel« (Brecht), ob sie die große Verpflichtung erfüllen, »den Charakter der gesamtdeutschen Literatur zu bestimmen« (Becher).[3]

Die Marxisten dieser Tage waren aufgerufen, die Theoreme des Stalinismus als Zerrspiegel marxistischen Denkens radikal zurückzuweisen, das von Stalin gemodelte bolschewistische Herrschaftssystem umfassend in seinen antisozialistischen Grundlagen und Praktiken zu analysieren, schließlich nach der Aktualität marxistischen

Denkens überhaupt zu fragen. Die schmalen Ansätze solcher Bemühungen wurden von der führenden Partei zügig verunglimpft, verdrängt und verboten. Was von den schärfsten Kritikern geargwöhnt wurde, die führende Partei war nie und nimmer eine marxistisch fundierte, revolutionäre Kampfgemeinschaft.[4] Die SED war eine stalinistisch bürokratisierte, rein ökonomistisch gerichtete Betriebs-Leitung des staatlichen Unternehmens DDR. Ihre äußere Erscheinung als Massen-Partei diente allein dazu, diesem Konstrukt aus dem Geiste von Jalta eine demokratische Legitimation zu verschaffen. In der DDR durfte es nicht den Ansatz einer marxistischen Kritik am Stalinismus geben.[5] Nur ein einziger, sehr früher Text marxistisch fundierter Stalinismus-Kritik erschien in der DDR: ein Interview Palmiro Togliattis aus der kulturpolitischen Zeitschrift »*Nuovi Argomenti*«:

> Ausschlaggebend ist jetzt die marxistische Beantwortung der Frage, wie die heute aufgedeckten Fehler mit der Entwicklung der sozialistischen Gesellschaft verknüpft sind und ob in der Entwicklung dieser Gesellschaft nicht zu einem bestimmten Augenblick selbst störende Faktoren, Fehler allgemeiner Art auftraten, vor denen das gesamte Lager des Sozialismus auf der Hut sein muß. Ich möchte das allen jenen sagen, die bereits den Sozialismus entsprechend einen eigenen Weg aufbauen und jenen, die noch nach einem eigenen Weg suchen. [...] Aus der Kritik an Stalin ergibt sich ein allgemeines und für die gesamte Bewegung gemeinsames Problem: das Problem der Gefahren der bürokratischen Entartung, der Unterdrückung des demokratischen Lebens, der Vermengung von konstruktiver revolutionärer Kraft und Zerstörung in der revolutionären Gesetzgebung, der Loslösung der wirtschaftlichen und politischen Führung vom Leben, von der Initiative, von der Kritik und von der schöpferischen Tätigkeit der Massen. Wir werden die Tatsache begrüßen, daß zwischen den kommunistischen Parteien, die an der Macht sind, ein Wettbewerb durchgeführt wird über die beste Art und Weise, um für immer diese Gefahr zu vermeiden. Und uns kommt es zu, die Methode auszuarbeiten, damit wir immer vor den Gefahren der Stagnation und der Bürokratisierung bewahrt bleiben, damit wir immer wissen, wie wir gemeinsam die Fragen der Freiheit der werktätigen Massen und der sozialen Gerechtigkeit lösen und uns daher unter diesen Massen einen immer größeren Ruf und Einfluß erwerben.[6]

Die führende Partei übernahm zwar die Begrifflichkeit der breiten Demokratisierungsforderungen, setzte aber ein Gleichheitszeichen zwischen ihrer Politik des »Aufbaus des Sozialismus« und der Forderung nach einer Entwicklung demokratischer Grundsätze in Gesellschaft und Staat und kündigte auf Basis dieses demagogischen Taschenspielertricks eine »weitere Entfaltung der Demokratie« nach ihrem Verständnis an.

> Es gab bisher in unserer Staatspraxis – auch in unserer Staatstheorie – eine Unterschätzung der Bedeutung der Volksvertretungen bei der Entfaltung der Demokratie und damit bei der Verwirklichung der Politik der Arbeiter-und-Bauern-Macht. Der gesamten Tätigkeit der Parteiorganisationen muß also die Erkenntnis zugrunde liegen, daß die Volksvertretungen die umfassendsten Transmissionen der Partei der Arbeiterklasse zu den Massen sind, daß die Politik der Partei, die sozialistische Umgestaltung unseres Landes, durch die leitende, die Volksmassen mobilisierende Rolle der Volksvertretungen verwirklicht wird. Die zur Zeit in der Bevölkerung zur Diskussion stehenden Maßnahmen zur weiteren Entfaltung der Demokratie in unserer Republik sind ein neuer, bedeutsamer Schritt auf diesem Wege.[7]

Mit rabulistischen Begriffseskapaden allein war aber gegen die Demokratieforderungen im Lande und gegen die kraftvollen und massenhaften Demokratiebewegungen in den Volksrepubliken Polen und Ungarn nichts auszurichten. Die Demokratisierung der ungarischen Gesellschaft schritt schnell und kräftig vorwärts – und über die kommunistische Partei Ungarns hinweg. Ähnliches galt es um jeden Preis in der DDR zu verhindern und deshalb musste die führende Partei ihr eigenes Demokratisierungsversprechen von 1953 konkretisieren und den aktuellen Forderungen zumindest programmatisch beipflichten.

Otto Grotewohl unterstrich in einer Regierungserklärung vor der Volkskammer die politische und soziale Substanz der Demokratisierungsschritte in der DDR im schroffen Gegensatz zur bürgerlichen und antikommunistischen Liberalisierung in Ungarn.

> Unsere Demokratisierung heißt nicht »Liberalisierung« zur Restaurierung des Kapitalismus. Die DDR wird einen solchen Weg, wie in Ungarn, der zum Chaos und zur Vernichtung jeder staatlichen Ordnung führt, nicht gehen. Wir wollen in Zusammenarbeit mit allen aufbauwilligen Kräften zu Frieden,

> Wohlstand und Einheit kommen. Alles, was dieser Arbeit entgegensteht, ist Feindarbeit und muß als solche behandelt werden. Die DDR hat das Problem der breiten Demokratisierung bereits 1953 in Angriff genommen, sie wird an dieser Aufgabe ruhig und ohne Aufregung weiterarbeiten. Die Regierung schlägt den Parteien und Massenorganisationen sowie der Nationalen Front vor, alle Fragen der weiteren Demokratisierung und der Festigung der sozialistischen Gesetzlichkeit in einer geregelten Aussprache zu klären. Es gilt, die Beseitigung zentralistisch-bürokratischer Auswüchse im Wirtschaftsleben und die Fragen der Arbeiterkontrolle ruhig und ohne Schaden für die Wirtschaft zu studieren und zu beraten.[8]

Zwei Wochen später überraschte das ZK der SED mit einem erstaunlichen Beschluss über ein im Ansatz demokratisches innerbetriebliches Mitbestimmungsmodell:

> [...] ist es nunmehr notwendig, ein Organ im Betrieb zu schaffen, das, von den Gesamtinteressen der Arbeiter-und-Bauern-Macht und der sozialistischen Wirtschaft ausgehend, die besonderen Fragen der Produktion und der Interessen der Arbeiter, technischen Intelligenz und Angestellten im Betrieb in Einklang bringt. Es wird vorgeschlagen, in jedem sozialistischen Betrieb ein Organ, das fest auf dem Boden der Arbeiter-und-Bauern-Macht steht, zu bilden, das man Arbeiterkomitee des Betriebes oder ähnlich nennen kann. Die Rechte dieses Organs könnten sich auf solche Fragen erstrecken wie die Stellungnahme zum Betriebsplan in seinen einzelnen Teilen, die Einführung der neuen Technik und die Verwirklichung der Erfindungen und Neuerervorschläge, die Verbesserung der Arbeitsorganisation, die rationelle Verwendung der betrieblichen Fonds, die Senkung der Selbstkosten und die Sicherung der Rentabilität des Betriebes. Das Organ im Betrieb sollte teilnehmen an der Ausarbeitung und Festlegung der Perspektivpläne des Betriebes. Es könnte die Auswertung der Produktionsberatungen kontrollieren, entscheidenden Einfluß nehmen auf die Verteilung von Prämien, auf die richtige Bewertung der Arbeit und die Einhaltung der Arbeitsordnung im Betrieb. Es sollte sich auch mit wichtigen personellen Fragen beschäftigen. Das Arbeiterkomitee sollte das Recht haben, vom Werkleiter über die obengenannten Fragen Berichte entgegenzunehmen. Es sollte

> Beschlußrecht im Rahmen der betrieblichen Zuständigkeit haben. Das Arbeiterkomitee sollte von der Belegschaft demokratisch in Urwahl gewählt werden. Diesem Organ sollten zumindest zwei Drittel Betriebsarbeiter angehören sowie Angehörige der technischen Intelligenz und Angestellte, die gute Leistungen aufweisen können. Die Aufstellung der Kandidatenliste könnte vom gewerkschaftlichen Vertrauensmännerkörper im Betrieb erfolgen. Die Kandidatenliste sollte mehr Kandidaten enthalten als die beschlossene Zahl der Mitglieder des Arbeiterkomitees.[9]

Stefan Heym feiert in der »*Berliner Zeitung*« die »Demokratisierungsgesetze« (Otto Grotewohl):

> Die Idee – in diesem Falle »Arbeiterkomitees« – wird denen, die es angeht, vorgelegt; diese wiederum bereichern die Idee um ihre tausendfältigen Lebenserfahrungen, die so bereicherte Idee wird geistig neu verarbeitet und in der Praxis ausprobiert, um wiederum zur Diskussion gestellt zu werden. Wie viele Fehlentscheidungen und Irrtümer werden so von vornherein vermieden! Wie viele Menschen werden so an die Arbeit des Regierens herangeführt, lernen den großen Gedanken der Demokratie auf neue Art zu meistern, werden zu wahrhaft verantwortlichen Trägern ihres Staates. Dies sah ich im Keim auf der Arbeiterkonferenz zu Berlin am 7. und 8. Dezember dieses Jahres.[10]

Einige Monate später entdeckte das Politbüro der SED in dieser Demokratisierung die größte Gefahr für die Kampfkraft und Geschlossenheit des sozialistischen Lagers und für die eigene Partei, die drauf und dran war, sich unbotmäßig und statutenwidrig in Strömungen und Gruppen aufzuspalten. Die Parteimitglieder schickten sich an, informelle politische Strukturen aufzubauen, den sturen Befehlsempfang von oben zu verweigern, Zweifel anzumelden, politische Varianten vorzuschlagen, kurz, auf ihren Rechten zu bestehen.

Die Militarisierung des Aufstands in Ungarn und der zeitgleiche dilettantische Versuch Harichs und seiner Gruppe mithilfe der sowjetischen Dienststellen in der DDR und des Ostbüros der SPD in Berlin (West) die führende Partei zum Rückzug aus der Macht zu bewegen, beendeten die halbherzige Demokratisierungspolitik der führenden Partei und ermöglichten es der Parteibürokratie, die schüchternen Demokratisierungsansätze als ersten Schritt der »Restaurierung des Kapitalismus« zu verunglimpfen und zu kriminalisieren. Das sowjetische Militär und die führende Partei stellten die Machtfrage, das eiserne Leninsche »Wer – Wen?«. Am 4. November 1956 begannen sowjetische Landstreitkräfte die ungarische Unabhängigkeitsbewegung gewaltsam zu zerschlagen. Der einseitige und unvermutete Austritt der Volksrepublik Ungarns aus dem Warschauer Pakt war der fragwürdige Anlass des militärischen Eingriffs. Im November 1956 legte sich eine neue, eine poststalinistische Eiszeit über die Länder im sowjetisch beherrschten Bündnis der Volksdemokratien und nichts kam der führenden Partei gelegener als Wolfgang Harichs Harakiri-Unternehmen eines innerparteilichen Putsches gegen das Ulbricht-Politbüro:

> Wie von der Generalstaatsanwaltschaft der DDR mitgeteilt wird, wurde am 29. November 1956 auf Veranlassung der Generalstaatsanwaltschaft der DDR eine Personengruppe festgenommen, die in Zusammenarbeit mit westlichen Geheimdienststellen das Ziel verfolgte, die verfassungsmäßige Ordnung in der Deutschen Demokratischen Republik zu untergraben und zu beseitigen.[11]

Dennoch glaubte Stefan Heym unverdrossen an die Möglichkeit des Aufbaus eines sozialistischen Staates, der demokratische Mitbestimmung, bürgerschaftliche Mitverantwortung und Kontrolle im Alltag gewährleistete und praktizierte: »Die Schlacht um die Einheit Deutschlands wird auf zwei Fronten geschlagen: der wirtschaftlichen und der politischen. Lernen wir sozialistisch zu wirtschaften und demokratisch zu denken, schaffen wir genügend Güter des Lebens für alle und garantieren wir das Mitbestimmungsrecht und die Würde des arbeitenden Menschen, so haben wir ganz Deutschland gewonnen.«[12]

Im Januar 1957 wurde es eisig in der DDR. Das politische »Tauwetter« wurde als das entlarvt, was es der Partei nach war, eine den Sozialismus gefährdende, intellektualistisch-revisionistische Fehldeutung der Geschichte, ein Ausbruch ungelenkter Triebe. Die Stunde der Dogmatiker schlug. Über das ganze Jahr 1957 halten die neostalinistischen Kampagnen und Attacken gegen alle Demokratisierungsbestrebungen an. Der Zeitabschnitt war machtpolitisch dafür geeignet, denn die Sowjetunion triumphierte Ende 1956 politisch und militärisch in zwei zwar lokal begrenzten, aber dennoch weltpolitisch bedeutsamen Kämpfen. Der gescheiterte ungarische

Versuch, den Warschauer Pakt gegen den Willen der KPdSU friedlich zu verlassen, und der zeitgleiche missglückte englisch-französische Militärüberfall auf Ägypten, um die von der Sowjetunion unterstützte Nationalisierung des Suez-Kanals zu verhindern, bewiesen die aktuelle Stärke der Sowjetunion im Kalten Krieg. Auch der sogenannte »Sputnik-Schock« im Herbst 1957 schien eine ernsthafte Krise des kapitalistischen Systems anzuzeigen. Das galt es schnell zu nutzen. Die führende Partei nutzte es und sie wurde in ihrem Feldzug gegen eine staatliche und gesellschaftliche Demokratisierung prächtig von den regierenden Parteien in Westdeutschland unterstützt, die völlig zur Unzeit und im Widerstand gegen breite Bevölkerungsschichten die Möglichkeit einer zukünftigen Atomwaffenausrüstung der Bundeswehr gesetzlich festschrieben. Ende des Jahres 1957 verwirft die führende Partei auf der Kulturkonferenz des ZK der SED brüsk alle Demokratisierungsbemühungen:

> Manche Genossen, Schriftsteller und Künstler [...] verstanden nicht, die Auswirkungen des Personenkults an ihren begrenzten Platz zu stellen in der Geschichte, die doch im Ganzen politisch und kulturell die Geschichte des großen internationalen Siegeszuges des Sozialismus, die Geschichte bedeutender Erfolge unserer deutschen sozialistischen Literatur und Kunst gewesen ist. [...] Wer aber die Ergebnisse des XX. Parteitages so gründlich mißverstand, daß man die Fragen des Personenkults und des Kampfes gegen den Dogmatismus verabsolutierte, der machte sich als Schriftsteller oder Künstler unfähig, als marxistisch-leninistischer Revolutionär die neuen Möglichkeiten der Geschichte im Sinne der Vorwärtsbewegung zu nützen. Der wurde als Genosse unfähig, die Parteilosen zum Kampf für diese sozialistische Perspektive zu gewinnen — und es mußte dazu folgerichtig das eintreten, was in einem unserer DEFA-Filme allgemein gültig gesagt wird: »Dort, wo wir nicht sind, da ist der Feind.«[13]

In dieser Zeit der Verunglimpfungen, Verdächtigungen und strafrechtlichen Verurteilungen beginnt Heiner Müller seine grundstürzende dramatische Arbeit. Kein Augenblick wäre günstiger gewesen als dieser, denn in jenen Tagen der Jahre 1956 und 1957 kulminiert die deutsche Nachkriegsgeschichte. Einige Monate lang schien eine politische Öffnung, befördert durch die internationalen Reformbestrebungen in einigen Volksrepubliken und in der Sowjetunion selbst im Nachhall des XX. Parteitages der KPdSU, möglich. Die Konvergenztheoretiker des Westens spekulierten über eine Annäherung der feindlichen Systeme im Zeichen des industriellen und wissenschaftlichen Aufschwungs in Ost und West. Die beiden Systeme versuchten sich in Koexistenz. Die starren Fronten kamen international in Fluss – nur: Die beiden deutschen Staaten verharrten in ihrer fundamentalen Abgrenzung. Bald zerschellten alle Hoffnungen, aber das mögliche Ende der Schrecken war für einige Augenblicke denkbar geworden. Die Konflikte, Probleme, Gegensätze und Widersprüche kollidierten kenntlich, scharf und schnell. Allein aus diesem Umfeld heraus ist die kurze Geschichte des irrtümlich von der Kulturbürokratie »didaktisches Theater« genannten Versuchs eines originären politischen Theaters zu verstehen.[14] Dieser Theaterentwurf war Teil eines ernsthaften sozialistischen Versuchs, den Partei-Staat grundlegend zu demokratisieren.

1 Außer Bertolt Brecht, Ralph Giordano, Günther Cwojdrak, Liselotte Welskopf-Henrich, Stephan Hermlin und Stefan Heym schwiegen die anderen Autoren in der Diskussion oder brabbelten Altbackenes. Vgl. *IV. Deutscher Schriftstellerkongreß*, Protokoll 2. Teil, hrsg. v. DSV, Berlin (Ost) 1956. Allein der Gastredner Georg Lukàcs kritisierte die scheinsozialistische Gegenwartsliteratur in toto: »Marx sagt, daß ein wirklicher Schritt der Bewegung mehr bedeutet als das bestformulierte Programm. Die Literatur ist eben nur dann etwas wert – und sie ist sehr viel wert –, wenn sie jeweils einen wirklichen Schritt der Bewegung in Gestalt übersetzt. Wird in der Literatur nur eine programmatische Forderung als Wirklichkeit dargestellt – und das ist unser Problem der Perspektive und Realität –, so gehen wir an der wirklichen Aufgabe der Literatur vollständig vorbei. Lenin sagt, daß die Wirklichkeit immer viel schlauer ist als das beste Denken sogar der besten Partei, und ich glaube, hinter diesem Problem der Perspektive steckt, daß unsere Aufgabe, die Aufgabe der Schriftsteller, gerade darin besteht, diese Schlauheit der Wirklichkeit aufzudecken. In dieser Schlauheit kommt manchmal weniger und manchmal mehr heraus, als der Mensch will, als die allgemeine Zielsetzung ist, und die dichterische Weisheit besteht gerade in diesem Auswägen des Typischen und Individuellen.«, Georg Lukàcs, in: *ND*, 15. Januar 1956.

2 Ernst Bloch: »Naturstimme und Klarheit«, in: *IV. Deutscher Schriftstellerkongreß*, a.a.O., S. 84 ff.

3 Georg Maurer: *Der Dichter und seine Zeit*, Berlin (Ost) 1956, S. 151 ff.

4 Siehe *Das Problem der Freiheit im Lichte des wissenschaftlichen Sozialismus*, hrsg. v. DAW, Berlin (Ost) 1956. Darin: Ernst Bloch: »Freiheit, ihre Schichtung und ihr Verhältnis zur Wahrheit«, S. 16 ff und »Schlußwort«, S. 344 ff; Wolfgang Harich: »Das Rationelle in Kants Konzeption der Freiheit«, S. 65 ff. und Kurt Hager: »Zur Diskussion«, S. 301 ff. Vgl. *Zwischen Aufbruch und Abbruch – Die DDR im Jahre 1956*, hrsg. v. Siegfried Prokop (Schriften der Rosa-Luxemburg-Stiftung Brandenburg), o. O. 2006.

5 Die sogenannte Geheimrede Chruschtschows »Über den Personenkult und seine Folgen« am 25. Februar 1956 erschien erst 1990 in der DDR. Am 21. Dezember 1979 war hingegen im *»ND«* auf Seite 6 zum 100. Geburtstag Stalins zu lesen: »Die fortschrittlichen Menschen in der Welt teilen die Haltung der KPdSU, sowohl was die kritischen Wertungen als auch die Anerkennung der Verdienste Stalins betrifft. Zweifellos haben seine Leistungen beim Aufbau des Sozialismus in der UdSSR, sein Kampf für den Frieden und zur Niederwerfung des Faschismus, sein Anteil an den Fortschritten der kommunistischen und der Befreiungsbewegung in der ganzen Welt ihm einen festen Platz in der Geschichte gesichert.« Das erklärt, warum Müller sein Leben lang den Stalinmythos destruierte.

6 Palmiro Togliatti, in: *ND*, 20. Juni 1956.

7 Karl Polak: »Die weitere Entfaltung der Demokratie und die Rolle der Volksvertretungen in der Deutschen Demokratischen Republik«, in: *Einheit* 6/1956, S. 551 ff. Polak, Ulbrichts Staatsrechtler und Redenschreiber, spricht von den zwei Gesetzesentwürfen »Über die Rechte und Pflichten der Volkskammer gegenüber den örtlichen Volksvertretungen« und »Über den Aufbau der örtlichen Organe der Staatmacht in der Deutschen Demokratischen Republik«.

8 *ND*, 3. November 1956.

9 »Grundlage für den Meinungsaustausch über die Rechte der Arbeiter in den Betrieben«, in: *ND*, 20. November 1956, Titelseite.

10 Stefan Heym: »Gedanken während einer Konferenz«, in: *Berliner Zeitung*, 16. Dezember 1956, zit. nach: Stefan Heym: *Offen gesagt*, a.a.O., S. 164.

11 *ND*, 1. Dezember 1956, Titelseite. Das systemsprengende Programm Harichs wurde in der DDR unterdrückt. Siehe: Günter Hillmann: *Selbstkritik des Kommunismus*, Reinbek bei Hamburg 1967, S. 189 ff.

12 Stefan Heym, a.a.O., S. 172 ff.

13 Alexander Abusch, in: *ND*, 24. Oktober 1957.

14 »In seinem ersten Drama, das die Offenheit des Entstalinisierungsjahres 1956 ganz in sich aufgenommen hat, ist Müller dem erstrebten Theater, das sich auf den Konflikt von Sinngebungen aufbaut – Müller nennt dies Theater als Prozeß – vielleicht am besten gerecht geworden.«, Bernhard Greiner: »Im Zeichen des Aufbruchs: Die Literatur der fünfziger Jahre«, in: *Die Literatur der DDR*, hrsg. v. Hans-Jürgen Schmitt (Hansers Sozialgeschichte der deutschen Literatur, Band 11), München 1983, S. 365.

»Die Kämpfe zwischen Alt und Neu / Rasen auch im Innern des einzelnen«[1] – *Der Lohndrücker*

Am 26. Februar 1950 war im »*ND*« zu lesen:

> Als gestern bei Siemens-Plania im Rahmen einer kleinen Feierstunde der vorfristig fertiggestellte Brennofen eingeweiht wurde, war bewiesen, daß dem Maureraktivisten Hans Garbe und seinem kleinen Kollektiv der große Durchbruch gelungen ist.
> Eigentlich sollte eine Privatfirma die Generalüberholung des so wichtigen Ofens übernehmen. Die hatte jedoch einen Kostenanschlag von 200 000 DM eingereicht und die Stillegung des Brennofens für die Zeit von 4 Monaten gefordert.
> Da ging der Maureraktivist Hans Garbe zur Betriebsleitung und bat, ihm diese Arbeit zu übergeben. Er werde sie mit einigen Kollegen in kürzester Zeit, mit weit geringerem Kostenaufwand und bei Weiterlaufen der Produktion durchführen. Viele »Fachleute« im Betrieb erklärten ihm jedoch rundheraus, daß Arbeiten am brennenden Ofen unmöglich vorgenommen werden könnten. Aber Garbe vertraute auf seine Berechnungen, fand mit seinen Vorschlägen bei dem Direktor Henrion sowie dem Parteisekretär der SED, Stanzig, Unterstützung und Förderung und setzte seinen Plan durch. Das große Werk gelang. Um die Hälfte der Zeit und Kosten hatten sie die Privatfirma geschlagen und ihr Werk vor dem drohenden Produktionsausfall bewahrt. Die Betriebsgewerkschaftsleitung allerdings hat eine merkwürdige Einstellung zu dieser Leistung. »Warum hat sich der verrückte Garbe nicht 40 Mark für die Stunde zahlen lassen? So was ist nicht anständig, das ist dämlich!«, stellte der 1. Vorsitzende der BGL, Kutter, bezeichnenderweise fest. »Es ist an der Zeit, daß sich die Kollegen bei Siemens-Plania einmal ernsthaft mit ihm beschäftigen.«[2]

Aus dieser Meldung entsprang eine produktionspropagandistisch ergiebige »Garbe«-Publizistik, woraus Müller sein erstes Theaterstück *Der Lohndrücker* konstruierte.[3] Geschrieben zur rechten Zeit, in den Monaten der »Demokratisierung«, platzte der Abdruck des *Lohndrückers* ein Jahr später mitten hinein in die lange Zeit der Re-Stalinisierung und die Uraufführungen von *Lohndrücker* und *Korrektur* wurden in der Phase zunehmender ökonomischer Schwierigkeiten kurzzeitig als kurzatmige agitatorische Produktionsstücke missverstanden. Die wenigen, schnell darauffolgenden Inszenierungen waren peripher.[4]

Die Inszenierungen 1958/59 ignorierten den Vorspruch, in dem Müller erklärt, dass der »Kampf zwischen Altem und Neuem, nicht vom Stückeschreiber entschieden werden kann«, sondern, »daß die Entscheidung dieses Kampfes an das neue Publikum zu delegieren ist, das ihn praktisch entscheiden muß«.[5] Mit diesem Vorspruch rückt Müller sein Stück in die unmittelbare Brecht-Nachfolge.

> ...
> Sucht nach dem Neuen und Alten, denn unsere Zeit
> Und die Zeit unserer Kinder ist die Zeit der Kämpfe
> Des Neuen mit dem Alten ...
> ...
> Immer setzt das Noch und das Schon.
> Die Kämpfe der Klassen
> Die Kämpfe zwischen Alt und Neu
> Rasen auch im Innern des einzelnen.[6]

Die Inszenierungen bogen das Stück zum Abbild eines neuen Arbeiterhelden um und stimmten das Lied der siegreichen Partei an. Die Brisanz des Textes blieb unerkannt und an eine »Dramaturgie der Demokratisierung«, die eine völlig neue Kommunikation zwischen Publikum und Theater im Sinne hatte, war dann sowieso nicht mehr zu denken. Halbherzig auf dem Theater erprobt, da unter das kunstfeindliche Diktat der sozialistischen Parteilichkeit gezwungen, wird das Stück schließlich sang- und klanglos für zwei Jahrzehnte ad acta gelegt.

Müller wich jedoch von dem grundlegenden gesellschafspolitischen Antrieb sozialistischen Theaters, dem Kampf um Demokratisierung nicht ab. Die Zuschauerhaltung der passiven Hinnahme sprengend, auf ein Theater drängend, das sich als demokratisches Forum verwirklicht, lehnt er kategorisch alles Theater ab, das hinter die Funktionalität des epischen Theaters zurückfällt und spaltete damit das Publikum:

»Das Stück hat ja überhaupt keine Perspektive. Der Hauptwiderspruch zwischen alter und neuer Einstellung zur Arbeit wird nicht gelöst! Ist er in der Wirklichkeit gelöst?«[7]

Müllers Texte erzählen von der einen großen Geschichte, das und wie alles individuelle und gemeinschaftliche Handeln, die menschliche Praxis, gesellschaftlich bestimmter, historisch geprägter Kampf zwischen den Klassen ist. Damit geraten seine Texte auf das ideelle Territorium, über das jede kommunistische Partei eine unbedingte Deutungshoheit beansprucht. Sowohl die Kämpfenden in ihren Interessen und Motiven, als auch den Kampf in seinen Ursachen, Voraussetzungen, Verstrickungen und Verzweigungen, in all seinen Erscheinungsformen zu erkennen, dazu ist allein die führende Partei fähig, verfügt doch nur sie ihrer Ansicht nach über eine »wissenschaftliche Weltanschauung« und sie allein weiß dieses Instrument recht zu gebrauchen. Die Partei kann weltgeschichtlich unmöglich irren, wenn sie irrt, so irren Einzelne, die Partei in ihrer Gänze muss sich nur kurz besinnen, welcher innerparteiliche Feind sie versucht hat, und ihn sofort ausscheiden, um unbeirrt weiter zu schreiten.

Müller griff dieses Selbstverständnis frontal an. In seinen Stücken blamierte er die führende Partei substantiell. Er entlarvte Handeln und Denken der kommunistischen Partei seit 1919 in ihrer praktischen Zwiespältigkeit und theoretischen Widersinnigkeit. Müller weiß dabei sehr wohl realpraktische Zwänge und propagandistische Notwendigkeiten in den politischen Auseinandersetzungen zu sondern von den krassen Fehlentscheidungen und den schlimmen ideologischen Verzeichnungen. Darüber rechtet er nicht, er rechnet ab mit dem grundlegenden Unvermögen der führenden Partei, sich selbst marxistisch gegenüberzutreten, mit sich selbst politisch in sich zu gehen, die Gesellschaft über ihre Interessen und Motive wahrheitsgemäß zu unterrichten und sich solcherart mit den Massen zu verständigen. Diese Forderungen wurden in der kurzen legalen Geschichte der Kommunistischen Partei kaum laut, wohl aber von marxistisch denkenden Sozialdemokraten in der Nachfolge Rosa Luxemburgs offen vorgetragen:

> Und wir gelangen allsdann zu dem Ergebnis, daß die proletarische Diktatur aufgrund der Aufgaben, die sie zu verwirklichen hat, darauf angewiesen ist, die politische Demokratie im weitestmöglichen Ausmaß zu befestigen und zu erweitern, sie zu vertiefen, sie von den Beschränkungen zu befreien, denen sie unter der Diktatur der Bourgeoisie unterworfen ist. Denn die Errichtung einer sozialistischen Produktionsweise setzt lebendige, schöpferische, gestaltende Aktivität der Massen voraus und ist ohne diese gar nicht denkbar. So ist die

Staatsform der proletarischen Diktatur nicht eine Abschaffung oder Einschränkung der politischen Demokratie, sondern umgekehrt die Ausbreitung der demokratischen Organisationsformen im größten Umfang, die Förderung ihres Eindringens in alle gesellschaftlichen Funktionskomplexe, die unter der Diktatur der Bourgeoisie autokratisch oder bürokratisch organisiert gewesen sind. Oder, wie Rosa Luxemburg sagt: Es ist die historische Aufgabe des Proletariats, wenn es zur Macht gelangt, an Stelle der bürgerlichen Demokratie sozialistische Demokratie zu schaffen, nicht jegliche Demokratie abzuschaffen. Sozialistische Demokratie beginnt aber nicht erst im gelobten Lande, wenn der Unterbau der sozialistischen Wirtschaft geschaffen ist, als fertiges Weihnachtsgeschenk für das brave Volk, das inzwischen treu die Handvoll sozialistischer Diktatoren unterstützt hat. Sozialistische Demokratie beginnt zugleich mit dem Abbau der Klassenherrschaft und dem Aufbau des Sozialismus. Sie beginnt mit dem Moment der Machteroberung durch die sozialistische Partei. Sie ist nichts anderes als die Diktatur des Proletariats. Jawohl. Diktatur! Aber diese Diktatur besteht in der Art der Verwendung der Demokratie, nicht in ihrer Abschaffung![8]

Ein derartiges Verständnis proletarischen Handelns wurde von den kommunistischen Parteien schnell durch die starre leninistische Formel aus der Bürgerkriegszeit »Wer – Wen?« verdrängt. Die Lehre vom Klassenkampf wurde auf diese kriegsbewährte Formel verkürzt, die nur eine Antwort kannte: Wer, wenn nicht wir!

> Die ganze Frage ist die: Wer wird wen überflügeln? Gelingt es den Kapitalisten, sich früher zu organisieren, dann werden sie die Kommunisten zum Teufel jagen, darüber braucht man überhaupt kein Wort zu verlieren. Man muß diese Dinge nüchtern betrachten: Wer – wen? Oder wird die proletarische Staatsmacht imstande sein, gestützt auf die Bauernschaft, die Herren Kapitalisten gehörig im Zaum zu halten, um den Kapitalismus in das Fahrwasser des Staates zu leiten und einen Kapitalismus zu schaffen, der dem Staat untergeordnet ist und ihm dient? Man muß diese Frage nüchtern stellen.[9]

In dem Augenblick, in dem die sozialistischen Produktionsverhältnisse gesiegt hatten, die bürgerliche Klasse enteignet und die freie Bauernschaft vernichtet war, wurde jedwede gesellschaftliche Veränderung durch die zentrale Parteibürokratie verordnet und von der Ministerialbürokratie vollstreckt. Wesentliche Elemente der bürgerlichen Demokratie wurden formal kopiert und funktional entmachtet. Parteioffizielle Verkündigungen und bürokratische Anordnungen verdrängten offene kontroverse Diskussionen unterschiedlicher Interessen und verschiedener Handlungsmöglichkeiten aus der auf diese Weise widersinnig obrigkeitsstaatlich organisierten gesellschaftlichen Öffentlichkeit.

> Wir sagen keinem Arzt, du mußt Mitglied unserer Partei werden. Wir sagen keinem Lehrer, du mußt Mitglied unserer Partei werden, wenn er es nicht will, wenn er nicht aus Überzeugung der Meinung ist, daß er mit vorangehen muß, um die sozialistische Umgestaltung durchzuführen. Was wird von jedem Menschen erwartet? Das ist ganz einfach: Nur, daß er ein vernünftiger Bürger unseres Staates ist. Wir wollen niemandem eine Weltauffassung und eine Weltanschauung aufzwingen. Wir wollen geduldig diskutieren, und außerdem arbeitet die Zeit für uns. Vielleicht wird man manchmal ungeduldig. Die Entwicklung des Bewußtseins geht mitunter zu langsam, aber es setzt sich trotzdem durch.[10]

Politik war folglich nur als Außenpolitik denkbar, während im Inneren der Machtapparat aus Staatsbürokratie und Polizei Frieden schuf. Signum eines jeden solchen Staatsgebildes ist aber die stillgelegte Zeit und diese Stagnation lässt den Staat versteinern, schließlich verwittern. Die Maßnahmen der stalinistischen Macht zielten allesamt darauf, der Stagnation um jeden Preis zu entkommen. Stalin schlussfolgerte, dass der Klassenkampf in Permanenz ausgerufen werden musste: »Wir werden niemals, solange es Klassen gibt, einen Zustand haben, wo wir sagen können: Nun, Gott sei Dank, es ist alles gut. Niemals wird dies der Fall sein, Genossen.«[11] Die Gesellschaft war zu alarmieren, die Gesellschaft wurde in einen dauernden Ausnahmezustand versetzt. Dieser Ausnahmezustand, durch den Aufruf zur nimmermüden »revolutionären Wachsamkeit« verstetigt, wurde dem Staatsapparat angeblich von den verbrecherischen terroristischen Taten einzelner Abtrünniger aufgezwungen.[12] Auf diese Weise wurde die Gesellschaft angehalten, immerfort den Status einer »nach innen geschlossen befriedeten, nach außen geschlossen als Souverän auftretenden politischen Einheit« (Carl Schmitt) zu erringen – im steten Kampf gegen den Feind, der Formel des »Wer? Wen?«

gehorchend, sich reinigend. Das Schema solchen Handelns befiehlt und legitimiert das Vernichten des Feindes:

> Die spezifisch politische Unterscheidung, auf welche sich die politischen Handlungen und Motive zurückführen lassen, ist die Unterscheidung von Freund und Feind. Der politische Feind, […] der Andere, der Fremde, und es genügt zu seinem Wesen, daß er in einem besonders intensiven Sinne existentiell etwas anderes und Fremdes ist, so daß im extremen Fall Konflikte mit ihm möglich sind, die weder durch eine im voraus getroffene generelle Normierung noch durch den Spruch eines »unbeteiligten« und daher »unparteiischen« Dritten entschieden werden können.[13]

Ergebnisoffenes diskursives politisches Handeln war der SED wesensfremd, war Rudiment des verachteten bürgerlichen Demokratismus' und Sozialdemokratismus'.[14] Politisches Handeln schrumpfte zum geheimen Walten der Auserkorenen im Politbüro und sperrte sich jeder öffentlichen Darstellung, Teilnahme und Einsprache.

Wer vom und über Theater spricht, muss über den Zustand öffentlichen Redens und Denkens berichten und nach der Offenheit der herrschenden Öffentlichkeit fragen.

> »Unfähig, was nicht einmal in den Schöpfungen der Natur vorhanden ist, ein sich ohne gewaltsame Störungen von selbst erhaltendes Gleichgewicht der Kräfte, in dem gebrechlichen Werke unserer Staatseinrichtungen darzustellen, bedürfen wir bei jedem sich erhebenden Kampfe einer dritten Partei, unter deren Schutz auch das bloße Recht sich mit Erfolg der Übermacht zu erwehren imstande und die jedes Mißverhältnis der streitenden Kräfte auszugleichen bereit ist. Eine solche Partei aber, die wie das ungekränkte Dasein des einzelnen auch das jeder gefährdeten Staatsgewalt sichern soll, kann eben darum nicht wieder in einer anderen ähnlichen Gewalt, sondern nur in der Gesellschaft überhaupt zu finden sein, – und findet und bildet sich in dieser durch das, was die Aufmerksamkeit derselben auf jeden ungleichen Kampf hinlenkt, durch Öffentlichkeit. […] Öffentlichkeit ist die Stimme der politischen Körper, und eine stumme Gesellschaft ist in ihrer Art etwas vollkommen so Armseliges als in der seinigen ein stummer Mensch.«[15]

Zu den wenigen nationalgeschichtlich verankerten bürgerlichen Institutionen der Öffentlichkeit, die trotz der lahmgelegten politischen Öffentlichkeit in der DDR weiterbestanden, gehörte das kommunal und staatlich geförderte, fest im kulturellen Selbstbewusstsein der städtischen Bevölkerung ruhende System des deutschen Stadttheaters.

Die führende Partei musste der deutschen Theaterkultur ihre Reverenz erweisen. Sie zum bürgerlichen Dekor herabzuwürdigen und damit dem Verfall preiszugeben, war unmöglich, bestand doch die Partei darauf, die »besten Traditionen der Kultur und Kunst des deutschen Volkes« zu pflegen. Die Partei spann ein engmaschiges Netz zentraler Planung, Lenkung und Kontrolle um die im Kern erhaltene Theaterstruktur und gliederte die Theaterarbeit als ein besonders sorgfältig zu beobachtendes Revier in das System der gesamtstaatlichen ideologischen Erziehung ein. Auf diese Weise konnte sie unbefangen an das konservative Reden von der volks-pädagogischen Sendung des deutschen Theaterwesens anknüpfen. So wurde der Theater-Kunst jener Jahre aufgetragen, Historisches und Gegenwärtiges ins Vorbildlich-Ideale zu überhöhen. Dementsprechend musste im einzelnen Kunstwerk jeder noch so notwendige Widerstreit, unausweichliche Gegensatz und historische Widerspruch gegen allen Augenschein, wider alle Erfahrung und Wahrscheinlichkeit harmonisch ausgeglichen, aufgelöst und formal dialektisch »aufgehoben« werden.

Nicht in einer besonderen theatereigenen, nahezu irrationalen Wirkungskraft gründet die Sorge des Staates um das Theater, sondern in der Furcht vor der kurzzeitigen Freigabe eines staatlich nicht lenkbaren und eingrenzbaren massenwirksamen Kommunikationsereignisses. Theater ist politisch riskant und zugleich gesellschaftlich unentbehrlich. Theaterkunst ist immer nur momentan und autonom existent, darin liegt ihr allzeit gefürchtetes oder geliebtes subversives Potential. Sie ist Störenfried und Trostspender in dem einen einzigen kostbaren, unwiederbringlichen Moment, der nicht sanktioniert werden kann. Im Augenblick des künstlerischen Produzierens, des Veröffentlichens des Spiels, ist dieses ganz im Besitz des Spielenden und gesellschaftlicher Einsprache entzogen. Geschehen ist geschehen – außer der Staat greift unverhüllt und drakonisch ein: der lancierte Skandal oder das Verbot vor der Aufführung. Der Skandal offenbart immer noch anderes neben der staatlichen Gewalt – die Ratlosigkeit und eine erstaunliche Verwundbarkeit des Staates.

> Die dramatische Kommunikation steht und fällt mit dieser ihr allein spezifischen unmittelbaren Öffentlichkeit. Sie muß also entweder aus dem Leben verschwinden oder versuchen, unter ungünstigen Umständen, mit einem ungünstigen Stoff kämpfend, gewissermaßen gegen den Strom schwimmend, die noch vorhandenen Momente der Öffentlichkeit des gesellschaftlichen Lebens in ihrer Weise zur Gestaltung zu bringen. In seinem Vorwort zu der Tragödie *Die Braut von Messina* schreibt Schiller: »Der Dichter muß die Paläste wieder auftun, er muß die Gerichte unter freiem Himmel hinausführen, er muß die Götter wieder aufstellen, er muß alles Unmittelbare, das durch die künstliche Einrichtung des wirklichen Lebens aufgehoben ist, wiederherstellen.[16]

Diesem Auftrag verpflichtete sich Müller. Er bestand darauf, das aufzuzeigen, was augenfällig und untergründig tobt und gärt. Weder tauchte er das aktuelle Kampfgeschehen in einen rosig-optimistischen Schein noch illuminierte er das ferne Ziel im poetischen Glanz einer immerwährenden Morgenröte. Seine Texte kamen zwangsläufig und regelmäßig der führenden Partei in die Quere und er kämpft jahrelang vergeblich um öffentliches Gehör. Wie eine von der Partei und ihren Organen künstlich herbeigerufene und gelenkte Scheinöffentlichkeit gegen die Künstler gerichtet wurde, um sie einzuhegen, erfuhr Müller erstmals, als er ultimativ von Funktionären der Berliner Kulturverwaltung aufgefordert wurde, das bereits produzierte aber noch ungesendete Hörspiel *Die Korrektur,* das mit *Der Lohndrücker* zu einem Theaterabend am Maxim-Gorki-Theater zusammengespannt war, unmittelbar vor der Uraufführung entscheidend umzuschreiben. Die Partei beschloss, dass die Arbeiterklasse dem Stück ernste Fehler nachweisen und beide Autoren, Müller hatte zusammen mit seiner Ehefrau Inge Müller den Text geschrieben, davon »überzeugen« sollte, den Text unverzüglich zu ändern. Zu diesem Zwecke spielte die Hörspieldramaturgie des Berliner Rundfunks in einer Betriebskantine des Kombinats VEB »Schwarze Pumpe« Lauchhammer das ungesendete Hörspiel einer merkwürdig bunt zusammengewürfelten Hörerschaft vor. Hier hatten beide recherchiert und die Handlung des Hörspiels spielte in diesem Betrieb. Doch diese oft geübte Form angeblich unverblümter proletarischer Kritik verfing diesmal nicht. Das vorbereitete Scherbengericht in stalinistischer Manier fiel aus. Das Kunstwerk war stärker, es wirkte auf seine Art und es geschah das demokratische Wunder einer kontroversen politischen und ästhetischen Debatte:

Betriebsfunkredakteur: Eins steht fest, in der Szenenfolge ist sehr, sehr viel Wahrheit drin. Es gibt viele Dinge, wo ich erkenne, daß sich die Kollegen nicht nur irgendwo in Berlin an den Tisch gesetzt haben, sich haben was erzählen lassen, sondern sie müssen auf der Baustelle gewesen sein, sie müssen mit den Menschen gesprochen haben, und nicht nur zwei Stunden, sondern mindestens zwei Wochen. [...] Aber man muß wenigstens so viel, wie man an Negativem gebracht hat, auch an Positivem bringen. Das fehlt.

FDJ-Sekretär: Es sind viele Wahrheiten drin, das ist klar, und darüber keine Diskussion. Aber ich bin der Überzeugung, daß man doch eins beachten muß: Dieses Hörspiel ist gedacht für die Menschen in der DDR. Wenn es nur für den Betrieb wäre, dann wäre gar nicht so viel zu bemängeln. Ich bin also der Überzeugung, dass man hier ein zu stark negatives Bild bekommt gegen über dem, was hier bei uns schon steht. Ist nicht das Typische auf der Baustelle der Kampf der Arbeiter um die Einhaltung der Pläne? Dieses Typische, dieser Kampf kommt meiner Meinung nach zu wenig zum Ausdruck.

Betriebszeitungsredakteur: Das soll ja das Ziel der Hörfolge sein, meiner Ansicht nach, aufzuzeigen, wie sich aus den negativen Elementen der Brigade der Kern herausschält, der in der Weiterentwicklung die führenden Kräfte im Kampf um die Planerfüllung hier auf der Baustelle darstellt. [...]

Bauleiter: Aber wenn wir alles billiger haben wollen, dann kommt es darauf an, wie wir arbeiten. Und wir erreichen es nur, wenn die Organisation in unserm Betrieb und im Ganzen verändert wird. [...] Der Schwindel beginnt dann, wenn Stockungen im Arbeitsablauf eintreten, wenn sie ihren Lohn in Gefahr sehen. Dann macht der Bleistift die Norm, dann macht der Bleistift die Lohnsumme. [...] Es trifft doch zu bei uns, daß Normen beim Bierkasten ausgehandelt worden sind.

Schriftsteller: Ich soll ein kleines Buch schreiben über das Kombinat. [...] Was mir fehlt, nach meinen kurzen Erfahrungen – ich bin zehn Tage hier: Es ist etwas zu kalt, das Ganze. [...] Es gehört mehr etwas herein, woran man spürt, das Gute, das Prächtige, das teilweise Hervorragende an den Kumpeln hier im Kombinat.

> Arbeiter: Der Bremer steht tatsächlich im Moment allein. Und ich glaube, es ist so, daß eine ganze Reihe von bewährten Genossen hier auf der Baustelle am Anfang schwer zu kämpfen hatten. Nämlich mit solchen Leuten, die das Abenteuerblut von der Wismut mitgebracht und hier gesagt haben: Das, was bei der Wismut war, geht hier weiter. Und dann ging's »Hoch die Tassen«. Und dann ging's mit dem spitzen Bleistift: Wer schreibt, der bleibt. Und das will Bremer bekämpfen. Da ist es selbstverständlich, daß er keinen positiven Kontakt finden kann.[17]

Das Wunder bewirkte nichts. Müller musste ändern. Er »exekutierte« eigenhändig seinen Text. Eine zweite, die von ihm auf Geheiß der Partei ruinierte Fassung, wurde vom Gorki-Theater uraufgeführt und vom Rundfunk am 13. November 1958 gesendet.

Der abgepresste Opportunismus war zwar eine momentane Katastrophe für den Autor, entpuppte sich aber letztlich als ein hilfreicher Glücksfall. Müller unterwarf erstmalig und letztmalig einen eigenen Text fremdem Zugriff. Das schier unvorstellbar krause und wirre Sicherheitsdenken der Parteizensoren kannte er jetzt, nun war er instruiert und gewappnet, künftige »Schlachten« dieser Art zu bestehen – oder ihnen listig auszuweichen. Und diese Schlachten standen unmittelbar bevor. Der Regisseur Hans Dieter Mäde feierte wahrheitswidrig »die Geschichte dieses kleinen Stücks neuer Literatur von der höheren Qualität, die das Verhältnis von Produzenten und Konsumenten auch im Bereich der Kunst bei uns erreicht hat«.[18]

Die Theater wurden dem Publikum und den Künstlern nicht zum gemeinsamen selbstbestimmten Gebrauch freigestellt. Die »Musentempel« wurden nicht aufgesprengt und umgewandelt zu einem ersten demokratischen Forum innerhalb der auf diesem Wege zu schaffenden sozialistischen Öffentlichkeit. *Der Lohndrücker* und *Die Korrektur* wurden keine Agentien eines sozialistischen Theater-Aufbruchs, denn zum wiederholten Mal registrierte die Partei, dass die »Massen« noch nicht reif genug waren, um zwischen schädlichem und nützlichem Kunstwerk, um zwischen Feind und Freund zu unterscheiden, und so sah sie sich genötigt, die Massen belehrend, selbst korrigierend einzugreifen. Allein die Partei verfügte über die Weltanschauung der Arbeiterklasse, die von ihrer Weltanschauung bedauerlicherweise noch nichts oder nichts mehr wusste: »Von ausschlaggebender Bedeutung ist vor allem die Weltanschauung der Arbeiterklasse, den dialektischen Materialismus in die Massen zu tragen.«[19]

Alfred Kurella, der neue starke Mann an der Seite Walter Ulbrichts in allen Kunstdingen, hatte die verheerende weltpolitische Rolle der künstlerischen Dekadenz enthüllt und dazu aufgerufen, sie unerbittlich zu liquidieren.[20] Einen Monat später zwang die Kulturkommission beim Politbüro der SED die Mitglieder des deutschen Schriftstellerverbandes auf einer »Theoretischen Konferenz« die realitätsgerechten und kunstgemäßen Ansätze des IV. Schriftstellerkongresses aufzukündigen und alle Erinnerungen an Bloch und Lukács in sich zu tilgen.[21] Die kurze Zeit der gesellschaftspraktisch kaum wirksam gewordenen Demokratisierung und Entstalinisierung war abgelaufen.[22] Die parteioffizielle Kritik im »*ND*« verabschiedete kurzerhand das dramaturgische Verfahren des »didaktischen Theaters«:

> Haben wir also mit *Der Lohndrücker* und *Die Korrektur* zwei Stücke des sozialistischen Realismus? Jawohl, wir haben sie. Damit man uns recht versteht, fügen wir eins gleich hinzu. Noch haben wir nicht das klassische Theater des sozialistischen Realismus, weder der Form nach, noch in der Bewältigung unserer Probleme in Dialogführung und Szenenfolge.
> Aber mit dem *Lohndrücker* und *Der Korrektur* haben wir einen ersten wichtigen Schritt zu echten Gegenwartsstücken im Sinne des sozialistischen Realismus getan. [...]
> Nicht neue dramatische Reportagen, sondern Dramen, in denen ein Konflikt bis zu Ende ausgespielt wird, das ist es, was der Zuschauer von den beiden begabten Schriftstellern in Zukunft erwartet.[23]

Die zwei Stücke waren aber auch »Bauernopfer«, getroffen werden sollte das epische Theater Brechts, dessen kunstvoller Dialektik die führende Partei nicht Herr wurde und das deshalb auf keinen Fall schul- und stilbildend werden durfte. Kulturpolitisch ist dem Berliner Ensemble und Bertolt Brecht seit 1954 nicht mehr beizukommen.[24] Die führende Partei musste sich mit ihm arrangieren, nicht er mit ihr, wie oftmals behauptet wurde. Nach Brechts Tod strebten die Kunst-Ideologen der führenden Partei an, seine Theaterästhetik zu einem speziellen, sehr persönlich geprägten Reservat im »weiten Reich des sozialistischen Realismus« zu deklarieren, zur Betrachtung ausgestellt, aber nicht zur Nachahmung und schon gar nicht zur kritischen Aneignung empfohlen. Keine Ästhetik, keine Dramaturgie à la Brecht, darauf bestand die führende Partei:

> Wenn die Frage gestellt wird: Gehört Brecht zum sozialistischen Theater, dann würden wir diese Frage bejahen. Aber wenn die Frage gestellt würde: Ist Brecht die einzige Form des sozialistischen Theaters, dann müßten wir sagen: Sie ist eine Form des sozialistischen Theaters. Und in diesem Sinne bitten wir vor allen Dingen auch diejenigen, die wirklich Brecht zu vertreten wissen, unsere Genossen vom Berliner Ensemble, etwas entschiedener gegen Kräfte aufzutreten, die Brecht und sein Werk heute verfälschen wollen oder sich falsch auf Brecht beziehen und teilweise damit der Entwicklung der sozialistischen Theaterkunst im Wege stehen.25

Die Ermahnung war nicht vonnöten, hatte doch die Dramaturgie des BE unmittelbar nach Erscheinen des *Lohndrückers* klipp und klar gesagt, warum eine Aufführung niemals in Frage käme:

> Das ist natürlich sehr begabt geschrieben, hat sehr gute Dialoge, ist mit Sinn für Situationen gemacht, aber gerade dadurch wird besonders deutlich, dass (sic!) Müller ein schönes Thema einfach weggeschmissen hat. Das ist eine in die Breite gezogene Episode. [...] Die Fabel ist nicht durchgeführt; aber weniger, weil die Handlung nicht durchgeht, sondern weil da keine Menschen drin sind.[26]

Müller, Hacks und Lange setzten mit ihren nächsten großen Gegenwartsstücken *Die Umsiedlerin oder das Leben auf dem Lande*, *Die Sorgen und die Macht* und den *Senftenberger Erzählungen oder Die Enteignung* ihren Kampf um eine sozialistische Theaterkunst in der Nachfolge Brechts unbeirrt fort. Sie wollten den »revolutionären Umwälzungen« im Lande auf der Spur bleiben, sie kritisch begleiten und helfen, sie in vernunftgemäße, friedliche und wirklichkeitsgerechte Bahnen zu lenken. Sie wollten den Menschen beispringen, die mit ihrem realen Handeln und nicht durch ihre propagandistische Rhetorik, eine neue Gesellschaft aus dem Geiste des *Kommunistischen Manifestes* anstrebten: »An die Stelle der alten bürgerlichen Gesellschaft mit ihren Klassen und Klassengegensätzen tritt eine Assoziation, worin die freie Entwicklung eines jeden die Bedingung für die freie Entwicklung aller ist.«[27]

So siedelten sie die Handlung ihrer Stücke konsequenterweise in den konfliktgeladenen, gesellschaftlichen Basisprozessen nach den unmittelbaren Aufbaujahren an: in der schlagartigen jähen Umwandlung der ehemaligen privatkapitalistischen Industrieproduktion in eine staatliche Planwirtschaft und der stufenweisen zähen Umwandlung der traditionell gewachsenen bäuerlichen Produktions- und Lebensweisen zu einer sozialistischen, vergenossenschaftlichten industrialisierten Landwirtschaft.

1 Brecht: »Suche nach dem Neuen«, in: *Schriften. Über Theater*, a.a.O., S. 142 f.

2 *ND*, 26. Februar 1950.

3 »So darf man Aktivisten nicht behandeln! Warum der Betriebsgruppensekretär von Siemens-Plania abberufen wurde«, in: *ND*, 9. April 1950; »Neue Menschen«, in: *ND*, 4. Mai 1950; »Der große Durchbruch. Lebens- und Arbeitsbericht des Aktivisten Hans Garbe«, in: *ND*, 10. Juni 1950; Karl Grünberg: »Hans Garbe – Der Mann im feurigen Ofen«, in: *Helden der Arbeit*, Berlin (Ost) 1951; Käthe Rülicke: *Hans Garbe erzählt*, Berlin (Ost) 1952. Belletristisch wurde der Garbe-Stoff zweimal von Eduard Claudius, einmal in der Erzählung *Vom schweren Anfang* (fortsetzungsweise vom 4. November 1950 bis zum 4. Dezember täglich im *»ND«* erschienen) und dann in dem Roman *Menschen an unserer Seite* (1951) literarisch verarbeitet.

4 Die *NDL* veröffentlichte in ihrem Maiheft 1957 den *Lohndrücker*, der Henschelverlag Berlin (Ost) nahm ihn in Vertrieb und bot das Stück zunächst Theatern in industriellen Schwerpunkten an – unter anderen Karl-Marx-Stadt, Senftenberg und Rostock. Ilse Galfert (Chefdramaturgin im Henschelverlag) beklagt in: *ND*, 12. Oktober 1957: »Bisher hat sich nur Leipzig zur Aufführung des Werkes entschlossen und ist eine vertragliche Bindung eingegangen.«

5 Heiner Müller: *Der Lohndrücker*, in: *NDL* 5/1957, S. 116.

6 Brecht: *Suche nach dem Neuen*, in: a.a.O., S. 95.

7 Mitgeteilt von Gerhard Schubert: »Laienspiel und Agitation«, in: *Wort und Spiel* 12/1957.

8 Arkadij Gurland: *Marxismus und Diktatur* (1930), Frankfurt/M. 1981, S. 154 ff.

9 Wladimir I. Lenin: »Die neue ökonomische Politik und die Aufgaben der Ausschüsse für politisch-kulturelle Aufklärung«, in: *Werke*, Band 33, Berlin (Ost) 1971, S. 46.

10 Hermann Matern, in: *ND*, 10. Oktober 1958, S, 4. Hermann Matern (*1893, † 1971; Mitglied des Politbüros der SED von 1950 bis 1971).

11 Josef W. Stalin: »Politischer Rechenschaftsbericht des ZK der KPdSU (B)« (1927), in: *Werke*, Band 10, Berlin (Ost) 1953, S. 162.

12 In den sogenannten »Prozessen«, den öffentlich wirkungsvollen, blutigen Partei-Ritualen, wurden diese Abtrünnigen vorgeführt, gedemütigt, zum Geständnis gezwungen und ausgestoßen, schließlich hinter verschlossenen Türen hingerichtet. Die tatsächlichen stalinistischen Verbrechen sind die Verbrechen an den Volks-Massen in der Union der sozialistischen Sowjetrepubliken nach dem Ende des Bürgerkriegs in Russland 1922.

13 Carl Schmitt: *Der Begriff des Politischen* (1932), Berlin (West) 1963, S. 26 ff.

14 »Wenn wir einmal den Schritt von den geschlossenen Sitzungen zur vollen Öffentlichkeit gemacht haben, wozu sollen wir diesen Fortschritt rückgängig machen? Wir waren bis jetzt von allen politischen Parteien die einzige, welche alle ihre Angelegenheiten auf offenem Marktplatz verhandeln konnte, ohne sich der Tatsachen, auch auf finanziellem Gebiet, schämen zu brauchen.«, Rosa Luxemburg: »Über die Öffentlichkeit der Sitzungen des Parteitages« (1901), in: *Reden*, Leipzig 1976, S. 29 f.

15 Jochmann a.a.O., S. 224.

16 Georg Lukács: *Der historische Roman*, Berlin (Ost) 1955, S. 138 f.

17 Aus dem Protokoll einer Diskussion über *Die Korrektur* im Kombinat »Schwarze Pumpe«, zit. nach: *Hörspiele aus der DDR*, hrsg. v. Stefan Bodo Würffel, Frankfurt/M. 1982, S. 61 ff. Ursprünglich in *NDL* 5/1958.

18 Hans Dieter Mäde: »Die Neufassung«, in: *NDL* 1/1959, S. 127.

19 Red.: »Die Arbeiterklasse führt die Volksmassen zum Sieg des Sozialismus. Zur schöpferischen Anwendung des Marxismus-Leninismus durch den V. Parteitag«, in: *Einheit* 8/1958, S. 1103.

20 »Der von der Wirklichkeit gelieferte Stoff wird seines inneren Zusammenhangs entkleidet, in Fragmente zerlegt, zerstückelt und nach verschiedenen Gesichtspunkten neu zusammengeflickt. Einzelne Momente und Teilmethoden der künstlerischen Darstellung, wie die Vereinfachung, die Reduktion, die Übertreibung, die Deformation werden bis zum Absurden gesteigert. In ihrer letzten und restaurativen Etappe, die nach dem Zweiten Weltkrieg mit dem massenhaften Re-Import der dekadenten Kunst aus den USA beginnt, wird diese »Kunst« von der herrschenden Klasse ganz planmäßig und bewußt zur Verschleierung der Widersprüche und der tödlichen Gefährlichkeit des Imperialismus, zur Ablenkung vom Klassenkampf, ja, zur ideologischen Vorbereitung eines Atomkrieges verwandt. Und eben dies veranlaßt uns, die Dekadenz in der Praxis unseres Kunstlebens in erster Linie unter politischen Gesichtspunkten zu betrachten und zu behandeln und erst in zweiter Linie als ästhetisches Phänomen.«, Alfred Kurella: »Zum Problem der Dekadenz«, in: *Einheit* 5/1958, S. 749.

21 »Vom Werden unserer sozialistischen Nationalliteratur«. Eine kommentierende Zusammenfassung der Diskussion und längere Auszüge aus Reden auf der Theoretischen Konferenz, in: *NDL* 8/1958, S 52 ff.

22 »In 18 ausgesuchten Betrieben verschiedener Industriezweige wurden Arbeiterkomitees gebildet. Über ihre Tätigkeit herrschte [...] Schweigen. [...] Anfang 1958 wurden sie aufgelöst und ihre Aufgabe gewerkschaftlichen Organen, den Ausschüssen für Ständige Produktionsberatungen, übertragen.«, in: *DDR – Handbuch*, Leitung: Peter Christian Ludz, hrsg. v. Bundesministerium für innerdeutsche Beziehungen, Köln 1975, S. 34.

23 Willi Köhler, in: *ND*, 6. September 1958.

24 In diesem Jahr erhielt Brecht den Stalin-Friedenspreis und bezog mit dem BE das Theater am Schiffbauerdamm.

25 Siegfried Wagner (Leiter der Abteilung Kultur beim ZK der SED) auf der Tagung des Parteiaktivs der Theaterschaffenden am 28. und 29. Mai 1959 »Künstler und Publikum auf dem Weg zu einem sozialistischen Nationaltheater«, in: *TdZ* 8/1959, Beilage. Vgl. auch: Werner Mittenzwei: »Größe und Grenzen des Lehrstücks«, in: *NDL* 10/1960, S. 93 f.

26 Käthe Rülicke-Weiler am 3. Juli 1957 an Manfred Wekwerth. AdK Berlin, Archiv DK, Wekwerth, Manfred Nr. 190.

27 Marx/Engels: *Manifest der Kommunistischen Partei*, in: Marx/Engels: *Ausgewählte Schriften*, Band 1, Berlin 1982, S. 45.

»Die gewaltsame Umwälzung der gesellschaftlichen Verkehrsformen hat mehr Stoff für Literatur angehäuft als die letzten 100 Jahre bürgerlicher Geschichte.«[1] – *Die Umsiedlerin oder das Leben auf dem Lande*

In seinem groß angelegten Gedichtzyklus *Das Gesetz* versuchte Peter Huchel dem Jahrhundertereignis der Landreform 1945/46 in den Dörfern und auf den Gütern der SBZ poetisch gerecht zu werden.

> Dein ist mit schwarzen Kiemen die Erde,
> wenn sie in rauher Furche liegt,
> tief gelockert und atmend im Schnee.
> Nicht Maul mehr
> Fleisch von den Knochen zu zerren,
> nicht länger auf Wucher ausgeliehen,
> nicht Distelbrache,
> nicht Hungeracker der Armen.
>
> So leg den neuen Grund!
> Volk der Chausseen,
> zertrümmerter Trecks!
> Reiß um den Grenzstein des Guts!
>
> Deine Pfähle schlag ein,
> ackersuchendes Volk![2]

Aber Huchel erlebte, dass die Bodenreform nicht den alten Traum von der befreiten Erde und dem freien Bauer auf eigenem Grund verwirklichte. Die Bodenreform war nur eine zwischenzeitliche und unumgängliche Notmaßnahme. Da die verheerenden Kriegsfolgen eine schnell funktionierende landwirtschaftliche Produktion dringend erzwangen, musste eine schnelle kleinteilige Privatisierung die durch den Krieg ruinierte agrarische Produktion im Osten sichern. Auf die traditionelle Grundlage bäuerlichen Produzierens, den privaten Besitz von Ackerland, Weideflächen und Vieh, konnte unter den obwaltenden Umständen noch nicht verzichtet werden.

Der staatlich enteignete Großgrundbesitz und seine bewusst kleinteilige Reprivatisierung zugunsten der Kleinbauern, der Landarmut in Betriebsgrößen, die von den neuen Besitzern ohne fremde Lohnarbeit zu bewirtschaften waren, diente nur zur Aufrechterhaltung allernötigster Produktion von Nahrungsmitteln. Und dem Groß der Umsiedler aus den ehemaligen deutschen Ostgebieten wurde durch die Zuteilung von Land die Selbstversorgung ermöglicht, so dass sie nicht in die zerbombten und hungerleidenden Städte drängten. Die Reform war nicht Zweck, sie war von vornherein Mittel, sie war nur ein zwischenzeitlicher Durchgang zur späteren Kollektivierung der Landwirtschaft nach sowjetischem Vorbild.

Huchel kapitulierte poetisch vor der drohenden Zerstörung dörflicher Gemeinschaft und brach seine Arbeit ab. Sein Traum von einem selbstbestimmten Menschen, der sich mit Tradition und Gegenwart eins weiß, der schlechtes Vergangenes überwindet, in Gemeinschaft mit seinesgleichen auf eignem freiem Grund arbeitet und im Einklang mit der Natur lebt, zerschellte an der Realität. Er hatte sich grundlegend geirrt, die von ihm ersehnte Dorfgemeinschaft war vergangen. Im sozialistischen Denken war kein Platz für eine Renovation vormoderner agrarischer Gesellschaftsentwürfe.[3] Dennoch verbargen sich in der Bodenreform durchaus zukunftsoffene Ansätze eines auf privatem Landbesitz beruhenden selbstbestimmten und genossenschaftlich orientierten bäuerlichen Arbeitens.

> Die Bodenreform ist für uns solange nicht beendet, wie es noch eine Neubauernwirtschaft ohne Anspannung und Milchkuh in der Zone gibt, und die Bodenreform ist auch solange nicht beendet, wie es noch eine Neubauernfamilie gibt, die nicht vom eigenen Hofe aus wirtschaftet. Die Bodenreform ist auch solange nicht beendet, als noch nicht die durch die Bodenreform entstandenen neuen Gemeinschaftsformen bäuerlichen Lebens und Schaffens voll entwickelt sind: die Formen der ausgleichenden Anwendung von Arbeitsmitteln, die Maschinenausleihstationen der gegenseitigen Bauernhilfe, die vielerlei Arten bäuerlicher Produktivgenossenschaften, die neuen Formen bäuerlicher Berufsberatung, Berufsausbildung und dörflicher Wohlfahrtseinrichtungen. Die Bodenreform hat einen neuen Typus des schaffenden Bauern und der bäuerlichen Familienwirtschaft ins Leben gerufen, einen Typus, den die Landwirtschaft früher nicht kannte, den Typus, der durch gegenseitige Hilfe verbundenen, durch freie Gemeinschaftseinrichtungen

> gestützten, von der Arbeiterschaft der Städte und den demokratischen Staatsorganen eifrig geförderten neuen Bauern. Diese neue Bauernschaft besteht nicht nur aus Neu-, sondern auch aus fortgeschrittenen Altbauern. Aus »Neu«- und »Alt« -Bauern werden neue Bauern. Wenn das Leben unserer Bauern heute noch schwer, mitunter mehr als schwer ist, so ist das ein Stück der Hitlererbschaft, dem kein Volksteil entgehen kann – aber durch die Bodenreform und ihre Tochter, der »Vereinigung der gegenseitigen Bauernhilfe«, ist ein Weg freigemacht, auf dem sich unsere Bauern mit Hilfe der besten demokratischen Kräfte der Stadt in absehbarer Zeit zu einem besseren Leben emporarbeiten können.[4]

1952 verabschiedete Wilhelm Pieck alle Gedanken an eine selbsttätige genossenschafliche Organisation freier Bauernwirtschaften:

> Bei uns ist die Zeit gekommen, da wir durch den Übergang der kleinen zersplitterten Bauernwirtschaften zur gemeinschaftlichen, genossenschaftlichen Großproduktion den Wohlstand der werktätigen Bauernschaft heben können. Diesen Übergang vollziehen unsere werktätigen Bauern und Landarbeiter auf der Grundlage der völligen Freiwilligkeit. Wir werden keine Verletzung dieses Grundsatzes der Freiwilligkeit beim Zusammenschluß der Bauern zu Landwirtschaftlichen Produktionsgenossenschaften zulassen.
>
> Wir sind uns auf unserem neuen Wege des sicheren Erfolges und des Sieges über alle Schwierigkeiten und Anfeindungen gewiß, denn unser Vorbild und unser uneigennütziger Helfer ist die große sozialistische Sowjetunion, und unser Lehrmeister ist der beste Freund des deutschen Volkes, der große Stalin.[5]

Die SED war in vielen Dörfern nur schwach vertreten, sie brauchte bäuerliche Bundesgenossen, die jedoch schwer zu finden waren, da die Bodenreform das Landproletariat in private Kleinbauern umgewandelt hatte, die keineswegs gewillt waren, ihre Selbstständigkeit wieder aufzugeben. Mit den MAS und MTS installierte die führende Partei eine dritte Kraft auf dem Lande, die unabhängig von den herkömmlichen dörflichen Strukturen und bäuerlichen Arbeitsweisen technologisch auf Großraumbewirtschaftung orientiert war und die den LPG'en den Weg bahnen sollten.[6] Die Staatsmacht erhöhte das Abgabensoll und Steuern für die Großbauern und Mittelbauern.

Der Klassenkampf wurde auf solche Weise, dem Stalinschen Vorbild folgend, von oben gegen den Willen der Bauernschaft in ihrer Gesamtheit in die Dorfgemeinschaften hineingetragen. Der Klassenkampf fand auf dem Lande keinesfalls zwischen Groß-, Klein- und Mittelbauern statt, er wurde von der Partei gegen das Bäuerliche, gegen die ländliche Kultur und Lebensweise schlechthin geführt. Deshalb war eine Überflutung der ländlichen Bevölkerung mit propagandistisch und agitatorisch wirkungsvoller Landliteratur eine literaturpolitische Hauptaufgabe. Im Gewand scheinbar unschuldiger Dorfchroniken daherkommend, bedienten sich Werner Reinowski (*Der kleine Kopf*, 1952) und Benno Voelkner (*Die Bauern von Karvenbruch,* 1959) der Elemente des Kolportageromans und »landläufiger« melodramatischer Effekte, um die Härte und die Größe, die schreckliche Alltäglichkeit der Verhältnisse auf dem Lande in diesen fünf Jahren Nachkrieg einzuebnen, abzuschleifen oder abseitig zu sensationalisieren.[7]

Daneben blühte eine ästhetisch anspruchsvoller auftretende Landliteratur, ein Gebinde wundersamer Geschichten von der unaufhaltsamen Sozialisierung des Lebens auf dem Lande: Die erbauliche Kalendergeschichte von der »Vereinigung der gegenseitigen Bauernhilfe«: *Die Hungerbauern* (Paul Körner-Schrader, 1948) und die landproletarische Heldensaga von der Geburt des Neubauern aus dem Geiste der Bodenreform: *Tiefe Furchen* (Otto Gotsche, 1949). Auf den Berliner Theatern wurden erfolglos die komische Dorfchronik vom gesetzmäßigen Verlauf des Klassenkampfes auf dem Lande *Katzgraben* (Erwin Strittmatter 1953) und eine tränenrührende Legende von Schuld und Sühne *Die Dorfstraße* (Alfred Matusche 1955) gespielt. Das Fernsehen und die Theater reanimierten das UFA-Uraltschema des bäuerlichen Liebesschwanks.[8] Allein der ernüchternde Roman von Eduard Claudius *Von der Liebe soll man nicht nur sprechen* (1957) näherte sich ernsthaft, wenngleich auch nicht in sprachlicher Vollkommenheit, so doch in unverwechselbarer persönlicher Gestaltung, den realen dörflichen Gegebenheiten in den Tagen der ersten Kollektivierungsphase zwischen 1950 und 1954. Gegen das Buch wurde eine gezielte Kampagne des »empörten Lesers« und der Fachkritiker angezettelt.[9]

> Die Menschen bewegen sich im Kreise und treten sich gegenseitig auf die Füße, und alles ist überwuchert von animalischen und erotischen Vorgängen. Nichts und niemand ist in diesem Dorfe tragend oder emporragend, auch nicht der unverständ-

> liche Parteisekretär, der sich wie alle anderen im Kreise bewegt und geschoben wird, anstatt wie er vermeint, oder wie der Autor es beabsichtigte, die mobilisierende Kraft der Partei darzustellen. [...] Es erscheint, als wenn dieses Dorf und seine Bewohner vollkommen allein und ohne Verbindung mit der Außenwelt um die neue Entwicklung ringen. Nichts ist zu spüren von der Kraft der jungen Republik und der Partei, die zur Zeit der Romanhandlung nicht zu übersehen ist.[10]

> Er [Eduard Claudius; ThW] ersetzt die rosarote Brille durch eine solche, die die natürlichen Proportionen der Verhältnisse und Menschen oft ins Groteske verzerrt, gewisse Seiten und Eigenschaften übermäßig vergrößert und vergröbert, andere dagegen so klein und unbedeutend erscheinen läßt, daß sie kaum mehr sichtbar sind. Bei solcher Betrachtungsweise kann kein typisches Bild unserer Wirklichkeit entstehen, und es ist nicht verwunderlich, daß der Leser desorientiert wird und das Gefühl für die Perspektive verlieren muß.[11]

Einzig Eduard Zak[12] kann in diesem »derbrüpeligen Roman« eine literarische Sonderheit entdecken:

> Die gleichsam zähe, nämlich zögernde und an Wiederholungen reiche Darstellung spiegelt überzeugend das zögernde, zähe Fortkommen der Menschen, die Claudius schildern will, jene fast erstickende Beharrlichkeit des alten Schlechten, die auch in Wirklichkeit soviel bei uns zuschanden macht. Ein empfindlicher Nachteil dieser Darstellungsart ist allerdings, daß sie die Unermüdlichkeit, mit der dennoch gute und neue Dinge zustande gebracht werden, als eine tiefe Verdrossenheit erscheinen lässt.[13]

Bündig befand der altgediente BPRS-Veteran Hermann Werner Kubsch: »Claudius wollte uns vor einem idealisierten Dorfbild bewahren und das ist ihm gelungen.«[14]

Der Roman schreckte die Literaturwächter auf und veranlasste sie, der Dorfliteratur die rechte Linie vorzuschreiben:

> Er [der Schriftsteller; ThW] hat späteren Generationen das literarisch gestaltete anschauliche Material zu liefern, das ihnen gestattet, die historischen Leistungen der Gegenwart ebenso zu

> würdigen wie den Prozeß des Umdenkens vieler, vieler Menschen richtig an mannigfaltigen Beispielen abzulesen. Menschen, die von den objektiven Veränderungen gezwungen werden, umzudenken und ihre Gefühle zu kontrollieren, bedürfen des Schriftstellers als des wahren Volkspädagogen, der den Kampf aufnimmt gegen das kleinbürgerliche, den sozialistischen Aufbau hemmende Bewußtsein vieler Menschen, vor allem auf dem Lande.[15]

Was offiziell erwartet wurde von einem Stück Literatur über das Leben auf dem Lande, wusste Heiner Müller also sehr genau, als er 1957 *Die Umsiedlerin* zu schreiben begann. Ob er wusste, welch eine herkulische Aufgabe er auf sich lud? Ursprünglich schien alles sehr einfach und klar vor ihm zu liegen, jedenfalls entsann er sich später so:

> Der Kern der Geschichte wurde [...] die Erzählung »Die Umsiedlerin« von Anna Seghers. Mich interessierte diese Frau, die bei einem Großbauern in einer Abstellkammer lebt. Sie erfährt dadurch, daß ein neuer Landrat in der Einwohnerversammlung neue Töne anschlägt, daß man vielleicht sich auch einmal beschweren kann. In der nächsten Versammlung sagt sie zum erstenmal etwas. Sehr einprägsam schildert Anna Seghers, wie plötzlich alle sehen, daß diese Frau schön ist, daß sie zum erstenmal ihre Bedürfnisse formuliert und versucht, auf ihren Rechten zu bestehen. Das war eigentlich der Ausgangspunkt. Die erste Fassung war in Prosa geschrieben.[16]

Er erinnert nicht daran, dass die Arbeit an einem Stück über das Leben auf dem Lande zu dieser Zeit die riskante Ausfahrt in ein ideologisch hochgradig vermintes Gelände bedeutete, denn die Produktionsleistungen der LPG stagnierten, neue Beitritte erfolgten kaum. Der Umfang der von diesen Betrieben bewirtschafteten Fläche hatte sich innerhalb von zwei Jahren nur um 3,3 % der gesamten landwirtschaftlichen Nutzfläche der DDR erhöht. Die Produktionsleistungen der LPG je Flächeneinheit lagen – außer bei Getreide – immer noch unter den Erträgen der Einzelbauern, die nahezu 70 Prozent der landwirtschaftlichen Erzeugnisse produzierten. Das sozialistische Großexperiment war im Scheitern begriffen!

Auf diese Tatbestände reagierte der sozialistische Agrarökonom Kurt Vieweg mit einem politisch wohl erwogenen, ökonomisch durchdachten, radikalen und dringend notwendigen Paradigmenwechsel in der Landwirtschafspolitik: »Die Agrarpolitik muß künftig von dem Grundprinzip ausgehen, daß ein sozialistischer Staat auch über einen historisch langen Zeitraum auf dem Nebeneinanderbestehen zweier Wirtschaftsformen in der Landwirtschaft beruhen kann: einerseits auf dem staatlichen und genossenschaftlichen Sektor und anderseits auf einem großen Sektor einzelbäuerlicher Familienbetriebe.«[17] Der Vorschlag konterkarierte die ehernen Grundsätze von Stalins Kollektivierungspolitik und Walter Ulbricht schlug sofort zurück: »Der Verfasser wendet sich gegen die Arbeiter-und-Bauern-Macht. Der Vorschlag zeigt den Weg der Rückkehr zur kapitalistischen Wirtschaft, wobei die Großbauern die ökonomische Hauptkraft im Dorf werden würden. Es ist bezeichnend, daß die Hauptpunkte dieser konterrevolutionären Konzeption mit den Erklärungen der rechten sozialdemokratischen Führer in der Agrarfrage übereinstimmen.«[18]

In diesem Widerspruchsgeflecht fühlte sich das tatenfrohe Tandem Müller/Trageleh poetisch und theatralisch bestens aufgehoben, wollten sie doch auf dem Theater das politische Handeln der sozialen Schichten und Klassen abwägen und prüfen, teilnehmen am Umbau der Gesellschaft, die Geschichte vorwärtstreiben, der alten Losung der proletarischen Literatur und ihren operativen Genres nacheifernd: Wer schreibt, handelt.[19]

Doch Müller ließ sich viel Zeit, zu viel Zeit beim Schreiben.[20] In den Dörfern spitzte sich der ökonomische Gegensatz zwischen den einzelbäuerlichen Wirtschaften und den Produktionsgenossenschaften zu einem für die führende Partei gefährlich werdenden Konflikt zu:

> Es gibt jedoch eine Anzahl kapitalistisch wirtschaftende Bauern, die ihre ökonomische Stärke dazu benutzen, durch Ausbeutung fremder Arbeitskraft und technische Ausrüstung ihrer Betriebe Spekulation zu treiben und sich starke Positionen im Dorf zu verschaffen. Es gibt unter diesen Bauern auch Kräfte, die jetzt ihre Anstrengungen vergrößern, die Masse der Bauern von der heranreifenden Entscheidung abzuhalten. Vielfach gruppieren sich um diese Elemente Bauern, die ihrer ökonomischen Lage nach werktätige Bauern sind, aber unter dem Einfluß ihres früheren Lebens, kapitalistischer Bestrebungen oder auch ideologischer Beeinflussung durch die Westpropaganda oder reaktionärer Kirchenkreise eine feindselige Haltung gegenüber der sozialistischen Entwicklung einnehmen.[21]

Die führende Partei griff jetzt gewaltsam in die Landwirtschaft und das dörfliche Leben ein! Die Klasse der Bauern wurde in ihrer ökonomisch-sozialen Struktur praktisch eliminiert. Die Zwangskollektivierung, die Vernichtung des bisherigen Bauernstandes in all seinen Gliederungen, wurde 1959 verfügt und im Frühjahr 1960 durchgesetzt. Die Landwirtschaft war endlich der zentralistischen Planwirtschaft und dem unmittelbaren Zugriff der Parteibürokratie unterworfen. Ulbricht frohlockte: »In unserer Landwirtschaft haben die sozialistischen Produktionsverhältnisse bereits das Übergewicht. Die LPG und VEG haben ihre Überlegenheit über die zersplitterte Einzelbauernwirtschaft und die kapitalistische Landwirtschaft in Westdeutschland bewiesen.«[22]

Noch ein Vierteljahr vorher hatte Ulbricht die großen Ertragsrückstände in der DDR-Landwirtschaft gegenüber der westdeutschen Landwirtschaft angeprangert.[23] Die Zeit der viel gescholtenen und von der Mehrheit der Bevölkerung durchaus beneideten, weil selbstbestimmt arbeitenden, und sich oftmals selbstversorgenden kleinen Warenproduzenten war endgültig abgelaufen. Der kleine Gewerbetreibende, der private Handwerksbetrieb und der bäuerliche Familienbetrieb störten die »harmonische« Entwicklung der sozialistischen Einheits-Gesellschaft. Dementsprechend wurde das Dorf mithilfe der Großraumbewirtschaftung in den nächsten Jahren ohne größere gesellschaftliche Verwerfungen industrialisiert.

Solch jähen und harten machtpolitischen Eingriff in das ländliche Wirtschaften und dörfliche Leben hatten Müller und Tragelehn im Jahre 1957 nicht voraussehen können. Müllers Stück, als Zeitstück konzipiert, hinkte plötzlich der Wirklichkeit hinterher. Jetzt hätte Heiner Müller, um dem ursächlichen Schreibanlass unter den neuen Bedingungen gerecht zu werden, sich dramatisch, wie es Vieweg 1956/57 theoretisch getan hatte, mit der historisch problematischen und politisch verschleierten Entscheidungskette – Privatisierung des Bodens 1945, ökonomischer Kampf gegen die politisch machtlosen, agrarökonomisch hochproduktiven Groß- und Mittelbauern, schließliche Zwangskollektivierung und unübersehbar angestrebte Proletarisierung des Dorfes als der grundlegenden Kollision zwischen den Interessen der Partei und den Interessen der Bauernschaft – auseinandersetzen müssen. Er versuchte mit dem geringsten Schreibaufwand das Unmögliche, das Stück in seiner historischen Ursprünglichkeit in die gesellschaftspolitisch neue Situation hinüberzuretten. Das misslang und es musste misslingen, denn die Verhältnisse, die waren nicht mehr so, die bäuerliche Front war gewalttätig überrannt und die Künste wurden zum Siegesgesang gebeten:

> Viele unserer Genossen Schriftsteller sind jetzt in den Dörfern und interessieren sich für die philosophischen Auffassungen unserer Bauern. Das ist gut. Wenn sie die Bauernweisheit richtig erfassen und künstlerisch gestalten, werden sie in den nächsten Monaten ausgezeichnete Werke schaffen. Gegenwärtig lesen wir das vorläufig in Form interessanter Reportagen. Wir sind jedoch überzeugt, daß es bei unserer so großen ökonomischen und auch ideologischen Umwälzung möglich sein wird, bedeutende neue Werke zu schaffen.[24]

Müller umhüllte mit drei schnell hinzugeschriebenen Szenen den ursprünglichen Textkörper: mit einem szenischen Prolog, der die Tage der Bodenreform heraufbeschwört, mit einer tragischen Episode aus der Frühzeit der Neubauernbewegung und mit einer Farce über den freiwillig-unfreiwilligen Eintritt des letztverbliebenen Großbauern in die LPG im Frühling 1960. Diese drei Szenen sind eine resignative Absage an die Hoffnung, der mühselig sich neu konstituierenden Dorfgesellschaft gesellschaftlich so auf die Beine zu helfen, dass die Bodenreform und Formen der gemeinschaftlichen bäuerlichen Arbeit schließlich zum Werk der Bauern selbst werden. Die lustvoll komische, kritisch entlarvende Gestaltung der Irrungen und Wirrungen des unerhörten historischen Versuchs, das Dorf umzukrempeln, ohne es zu zerstören, wird durch die Rahmenszenen zurückgenommen, ins Zwielicht skeptischer Ironie getaucht. Um dem Stück in seiner Fragilität gerecht zu werden, ist es notwendig seine ästhetisch divergenten drei Textteile im zeitgeschichtlich bedingten Zusammenspiel zu lesen.

Müller hatte sich aus dem historischen Material nicht, wie vielleicht zu erwarten gewesen wäre, die äußere Dramatik versprechenden historischen Wendepunkte der Bodenreform oder die Gründung der ersten LPG 1952 dramatisch vorgenommen. Er wählte aus dem historischen Material eine Übergangsperiode auf dem Lande, die Zeit zwischen 1949 und 1950, die schon bestimmt war vom massenhaften Einzug der staatlichen Traktoren, den handgreiflichen Vorboten der Kollektivierung ins Dorf, in der aber auch noch die Hoffnung auf »einen neuen Typus des schaffenden Bauern lebte. Einen Typus, den die Landwirtschaft früher nicht kannte, den Typus, der durch gegenseitige Hilfe verbundenen, durch freie Gemeinschaftseinrichtungen gestützten, von der Arbeiterschaft der Städte und den demokratischen Staatsorganen eifrig geförderten neuen Bauern« (Hoernle). Das Stück sollte das Publikum konfrontieren mit der besitzverhafteten Mentalität der Alt- und Neubauern und den fortschwärenden alten dörflichen Machtstrukturen und dem Kampf um neue sozialismusgemäße dörfliche Lebens- und Arbeitsweisen.

> Es gilt nicht zuletzt den eingefleischten Eigentumssinn zu überwinden, der nicht nur für Altbauern, sondern besonders auch für solche Neubauern charakteristisch ist, die ehemalige Landarbeiter waren und denen von Großvater und Vater die Sehnsucht nach dem eigenen Stückchen Boden überliefert wurde. Deshalb gilt es sorgfältig und überlegt vorzugehen, die Einzelbauern von der Überlegenheit der sozialistischen Produktionsgenossenschaften zu überzeugen. Die veränderten ökonomischen Verhältnisse werden andererseits dazu beitragen, das neue sozialistische Bewußtsein herauszubilden und zu stärken. Als einzige kapitalistische Klasse in der Landwirtschaft sind die Großbauern geblieben. Ihre Möglichkeiten zur Ausbeutung von Landarbeitern und werktätigen Einzelbauern sind jedoch durch die neuen ökonomischen Bedingungen und durch die demokratischen Gesetze stark eingeengt.[25]

Das Stück förderte die einfache Wahrheit zu Tage: Wie seit Jahrhunderten wurde von außen und von oben über die Masse der Bauern ohne ihr Zutun entschieden. Gleich, ob vom Gutsherrn, dem Großagrarier, dem Ortsbauernführer oder vom neuen Staatsapparat, dem Bauer wurde beschieden, was er zu tun und lassen habe. Die bäuerliche Existenz erzeugte traditionell und aktuell wieder nur eine Resistenz gegenüber seiner abhängigen Lage, die in äußerliche Anpassung an die Gegebenheiten, in eine passive Hinnahme der Zustände mündete. Der Bauer tat und dachte sich sein Teil. Dieses sollte vom Publikum erkannt werden und es sollte im Stückgeschehen, in den Handlungen der Umsiedlerin, des bäuerlichen Parteisekretärs und seiner Frauen die ersten Anzeichen eines ernsthaften, eines neuen solidarischen Verhaltens und einer demokratischen Mitbestimmung eines jeden an den öffentlichen Angelegenheiten zum Wohle aller erkennen, und es selbst in seiner Lebens-Praxis erproben.

Müller entschied sich deshalb zu einer eigentümlichen Dramaturgie, einem Genrehybrid aus einer »Chronik der Traktoren« und einer »Revue des komischen Lebens auf dem Lande«. So gelang es ihm, ganz unterschiedliche Probleme und Erscheinungen des Alltags auf dem Lande in abgeschlossenen Episoden ganz unterschiedlicher ästhetisch-dramaturgischer Bauart und Wirkungseigentümlichkeit, oftmals in kabarettistischer Manier überpointiert, vorzustellen. Die Dramaturgie und Poetik des Stücks entsprach der Widersprüchlichkeit der realen Erscheinungen und passte sich auch dem natürlichen Zeitmaß des »Lebens auf dem Lande« an, ein Zeitmaß, das anders verlief als das Leben im Lande und sich nicht dem revolutionären Schrittmaß des jähen Umsturzes, der radikalen sozialistischen Industrialisierung und schon gar nicht dem Vor-Bild der frühen sowjetischen Kollektivierung anbequemte.

Müller folgt dem Figuren-Schema der gängigen »Dorfstücke«: Der stärkste Großbauer dirigiert in alter Weise das dörfliche Geschehen. Gemeinsam mit politisch indifferenten, schwarzschlachtenden und fleischverschiebenden Mittelbauern hat er auch zu seinem Nutz und Frommen einem opportunistisch hochbegabten Bürgermeister mit einer lupenreinen Gutsarbeitervergangenheit ins Amt geholfen. Doch dieser besinnt sich zur rechten Zeit, sich von seinem in Verruf geratenen Gönner und dessen Anhang unabhängig zu machen, worauf jene ihn stürzen wollen. Dieser Handlungsstrang ist der klassischen Intrigendramaturgie nachgebaut, aber er bestimmt schon nicht mehr das Gesamtgeschehen des Stückes. Die Intrigen der Oberen sind nicht mehr gemeingefährlich, sind nur noch selbstzerstörerisch, reißen keine Unbeteiligten in die Katastrophe, gefährden nicht mehr ihre Umwelt. Dieser Stückteil ist unterhaltsam lächerlich und lachhaft, komisch in gröbster Form. Neben dieser Gruppe scharfgezeichneter Reaktionäre und Egoisten stehen weniger profilierte, sich anpassende, ihren Schnitt machende, nörgelnde und stumm ergebene Kleinbauern, Neubauern, Umsiedler und ehemalige Landarbeiter. Dazu gesellt sich die stalinistisch entflammte, männliche Dorfjugend und die von ihr begehrte, lockend lockere Dorfschöne. Dann beginnt Müller das übliche Figuren-Schema aufzubrechen und das eingespielte Personentableaux durcheinanderzuwirbeln: Die dem Dorf zu Hilfe eilenden klassenbewussten Proletarier sind geldgierige, sexversessene und trinkfeste Traktoristen. Der Kreissekretär der SED fährt einmal vorbei – er ist immer nur zwischen den Dörfern auffindbar, die Dörfer durchfährt er eilends in drei Minuten, so ist er stets mobil, er kennt keinen Stillstand, ohne aber irgendwo irgendetwas außer sich selbst zu bewegen. Der Funktionär ist ein sich selbst genügendes perpetuum mobile. Ein der Sabotage verdächtiger auswärtiger Bürgermeister, weniger abgebrüht als der dorfansässige, quert auf der misslingenden Flucht nach dem »Westen« die Wohnstube seines Amtskollegen. Und in der Ferne wachen zwei Landräte, der alte bedauerlicherweise gerade verhaftet und aus dem Amt gejagt, weil wundervoll bestechlich, der andere stark beargwöhnt, weil offenbar fatalerweise unbestechlich. Wer hinter der Maske dieses untypischen Neuen steckt herauszufinden, treibt die Dörfler verständlich mächtig um. Die zentralen, in mehrere Konflikte verfangenen und miteinander verhakelten Figuren sind der ehrenamtliche SED-Dorfgruppensekretär Flint und der erwerbslose und dorffremde Fondrak. Zwei klassische Störenfriede der dörflichen Gemeinschaft, der Aufrührer und der Taugenichts, der Andere und der Fremde. Beide brechen unbekümmert die moralischen Tabus der Zeit und des Dorfes. Fondrak lässt sich von seiner geschwängerten Geliebten, einer landlosen Umsiedlerin, aushalten und Flint lebt ungerührt ungeschieden von seiner Frau mit einer neuen Frau zusammen. Beide sind radikale Utopisten, starr ihrem fernen Ziel untertan. Fondrak stellt sich unter das Diktat seiner Bedürfnisse, Genuss um jeden Preis: »Was war zuerst da: der Durst oder das Bier? Ich sage das Bier, die Welt muß verbraucht werden«. Flint stellt sich unter das Diktat seines Auftrags, »den Klassenkampf ankurbeln. Ich steh im Klassenkampf mit dem Kulaken. / Der läßts sich wohlsein, rund von freier Spitze.«[26]

Flint will Fondrak überzeugen eine Neubauernstelle zu übernehmen, doch Fondrak schlägt aus, »denn Arbeiten ist ein Verbrechen gegen die Menschlichkeit«. Flint scheitert zwar an Fondrak, nicht aber an den Verhältnissen, wenngleich es ihm schwerfällt, den zündelnden kommunistisch-anarchistischen Barrikadenkämpfer der frühen zwanziger Jahre in sich zu besiegen. Aber, und das ist fast zu schön, um wahr zu sein, sein nimmermüder Widerspruchsgeist bewegt den Landrat, ihn anstelle des sich vergeblich in der stalinistischen Kunst der Selbstkritik selbst übertreffenden Bürgermeister einzusetzen. Der Landrat schlägt zwei Fliegen mit einer Klappe: Er fesselt Flint an Gesetz und Ordnung, an den schnöden Alltag und bricht im Handumdrehen die Macht der Großbauern. Die allmächtige Figur des Landrats rettet die »Komödie« und renkt in der traditionellen Manier des bürgerlichen Lustspiels die Verhältnisse kurz entschlossen wieder ein und ordnet sie zugleich ohne viel Federlesens auf vernünftige Weise neu. Soweit die eine Handlungsebene, doch im Untergrund wühlt ein existentielles Problem die Bauern auf, die Frage nach der Zukunft ihres frisch erhaltenen oder längst besessenen Bodens. Das Thema zieht sich unterschwellig durchs Stück, ab und an kurz in die

Handlung aufschießend, bis es in einer großen abschließenden Szene eruptiv aufbricht und den Dorffrieden akut gefährdet. Nachdem in der Dorfversammlung mehrheitlich die Privatisierung der Traktoren abgelehnt wird, sie im staatlichen Besitz der MAS verbleiben und von allen gleichermaßen leihweise genutzt werden sollen, versucht der um sein Amt mit allen Mitteln kämpfende Bürgermeister die Versammlung »links« zu überholen:

> Ich bin dafür, wir gehen aufs Ganze jetzt
> Und schmeißen auch den Boden gleich zusammen.
> Alter Bauer:
> Jetzt ist der Knüppel aus dem Sack: Kolchose
> Beutler:
> Gott hat euch aus dem Paradies geprügelt
> Wir prügeln euch ins Paradies zurück.
> [...]
> Ich weiß mich da mit der Regierung eins
> Die der Kollege Landrat hier verkörpert.
> Mit der Partei auch. Hab ich recht, Flint?
> Pause
> Flint:
> Nein.
> Beutler hat hier die Frage Kollektivierung
> Aufgeworfen, weil er es eilig hat
> Am Sozialismus seinen Schnitt zu machen.
> Ich konnts auch nicht begreifen, warum wir,
> weil der Maschinenpark nicht schnell genug wächst
> Auf kleinem Feld neue Kulaken aufziehn
> Lieber ein Brot zuwenig als ein Kulak mehr
> War mein Gedanke noch vor zehn Minuten
> Mit Beutlers Hilfe hab ich umgelernt.
> Die Macht im Staat ist nicht die ganze Macht.
> Das Bajonett ersetzt nicht die Traktoren
> Der Mensch hat seinen Kopf nicht für den Knüppel
> Der Knüppel ist das letzte Argument.[27]

Flints Argumentation ist außer dem klaren Nein wenig erhellend. Zukünftiges ist den Metaphern nicht abzugewinnen, denn wer bestimmt, wann es des letzten Arguments bedarf? Der Knüppel »Kolchose« schwebt weiter bedrohlich über den Bauern. Doch selbst jetzt, in der Klimax des Stückes spricht kein Bauer zur Sache. Sie beschweigen das nahende Unheil – 1950 war die Kollektivierung noch fern und war doch schon allerwegen zu spüren.

> Der sozialistischen Entwicklung auf dem Lande schadet jeder Zwang zum Beitritt in die LPG; schädlich ist es aber auch, wenn die staatlichen, wirtschaftlichen und gesellschaftlichen Organe die Bildung und die Erweiterung von LPG dem Selbstlauf überlassen. Es muß vielmehr alles getan werden, die Einzelbauern von den Vorzügen der Produktionsgenossenschaften zu überzeugen und sie an sozialistische Wirtschaftsformen heranzuführen.[28]

Das Dilemma ist offen und redlich ausgesprochen. Doch die vorgeschlagene Lösung ist schief. An welche sozialistischen Wirtschaftsformen waren denn die erfolgreichen Einzelbauern »zwanglos heranzuführen«? Die bestehenden LPG waren keine sozialistische Wirtschaftsform und die administrativ festgelegten Anbauauflagen und Viehhaltungsvorschriften und die entsprechenden Sollabgaben wurden von den Einzelbauern als Zwangsmaßnahmen gegen ihre bäuerliche Selbstbestimmung empfunden. Die gesamte Struktur der sozialistischen Planwirtschaft sah den Einzelbauern nicht vor. Die freiwillig sich zusammenschließenden LPG resultierten aus der ökonomischen Schwäche der einzeln überforderten Neubauern.

Heiner Müller zieht in seinem Stück aus dieser »fatalen Zwangssituation« (Müller) auf eine für ihn erstaunliche und wohl auch einmalige Weise die Konsequenz. Er nutzt das utopische Potential des Komischen, die Hoffnung wachzuhalten auf eine Zeit, in der alle bedrückenden Widersprüche gelöst werden können, indem er zart eine umstürzende sozialistische Perspektive in einer kleinen privaten Geschichte und in einer tröstlichen Geste andeutet. Zwei Figuren, die die meiste Zeit der Stückhandlung sprachlos agierten, finden zur rechten Zeit die rechten Worte füreinander und vielleicht zukünftig gar leibhaftig zueinander:

> Glatze (Mütze):
> Das Dach ist hin. Hilfe werden Sie brauchen.
> Wenns nicht fürs Leben ist, ists in der Arbeit.
> Und vielleicht kommt man sich näher und
> Hilft sich in andern Sachen gegenseitig
> Dann auch, und nicht tagsüber bloß.
> Niet:
> Vielleicht.[29]

Das ist durchaus gleichnishaft gemeint. Beide fremd im Dorf, sollen künftig ihre Kräfte bündeln und so kann aus der »Kraft der Schwachen« (Anna Seghers) eine gemeinsame Zukunft gelingen, wenn die Schwachen in der Arbeit zusammenfinden und füreinander einstehen. Der uralte Gedanke der Solidarität der Arbeitenden, viel beschworen und in der Idee der frühsozialistischen Gütergemeinschaft ausformuliert, wird in dem Angebot des Neubauern an die Umsiedlerin und deren durchaus noch unsicheren Verweis auf eine mögliche Gemeinsamkeit neu belebt. Die Vision eines sozialistischen Lebens auf dem Lande leuchtet kurz und knapp auf und wird sofort durch eine grobianische Blackout-Szene zwischen den beiden schwer betrunkenen Großbauern weggewischt, als ob der Autor sich seines Verweises in eine erstrebenswerte Zukunft schäme. Gelächter übertönt die Hoffnung.

Müllers intendierter Zuschauer, der am eigenen Leib die verhandelten Widersprüche tagtäglich verspürende Zeitgenosse der fünfziger Jahre, sollte, gewitzigt durch eigene Erfahrung, erkennen, wann und wie die führende Partei irrt und fehlt, und wie er ihr selbstbewusst in den Arm fallen muss, wenn sie hinter dem Rücken der Massen oder gar auf deren Rücken, sich anmaßt, die Geschichte nach ihrem Willen zurechtzubiegen.

Aber Müller, Tragelehn und ihr Publikum, das ganze Land erfuhr 1959/60 schmerzhaft, dass jetzt die Zeit des letzten Argumentes angebrochen war und der Knüppel sein Machtwort zu sprechen begann. Die Zwangskollektivierung wurde durchgesetzt. Ein knappes Jahr darauf konstatierte die führende Partei, dass »nur so und nicht anders der Bauer die Produktivität seiner Arbeit steigern, die Technik meistern, ein wohlhabenderes und inhaltsreicheres Leben führen kann, daß er, seine Frau und seine Kinder nur so und nicht anders sich zu vielseitig gebildeten und interessierten Menschen entwickeln können, die im Schritt der Zeit gehen und selbst die Zeit gestalten. Diesen Weg hat nunmehr die Mehrheit der Bauern in der DDR beschritten«.[30]

Diese Zwangsvollstreckung wahrheitsgemäß dramatisch zu erzählen war unmöglich. Die wirkliche Geschichte war in diesem Lande auf immer poetisch und theatralisch verbotenem Terrain. In der DDR musste ein jedes Geschichtsdrama scheitern, das die Geschichte der DDR versuchte, frank und frei zu verhandeln. Dieses dramatische Genre war parteipolitisch verriegelt. Das Erzählen davon, wie es geschah, war unter marxistisch-leninistischen Vorzeichen immer nur Nachvollzug des vorab gewussten, gesetzmäßigen Weltenlaufs. Alle Arten von Geschichten aus der Geschichte wurden künstlerisch irrelevant, da die Autoren angehalten waren, den marxistisch-leninistischen Geschichtsschnittmusterbögen zu folgen, sie auszumalen. Andernfalls wurde dem Werk die Öffentlichkeit versperrt.

Im Genre der Komödie war der historischen wie der gegenwärtigen Wirklichkeit einfacher auf den Pelz zu rücken, denn an dem historisch unabweisbaren Recht des Komischen, sein freizügiges Spiel mit der Wirklichkeit zu treiben, konnten selbst die strengsten Hüter des sozialistischen Realismus nicht rütteln. Der komische Blick, tief verankert in den plebejischen Traditionen phantastischer Weltkritik und Welthoffnung, war dem frühen Marxismus unmittelbar eingeschrieben.

Was sich in der Realität noch nicht lösen lässt, wird im Licht des Komischen, mittels der phantastischen, kunstvoll ausgedachten Konstruktionen der verschiedensten Typen von Komödien, beherrschbar, kann »aufgehoben« werden. Komödien entweichen allemal behände vor den rauhen Zwängen des Notwendigen ins »Reich der Freiheit« (Karl Marx), sie schlagen sich listig in die grünen Büsche des Lebens, verborgen vor den grauen, griesgrämigen Theorien und Ideologien, toben sie dort wie Kinder und in letzter Not, bevor sie aus dem Theater vertrieben werden, berufen sie sich auf den allschuldigen Unernst: »Ein Spiel, was sonst!« Auf solche und noch andere Weisen entflieht die Komödie aus der Realität in die Irrealität, um dort ihrem unwandelbaren Geschäft nachzugehen, die wirkliche Unvernunft der Welt zu entlarven und jenseits dieser Welt eine andere, neue Welt vorzustellen.

Müller war beileibe kein Komödiendichter. Entgegen allen Behauptungen ist Fondrak keineswegs eine Volkstheater-Figur oder gar dem Arsenal der »komischen Figur« entnommen. Er ist kein Narr. Zweifellos ist dem Närrischen auch das Bösartige, das Zerstörerische, das der Fondrak-Figur reichlich zu eigen ist, immanent. Aber diese problematische Qualität ist eine historisch bedingte Erscheinung im Ensemble der komischen Figuren in ihrem Zusammenspiel in einer prinzipiell künstlichen, der »Verkehrten Welt«. Müller zitiert diesen Topos und ihm gelingt in einer Szene – Rammler und Treiber versuchen den Körper des besinnungslos trunkenen Fondrak zu teilen, um sich je eines Teils seiner Arbeitskraft zu versichern – der Ausflug in diese verkehrte Welt. Doch grundätzlich scheitert Müllers Versuch im ihm fremden Genre, denn Fondrak bleibt eine »realistische Figur«, er mutiert nicht zum unsterblichen Harlekin. Das wäre die genregemäße Konsequenz der Szene. Die Überhöhung der

Fondrak-Figur ist nicht aufrecht zu halten.[31] Fondraks Weg in das Stück und aus dem Stück heraus ist entscheidend für das Verständnis seines ästhetischen Charakters: Der Gefreite Fondrak gehörte zu den deutschen Besatzungstruppen in Warschau und ist auf dem Rückzug der geschlagenen deutschen Armeen von einem Obergefreiten um den Besitz seiner aus Heeresbeständen oder aus zivilen polnischen Quellen erbeuteten/geklemmten 4000 Zigaretten gebracht worden. Damit ist ihm die Existenzgrundlage im Frieden genommen, denn offenbar, und das ergibt den Sinn und das Verständnis der Figur, ist er vier Jahre Soldat gewesen. Er ist nicht aus einem ehedem gesicherten bürgerlichen Leben gerissen, sondern ohne jeden Rückhalt gleich in den Krieg geworfen und in der Armee feingeschliffen, radikal zum Überlebenskünstler, zum einzigartigen Egoisten, zum A-Sozialen im asozialen Zweckverband des Tötens und Getötetwerdens geformt worden. Er lernte über Leichen zu gehen. In den friedlicheren Nachkriegszeiten betrügt, belügt und hintergeht er seine Umwelt – aber nicht als der Welt ihre Hinfälligkeit zeigender Narr, sondern als einer, der aus dem großen Krieg ausgespien, nicht mehr zum zivilen Leben zurückfindet und sich im berauschenden Bier einzurichten gedenkt. Er hat abgeschlossen, er lebt die Spenglersche Devise »Optimismus ist Feigheit« aus, seine Hölderlin-Reminiszenz, seine schiefen Philosopheme über die Menschwerdung und die Rolle der Arbeit, vor allem seine Welt- und Sterne-Vernichtungsphantasien, abgeleitet von der Kriegsführung der verbrannten Erde, sind nationalsozialistisch durchtränkte Bildungsbrocken. Sein Bild vom Kommunismus, glattes Zerrbild eines unstet unfertigen Mannes, den die Welt in ihrem Leid nicht anficht, da er sich ihr maßlos über dünkt. Er ruiniert sich, er wird billig kriminell, um seine Genüsse zahlen zu können. Er verrät damit die ihn bisher versorgende Geliebte und »macht« auf gut sächsisch »n'über zum Ami«, dem er die Rückeroberung Warschaus zutraut. Fondrak war keine komische Figur, er trug nur die löchrige Maske des kriegsverseuchten Parasiten. Abgänge komischer Figuren aus den Stücken werden traditionell mit Bedauern wahrgenommen, die anderen Figuren fühlen den Verlust eines aufmüpfigen Stachels, aufrührerischen Geistes. Fondraks Abgang bedauert niemand. Er ist einfach nicht mehr vonnöten. In der friedlicher gewordenen Welt sind seine Fähigkeiten nicht mehr gefragt, was nicht gegen, sondern für diese Welt spricht – doch auf der ästhetischen Ebene wird dadurch die komische Figur, wenn sie jemals als solche konzipiert war, aufgehoben.

Dennoch sind eine Reihe komischer Situationen im Text eingeschrieben, sie konstituieren aber keinen das Stückgeschehen bestimmenden, grundsätzlich komischen Blick. Die Revue des »Komischen Lebens auf dem Lande« versagt sich den Sprung in die andere Welt, in die Irrealität des Phantastischen, sie bescheidet sich mit kabarettistisch pointierter Situationskomik, mit Sketch und Slapstick und nimmermüden Sprachwitz. Das ertrug die führende Partei aber auch nicht. Sie schrieb vor, worüber und auf welche Weise, in welchen Sätzen und mit welchen Worten, hier und jetzt, laut und vernehmlich zu sprechen ist. Sätze wurden zu Floskeln gestanzt, Worte zu Begriffen verfestigt. Die Gedanken wurden in den rechten Sprachleib gepresst. Nicht der einzelne sprach in der Partei, die Partei sprach aus ihm. An ihm, dem Einzelnen, war es, zu erlernen, wie er über die Gesellschaft, die Arbeit, die Weltlage, über die Partei an und für sich und überhaupt zu sprechen und was er über sich selbst kritisch und vielleicht auch über die Kollegen zu sagen habe. Zugleich hatte er zu lernen, wie er zu sprechen habe, wann und wo und zu wem, vor wem und mit wem, er wie und worüber zu sprechen und nicht zu vergessen, wovon und worüber er zu schweigen habe. Die Genossen trauten nicht dem anspielungsreichen spielerischen Dialog, blitzende Rhetorik lag ihnen fern, Lust am Sprachspiel verwirrte sie und machte sie misstrauisch. Sie bestanden untereinander auf der Formel, der Losung, der Regel. Schnell und oft stellten sie einander scharf die Frage: Wie meinst Du das? Das Gespräch verstummte darauf oder aber die Floskeln und Begriffe begannen zu rattern und plätscherten endlos weiter. An der Sprache sollte man erkennen, wer Freund wer Feind war. Die Worte, die Sätze, die Gesten mussten geprüft werden. In der Kunstfertigkeit des Sprechens witterte die führende Partei ästhetisch verpackte ideologische Konterbande. Sie wollte ihre Sprache wiederhören: durchaus ästhetisch überhöht, machtvoll vervielfältigt im Chor der Massen, dröhnend in den Ohren des Feindes, eingängig naiv versifiziert im Lob des einfachen solidarischen Lebens, hymnisch im Treue-Gelöbnis zur revolutionären Vorhut, der anzuschließen höchstes Erdenglück versprach, wofür ununterbrochen zu arbeiten und schaffen war.

Diesem Sprach-Misch-Masch widerstand das sozialistische Gegenwartsstück, geschult an Brecht und der Prosa Anna Seghers. Der Sprache den ästhetischen Glanz des historisch Bedeutsamen auf der Gegenwartsbühne wiederzugeben und damit eine dieser Poetizität ebenbürtige bedeutsame Kunstfertigkeit der schauspielerischen Gestaltung hervorzulocken, das Plebejische neben das Klassische zu rücken, ineinander übergehen zu lassen, zu einer Kunstsprache der neuen Zeit zu verschmelzen, das war erklärte Absicht der sozialistischen Dramatiker:

> Die Widersprüchlichkeit der Epoche, die gekennzeichnet ist durch die Widersprüche des sterbenden Kapitalismus, durch den zur Entscheidung drängenden Widerspruch zwischen Sozialismus und Kommunismus und, vor allem durch die eigenen Widersprüche der Transformationsperiode, kann nur durch äußerst bewegliche, antithetische, widerspruchsträchtige Mittel ausgedrückt werden.[32]

Der Wirklichkeit genügen wollen, die Kunst fortentwickeln und der führenden Partei zu gefallen, ist der Dramatik und dem Theater nach 1961 unmöglich geworden. Jetzt beginnt der fortdauernde Kampf zwischen den Parteiideologen und den Künstlern um die rechte ästhetische Wertung und künstlerische Gestaltung der Folgen dieses gesellschaftlichen Einschlusses. Dabei ändern sich die Kampfbedingungen sukzessive zugunsten der Künstler, muss doch die Partei erkennen, dass die Ökonomie ihr Schicksal geworden ist und dass die von ihr so vielfältig benutzte, hochfahrende Ideologie zur Dekoration ökonomischen Mangels zusammengeschnurrt ist. Mit der Waffe der Ideologie ist nicht mehr gut hantieren, sie hat gegenüber den verheerenden ökonomischen Tatsachen wenig zu bestellen. Die Partei ist zu ihrem Entsetzen genötigt, Schritt für Schritt immer wieder von neuem schmerzlich aufheulend, der künstlerischen Subjektivität mehr und mehr nachzugeben, ihr Spielräume einzuräumen und Deutungshoheiten abzutreten.

Aber bis es so weit ist, dauert es noch. Noch probieren Müller und Tragelehn die *Umsiedlerin,* noch laborieren sie inszenatorisch und dramaturgisch daran, den Zeitenriss zwischen dargestellter Zeit und Aufführungszeit zu übertünchen. Müller schaltete dem ursprünglichen Text, der sich auf der Zeitschiene 1948 bis 1950 bewegte, einen szenischen Prolog, die Bodenreform 1945/46 vor. Der geschichtsträchtige Augenblick wird von den handelnden Figuren selbst und vom Autor gleichermaßen in die Farce getrieben. Die Bodenreform ist für den korrupten neuen Bürgermeister ein lächerlicher Verwaltungsakt, der erfüllte Lebenstraum für einen ehemaligen Gutsarbeiter namens Kaffka[33], für einen anderen Gutsarbeiter nichts weiter als eine neue Plackerei. Und ausgerechnet der einzige Kommunist im Dorf, letztlich der Urheber des revolutionären Ereignisses, verspätet sich zur historischen Stunde. Da dem zu kulturellen Umrahmung bestellten Akkordeon-Spieler revolutionäre Melodien unbekannt sind, muss der Parteisekretär ihm die rechten Lieder lehren. Am Ende der Szene werden die Gespenster von Hitler und Friedrich II. dem Kommunisten auf dem Buckel hucken, der gerade darum kämpft, die kulturschänderische, aber doch kreatürlich naheliegende Verwandlung der herrschaftlichen Gutsbibliothek in Klopapier, 1945 wie 1961 eine begehrte »Ware des täglichen Bedarfs«, durch einen Bauern zu verhindern. Der Autor schreckt nicht vor der Trivialisierung des Apercus von Marx über »die Tradition aller alten Geschlechter, die wie ein Alp auf dem Gehirne der Lebenden lasten« zurück. Müller pointiert dies besonders, denn nur der ehemalige Ortsbauernführer, der Großbauer Rammler weiß Bescheid über die Bodenreform und ihre Folgen, kennt er doch seinen Stalin: »Wenn die Katze aus dem Sack springt, heißt sie Kolchose«.

Auch die anderen zwei neuen Szenen hat Müller, dem Marx'-schem Rekurs auf Hegel gemäß, dass »alle großen weltgeschichtlichen Tatsachen und Personen sich sozusagen zweimal ereignen«, miteinander verknüpft. Die erste Szene ist eine Tragödie und spielt Anfang 1949 vor Gründung der DDR. Der alleinwirtschaftende Neubauer Ketzer weiß nicht mehr ein und aus, weder kann er seine privaten Schulden beim Großbauern Treiber noch sein staatliches Abgabesoll erfüllen. Er klagt verzweifelt die Welt an, mordet sein Vieh und sich hin. Müller konterkariert diese ernste Episode mit einer burlesken zweiten Variante (Marx spricht von Farce), dem mangels Ernstes scheiternden Selbstmordversuch des der LPG nicht mehr entkommen könnenden Großbauern, an dessen Unbarmherzigkeit vor zwölf Jahren der Neubauer Ketzer verzweifelte. Der Kleine hängt sich, der Große läuft weiter. Der historische Augenblick, der endgültige Sieg über den Klassenfeind auf dem Lande wird gnadenlos entheroisiert und in der Manier des Volksstückes verulkt – Der wirklich schlaue Bauer ist und bleibt der Großbauer. Galgenhumor des Autors im Bewusstsein seines Scheiterns. Müller schließt ganz in diesem Sinne die Handlung der Spielfassung von 1961 mit einem melancholischen Sinnspruch des vieldeutig von ihm mit Orden beschwerten Polit-Veteranen Flint:

> Das Feld ging übern Bauern und der Pflug
> Seit sich die Erde umdreht in der Welt.
> Jetzt geht der Bauer über Pflug und Feld.
> Die Erde deckt uns alle bald genug.

Eine schärfere Absage an die Versprechungs- und Verheißungsrhetorik der führenden Partei war 1961 auf dem Theater nicht möglich.[34] Die Mühsal der bäuerlichen Selbstbefreiung aus den traditionellen Fesseln des dörflich bornierten Daseins, ursprünglich der »geheime Punkt«, um den sich das ganze Geschehen drehte, und Figuren wie Zuschauer bewegte, wird vom Autor als einer der vielen gescheiterten historischen sozialistischen Versuche eines zukünftig besseren Lebens behutsam beiseite- und abgelegt. Die »Vor-Geschichte« (Karl Marx) herrscht nach wie vor ungebrochen.[35]

Die Uraufführung der *Umsiedlerin,* die Eröffnungsvorstellung des Treffens der Studententheater 1961 in Berlin während der Berliner Festtage, rief den bekannten Eklat hervor. Die Komödie überschwemmte den Zuschauerraum. Obwohl viele Berliner Theaterleute die Vorstellung sahen, gibt es keine verlässlichen Beschreibungen. Bessons Erinnerung mag das erklären: »Es war ein Lacher nach dem andern und das war der Ruin des Abends. Erfolg zu haben mit vielen Pointen im Laufe des Abends und die Fülle der Pointen, die kräftigen Reaktionen darauf waren dann in der Aufführung auch schon der Untergang.«[36]

Das »mißratene Stück« (Hermann Kähler) wird einmal nur aufgeführt, über Nacht gebrandmarkt, säuberlich unter Verschluss genommen und für fünfzehn Jahre von der Bühne verbannt.[37] Die aufgeregt und betont wutschäumenden Reaktionen des Zentralrats der FDJ, der Bezirksleitung der SED der Bezirksverwaltung Berlin des Ministeriums für Staatssicherheit und des Sekretariats des DSV über die Aufführung der *Umsiedlerin* sind nur durch die innenpolitische Krise des sogenannten »Mauerbaus« erklärlich, denn »glanzvolle Festtage« (»*ND*«) mussten die V. Berliner Festtage werden. Nach dem Mauerbau 1961 war nicht nur Normalität, sondern Jubel, Trubel, Heiterkeit angesagt – jetzt erst recht. Doch den Veranstaltern drohten trübselige Tage mit minimaler internationaler Beteiligung, wenigen Zuschauern und hämischen Kommentaren aus dem Westen. Man schrieb und sprach sich Mut zu und setzte alle künstlerischen Unternehmungen unter einen enormen Beweisdruck, die andere, die bessere, die siegreiche Kultur der Arbeiterklasse zu repräsentieren. Dazu zählten auch »die Studenten unserer Republik, die in der Hochschule für Ökonomie mit ihren Bühnen aus Berlin, Halle, Jena, Rostock und Dresden ein eigenes umfangreiches Programm bestreiten. Es umfaßt Werke von Büchner, Goldoni und zeitgenössischer junger Autoren unserer Republik.«[38] In diesem Rahmen war *Die Umsiedlerin* selbstverständlich politisch untragbar und musste sofort verboten werden. Vor allem auch deshalb, da zu gleicher Zeit das ebenfalls eingeladene Kabarett der Karl-Marx-Universität Leipzig »Rat der Spötter« mit seinem Anfang September verbotenen Programm *Wo der Hund begraben liegt* (Regie: Peter Sodann) nach Ansicht der SED-Bezirksleitung Leipzig »einen Hauptstoß mit dem Mißbrauch der Mittel der Satire gegen die Partei und ihre Führung führte«[39] und deshalb sechs Mitglieder verhaftet und erst nach neun Monaten Untersuchungshaft vor Gericht gestellt und am 4. Juni 1962 zu Bewährungsstrafen von durchschnittlich fünfzehn Monaten Haft verurteilt wurden. *Die Umsiedlerin* und *Da liegt der Hund begraben* wurden vom MfS und dem Zentralrat der FDJ stilisiert zu hochwillkommenen Zeugnissen einer konterrevolutionären Attacke des Klassenfeinds gegen die Souveränität der DDR.

Der Mauerbau war von Beginn an ein ständiges Zeugnis des gesellschaftlichen und staatlichen Versagens der führenden Partei. Die führende Partei erkannte das genauso gut wie alle Welt und versuchte einerseits mit einer enormen historischen Fälschung die dringende Notwendigkeit des Mauerbaus zu behaupten und andererseits den Bau einzufügen in die große Erzählung ihres unvermindert anhaltenden heroischen antifaschistischen Kampfes. Sie erfand die Legende des unmittelbar bevorstehenden »Tag X«, den Überfall der NATO-Truppen auf das sozialistische Lager, und sie sprach hinfort unverfroren vom »antifaschistischen Schutzwall«. Sie instrumentalisierte den heroischen Abschnitt ihrer Geschichte aus machtpolitischem Kalkül – ihre eigene Geschichte für immer tief beschädigend. Sie verriet den Begriff der Diktatur des Proletariats, unter dem sie angetreten war, und verwandelte ihn praktisch am 13. August 1961 in eine Diktatur über das Proletariat. Die innenpolitische Infamie lag auf der Hand, jedwede Kritik an der »Mauer«, jedwede sachliche Diskussion über Sinn und Unsinn der damit verbundenen Maßnahmen stand sofort unter dem Generalverdacht der Kriegstreiberei und des faschistischen Ungeistes. In der Zeit von Herbst 1961 bis Januar 1963 beherrschten totalitäre Praktiken Teile des öffentlichen Lebens in der DDR, ohne dass – und das ist der zeitgeschichtliche Irrwitz – eine gesellschaftlich wirksame Gegenkraft zur führenden Partei auch nur ansatzweise hervortrat. Die Partei war genötigt, einen gefährlichen Gegner im eigenen Lande zu erfinden. Er musste herbeigeschafft werden, damit sich auf ihn, war er denn dann erkannt, der Machtapparat und mit ihm und unter seiner Anleitung die vielen eingeschüchterten, gutgläubigen und feigen Mitbürger, Kollegen, Mitschüler und Kommilitonen demonstrativ in wirklicher und gespielter Empörung werfen konnten. Besonders rigide ging die FDJ in diesen Tagen in den Oberschulen, Universitäten und Hochschulen vor, um mögliche Widerstände gerade unter den Studenten gegen die noch geheim gehaltene, aber längst geplante allgemeine Wehrpflicht schon im Vorhinein zu brechen. Da es keine vom Gegner organisierte und angestiftete innenpolitische Aktionen gegen die Politik des Mauerbaus gab, mussten welche provoziert werden, um den antifaschistischen Schutzwall im Nachhinein zu legitimieren. Die Verbotsgeschichte der *Umsiedlerin*, der Ausschluss Müllers aus dem Schriftstellerverband und die fristlose Kündigung Tragelehns durch das Senftenberger Theater sind ein Musterbeispiel für derartige Inszenierungen vorgeblicher staatsgefährdender gegnerischer Aktionen. Müller und Tragelehn wurden weniger Text und Aufführung des Werkes vorgehalten, das waren nachgereichte scheinästhetische Begründungen, entscheidend war, dass es dem Feind gelungen war in Person der beiden »Nachwuchskünstler«, ruchloserweise mit dem Zuspruch des Zentralrates der FDJ, in die politökonomische Kaderschmiede, die Hochschule für Ökonomie, unter dem besonders raffinierten Vorwand der sozialistischen Laientheaterarbeit einzudringen und dort zum Vergnügen einer kleinen Clique Berliner Künstler ideologisches Gift verspritzt zu haben. Das war leicht zu beweisen, hatte doch ein Student des 1. Studienjahres Volkswirtschaft klipp und klar sich von der DDR distanziert: »Die DDR ist nicht mein Staat. Wir bauen den Sozialismus falsch auf. Für mich liegt die Zukunft nur im Ausland.« Er wurde aus der FDJ ausgeschlossen. Schlimmer noch, an der HfÖ kursierten folgende Reime:

> Lieber Gott, mach mich blind,
> daß ich nicht die Grenze find.
>
> Lieber Gott, mach mich taub,
> dass ich nicht an RIAS glaub.
>
> Bin ich taub und bin ich blind,
> bin ich Walters liebes Kind.[40]

So machtlos-resignativ kamen die sehnlich erwarteten konterrevolutionären Aktionen daher.

Minister Mielke blies dennoch zur Attacke:

> Die vom Feind organisierte ideologische Diversion richtet sich dabei in einem hohen Maße gegen Oberschüler und gegen die studentische Jugend als die zukünftigen Kader. Die politisch bewußten Oberschüler und Studenten haben hier eine große Verpflichtung. Sie müssen ihre Bildungsstätten, die ihnen unser Arbeiter-und-Bauern-Staat geschaffen hat, von feindlichen Elementen freihalten. Aber ebenso wichtig ist es, daß die gesellschaftlichen Organisationen von vornherein mit größter Verantwortung an die Delegierung zum Hochschulstudium herangehen und junge entwicklungsfähige Menschen bevorzugen, die eine Gewähr dafür bieten, daß sie der Sache der Arbeiterklasse, der Sache des Friedens, treu ergeben sind.41

Der selbstzerstörerische Effekt der kurzschlüssigen Fortifikation des Landes trat später zu Tage. Der Mauerbau hatte, was in den nächsten Jahren mentalitätsgeschichtlich dominant werden sollte, die historische Legitimation der führenden Partei unterminiert. Bloßer Zwang hielt die Gesellschaft zusammen. Die führende Partei war kenntlich geworden in ihrer Zwieschlächtigkeit, ideell mochte sie eine sozialistische Perspektive anstreben, in ihrem praktischen politischen Handeln folgte sie einem bloßen Machtkalkül. Mit allen Mitteln klammerte sie sich an die ihr übergebene Macht über die Massen als deren Fürsprech sie sich unentwegt und unverzagt ausgab.

Unmittelbar nach seinem Ausschluss aus dem Schriftstellerverband der DDR am 6. Dezember 1961 reagierte Müller:

> Grußadresse an (eine Akademie) den (einen) Schriftstellerverband
>
> Ich habe nichts zu schaffen mit eurem Paradies für Dauerredner. Eh ihr nicht gelernt habt euch selber in die Fresse zu spein ehrlich und gegen den Wind braucht ihr mir nicht mehr unter die Augen zu kommen. Die Hoffnung, daß ihr nicht aufhören werdet mit Lügen ist was mich am Leben erhält. Spart den Trauerflor, ich werde mich nicht auf die Schienen legen. Warum stürzen sich die Lemminge ins Meer auf Spitzbergen? Warum sehen die Bäume bei Windstille unschuldig aus? wen morde ich nachts? warum lebt ihr? warum will ich die Antwort nicht wissen? warum frage ich? Man sollte euch Scherben zu fressen geben ins

> Maul stopfen, bis der Wind auf euren zerrissenen Gedärmen spielt. Ich hab euch den Spiegel gehalten für ein Trinkgeld. Auf meinem Schädel habt ihr ihn zerschmissen, zertrümmert, weil euch eure Nase nicht gefallen hat. Jetzt ist keiner übrig, mehr da der euch eure Visagen zeigt. Wenn der Misthaufen wächst ist der Hahn dem Himmel näher. Die Misthaufen wachsen, die Hähne spreizen sich und hacken nach den Wolken.[42]

Der von ihm klugerweise weggelegte Briefentwurf ist nicht allein eine blanke Wut- und Schmährede, denn Müller findet in seiner existentiellen Getroffenheit, die ihn den *Philoktet* von Sophokles völlig neu lesen und schreiben lässt, den künftigen Impuls seines künstlerischen Arbeitens: »Die Hoffnung, daß ihr nicht aufhören werdet mit Lügen ist was mich am Leben erhält.« Die Zerstörung aller ideologischen Konstrukte und der wohlfeilen Lügen trieb ihn an und im strengen Vergleich von Theorie und Praxis, von Ideal und Wirklichkeit, erkannte er, der gewählte Weg zum Endziel hin ist falsch, das System ist nicht reformierbar. Die wirklich tiefgreifenden Veränderungen in den künstlerischen Aneignungs- und Gestaltungsweisen unter den Bedingungen des Kalten Krieges, der wissenschaftlich-technischen Revolution und des Versagens des Staatssozialismus und der neuen Herrschaftsformen des Kapitals fanden nach Brechts Tod westwärts statt. Nur zwei Dramatiker der östlichen Welt – Tadeusz Różewicz[43] und Heiner Müller – nahmen aktiv an dieser Entwicklung teil, die grob verzeichnend in der DDR lange Zeit als »Kampf der Richtungen« (Werner Mittenzwei) wissentlich missdeutet wurde. Die sozialistisch-realistische Dramatik regredierte und verlor ästhetische Attraktivität und gesellschaftliche Relevanz. Sie büßte ihre Glaubwürdigkeit ein und begrub sich selbst.

Jean-Paul Sartre umriss die geschichtliche Dialektik der theatralischen und dramatischen Neuerungen und listete die Charakteristika des »neuen Theaters« auf:

> Das Theater des Unmittelbaren, das in das Theater des Bürgertums verwandelte klassische Theater enthielt Widersprüche, derer es sich nicht bewußt war. Deshalb unterschieden sich die Stücke vom Inhalt her, hielten sich aber an dieselbe Theaterform: die Komödie, Tragödie, das Drama, das Melodram usw. Das »neue Theater«, das kritische Theater hat die Widersprüche der Gattung selbst entdeckt: wiederholbare Zeremonien/einzigartige Ereignisse/Verhexung durch immer

dieselben Trugbilder/reale Konditionierung durch einen Akt/ Verherrlichung des Imaginären/Sadismus der Realität/Beherrschung der Sprache und Panverbalismus/Sprache als Schicksal des Menschen oder immer versagendes bloßes Mittel einer konditionierten Subjektivität. Die Autoren, die ihm angehören, unterscheiden sich nicht allein durch den Inhalt, sondern vor allem durch die Glieder des Widerspruchs, für die sie optiert haben. Heißt das, daß sich das Theater auflöst? Nein, aber es prüft und vertieft sich. Der Zerfall einer neuen Formel drückt keineswegs einen Zerfall und chaotische Zersplitterung aus, sondern stellt die dialektische Einheit der realen Widersprüche einer Kunst dar. [...] wir können feststellen, wenn wir die Gesamtheit der Stücke des »neuen Theaters« betrachten, daß sie mehrere gemeinsame Merkmale haben: diese Merkmale sind negativ, sie sind zweifellos Verweigerungen, Verweigerungen aber, aus denen wir, denke ich, die Ahnung einer zukünftigen Einheit gewinnen können. Es gibt drei wesentliche Verweigerungen im zeitgenössischen Theater: Ablehnung der Psychologie, Ablehnung der Handlung, Ablehnung jedes Realismus‹.[44]

Müllers Dramaturgie ist diesem »neuen Theater« über weite Strecken verpflichtet. Viele seiner dramatischen Versuche und ästhetischen Theoreme siedelte er in diesem Umfeld an. Heiner Müller war der einzige Dramatiker der DDR, der nichts anderes und nur das schrieb, was er in der Welt sah. Das war entscheidend. Er hob auf, was an Absichten und Einsichten, Leistungen und Plänen sozialistischen und marxistischen Denkens und Handelns sich angesammelt hatte, trug es mit sich, verarbeitete und bewahrte es, gab es weiter. Er nahm viel von Anna Seghers, einiges von Eduard Claudius und von Ernst Niekisch sowie von F.C. Weiskopf in sein dichterisches Werk auf. Er maß unentwegt Brechts Werke daran, ob ihre dramaturgischen Verfahren noch dazu taugten und von ihm gebraucht werden konnten, die große Systemauseinandersetzung und die konkreten sozialen und politischen Entwicklungen in der DDR wirkungsvoll, also kritisch aufklärend, dramatisch und theatralisch zu gestalten. Und wichtiger noch: Er glaubte, trotz aller ernüchternder Erfahrungen, Ansätze einer anderen Gesellschaft, sozialismuseigene Ansätze in der DDR erkennen zu können, die er beharrlich und unverdrossen öffentlich verteidigte. Er wusste aber auch, dass und wie in der DDR die historische Alternative verspielt wurde – nur das Bild verhieß Sozialistisches, die realen Verhältnisse waren nicht sozialistisch, was über die

Jahre hin schließlich auch das Bild auslöschte.[45] Die ersten zehn Jahre Alltag unter der Herrschaft der führenden Partei nährten Müllers Zweifel an einem deutschen Sozialismus. Die folgenden zehn Jahre gaben ihm Recht. Aber er triumphierte nicht, er verzweifelte nicht, er schrieb weiter, was er sah. Dieses Beharren im Dafür und Dawider vereinsamte ihn zwar oftmals, bewahrte ihn jedoch vor dem Fluch opportunistischen Anpassens und Verdrängens, den viele seiner Kollegen im Laufe ihres Schreibens, Malens, Komponierens in der DDR immer wieder auf sich luden, den sie – wie sie glaubten und glauben machten – auf sich nehmen mussten, um ihr Geschriebenes, Gemaltes, Komponiertes unbehelligt veröffentlichen zu dürfen. Sein Schreibplatz war nicht im kritischen Handgemenge des Tages. Sein Platz war über den im blutigen Handgemenge verbissenen Parteien. Er stellte sie in ihrer Aussichtslosigkeit und Unfähigkeit dar, sich aus der wechselseitigen Umklammerung zu lösen. Müller sah die Welt als unendliche Folge »fataler Zwangssituationen«.[46] Über die Streitenden gebeugt, zerrte er sie an den Fäden ihrer historischen und sozialen Verknüpfungen und Abhängigkeiten vor ein Publikum, das nicht das Privileg besaß, wie er, über den Fronten agieren zu dürfen, das nicht, wie er, zwischen den Fronten im selbstbestimmten Perspektivenwechsel sein Leben leben konnte und nicht die Freiheit genoss, einzeln unter seinesgleichen sein zu können. So wurde er mit seiner Ästhetik fremd im eigenen Land und resistent zugleich gegen die in diesem Land ritualisierten ideologischen Zumutungen. Allein der Einzelne vermag, gleich ihm, den realen Zumutungen zu entkommen, sich im gedanklichen Anders-Sein zu behaupten. Gesellschaftlich-praktisch sah er keine realen Alternativen zum gegebenen Weltzustand. Das Scheitern eines seiner Überzeugung nach historisch unbedingt notwendigen Gesellschaftsexperiments bestimmte seine Weltsicht, prägte sein Schreiben. Und allein in diesem Schreiben fand er einen sicheren Lebensgrund in katastrophalen Zeiten. »Das revolutionäre Werk Heiner Müllers steht als Findling in der Landschaft der deutschen Literatur, ähnlich den Werken früherer Epochen, die den Ablauf und die Folgen gescheiterter Revolutionen markieren.«[47] Er wollte reinwaschen die marxistische Sicht, sie befreien von ihren ideologischen und historischen Verkrustungen, sie neu schärfen, indem er die Gegenwart in ihrer realen materiellen Gegebenheit und die in ihr aufeinanderprallenden sozialen Interessen in der Quere, Länge, Tiefe aufzuschneiden und zu durchdringen suchte.

> Im Gegensatz zur naiven Idee des Neuanfangs zeigen Müllers Arbeiten immer wieder neu den Konflikt, die Schwelle, das Vor und Zurück jenes Prozesses, in dem die Epoche des europäischen Humanismus problematisch wird, das Zeitalter der Menschen vielleicht zu Ende geht, die idealistisch wie materialistisch gemeinten Modelle des geschichtlichen Fortschritts bröckeln, ohne daß ein neues Wissen schon in der Morgenröte erkennbar wäre.[48]

Müller wurde ein vagierender Sozialist im »Museum der Moderne«. Er verrät weder Bertolt Brecht noch verurteilt er jemals Anna Seghers, er spricht kein unlauteres Wort über Georg Lukács, aber er folgt ihnen nicht mehr auf ihren praktischen und theoretischen Bahnen und er vermeidet jede politische Bindung. Er nutzt die Gunst der zweigeteilten deutschen Kultur für sich, ohne jemals der Einäugigkeit des Renegaten anheim zu fallen. »Mein Platz, wenn mein Drama noch stattfinden würde, wäre auf beiden Seiten der Front, zwischen den Fronten, darüber.«[49] Eine sozialistische Revolution scheint ihm nach wie vor nötig, aber unmöglich in der Gestalt und Erscheinung der Deutschen Demokratischen Republik.

> Auch wo sich, wie bei Heiner Müller oder Volker Braun, Literatur weitestgehend vom realistischen Abbildungsgebot und von der Forderung nach einer »positiven Gestaltung« historischer Perspektiven entfernt, bleibt sie dem utopischen Fluchtpunkt verpflichtet, die Trennung von Kunst, »Leben« und gesellschaftlicher Wirklichkeit zu überwinden. [...] Der Horizont dieses Denkens bleibt das marxistische, von Ernst Bloch in eine chiliastisch eingefärbte politische Theologie überführte geschichtsphilosophische Modell, nach dem erst die allgemeine Emanzipation des Menschengeschlechts den einzelnen ›zu sich selbst kommen‹ lassen und so überhaupt die Voraussetzung für Subjektautonomie schaffen werde.[50]

1 Hartmut Lange: »Arbeiten im Steinbruch«, in: Ders.: *Vom Werden der Vernunft*, Zürich 1973, S. 9.

2 Peter Huchel: *Das Gesetz* (Ausschnitt), in: *SuF* 4/1950, S. 133.

3 »Das Privateigentum des Arbeiters an seinen Produktionsmitteln ist die Grundlage des Kleinbetriebs. [...] Diese Produktionsweise blüht nur, schnellt nur ihre ganze Energie, erobert nur die adäquate klassische Form, wo der Arbeiter freier Privateigentümer seiner von ihm selbst gehandhabten Arbeitsbedingungen ist, der Bauer des Ackers, den er bestellt, der Handwerker des Instruments, worauf er als Virtuose spielt. Diese Produktionsweise unterstellt

Zersplitterung des Bodens und der übrigen Produktionsmittel. Sie ist nur verträglich mit engen naturwüchsigen Schranken der Produktion und der Gesellschaft. Sie verewigen wollen, hieße, wie Pecqueur mit Recht sagt, »die allgemeine Mittelmäßigkeit dekretieren.«, Marx: *Das Kapital*, Band 1, Berlin (Ost) 1955, S. 801.

4 Edwin Hoernle (* 1883, † 1952) führender Landwirtschaftspolitiker der SED, in: *ND*, 7. September 1947.

5 Pieck: »Eröffnungsansprache zur ersten Konferenz der Vorsitzenden der Landwirtschaftlichen Produktionsgenossenschaften am 5. Dezember 1952«, in: *ND*, 6. Dezember 1952. Vgl. Fred Oelßner: *Die Bauernfrage im Marxismus-Leninismus*, Leipzig/Jena 1955.

6 »Die Maschinenausleihstationen und die volkseigenen Güter müssen mehr als bisher die werktätigen Bauern in Bezug auf technische Hilfe und Saatgutzüchtung unterstützen. Sie müssen zu Zentren des agrotechnischen, demokratischen und kulturellen Fortschritts im Dorfe werden.«, Paul Merker, in: *ND*, 26. Juli 1950.

7 Ein Kritiker konnte noch 1955 unwidersprochen die rein propagandistische Funktion der Texte bloßlegen: »Kennzeichnend für diese Art Romane ist, daß in ihnen die Parteifunktionäre nur hundertprozentig richtige Ansichten verkünden.«, Günther Ebert: »Schwarzseherei und Schönfärberei«, in: *ND*, 9. Oktober 1955, S. 9.

8 *Der Hektarjäger* (Fred Reichwald 1958), *Weiberlist und Liebeszwist* (Helmut Sakowski 1961) und des dörflichen Melodrams *Das Wagnis der Maria Diehl* (Fred Reichwald 1958), *Die Entscheidung der Lene Mattke* (Helmut Sakowski 1958) und *Steine im Weg* (Helmut Sakowski 1960).

9 Vgl. Alexander Abusch auf der 32. Tagung des Zentralkomitees der SED, in: *ND*, 21. Juli 1957, S. 4.

10 Karl Bujak (Stahl- und Walzwerk Riesa), in: *ND*, 25. Juli 1957.

11 Wolfgang Joho: »Talent, Charakter und Perspektive«, in: *NDL* 10/1957, S. 128 ff. Joho entdeckt zumindest nichts Konterrevolutionäres, dies letzte Argument behielt sich die parteihörige Schriftstellerschaft für Müllers *Umsiedlerin* vor.

12 »Zak war ein interessanter Mann, ein Österreicher, hochgebildet, verschlampt, er hatte Lautréamont übersetzt, den ich dadurch zum ersten Mal, in seiner Übersetzung gelesen habe.« Heiner Müller, *KoS*, S. 80.

13 Eduard Zak: »Von der Liebe soll man nicht nur sprechen«, in: *NDL* 10/1957, S. 131 ff.

14 Hermann Werner Kubsch, in: *NDL* 10/1957, S. 119.

15 Hans Jürgen Geerdts: »Unsere Literatur und das Neue auf dem Lande«, Referat auf der theoretischen Konferenz des DSV zur Landliteratur (Dezember 1957), in: *NDL* 1/1958, S. 111 f.

16 Heiner Müller, in: *MzT* Heft 100, a.a.O., S. 37. Wie in vielen anderen Gesprächen erinnerte sich Müller auch in diesem falsch. Die Nacherzählung des Seghers-Textes ist ungenau und im Grundsätzlichen subtil verändert. Vgl. zu Müllers Gesprächstechnik: »Heiner Müller im Gespräch mit Ulrich Dietzel«, in: *SuF* 6/1985.

17 Kurt Vieweg: »Neues Agrarprogramm für die Entwicklung der Landwirtschaft beim Aufbau des Sozialismus« (unveröffentlichtes Manuskript, 1956), zit. nach: Michael F. Scholz: *Bauernopfer der deutschen Frage*, Berlin 1997, S. 235.

18 Ulbricht auf der 30. Tagung des ZK der SED, in: *ND*, 5. Februar 1957. Vieweg entwich in die Bundesrepublik, kehrte bald darauf zurück und wurde 1959 zu zwölf Jahren Zuchthaus wegen schweren Staatsverrats veurteilt, 1964 amnestiert und 1971 als ao. Professor an die Ernst-Moritz-Arndt-Universität Greifswald berufen.

19 Ich gehe davon aus, dass Tragelehn, der Regisseur der Uraufführung, den Schreibprozess intensiv verfolgte und aktiv begleitete. Vgl. Tragelehns Gedicht *Lehnitzer Elegie.*

20 Das belegen die Mahnbriefe vom 7. Januar und vom 10. Juli 59 des MfK mit der Aufforderung, »den bereits am 22.10.1958 auf den 31.12.1958 verlängerten Vertrag zu erfüllen«. Da die Arbeit weiterhin hinter allen Terminierungen zurückblieb und Müller jetzt wirklich Zeit brauchte, auch er konnte die Verse nicht aus dem Ärmel schütteln und da er während des Schreibens wohl erst

recht entdeckte, in welch ästhetisches Abenteuer er sich verwickelte, und wahrscheinlich ahnte, sein magnum opus vor sich herzuwälzen, wurden alle Terminabsprachen zuschanden. Am 23. September 1959 kündigte das MfK juristisch korrekt den Werkvertrag auf. Aber das Ministerium wurde durch das DT, das an die *Umsiedlerin* glaubte, freundlich gestimmt und ergänzte den ursprünglichen Vertrag durch einen Zusatzvertrag mit dem neuen Ablieferungstermin 15. Mai 1960. Doch am 8. August 1960 droht das MfK ultimativ: »ob wir bis Ende des Monats mit der Erfüllung Ihrer Pflichten rechnen können. Sollte dies nicht der Fall sein, so erwarten wir die Rückzahlung der bisher zwei gezahlten Raten (2500,- DM - 20 % = 2000,- DM) bis 20.12.60«. Privatarchiv Renate Ziemer.

21 *ND*, 1. Oktober 1959, Beilage: ZK der SED, *Siebenjahrplan*, S. 8.

22 Das Politbüro der SED in Vorbereitung auf das 8.Plenum »Die Erhöhung der landwirtschaftlichen Produktion und die Entwicklung der LPG«, in: *ND*, 18. März 1960.

23 Ulbricht auf dem 7. Plenum des ZK der SED, *ND*, 19. Dezember 1959.

24 Ulbricht: »Vom kulturvollen Leben der Menschen« in: *Kulturkonferenz 1960*, Berlin (Ost) 1960, S. 269.

25 Otto Rühle: *Vom Untertan zum Staatsbürger*, Berlin (Ost) 1957, S. 387. Der Text ist der einmalige Versuch, die sozialen und ökonomischen Verhältnisse vor und nach der Bodenreform in einem Landkreis der DDR historisch konkret und sachlich korrekt zu untersuchen.

26 Heiner Müller: *Die Umsiedlerin oder das Leben auf dem Lande*, in: Heiner Müller: *Stücke*, hrsg. v. Joachim Fiebach, Berlin (Ost) 1988, S. 55 und S. 76.

27 Ebd. S. 103 f.

28 Rühle, a.a.O., S. 387.

29 Heiner Müller: *Die Umsiedlerin oder das Leben auf dem Lande*, a.a.O., S. 111.

30 *ND*, 20. März 1960.

31 Vgl. u. a. Genia Schulz: *Heiner Müller*, Stuttgart 1980, S. 35–48; Theo Giershausen: »Baal, Fatzer – und Fondrak. Die Figur des Asozialen bei Brecht und Müller«, in: *Dramatik der DDR*, hrsg. v. Ulrich Profitlich, Frankfurt/M. 1987, S. 327 ff.; Marianne Streisand: »Fondrak bei Heiner Müller und die Volkstheater-Tradition«, in: *Lach- und Clownstheater*, hrsg. v. Gerd Koch/Florian Vaßen, Frankfurt/M. 1991. Weder ist die Figur rückführbar auf die Funktion der vormodernen Shakespearischen Narren noch ist die Figur Fondrak sinnvoll durch die große »Verweigerungsbrille« der 68er zu lesen. Marcuse selbst sieht das Problem genauer: »Dem Hedonismus bleibt das Glück ein ausschließlich Subjektives; das besondere Interesse des einzelnen wird so, wie es ist, als das wahre Interesse behauptet und gegen jede Allgemeinheit behauptet. Das ist die Grenze des Hedonismus, seine Gebundenheit an den Individualismus der Konkurrenz. Sein Glücksbegriff kann nur durch die Abstraktion von der Allgemeinheit gewonnen werden. Das abstrakte Glück entspricht der abstrakten Freiheit des nomadischen Individuums. Die konkrete Objektivität des Glücks ist dem Hedonismus ein nicht ausweisbarer Begriff.«, Herbert Marcuse: »Zur Kritik des Hedonismus«, in: *Kultur und Gesellschaft 1*, Frankfurt/M. 1965, S. 136. Müllers Fondrak ist der dramatische Ausweis für einen Hedonismus, der nur unter kapitalistischen Bedingungen seine bedingte gesellschaftliche Kritik ausleben kann, was Müllers Fondrak ja auch erkennt und folgerichtig »zum Amerikaner« übergeht.

32 Peter Hacks: »Über den Vers in Müllers ›Umsiedlerin‹-Fragment«, in: *TdZ* 5/1961, S. 13 ff.

33 Das ist keine platte Anspielung auf Franz Kafka. Die von Müller aus personenrechtlichen Gründen »Kaffka« genannte Figur meint den LPG-Vorsitzenden und Meisterbauern Franz Kafka, einen von der Parteipresse gern zitierten Sprücheklopfer: »Friedrich Schiller hat das sehr schön gesagt: ›Es (der Pflug. F. K.) ist gemacht, um zu verletzen, am nächsten ist's dem Schwert verwandt.‹ Das stimmt! Je besser wir hier in unserer Republik den Pflug führen, je besser wir unsere friedliche Arbeit verrichten, um so schneller wird es ganz dunkel im Abendland des Kapitalismus. Daß dort dann eines Tages die Sonne des Sozialismus aufgehen wird, ist ebenso sicher, wie auf die Nacht der Morgen folgt! [...] Bei uns hieß es früher, die Wustrower Fruchtfolge sei Kiefern,

Kaninchen, Hunger, Selbstmord. Das war eine Furchtfolge. Das war Spott auf unseren geringen Boden.unsere Fruchtfolge (jetzt) heißt: gemeinschaftliches Arbeiten, hohe Erträge, Wohlstand, Kultur. Das ist deshalb so, weil wir nicht im Abendland leben, sondern im Morgenland, wo die Sonne aufgeht, wo es hell und licht ist.«, Franz Kafka: »Im Morgenland«, in: *ND*, 27. September 1959, Titelseite. Die Szene wurde 1961 nicht gespielt und zur Zeit der Drucklegung des Textes kannte kein Leser mehr den mecklenburgischen Meisterbauern Kafka. Da Müller den geplanten Epilog, die Vergenossenschaftlichung des fiktiven mecklenburgischen Dorfes im Jahre 1960 feiernd, nicht geschrieben hatte, wurde 1961 auch der Prolog nicht gespielt. Der komplette Text des Stückes wurde erst 1976 an der VB aufgeführt.

34 Es gehört zu den Absonderlichkeiten der Uraufführung, dass auch dieser Text ungesagt blieb, hatte ihn doch der Flint-Darsteller, wenige Stunden vorher erst erhalten, glatt vergessen. Die Aufführung bleibt in ihrer Erscheinung weiterhin unbekannt, die überlieferten Fotos sagen nicht viel aus. Vielleicht ist es auch gut so. Warum Legenden zerstören, wenn sie Wesentliches bewahren!

35 Müllers Text ist auch als Absage an Blochs Zukunftstbild zu lesen: »Die Lanzen werden erst wieder zu Pflugscharen, sobald der Boden, worüber der Pflug geht, allen gehört.«, Ernst Bloch: *Das Prinzip Hoffnung*, Werkausgabe, Band 5, Frankfurt/M. 1959, S. 1053.

36 Den Besson-Text referierte Karl-Heinz Müller in: Torsten Heyme: »Fragt den Hund wie«, unveröffentlichte Textfassung einer Video-Produktion (Typoskript) 1987, S. 20. Privatarchiv Renate Ziemer.

37 »Über Heiner Müllers Stück ›Die Umsiedlerin‹ breitete sich ein elfjähriges absolutes Schweigen.« Diese Behauptung von Braun und Streisand ist falsch. Helmut Hauptmann schrieb in »Das menschliche Gesetz. Aus Tagebuchnotizen 1961«, in: *NDL* 1/1962, S. 83: »26. Oktober Ich muß mich durch H.M.s Manuskript hindurch zwingen. Da schmeißt er uns ein Chaos (und natürlich dabei viel Kehricht) hin und sagt: Freßt oder sterbt. Und amüsiert euch damit. [...] Gebannt stiert M. in das Chaos der Erscheinungen, mit einer teuflischen Art Wollust notiert er alles Kloakige.« Günter P. Karl wird ausführlicher und ernsthafter in seinem Artikel »Sozialistische Dramatik in nationaler Bewährung«, in: *TdZ* 4/1962, S. 68 ff. Karl beschreibt verlässlich und umfänglich die Dramaturgie des Stücks und die ästhetische Sicht Müllers. Das Stück wird bekannt gemacht als außergewöhnlich. Karls negative Anmerkungen sind schnell überlesene sattsam bekannte Ideologeme und dramentheoretische Ladenhüter. Bei einer aufmerksamen kritischen Leserschaft weckte der Text durchaus Interesse für das Stück: »Müllers erklärte Absicht war, auf gar keinen Fall Gefahr zu laufen, ›ein schönfärberisches oder gar verlogenes Stück zu schreiben‹, wie er dem Verfasser sagte, konsequent nur das zu beschreiben, was er sehe oder was in der Wirklichkeit der DDR wirklich vorkommt oder was er belegen kann als tatsächlich vorkommenden Haltungen entsprechend. Er erachte es dabei als eine vordringliche Aufgabe ›realistischer‹ Gegenwartsdramatik, Fehler und Hemmnisse in der bisherigen Entwicklung, die auftretenden Widersprüchlichkeiten theatralisch so plastisch wie möglich einfach sichtbar und bekannt zu machen, hoffend, seine Zuschauer würden sie dann von sich aus verändern. [...] Die konzeptionelle Orientierung auf nicht gelöste oder sogar auf die Annahme nicht lösbarer Widersprüche in der sozialistischen Gesellschaft läßt es allerdings zu, daß ›Theaterstücke‹ gemacht werden, die sich nicht dem Zwang der Gattung, zum Bau einer strengen Fabel, die doch zweifelsohne nach der Darstellung einer Lösungsmöglichkeit oder einer Lösung der Widersprüche und Konflikte in welcher Art immer verlangt, unterordnen. Die ästhetisch wie ideologisch ebenso unbequeme wie unbefriedigende Dramaturgie ohne strenge Fabel huldigt unter den Bedingungen der sozialistischen Gesellschaft einer Scheindialektik, die zu unwahren Ergebnissen führt, wie das krasse und darum instruktive Beispiel von Müllers ›Umsiedlerin‹ beweist.« Wer lesen konnte, konnte lesen, eins aber nicht, das Stück selbst.

38 Vgl. *ND*, 5. September 1961.

39 Paul Fröhlich (Erster Sekretär der Bezirksleitung Leipzig der SED von 1952 bis 1970) auf der 14. Tagung des Zentralkomitees der SED, in: *ND*, 2. Dezember

1961, S. 3. Vgl. die Erinnerungen eines Betroffenen: Ernst Röhl: *Rat der Spötter*, Leipzig 2002.

40 Ulrike Schuster: *Wissen ist Macht. FDJ, Studenten und die Zeitung FORUM in der SBZ/DDR*, Berlin 1997, S. 218.

41 Erich Mielke ((*1905, † 2000), Minister für Staatssicherheit der DDR von 1957 bis 1989): Diskussionsbeitrag auf dem 14. Plenum des ZK der SED, in: *ND*, 8. Dezember 1961, S. 5.

42 Heiner Müller, in: Kulturstiftung der Länder – PATRIMONIA 152/Stiftung Archiv der Akademie der Künste/Heiner-Müller-Archiv, S. 27 (Abb. des Typoskripts).

43 »Die kontextuelle Bezüglichkeit und Vieldeutigkeit der Texte von Różewicz ist für unser einfaches Dramaturgie-Schema: hier Wirklichkeit – da Dichtung höchst unpassend. Diese Texte sind anders als bei uns üblich zu lesen, sind es doch trotz anderslautender Ansichten, Texte, die uns Nachricht geben über menschliches Verhalten, auch über uns selbst. Selbstprüfung des Zuschauers ist wohl die grundlegende Wirkungsabsicht seiner Theatertexte. Er scheut die Rolle des gesellschaftlich allwissenden Autors. Der Rezipient seiner Texte muss sich gefallen lassen, nach seiner eigenen Weltsicht gefragt zu werden, ihm wird keine aufgeschwatzt.«, Thomas Wieck: »Wirklichkeitssicht bei Różewicz und Anforderungen an unsere Schauspielkunst«, in: *Erfahrungen des polnischen Theaters*, *MzT* Nr. 127, Berlin (Ost) 1975, S. 129 ff.

44 Jean-Paul Sartre: »Mythos und Realität des Theaters« (Vortrag am 4. Dezember 1966 in Bonn), zit. nach: *Mythos und Realität des Theaters*, dt. Klaus Völker, Reinbek bei Hamburg 1979, S. 141 f. Unter »Realismus« versteht Sartre hier das kunstmethodische Verfahren, das in der sozialistischen Literaturgeschichtsschreibung unter »Kritischer Realismus des 19. Jahrhunderts« firmiert.

45 Vgl. Heiner Müller: *Bilder* (1955): »Bilder bedeuten alles im Anfang. Sind haltbar. Geräumig. / Aber die Träume gerinnen, werden Gestalt und Enttäuschung. / Schon den Himmel hält kein Bild mehr. Die Wolke, vom Flugzeug / Aus: ein Dampf der die Sicht nimmt. Der Kranich nur noch ein Vogel. / Der Kommunismus sogar, das Endbild, das immer erfrischte / Weil mit Blut gewaschen wieder und wieder, mit kleiner / Münze zahlt ihn der Alltag aus.«, zit. nach: AdK Berlin, HMA Nr. 1811. Ich erachte diese Fassung als abgeschlossen. Der Text ist in sehr deutlicher Handschrift, extrem lesbar geschrieben, korrekturfrei, im rechten Zeilenbruch. Die spätere, gedruckte Fassung (erstmals in: *Geschichten aus der Produktion 2.* Rotbuch Verlag Berlin 1974, S. 7) erscheint mir unausgearbeitet, dem problematischen Begriff des Fragmentarischen unterstellt. Die schlichte Sinnverkehrung der Verszeilen aus Rilkes *Erster Duineser Elegie* »Denn das Schöne ist nichts /Als des Schrecklichen Anfang« durch Müller in: »Denn das Schöne bedeutet das mögliche Ende des Schreckens.« ist mehr eine Anmerkung zum Text als seine Fortführung. Substantieller wird der Gedanke von Müller in der Annotation zu *Mauser* genutzt: »Damit etwas kommt muß etwas gehen die erste Gestalt der Hoffnung ist die Furcht die erste Erscheinung des Neuen der Schrecken.«

46 Hartmut Rosshoff: »Heiner Müllers Lehrstück *Mauser*«, in: *alternative*, 110/111, Oktober/Dezember. 1976, S. 194.

47 Stephan Hermlin: »Rede auf der Trauerfeier für Heiner Müller«, in: *Berliner Zeitung*, 17. Januar 1996.

48 Hans-Thies Lehmann: »Theater der Blicke«, in: *Dramatik der DDR*, hrsg. v. Ulrich Profitlich, Frankfurt/M. 1987, S. 189.

49 Heiner Müller: *Hamletmaschine*, in: *MüllerMaterial*, hrsg. v. Frank Hörnigk, Leipzig 1989, S. 46. Insofern hat Marianne Streisand recht, wenn sie vermutet: »Das Phänomen Heiner Müller, dem so schwer beizukommen ist, besteht meiner Ansicht nach vielleicht gerade darin, in jeweils verschiedenen Denksystemen und Diskursen gleichzeitig zu ankern und sie mitzuproduzieren; in widersprüchlichen, einander scheinbar sogar ausschließenden Erfahrungsdimensionen gleichzeitig zu existieren und sie ästhetisch zu verarbeiten.«, Marianne Streisand: »Mein Platz, wenn mein Drama noch stattfinden würde, wäre auf beiden Seiten der Front, zwischen den Fronten, darüber.«, in: *WB*, 4/1991, S. 486.

50 Richard Herzinger: »Raubzug im Bürgertum«, in: *Die Zeit*, 22. Juli 1999, S. 36.

»Das Denken im Widerspruch muss dem Bestehenden gegenüber negativer und utopischer werden.«[1] – Von *Spur der Steine* zum *Bau*

Um in der DDR weiterhin ernsthaft über die DDR schreiben zu können und nicht nur von gelegentlichen und teilweise anonymen, thematisch »neutralen« Brotarbeiten und »Bierzeitungen« mehr schlecht als recht zu leben, musste Heiner Müller sich aber erst einmal wieder, ohne sich zu unterwerfen, in die Gilde der sozialistischen deutschen Schriftsteller »ein«-schreiben. Ein Unwetter, ein Parteitag der SED und ein guter Bekannter halfen ihm dabei.

Der extrem kalte Winter 1962/63 beeinträchtigte die Energieversorgung des Landes im Januar aufs Ärgste. In der Woche vom 15. bis 21. Januar richtete die führende Partei ihren VI. Parteitag mit allem Pomp einer sich selbst feiernden Macht aus um euphorisch zu verkünden, »zusammen mit dem werktätigen Volk und für das deutsche Volk – das neue, das sozialistische Zeitalter zu gestalten und seine lichten Höhen zu erstürmen.«.[2] Dieses lichte Vorspiel einer strahlenden Zukunft war ernsthaft von der erbarmungslosen Naturkraft gefährdet und drohte im Dunkel zu versinken. Die Zerbrechlichkeit und Zufälligkeit politischer Machtdemonstrationen und Zukunftsentwürfe konnte besser nicht beleuchtet werden.

Am gleichen Tag meldete das »*ND*«: »Erschwerend kommt hinzu, daß durch den rapiden Abfall der Wasserstände unserer Flüsse und deren Vereisung in einigen Kraftwerken und Industriebetrieben Produktionsausfälle eingetreten sind. Durch die Regierung wurden Maßnahmen getroffen, um diese komplizierte Situation zu meistern und die Auswirkungen auf die Volkswirtschaft und das Leben der Bevölkerung so gering wie möglich zu halten.«[3] Schon am nächsten Tag dankte der »Parteitag« auf majestätische Weise den erschöpften, schuftenden, frierenden, fluchenden Arbeitern und den herbeibefohlenenen wehrpflichtigen Soldaten in Vockerode:

> Mit Eurem heldenhaften Ringen gegen die schwerwiegenden Auswirkungen der langanhaltenden, ungewöhnlichen Kälte, mit Euren hervorragenden Taten, die Ihr Tag und Nacht mit hohem Verantwortungsbewußtsein vollbringt, sichert Ihr die lebensnotwendige Versorgung der Bevölkerung und der wichtigsten Betriebe mit Kohle, Elektroenergie und Gas. Im Namen der ganzen Bevölkerung der Deutschen Demokratischen Republik

> danken wir Euch von ganzem Herzen für Eure beispielhaften Anstrengungen und wünschen Euch weitere Erfolge bei Eurer wichtigen und schweren Arbeit.[4]

Drei Tage später, nach sieben Tagen härtester Arbeit, ist das Kraftwerk Vockerode wieder am Netz.

Taktisch geschickt regte Heinz Nahke, Chefredakteur des »*Forum*«, einer Zeitschrift des Zentralrats der FDJ, Heiner Müller an, dieses Geschehnis umgehend lyrisch zu feiern.[5] Müller schrieb das Poem *Winterschlacht 1963*.[6] Den Gegenstand und Inhalt für dieses durchaus politisch riskante poetische Experiment lieferte ihm eine parteikonforme Reportage, die bereits einen Tag nach der erfolgreichen Reparatur im »*ND*« erschien. Die aus eigenem Antrieb handelnden Arbeiter werden in dieser Reportage entmündigt, ihr Werk wird ihnen entwunden und vom eilfertigen Journalisten umgewidmet zu einem verspäteten Geschenk der Arbeiter an den Parteitag. Die Arbeiter beschenken die Partei. Die Arbeiter opfern sich für die Partei.

In der letzten, der 6. Strophe des Poems, bricht Müller aus, korrigiert das lyrische Ich den realen Verlauf des Parteitages:

> In der nahen Hauptstadt die Delegierten
> Standen von ihren Plätzen auf, unterbrachen
> Ihre Beratung über Koexistenz und Selbstkosten
> Kunst und Mathematik, als verlesen wurde
> Das Telegramm mit der trockenen Siegesmeldung:
> Alle Maschinen sind am Netz im Kraftwerk Elbe
> Sah'n im geretteten Licht einen Blick lang das Endbild, gewaschen
> Wieder und wieder mit Schweiß, mit Blut auch, immer gesehn im
> Rauch der Klassenschlachten unverlierbar, das wirkliche.

Einen Blick lang, nur einen Blick lang, mehr Zeit räumt ihnen der Sänger nicht ein, sollten die Delegierten einmal das vor sich sehen, worüber sie tagelang redeten und berieten – das Endbild, das wirkliche. Dieses aufblitzende Bild war ursprünglich von Brecht angesichts der Inbesitznahme der großen Metro durch die Moskauer Arbeiterschaft am 27. April 1935 aufgerufen worden: »Als wir sie fahren sahen in ihren Wagen / Den Werken ihrer Hände, wußten wir: / Dies ist das große Bild, das die Klassiker einstmals / Erschüttert voraussahen.«

Müller feierte den Parteitag für eine Handlung, die niemals stattgefunden hatte, weder war ein Telegramm verlesen worden, noch war irgendjemand aufgestanden die unbekannten Arbeiter zu ehren, noch hatten die Delegierten erschüttert das gesehen, was Brecht gesehen hatte: die Inbesitznahme der Ergebnisse der Arbeit durch die Produzenten, die Produktion des gesellschaftlichen Reichtums kam den Produzenten unmittelbar selbst und der Gesellschaft insgesamt zugute.

Brecht hatte in dem einem Moment »als wir sie fahren sahen« die zukünftige sozialistische Gesellschaft gesehen. Müller verschweigt den Inhalt des Bildes, das die Delegierten einen »Blick lang sahn«. Hätten sie wirklich das gesehen, was Brecht gesehen hatte, wenn sie wirklich aufgestanden wären beim Verlesen der Nachricht? Natürlich nicht, denn dann hätten sie andere Beschlüsse fassen müssen, dann hätten sie die Verantwortung für die Produktion in die Hände der Produzenten legen müssen. Müller übersteigert in den letzten drei Zeilen die Metaphorik aberwitzig. Aber was absurd verstiegen klingt, ist alltägliche stalinistische Denkgewohnheit der führenden Partei:

> Wenn die Menschheit erkennt, die Partei ist die Menschheit,
> Die erkannte Natur der Parteidisziplin unterwirft und
> Ihren Platz einnimmt am Steuer des Planeten.[7]

Jetzt erst, im gedanklich Abwegig-Negativen, wird der herrschende Gegensatz zwischen Theorie und Praxis, zwischen Partei und Massen, zwischen technologischer Welt-Verblendung und Naturlauf verdeutlicht. In der paradoxen Metapher »am Steuer des Planeten« löst sich die Vernunft auf und nicht nur die unselige Parteiphraseologie gewinnt die Oberhand, sondern die längst praktisch gewordene vernichtende Macht praktizierter Parteidisziplin enthüllt sich als die dem Sozialismus widerstrebende Kraft. Die Partei in der beschriebenen Verfasstheit verhindert alle marxistisch-proletarischen Kommunismus-Entwürfe.

Kurt Hager las es anders. Er las das Poem als gewiss überhöhtes, gewiss etwas schräges im Großen und Ganzen aber gelungenes Loblied auf das heilige Gut der Partei, die Parteidisziplin und die Verkündigung einer unumstößlichen Gewissheit der endlichen Beherrschung der Natur des Menschen durch den Menschen, wenn er sich denn der Partei hingab. Hager lobte Müller für etwas, was Müller nicht geschrieben hatte, was aber Hager, ideologisch verblendet, nicht erkannte. Hager las seinen Text in den fremden hinein und folgerte großmütig:

> Wir sind verpflichtet, denen, die wegen falscher oder schlechter Werke kritisiert werden mußten, wenn sie Talent haben, wenn sie sich bemühen, den Kern der Kritik zu verstehen, neue Aufgaben zu stellen, ihnen den Weg zu annehmbaren künstlerischen Leistungen zu weisen. So handelte meines Erachtens die Redaktion des Forum richtig, als sie die gute Arbeit eines jungen Autors über die Winterschlacht 1963 veröffentlichte, eines Autors, der vor einiger Zeit mit Recht sehr hart von der Öffentlichkeit und seinen Schriftstellerkollegen kritisiert werden mußte.[8]

Einmal profitierte Heiner Müller von der selbstherrlichen Blindheit des Partei-Apparats.[9] Diese Beratung war die letzte der großen periodischen und öffentlichen Abrechnungen der Parteiführung mit unliebsamen und unbotmäßigen Künstlern. Manfred Nössig beschrieb das Zusammentreffen gewohnt martialisch:

> So kann man die Beratung, die das Politbüro des ZK der SED und das Präsidium des Ministerrats unserer Republik mit Schriftstellern und Künstlern in den letzten Märztagen durchführte als einen Waffenappell kennzeichnen, der die Kämpfer an der Front unserer sozialistischen Kulturrevolution zusammenführte.[10]

Die Lage an der »dramatischen Front« war desolat. In den letzten zwei Spielzeiten war der Kartenverkauf in den Schauspieltheatern des Landes um ein Viertel gesunken.[11] Die drei hochgelobten Stücke aus der Welt der sozialistischen Arbeit: *terra incognita* (Kuba), *Katzengold* (Horst Salomon) und *Der Millionenschmidt* (Horst Kleineidam) waren samt und sonders untauglich, nicht verwendungsfähig im großen Gefecht der Ideologien. Die entweder verbotenen, verdrängten oder zwischen MfK, ZK und den Theatern hin- und hergeschobenen Theatertexte von Peter Hacks, Heiner Müller und Hartmut Lange fehlten auf den Bühnen des Landes. Da glaubten die Berliner Theater den Stein des Weisen gefunden zu haben:

> Wir unterstützen Versuche, epische Werke zu dramatisieren – besser gesagt, zu theatralisieren – beziehungsweise wir bemühen uns, diese Schriftsteller dafür zu gewinnen, es mit den noch schwierigeren Gesetzen der dramatischen Kunst zu versuchen. Die Berliner Bühnen sind aktiv geworden entsprechend dem Appell von Bitterfeld: Helmut Baierl, Rainer Kerndl, Helmut Sakowski, Peter Hacks, Claus Hammel, Horst Salomon, Hartmut

> Lange, Rolf Schneider, Bernhard Seeger, Heiner und Inge Müller u. a. sind für sie tätig. Die nächste Spielzeit wird einige Resultate intensiver Arbeit zeigen.[12]

Das war kein abwegiger Gedanke, denn die sogenannte »Ankunftsliteratur« wurde rege diskutiert, fand eine kritische Leserschaft, die bisher auf die Lektüre von Gegenwartsliteratur sozialistisch-realistischer Observanz verzichtet hatte. Der erste Roman dieser Art war der erfolgreichste und folgenreichste obendrein. *Die Beschreibung eines Sommers* von Karl-Heinz Jakobs, im Jahre 1961 erschienen, erreichte schon 1964 eine Auflage von 120 000 Exemplaren, wurde als Fortsetzungsroman in der »*LVZ*« abgedruckt und 1963 von der DEFA ansehnlich verfilmt.[13]

> Der Sommer, von dem ich erzähle, war heiß und trocken und ohne Stürme, und er erzeugte später eine grausame Dürre. Der letzte Regen fiel Mitte Juni, und dann kam lange nichts. Im September gab es einige sehr schöne Tage und im Oktober regnete es wieder ein bißchen. Aber da war es natürlich längst viel zu spät. Und am sechzehnten November fiel bereits der erste Schnee. In jenem Sommer nahm ich meinen Urlaub sehr früh, und ich blieb fort nach eigenem Ermessen. Zuerst fuhr ich nach Warnemünde, dann nach Zempin und dann nach Kloster. In Warnemünde hatte ich eine zweitklassige Affäre mit ziemlich viel Tränen am Schluß. In Zempin, wohin ich mit Lotte gefahren war, gab es einen Haufen Ärger, denn sie betrog mich mit einem schicken Bademeister. [...] In Kloster wanderte ich einige Tage allein den West- und den Nordweststrand entlang. [...] Kurz vor meiner Rückreise lernte ich noch eine fesche Blondine kennen.[14]

So hatte noch kein Erzähler sein »erzählendes Ich« in die DDR-Gesellschaft hineinsprechen lassen. Hier sprach einer aus, was viele Leser liebend gern selbst getan hätten, es sich aber niemals trauen würden, nach eigenem Gutdünken den obligatorischen Zwei-Wochen-Urlaub zu verlängern und sich ihren erotischen Gelüsten hingebend an der schmalen Ostsee-Küste hin und her zu wandern. Das war zu schön, um wahr zu sein. Noch ungewöhnlicher empfand der Leser die unverhohlene Sympathie der »erzählenden Instanz«, des Genossen Jakobs, für seine Figur Tom Breitsprecher, die der Autor mit einer stilistisch von Hemingway[15] entlehnten, erstaunlichen erzählerischen Souveränität ausgestattet hatte. Die indignierten Schriftsteller-Kollegen zuckten zusammen, der Publikumserfolg des Textes entwertete ihre erprobten ästhetischen Leitlinien.

> Die außerordentliche Gestaltungskraft von Jakobs, der sich mit diesem Buch als ein Erzähler von hohen Graden erwiesen hat, entfaltet sich vor allem durch die Subjektivität der Darstellung. Das ist der »moderne Werther«. Das ist das gespaltene Ich in einer Welt, mit der sich dieses Ich nicht identifizieren kann, von der er herausgefordert wird und die er herausfordert. Das Bewußtsein unseres Genossen Jakobs, das ihm die Unterwerfung seiner Gestalten unter die Forderungen der Gesellschaft diktiert, kommt nicht gegen die Revolte der Gefühle auf, die sich noch in dem resignierenden Schluss des Buches durchsetzt. (die geliebte und liebende, aber verheiratete Genossin Grit und Tom, der politische Freigeist, fügen sich im Namen der sozialistischen Moral den Beschlüssen des Kollektivs und verdrängen ihre Liebe.) Das Pathos des sich in der Liebe aufrichtenden Helden ist so groß, und die Gegenkräfte, die die moralischen Forderungen der Gesellschaft durchsetzen, sind so bedingt durch das beleidigte Gefühl des Helden erfaßt, daß der Effekt des Buches, vor allem bei jungen Lesern, der Schrei nach Rebellion sein dürfte. Der Schrei von Tom: Wir fliehen in die Freiheit, laß uns in die Freiheit fliehen, den er im Fieber ausstößt, ist die Säkularisierung von Werthers Selbstmord. [...] Hier ist ein Widerspruch aufgerissen, den es im Leben gibt und der bis zum Sommer letzten Jahres eine scheinbare Lösung durch die Flucht in die vermeintliche Freiheit finden konnte, ein Widerspruch der im Leben, aber auch durch andere Lösungen aufgehoben wird. Jakobs löst ihn nicht, der Widerspruch bleibt bestehen.[16]

Die Erzählung *Beschreibung eines Sommers* veränderte die literarische Situation.

> Die Zeit der positiven Helden ist vorbei. Die Haupt- und Titelfiguren erscheinen in dem Maße gebrochen, wie die derzeitigen Widersprüche durch sie hindurch gehen. Diese Literatur macht keinen Hehl daraus: Die Gewaltsamkeit der notwendigen Naturbeherrschung droht, nun auch den Menschen zu verwalten. Die Partei als Aktionszentrum erhebt den Totalitätsanspruch, auch auf die Privatsphäre. Die nicht mehr seltenen Szenen bei Strittmatter, Neutsch, Müller u. a., wo sich Parteimitglieder offen oder

> mit List gegen diese (sei es als Moral oder Planziffer erscheinende) Abstraktheit zur Wehr setzen, entsprechend der ökonomisch-sozialen Struktur des Landes: Die Trennung von öffentlicher und privater Lebenssphäre, Symptom der Entfremdung des Menschen vom Produkt seiner Arbeit in der kapitalistischen Welt scheint aufgehoben, vorerst aber einseitig zugunsten der öffentlichen Sphäre. Die Initiative des Einzelnen ist noch reglementiert durch die Organe von Staat und Partei.[17]

Im nächsten großen Industrieroman *Spur der Steine* schiebt der Autor Neutsch eine schiere Schlammflut detailgenau der Wirklichkeit abgeschilderter unsozialistischer Ungeheuerlichkeiten vor sich her: Chaos auf einer sozialistischen Großbaustelle, billige Intrigen des total überforderten Oberbauleiters, stalinistisches Machtgebaren eines aufstrebenden Parteikaders, die moralische und soziale Selbstzerstörung eines ehebrüchigen personenkulttraumatisierten Parteisekretärs, die Flucht seiner schwangeren Geliebten aus dem Haus ihres Vaters, eines kommunistischen Widerstandskämpfers, KZ-Häftlings und Chefredakteurs der SED-Bezirkszeitung, aus der platten Misere der Bauindustrie in die überschwängliche Misere der Filmproduktion, das Sterben eines Neubauern, der lieber auf seinem Acker verreckt als sich in die LPG pressen zu lassen und saufende, prügelnde, betrügende und streikende Arbeiter. Das sorgte für große Aufregung und eine wachsende, je nach Geistesart und Weltsicht erzürnte, erheiterte, befriedigte, empörte, verunsicherte Leserschar, denn der Roman erschien überdies erstmalig als Vorabdruck und Fortsetzungsroman in dem zweiwöchentlich erscheinenden »*Forum*«.[18] Der Roman war ein literarisches und kulturpolitisches Ereignis, die ministerielle Zensur und der »innere Zensor« im Autor schienen überwunden. Aber diese Schlammflut mündete nicht in der Katastrophe, schwemmte keineswegs den industriellen Großbau noch die Partei hinweg und begrub auch nicht die »historische Mission der Arbeiterklasse« unter sich. Es ging gut aus. Neutsch sorgte dafür. Er achtete sehr darauf, dass die gesellschaftlich beschädigten und die gesellschaftlich schadenstiftenden Figuren nicht ins ästhetisch Bedeutsame wuchsen, sie blieben Durchschnittsfälle, gewannen niemals ein besonderes geistig-emotionales Profil. Neutsch beließ sie im Mittelmäßigen, gestand ihnen keine über sie selbst hinausweisende Bedeutsamkeit zu. Traurige Gestalten gingen miteinander schlecht um. Die Erzählung beschied sich weitgehend im melodramatischen Betränen der miserablen konkreten Zustände, die aber niemals den naturnotwendig sich durchsetzenden rechten Gang der sozialistischen Gesellschaft aufhalten konnten. Die Erzählung mündet, und das ist der ungeheuerliche Clou des Romans, in eine unverhohlene Heiligsprechung des amtierenden Staatsratsvorsitzenden und in der Geburt des neuen proletarischen Helden aus dem Geist der Arbeit. Dieser Gipfelpunkt allen sozialistisch-realistischen Schreibens wird zum alles erleuchtenden Ereignis des Romans, akkurat in der Mitte der 840 Seiten. Der Zimmermann Balla verwandelt sich vom anarchischen Saulus in den Genossen Balla, einen Apostel des Staatsratsvorsitzenden: »[Er] hatte sich inzwischen entschieden, nicht für irgend etwas, sondern für diesen Mann, der ihn jetzt zu sich lud.«[19] Neutsch versäumte nicht, den prüfenden Blick des Vorsitzenden auf Balla ruhen zu lassen und er versäumte auch nicht, den Vorsitzenden Balla fragen zu lassen, ob er seinem Ruf folgen und als sein Apostel durchs Land ziehen wolle. Die Heldengeschichte musste nun gerundet werden. Balla, der Held, fuhr aus Schkona, dem Bau, hinaus in die große Welt, zum Ruhme der Klasse und ihrer führenden Partei.

Neutsch befolgte die Partei-Maxime: »Kader entscheiden alles!«. Geschehen Fehler, war die Kaderpolitik schuld, der Fehler wird behoben. Das Allheilmittel hieß Absetzen, Umbesetzen und Neubesetzen. Wahrscheinlich deshalb schien Ulbricht der Roman zu gefallen, denn noch vor der Auslieferung des Romans an den Buchhandel legte er sich fest: »Jetzt hat uns Erik Neutsch seinen ersten Roman über unser neues Leben vorgelegt, der sicherlich viele interessante Probleme aufwerfen und die öffentliche Diskussion um Fragen der sozialistischen Moral und Kunst befruchten wird.«[20]

Im Frühsommer 1963 begann Heiner Müller im Auftrag des DT Berlin den Roman *Spur der Steine* zu dramatisieren, obwohl nur die beiden ersten Teile des Romans vorlagen. Oktober 1963 stellte Müller den 1. Akt im Theater vor. Neutsch stimmte der zeitlichen Verlegung der Handlung zu. Der 13. August 1961, der Tag des »Mauerbaus«, war, im Unterschied zum Roman, der gravierende zeitliche Einschnitt der Müllerschen Bühnenfassung.[21] Neutschs Roman endete gut opportunistisch im Frühjahr 1961. Müller erkannte, dass, wenn er den 13. August 1961 scheinbar nebenher in den Text einschöbe, er ohne die von Neutsch vorgegebene Handlung zu verändern, mit einem Handstreich die gesamte Handlung des Stückes ins grundsätzlich Bedeutsame, ins Historische, heben könne, würden doch alle wesentlichen Entscheidungen der Figuren unter dem Zwang dieses Gewaltaktes gefällt. Der Zuschauer war durch diesen Kunstgriff Müllers aufgefordert, sämtliche Entscheidungen der Figuren als frag-würdige Entscheidungen zwischen eigenem Willen und äußerem Zwang zu begreifen und zu werten, ohne dass aber Müller explizit die Problematik des 13. August 1961 darstellte. Aus dem vordergründigen Industrieroman erwuchs das hintergründige Gesellschaftsstück. Der geänderte Titel verweist darauf, denn »Bau« bedeutet umgangssprachlich auch Gefängnishaft. Mit dem neuen Titel *Der Bau* kündigt Müller den Transfer des Textes vom breitgefächerten Bericht über einen symbolisch überhöhten realen Bauablauf hin zu einem tiefdringenden Durchstich auf das verordnete Leben im alle einbeschließenden Gesellschafts-Bau an. Müller lässt keinen Zweifel an der gewählten Doppeldeutigkeit des Titels: Barka betont es provokant und eindeutig gegenüber dem 1. Sekretär der SED-Bezirksleitung: »Hätt ich gewußt, daß ich mein eigenes Gefängnis bau hier, jede Wand hätt ich mit Dynamit geladen.«[22]

In diesem Augenblick steht die Zeit still, stockt den Figuren der Atem, brennt die Luft im Theater, starren sich alle gegenseitig und wechselseitig an: die Schauspieler die Schauspieler, die Schauspieler die Zuschauer, die Zuschauer die Zuschauer, die Zuschauer die Schauspieler. Wird tosender Beifall oder schrilles Pfeifen, werden Bravos oder Buhs, knallende Türen oder frenetisches Füßetrampeln jedes Weiterspiel verhindern, werden sich die Türen öffnen und wird das Publikum wild entschlossen und zutiefst zerstritten auf die Straße strömen und sich im Streit entgegentreten. Wird endlich das Trauma des 13. August ausgetragen? Müllers Barka schreit es heraus. Werden die anderen folgen?

Die 1961 zementierte deutsche Teilung, der »Eiserne Vorhang« quer durch die Stadt Berlin und das Land Deutschland niedergefahren, war für viele Menschen die Ursache eines ständig quälenden Gefühls des Ungenügens und eines unwiederbringlichen Verlustes von etwas Unbekanntem, aber einem merkwürdig Zugehörigem, dessen man niemals teilhaftig werden sollte. Die Jungen unter ihnen mochten fürchten, ihr Leben bereits verpasst zu haben, bevor es recht begonnen hatte. Die Entfremdung war in der Gesellschaft der DDR heimisch geworden.

Ende Januar/Anfang Februar 1964 ist die Bühnenfassung von *Spur der Steine* unter dem neuen Titel *Der Bau* fertig. Dazu äußerte sich Neutsch »enttäuscht und zwar in vielerlei Hinsicht«. Sein Haupteinwand bestand darin, dass kaum eine Person mit ihrem Vorbild aus dem Roman übereinstimmte. Die Ökonomie zeige sich im Text, wie Neutsch meint, »als einziges Chaos, angestiftet von oben. Heiner Müller, scheint mir, bezieht einen Standpunkt, der die tiefe

Wechselwirkung zwischen diesem Oben und diesem Unten leugnet, heraus kommt ein Zerrbild.«[23]

Neutsch zog sich zurück und Müller drang ungestört durch die Materialfülle des Buches zum grundlegenden Stoff der Erzählung vor: wie die materiellen gesellschaftlichen Basisprozesse die ihnen ausgesetzten und in ihnen agierenden Menschen ruinieren.[24] Der Autor organisierte den Stoff so, dass in der Konfrontation der widerstreitenden Personen die tiefen sozialen und ökonomischen Risse in der Gesellschaft aufschienen und die widersprüchlichen und gegensätzlichen Versuche, sie zu erklären und perspektivisch zu überwinden, unversöhnlich aufeinanderprallten. Müller sondierte die Theorie und Praxis des frisch ausgerufenen NÖSPL auf seinen marxistischen Gehalt und seine sozialistische Perspektive. Einsichtige Funktionäre der führenden Partei gestanden ein, »dass der sozialistische Charakter der Arbeit sich in dem gegenwärtigen Zustand der Produktionsarbeit noch nicht voll durchgesetzt hat, daß oft nicht erkannt ist, daß vielfach die sozialistische Arbeit noch aufgefaßt wird als ›Verkauf der Ware Arbeitskraft für den Lohn' [...] daß die gesellschaftliche Praxis, die Gemeinsamkeit des gesellschaftlichen Wirkens noch überlagert ist von alten Vorstellungen, Lebensgewohnheiten, Denken und auch nachwirkenden Organisationsformen der alten Gesellschaft, die sich lähmend auf die menschliche und gesellschaftliche Praxis legen.«[25]

Die Arbeit im Arbeiter-und-Bauern-Staat unterschied sich nicht von der frühen kapitalistischen Lohnarbeit, wie sie Engels ein Jahrhundert zuvor scharfsinnig gegeißelt hatte!

> Wenn die freiwillige produktive Tätigkeit der höchste Genuß ist, den wir kennen, so ist die Zwangsarbeit die härteste, entwürdigendste Qual. Nichts ist fürchterlicher, als alle Tage von morgens bis abends etwas tun zu müssen, was einem widerstrebt. Und je menschlicher der Arbeiter fühlt, desto mehr muß ihm seine Arbeit verhaßt sein, weil er den Zwang, die Zwecklosigkeit für ihn selbst fühlt, die in ihr liegen. Weshalb arbeitet er denn? Aus Lust am Schaffen? Aus Naturtrieb? Keineswegs. Er arbeitet um des Geldes, um einer Sache willen, die mit der Arbeit selbst gar nichts zu schaffen hat, er arbeitet, weil er muß.[26]

Die deutsche Arbeiterklasse war nach 1933 ein für alle Mal aufgelöst in lohnabhängige vereinzelte Arbeiter, die nun nach 1945 von der führenden Partei »eingesammelt« und als Parteimitglieder zur politischen Manövriermasse umfunktioniert wurden. In der Partei verschwand die Klasse. Die zentralisierte Staatswirtschaft der DDR genügte seit Mitte der fünfziger Jahre weder den gesellschaftlichen Notwendigkeiten noch den technologischen Anforderungen und Möglichkeiten der zweiten industriellen Revolution, die sich nur dann entfalten konnte, »wenn völlig neue Produktionsinstrumente und Formen der Produktion gefunden werden«.[27]

> Die elektronischen Maschinen und die Vollautomatisierung der Betriebe sind die Hilfsmittel, die es ermöglichen, die Menschen der sozialistischen und kommunistischen Gesellschaftsordnung nicht nur von allen schweren und mühseligen, sondern auch von allen unschöpferischen körperlichen und geistigen Arbeiten zu befreien. Damit wird es auch möglich, neben der Aufhebung der gesellschaftlichen Entfremdung, die in der sozialistischen Revolution vollzogen wird, die Aufhebung der technischen Entfremdung treten zu lassen. [...] Tatsächlich sind die neuesten Produktionsmittel, die der sozialistischen Gesellschaftsordnung gewissermaßen wesenseigen sind, der kapitalistischen Gesellschaftsordnung aber auf das schärfste widersprechen. [...] Diese selben Produktivkräfte müssen sich – das entspricht ihrem Wesen – als Momente des stürmischen Aufstiegs des Sozialismus erweisen.[28]

Der Text definierte das Dilemma staatssozialistisch organisierter Arbeit. Wenn die staatssozialistischen Länder nicht praktisch bewiesen, dass sie willens und fähig waren, ihre Volkswirtschaften den materiellen und geistigen Anforderungen der zweiten industriellen Revolution zu öffnen, dann waren sie ihrem eigenen Verständnis nach aus der Zeit gefallen und dem Verfall preisgegeben, dann war die Oktoberrevolution nur eine Episode der russischen Geschichte, die Russland zwar einen neuen Platz in der Weltpolitik verschafft, aber nicht die proklamierte sozialistische Perspektive eröffnet hatte. Angesichts dieser Entwicklungen und ihrer Konsequenzen für das sozialistische Lager konnte ab Mitte der fünfziger Jahre marxistisches Denken die staatssozialistischen Gesellschaften in breiter Front auf originärer marxistischer Basis kritisieren und die historisch notwendigen ökonomischen und wissenschaftspolitischen Reformen einfordern, da die Produktivkräfte nach materialistischen Weltverständnis das objektiv-revolutionäre Element des gesellschaftlichen Progresses waren und gebieterisch nach gesellschaftlichen Bedingungen verlangten, die ihre völlige Entfaltung ermöglichten.

Ulbricht forderte deshalb auf dem V. Parteitag der SED: »Die Volkswirtschaft der Deutschen Demokratischen Republik ist innerhalb weniger Jahre so zu entwickeln, daß die Überlegenheit der sozialistischen Gesellschaftsordnung der DDR gegenüber der Herrschaft der imperialistischen Kräfte im Bonner Staat eindeutig bewiesen wird und infolgedessen der Pro-Kopf-Verbrauch unserer werktätigen Bevölkerung mit allen wichtigen Lebensmitteln und Konsumgütern den Pro-Kopf-Verbrauch der Gesamtbevölkerung in Westdeutschland erreicht und übertrifft.«[29] Auf diese Weise leitete die führende Partei die dringend gebotene Umgestaltung der »Formen der Produktion« ein. Durchaus demagogisch verband sie die objektiv notwendigen erhöhten Arbeits-und Leistungsanforderungen mit einem lukrativen Konsumversprechen. Dieses Versprechen, dessen Realisierung wohl kaum jemand ernsthaft erwartete, war dennoch von einer gewissen belebenden Wirkung, war es doch ein erster Hinweis, dass die führende Partei endlich gewillt war, die private Konsumtion als entscheidenden Zweck der individuellen Lohnarbeit zu begreifen und einzuräumen, dass die kapitalistische Produktion entschieden leistungsfähiger und die durchschnittliche individuelle Konsumtion entschieden höher entwickelt waren als die gesellschaftliche Produktion und private Konsumtion in der DDR.

Die ökonomische Hauptaufgabe war bereits 1960/61 Makulatur. Die Geprellten suchten sich ihre eigenen Wege zu ihrem Glück, sie machten sich ihren eigenen Reim auf die Verhältnisse und der Schritt nach Westen war der kurz-schlüssige Ausweg. Die führende Partei wusste keinen anderen Rat als die blanke Gewalt, sie baute die militärisch befestigte und bewachte Mauer zwischen Ost und West, um die in den Westen drängenden werktätigen Massen mit allen Mitteln von der Suche nach dem besseren Leben jenseits des Sozialismus in den Farben der DDR abzuhalten. Ruhe herrschte jetzt im Lande, aber die Ökonomie erholte sich dennoch nicht. Nichts half, das Politbüro musste zum zweiten Male nach dem 17. Juni 1953 öffentlich eine strategische Niederlage einräumen: »Die bisherige Art und Weise der Planung und Leitung unserer Volkswirtschaft [...] ist nicht mehr für die Ausnutzung der ökonomischen Gesetze des Sozialismus geeignet, führt zu Reibungsverlusten und Verletzungen der ökonomischen Gesetze und bremst damit unsere ökonomische und gesellschaftliche Entwicklung.«[30] Das NÖSPL war die erste und einzige umfassend konzipierte Wirtschafts- und Gesellschaftsreform in der DDR. Die zentralistisch gesteuerte materielle Produktion sollte so umgestaltet werden, dass in der Arbeit selbst sich sozialistische Verhältnisse entwickeln sollten und dass auf diese Weise schließlich das gesamte gesellschaftliche Zusammenleben Gestalt und Ausdruck eines selbstbestimmten Lebens werden sollte. Wenn dieses neue Arbeiten massenhaft und bewusst initiiert und veralltäglicht werden konnte, dann wurde konkrete Hoffnung wieder möglich und das jahrelange offizielle Vertrösten auf bessere Zeiten im Irgendwann obsolet. Wenn es möglich wurde, die Frage »Wie ist die Lage?« laut und öffentlich zu stellen, ohne der Schwarzmalerei geziehen oder gar der Provokation verdächtigt zu werden, und wenn es möglich wurde, eingreifende Veränderungen im Für und Wider zu diskutieren, dann, und nur dann, entstand sozialistische Demokratie und erst dann und erst nur dann, konnte auch mit einer wirklichen Änderung der Verhältnisse gerechnet werden, einer Veränderung, die aus der Gesellschaft selbst entsprang. Sollte das gelingen, war das bisherige schmerzliche Scheitern einer sozialistischen Demokratisierung zu verwinden. Ein solches Denken rechnete mit zwangsläufigen und sich beschleunigenden Veränderungen in der Arbeitswelt durch die objektiv sich durchsetzenden Prozesse der Automatisierung und Verwissenschaftlichung in der materiellen Produktion. Die übliche Verunglimpfung der neuen natur- und gesellschaftswissenschaftlichen Querschnittswissenschaften durch kenntnislose Ideologen wurde nicht nur peinlich, sie wurde hinderlich: »In unseren Tagen erleben wir den Aufstieg der Kybernetik zu einer technischen, wissenschaftlichen und allgemein-kulturellen Großmacht. Die Zeit, in der noch einzelwissenschaftliche und philosophische Bedenken gegen diese so außerordentlich wichtige Querschnittswissenschaft erhoben werden konnten, ist längst vorbei.«[31]

Diese geistige Öffnung, die auch der Soziologie, Psychologie, Sozialpsychologie und Linguistik zugutekam, konnte die führende Partei schadlos wagen, da sie die totale Kontrolle über die Gesamtheit der individuellen deutsch-deutschen Beziehungen unterhalb der offiziellen Politik am 13. August 1961 an sich gerissen hatte. Der innergesellschaftliche Einschluss ermöglichte eine staatlich gelenkte und kontrollierte Öffnung nach außen und eine pragmatische Wirtschaftspolitik jenseits ideologischer Vorbehalte und Rücksichten.

> Es muß völlig klar sein: Wir orientieren uns eindeutig auf das Weltniveau! Ist das Weltniveau auf diesem oder jenem Gebiet in der Sowjetunion vorhanden, dann orientieren wir uns dorthin, ist es in Westdeutschland oder Japan, dann ist das der Vergleich für uns. Manche Leiter ziehen aus der Tatsache, daß wir durch die sozialistischen Produktionsverhältnisse die kapitalistische

> Konkurrenz überwunden haben, die völlig falsche Schlußfolgerung, sich gegenüber den Erfordernissen der ständigen Weiterentwicklung gleichgültig verhalten zu können.[32]

Ist Neutschs Gesellschaftskritik eine Kritik des Augenblicks, der Vorläufigkeit, so ist Müllers Gesellschaftskritik grundsätzlich, sie ist keine »Kritik im Vorwärtsschreiten«, sondern eine marxistisch intendierte Infragestellung der Politik der SED und ihres Grundverständnisses sozialistischer Gestaltung der Gesellschaft und deren Kernbereich, der materiellen Produktion, der Arbeit schlechthin. *Der Bau* zeigt, im Gegensatz zu *Spur der Steine*, wie unter dem Diktat der industriellen Arbeit die Sehnsucht der lohnabhängigen Arbeiter auf die glückliche Zeit unentfremdeter Arbeit enttäuscht wird.[33]

Die Montage von Situationen aus dem realen Bau-Geschehen in der DDR, die Neutsch, breit ausmalend und weitausholend, herbeigeschafft hatte und die von Müller theaterbewusst komprimiert und verschärft ineinander geschachtelt und hurtig aneinandergereiht wurden, bilden das dramatische Gerüst, in dem die Figuren endlich das aussprechen und sich gegenseitig sagen, was sie angesichts ihres ihnen bewusst werdenden unauflöslichen Verfangenseins in der Arbeit »am Bau« zu sagen drängt. Die Figuren sprechen in diesem Kunst-Gerüst, wie anderswo sie nie hätten denken und sprechen können und auf keinem Bau-Gerüst je sprechen würden. Bei Neutsch fand Müller neben einer (Teil-)Fabel wie er sie »schwerlich zu seinem gegenwärtigen Zwecke besser erfinden könnte« (Lessing), vor allem Figuren vor, die er mit zeitkritischen Sottisen aus seinem prall gefüllten und gut gepfefferten Sprüchebeutel zum Überlaufen abfüllte:

> Zwischen Daumen und Zeigefinger liegt der Hund begraben: hier auch, vor den Kommunismus haben die Götter den Geldumlauf gesetzt. / Eine Höllenmaschine ist der Bau, montiert aus morgen und gestern / Giftküche der Republik / Dein drittes Auge, wenns Dich ärgert, reiß aus! (reißt Klamann das Parteiabzeichen ab) / Die Partei kommt und geht, wir arbeiten. / Und den Plan sabotieren die Planer, sie werden bezahlt dafür, wir müssen uns selber helfen seit achtzehnhundertachtzig. / Sie haben die herrschende Klasse kennengelernt. Ich spezialisiere mich hier auf den Fragmentbau. / Der Kommunismus ist was für die Zeitung. / Praxis, Esserin der Utopien / Der Plan, wenn er sich

querstellt, ist ein Arschwisch. Du willst ihn ändern und ich habs getan. Du in der Leitung, auf dem Baufeld ich.[34]

Die Metapher schlägt die gemeine Phrase aus dem Feld, das Paradoxon entlarvt die propagandistischen Bewusstseinsblähungen. Mit einer großen theatralischen Erfindung leitet Müller sein Stück ein, gibt ihm Form und Richtung vor. Die schlichte Frage des auf der Baustelle eintreffenden neuen Parteisekretärs an die Bauarbeiter: »Warum zertrümmert ihr das Fundament?« wird durch des Brigadiers Dreier überschießende, das Stück mit einem rhetorischen Paukenschlag eröffnende Klagerede beantwortet, die zugleich, wie der informierte Zuschauer dieser Tage leicht herausfand, eine praxisgesättigte Widerrede zu Walter Ulbrichts hochfahrenden Anforderungen an die Bauarbeiter des Landes war. »Es kommt vor allem darauf an, die Bauproduktion auf der Grundlage des wissenschaftlich-technischen Fortschritts, bei strengster Sparsamkeit und systematischer Entwicklung der sozialistischen Gemeinschaftsarbeit rasch zu steigern und die Bautätigkeit auf die schnelle Inbetriebnahme der Produktionsanlagen zu konzentrieren.«[35]

Im zweiten Teil seines Stücks dringt Müller, sich deutlich von Neutschs Plot lösend, in die menschenzerstörenden Dimensionen der Lohnarbeit, ins Innere des »Baus« vor. Müller begnügt sich nicht mit einer halbherzigen Gesellschaftsanalyse, »die nur für den Konflikt des Individuums mit der Gesellschaft Platz hat, nicht aber für die in kollidierenden menschlichen Handlungen und Schicksalen sich äußernden Widersprüche in der Gesellschaft«.[36] Die neue Art des Bauens greift tief in den gesamten Lebensrhythmus der Arbeiter ein. Die sozialistische Rationalisierung wird auf Kosten des natürlichen Lebensrhythmus durchgesetzt, Bauen rund um die Uhr im Dreischicht-System, »die Toten werden nach Feierabend gezählt« (Neutsch). Die das Baugeschehen ursprünglich dominierende gemeinschaftliche Arbeit eigenständiger Brigaden der unterschiedlichen Gewerke wird zerstört. Die Brigaden werden je nach Notwendigkeit des Gesamtbaugeschehens auseinandergerissen.

> Oder es müssen 1 bis 2 Mann woanders eingesetzt werden, damit der Gesamtablauf störfrei verläuft, während der Rest der Brigade die notwendige Leistung erbringt. Das stellt aber eine so fest verwachsene Brigade vor ganz neue Probleme. Das Gesamtinteresse setzt sich in jedem Falle hartnäckig durch, täglich neu steht die Frage, wie ist das Brigadeinteresse mit dem Betriebsin-

> teresse aller Brigaden in Übereinstimmung zu bringen. Sie sehen, zwangsläufig müssen sich hier neue Beziehungen zwischen den Brigaden entwickeln.[37]

Die große Industrie ebnet alles ein, unterwirft den einzelnen und entlässt ihn als vereinzelten Einzelnen. Die Arbeiterklasse zerfällt endgültig als Klasse an und für sich. Hier beginnt Müller den Roman ins Stoffliche aufzulösen. Jetzt dringt er durchs von Neutsch gehäufte Material zur Materialität des wirklichen Geschehens vor. In der neuen Planwirtschaft wiederholt sich auf technologischer Stufe das Dilemma der alten Planwirtschaft, der angestrebte Fortschritt kreist in sich:

> Erster: Der neue Bagger Schrott.
> Zweiter: Rohrbruch am Kühlturm.
> Dritter: Das Fundament im Sack.
> Hasselbein: Bin ich der Schrottplatz,
> Die Feuerwehr wie üblich.
> Die Polizei. Geht vor, ich komme nach, geteilt durch drei.[38]

Aber selbst die sich türmenden Katastrophen sind längst keine bemerkenswerten Konflikte mehr. Jetzt werden die technologischen Probleme kalt und routiniert, automatisiert gleichsam, abgearbeitet.

Müller schließt endgültig die Romankladde und bringt die Verhältnisse zum Tanzen: Der unfähige Oberbauleiter wird nicht abberufen, er steigt auf zum Generaldirektor! Der reformfreudige Parteisekretär schrumpft zum doppelzüngigen Karrieristen! Die Brigade Barkas zerfällt und Barka wird geil und philosophisch! Er sublimiert seine sexuelle Begierde in exquisite Weltanschauungslyrik:

> Du wärst mir leichter, wärst du schwer von mir.
> Solang der Weg reicht bist du meine Last,
> Kollege Bartlos mit den Frauenbrüsten.
> Langhaariger Kumpel. Ist dir kalt.
> Schlee: Nicht mehr
> Barka: Hinterm Ural ist Nacht. Die Liebespaare
> Gehn in die Sträucher oder in die Betten
> In jeder Minute auf dem Flugstern hier
> Mit Baggern umgegraben und mit Bomben
> Mit unserm Schweiß gewaschen und mit Blut
> Mit Kraut bewachsen und bebaut mit Steinen

Über dem Lärm aus Stimmen und Papier
Geht einem Mann in einer Frau die Welt auf. –

Aber die Metapher verrät ihn: die reale Frau ist ihm das Begehrenswerte im Jetzt, die Zukunft kann warten.

Könnt ich die Zeit zurückdrehn auf den Punkt
Knapp wie die Spanne zwischen Schnee und Wasser
In dem er eins gewesen ist mit dir
Gern laß ich mich in jeden andern sperrn
Ob er der erste war oder der letzte
Von dem dein Schoß blüht.

Die angestrengt lockere Witzelei überhöht Barka in ein lyrisch gesteigertes Werben um die Gunst der im Schnee ihm hilflos zugefallenen Frau. Doch sie gibt sich nicht preis – sie schweigt. In diesem Moment höchsten Selbstmitleids, Goethes alter »Faust« lugt ums Eck, entdeckt er ganz marxistisch sein Ich und seine Sendung in der bewusst gelebten Einheit von gesellschaftlichem Sein und gesellschaftlichen Bewusstsein. Sein Lebenslauf ist »Fähre (beziehungsweise ist er, Barka, »Ponton«) zwischen Eiszeit und Kommune«. Das marxistisch getönte Bewusstsein erhebt ihn aus den Niederungen der gemeinen Triebe. Er hat zwar die Frau im Arm, ist aber nur ihr Träger. Er bescheidet sich mit der solidarischen Tat, die ihm die Geschichte im Irgendwann honorieren wird. Aber die sexuelle Begierde übermannt ihn doch und Müller notiert eine Pause. Barka schweigt. Die Schlee schweigt. Barka findet wieder, wie und warum bleibt ungesagt, in die ursprüngliche Situation und die ihm übertragene Aufgabe zurück:

Barka: Wo ist der …
Wo ist der Sekretär?
Schlee: Konferenz in Halle
(Pause)
Barka: Das unterm Schnee heißt Wartburg. Weiter mit
PS, wenn er den Frost verdaut hat und
Hört wieder auf Benzin.[39]

Eros/Natur und Arbeit/Geschichte stehen sich lebenspraktisch wie ehedem entgegen. Kein Bedürfnis wird befriedigt. Übergänge in andere, bessere Zeiten deuten sich an, aber es bleiben, eigene Lebenszeiten überschreitend, Vertröstungen: Glück kann erst und allein nur in der Zukunft sein. Der banale Alltag hat sie wieder. Die platte Misere triumphiert.

Donat verleugnet seine Vaterschaft und wird nicht abgelöst, er bleibt in seiner Funktion an Ort und Stelle. Die Mutter seines künftigen Kindes lacht und lacht und lacht darob. Im Gelächter der Schlee entäußert sich die Ästhetik des grotesken Lachens.

> Ihr Gelächter [das der Groteske; ThW], das sie erzeugt, ist nicht das Lachen freundlich-sicherer Gelassenheit, mit dem die Menschheit »heiter von ihrer Vergangenheit« (Marx) scheidet, sondern das bittere, höhnisch-resignierte Gelächter über das Vorhandensein des Unmöglichen, das verzweifelte Auflachen über die Existenz des Irrsinnigen. Es ist bitter und grausig, weil es den Irrsinn nicht ändern kann, und ist doch Gelächter, weil es den Irrsinn als Irrsinn erkennt, ihn überdeutlich macht und dadurch wenigstens seine Überwindung postuliert.[40]

Die Schlee beugt sich dem täglichen Irrsinn:

> Ich werde also lügen für dich und das ist die Wahrheit; dein Kind wird keinen Vater haben, wir werden uns mit Genosse anreden, wie vorher, ich werde den Vogel nicht einscharrn. Der im Frühling singt, du wirst die Sonne nicht aus dem Himmel reißen, der Schnee wird nicht liegenbleiben bis zum nächsten Winter.[41]

Die Vergeblichkeits- und Vergänglichkeitsbilder der Schlee erinnern unüberhörbar an einen Gryphius-Text:

> Was sind wir Menschen doch? Ein Wohnhaus grimmer Schmerzen. / Ein Ball des falschen Glücks, ein Irrlicht dieser Zeit. / Ein Schauplatz herber Angst, und Widerwärtigkeit, / ein bald verschmelzter Schnee und abgebrannte Kerzen. // Dies Leben fleucht davon wie ein Geschwätz und Scherzen, / Die vor uns abgelegt des schwachen Leibes Kleid / Und in das Toten-Buch der großen Sterblichkeit / Längst eingeschrieben sind, sind uns aus Sinn und Herzen. // Gleich wie ein eitel Traum leicht aus der Acht hinfällt / Und wie ein Strom verscheußt, den keine Macht aufhält, / So muß auch unser Nam, Lob, Ehr und Ruhm verschwinden. // Was itztund Atem holt, fällt unversehns dahin: / Was nach uns kommen wird, wird uns ins Grab nachziehn. / Was sag ich? Wir vergehn gleich als ein Rauch von Winden.[42]

Im Frühjahr 1965 begannen die szenischen Proben am DT und der von Müllers Ästhetik überforderte Regisseur Ernst Kahler gab auf. Nach einem knappen Monat werden die Proben abgebrochen. Hier ist nicht nur persönliches Unvermögen im Spiel. Das DT war nicht der rechte Ort für dieses Stück. Nach *Sorgen und die Macht* und *terra incognita* scheiterte auch dieser dritte ambitionierte Versuch der Arbeitswelt mit einer Bühnenästhetik szenisch gerecht werden zu wollen, die bei aller einzugestehenden geschmackssicheren Kunstfertigkeit doch auf dem milieuschaffenden Ausschnitt, auf dem näherungsweisen Abbild der Umwelt und der unmittelbaren Lebenssphäre der dargestellten Figuren und szenischen Situationen gründete. Müllers magere Bühnenbildhinweise: »Baustelle, Flur, Leunawerke, Landschaft, Schnee« wurden szenographisch ausgefüllt, mit realistischen Details ausgestattet. Die Schauspieler stießen sich sowohl daran, sprachen sie doch einen Text, der so ganz und gar nicht milieugeprägt war und damit dem Bühnenbau widerstand, aber auch am Text selbst verzweifelten sie, denn er widersprach der Dialogtechnik der unmittelbaren psychologischen Glaubwürdigkeit und der konventionalisierten Typologie des schicht- und klassenspezifischen Sprechens auf dem Theater, der für das Zeitstück damals üblich war.

Intendant Heinz will selbst inszenieren. Müller ist entsetzt und schlägt Benno Besson vor. Am 26. Mai 1965 schreibt Besson an Wolfgang Heinz und bittet ihn darum, die geplante Inszenierung von *König Ödipus* zugunsten der Uraufführung von *Der Bau* zurückzustellen.[43] Besson testet in einigen Proben im Sommer 1965, ob er das Stück im vorgesehenen Bühnenbild von Heinrich Kilger inszenieren kann. Er besteht nach diesem Test auf neuen Entwürfen, dennoch hält das Theater an der Uraufführung im Dezember fest. Besson kann nicht gleich zu Spielzeitbeginn mit den Proben beginnen, da er noch als Gastregisseur an der Volksbühne die Uraufführung von *Moritz Tassow* am 5. Oktober 1965 auf die Bühne bringen muss, was ihm glanzvoll und umjubelt gelingt. Doch schon Mitte September erscheint in der FDJ-Tageszeitung *Junge Welt* ein eindeutiger Text aus dem Institut für Gesellschaftswissenschaften beim ZK der SED, der kultur-politischen Denkfabrik des Politbüros, gegen Müllers Stück:

> Einer tristen, unpoetischen Gegenwart wird der Kommunismus als ferne Zukunft gegenübergestellt. Ich hätte beinahe die Paradies-Vokabel gewählt. In der radikalen Gegenübersetzung von Sein und Idealität, wie sie in Heiner Müllers Theaterstück immer wieder angesprochen wird, findet sich tatsächlich ein

> religiöses Moment. »Wir sind die Handlanger der undankbaren Enkel«, sagt der Bezirkssekretär. Und Barka betrachtet sein Leben als »Fähre zwischen Eiszeit und Kommune«. Unsere Gegenwart nähert sich so dem »Jammertal« und die Perspektive nimmt eine leicht »jenseitige« Färbung an. Da gibt es keine Verbindungen: der Bezirkssekretär, der Parteisekretär und der Ingenieur, wie auch der Brigadier – sie alle trösten sich über den Weg mit der Schenke. Weg und Ziel, Mittel und Zweck, Unten und Oben, Ideal und Wirklichkeit werden auseinandergerissen und abstrakt gegenübergestellt. Wenn die Widersprüche nicht als Triebkräfte der Bewegung gesehen werden, erscheinen sie als absurde Gegensätze.[44]

Die Theaterleitung stoppte kurzerhand den Beginn der Stückproben am 8. Oktober. Müller, Besson und der Dramaturg Karl-Heinz Müller knobelten eine schwachsinnige Schlussszene des Stückes aus, mit der sie versuchten, den Chefdramaturgen Hans-Rainer John zu überzeugen, einer Wiederaufnahme der Stückproben zuzustimmen:

> Die wichtigste Maßnahme wird ein neues Schlußbild sein zwischen Donat und dem Ersten Bezirksparteisekretär. In diesem Schlußbild sollen vor allen Dingen die Fragen, die zur Figur des Donat und seinem Endpunkt im Stück aufgetaucht sind und zum Verhältnis zwischen oben und unten sowie der Rolle der Partei in den Prozessen offen geklärt werden. Es wird eine Art Schlußanalyse sein wie im Galilei, wobei die Frage der privaten Schwierigkeiten bei Donats Konsultation mit dem Bezirkssekretär von diesem souverän und leicht entschieden werden kann, indem er von ihm die Entscheidung fordert »Mit welcher Frau willst Du leben? – und damit die Frage erledigt. Zu Donats Schwächen in der Arbeit auf der Baustelle wird der Bezirkssekretär seine Ansichten differenziert mitteilen und wahrscheinlich die Ersetzung und Qualifizierung Donats entscheiden.[45]

Doch wieder einmal war die führende Partei schneller. Auf dem 11. Plenum des ZK der SED Mitte Dezember beschuldigen die Politbüromitglieder Erich Honecker und Paul Verner Heiner Müller eines sozialismusfremden Skeptizismus':

> Es würde sich lohnen, einmal zu analysieren, wie in diesem Stück »Der Bau« die ökonomische Entwicklung der Deutschen Demokratischen Republik dargestellt wird – außerordentlich primitiv. Im Grunde genommen wird sie, auf eine kurze Formel gebracht, so dargestellt: Bis zum neuen ökonomischen System der Planung und Leitung der Volkswirtschaft herrschte in unserer Wirtschaft »der Dogmatismus« oder »Plandogmatismus«, dann fiel das neue ökonomische System der Planung und Leitung sozusagen vom Himmel. Es existiert in einigen Werken, in denen darüber geschrieben und gestaltet wird, im Gegensatz zur Wahrheit keine Kontinuität unserer Wirtschaftspolitik. Daher kommt es, daß vielfach nur Schwächen und Mängel dargestellt werden. Sie werden von einigen sogar als »wesentliches Entwicklungselement« bezeichnet. Dann kommt man eben zu solchen Auffassungen, an allem zu zweifeln.[46]

Der Chefdramaturg des DT parierte prompt:

> Ich sehe auf grund der vorliegenden Veränderungen Heiner Müllers keine Möglichkeit, das Stück in die Proben zu geben. [...] Ich bitte mir zu glauben, daß ich tief traurig bin zu einem solchen Ergebnis kommen zu müssen. Denn gerade ich war bis zur Durchsicht der Veränderungen der Meinung, man müsse das Stück in veränderter Fassung gerade jetzt nach dem 11. Plenum [...] als Beispiel bringen, wie richtige Ratschläge richtig umgesetzt werden. Aber das vorliegende Arbeitsergebnis Müllers ist keine Grundlage für den Plan einer Aufführung, gibt auch keinen Anlaß zu der Hoffnung, im Probenprozeß werde das Ausstehende erreicht werden können.[47]

Der Intendant Wolfgang Heinz distanzierte sich jedoch nicht von Heiner Müller und versuchte das *Bau*-Projekt zu retten. Er bittet Heiner Müller »nicht nachzulassen mit uns immer weiter an der Verbesserung Ihres Stückes zu arbeiten«.[48] Das erklärt, wieso Müller bereit war, durchaus schwachsinnige Änderungen am Stücktext vorzunehmen.[49] Müller war unter den sich verschärfenden kulturpolitischen Umständen natürlich auch daran interessiert, seinen Haus-Autoren-Vertrag mit dem DT so lange wie möglich zu behalten und schleppte deshalb bis Ende der Spielzeit 1967/1966 die Schminkarbeit am längst zu Tode geschriebenen *Bau*-Manuskript hin.

Der Verwaltungsdirektor des DT Walter Kohls kündigte folglich erst am 12. Mai 1967 den Hausautorenvertrag mit Heiner Müller auf, garantierte ihm aber zugleich, dass »der bisher monatlich an Sie zur Auszahlung gelangte Betrag auch in der kommenden Spielzeit von uns in voller Höhe garantiert wird, notfalls durch entsprechende Vorschußzahlungen. Mit anderem Wort heißt das, daß Sie seitens des DT auch in der kommenden Spielzeit mit Einnahmen von rund 10. 000 MDN rechnen können. Umgekehrt rechnen wir natürlich wie bisher als erste ihre Produktionen zur Kenntnis zu erhalten und möglichst im beiderseitigen Interesse zu nutzen. So darf ich Sie daran erinnern, daß wir bis zum 1. September ds. mit einer ersten Fassung der ›Germania‹ rechnen.«[50]

Um den Roman *Spur der Steine,* Hohelied des planmäßigen ökonomischen Fortschritts, vor dem enthüllend-peinlichen Vergleich mit dem erfahrungsgesättigten realistischen Theaterstück *Der Bau* zu schützen, musste der *Bau* verrufen und unterdrückt werden.[51] Der Text wurde nicht aufgeführt, sondern ins Mahlwerk der parteibestallten Fabelsucher und Sprüchefahnder gestopft.

Das bot sich an, denn Müller war in die Sperrzone des metaphorischen Sprechens und Schreibens vorgedrungen und hatte das »eherne« dramatische Gesetz des Primats der Fabel verletzt. [52] Ermunterungen für die poetische Grenzüberschreitung ins Metaphorische hielt jedoch die »Bloch-Schule« bereit:

> Von größerer Verbindlichkeit und länger anhaltender Dauer sind die Prägungen der Dichtung. Das dichterische Wort ist das metaphorische kat exochen [schlechthin; ThW]. In ihm wird die Welt von bildhaften Qualitäten her immer wieder neuartig erschlossen und reicher sichtbar gemacht. Das im Begriffssystem erstarrte Denken wird so aufgetaut und dem dialektischen Fluß des Geschehens angeglichen. Die Dichtung (und wie sie auch das Denken, vorab das philosophische Denken) leistet die »Verflüssigung« des Begriffs.

> Die Sprache ist die Währung, in der uns das Seiende ausbezahlt. Was es an uns abgibt, geht durch die Prägung des Wortes. Wir schlagen es täglich in kleine Münze aus und vergessen darob so oft die großen Werte, die wirklich bedeutenden; so wird unser Denken unscharf und verfehlt die ursprüngliche Wahrheit. Bis die Dichter kommen, die den Schatz ungeprägten Goldes heben und die Sprache erneuern zum Heil des Denkens. Die reichere

> Sprache erschließt eine schönere Welt; doch auch eine gemeisterte. Nicht nur das Sagen und Denken, sondern vor allem das Tun bestimmt den Menschen. Das Handeln aber als bedachtes und geplantes ist angewiesen auf die Sprache.[53]

Müller machte sich durchaus mutwillig verdächtig, da gerade jene Eigenschaft der Metapher, rätselhafter Rest jedes poetischen Werkes zu sein, ihm zum willkommenen Mittel gegen das alltäglich kunstlose Gerede auf der Bühne und gegen die vorgestanzte, eingeübte Phraseologie der Zeit und ihrer Ideologien wird. »Die Metapher ist weit klüger als ihr Verfasser und so sind es viele Dinge. Alles hat seine Tiefen. Wer Augen hat, der sieht [alles] in allem.«[54] Dieser Aphorismus von Lichtenberg wird Müllers poetische Richtschnur.

Im metaphorischen Sprechen gewinnen die Figuren gedankliche Bedeutungs-Spielräume, deren Weitläufigkeit und Vieldeutigkeit verhindert, dass der Sprechende festgenagelt wird auf den Begriff aus dem Wörterbuch des Klassenfeindes. Hier werden Dinge vermittelt zur Sprache gebracht, die öffentlich ungenannt bleiben müssen.

> Klamann: Mit der Partei leg dich nicht an.
> Bolbig: Wer braucht wen?
> Der Film läuft rückwärts, wenn wir unsre Arbeit
> Zurücknehmen hier, die Wand läßt von der Wand
> Die Steine rennen rückwärts ins Gebirge.[55]

Müller verstand die DDR-Wirklichkeit als Teil eines historischen Prozesses und wechselte deshalb, um den vorgeschriebenen deklarativen Formeln und der permanenten Bestätigung des rechten Weges zu entgehen, ins metaphorische Schreiben über. Wollte er die DDR-Realität in ihrer Historizität erfassen, die Welt in den DDR-Scherben spiegeln, musste er sie artifiziell hochtreiben, ins allgemein Bedeutsame überführen, ohne aber ihre schlagende Konkretheit zu beschädigen. Ein solch konkreter, ungemein gesellschaftskritischer und ästhetisch befriedigender Text wie das Zwiegespräch *Um Senftenberg herum* war auf dem DDR-Theater unmöglich:

> In einem Omnibus des Senftenberger Braunkohlenreviers. Die Kumpel der Nachtschicht steigen zu. Paul setzt sich verschlafen neben einen fremden Mann mit Hut. Beim nächsten Schlagloch erkennt Paul unter dem Hut Alois, seinen früheren Kumpel.
> »Mensch, Alois!«

»Mensch, Paul! Wie geht's? Was macht der Bagger? Was gibt's Neues in der Grube?«
»Was soll's denn schon Neues geben?«
Paul überlegt.
»Seit der Erich – du weißt doch, der Maschinist – nach Borna gegangen ist ...«
»Was, der Erich ist nach Borna gegangen? Wann denn?«
»Na, doch schon damals, als unser Bagger ausfiel, weil niemand in die Grube kam, um uns eine Schleifscheibe für die Kupplung auszuwechseln.«
»Was du nicht sagst, Paul, unser Bagger ist kaputt?«
»Natürlich. Doch gleich, nachdem uns das Pumpenhaus abgesoffen war.«
»Nu hör aber auf! Das Pumpenhaus ist abgesoffen?«
»Naja. Weil damals die Hälfte der Betriebsschlosser gekündigt hatten wegen dem Bergarbeiterschnaps, den sie nicht kriegten, wenn das Fördersoll nicht erfüllt war.«
»Davon weiß ich ja gar nichts! Die Betriebsschlosser haben in'n Sack gehaun?«
»Mein Gott, ja; doch schon damals, als die drei neuen E-Loks kamen, die heute noch oben im Schuppen stehen.«
»Was, die stehen immer noch im Schuppen? Und unten im Tiefbau ziehn die Kumpel die Hunte mit der Hand?«
»Na, freilich. Das ist doch schon, seitdem wir unseren Plan nicht mehr erfüllen. – Sonst wüßt' ich wirklich nichts Neues, Alois!«[56]

Die Finessen des elliptischen Erzählens, die lakonische Grundhaltung, die soziale Genauigkeit und die abrupt brutale Schlusspointe lassen auf einen begabten Schriftsteller schließen, der sich in der deutschen Literatur, Hebels Kalendergeschichte bildet die dramaturgische Substanz des Dialogs, auskannte und Heiner mit Vornamen hieß. Ein Autor Heiner Sanftmann ist in der DDR- Literaturgeschichte unbekannt und im *»Eulenspiegel«* sind auch keine weiteren Texte von ihm zu finden.

Heiner Müllers Texte sind von derselben Gewissheit, der Vergeblichkeit allen sozialistischen Tuns, durchtränkt, bestehen aber anders als die angeführte »Senftenberger Kalendergeschichte« auf der historischen Berechtigung und Dimension solcher Versuche, auf ihrer tragischen Notwendigkeit. Dies zu gestalten, erforderte mehr als ein nur situationales Figurensprechen zu notieren, verlangte vielmehr nach einer Sprache, die über die Figurenreden hinaus, in ihrer überschießenden poetischen Qualität selbst zum Zuschauer sprach, um ihn aus der (be-) drückenden Hoffnungslosigkeit aufzurufen.

Aus dieser »Ausdrucksnot und Ausdrucksdrastik [...] entsteht das metaphorische Sprechen.«[57] Metaphorik war in diesem Lande, in dem Losungen das Leben lenken und die Lebenswege pflastern sollten, in dem es überall und fortwährend an einer klaren Sprache mangelte, in dem eine rigide Sprachkontrolle herrschte, eine einerseits überanstrengte und andererseits in Plattitüden ausartende Mitteilungsform. Zugleich war die Metapher scharf befehdete Sprachform, da sie der Widerrede gegen die »Parteilyrik« verdächtigt wurde und des Subjektivismus bezichtigt wurde. »Wenn Stephan Hermlin sagt: ›Eigenwillige Metaphern dagegen machen einen wesentlichen Bestandteil wirklicher Dichtung aus‹, dann möchte ich nur bemerken, daß man des Metaphorischen auch etwas zu viel tun kann. Das ist dann der Fall, wenn die Verständlichkeit für das Volk ernstlich gefährdet ist.«[58]

Müller entwickelte ungerührt eine poetische Radikalität, mit der er aus dem sozialistischen Realismus-Verständnis des Theaters und der Dramatik ausscherte, ohne sein poetisches Verfahren in eine politische Absage an die DDR zu überdehnen.

> Das utopische Element kann sich vorerst nur in der Sprache abbilden: Da reden die Leute, wie in der dreckigen Gegenwart keiner, und wie auf einem Theater, das sich der Wirklichkeitsabbildung gewiß glaubt, kein Mensch reden würde. Solcher utopielosen Wirklichkeits-Sucht, sei sie auch noch so authentisch abgesichert, lacht jeder Satz Heiner Müllers, lacht seine Sprache höhnisch selbstbewußt entgegen. [...] Müllers Sprache und die Haltung seiner Figuren streben allemal ins Antikische, ins groß sich rechnende Endgültige. Auf die Gefahr hin zu scheitern, aber in der Hoffnung des Sisyphos.[59]

Solcherart Sprachbehandlung und -nutzung braucht Raum auf dem Theater, um sich entfalten zu können. Die Metapher gedeiht nicht im nachgebauten Milieu, hier verdorrt sie zur individuellen Marotte, der Sprechende eckt nur an, spricht unangemessen, wird komisch oder kläglich. Die Metapher erzwingt den Bühnen-Umbau, denn sie verträgt kein Abbild von etwas neben sich und um sich. Müller umging das Problem, indem er auch die Bühnenraumgestaltung metaphorisch auflud, Raum und Sprache merkwürdigerweise einander anglich. Er legte vielbedeutsame Bildentwürfe der Malerei seinen Inszenierungen zu Grunde: »Wesentliches Mittel ist für ihn das großflächige Tableau.« (Stephan Suschke) Hier ging Müller hinter die Erfahrungen des modernen Theaters zurück. Nicht die Umwandlung des Bühnenraums in einen illusionistischen dreidimensionalen Nachbau eines wirklichen Raumes, in den die Schauspieler wortwörtlich »eintreten«, ist das Ideal des modernen Theaters, sondern die Einrichtung des Theaterraums zum Produktionsort aller an der theatralischen Produktion Beteiligten. In einem solchen Raum können mittels schauspielerischer Aktionen, bühnenbildnerischer Fantasie und bühnentechnischer Geschicklichkeit, Räume aller Art, Abbilder bekannter, wie Entwürfe unbekannter Natur andeutungsweise zitiert oder gegenständlich imitiert oder aber allein in der Vorstellung der Spielenden imaginiert und im Spiel fiktiv behauptet werden.

Die Elisabethaner beherrschten die vielfältigen Möglichkeiten des »leeren Raums« (Peter Brook), die ihnen die Plattformbühne abforderte, vorbildlich und entwickelten eine die Zeiten überdauernde Form neuzeitlichen Theaterspiels, wenngleich diese oft nur untergründig in einzelnen dramatischen Texten fortexistierte und jahrhundertelang von der Bühne verschwunden war. »Die Klippenszene in ›König Lear‹ ist großartiges Theater auf der elisabethanischen Bühne.«[60] Der unerkannt bleibende Sohn führt seinen geblendeten und im Selbstmord Erlösung suchenden Vater auf dessen Geheiß an den Rand der Steilküste vor Dover von der er sich in den Tod stürzen will. Edgar gelingt die große Täuschung. Im Einvernehmen mit den Zuschauern überzeugt er seinen Vater mit der »Macht des Wortes« davon, tatsächlich am Rande des Abgrunds zu stehen – und der Vater springt in den imaginären Abgrund.

Edgar: Horcht! Hört Ihr nicht die See?
Kommt, Herr, hier ist der Ort: steht still: Wie grau'nvoll
Und schwindelnd ist's, so tief hinab zu schaun! –
Die Kräh'n und Dohlen, die die Mitt' umflattern,
Sehn kaum wie Käfer aus – halbwegs hinab
Hängt einer, Fenchel sammelnd, – schrecklich Handwerk!
Mich dünkt, er scheint nicht größer als sein Kopf.
Die Fischer, die am Strande gehen entlang,
Sind Mäusen gleich; das hohe Schiff am Anker
Verjüngt zu seinem Boot; das Boot zum Tönnchen,
Beinah' zu klein dem Blick; die dumpfe Brandung,
Die murmelnd auf zahllosen Kieseln tobt,
Schallt nicht bis hier. – Ich will nicht mehr hinabsehn,

Daß nicht mein Hirn sich dreht, mein wirrer Blick
Mich taumelnd stürzt hinab.
Gloster: Stell' mich, wo du stehst!
Edgar: Gebt mir die Hand: Ihr seid nur einen Fuß
Vom letzten Rand. Für alles unterm Mond
Tät' ich hier keinen Sprung.
Gloster: Laß mich nun los!
Geh nun zurück, mein Freund:
Nimm Abschied; laß mich hören, daß du gehst!
Edgar: Lebt wohl denn, guter Herr!
Gloster: Von ganzem Herzen.
Edgar: So spiel' ich nur mit dem Verzweifelnden,
Um ihn zu heilen.
Gloster: Nun, Freund, gehab' dich wohl!
Edgar: Bin fort schon; lebt denn wohl![61]

Gloster ist gesprungen, aber er hat den »Sprung« wider Erwarten überlebt. Der sich flugs in einen unbekannten zufälligen Augenzeugen verwandelnde Edgar deutet mit der gleichen Beredsamkeit mit der er unmittelbar zuvor den Ort geeignet für den Todessprung pries, den Sprung in einen Sturz und den Sturz in einen Flug um: »Dein Leben ist ein Wunder.« Die Heilung ist geglückt, Gloster überwindet seinen Lebensüberdruss, hat ihn doch eine höhere Macht am Leben gehalten. »Dieser Fall ist auch im metaphorischen Sinne kein Fall in die Tiefe, sondern eine Berührung mit dem Boden der Realität, und man kann ihn wirklich – wie Edgar vorschlägt – als eine Rettung durch die Götter ansehen.«[62] Ganz unabhängig von der Funktion dieser Szene im Fortgang der Stückhandlung kehrt sie die Eigenart und Kraft des Theaterspiels hervor: das Wechselspiel von vorgestellter und realer Situation. Der Zuschauer sieht und weiß, dass Gloster keine Klippe emporgeklommen und nicht die Klippe hinuntergestürzt ist, aber er stellt sich vor, dass Gloster denkt, gesprungen zu sein und er versucht zu verstehen, was in Gloster vorgeht, wenn er erkennt, dass er ob eines Wunders überlebt hat. Der Zuschauer springt gleichsam mit Gloster und betrachtet mit Edgar das Verhalten Glosters – aber nur dann, wenn die beiden Schauspieler die vorgestellte Situation so imaginieren, die Bühne so verwandeln, dass der Zuschauer es als ein mögliches Geschehen akzeptieren kann und wenn beide Schauspieler gemeinsam ein ganz reales Spiel mit ihren Figuren auf der Bühne vor und mit den Zuschauern ernsthaft betreiben. Der Darsteller des Glosters muss zwingend den Sprung wagen und daran glauben, ein

Wunder erlebt zu haben, um danach Edgar zu bestätigen, dass er ihm dankbar ist, ihn vom Selbstmord abgehalten, ihn kuriert zu haben, was nichts anderes heißt, als dass er das Spiel durchschaut und weiterhin mitspielt. Diesen Zusammenhang von zeichenhaften Verweisen auf die Realität und tatsächlichen realen menschlichen Verhalten im Spiel zu nutzen und in der Rezeption zu erkennen, macht die ästhetische Sonderheit der theatralischen Produktion und Konsumtion aus, sind doch beide Tätigkeiten, die des Schauspielers und die des Zuschauers aktiv aufeinander bezogen. Dieser Grundkonsens des theatralischen Ereignisses wurde im bürgerlichen Theater der folgenden Jahrhunderte mehr und mehr aufgekündigt. Erst Brecht und Beckett adaptierten die Verfahren der Elisabethaner meisterlich. Und hier trafen sich bürgerliche Moderne und sozialistische Avantgarde jenseits des Ideologischen im Ästhetischen, in den Grundlagen des theatralischen Spiels. Das Bühnenhaus wird durch Gebrauch in den Besitz von den Spielenden genommen und in ihr Spielfeld verwandelt. Das ist die unentfremdete Grundsituation des Theater-Spiels, das Spiel schafft sich seinen Raum! Der Sprung aus dem Real-Gegenwärtigen ins Phantastisch-Zukünftige, aus dem Wachen in das Träumen, ins Surreale, ins vergangen Komisch-Groteske und ins gegenwärtig Bedrohliche, in alle Erscheinungen des Hässlichen, ins Sonderbare schlechthin wird möglich und gewagt. Hier beginnt die »freie bewußte Tätigkeit« (Karl Marx). Und diese Tätigkeit selbst hat ihre zusätzlich zweite Bedeutung: »Warum sollte man nicht die Hervorbringung eines Kunstwerkes ihrerseits als Kunstwerk auffassen?« (Paul Valery) So verstanden und praktiziert wird künstlerische Tätigkeit ein wesentlicher Bestandteil der »allgemeinen Arbeit« (Marx), wird Entdeckung und Erfindung. Sie ist bedingt teils »durch Kooperation mit Lebenden, teils durch Benutzung der Arbeiten früherer«.[63] Und hier ist alle Metaphorik heimisch, hier kommt sie zu sich, hier kobolzt sie: »Die Metapher wird zum absoluten Bild, das nur noch entfernte Spuren eines Abbilds besitzt und das weniger einem Vergleichen entstammt als vielmehr einem Sprung, einem Weitsprung.«[64] Doch der Preis dafür war beträchtlich.

> Eine immanente Poetik wird nicht darum herumkommen können, die poetische Qualität der ihr vorliegenden Sprache wesentlich aus der Opposition gegen die zeitgenössische Normierungstendenz der Sprache zu verstehen. [...] Der Widerstand der ästhetischen Sprache muss daher umso massiver sein, je mehr das öffentliche Sprachbewußtsein in dem Anspruch auf

Eindeutigkeit vermeintlich oder reell sich bestätigt fühlt. Man wird eine poetische Sprache von vehementer Obstinanz gegen jede Verweisungsfunktion erwarten dürfen, eine Sprache, deren Metaphern sich gegenseitig stören und aufheben, in der die angesetzten Bilder nicht aufgehen, die keine beruhigende Interpretation ihrer Syntax zuläßt, in der die Herkunftshorizonte mythischer Anspielungen ständig und ohne Hilfen wechseln, [...] und wo der gebildete Leser nur zu oft nicht weiß, ja nicht einmal errät, woher eine »Zutat« genommen sein könnte. [...] wo also auch das bestausgerüstete Bildungsarsenal nicht zur Beruhigung verhilft. Wo hier die Grenze der Zumutungen liegt, die dem ästhetisch rezeptiven Bewußtsein gestellt werden können, läßt sich wohl kaum bestimmen. Viele Zeugnisse einer solchen Poesie werden ihre Bedeutung nur als Fossilien einer bestimmten ästhetischen und sprachlichen Situation behalten.[65]

1 Herbert Marcuse: »Vorwort« (1964), in: Ders.: *Kultur und Gesellschaft 1*, 111973 Ffm., S. 16.

2 *Programm der SED*, angenommen auf dem VI. Parteitag am 18. Januar 1963, zit. nach: *Die SED. Geschichte –Organisation –Politik*, hrsg. v. Andreas Herbst u. a., Berlin 1997, S. 665.

3 *ND*, 18. Januar 1963.

4 *ND*, 19. Januar 1963.

5 Heinz Nahke und Heiner Müller kannten und schätzten sich aus der gemeinsamen Arbeit im DSV und in der Redaktion der *Jungen Kunst*.

6 Heiner Müller: *Winterschlacht 1963*, in: *Forum*, 6/1963, S. 7; zit. nach: Heiner Müller: *Warten auf der Gegenschräge*, Gesammelte Gedichte, hrsg. v. Kristin Schulz, Frankfurt/M. 2014, S. 132 ff.

7 Ebd.

8 Kurt Hager: »Parteilichkeit und Volksverbundenheit unserer Literatur und Kunst«, Rede auf der Beratung des Politbüros und des Präsidiums des Ministerrates mit Schriftstellern und Künstlern am 25. März 1963, in: Walter Ulbricht/Kurt Hager: *Parteilichkeit und Volksverbundenheit unserer Literatur und Kunst*, Berlin 1963, S. 51. Die Verbannung Müllers aus der literarischen Öffentlichkeit in der DDR dauerte knapp 15 Monate.

9 Müller wird zwar nicht wieder in den Schriftstellerverband aufgenommen, doch zum Auftakt der Delegiertenkonferenz des Verbandes findet eine von Anna Seghers eröffnete literarische Veranstaltung »Sichtbar wird der Mensch« am 23. Mai 1963 im Marx-Engels-Auditorium der Humboldt-Universität statt. Franz Fühmann, Hermann Kant, Dieter Noll und Erwin Strittmatter lesen aus ihren neuen Romanen. Das Lyrikprogramm, eingeleitet durch Gedichte von Becher, Brecht und Weinert, vermittelt neue Begegnungen mit Lyrikern wie Volker Braun, Jens Gerlach, Heinz Kahlau, Reiner Kunze, Georg Maurer, Armin Müller, Heiner Müller, Helmut Preißler, Walter Werner, Paul Wiens«. Siehe *ND*, 21. Mai 1963.

10 Manfred Nössig: »Der Weg ist klar: Nun handelt«, in: *TdZ* 9/1963, S. 4.

11 Jürgen Burkhardt: »Die Besuchersituation in den Theatern der DDR«, in: *Theater hier und heute*, Beiträge zur Theaterwissenschaft, hrsg. v. Rolf Rohmer und Joachim May, Berlin (Ost) 1968, S. 258.

12 Wolfgang Heinz: »Was wir seit Bitterfeld gelernt haben«, in: *ND*, 25. April 1964. Heinz war seit Sommer 1963 Intendant des DT.

13 Diese öffentliche Resonanz marginalisiert den Einfluss Müllers auf das literarische und theatralische Publikum in der DDR erheblich. Müller hatte weniger im Publikum, sondern vor allem in den Theatern selbst bedeutende Wirkungen, als Autor war er landläufig unbekannt.

14 Karl-Heinz Jakobs: *Beschreibung eines Sommers*, Halle (Saale) 1961, zit. nach: Neuauflage Berlin (Ost) 1980, S. 5.

15 Ernest Hemingways Roman *In einem andern Land*, dessen erste Zeilen Jakobs adaptierte, erschien zwar erst 1963 in der DDR, war aber natürlich längst bekannt.

16 Eva Strittmatter: »Literatur und Wirklichkeit«, in: *ND* 7/1962, zit. nach: *Kritik in der Zeit*, hrsg. v. Klaus Jarmatz, Halle (Saale) 1970, S. 515 f.

17 Hildegard Brenner: »Einleitung«, in: *Nachrichten aus Deutschland*, Reinbek bei Hamburg 1966, S. 12 f.

18 Die ersten zwei Teile erschienen in den Heften 2 bis 16/1963, der abschließende dritte Teil folgte ein Dreivierteljahr später in den Heften 3 bis 7/1964.

19 Erik Neutsch: *Spur der Steine*, Halle (Saale) 1964, S. 825.

20 Ulbricht am 25. April 1964 auf der Zweiten Bitterfelder Konferenz, in: *ND*, 28. April 1964. Vgl. Horst Redeker: »Zur Dialektik in Spur der Steine«, in: *ND*, 12. Juli, 16. Juli und 21. Juli 1964.

21 Mathias Hahn: »Dokumentation zur Entstehungsgeschichte des BAU«, in: *Dokumentation einer vorläufigen Erfahrung. Texte zum Werk Heiner Müllers*, Humboldt-Universität Berlin 1991, S. 6.

22 Heiner Müller: *Der Bau*, in: *SuF* 1-2/1965, S. 185.

23 Brief von Neutsch an Karl-Heinz Müller vom 7. März 1964, AdK Berlin, Archiv Literatur, HMA Nr. 119. Neutsch weist in diesem Brief daraufhin, dass Müller nur den Ersten Teil des Romans kenne und er bezweifelt prinzipiell die Möglichkeit einer Dramatisierung des Romans.

24 »Damit befinden wir uns im Zentrum wo die Dialektik des gesellschaftlichen Lebens in ihrer unverfälschten Weise studiert werden kann.«, Lukács: *Der junge Hegel* (1938/1948), Berlin (Ost) 1954, S. 29.

25 Karl Polak: »Gesellschaftliche Gesetzmäßigkeit und staatliche Leitungstätigkeit«, in: ders.: *Zur Dialektik in der Staatslehre*, Berlin (Ost) 31963, S. 308.

26 Engels: *Lage der arbeitenden Klasse in England*, in: Marx/Engels: *Werke*, Band 1, Berlin (Ost) 1957, S. 346 f.

27 Georg Klaus: »Zu einigen Problemen der Kybernetik«, in: *Einheit* 7/1958, S. 1026.

28 Ebd. S. 1026 ff.

29 *ND*, 11. Juli 1958, Titelseite.

30 Regierung der Deutschen Demokratischen Republik, Volkswirtschaftsrat: »Kritische Einschätzung der bisherigen Praxis der Planung und Leitung der Volkswirtschaft«, Richtlinie für das Neue Ökonomische System der Planung und Leitung der Volkswirtschaft, in: *ND*, 16. Juli 1963, Anlage, S. 8 f.

31 Klaus: *Spieltheorie in philosophischer Sicht*, Berlin (Ost) 1968, S. 7.

32 Erich Apel: Schlusswort auf dem 5. Plenum des ZK der SED, in: *ND*, 12. Februar 1964.

33 »Die Unmenschlichkeit der stets bereitliegenden pathetischen Reden über den ›Bau‹ als dem Ort sozialistischer Arbeit rücksichtslos bloßlegend, bewahrt das Drama ex negativo die Forderung nach wahrer, menschlicher Rede und damit implizit die Forderung nach einer Gesellschaft, die solche Rede ermöglicht.« Bernhard Greiner: *Die Literatur der Arbeitswelt in der DDR*, Heidelberg 1974, S. 173.

34 Sämtlich in: Heiner Müller: *Der Bau,* a.a.O.

35 Ulbricht: »Antwort auf aktuelle politische, wirtschaftliche und menschliche Probleme«, 12. Plenum des ZK der SED, in: *ND*, 24. März 1961, Seite 4.

36 Hans Kaufmann: »Literatur in einer dynamischen Gesellschaft« (1976), in: *Über DDR-Literatur*, Berlin und Weimar 1984, S. 95 f.

37 »Ein Code, der nicht geheim ist, ein Bericht über das Baugeschehen in Leuna II im Zyklogrammmodus«, in: *Forum* 9/1963, zit. nach: https://www.mueller-baukasten.de/bau/schere-stein-papier, Stand 12.11.2021. Müller kannte diesen Text.

38 Heiner Müller: *Der Bau*, a.a.O., S. 218.
39 Ebd. S. 223 f.
40 Klaus Hermsdorf: *Kafka*, Berlin (Ost) 1961, S. 231.
41 Heiner Müller: *Der Bau*, a.a.O., S. 226 f.
42 Andreas Gryphius: *Menschliches Elende* (1637), zit. nach: *Deutsches Lesebuch*, hrsg. v. Stephan Hermlin, Leipzig 1988, S. 45 f. Vgl. auch die Schlusssentenz in *Die Umsiedlerin.*
43 AdK Berlin, Archiv DK, Benno Besson-Archiv Nr. 467.
44 Hermann Kähler in: *Junge Welt*, 18./19. September 1965, zit. nach: Kreuzer/Schmidt: *Dramaturgie in der DDR (1945–1990)*, Band 1, Heidelberg 1998, S. 366.
45 Karl-Heinz Müller am 14.10.1965, zit. nach: https://www.muellerbaukasten.de/bau/schere-stein-papier. Stand 12.11.2021.
46 Paul Verner: Diskussionsbeitrag auf dem 11. Plenum des ZK der SED, in: *ND*, 20. Dezember 1965, S. 5.
47 Hans-Rainer John am 21.12.1965: betr. »Spielplan zweite Hälfte 1965/66«, zit. nach: https://www.muellerbaukasten.de/ bau/schere-stein-papier. Stand 12.11.2021.
48 Brief von Wolfgang Heinz an Heiner Müller vom 28. April 1966, AdK Berlin, HMA, Nr.119.
49 Siehe. Frank Hörnigk: »›Bau-Stellen‹. Aspekte der Produktions- und Rezeptionsgeschichte eines dramatischen Entwurfs«, in: *zeitschrift für germanistik* 1/1985, S. 35 ff.
50 Brief des Verwaltungsdirektors des Deutschen Theaters Walter Kohls an Heiner Müller vom 12.5.1967. AdK Berlin, Archiv Literatur, HMA, Nr.119.
51 Das widerfuhr 1966 auch dem DEFA-Film *Spur der Steine*. Am 16. Juni 1966 meldete das *ND*: Potsdam (ND): »Der Film ›Spur der Steine‹ wurde am Mittwoch als Beitrag des DEFA-Studios für Spielfilme zu den 8. Arbeiterfestspielen in Potsdam-Babelsberg uraufgeführt. Die Premierenengäste dankten den Schöpfern des Films mit starkem Beifall. [...] ›Spur der Steine‹ wurde für den Wettbewerb der XV. Internationalen Filmfestspiele in Karlovy Vary nominiert.« 20 Tage später schrieb der Filmkritiker des *ND* Horst Knietzsch (unter dem Psedonym Hans Konrad): »So geht Frank Beyers ›Spur der Steine‹ an den Entwicklungsprozessen unseres Lebens vorbei. Der Film erfaßt nicht das Ethos, die politisch-moralische Kraft der Partei der Arbeiterklasse und der Ideen des Sozialismus, bringt dafür aber Szenen auf die Leinwand, die bei den Zuschauern mit Recht Empörung auslösten.« *ND*, 6. Juli 1966.
52 »Die Fabel ist von ganz spezieller Bedeutung für das Drama und hat zu allen Zeiten eine wichtige Rolle gespielt. Jetzt aber, angesichts der beträchtlichen Formunterschiede und der teilweise völligen Formauflösung im Drama fällt ihr die entscheidende Funktion zu. Der Begriff ›Fabel‹ ist einer der ältesten und wichtigsten der allgemeinen Kunstwissenschaft, speziell aber der Literatur- und Theaterwissenschaft.«, Rudi Münz: *Vom Wesen des Dramas*, Halle (Saale), 1963, S. 113.
53 Hans Heinz Holz: »Das Wesen metaphorischen Sprechens«, in: *Bloch zum Siebzigsten*, Berlin (Ost) 1955, S. 119 f. Die Binnenzitate sind Selbstzitate des Autors aus *Sprache und Welt*, Frankfurt/M. 1953. Vgl. Heiner Müller *Bilder.*
54 Georg Christoph Lichtenberg: *Sudelbücher F*, F 369 in: https://www.projekt-gutenberg.org/lichtenb/aphorism/chap006.html, Stand 7.11.2021.
55 Heiner Müller: *Der Bau*, a.a.O., S. 183.
56 Heiner Sanftmann: »Um Senftenberg herum.« (1956), in: *Eulenspiegel*, Sonderausgabe 3/2004, S. 32.
57 Karl Bühler: *Sprachtheorie* (1934), Stuttgart/New York, 1982, S. 343.
58 Egon Rentzsch (Leiter der Abteilung Kultur beim ZK der SED von 1950 bis 1953) in: *Die Bedeutung der Arbeiten des Genossen Stalin über den Marxismus und die Fragen der Sprachwissenschaft für die Entwicklung der Wissenschaften*, Berlin (Ost) 1952, S. 231 ff.
59 Ernst Wendt, in: *Die Zeit* 26. September 1975, zit. nach Roland H. Wiegenstein: »Länger als Glück ist Zeit, und länger als Unglück« in: *Merkur* 333 (2/1976), S. 165.
60 Raimund Borgmeier und Barbara Puschmann-Nalenz: »Nachwort«, in: William Shakespeare: *King Lear. König Lear*, Stuttgart 1973, S. 267.

61 William Shakespeare: *König Lear*, IV.Aufzug, 6. Szene, Übersetzung: W. H. v. Baudissin (1832).

62 Raimund Borgmeier und Barbara Puschmann-Nalenz: a.a.O., S. 267.

63 Marx: *Das Kapital*, Dritter Band, Berlin (Ost) 1953, S. 127.

64 Hugo Friedrich: *Die Struktur der modernen Lyrik*, Reinbek bei Hamburg 1956, S. 151.

65 Hans Blumenberg: »Sprachsituation und immanente Poetik« (1966), in: *Wirklichkeiten, in denen wir leben*, Stuttgart 1981, S. 152 f.

»Wenn Männer auftauchen, die imstande sind, den dialektischen Materialismus in neuem Lichte darzustellen, dann müssen sie schleunigst unschädlich gemacht werden.«[1]

In schneller Folge erscheinen im Jahr 1965 in der DDR vier exorbitante Theatertexte, fern allen bisherigen ästhetischen Normativen: *Moritz Tassow, Der Bau*, *Philoktet* und *Marski*. Und in der BRD werden Biermanns erster Lyrikband *Die Drahtharfe* und Havemanns Vorlesungen *Dialektik ohne Dogma* verlegt. Aufsätze von Wolfgang Heise und Elisabeth Welskopf-Henrich über die Entfremdung im Sozialismus, erste Ergebnisse der frisch etablierten empirischen Sozialforschung und erste Ansätze einer marxistischen Anthropologie und Psychologie beleben 1965 ein Heft der einzigen Philosophiezeitschrift des Landes.[2] Wolfgang Heise und Liselotte Welskopf-Henrich nahmen die marxistische Entfremdungstheorie ernst, sahen das Phänomen der menschlichen Entfremdung darüber hinaus aber in allen Gesellschaftsformationen wirksam, da gehörig zur menschlichen Existenz, und entkleideten es in ihren beiden Beiträgen jeglicher übergeschichtlicher Mystifikation wie vorschneller und einseitiger ideologischer Vereinnahmung.

> Die Selbstaufgabe durch Identifizierung mit einem anderen und die Zwangsentfremdung durch Willensunterwerfung ist speziell dem religiösen, überhaupt dem ideologischen Bereich immanent geblieben. Der Verzicht auf die persönliche Autonomie des denkenden Menschen, das historische, gesellschaftliche Besessensein ist Entfremdung des Selbst in Form des geistigen Besitzes eines Menschen am anderen. [...] Es ist bis heute ein Zentralproblem der gesellschaftlichen Entwicklung geblieben, die vor etwa sechstausend Jahren eingetretene Verknechtung der arbeitenden Menschen in jeglicher Form aufzuheben und die Autonomie des Menschen, Mitbestimmung an der allgemeinen Entwicklung, den Anteil an der Direktion über die produktiven Kräfte wiederherzustellen. [...] Entfremdung wird durch Arbeitsteilung vor allem dann bewirkt, wenn die Teilung nicht durch Anteilnahme an der politischen und kulturellen Leitung und Leistung kompensiert werden kann und darum nicht als Spezialanteil an einer bejahten und

gewollten Gesamtentwicklung bewußt wird. Den in der Arbeit »geteilten« Bürger im politischen und kulturellen Leben als Vollbürger wirken zu lassen, ist das bedeutende und schwierige Problem der Bildung und der Muße, in denen die Voraussetzungen für die Entwicklung des ganzen Menschen geschaffen werden. [...] Entfremdung war und ist ein Vorgang, dem tiefergehende Prozesse zugrunde liegen; sie ist stets ein Verlust der Vertrautheit, Verlust irgendeiner Form von Gemeinschaft, kann aber fruchtbar wirken durch die Überwindung traditioneller Enge und dem Gewinn neuer Erfahrung, neuer Erkenntnisse, neuer Gestaltung, neuartiger Eingliederung. Im »Elend« – in der Fremde! – liegt die revolutionäre Kraft, das war die bestimmende Erkenntnis von Karl Marx in seinem Bunde mit der arbeitenden Klasse. [...] In der Gesellschaft der assoziierten Produzenten geht es darum, der Vertrautheit das Enge und dem Fremden das Grauen zu nehmen. Die Angleichung des Entwicklungsstandes der produktiven Kräfte und die wachsende Beweglichkeit des einzelnen innerhalb der seßhaft gewordenen Gesellschaft geben einer solchen befreienden Tendenz den Boden.[3]

Georg Maurer verteidigte in diesem Sinne vehement die uneingeschränkte Subjektivität des Dichtens:

Nach der paradox klingenden künstlerischen Faustregel Brechts haben wir nicht die wirklichen Dinge zu zeigen, sondern wie die Dinge wirklich sind. Das ist keine Verneinung der wirklichen Dinge, sondern ihre Aneignung durch den Menschen, ihre positive Aufhebung im Menschen. Dort nämlich wird die Wirklichkeit für uns wirklich. Wirklichkeit heißt nicht Konfliktlosigkeit, sondern den Konflikten gewachsen sein. Und zwar unseren Konflikten. Das ist das wirkliche Leben. Darum ist mir das großgeschriebene Ich der jüngsten Lyriker, das sich nicht durch Phrasen und Losungen sichert, sondern ziemlich splitternackt auftritt, zunächst lieb. Denn ich bin sicher, daß dieser Ich-Gewinn Weltgewinn nach sich ziehen wird. [...] Der junge Lyriker kennt die Vergangenheit als schreckliche und heroische Geschichte, aus der er hervorgegangen ist, er weiß von den Taten und Untaten der Väter. Und er will nun innerhalb unserer Republik, um mit Marx zu sprechen, »den anschaulichen, unwiderstehlichen Beweis von seiner Geburt durch sich selbst, von seinem Entstehungsprozeß haben.« Er schreibt sich alles

> von der Seele und lernt dabei, sich zu erblicken und indem er sich erblickt, lernt er zu schreiben. Er weiß, daß ihm die Verantwortung keiner abnehmen kann. Ja, er verspürt Lust, sie zu tragen. Er nimmt sich in eigene Regie. Hantiert er dabei im luftleeren Raum? Woher kommen denn die Lyriker? Doch aus dem täglichen Leben, aus unseren Betrieben, mitten aus der technischen Revolution in der Fabrik und auf dem Land.[4]

Volker Braun, aufgefordert sich gegen Anwürfe von Hans Koch zu wehren, der ihm vorhielt, seine neuesten Gedichte »ersetzten konkretes Erleben weitgehend durch allgemeine Reflexion über deutsche Wirklichkeit«, wird grundsätzlich und klärt die orthodoxen Literaturwächter über die Dialektik der Poesie auf:

> Die Dichtung des neuen Zeitalters ist bewußt materialistisch. Sie nimmt die Wirklichkeit, wie sie ist: konkret, als Prozeß, als Gewordenes, im Ideellen bestimmt vom Materiellen.
> [...] die Wirklichkeit muß in ihrer Bewegung gezeigt werden, das Abbild muß sich die Dialektik des Gegenstandes als Form aneignen, um zum Gebilde zu werden.
> Das heißt, es benutzt die materialistische Dialektik als Methode, die im Wesen revolutionär ist: Sie trägt die Widersprüche aus und nicht ab, konsequent, schonungslos und nichts beschönigend: selbst im Vorweg, indem sie die Möglichkeiten des Gegenstandes wahrnimmt und mit ihnen oder einer von ihnen ernst macht.[5]

Der Vorabdruck eines Kapitels aus Bräunigs Roman *Rummelplatz* bot den willkommenen Anlass, eine Kampagne gegen reale und behauptete Jugendkriminalität, reale und behauptete parteikritische Ansichten und Meinungen und sogenannte modernistische Kunstwerke loszutreten.[6] Das »Vorfeld des Sozialismus« (Ulbricht) war durch skeptizistische Ideen und Kunstwerke, so hieß die neue Erscheinungsform des fortwuchernden Revisionismus und Reformismus, ästhetisch und weltanschaulich unterminiert und durch »kulturlose«, und »dekadente«, westlichen Moden nachjagende Beatniks und Hippies, vulgo »Gammler«, juristisch »asoziale Elemente« moralisch »verseucht«. Das traf in gewisser Weise zu, das Aufeinandertreffen von marxistischer Dialektik mit popartistischem Protest, das war schon eine explosive Mischung, die auch einige sozial-revolutionäre Zukunftshoffnungen weckte.

In den offensichtlichen und den verborgenen Absichten und den geplanten und ungeplanten Folgen des 11. Plenums konzentrierte sich, gleichsam zu einer kritischen Masse verschmolzen, die bisherige Gesellschaftsgeschichte der DDR und aus diesem Ereignis heraus erklärt sich die weitere Gesellschaftsgeschichte der DDR. Die Brandrede Honeckers gegen die Jugend und einige Künstler richtete sich unausgesprochen, aber für jeden Delegierten dieses Plenums offenbar, ganz grundsätzlich gegen die Gesellschaftspolitik Walter Ulbrichts und seines Staatsrates in den letzten zwei Jahren. Geschickt wendete Honecker die von Ulbricht ausgerufene gesellschaftspolitische Maxime, dass auf dem kulturellen Vorfeld die ersten antisozialistischen Attacken abzuwehren seien, gegen ihn selbst, ohne ihn direkt anzugreifen.[7]

Die Partei hatte auf Drängen Ulbrichts die Wissenschaft zur unmittelbaren und unverzichtbaren Produktivkraft innerhalb der WTR und zum Motor des NOESPL auserkoren:

> Die technische Revolution wird durch die Wissenschaft bestimmt und gesteuert. [...] Die Verwandlung von Wissenschaften in unmittelbare Produktivkraft und in Leitungswissenschaft ist Ausdruck der wachsenden Erkenntnismöglichkeiten und -fähigkeiten des Menschen. Entwicklungsstand, Aufgaben und Probleme dieses Verwandlungsprozesses eröffnen der Erkenntnis neue Bereiche und bringen ihre Durchforschung voran.[8]

Die führende Partei bestand aus abstrakt-dogmatischen Gründen auf der Anleitung der Wissenschaft, obwohl sie kaum imstande war, ob ihrer grundlegenden Wissenschaftsfremdheit, dieser Aufgabe praktisch zu genügen:

> In der sozialistischen Gesellschaft übernimmt die Partei der Arbeiterklasse mit der Leitung der gesamten gesellschaftlichen Entwicklung auch die Führung der Wissenschaft. Die Leitung der gesellschaftlichen Entwicklung verlangt eine einheitliche Leitung, die ihre Entscheidungen in sachkundiger, wissenschaftlicher Gemeinschaftsarbeit aus dem umfassenden Überblick und der Kenntnis des Gesamtzusammenhanges trifft.[9]

Sowohl an der notwendigen Sachkunde als auch an dem Überblick über die Wissenschaftsentwicklung mangelte es der führenden Partei und da sie den Unzufriedenen den Ausgang verriegelt hatte, – ihre inneren Gegner waren mehrheitlich schon in den Jahren zuvor entwichen – schuf sie sich zwangsläufig eine nicht zu übersehende und zu überhörende intellektuelle Gegnerschaft im Inneren. Daraus bildete sich aber keine geschlossene wirtschaftspolitisch und sozialwissenschaftlich orientierte und argumentierende Oppositionsbewegung wie in Volkspolen und in der ČSSR.[10] Die Opponenten fanden sich fallweise und milieuverhaftet allein in Kleingruppen und nur zeitweilig zusammen. Diese Entwicklung kulminierte in den Jahren 1964 und 1965.[11]

Zweifellos sollte das 11. Plenum Furcht und Schrecken unter den Künstlern verbreiten, um das tatsächliche Objekt und Ziel der Kampagne zu verschleiern. Der zu erwartende Aufschrei ist kühl einberechnet, denn er sollte ja das untergründige Rumoren übertönen. Eine öffentlich ruchbar werdende Politintrige im innersten Machtzirkel der selbsternannten Avantgarde der Arbeiterklasse hätte unabsehbare Folgen gehabt.

Ulbricht wurden einige seiner Machtpositionen entwunden, seine kulturpolitische Omnipotenz beschnitten, seine sich verselbständigende Jugendpolitik zurückgenommen und die ökonomischen Reformen eingedämmt. Das 11. Plenum verbat künftighin die Beschäftigung der Künstler mit der Wirklichkeit der DDR-Gesellschaft, wenn sie nicht willens oder fähig waren, sie so vorzustellen, wie sie in den Parteibeschlüssen vorgezeichnet wurde.

Die reichlich kolportierte Äußerung Wolfgang Englers, das Plenum habe »die Protagonisten der ostdeutschen Moderne« für viele Jahre eingeschüchtert und habe dazu geführt, dass »ganze Genres, besonders der Film und die Dramatik, buchstäblich die Sprache verloren« haben und sie sich nur »mühsam auf dem Umweg über die verhaßte Sklavensprache und über historische Verfremdungen von dem Schlag erholten«, ist fragwürdig.[12] Engler übersah voll tränenden Mitgefühls mit einer imaginären, offenbar nur ihm bekannten »ostdeutschen Moderne« vor 1965, dass erst nach 1965 Schreib- und Darstellungsweisen der Moderne in der »ostdeutschen« Kunst heimisch wurden. Besonders in der Theaterarbeit begann, vorbereitet durch eine Reihe einzelner Inszenierungen in den drei Spielzeiten 1966/67, 1967/68, 1968/69 und der darauf folgenden ästhetischen Neuorientierung der Volksbühne und des BE zu Beginn der siebziger Jahre ein wirksamer künstlerischer und organisatorischer Umbau, der weit in die Provinztheater hineinwirkte und nicht mehr verstummende Forderungen nach substantiellen und grundstürzenden Veränderungen in der Arbeitsweise der Theater in der DDR hervorrief.

Tatsächlich stieß das Plenum die Künstler auf die Selbstschau und auf die fortschritts-skeptischen, selbstzweiflerischen Erzählweisen der bürgerlichen Moderne zurück.

> Bis zum 11. Plenum hatten sich die Schriftsteller, nach einer Wendung von Bieler, als »Ärzte am Krankenbett des Sozialismus« gefühlt. Danach wurde es den meisten von ihnen bewußt, daß sie auf alle Fragen fortan eine eigene Antwort suchen mußten. [...] Die Eigengesetzlichkeit [der Kunst; ThW] wurde im Jahre 1966 in jeder literarischen Gattung selbstbewußt behauptet. [...] Das überraschende Ergebnis des dritten Kulturkampfes war die eskalative Emanzipation der Literatur. Es hatte drei gänzlich verschiedene Ursachen: die Abnutzung der Schlagworte und Mittel, der zweideutige Auftakt der Offensive und das Erlöschen der utopischen Antriebe im Zuge der Liquidierung des »Neuen Ökonomischen Systems«.[13]

Die Genossen des Gesellschaftswissenschaftlichen Instituts beim ZK der SED zogen den letztmöglichen Schluss aus der Theorie des »Sozialistischen Realismus« und verabschiedeten sich endgültig aus jeglicher weiterführenden kunstmethodischen Debatte.

> Unabhängig davon, ob es sich um tradierte Gattungen, Genres und Formen, die seit Jahrhunderten ihre ästhetische Wirksamkeit behaupten und nachgewiesen haben, oder um neue, unmittelbar aus unserem sozialistischen Leben sich entwickelnde handelt – in jedem Fall ist das Kriterium ihrer ästhetischen Leistungsfähigkeit einzig zu messen an dem Dienst und Nutzen, den die jeweiligen Formen, Genres und Gattungen der sozialistischen Wirklichkeit in der DDR leisten. Themen und Sujets, Motive und Charaktere, Fabel und Konflikt, Bildstrukturen und Stilelemente müssen der sozialistischen Wirklichkeit der DDR entsprechen und ihr verhaftet sein.[14]

Dementsprechend verzichtete die führende Partei nach 1970 auf öffentliche Diskussionen einzelner Kunstwerke und auf die folgenden Scherbengerichte. Die parteigemäße Kontrolle der Literatur überantwortete sie dem MfS und den von dieser Behörde bestellten geheimen Gutachtern, den sogenannten Experten zur Einschätzung »operativ bedeutsamer literarischer Texte«.[15] Das 11. Plenum hatte die gesellschaftspolitischen Konfliktlinien an den Tag gebracht. Erstmals existierten drei deutlich unterschiedene, aber systemimmanente Ansichten über die weitere gesellschaftliche Entwicklung nebeneinander her: »ein politisch-doktrinärer Konservatismus, eine technokratische Rationalität und eine emanzipatorische Theorie«.[16] Diskursiv erörtert wurde diese Konfliktsituation nur in vereinzelten, streng privaten Zirkeln, zuweilen in apokryphen Texten angedeutet, aber niemals öffentlich und offen konfrontativ ausgetragen. Die Situation wurde beschwiegen, die Auseinandersetzung umgangen, schließlich ausgesetzt und ein paar Jahre später einfach vergessen. Mangels öffentlicher und ergebnisoffener gesellschaftspolitischer Debatten setzte sich im Alltagsleben ein verhängnisvoller Prozess durch: »ein doppeltes Bewußtsein entstand bei vielen Menschen in der DDR«.[17]

> Während einer Staatsbürgerkundestunde fragte ein Schüler der 9. Klasse, ob denn der Eintritt der Bauern in die LPG richtig sei. Er meinte, der Bauer würde nicht fleißig arbeiten, wenn er nicht auf eigenem Grund und Boden schafft. Nichts gegen die Frage, doch daß sie ausgerechnet von einem Arbeiterkind, dessen Vater im volkseigenen Betrieb hervorragende Leistungen vollbringt, gestellt wurde, muß doch zu denken geben. Diesem Arbeiterkind war die Klassenlage seines eigenen Elternhauses nicht bewußt, der tüchtige und geachtete Vater hat das Nächstliegende versäumt, nämlich den Geist seiner Klasse auf sein eigenes Kind zu übertragen. Bei einer Hospitation im Kreis Finsterwalde erlebte ich ähnliches. Schüler der 10. Klasse diskutierten heftig über die Umwandlung einzelbäuerlicher in genossenschaftliche Betriebe. In der Klasse befanden sich mehrere Schüler, deren Eltern aktiv an der Werbung für die LPG beteiligt waren. Sie nahmen aber an der Auseinandersetzung nicht teil und überließen das Feld jenen, die sich gegen die LPG aussprachen. Hinterher, bei einer Plauderei in der Pause, stellte sich heraus, daß diese Schüler nur sehr wenig über den oft Tage und Nächte währenden Einsatz ihrer Eltern wußten und von ihnen auch nichts darüber erfahren hatten. Ja, wenn sie mit den Kindern nicht auch einmal von sich, von ihrer Arbeit und ihren Erfolgen, von ihrer Brigade oder Kampfgemeinschaft sprechen, dann brauchen sie sich nicht zu wundern, wenn manche Kinder ihre

> Eltern uninteressant finden und die Gesellschaft jener suchen, die sie nicht immer gut beeinflussen.[18]

Ein erstaunlicher Text, wurde doch der eklatante – und allseits bekannte – Gegensatz zwischen privatem Denken und öffentlichem Handeln gemeinhin schweigend übergangen.

1 Czesław Miłosz: *Verführtes Denken* (1953), Frankfurt/M. 1974, S. 209.

2 Elisabeth Charlotte Welskopf: »Entfremdung, historisch gesehen«, *DZfPh* 6/1965, S. 715 ff. Wolfgang Heise: »Über die Entfremdung und ihre Überwindung«, *DZfPh* 6/1965, S. 702 ff.

3 Elisabeth Charlotte Welskopf: a.a.O., S. 715 ff.

4 Georg Maurer: »Was vermag Lyrik?«, in: *ND*, 28. Oktober 1965. Der vollständige Wortlaut des Vortrages wurde im *Sonntag*, 42/1965 veröffentlicht.

5 Volker Braun im Gespräch mit Klaus Höpcke, in: *ND*, 17. September 1966.

6 Vgl. Angela Drescher: »›Aber die Träume, die haben doch Namen‹. Der Fall Werner Bräunig«, in: Werner Bräunig: *Rummelplatz*, Berlin 2007.

7 »Kunst und Literatur sind das Vorfeld von dem aus gegen Grundpositionen des Marxismus – Leninismus vorgegangen wird.«, Ulbricht: »Der XXII. Parteitag der KPdSU und die Aufgaben in der Deutschen Demokratischen Republik«, Rede auf der 14. Tagung des ZK der SED 23. – 26. November 1961, Berlin (Ost) 1961, S. 132.

8 »Die marxistisch-leninistische Philosophie und die technische Revolution«, Thesen der Sektion Philosophie bei der DAW zu Berlin, in: *DZfPh* Sonderheft 1965, S. 15 ff.

9 Ebd.

10 Vgl. Richta-Report: *Politische Ökonomie des 20 Jahrhunderts* (1968), dt. Titel: *Zivilisation am Scheideweg*, Prag 1968 und Jacek Kuroń/Karol Modzelewski: *Monopolsozialismus* (1966), Hamburg 1969.

11 »In der allgemeinen Aufbruchsstimmung 1963/64 konnte sich in der – sicherlich beschränkten – Öffentlichkeit der Universitäten und Hochschulen in kleinen Schritten sowohl in Wissenschaftlerkreisen als auch unter Studenten eine gewisse Kultur des Streits entwickeln.«, Ulrike Schuster: *Mut zum eigenen Denken?*, a.a.O., S. 189.

12 Wolfgang Engler, »Strafgericht über die Moderne«, in: *Kahlschlag*, hrsg. v. Günter Agde, Berlin 2000, S. 17.

13 Hans-Dietrich Sander: *Geschichte der Schönen Literatur in der DDR*, Freiburg, 1972, S. 229 ff.

14 Hannelore Kuhnt: »Gedanken zur Kontinuität sozialistischer Kulturpolitik«, in: *WB* 2/1968, S. 203.

15 Joachim Walther: *Sicherungsbereich Literatur*, Berlin 1996, S. 306 ff.

16 Rüdiger Thomas, *Zu diesem Buch*, in: *Wissenschaft und Gesellschaft in der DDR*, Redaktion: Rüdiger Thomas, München 1971, o. S.

17 Peter Christian Ludz: »Politische Zielsetzungen und soziale Entwicklungen in der DDR seit 1961«, in: *Wissenschaft und Gesellschaft in der DDR*, a.a.O., S. 47 f.

18 Ekkehard Sauermann: »Erziehst du dein Kind richtig?«, in: *ND*, 22. September 1961.

»Die Menschen gehen viel zu nachlässig mit ihren Erinnerungen um.«[1]

Das Plenum ist wahrscheinlich der Gipfelpunkt aller die Gesellschaftsgeschichte des Landes mitbestimmenden Generationskonflikte. Die Partei leugnete noch im Mai 1965 prononciert jeden Konflikt der Generationen.[2]

> Aus der Illegalität, aus der Emigration, aus den Konzentrationslagern hat sich das bessere Deutschland wieder emporgereckt. Mit den Niegebeugten haben sich die Soldaten und Offiziere vereint, die in den Schlachten von Moskau, Stalingrad und Kursk sehend geworden sind. Vereint setzen sie Stein auf Stein der neuen Ordnung und die zweite Generation stand bereit, das Große zu vollbringen. Mehr und mehr tritt jetzt die dritte Generation auf den Plan. Das sind die Töchter und Söhne des arbeitenden Volkes, die in die sozialistische Ordnung hineingewachsen, mit ihr gewachsen sind. Zusammen mit den Älteren stehen sie an den Hebeln des Staates, leiten sie Kraftwerke und Betriebe, forschen sie in Laboratorien.[3]

Die »Aufbau-Generation« war am stärksten den nationalsozialistischen Ausbildungszwängen in Schule, HJ, Arbeitsdienst, Studium und Militär ausgesetzt und sie war 1945 am meisten betroffen, weil sie schmerzlich erkannte, dass sie die Betrogensten waren. Die politisch aktivste Gruppe, durch die Antifa-Schulungen in der sowjetischen Gefangenschaft geschleust, als FD-Funktionäre und Neulehrer schnell ins neue Gesellschaftssystem integriert, gliederte sie sich geschmeidig und farblos zugleich in die Funktionärshierarchie der führenden Partei ein und diente sich dort vorwärts und hinauf an die Spitze.

Diese Kohorte war von der nationalsozialistischen Erziehung geprägt, nicht aber aktiv in die Institutionen und Mechanismen der nationalsozialistischen Herrschaft verwickelt, jedoch auch nicht widerständig geworden. Ihre Verfügbarkeit, ihre Unterstellungslust, ihr Aufgehen in einer massenhaften Bewegung, welcher auch immer, das war ihre Qualität. Sie war gut gerüstet, sich in einem einfachen Umkehrschluss der eingeübten Mechanismen, der erworbenen »Tugenden« zu bedienen. Nach der Niederlage, die sie nicht unbedingt als die ihre ansehen mochte, die sie vielmehr dem »NS-System«

anlastete, unterstellte sie sich einem neuen Etwas und einem neuen Jemand. Selbstständigkeit im Urteil und Handeln war ihr fremd, sie bedurfte der Lenkung und Leitung. Freudig und dankbar, frag- und klaglos erfüllte sie die politischen und sozialen Aufträge der »Sieger der Geschichte«. Bald nach dem von ihr lauthals begrüßten Mauerbau 1961 glaubte diese Gruppe, es sei nun an der Zeit, die Macht im Staate auszuüben, ohne am Staat, wie er geworden war, rütteln zu wollen.

Diese »Aufstiegsgruppe« sah sich zugleich mit einer Gruppe aus der Generation der 1930 ff. Geborenen konfrontiert, die weniger auf die unmittelbare politische Führung aus war, sondern die unerhörterweise außerhalb und unabhängig von der Partei die geistige Führung der Gesellschaft anstrebte und die kulturelle Vorherrschaft erringen wollte, ohne indes die herrschenden Machtverhältnisse prinzipiell zu verwerfen.

Aufgewachsen in der Kriegs- und Nachkriegs-Zeit, oftmals auf kleine peer groups verwiesen, geplagt und ausgesetzt von bisher unbekannten äußeren materiellen Nöten wurden sie resistent und renitent zugleich. Da sie historisch völlig unbelastet waren, konnten sie ihrer Subjektivität trauen, sie waren selbstbewusst bis besserwisserisch. Hier blühte Subjektives und ein alles befragendes Wissen-Wollen. 1961 hatten sie sich klar und deutlich entschieden. Bis hierhin hatten sie mit der ersten Generation kooperiert. Das wollten sie jetzt honoriert sehen, sie hatten Vertrauen vorgeschossen, auf das Land und diese Gesellschaft gesetzt. Diese beiden konkurrierenden Generationsgruppen hatten am frühen Aufbau der DDR aktiv mitgearbeitet, vieles verband sie, eins aber schied sie grundsätzlich voneinander. Die jüngere Generation fragte beharrlich und nachdrücklich, wie ein nachstalinscher Sozialismus aussehen, wie der sozialistische Staat Demokratie und Sozialismus, Freiheit im Sozialismus, individuelle Selbstverwirklichung und gesellschaftliche Verantwortung ermöglichen und sichern würde und wie die den Kalten Krieg überwindende Alternative der friedlichen Koexistenz weltweit zu gestalten sei.

Und jetzt trennten sich ihre Wege, aber auch die jüngere Generation zerfiel in Gruppen und Grüppchen, nachdem viele Angehörige dieser Generation schon vor 1961 den Staat, auf den sie anfänglich gebaut, verlassen hatten.[4] Aus den Reihen der zurückgebliebenen Generationsmitglieder formierte sich eine von Wolfgang Engler vage und überhöht herausgehobene Gruppierung, die versucht habe, »den Reformprozess über sein beschränktes Ziel, die Rationalisierung einzelner sozialer Sektoren hinauszutreiben, in eine kulturelle Modernisierung der DDR-Gesellschaft umzumünzen. Sie kommunizierten enger und intensiver untereinander als alle früheren und späteren Jahrgangsgemeinschaften. Auf sozialen Austausch, auf Gespräch und Dialog (waren sie) geradezu versessen.«[5]

Diese Gruppe wurde schnell und zügig zur Raison gebracht, indem sie nach dem 11. Plenum aufgespalten wurde durch die erste FDJ-Funktionärskohorte, die radikal alle Reformpolitik unterlief. Diese Politik war für sie unvereinbar mit ihrem dogmatischen Klassenkampfverständnis, der »unverbrüchlichen« Unterordnung unter die KPdSU, ihrer Intelligenzphobie und Wissenschaftsskepsis. Sie erkannte, dass jede wirkliche Reform hin zu mehr Sozialismus ihr das Wasser abgrub. Um die Macht in Partei und Staat zu gewinnen, musste diese künftige Führungselite die Ansätze einer eigenständigen ökonomischen Umgestaltung und der gesellschaftlichen Neugestaltung der DDR demontieren oder sie wurde an den politischen und gesellschaftlichen Rand gedrückt. In diesem Kampf bedurfte sie eines Feindes, den zu bekämpfen ihr in der Mehrheit der DDR-Bevölkerung Zuspruch sicherte. Der »Feind« war leicht gefunden, die westliche Jugendkultur, das Schreckgespenst aller humanistisch-klassischen Wertvorstellungen und kulturellen Traditionen und die »Speerspitze des Revanchismus und der imperialistischen Eroberungspolitik«. Sie bekämpfte die Kulturrevolution und die Studentenbewegung vordringlich deshalb, weil in diesen durchaus diffusen Bewegungen ein marxistisch grundiertes Glücksversprechen eingeschrieben war, dem die führende Partei nur mit einem schwächlichen Verweis auf das Pathos des menschheitsbefreienden sozialistischen Arbeitens jetzt und immerdar begegnen konnte.[6] Die sich ankündigenden großen gesellschaftlichen Wandlungen in der Welt durften auf keinen Fall in die DDR überschwappen. Nur: Was tun? Die Mauer stand zwar unerschütterlich aber die Gedanken flogen drüber weg und dann kam das Fernsehen und »alles Reden, das in der DDR stattfand, war niemals nur eine Auseinandersetzung zwischen Oben und Unten, es hatte jederzeit noch einen dritten Teilnehmer, das Westfernsehen, und dieser Teilnehmer beherrschte das Gespräch nach Belieben«.[7] Stupide Sicherung der »sozialistischen Errungenschaften« war Erfordernis des Tages. Jeder lautwerdende Zweifel an der Parteilinie gefährdete Partei, Staat, die Nation, den Weltfrieden und die Funktionärskaste selbst.

Das bekam die folgende Generation, geboren zwischen 1940 und 1950, zu spüren. Sie wollte zwar in ihrer großen Mehrheit eine erneuerte, eine moderne sozialistische Gesellschaft, war unter sich aber völlig uneins über den Weg dahin. 1965 war die Gruppe, auf sie war das in der Partei und vorzüglich in der FDJ-Führung umstrittene Jugendkommuniqué[8] ausgerichtet, zwischen 25 und 15 Jahre alt.

Sie hatten die letzte große Stalinisierungswelle, die kurzzeitige Entstalinisierung, den Kalten Krieg mit seinen fünf explosiven Krisen, die Koreakrise 1950, den 17. Juni 1953, die Ungarn-Krise 1956, den Berliner Mauerbau 1961 und die Kuba-Krise 1962 in Elternhaus und Schule, im Ost- und Westrundfunk und -fernsehen intensiv miterlebt.

Diese Krisenerfahrungen durften aber nicht diskursiv aufgearbeitet werden, die Ereignisse wurden radikal instrumentalisiert, niemals sachlich historisch durchforscht und das Reden über sie ideologisch scharf überwacht und gelenkt. Schnell wurde die erlebte Geschichte zur Geheimen Verschlusssache erklärt. Die Generation sollte um ihr historisches Bewusstsein gebracht werden, sie sollte und musste sozialistisch konditioniert werden, zwar ohne gewaltsame Zwangsmaßnahmen, aber durch einen ständigen sozialen und geistigen Druck angehalten, sich ins System einzufügen. In der von Doppelzüngigkeit, Anpassungszwängen, Verdrängungen aller Art strotzenden Gesellschaft war Vertrauen auf Vernunft, Solidarität auch Verschwiegenheit und Verständnis füreinander in schwierigen Augenblicken aller Art ein rares Gut, besonders unter den Heranwachsenden. Sie wurden zu oft von ihren Eltern angehalten, »auf den rechten Umgang« zu achten, bestimmte Menschen, Worte, Kleidungsstücke öffentlich zu meiden und vor allem, nicht zu viel zu sagen, sondern sich stumm ihren Teil zu denken, unauffällig zu werden, beiseitezutreten. Das war nicht einfach und erforderte viel Geschick in einer Gesellschaft, die von jedem Einzelnen zu vielerlei Anlässen ein sozialistisches Bekenntnis aus innerer Überzeugung abverlangte.

Die familiären Umstände, die sozialen und ideellen Differenzen zwischen ihren Elternhäusern, in denen sie aufwuchsen, waren sozial und mental einschneidend, denn ihre Eltern mussten sich in der Zeit, in der sie eigentlich ihren Kindern das Lernen lehren und die von ihnen verinnerlichten sozialen Grundwerte vorleben und vermitteln sollten, in unbekannten und beispiellosen gesellschaftlichen Bedingungen zurechtzufinden. Aber hier gab es keine gemeinsame Stunde Null, keinen kollektiven Neubeginn, sondern ein individuelles Herauswinden aus einer oftmals wertlos gewordenen, wenn nicht gar existenzgefährdenden Biographie. Die Vergangenheit war nicht auszulöschen, aber sie konnte beschwiegen werden. Die Gegenwart wurde hingenommen, nicht begrüßt und Fremdes ertragen, ohne es zu akzeptieren. Und all das musste jeder mit sich selbst ausmachen.[9] Fast alle Familien, auch die ehemals kommunistischen, standen vor dieser Aufgabe und auch sie fanden sich nicht zu einer neuen Gemeinsamkeit zusammen. Ihre proletarische Klassenpartei war untergegangen und die SED blieb ihnen fremd. So klebte an allen die »unverstandene Vergangenheit« und die Gegenwart musste hintergangen werden, anders war an ein relativ ruhiges Leben nicht zu denken, sofern man nicht vorzog, in die Westzonen/BRD überzusiedeln.[10] Die Kinder dieser Familien kletterten in den Ruinen umher, trieben ihre verbotenen Spiele in den Kellern und trugen die umgeschneiderten Uniformen ihrer Väter auf. An ihrer Kleidung war zu erkennen, aus welchen Verhältnissen sie stammten und ihre Vornamen verrieten viel über ihre Eltern. Da war nichts zu verbergen und zu beschönigen. Sie hielten sich gegenseitig schmähend ihre Schuhe, Strümpfe, Hosen, Röcke und Blusen in ihrer Schäbigkeit vor.

In der Schule kochten in den großen Pausen die Konflikte hoch und die mühsam unterdrückte Scham und Wut über die eigene Minderwertigkeit brach sich gewaltsam Bahn. Im Klassenverband ging es schon erträglicher zu. Erst in den kleinen Spiel- und Abenteuergruppen ihres Wohnumfeldes, ihres Hauses, ihres Häuserblocks, ihrer Straße waren sie befreit. Hier waren sie unter ihresgleichen, denen sie vertrauen konnten, die sich nicht um die Zeichen ihres sie scharf trennenden Herkommens scherten.

Die Generationsmitglieder antworteten auf diese Zumutungen so unterschiedlich, wie sich ihre Eltern einander unterschieden, wie sie in ihren Elternhäusern und mit ihren Eltern diese Gesellschaft erlebt hatten, und besonders wichtig, wie die Lehrerschaft sich ihnen gegenüber verhielt.[11] Ein Teil der Generation unterzog die DDR einem ständigen Ost-West-Vergleich. Ferienreisen nach Westdeutschland und tägliche Westberlin-Trips waren noch möglich, und so wurde die Systemfrage wachgehalten, die östliche Agitation und Propaganda konterkariert und die westlichen TV-Bilder an der westlichen Alltäglichkeit überprüft. Mit dem Mauerbau beginnt recht eigentlich die politische Geschichte dieser Generation und diese Generation wird bis zum Ende der DDR politisch entmündigt, gesellschaftlich beschnitten und deshalb sind die biographischen Dreh- und Wendepunkte, die gesellschaftlichen Gefährdungen und Herausforderungen und die individuellen Haltungen und Entschlüsse dieser Generation rund um den Mauerbau zu erinnern. Die Realität dieser Tage ist weder sozialgeschichtlich-dokumentarisch noch literarisch-fiktional ausreichend erschlossen. Das erstaunt nicht, ist doch die Geschichte jener Generation die Geschichte der DDR und diese Geschichte ist ungeschrieben.[12] Deshalb ist ein erinnernder

Schwenk zurück in die Zeit des Mauerbaus notwendig, und dabei greife ich auch auf meine eigenen Erlebnisse im Sommer und Herbst 1961 zurück, um möglichst konkrete Geschehnisse aus dieser Zeit zu erinnern, Schlaglichter auf die damaligen Vorgänge zu werfen, die Lebenswege unserer Generation scharf zu zeichnen. Dies ist nicht nur deshalb notwendig, weil nicht nur Hermann Beyer, Michael Gwisdek, Dieter Montag dieser Generation, sondern auch, weil die Mehrzahl der ab Mitte der siebziger Jahre künstlerisch bestimmenden Schauspielerinnen und Schauspieler in der DDR dieser Generation angehört. Die militärische Abriegelung Ostberlins von Westberlin am 13. August 1961 und die daraufhin geschürte Bedrohungshysterie angesichts eines angeblich in letzter Minute verhinderten Weltkrieges mündete in rigide ungerechtfertigte, propagandistisch ausgeschlachtete Strafaktionen gegen Einzelne, um Mitschüler, Kommilitonen, Kollegen massiv einzuschüchtern.[13]

Schulbeginn war traditionell der 1. September. Ich war mit meinen Eltern noch im Ostseeurlaub und kam erst zehn Tage nach Unterrichtsbeginn zurück. Mein Mitschüler M. R. beschrieb später die von mir versäumten ersten Schultage:

> Da unsere berühmte Thomasschule Leipzig als nicht sicher vor dem »Klassenfeind« eingeschätzt wurde, mussten wir Schüler unsere Schule auch nachts bewachen. [Hier irrt R. Die Schule musste gegen die inneren Feinde bewacht werden, man vermutete provokatorische nächtliche Anschläge wie Parolen, Flugblätter u.ä. bestimmter Schülerkreise im und am Schulgebäude selbst. Der Feind war trotz allem Versichern einer äußeren Bedrohung für die führende Partei immer innen! ThW] Abwechselnd war eine andere Klasse mit einer Lehrkraft dafür eingeteilt. Ich erinnere mich an eine einmalige Wache für unsere Klasse (die Sinnlosigkeit dieses Unterfangens wurde relativ schnell eingesehen). Bis zum frühen Abend waren die Mädchen für die Wache (mit Streifengängen?) zuständig, wir Jungs lösten dann 22 Uhr ab. In Erinnerung blieb mir, dass unser Mitschüler G. R. selbstgemachten Obstwein mitgebracht hat und wir (weiß nicht mehr, ob an mehreren Tischen, ich war auf jeden Fall dabei) mit dem Mathematiklehrer M. die ganze Nacht Skat gespielt haben. Am nächsten Morgen war wieder Unterricht für uns. Wir waren sehr müde und entschuldigten uns bei dem Latein- und Griechischlehrer K. für die unerledigten Hausaufgaben. Dafür hatte er allerdings wenig Verständnis. Wir hätten doch immerhin

> die ganze Nacht dafür Zeit gehabt. Gleichzeitig zu dieser Bewachung unserer Schule lief die Aktion gegen das Westfernsehen (ganze Antennenanlagen wurden von den Häuserdächern durch »FDJ-Trupps« »entsorgt«) und wir Schüler sollten uns schriftlich zum »Nicht-West-Fernsehen« verpflichten, wohl wissend, welche Konsequenzen eine Ablehnung in dieser politisch »scharfen« Zeit haben könnte.[14]

Damit nicht genug. Ein früher Herbstabend, September 1961 in Leipzig. Die FDJ hatte zu einer Manifestation ihrer Geschlossenheit und Parteitreue gerufen. Auf dem Marktplatz der Stadt sollte die Jugend der Stadt zusammenströmen und Zeugnis ihrer Bereitschaft für alles und für immer ablegen. Wir zogen von unserem »Stellplatz« quer durch die Westvorstadt zum Alten Rathaus.

Wir, die Jungs der Klasse 11c der Thomas-Oberschule, beschlossen dem Marsch einen Dreh zu geben, indem wir einen Sprechchor – das lag ja in der Tradition und Logik eines Aufmarsches, einer proletarischen Demonstration, dachten wir listig – ganz spontan initiierten. Dieser Chor war einfältig, das war seine Stärke: »Walter Ulbricht, hoch, hoch, hoch!«

Wie das zu verstehen war, überließen wir der Phantasie der Passanten. Im bürgerlichen Waldstraßenviertel klangen den feierabendlichen Passanten die Ohren, ihr Widerspruch zu unserer Parole oder der Gedanke an eine kleine semantische Umdeutung derselben war ihnen anzusehen. Ihre Blicke waren unfreundlich. Sie verordneten sich Schweigen. Die schweigende Mehrheit, wir hatten sie endlich gesehen.

Wir unterschätzten, dass die anderen mitziehenden FDJ-ler von uns herausgefordert wurden, sich entweder dem Jokus – und als solcher war er kenntlich – anzuschließen oder aber sich ihm zu verweigern, beides zwei hochproblematische Entscheidungen sicherlich, fehlte doch offenkundig den Hochrufen die Bestätigung von höherer Stelle. Wer hatte den Auftrag erteilt, wo war der befugte Vorsänger, der Leiter, der Führer, weit und breit kein solcher, aber wenn es ihn doch gab, vielleicht heimtückisch im Verborgenen lauernd? Wie sich dem Dilemma entziehen, durch ein Ausscheren aus dem Zug oder aber durch einen Angriff auf uns etwa, um uns zum Schweigen zu bringen, was aber schwerlich zu begründen war bei dem von uns gewählten Text. Doch Hilfe nahte.

Keine Demonstration zu dieser Zeit ohne gesellschaftlich beauftragte Ordner. Sie reagierten nach einigen Minuten der Beratung, des Einholens einer wegweisenden Weisung. Sie reagierten besonnen und angemessen, in dem sie uns unmissverständlich bedeuteten, dass wir sofort aufhören sollten, wir sollten nicht provozieren. Sie hatten uns wohl verstanden, zeigten aber keine Lust, mit uns über den semantischen Gehalt unserer Losung und Sinn und Unsinn einer spontanen öffentlichen Aktion zu verhandeln. Der Vorgang war und sollte ambivalent spielerisch sein, er brachte ein Urteil, eine Behauptung in die Öffentlichkeit, auf die Straße, auf der alle Beteiligten sich spontan unbefangen verhalten konnten.

Von ihrem übergeordneten historischen Standpunkt hatten die Ordner wahrscheinlich Recht und es war für sie eine Provokation, denn eine nicht verordnete, nicht staatlich eingeräumte, eine spontane Öffentlichkeit entwand ihnen ihre Befugnisse. Die Vertreter der Öffentlichkeit verhinderten öffentlich Öffentlichkeit. Es war ein gelungenes massenpsychologisches Experiment. Die Gesellschaft war durchschaubar geworden an einem frühen Abend in der Leipziger Westvorstadt. Tage später wurden an einem Abend im Oktober 1961 für die 11. und 12. Klassen parallel stattfindende Klassenversammlungen angesetzt. Wir sollten uns aussprechen über die Freiheit der Meinungsbildung und Information in der DDR und uns bekennen zu ihrer notwendigen Einschränkung zu Wohl und Wehe der DDR. Ich ließ mich nicht lumpen und sprach kernige Sätze über die Notwendigkeit des Empfangs des Westfernsehens für mich und alle Anderen, wobei ich dabei übersah, dass ich gar nicht fernsah – im Gegensatz zu den Anderen, die, meine Erinnerung trügt nicht, zwar »Westfernsehen« sahen, dies aber wohlweislich verschwiegen und beredt leugneten. Mein Klassenlehrer R. raunte mir nach Schluss der »Aussprache« zu: »Ihnen ist wirklich nicht zu helfen.« Ich nahm's ideologisch-theoretisch und dementsprechend gelassen, aber es war ganz politisch-praktisch gemeint. Das begriff ich am nächsten Morgen.

Mitten in die zweite Unterrichtstunde, Altgriechisch bei K., einem altgedienten Lehrer aus der Vorkriegszeit, brach Direktor Prof. N., eskortiert vom Freundschaftsrat der FDJ im Blauhemd, Einigkeit und Stärke demonstrierend, in die Stunde ein, schwang sich aufs Lehrerpodium, mein Griechischlehrer verzog sich in eine Ecke und Prof. N. erklärte mich für relegiert, weshalb ich sofort meine Sachen zu packen und das »Lokal« – hier sprach der Lateiner aus ihm, das war nicht der Funktionärsjargon – zu verlassen habe. Ich und meine Mitschüler guckten verlegen und schwiegen. Aber eine soll doch noch gesprochen haben. Sie lobte die Maßnahme.

Was war geschehen. Alles war akribisch vorgeplant gewesen, es mussten demonstrative Relegationen an der bürgerlich »durchsetzten« Thomas-Oberschule ausgesprochen werden.[15] Die Macht handelte machtvoll. Wen das traf, war ganz nebensächlich. Wen es traf, der war ein Feind. Mit mir war noch ein zweiter Schüler aus der Abitur-Klasse in der großen freimütigen und demokratischen Aussprache zwischen der FDJ-Leitung, der Lehrerschaft und allen zugegen seienden Schülern in die Falle getappt: Auch er wurde der Schule, Minuten vor mir verwiesen. Die Thomas-Oberschule hatte wachsam und politisch verantwortungsvoll gehandelt, wie stets, wenngleich mir später berichtet wurde, der Griechischlehrer habe nach seinem Taschentuch gegriffen – er hatte schon meinen Vater in Altgriechisch unterrichtet.[16]

Auch Hermann Beyer und Michael Gwisdek mussten sich in diesen Tagen entscheiden. Hermann Beyer schlug zielstrebig den kürzesten Weg zum sicheren Studienplatz, zur finanziellen Selbstständigkeit und zum kostenlosen Führerschein ein.

> 1961 Abitur. Wir hatten uns alle zur NVA verpflichtet, wir waren die letzten Freiwilligen vor dem Mauerbau, ein halbes Jahr später gab es Wehrpflicht. Ich bin wirklich freiwillig gegangen. Ich dachte, du willst nicht Soldat bleiben, aber das gehört dazu und gedrückt wird sich nicht. Später wurde mir klar, dass ich zu feige war, mich mit achtzehn Jahren an der Schauspielschule zu bewerben [Vor ihm hatten sich aus seiner EOS bereits drei Mitschüler erfolgreich beworben, denen er nicht das Wasser zu reichen glaubte, wie er berichtet; ThW] Das machte ich dann während der Armeezeit. Wir hatten uns bei der Volksarmee für zwei Jahre verpflichtet, und alle, die studieren wollten, wurden früher entlassen. Als Freiwilliger wurden uns 270 Mark gezahlt, die Wehrpflichtigen bekamen 80 Mark.[17]

Michael Gwisdek hätte wohl Hermann Beyer keines Blickes gewürdigt, wäre ihm jener als Soldat im steingrauen Ehrenkleid der Volksarmee begegnet, höchstens einen faulen Witz gerissen und sich schnell und brüsk abgewendet. Den neunzehnjährigen Michael Gwisdek hatte der Mauerbau völlig aus der Bahn geworfen, denn auch er plante sein Schauspielstudium, aber eins anderer Art, an einer Westberliner Privatschule und das dafür notwendige Studiengeld verdiente er sich in Westberlin mit durchaus windigen Haustürgeschäften. Der Mauerbau verbaute ihm im wahrsten Sinne des Wortes seine westliche Filmkarriere, denn die war der Antrieb für seine Bewerbung an einer Westberliner Schauspielschule. Gwisdek verdämmerte monatelang vor dem Fernseher, dem geplatzten West-Traum nachtrauernd.[18] Für den zwölfjährigen Dieter Montag war der 13. August 1961 kein einschneidender Tag der Entscheidung. Er hätte höchstens als Jungpionier den Abiturienten Hermann Beyer zum Antritt seines Ehrendienstes in der NVA gratulieren und einen Blumenstrauß überreichen können, aber davon ist nichts bekannt. Doch auch er hatte sich zwei Berufsziele ausgesucht, die ihm ein besonderes Leben in der DDR ermöglichen sollten: Spitzensportler oder Clown. Das war ein eleganter Plan für die eingemauerte Lebenszeit, denn beide Berufe erlaubten ein gewisses Maß an Reise- und Rede-Freiheit.

Jede und jeder Einzelne dieser Generation musste hilflos mehrere historische Entscheidungen ertragen und sich im Nachhinein mit ihrer vermutlichen Irreversibilität arrangieren. Vier Verhaltensstereotype formten sich im Laufe des Erwachsenwerdens in dieser Generation heraus: ein betonter Individualismus, gespeist aus Misstrauen in alles Gemeinschaftliche und Kollektive, dabei aber keineswegs auf gesellschaftliche Einsprache verzichtend, ein stilles resigniertes Mitmachen, die Pflege des Privaten erschien der sicherste und leichteste Ausweg ins kleine Glück und war der gut geschützte Ort einer reflektionslosen »Westanbetung«, die »große Weigerung« (Herbert Marcuse), der alternativlose Abgang in die A-Sozialität und das gleichfalls alternativlose Aufgehen in den staatlichen Kollektiven, Institutionen und Organen. Diese Generation verstand sich niemals als eine relativ einheitliche Generation, im Gegensatz zu den westdeutschen 68ern, der rein bürgerlichen Jugendopposition, die im Widerstreit mit ihrer Klasse aufbegehrte. In der DDR hätte allein eine proletarische Jugendbewegung eine ähnliche gesellschaftliche Kraft entwickeln können, aber an eine solche war nicht zu denken, da die Mehrheit der proletarischen Jugend der westlichen Konsumgesellschaft und Pop-Kultur anhing, ihre Elternhäuser kaum anders dachten und beide Gruppen an gesellschaftspolitischen Änderungen innerhalb des Systems weniger interessiert waren. Ein milieu- und schichtenübergreifendes jugendliches Reformbündnis war unmöglich. Die Schranken zwischen den Jugendmilieus waren hoch wie in Westdeutschland, nur dass dort die bürgerliche Jugend im bürgerlichen Staat alle Möglichkeiten der bürgerlichen Demokratie ausnutzen konnte für ihre machtbewussten Interventionen, während in der DDR das gegenseitige Misstrauen innerhalb dieser Generation, geschürt durch die eingeschränkte Öffentlichkeit und die Un-Kultur des doppelten Bewusstseins, jedes solidarische, öffentlich eingreifende Handeln im Ansatz verhinderte.[19] Wie die einzelnen sich anpassten, tarnten, Grenzen testeten und wie uneins sie dabei untereinander waren, misstrauisch geworden aus vielfältigen Erfahrungen, selten nur zusammenfanden, ergab das Bild einer Generation, die zu Teilen politisch hochsensibel reagierte und sozial sehr erfahren, sich zwischen dem Ost-West-Konflikt und zwischen den Generationen zu bewegen wusste, ohne diese Erfahrungen praktisch umfassend ausagieren zu können. Sie verstand sich niemals als eine relativ einheitliche Generation in Opposition zu der herrschenden Macht. Aber sie war die letzte Generation, die in Teilen subjektiv willens und fähig war, den Zwängen der Vereinheitlichung des Denkens und der Kollektivierung des Handelns und des stumpfen Nachbetens hohler Formeln um des lieben Friedens und des eigenen Fortkommens wegen kraft eines selbst angeeigneten marxistischen Weltverständnisses zu widerstehen.

Die aktuelle Erfahrung wies jenen vereinzelten Einzelnen den Weg zurück zu den Quellen des Marxismus, quer zur Leninschen Wegweisung. Das begann mit der Lektüre der *Philosophisch-Ökonomischen Manuskripte* und ihrer Rezeptionsgeschichte seit 1932. Die *Manuskripte* erschienen, zufällig oder nicht, wer weiß, punktgenau im Jahre 1968 als überhaupt erster Marx-Text in der DDR (außer dem *Kommunistischen Manifest*) breitenwirksam und spottbillig zum Preis von 2,50 Mark in Reclams-Universalbibliothek, eingeleitet und seriös erläutert von Joachim Höppner.[20] Nahezu aufrührerisch hatte der Reclam-Verlag seine Ausgabe auf dem Rücktitel des Bandes angepriesen: »Das Neue in seiner zum Wesenskern der bürgerlichen Gesellschaft vordringenden Kritik charakterisiert er [Marx; ThW] mit wenigen, meist überkommenen Begriffen – deren berühmtester ist »Entfremdung« –, die gerade durch den Beziehungsreichtum, den sie bei Marx erhalten, blitzartig das Dunkel des gesellschaftlichen Getriebes aufhellen.« Das waren ungewöhnliche Töne im Rayon des Marxismus-Leninismus. Aber im Lichte der Prager Ereignisse gewannen die *Manuskripte* eine ungeahnte Aktualität und Wirkkraft in der studentischen Jugend.[21]

Die Lektüre ergab überraschenderweise, entgegen aller SED-Propaganda, dass der Prager Frühling eingedenk des Marxschen Humanismus sowohl durchaus zukunftweisend verstanden werden konnte als auch in seinen unübersehbaren Tendenzen einer Rekapitalisierung kritisch zu betrachten war. Das marxistische Denken bewies sich für eine erhebliche Zahl von Studenten und Oberschülern als eine geeignete Methode der Weltaneignung und der Kritik der praktischen Verhältnisse. Diese Generation war fähig und willens, Marx neu zu lesen. Sie hatte einschneidende historische Erfahrungen biographisch akkumuliert und sich einen hochskeptischen Blick auf alles Ideologische antrainiert, antrainieren müssen, um sich in ihrer Individualität gegen alle Indoktrinationen behaupten zu können. Der Marxismus wurde noch einmal attraktiv, nicht unbedingt als Staatsdoktrin und schon gar nicht als Weltanschauung der Arbeiterklasse und keineswegs als programmatische Grundlage der SED, aber als ein erklärungsmächtiges Instrument der Weltorientierung gerade und besonders unter gesellschaftlichen Bedingungen, die angeblich marxistischem Wollen entsprangen, dies aber praktisch niemals bestätigten. »Beim wirklichen Leben beginnt also die wirkliche, positive Wissenschaft, die Darstellung der praktischen Betätigung, der praktischen Entwicklungsprozesses der Menschen. Die Phrasen vom Bewußtsein hören auf, wirkliches Wissen muß an ihre Stelle treten.«[22]

Eine marxistische Kritik der realen Verhältnisse verlangte, die Geschichte des marxistischen Denkens kritisch zu durchdenken, um die in diesem Denken virulenten systematischen und inhaltlichen Widersprüche schonungslos offenzulegen und so aufzulösen, dass die Gegenwart marxistisch in ihrer praktischen Unmittelbarkeit kritisierbar wurde. Die materialistische Dialektik gegen die realen Verhältnisse wenden, das, was gemeinhin als marxistische Dissidenz verstanden wird, dieses gesellschaftskritische, bequeme Denkgewohnheiten und angebliche Gewissheiten auflösende Verfahren gedieh im Zeichen der wissenschaftlich-technischen Revolution. Marxistisches Denken theoretisiert nicht über die Wirklichkeit, es ist im realen Konflikt selbst theoretisch tätig, was es weiß. Es kritisiert immerfort alles Bestehende, stets nach zeitgemäßen Lösungen der Theorie-Praxis-Dialektik suchend, muss es offen für alles Gegenwärtige und Zukünftige sein und ist so der menschlichen Situation, die es als offene nur verstehen kann, angemessen. Marxistisches Denken ist eine immerwährende Suche nach den Bruchstellen, den Einschlüssen, den Öffnungen, ist immer auf der Suche nach der Möglichkeit des revolutionären Versuchs der Mobilisierung kritischen Denkens und politischen Engagements und Organisation eines Gesamtwillens. Letztere Aufgabe absorbiert jedoch auf geheimnisvolle Weise das Wissenschaftliche, unterwirft es der Parteiraison und verzerrt den Marxismus zur Ideologie, was kurzzeitig im politischen Handgemenge berechtigt sein mag, niemals aber das Denken ablenken darf in die ideologisch gespurten Bahnen der blanken Parteilichkeit. Spricht aus dem marxistisches Denken nicht mehr das wirkliche Leben, ist es keins, leidet es nicht und triumphiert es nicht zugleich, ist es keins, kritisiert es nicht – vorzüglich seine eigenen Antworten – ist es keins. Marxistischen Denken ist im stets und ständig schmerzenden Zwiespalt zwischen wissenschaftlicher Ungebundenheit, reiner theoretischer Lust und der Last gesellschaftspolitisch bedingter Rücksichten verfangen und folglich immer gefährdet, einseitig zu werden. Und dieser Gefährdung muss es widerstehen, um marxistisch zu bleiben. Das hier idealtypisch beschriebene marxistische Denken, angelehnt an die seiner Zeit sehr einflussreiche marxistische Denkrichtung um die jugoslawische Zeitschrift »*PRAXIS*«, war in der DDR verfemt.

> Ohne Verständnis des Wesens des Marxschen Denkens gibt es keinen humanen Sozialismus. Doch haben wir nicht vor, Marx zu interpretieren, um sein »genaues« Verständnis zu ermöglichen und dann sein Denken in dieser »reinen« Form zu verteidigen. Es geht uns nicht um eine Konservierung von Marx, sondern um die Entwicklung des lebendigen, revolutionären Denkens, das er inspiriert hat. Dies erfordert eine breite und offene Diskussion, an der sich auch Nichtmarxisten beteiligen.[23]

Öffentlich kenntliches und wirkendes philosophisches Denken versiegte Ende der sechziger Jahre in der DDR. Der Marxismus wanderte aus. Der offiziös gelenkte Marxismus versank endgültig im Dogmatismus. »Politik ausweglos. Antipolitik überhaupt unwegsam. Der Sozialismus bleibt die einzige Lösung, trotz seiner Diskreditierung durch eine Praxis, die manche Ansprüche erfüllt, aber den Anspruch, der der Mensch ist, geflissentlich überhört und verleugnet.«[24] Der ideell unbehauste jugendliche Selbstverwirklichungsdrang, die persönliche Selbstbestimmung im alltäglichen Lebensprozess wurden unter diesen Bedingungen nicht nur von der führenden Partei, sondern auch der Mehrheit der erwachsenen Bevölkerung schnell zu pubertärer Arroganz, Ungezogenheit, Abartigkeit umgedeutet. Kehrten die Oberschüler und Lehrlinge dennoch ihr Selbstverwirklichungsstreben demonstrativ in aller Öffentlichkeit hervor, forderten sie Frei-Räume für spontane individuelle und gemeinschaftliche Betätigungen ein und attackierten sie ostentativ das bescheidene private Glück im stillen Winkel, dann wurde solches Handeln als asozial gebrandmarkt und sanktioniert. Aber mehr als zu einzelnen skandalösen Gesten kam es unter den Argusaugen der Macht nicht.[25] Die permanente Verzeichnung der Realität und ihre ideologisch aufwendige Maskierung, es handele sich lediglich um temporäre, gewiss ärgerliche, aber vorübergehende negative Erscheinungen des dialektischen Widerspruchs von Ideal und Wirklichkeit, vergälltem den Denkenden das Leben in der DDR. Er sah dem Zerfall zu und vermochte ihn nicht aufzuhalten. Die Intelligenz wird um ihren zwischenzeitlichen Einfluss gebracht, aus der Öffentlichkeit gedrängt und in die akademische Enklave zurückgeschickt, eingespannt in die Großforschungszentren der Akademie der Wissenschaften. Die Gruppe, die einen rundum modernisierten, an andere Denksysteme anschlussfähigen Marxismus anstrebte, gewann niemals einen merklichen gesellschaftlichen Einfluss. Wenn sie dennoch eingreifend wirken wollten und sofern Talent vorhanden und Lust sie trieb, war eine künstlerische Tätigkeit vorgezeichnet. Die künstlerische Tätigkeit bot Raum und Zeit die reale Dialektik von Ideal und Wirklichkeit in ihrem unwiederbringlichen Auseinanderfall in der DDR-Gesellschaft eigensinnig nachzuforschen. Auf dieser Basis bildeten sich dann vordringlich in den siebziger Jahren erkennbare Gesellungsformen von Mitgliedern dieser Generation. Einige der wirkungsvollsten entstanden in den Theatern des Landes, sei es in Gestalt einzelner Inszenierungsteams oder in Gestalt von längerfristig kooperierenden Ensemblekernen oder gar von gesamten Ensembles in einigen wenigen Theatern.

1 Novalis: Aus den Fragmenten und Studien, in: Ders.: *Dichtungen und Prosa*, Leipzig 1975, S. 619.

2 Weder im *Wörterbuch der marxistisch-leninistischen Soziologie*, Berlin (Ost)1969 noch im *Kulturpolitischen Wörterbuch*, Berlin (Ost) 1970 ist das Stichwort »Generation« aufgeführt.

3 Georg Hansen: »Drei Generationen«, in: *ND*, 1. Mai 1965, Titelseite.

4 Siehe die vortreffliche Studie von Uwe Johnson: »Versuch, eine Mentaliät zu erklären« (1970), in: *Berliner Sachen*, Frankfurt/M. 1975.

5 Wolfgang Engler: a.a.O., S. 31.

6 »Hier (wurde) die Arbeit in den Rang der repräsentativen öffentlichen Tätigkeit erhoben. [...] die Gesellschaft als gemeinsam schaffendes Kollektiv, am Zügel gehalten von den Bedingungen des Arbeitsprozesses. [...] Und folgerichtig reicht dann die Arbeitswelt auch sichtbar, über heroische Gestalten und surrende Räder auf den Wandfriesen der Kulturpaläste und öffentlichen Gebäude, in die arbeitsfreie Sphäre hinein und werden gerade jene Bereiche, die in der bürgerlichen Gesellschaft zum Instrument einer in der Öffentlichkeit des Arbeitslebens entgegenlaufenden Individualisierung geworden sind, Kultur und Kunst, dem Maßstab der Arbeitsgesellschaft unterworfen.«, Hermann Rudolph: *Die Gesellschaft der DDR – eine deutsche Möglichkeit?*, München 1972, S. 132.

7 Wolfgang Hilbig: *Abriß der Kritik*, Frankfurt/M. 1995, S. 64.

8 *ND*, 21 September 1963 S. 2 ff.

9 Das sind die sozialen und mentalen Ursachen für den Erfolg des existentialistischen Denkens zu jener Zeit.

10 Man sprach bis 1961, ideologisch unterschiedlich konnotiert, davon, dass man aus der DDR floh, abhaute, dass man rübermachte, rüberging, verschwand, wegging; dass man die DDR verließ, ihr den Rücken kehrte, die Seite wechselte, sich absetzte oder in den Westen übersiedelte oder auch ganz schlicht und einfach von Ost nach West umzog.

11 1955 von der jungen Genossin, Geschichtslehrerin im Geschichtsunterricht der fünften Grundschulklasse, befragt, was der 8. Mai 1945 bedeutete, antwortete ich vorlaut: »Den Zusammenbruch«. Noch vor Wochenfrist stattete diese Lehrerin meinen Eltern einen Hausbesuch ab, um diese Aussage als Ausweis fragwürdiger Erziehung zu thematisieren. Meine Mutter konterte kühl, der Nazistaat sei doch nachweislich an diesem Tag zusammengebrochen. Die Lehrerin beharrte dennoch darauf, dass ich zu antworten hätte, der 8. Mai sei der Tag der Befreiung des deutschen Volkes usw. Man trennte sich ergebnislos. Aber sie behelligte mich zukünftig nicht mehr mit Fragen.

12 Thomas Brasch (*1945) und Jürgen Höpfner (*1943) sind wohl die einzigen Autoren dieser Generation, die vor 1989 mit aller realitätsgerechten Härte, rücksichtslos ihren Eltern gegenüber, in ihren Erzählungen *Und über uns schließt sich ein Himmel aus Stahl* (1977) und *Gleisverwerfung* (1982) ihre Jugendjahre schilderten.

13 »Der Gegner ist bestrebt, seine Ideologie verstärkt an den erweiterten Oberschulen zu verbreiten und Zersetzungsarbeit zu organisieren. Das wird erleichtert, wenn Erscheinungen der westlichen Dekadenz, spießerhaftes und prinzipienloses Verhalten von Lehrern oder Oberschülern nicht rechtzeitig und überzeugend bekämpft werden. Ideologische Auseinandersetzungen mit Lehrern und Schülern über Gegenwartsprobleme werden oft nicht zu Ende geführt und von den Schulleitungen nicht wichtig genommen oder verschwiegen.«, Ulbricht: a.a.O., S. 124.

14 Brief von Michael R. in einem Brief von 2011 an ThW. Privatarchiv Thomas Wieck.

15 Die soziale Zusammensetzung meiner ersten Oberschulklasse 1959 war typisch für die Thomas-Schule und ihre altsprachlichen Abiturklassen und grundsätzlich atypisch im Vergleich zu anderen Oberschulen. Elf »Intelligenz«-Kinder, vier Pfarrerskinder und zwei Kinder selbstständig Gewerbetreibender standen 6 »Arbeiter«-Kindern und drei »Angestellten«-Kindern gegenüber.

16 Derartige Verweise hatte es auch zwischen 1933 und 1945 unter Anwesenheit einiger Lehrer, die noch 1961 unterrichteten und wiederum schwiegen, gegeben.

17 Hermann Beyer (2002), in: *Der ungeteilte Himmel. Schauspieler aus der DDR erzählen*, hrsg. v. Ingrid Poss/Peter Warnecke, Berlin 2009, S. 263.

18 Michael Gwisdek, in: *Der ungeteilte Himmel. Schauspieler aus der DDR erzählen*, a.a.O., S. 211.

19 Siehe : Werner Hofmann, »Zur Soziologie der Studentenrevolte«, in: *Abschied vom Bürgertum*, Frankfurt/M. 1970, S. 76 ff.

20 In den Jahren 1953 und 1955 waren in der DDR aus ungenannten Gründen die *Manuskripte* in den zwei Sammelbänden *Kleine ökonomische Schriften* und *Die Heilige Familie und andere philosophische Frühschriften* voneinander getrennt und ohne jeden Hinweis auf ihre grundlegende Bedeutsamkeit für das marxistische Denken im Dietz-Verlag Berlin (Ost) erschienen. Erst Auguste Cornu wurde den *Manuskripten* in seiner voluminösen, aber kaum rezipierten mehrbändigen Studie *Karl Marx und Friedrich Engels. Leben und Werk* Band 2, Berlin (Ost) 1962 gerecht.

21 »Es gibt Hinweise darauf, daß das Scheitern des Prager Experiments das theoretische Interesse an marxistischen Theoriedebatten förderte, die sich in den siebziger Jahren in einigen Zirkeln entwickelten.«, Dorothee Wierling: »Opposition und Generation in Nachkriegsdeutschland. Achtundsechziger in der DDR und in der Bundesrepublik«, in: *Deutsche Vergangenheiten – eine gemeinsame Herausforderung*, hrsg. v. Christoph Kleßmann u. a., Berlin 1999, S. 248.

22 Marx/Engels: *Die deutsche Ideologie*, a.a.O., S. 27. Dazu: Helmut Seidel: »Praxis und marxistische Philosophie«, in: *DZfPh* 12/1967, S. 1470. Das war die einzig

ernsthafte öffentliche Reflektion über die jugoslawische Praxis-Philosophie in der DDR, dementsprechend sofort scharf bekämpft und grundlegend zurückgewiesen.

23 o. N.: »Wozu *PRAXIS* ?« (1964), in: *Revolutionäre Praxis. Jugoslawischer Marxismus der Gegenwart*, Freiburg i. Br.1969, S. 253.

24 Notiz von Werner Krauss 1966. Aus dem Nachlass mitgeteilt in: Werner Krauss: *Vor gefallenem Vorhang. Aufzeichnungen eines Kronzeugen des Jahrhunderts*, hrsg. v. Manfred Naumann, Vorwort: Hans Robert Jauss, Frankfurt/M. 1995, S. 224.

25 »Wir mussten uns in einem Lager der Militärerziehung vier Wochen lang trimmen und schinden lassen. Zum Abschlussappell erschien ich in einer Schubkarre hockend, seitlich von zwei Kunstschülern im Stechschritt begleitet, mit dem Kumpel, der die Schubkarre schob, auf dem Exerzierplatz, winkelte den Arm, vollführte militärische Ehrenbezeugung und redete einen Nonsense-Text. Alle lachten sie, kreischten, jubelten. Einsatzbewacher stürmten auf uns zu, wir wurden fortgeschleift, drei von der Schule geschmissen.« Peter Wawerzinek: *Bin ein Schreiberling*, Berlin 2017, S. 53.

Die doppelte Ungleichzeitigkeit der Institution Theater in der DDR und das Jahrfünft des Benno Besson am Deutschen Theater Berlin

Eine innere Umgestaltung des Theaterbetriebes nach dem Reißbrett-Entwurf der Parteilosung »Arbeite mit – Plane mit – Regiere mit!« ist nie gelungen. Alle Versuche, planwirtschaftliche Strukturen und Verhaltensregulative der sogenannten sozialistischen Gemeinschaftsarbeit in das traditionelle Theatergefüge einzuziehen, waren rein äußerlich. Wo war es, das Neue in den Theatern der DDR, das Revolutionäre, das parteigenehme Sozialistische? Innerhalb der Theater sicherlich im Nirgendwo. Die Versuche der führenden Partei mithilfe verschiedenster gesellschaftlicher Organisationsformen und besonderer Gremien, die Theaterangehörigen zu indoktrinieren und kollektivistische Arbeitsformen zu propagieren und einzuführen, blieben äußerlich.[1] Aber die Verwaltung des Systems »Stadttheater« lag in den Händen der zentralen staatlichen Bürokratie, die letztlich auf jedes einzelne Theater durchgreifen konnte. Deshalb war die Partei sich ihrer Theater im Großen und Ganzen zu Recht sicher, denn die von ihr eingesetzten Intendanten garantierten alles in allem politisches Wohlverhalten und wohlige theatralische Ruhe, da sie weder das Theater-System zu verändern gewillt waren, noch es künstlerisch voran brachten, vielmehr die Theater vorschriftsmäßig in dem Zustand beließen, wie sie seit Jahr und Tag staatlich organisiert und eingerichtet waren. Auf diese Weise wurde jedoch eine grundbürgerliche, vorindustriell produzierende Institution nahezu unbeschädigt in die staatssozialistischen Produktionsverhältnisse überführt. Die aparte Tätigkeit Theaterspielen ist ein überlebendes Zeugnis für vormoderne Produktionsweisen. Sie ist ökonomisch ineffektiv, damit im Kapitalismus randständig und nicht gänzlich dem Diktat der industriellen Arbeit zu unterwerfen. Dieses Theater produziert fortlaufend organische, in sich abgeschlossene Einzelexemplare. Diese Theaterprodukte, die sich aus handwerklich vorproduzierten gegenständlich-materiellen Bestandteilen und einer unmittelbar erst im Moment des Verkaufs zu leistenden Tätigkeit zusammensetzen, also eine unmittelbare Dienstleistung sind, zu der sich alle bisherigen Arbeiten im Produkt »Aufführung« zusammenfügen, werden als Ware »Theatervorstellung« verkauft.

Marx beschreibt eine vorindustrielle Arbeitsweise, die als eine exklusive Tätigkeit aus der Zeit ihres Entstehens hinaus gewandert ist durch alle nachfolgenden Zeiten, immer anwesend, und doch nie gänzlich beheimatet:

> Die Arbeit noch als seine [des Arbeiters; ThW] eigne; bestimmte selbstgenügsame Entwicklung einseitiger Fähigkeiten etc. wo das Eigentum an dem Instrument, oder das Verhalten des Arbeiters zum Instrument als eignem, wo er als Eigentümer des Instruments arbeitet (was zugleich die Subsumption des Instruments unter seine individuelle Arbeit voraussetzt, d.h. besondre bornierte Entwicklungsstufe der Produktivkraft der Arbeit voraussetzt), wo diese Form des Arbeiters als Eigentümers oder des arbeitenden Eigentümers schon als selbständige Form gesetzt ist, neben und außer dem Grundbesitz – die handwerksmäßige und städtische Entwicklung der Arbeit. [...] Es ist klar, daß wo das Eigentum am Instrument das Verhalten zu den Produktionsbedingungen der Arbeit als Eigentum ist, in der wirklichen Arbeit das Instrument nur als Mittel der individuellen Arbeit erscheint; die Kunst sich das Instrument wirklich anzueignen, es als Arbeitsmittel zu handhaben, als eine besondere Fertigkeit des Arbeiters erscheint, die ihn als Eigentümer des Instruments setzt.[2]

Die schauspielerische Tätigkeit ist eine derartige »eigene Arbeit«. Das schauspielerische Arbeiten vermittelt zwischen den verschiedensten Ausprägungen menschlicher Arbeit, es kann als ein anschauliches Gedächtnis für die Weisen menschlichen Arbeitens und eine leibhaftige Erinnerung an die ursprüngliche Totalität menschlichen Arbeitens vor allen gesellschaftlichen Arbeitsteilungsprozessen fungieren. Das sichert ihm seine aus der Zeit fallende Eigenständigkeit neben allen anderen historisch fixierten Formen des Arbeitens und scheint es zu schützen gegen die in der Geschichte der Produktionsweisen einhergehenden Zwangs- und Enteignungsprozesse bis hin zur entfremdeten Lohnarbeit, obgleich und gerade deshalb, weil es ein kooperatives und gesellschaftsoffenes vormodernes Tun ist. Der theatralische Produktionsprozess wird bestimmt durch manufakturale Arbeitsweisen der kombinierten und kooperativen Handwerksarbeit. Er ist nicht durch Einsparung von Arbeitsschritten zu rationalisieren und zu beschleunigen noch durch massenweise Serienproduktion zu verbilligen, sind doch die manuellen und geistigen Fähigkeiten der Arbeiter, die Hauptarbeitsmittel, unersetzbar durch Maschinen. Das arbeitende Subjekt wird in den Vorstellungen kenntlich, verantwortet sein Tun, vergegenständlicht seine Fähigkeiten und hat für sein Unvermögen einzustehen. Diese Produktionsweise ist Gegenentwurf und Gegenbild zur Maschinenarbeit der industriellen Moderne, Widerschein von freier Arbeit. Auf der anderen Seite ist diese Produktionsweise so aus der Zeit gefallen, dass die grundlegende Eigenschaft des theatralischen Produzierens ständig mit den gesellschaftlichen Rahmenbedingungen kollidiert, und durch äußere Einsprache ins museale Altenteil abgedrängt, im öffentlichen Bewusstsein archäologisiert wird und sich selbst durch unsinnige Anpassungen selbst marginalisiert. Das künstlerische Spiel als eine besondere Form der Kooperation und Kombination menschlichen Arbeitsvermögens wird auf diese Weise von Gesellschaft und Theater gleichermaßen entwertet. Das Theater muss sich selbstbewusst in seiner prinzipiellen Ungleichzeitigkeit als Stachel historischen Erinnerns und Vergewisserns gegen die Vergesslichkeiten seiner Gegenwart verstehen, wenn es gesellschaftlich relevant bleiben will. Das ist die objektive Funktionalität der Theaterkunst, die aber unter den obwaltenden Bedingungen nur im einzelnen Theaterbetrieb im Widerstand gegen das Theatersystem in seiner Gänze realisiert werden kann. Theater konnten sich einerseits dem bürgerlichen Ideal eines demokratischen und gemeinschaftlichen Lebens- und Arbeitsprozesses fern aller zerstörerischen Marktmechanismen in ihrer Praxis annähern und andererseits vielen – nicht allen – Zumutungen der staatlichen Bürokratie entziehen. Einzelne deutsche Stadttheater wurden zu einer nichtsozialistischen Attraktion: Spiel- und Abenteuerplatz, Trauminsel und Jammertal, Kneipe und Salon, und Boudoir, auch das. Die herrschenden innerbetrieblichen Verkehrsformen können nur in flüchtigen Stichworten angedeutet, nicht analysiert werden, fehlt es doch nach wie vor an einer sozialpsychologisch und mentalitätsgeschichtlich fundierten Betrachtung der institutionalisierten Theaterarbeit.[3] Unterhalb dieser Grundbestimmung entfalten sich die üblichen Konkurrenzen und Vernichtungskämpfe der »vereinzelten Einzelnen«, die auf den unterschiedlichsten Wegen versuchen, individuell der realen Entfremdung zu entkommen oder sie im wahrsten Sinne des Wortes zu überspielen. So gehen sie aufeinander los, den anderen treffend, von ihm getroffen, zugleich gestützt und ermutigt, begehrt und gehasst von ihm, ihn oder sie hassend und begehrend, stehen sie alle gemeinsam Hand in Hand vorm Vorhang, zitternd. Und in der Kantine zerfällt die gespielt spielende Gemeinschaft wieder in das, was sie vorher war: den Einzelgänger, das Paar, die Gruppen, die Clique, in die Bevorzugten, die Abgehängten, die Geheimtipps, die Verräter und

Spitzel und den stillbrütenden oder kraftlos auffahrenden Alkoholiker. Die Möchtegerne, die Gernegroßen, die Kantinenschauspieler übernehmen das Kommando bis zur nächsten Probe. Alle denkbaren Gesellungsformen und gesellschaftlichen Rollensets sind hier in Permanenz zu erleben. Promiskuität und monogame Ehen, morgianische Verhältnisse fortlaufend, jede Form sexueller Präferenzen deutlich vor- und ausgelebt und doch diskret beschwiegen. Dazu kommen die Zumutungen des Wartens, der Langeweile, die verrinnende Zeit in dem fensterlosen Gehäuse. Der stete Kampf um Anerkennung und Prestigegewinn zehrt die Kräfte auf. Verliehene, angemaßte und reale Führerschaften kreuzen sich. Anpassungsbereitschaft wechselt mit Anfällen von Renitenz. Dieses Theater ist eine unverbrämte Abbreviatur der bürgerlichen Gesellschaft en miniature im Schnelldurchlauf. Das war aber der gesuchte Reiz, denn die sozialistische Gesellschaft war wirklich, wenn man mit ihr mitschwamm, »das langweiligste Land der Welt« (Volker Braun). Der Regisseur Benno Besson hatte zwischen 1962 und 1965 mit den vier durchschlagenden Inszenierungen *Der Frieden, Der Tartüff, Der Drache* und *Moritz Tassow* Aufführungen hochelaborierter Künstlichkeit und brachialer plebejischer Sinnenlust den sozialistisch-realistischen Grenzwall um die DDR-Bühnen überwunden und der Theaterkunst die ihr zustehende Autonomie zurückerobert:

> Als ich die »Courage« das erste Mal in Berlin sah, war der Haupteindruck der einer ganz neuen Freiheit. Die Ereignisse, die auf der Bühne abliefen, waren sehr frisch und lebendig, sehr groß und sehr klar, aber nicht nur klar, sondern auch sehr hart, und alle Kräfte der Wirklichkeit wurden aufgezeigt. Das alles aber konnte ich mit großer Entspannung ansehen, und das alles rief in mir als Hauptgefühl das der Freiheit der Betrachtung hervor, was für mich ein ganz neuer Eindruck war. Das ist eine wunderschöne Seite, die Brecht in seinen Inszenierungen gelungen ist. Und ich versuche in meinen Inszenierungen das wieder herzustellen, denn es ist erstrebenwert, solche Haltungen beim Zuschauer zu erzeugen.[4]

Einige Theaterleute waren durch den sensationellen Publikumserfolg von Bessons Inszenierungen ermutigt, das sozialistische Theater zu erfrischen. Sie striffen angesichts der Inszenierungen des Brechtschülers Besson die porösen Fesseln des sogenannten »Methodenstreits Stanislawski-Brecht« (Werner Mittenzwei) leichthändig ab.

Besson hatte Brechts Theaterästhetik am DT, dem Hort des psychologisch akzentuierten Figurenspiels, der einfühlsamen Menschendarstellung, praktisch wiedererweckt.

> Wenn ein Schauspieler sich daran gewöhnt hat, gewisse Äußerungen einer Figur an einer bestimmten Stelle nur zu zitieren und nicht so sehr zu erleben, dann habe ich nichts dagegen. Allerdings scheint mir wesentlich und klar, und das war auch Brecht klar, dass während der Arbeit der Schauspieler sich tatsächlich in seine Figur einfühlen muss, weil er sonst gar nicht fähig ist, sie darzustellen. Und das ist nicht nur ein Arbeitsstadium. Auch am Abend auf der Bühne muss der Schauspieler, wenn er nicht formal werden und jede Frische in der Darstellung verlieren will, sich wieder sehr komplex in die Art und Lebensweise der Figur einfühlen, die er darzustellen hat.[5]

Das Schauspiel von Peter Weiss *Die Verfolgung und Ermordung Jean Paul Marats* inszeniert von Konrad Swinarski in Berlin (West) 1964, das Gastspiel der Revue *Oh, what a lovely war* des Theatre Workshop 1965 in Berlin und Leipzig und das Gastspiel des Piccolo Teatro di Milano in Berlin 1966 mit der Aufführung *Skandal in Chiozza* inszeniert von Giorgio Strehler bestätigten den europäischen Rang der Besson-Inszenierungen und bestärkten die zweite Generation der Brechtschüler in ihrem Streben. Ihr Theaterverständnis fußte auf einem Konstrukt marxistischen Theaterdenkens, das davon ausgeht, Theater als Teil und Abbild vergangenheitsgeschichtlicher wie gegenwärtiger, sich widersprüchlich zueinander verhaltender Arbeitsteilungsprozesse und damit verbundener Besitz- und Produktionsverhältnisse zu verstehen. Die Determinanten der theatralischen Tätigkeiten in ihrer Struktur und Funktion und in ihren wechselseitigen Abhängigkeiten und Rückverweisen auf außertheatralische Tatbestände werden je nach Maßgabe des im historischen Moment herrschenden Widerspruchs von geistiger und körperlicher Arbeit modifiziert. Theatralisches Tätig-Sein ist darauf gerichtet, diese gesellschaftlichen Basisprozesse in ihrem Wirken darzustellen. Die je historisch entworfenen und gepflegten theatralischen Sprachen, die Spielweisen, transformieren die realen gesellschaftlichen Widerspruchsgeflechte auf unterschiedliche Weisen in fiktionale Bühnenhandlungen, die im Zusammenspiel mit dem Publikum die außertheatralischen Realien vorstellungsweise aufzuheben imstande sind. Alle theaterkünstlerischen Tätigkeiten sind auf doppelte Weise historisch determiniert. Sie werden einerseits bedingt durch die Formen des gesellschaftlichen Verkehrs und zugleich davon geprägt, welchen ideellen Zwecksetzungen sie sich unterstellen oder/und unterstellt werden.

Weder unhistorische Wesenheiten (das Theatralische, das Mimische, das Schauspielerische, das Dramatische) noch ein Ideal-Theater ober- oder unterhalb arbeitsteilig geschuldeter Widersprüche sind sinnvoll zu denken oder gar kritisch normierend gegen die Vielgestalt praktisch aktuellen Theaters zu richten. »Die Schauspielkunst gehört zu den elementaren gesellschaftlichen Kräften, sie beruht auf einem unmittelbaren gesellschaftlichen Vermögen, einer Lust der Menschen in Gesellschaft, sie ist wie die Sprache selber, sie ist eine Sprache für sich.«[6]

> Die Kunst des Theaters macht keine Fortschritte, sondern ändert ihre Ausdrucksmittel mit dem Charakter der Epoche, ihrer Ideen, ihrer Psychologie, ihrer Technik, ihrer Architektur, ihren Moden. Im Leben empfinden wir gleich die Falschheit veralteter Regeln, im Theater aber klatscht man ihnen aus Gewohnheit Beifall.[7]

Schauspielkunst vergegenständlicht in ihren historisch wandelbaren Spielweisen das Bewegungsgesetz der menschheitlichen Entwicklung – das permanente Entscheiden zwischen dem der Gattung denkbar Möglichen und dem der Gattung wirklich Notwendigen. Theater kann Totalität gegen Vereinseitigung, Vergesellschaftung gegen Privatisierung, Vereinzelung gegen Kollektivierung, Sinnlichkeit gegen Rationalität, Realität gegen Irrealität und vice versa wenden.

Die moderne Schauspielkunst ist seit der »naturalistischen Revolte« (Richard Hamann/Jost Hermand) fähig, alle tradierten Spielweisen anzuwenden, keiner unterworfen zu sein und neue zu erproben. Die geschichtlich vorgängigen theatralischen Tätigkeitsmuster werden seitdem immer wieder so stark und schnell von den Einflüssen der real-gesellschaftlichen Veränderungen verformt, umgeprägt, überlagert, dass die unterschiedlichsten Bilder von Theater gleichzeitig in der Gesellschaft zirkulieren, wodurch die einzelnen Theater in die Konkurrenz um die ästhetische Führerschaft gezwungen werden und abhängig werden von Einflüssen der Kulturindustrie und ihrer meinungsbildenden Agenturen bzw. der staatlichen Kulturbürokratie. Die Theater müssen sich, bei Strafe ihrer kulturellen Bedeutungslosigkeit, von sämtlichen externen und internen kunsthinderlichen Abhängigkeiten und Auflagen freimachen und von allen ideologisierten Einsprachen und kurzschlüssigen In-Dienst-Nahmen fernhalten. Das Theater muss sich selbst seine Arbeitsbedingungen schaffen, die Ensembles müssen sich freiwillig zusammenschließen können. Dieses marxistische Theaterverständnis ist die Kritik der bürgerlichen Theaterarbeit und die praktisch uneingelöste Aufgabe unter staatssozialistischen Produktionsverhältnissen. Und dennoch sind diese Forderungen nur Vorleistungen für die eigentliche, die künstlerisch-ästhetische Befreiung der schauspielerischen Arbeit.

Die letzte und entscheidende Umwandlung des Theaters muss im Spiel selbst geschehen. Das spezifisch schauspielkünstlerische Verfahren, den Einbruch der Entfremdung in das theatralische Arbeiten zu verhindern, sah Brecht nicht schlechthin im Spiel, sondern in der Methode des Verfremdens des unbefragt Vertrauten im Figurenspiel:

> Diese Methode behandelt, um auf die Beweglichkeit der Gesellschaft zu kommen, die gesellschaftlichen Zustände als Prozesse und verfolgt diese in ihrer Widersprüchlichkeit. Ihr existiert alles nur, indem es sich wandelt, also in Uneinigkeit mit sich selbst ist. Dies gilt auch für die Gefühle, Meinungen und Haltungen der Menschen, in denen die jeweilige Art ihres gesellschaftlichen Lebens sich ausdrückt. [8]

Die »Uneinigkeit mit sich selbst« herauszuarbeiten, ist der Zweck der Verfremdung, ist der marxistische Kern seiner Theaterästhetik. Aber konnte sie sich in den Theatern der DDR entfalten, in einer Gesellschaft, die von einer politischen Elite beherrscht wurde, die den öffentlichen Diskurs nur als einseitig gesteuerte »öffentliche Meinung« zuließ »und in ihr einen bedeutsamen Faktor sah, der dazu beiträgt, das sozialistische Bewußtsein als Regulator des Gesamtverhaltens des Menschen in der sozialistischen Gesellschaftsordnung planmäßig zu entwickeln«?[9] Die Phrase ins Praktische aufgelöst bedeutete, dass Presse, Funk und Fernsehen die trübe Alltäglichkeit illuminierten, die Entwicklungstendenzen idealisierten und das Westliche verteufelten. Diese triadische Bewusstseinsregulation, kurz und knapp unter dem parteichinesischen Kürzel »Agitprop« zusammengefasst, war das Schreckbild vieler Zuschauer, das sie von einem Theaterbesuch (und Kinobesuch) abschreckte. Die Hoffnung auf eine positive Enttäuschung stimulierte allerdings wiederum den Theaterbesuch. Der aufmerksame Theaterbesucher ging mit gemischten Gefühlen ins Theater. Die Differenz zwischen dem befürchteten Agitprop-Gehalt der Aufführung und dem kritisch-konkreten theatralischen Geschehnis war dementsprechend das Maß, das über Ablehnung und Zustimmung entschied. Die Mehrheit der Zuschauer beurteilten die Texte und Aufführungen nach dem Verhältnis zwischen realitätsgerechter und dem Agitprop verpflichteter Darstellung seiner Umwelt. Diese Zuschauerhaltung war ganz selbstverständlich verbindlich für alle sozialen Schichten und Altersstufen, lebten sie alle doch unter einem Gesetz. Dieses eine Gesetz einte sie keineswegs im subjektiven Empfinden, im Dafürhalten oder Dagegenstehen, versammelte sie jedoch unter vereinheitlichenden objektiven Lebensbedingungen. Der auf der Bühne verhandelte singuläre gesellschaftliche Missstand konnte von fast allen Zuschauern problemlos extrapoliert aufs Ganze und aufs Eigene rückgewendet werden. Die Differenz zwischen Soll und Haben, zwischen demonstrativ vorgehaltenem Ideal und vorfindlicher Realität wurde von den Zuschauern vermessen und diese Spanne bestimmte den Erlebniswert der besuchten Vorstellung. Im Theater sollten seine gesellschaftlich relevanten Lebensfragen öffentlich verhandelt werden:

> Der Zuschauer des Dramas ist nicht zufällig anwesend bei irgendeiner zufälligen privaten Begebenheit des Lebens, er belauscht nicht durch ein vergrößertes Schlüsselloch das Privatleben seiner Mitmenschen, sondern das, was ihm dargeboten wird, muß seinem innersten Gehalt, seiner wesentlichen Form nach ein öffentliches Ereignis sein.[10]

Diesen Realismus sehnte man herbei! Die Zuschauer erwarteten Aufklärung über die wirklichen Mechanismen der Staatlichkeit und diskutable Vorschläge über ihre Rechte und Möglichkeiten, sich selbst in diesem Getriebe zu bestimmen. Der Zwiespalt war eklatant. Das Theater sollte nach dem Willen der Kulturpolitik ästhetisch eingängig die Lebenswirklichkeit seiner Zuschauer unmittelbar thematisieren. Die Zuschauer wollten sich in ihrer Lebensmühsal und in ihren Zukunftsträumen dargestellt sehen, in ihrer latenten Gesellschaftsverdrossenheit ernst genommen und zumindest vom Theater und seinen Autoren verstanden wissen. Das Publikum forderte das Theater heraus, seine, des Publikums, Fragen, Nöte und Sorgen darzustellen, zur Sprache zu bringen, war das Theater doch der einzige säkulare Ort spontaner Kommunikation außerhalb des Zugriffs der parteigesteuerten Meinungsbildung. Theater sollte ein Forum des Wissens um die Gebrechen der Gesellschaft und des Aussprechens realer Sachverhalte sein. Die aufbruchwilligen Theaterleute wussten das wohl, sahen sich aber vom Publikum ästhetisch weithin unterfordert. Die Schauspieler verlangten nach theatralischen Verkehrsformen, die ihnen den unabdingbaren Genuss an ihrer Tätigkeit sichern und die Zuschauer aus ihrer gesellschaftlichen Passivität herausreißen sollten. Die dramaturgische Eigenart des epischen Theaters, dem Zuschauer das Spiel auf der Bühne als eine Möglichkeit des Verhaltens der Personen und Figuren vorzuschlagen und ihn aufzufordern, ein anderes Verhalten, andere Wendungen des Geschehens sich vorzustellen, war ein derartiges kommunikatives Angebot. Der Zuschauer soll dabei innewerden, wie die gesellschaftlichen Umstände das Verhalten der fiktiven Figuren fördern oder verhindern und die Bedingungen des Verhaltens bestätigen oder kritisieren. Der Zuschauer soll keineswegs die Figuren kritisieren oder bestätigen, er soll mit Neugier sehen und zornig oder befriedigt verfolgen, wie die Umstände mit den Figuren spielen und wie die Figuren diesen widerstehen. Kofabulierend wird der Zuschauer seiner selbst bewusst, indem er »Kritik an allem Bestehenden« (Marx) übt. Er motiviert sich, mit Lust und Mut nach Alternativen zu suchen, die aktuellen Spielregeln der gesellschaftlichen Praxis seiner realen Umwelt praktisch zu umgehen, zu negieren, zu verändern.

Besson praktizierte den Grundgedanken Brechts »das Gestische ist für das epische Theater das Dialektische, das im Dramatisch-Theatralischen steckt«.[11] In mehreren Gesprächen und Notizen ging Besson näher auf die Dialektik des Gestischen ein und erläuterte es auf der niederen Ebene des Handwerklichen:

> Der Schauspieler Fred Düren [in der Rolle des Paris in *Die schöne Helena* von Peter Hacks am DT 1964; ThW] hat auf der Bühne eine Taube zu empfangen, eine Taube kommt und bringt ihm einen Brief. Die Taube kommt gar nicht, sondern Düren bewegt seine Hand, teils macht er die Taube, teils macht er den Empfang der Taube mit der Hand nach und nimmt der Taube den Brief ab. Düren macht das im Theater buchstäblich mit der linken Hand, in ein paar Sekunden. Die Taube ist da – und hat den Brief abgeliefert, den Düren ganz offen aus seiner Tasche holt. Merkwürdigerweise reagierten die Zuschauer darauf oft mit Applaus. Es scheint also ein echter Genuß zu sein, so etwas zu

erleben. Es wird gar keine Illusion geboten, sondern der Vorgang wird auf anmutige, witzige und sinnvolle Weise angedeutet und die Phantasie des Zuschauers losgelassen, aber auch seine Denkfähigkeit, denn nebenbei zerstört Düren den Aberglauben, daß Götter Briefe durch Wundertauben schicken können. Er vereint den Spaß mit einer wesentlichen Aussage: Wundertauben gibt es nicht. Und Düren führt das aus mit einem Auge in den Zuschauerraum, besonders auf die Damen im Zuschauerraum. Der Blick sagt: Mache ich das nicht amüsant? In einer Haltung, die seiner Figur entspricht, aber auch ihn, Düren, mit in die Kritik einbezieht. Düren, der doch ein vernünftiger Mensch ist, gibt sich für solche Späße her. Ein sehr komplexer Vorgang wird auf einfache, natürliche, sinnlich wahrnehmbare Weise dargestellt.[12]

André Müller fragte nach: Nun gibt es in Ihren Inszenierungen immer wieder Momente, wo die Schauspieler nicht nur einfach über bestimmte Handlungsweisen einer Figur reflektieren, sondern wo sie sich direkt ans Publikum wenden. Plötzlich macht ein Schauspieler das Publikum zu seinem Vertrauten, korrespondiert mit ihm, gibt es nachher wieder auf und so weiter. In ihren Inszenierungen gibt es solche Momente doch sehr häufig ...

Benno Besson: ... aber das ist nicht das, was Brecht mit einer verfremdeten oder epischen Spielweise meinte. Wenn die Dorine sich an das Publikum wendet oder Trygaios sich an das Publikum wendet, dann wendet sich noch lange nicht der Schauspieler an das Publikum, sondern die Bühnenfigur.[13]

An anderer Stelle konkretisierte Besson anhand eines Beispiels aus seiner *Tartüff*-Inszenierung:

Dorine wird das Wort verboten innerhalb der Bühnenhandlung. Darauf tut Dorine in unserer Aufführung etwas für Orgon Entsetzliches: Sie durchbricht die »Vierte Wand« und spricht direkt zur Öffentlichkeit, zum Publikum. Orgon empfindet dieses Verhältnis zum Publikum als Verrat. Sie aber nimmt heuchlerisch den Vorwand, sie würde mit niemanden sprechen, da es doch in der alten Theaterkonvention ein Publikum für die Bühnenfiguren nicht gebe. Sie behauptet, sie spreche nur mit

> sich selbst. Aber tatsächlich spricht sie mit der Öffentlichkeit. Orgon tut es daraufhin auch, doch besteht er die Prüfung nicht. Sein Verhalten muss dem Publikum schlechter erscheinen als das der Dorine. Er unterdrückt gewaltsam seine Mitmenschen unter dem Mantel der Moral – das Publikum durch direkte Anrede eingeschlossen. Was sein privates Verhalten zu seiner Tochter Marianne zu einem öffentlichen Verhalten macht. Und dies auf spaßige Weise. Das Publikum lacht über ihn, wenn er es anredet, wogegen das Publikum mit Dorine lacht, wenn sie es anredet. Man könnte sagen, der Zuschauer fühlt sich in den Schauspieler als in einen aus dem Privatisierenden ausbrechenden ein. Der Schauspieler macht dem Zuschauer Mut, sich als Gesellschaftswesen zu fühlen und zu betätigen. Echte Emanzipierungsprozesse finden im Produktionsprozess statt, und Schauspieler produzieren sich. Die ernsten, wesentlichen Fragen werden spielend behandelt. Die tiefsten Gefühle, Kräfte, Verhältnisse, Prozesse werden auf heitere Weise an die Oberfläche gebracht. Lebenswichtige Fragen werden mit Leichtigkeit aufgeworfen, die schrecklichsten Vorgänge werden mit Genuß und zum Genuß vorgeführt usw. Sie reproduzieren sachlich die Verhältnisse, die Verhaltensweisen der Bühnenfiguren zueinander. Sie produzieren, sie gestalten aber auch ihr eigenes Verhalten zu ihrer Figur und zum Publikum als gesellschaftliches Verhalten. Daraus wird, wenn die Schauspieler gut sind, und das Publikum gut ist, ein Spaßvergnügen.[14]

Besson grenzt sich dabei von der einseitigen Favorisierung eines Verfahrens der Verfremdungstechnik ab:

> Das wird aber schauspielerisch nicht verfremdet, durch Mittel, mit denen der Schauspieler betont, daß er nicht die dargestellte Figur sei, die er darstellt. Diesen Moment, wo der Schauspieler betont, daß er nicht die dargestellte Figur ist, den konnte ich nur sehr wenig benutzen. [...] Wenn die Schauspieler nicht fähig sind, dem Publikum das geeignete Zuschauen abzuverlangen, dann sind sie durchgefallen. Diese Kunst, die Abbilder nicht neutral hinzustellen, sondern sie auch innerhalb des Kampfes für eine humane Gesellschaft zu placieren, das verlangen wir von den Darstellern.[15]

> Bei der Spielweise, die ich versucht habe am Deutschen Theater zu entwickeln, könnte man sagen, daß der Zuschauer sich in den Schauspieler einfühlt als in einen aus dem Privatisieren ausbrechenden Menschen. Der Schauspieler macht dem Zuschauer Mut und Lust, sich als Gesellschaftswesen zu fühlen und zu betätigen. Es ist dazu notwendig, auch die zuschauende und kritische Haltung des Zuschauers aufrecht zu erhalten.[16]

In der ersten Spielzeit nach dem 11. Plenum experimentierten neben Besson auch andere Ost-Berliner Theaterleute mit Elementen des epischen Theaters, um herauszufinden, ob und wie das Theater insgesamt trotz aller bürokratischen Funktionszuweisungen in ein öffentliches demokratisches Instrument sozialistischer Gesellschaftspraxis verwandelt werden könnte. Sie gingen marxistisch vor und forschten nicht nach der reinen Lehre in den Schriften Brechts und seinen Modellinszenierungen, sondern prüften inszenatorisch verschiedene Verfahren des epischen Theaters auf ihre Tauglichkeit für ein gesellschaftskritisches und gegenwärtiges Theater. Sie erprobten seine Prinzipien an seinen Texten wie an Texten unterschiedlicher theatralischer Traditionen, sich fragend, ob die alten Texte durch eben diese spielerischen und inszenatorischen Verfahren ihren alten Glanz wiedergewännen und zusätzlich eine neue, eine gegenwärtige Bedeutsamkeit entfalteten.[17] Denn nur wenn dies gelang, war es – so ihre Überzeugung – möglich, das gegenwärtige Theaterspiel aus den Niederungen szenischer Bebilderung jedermann bekannter und vertrauter Alltäglichkeit herauszuhieven und die alten Werke von der inszenatorischen Konvention historisch getreuen und angeblich werkgerechten Nachbuchstabierens zu befreien.

Heiner Müller war an zwei dieser Inszenierungen unmittelbar beteiligt. Benno Besson inszenierte am DT *Sophokles Ödipus, Tyrann. Nach Hölderlin. Von Heiner Müller.*[18] Ruth Berghaus inszenierte an der Staatsoper *Elektra* von Hofmannsthal/Strauss mit einem zusätzlichen Text von Heiner Müller.[19] An der dritten Arbeit *Der Brotladen* von Bertolt Brecht in der Inszenierung von Manfred Karge und Matthias Langhoff am BE war er nicht beteiligt, aber er war dramaturgisch auf einer ähnlichen Spur, er fahndete zur gleichen Zeit im BE und im Brecht-Archiv nach dem geheimnisvoll umwitterten *Fatzer*-Material.[20]

Benno Besson versicherte noch Jahre später, dass die Inszenierung von *Sophokles Ödipus, Tyrann. Nach Hölderlin. Von Heiner Müller*, uraufgeführt am 31. Januar 1967 am Deutschen Theater Berlin (Ost), »für das Ensemble und für mich, für meine Kenntnis, was Theater ist oder sein könnte oder war, eines der wichtigsten Erlebnisse«[21] gewesen sei. Die Spezifik des inszenatorischen Zugriffs, vorgeformt bereits in der Text-Fassung Müllers, beschrieb Rainer Kerndl in ihrem Für und Wider:

> Heiner Müller, Benno Besson und seine Mitarbeiter am Deutschen Theater wählten den schwereren Weg: durchaus den »Ödipus« des Sophokles zu spielen, doch aus bewußt heutiger Sicht, betont auf den Abstand, die Überwindung verweisend. Eine archaische Welt wird aufgetan, die ebenso naiv wie grausam ist. Absicht war auch, das große, alles wegschwemmende Mitleid mit dem nun eben gar nicht mehr nur tragisch gewerteten Geschick des Ödipus zu vermeiden. [...]
> Nicht eine antike Tragödiengestalt forscht rücksichtslos gegen sich selbst die eigene Schicksalsverkettung aus (ungewollt den Vater ermordet, die eigene Mutter geehelicht zu haben) – vielmehr sucht hier ein Herrscher taktierend seine Herrschaft zu bewahren, und als sich die Offenbarung der Schuld nicht aufhalten läßt, will er noch in Untergang und barbarischer Selbstblendung seine Erhabenheit über die andern ausspielen. [...]
> Dürens Ödipus demonstriert überzeugend die Selbstüberhebung. Er zeigt weniger Entsetzen vor einem unvermeidlichen Verhängnis als Angst vor dem Verlust seiner Macht. Wenn er geblendet und tierhaft kriechend noch einmal die Stufen herab zu seinem Thron strebt, bringt Düren das fast Unmögliche zustande: nicht Mitleid zu provozieren, sondern die letzte Taktik eines Tyrannen zu demonstrieren, der wenigstens seinen Mythos inthronisieren will, wo er selbst nicht mehr herrschen kann.[22]

Gefragt nach dem aktuellen Sinn des Spiels des alten Stückes insistierte Besson auf der gesellschaftlichen Produktivität des Spiels alter Stücke unter Maßgabe eines strengen Historisierens der Stückvorgänge.

> Was die Bedürfnisse der heutigen Zeit sein mögen, ist zu überlegen – viele wollen heutige Geschichten sehen, wie sich ein Mensch in einer bestimmten Situation verhält und entscheidet und die psychologische Bestimmung dazu. Das ist ein Bedürfnis. Ich bin nicht bereit, dieses Bedürfnis als alleiniges gelten zu

> lassen, es als absolutes Gesetz für künstlerische Tätigkeit heute zu nehmen. Unser Gespräch beweist mir gerade auch durch die Einwände, die gemacht werden, wie richtig es ist, »Ödipus, Tyrann« aufzuführen, und zwar so, wie wir ihn aufgeführt haben: fremd. Wir betonen damit, daß diese Welt verschieden ist von der unsrigen, daß man hier nicht so leicht und bequem wiederfinden kann, was man heute empfindet oder weiß und daß man nicht mechanisch applizieren kann auf die Verhältnisse damals, was man heute empfindet oder weiß. [...].[23]

Historisieren bedeutete ihm, Abstände wahrnehmen, Entwicklungen begreifen und die eigenen Erfahrungen gewichten und messen an der Geschichte, die immer auch virulent in der Gegenwart ist. Die Spieler stellen das alte Geschehnis so dar, dass der historische Vorfall und das Verhalten der in ihm einbeschlossenen Figuren entsetztes und verwundertes Erstaunen über die Gegenwärtigkeit des Vergangenen beim Zuschauer hervorruft und damit ihm die Kritik am ungebrochenen Weiterleben individueller und gesellschaftlicher Gefährdungen aller Art ermöglicht. Diese Kritik ist eine historische, keine moralische. Durch den Kunstgriff des Historisierens wird die Vergangenheit in ihrer Eigenheit erfahren, die Gegenwart in ihrer Geschichtlichkeit kenntlich. Diese doppelte Wirkung ist das Ziel des epischen Theaters und erfordert die von Brecht beschriebene und praktizierte Spielweise des Historisierens.

Ein Jahr später notierte Müller die Erfahrungen dieses Jahres in einem von ihm abgebrochenen (oder nur fragmentarisch überlieferten) Text, der mit einer rhetorischen Floskel anhebt: »Warum bin ich unzufrieden? Warum sind es meine Freunde, Regisseure wie Ruth Berghaus, Benno Besson, Adolf Dresen, Manfred Karge und Matthias Langhoff, Fritz Marquardt, Klaus Tragelehn, Manfred Wekwerth«[24]; dann aber sehr konkret anhand der Arbeit von Ruth Berghaus und ihrer *Elektra*-Inszenierung einige grundsätzliche Fragen der gestörten Beziehung zwischen Theater und Gesellschaft aufwirft.

> Die Strauss-Oper ist ein Werk des bürgerlichen Ausverkaufs (der bürgerlichen Kultur). Der Text verkauft eine große alte Geschichte als Genußmittel. Das Raffinement der Musik schlägt um in Barbarei. Die Haltung ist die der Zurücknahme. Die Inszenierung teilt diese Haltung nicht, sondern stellt sie aus. Die Bühne hell ausgeleuchtet mit ca. zwanzig Scheinwerfern, die an einem Stahlgerüst sichtbar montiert sind, ein rohes, blutfarben beschmiertes

> Holzpodest als Spielort, archaische Masken und Kostüme, großzügige Arrangements und überlebensgroße Gesten behaupten die alte Geschichte gegen ihre Pervertierung im Libretto und die politische Distanz gleichzeitig gegen die Barbarei des Vorgangs und den Klangrausch des Orchesters, der sie feiert. Die Inszenierung ist ein Beispiel für den Umgang mit Werken, deren politische Haltung wir nicht teilen, deren Kunstwert jedoch eine Aufführung rechtfertigen kann. Die Isolierung der Musik macht ihre Qualitäten meßbar, indem sie ihren Mißbrauch einsichtig macht. Die soziale Relativierung reinigt und steigert den Genuß. Brecht bemerkt, daß die Gesellschaft auch aus dem Asozialen Kraft ziehen kann, wenn sie es beherrscht.[25]

Der phraseologisch durchsetzte Text ist flüchtig, seine ästhetische Kompetenz fragwürdig und deshalb mit gutem Grund von Müller abgebrochen. Die Übernahme der Argumentation aus den *Anmerkungen zur Oper »Aufstieg und Fall der Stadt Mahagonny«* von Brecht und Suhrkamp aus dem Jahre 1930 ist offenkundig. Brecht spricht in den *Anmerkungen* zwar davon, dass »der Einbruch der Methoden des epischen Theaters in die Oper hauptsächlich zu einer radikalen Trennung der Elemente« führt, womit er aber allein über die anzustrebende Struktur neuer theatralischer Musikwerke nachdenkt, nicht aber über den Umgang mit den Opern der Vergangenheit auf dem Gegenwarts-Theater und schon gar nicht von der Oper auf dem künftigen epischen Theater spricht. Müller vermengt indes beides miteinander. Die *Elektra* missdeutet er und Brechts Äußerungen missversteht er absichtsvoll. Obwohl er den Text nicht abschloss und nicht veröffentlichte, gehört er zu den Nachlass-Texten, mit denen zu beschäftigen notwendig ist, um die theaterästhetischen Radikalforderungen Müllers zu verstehen. Fallweise und zufällig entstanden sie aus der reinen Lust am Widerspruch, sie vereinseitigen enorm und sind in ihrer theaterästhetischen Fragilität leicht zu kritisieren. Aber als Ausdruck seines nicht endenden Kampfes gegen jede normative Ästhetik und Baustein eines bewusst metaphorisch gehaltenen theoretischen Denkens sind sie wichtig. Müller war nicht wissenschaftsfeindlich, aber definierte Begriffe mochte er nicht verwenden. Metaphern gebrauchte er mit Vorliebe und nicht ohne provokante Koketterie, um den Zwängen der Begrifflichkeit zu entgehen und exegetische Scharmützel zu vermeiden. Er hatte sich im Laufe der Zeit ein Repertoire schnell handhabbarer und schwer zu zertrümmernder Merksätze sowie eine Reihe gewichtiger, aber selten gebrauchter

Autoritätszitate zurechtgelegt, ganz seinem Wahlspruch gemäß: »Kunst legitimiert sich durch Neuheit – ist parasitär, wenn mit Kategorien gegebner Ästhetik beschreibbar.«[26] Müllers zitierte Forderung Brechts nach der »Trennung der Elemente« ist ein derartig hingeworfenes Wort.

Ruth Berghaus erprobte mit der Inszenierung der *Elektra* erstmals die »Trennung der Elemente« an einem im Wagnerschen Verständnis durchkomponierten Operntext. Diese inszenatorische Entscheidung sollte dem Zuschauer einen Einblick in das komplizierte ideologische und ästhetische Gefüge des Werks vermitteln und ihn zur Kritik des Werkes befähigen. Der Versuch missglückte. Nach der sechsten Vorstellung wurde die Aufführung abgesetzt, obwohl sich die Regie bemüht hatte, »die sozialen Aspekte, die Hierarchie zu betonen und die Brutalität im Stück, die bis zum Blutrausch führt, zu dämmen«.[27] Die Regisseurin hatte die unablässig peinigende und unerbittlich schmerzende Kraft der orchestralen Unter- und Übermalung der Szene in ihrer bezwingenden Wirkung auf das der Moderne entwöhnte Berliner Opernpublikum unterschätzt. Das Orchester schlägt alles in seinen Bann, hier ist kein Entkommen, so wenig wie Elektra ihrem manischen Rachegelüst entkommen kann, so wenig wird dem Zuhörer eine Atempause eingeräumt und alle inszenatorischen Zutaten verrinnen und versickern im Sog der hochraffiniert geführten 126 Instrumente. Szenisch dem so kleinteilig zu opponieren, wie es in der Inszenierung geschah, ließ die Musik triumphieren und die Szene nebensächlich erscheinen. Jahre später korrigierte Ruth Berghaus in einer erneuten *Elektra*-Inszenierung an der Dresdner Staatsoper 1988 ihre frühere bilderstürmerische Vereinseitigung des Werkes.[28]

Das musikalische Kunstwerk »Oper« ist per se eine künstlerisch verfremdete Wirklichkeit und spätestens seit Mozart ein aus den gleichberechtigen Elementen Orchester, Bühnenbild, Gesang und Spiel ein vielgliedrig zusammengesetztes Kunstwerk. Diese Elemente können ganz unterschiedlich in Partitur und Libretto gewichtet sein, sie können interpretativ auch ganz unterschiedlich betont werden, ihnen können auch andere hinzugefügt, aber sie können nicht gegeneinander ausgespielt werden, da sonst das System auseinanderbricht. Die besagte »Trennung der Elemente« ist, wenn das komplexe Kunstwerk Oper tranchiert und auf diese Weise im umfassenden Sinne des Wortes verzehrt wird, eine verzweifelte inszenatorische Geste des Unmuts über die Welt und ihren Zustand.[29] Eine schauspielgerechte Möglichkeit der Trennung der Elemente schlug Brecht, das alte komische Spiel »Das Gesagte ist nicht das Gemeinte« derb variierend, mehr nebenher, an entlegener Stelle vor:

> Kalle: Es hat auch solche (Dichter) gegeben, die dem Publikum ihre Meinung gesagt haben.
> Ziffel: Ja, aber in Gedichtform oder sonstwie verwischt. Das bringt mich auf die Geschichte, die ich einmal gelesen habe, von dem Mann in der anderen Kammer. Eine Frau hat was mit einem Subjekt gehabt, das sie im Grund verachtet hat, und ein anderer Mann, wollen wir ihn X nennen, hat davon erfahren, und an seiner Achtung ist ihr gelegen. Sie hat es so eingerichtet, daß der X, wie sie wieder einmal mit dem, sagen wir, Y im Bett war, in der Kammer nebenan alles hat hören können. Sie hat ihren Plan darauf gebaut, daß er gehört, aber nicht gesehn hat. Der Y war schon ein bissel abgekühlt zu ihr und sie hat ihn anreizen müssen. Sagen wir, sie richtet sich vor ihm das Gehänge, an dem die Strümpfe befestigt sind, so daß er, der Y, alles gut sieht. Zu gleicher Zeit sagt sie aber etwas Abfälliges zu dem Y und so, daß es der X nebenan gut hört. Und so gehts weiter. Sie greift ihn an und stöhnt »die Händ weg!«, sie dreht ihm den Hintern zu und röchelt »ich laß mich nicht vergewaltigen«, sie liegt auf den Knien und schreit »Schwein!« Und der Y sieht und der X hört und so ist ihre Würde gewahrt.[30]

Die Situation ist ein klassisches Beispiel für die Möglichkeit im Schauspiel, Komplexität, Synchronität und Multiperspektivität von Vorgängen darzustellen. Die eine Figur vergnügt und befriedigt sich allein mit dem optisch Wahrnehmbaren, mit dem, was sie sieht, und interpretiert deshalb das Sprechverhalten als eine besonders raffinierte Form sexueller Lusterregung. Die andere Person ist allein aufs akustisch Wahrnehmbare angewiesen und reimt sich eine ihr angenehme Situation zurecht, die allein durch den Inhalt des Gesprochenen bestimmt wird. Zwei Beteiligte allein haben einen umfassenderen Blick: die Frau und der Zuschauer. Aber auch das reicht noch nicht hin, um die Komplexität des Geschehens zu fassen, denn die Frau sieht nicht, wie der Hörende reagiert, ob ihr Spiel auf ihn wirkt, wie von ihr geplant. Die Figuren sind im dramatischen Feld gebunden, während der Zuschauer in der *epischen Gelassenheit* verweilt. Theatergeschichtlich ist das nichts weiter als die bevorzugte und angestrebte Zuschauerposition der Komödie seit Beginn der europäischen Neuzeit.

Brecht entwirft hier ein drastisch-komisches Modell des im Schauspiel möglichen und sinnvollen Separierens der Elemente. Das Schauspiel kann die einzelnen Phasen des Fühlens, Wahrnehmens und Handelns, die Spannungen zwischen Tun und Lassen, Denken und Sprechen und Tun, zwischen Wollen und Sollen im individuellen Handeln voneinander trennen, miteinander kollidieren und zusammenbrechen lassen. Schauspiel kann die natürlichen Handlungen radikal zerlegen und stauen, umleiten und versiegen lassen. Vieles kann das Schauspiel, nur eins kann es nicht, sich die ästhetisch besonderen Möglichkeiten der Oper *aneignen*, was eine Musik erfordern würde und das Schauspiel auflöse.[31] Doch ausgerechnet diese Unmöglichkeit interessierte Müller brennend. Er hatte immer ein in der platten Wiederholung des Alltäglichen steckenbleibendes und versinkendes Schauspieltheater vor Augen. Davor schauderte ihm. Inszenatorische Möglichkeiten des Operntheaters wollte Müller in das Schauspiel übernehmen. Müller räumte später in einem grundsätzlichen Gespräch mit Ruth Berghaus ein:

> Oper ist das Gegenteil von Drama und nicht unbedingt eine Steigerung von Drama. [...] Aber klar ist, daß Oper attraktiver ist als Drama, weil sie eine größere Übersetzung von Wirklichkeit in Zeichen von vornherein erzwingt [...] es ist eine Zeichensprache da. Dem Schauspiel fehlt diese Zeichensprache, und daraus entsteht dann diese Bebilderung von Texten auf dem Theater. Ich habe ganz selten erlebt, daß ein Text von mir im Theater zu ertragen war, weil es fast unmöglich ist, Schauspieler dazu zu bringen, daß sie einen Text wie ein musikalisches Material behandeln. Was er natürlich ist. Erst dann wird er auch rezipierbar.[32]

Der Schlusssatz Müllers ist wohl einer der heftigsten seiner »gesammelten Irrtümer«. Aber, und das ist entscheidend, Müller war zuallerletzt programmatischer Konzeptionalist irgendwelcher Modernitäten, obwohl er sich in dieser Rolle, nicht immer vorteilhaft, zuweilen auch gefiel, sondern ein Wort- und Formexperimentator, ein dramatisch-praktischer Mit-Spieler der Gesellschaft und ihres Theaters im umfassenden Sinne des Schillerschen Spielgedankens. Aus diesem Grunde ist die Debatte um die »Trennung der Elemente«, von diesem Gedanken kam er nicht los, sinnvoll nur fortzusetzen am praktischen Beispiel seiner Inszenierungen *Der Auftrag*, *Macbeth* und *Lohndrücker*.[33]

Mit der Uraufführung des Stückfragments *Der Brotladen* am Berliner Ensemble gelang die Reanimation der originären Brechtschen Ästhetik: Zerstörung der Rampe, Rückführung des Spiels auf seine Funktion gemäß der *Straßenszene*, chorisches und individuelles Spiel, kommentierendes Zeigen und dramatisches Verkörpern (Agnes Kraus in der Rolle der Witwe Niobe Queck) im Wechselspiel. Das Kulinarische, das Zuschauervergnügen ergab sich aus dem Zusammenspiel dieser disparaten Elemente.[34]

Friedrich Schillers bekannte Beschreibung der unterschiedlichen Wirkungen des epischen und dramatischen Gestaltens, von Brecht kommentarlos in sein *Arbeitsjournal* übertragen, weist noch immer verlässlich den Weg, um die Verfahren in ihrem Gegensatz und in ihrem Zusammenhang zu erfassen und wichtiger noch, sie im Kunstwerk dergestalt miteinander zu verknüpfen, dass ihre unterschiedlichen Wirkungen wohlbewusst eingesetzt, den theatralischen Handlungsverlauf zeitlich gliedern, ihn rhythmisieren, Distanz und Nähe des Zuschauers zum Geschehen und zu den handelnden Figuren absichtsvoll organisieren helfen.

> Die dramatische Handlung bewegt sich vor mir, um die epische bewege ich mich selbst, und sie scheint gleichsam stille zu stehn. Nach meinem Bedünken liegt viel in diesem Unterschied. Bewegt sich die Begebenheit vor mir, so bin ich streng an die sinnliche Gegenwart gefesselt, meine Phantasie verliert alle Freiheit, es entsteht und erhält sich eine fortwährende Unruhe in mir, ich muß immer beim Objekte bleiben, alles zurücksehen, alles nachdenken ist mir versagt, weil ich einer fremden Gewalt folge. Beweg ich mich um die Begebenheit, die mir nicht entlaufen kann, so kann ich einen ungleichen Schritt halten, ich kann nach meinem subjektiven Bedürfnis mich länger oder kürzer verweilen, kann Rückschritte machen oder Vorgriffe tun usf. Es stimmt dieses auch sehr gut mit dem Begriff des Vergangenseins, welches als stille stehend gedacht werden kann, und mit dem Begriff des Erzählens, denn der Erzähler weiß schon am Anfang und in der Mitte das Ende, und ihm ist folglich jeder Moment der Handlung gleichgeltend, und so behält er durchaus eine ruhige Freiheit.[35]

Das Regieduo entschied sich einem Fingerzeig Brechts zu folgen und den Text in eine doppelte Perspektive zu rücken. Der Chor der Arbeitslosen spielt den Text *Der Brotladen* als Straßentheater in einem realistisch angedeuteten Berliner Hinterhof zur Zeit der Weltwirtschaftskrise.

> Die Geschichte vom Brotladen liefert also den Arbeitslosen ein Modell, an dem sie bestimmte Untersuchungen vornehmen; die Ergebnisse gehen über das Modell hinaus. Die Fabel ergibt sich so aus dem Widerspruch zwischen vorgeführten Verhaltensweisen und dem Verhalten der Agierenden gegenüber der Vorführung. Alles Übertriebene, Unwahrscheinliche, einseitig Gesehene, Plakative, Groteske bekommt so einen realistischen Gestus: Jede Haltung, die vorgeführt wird, ist aus einer bestimmten Sicht gesehen und wird aus dieser Sicht vorgeführt. [...] Der Bühnenbildner Karl von Appen hatte einen Bau entworfen, der sowohl das Podest (Demonstration) als auch die realistische Örtlichkeit (Spiel im Spiel) beinhaltete. Die Bühne war in den vorderen Teil des Zuschauerraums verlegt; nach hinten von einer Brandmauer abgeschlossen, zeigte der podestartige Aufbau einen kopfsteingepflasterten Hinterhof. Vor Beginn der Vorstellung spielten dort Kinder »Himmel und Hölle«. Die Spieler (Arbeitslose) verwandelten dann die Straßenecke in eine provisorische Bühne, der Brotladen wurde mit Kreide an die Wand gemalt, die Spieler gruppierten sich auf mitgebrachten Sitzgelegenheiten (Obstkisten u. ä.) um die Spielfläche herum. Alle Auftritte, Abgänge, Umzüge waren sichtbar.[36]

Die Inszenierung wurde auf Grund dieser Aufführungsstrategie und der ihr eigenen Spielweisenvielfalt eine erste praktisch gelungene Auseinandersetzung mit den zwei von Brecht ausgearbeiteten Formen des proletarisch-revolutionären Theaters, mit dem Lehrstück und dem Schaustück, aber auch, und das war ihre Besonderheit, mit den Formen des proletarischen Agitprop-Theaters vor 1933.

> Die Opfer der kapitalistischen Krise lehren einander, die Ursachen ihres Elends zu sehen. Sie befragen Vorgänge aus dem Alltag, aus dem eigenen Erlebnisbereich nach ihrem Zustandekommen. Sie »erspielen« sich Einsicht in ein Stück Politökonomie, indem sie deren Auswirkung naiv in den Hinterhof des Arbeiterviertels transponieren. Am Ende steht die Rebellion und deren Niederschlagung – für diesmal noch. Der Sturm auf Meiningers Brotladen, dessen Verteidigung durch Meiningers – abhängige – Mieter ist überhöhter Appell zum Klassenkampf.

> Die Agitpropform des Spiels der Arbeitslosen ist für das Stück künstlerisch umgesetztes Spielelement. Die zuschauenden Elendsgestalten sind gleichzeitig chorisch Kommentierende und Mitspieler im Einzelnen. Im Darstellungsstil verschmilzt die naive Hervorkehrung konkreter sozialer Haltungen in konkreten, sozial zu wertenden Vorgängen mit großem schauspielerischem Realismus.[37]

Die Verbindung von Schaustück und Lehrstück, den offenen Enden des proletarisch-revolutionären Theaters[38], fanden trotz Brechts dringlicher Forderung jahrelang keine Beachtung in den Theatern der DDR. Die ästhetische Basis des sozialistischen Theaters und seine universelle Theaterutopie wurden mit dieser Uraufführung rückgewonnen, ohne jedoch in der Folge gebraucht zu werden.[39] Tragelehns hoffnungsfrohe Behauptung, die Grenze zwischen Lehrtheater und Schautheater wäre nicht vermauert, erfüllte sich in der Theaterpraxis nicht.[40] Die Grenze zwischen Lehrstückpraxis und Schaustücken war und blieb in der Theaterpraxis der DDR vermauert. Eine aus sich selbst heraus entwickelnde Lehrstückpraxis war unerwünscht. Im herkömmlichen Theaterbetrieb gab es dafür von vornherein keinen Raum. Aber auch in der Gesellschaft gab es keinen Bedarf und keinen Resonanzraum, denn die Klasse, die in diesen Lehrstücken ihren originären Probe-Raum finden sollte, um ihre Stellung in der Gesellschaft spielerisch zu begreifen und eine bewusste Haltung der Gesellschaft gegenüber praktisch ergreifen zu lernen, war praktisch aufgespalten in organisatorisch unverbundene, nebeneinanderher existierende Betriebsbelegschaften und theoretisch in der allumfassenden sozialistischen Menschengemeinschaft aufgegangen. So hatte die Avantgarde der Arbeiterklasse kurzerhand ihre ureigene Basis, die Arbeiterklasse, aufgelöst. Die Partei vergaß den 17. Juni 1953 nie und sie wusste genau, wer da aus welchen Antrieben und mit welchen Zielen gegen sie demonstriert hatte. Das Gerede vom »Arbeiter-und-Bauern-Staat«, von der Diktatur des Proletariats, verbarg nur notdürftig den grundlegenden sozialen Konflikt dieses Staatsgebildes, den Konflikt zwischen dem Industrieproletariat und der SED. Für Müllers theaterästhetische Ansichten von einem künftigen sozialistischen Theater in weiter Ferne wurde die Aufführung *Der Brotladen* bedeutungsvoll und aus ihr bezog er auch seine zeitweilige praktische wie theoretische Favorisierung des Fragmentarischen.

Die Jahre 1967 und 1968 waren Jahre eines hochgemuten Aufbruchs und der Ankunft in bitterster Resignation. Der »Prager

Frühling« starb im August 1968. Die sowjetische Militärmacht schlug zu und das staatssozialistische Gesellschaftssystem barg keine Überraschungen mehr. Alles ging von nun an seinen real-sozialistischen Gang, den Trott aufs schmähliche Ende hin. In der Theorie war die Entfremdungsdebatte und in der Praxis war die wissenschaftlich-technische Revolution von der führenden Partei letztlich nicht zu beherrschen. Ulbrichts spätes Scheitern 1970 ist die Konsequenz dieser Entwicklung. Die führende Partei verwaltete ab Anfang der siebziger Jahre mehr oder weniger gedankenfrei die Errungenschaften der vergangenen zwanzig Jahre.

Der endgültige Parteibeschluss in Sachen »Entfremdung« lautete:

> Die Entfremdung ist [...] eine historische Erscheinung und daher vergänglich, wenn ihre objektiven Grundlagen – wie im Sozialismus – aufgehoben werden. Das ist eine Frage des praktischen revolutionären Kampfes, den das Proletariat seit seiner Existenz gegen den Kapitalismus geführt hat.[41]

Der kulturelle Grundprozess, die »elektronische Revolution« war auch durch den Bau ideologischer und materieller Mauern aller Art nicht um die DDR herumzuleiten.[42] An die Stelle der hochgemuten trat jetzt die kleinmütige Version des parteioffiziellen Sozialismus – der individuelle Wohlfühlsozialismus wurde ausgerufen. Honecker-Zeit ist Wunsch-Zeit. Die immer »bessere Befriedigung der materiellen und geistigen Bedürfnisse« wurde öffentlich favorisiert. Die Entfremdung ist alltäglich geworden und schlägt sich besonders drastisch und unmittelbar im den sozialistischen Alltag prägenden *»doppelten Bewusstsein«* nieder. Während die westlichen, kapitalistischen Gesellschaften das Phänomen unverhüllt und breit thematisieren, wird es in den östlichen, sozialistischen Gesellschaften verschämt beschwiegen. Jeder weiß hier darum, beklagt den Zustand aber höchstens privat. Die westliche Gesellschaft findet sich bewusst damit ab, dass die Entfremdung die normale Existenzweise, das unabwendbare Schicksal der Menschen in der modernen Massengesellschaft ist, dem allein der Einzelne durch absolute Privatheit, ideologisch zur Individualisierung überhöht – zumindest in der arbeitsfreien Lebenszeit – entrinnen kann, wofür ihm die Gesellschaft auch reichliche Mittel und genügend Gelegenheiten einräumt. Das ist dem Einzelnen in der sozialistischen Gesellschaft verwehrt, da offiziell im sogenannten gesellschaftlichen Bewusstsein die Entfremdung besiegt ist. So muss er seine anderslautenden Erfahrungen für sich behalten. Im schwer zu erkämpfenden privaten Raum, im mühselig zu organisierenden individuellen Konsum und Lustgewinn versucht er der Entfremdung zu entkommen, wobei er praktisch seine Entfremdung verdoppelt, da es ihm nicht vergönnt ist, seine Privatheit öffentlich auszuleben, er sich auch im Privaten verbergen, er sich ein doppeltes Bewusstsein zulegen muss. Vorzüglich die Belletristik widmete sich in der Folgezeit bis zum Ende der DDR in kleinteiligen Erzählungen diesem Entfremdungssyndrom. Im scheinprivaten Eheroman tat sich ein Genre auf, das trefflich geeignet war, der gesellschaftlichen Entfremdung in die intimsten Windungen und Winkel nachzuspüren und ihre verheerenden Folgen offen zu legen (besonders vom Schriftstellerpaar Günther de Bruyn und Rosemarie Zeplin gepflegt). Die systemkritische Literatur hatte ihr ureigenes privatimes Konfliktfeld gefunden. Hier konnte sie die Zustände betränen oder ironisieren oder ungerührt dokumentieren. Heiner Müller folgte diesem Schreiben um den heißen Brei herum nicht.

Heiner Müllers Stücke von *Lohndrücker* bis *Wolokolamsker Chaussee I – V* sind davon geprägt, Basisprozesse, in denen Entfremdung unvermittelt und unmittelbar entsteht und herrscht, frei zu legen. Sie sind die düster-hellhörige marxistische Begleitmusik des Scheiterns eines Gesellschaftsexperiments.

> Es ist notwendig, die Dinge nüchtern einzuschätzen. Der Imperialismus ist in der Lage, in ideologisch-kulturellen Dingen des nächsten Jahrzehnts erhebliche Ressourcen einzusetzen [...]. Einige technische Entwicklungen und der Masseneinsatz von Medien der geistig-kulturellen Kommunikation verlaufen in den imperialistischen Ländern heute noch schneller, als es den augenblicklichen Möglichkeiten der sozialistischen Länder entspricht (beispielsweise Kassetten-Fernsehen, neue Aufzeichnungs- und Wiedergabeverfahren zum individuellen Gebrauch usw.) [...] die quantitative Leistungsfähigkeit der kapitalistischen »Kulturindustrie« [ist] bedeutend. Sie startet immer neue »Wellen« auf vielen Gebieten des kulturellen Lebens – Wellen, die auch an die Ufer des Sozialismus spülen. [...]. Geistig-kulturelle, insbesondere künstlerische Mittel besetzen im Arsenal der ideologischen Diversion wichtige Plätze; die Imperialisten lassen sie sich Erhebliches kosten.[43]

Die Produktion und Qualifizierung der unterschiedlichsten Fernsehformate und die Förderung TV-kompatibler Spielfilme wurde nach dem 11. Plenum folgerichtig die kulturell-künstlerische »Hauptaufgabe«. Der Film ist das künstlerische Pendant zur großen industriellen Produktion, der Studio-Film ist die perfekte Realisation entfremdeter künstlerischer Arbeit. Wenn nun aber alle filmischen Produktionsmittel eines Landes allein in der Hand der Staatsmacht konzentriert sind, ist jede filmische Arbeit von vornherein künstlerisch obsolet, da sie alternativlos und permanent dem manipulativen Zugriff der politischen Macht ausgeliefert ist. Die ökonomisch unvernünftig alimentierte Filmkunst, gehätschelt aber auch ideologisch gezüchtigt, stieg zur favorisierten »Kunst der Macht« auf. Vergleichbar verlief die Entwicklung in den einschlägigen Ressorts des Deutschen Fernsehfunks. Der eigenen Propaganda erlegen, wurde behauptet, dass »in den sechziger Jahren [...] unter wachsender Anteilnahme der Öffentlichkeit ein Prozeß, den man mit Recht als ›Aufstieg der Fernsehdramatik zur Kunst‹ bezeichnen kann«[44] stattgefunden habe, als ob aus Parteibeschlüssen eine neue Kunst erstehen könne.

Nur drei Jahre später genügten die von Wogatzki ersonnenen telegenen Märchen um den allgewaltigen Meister Falk, gespielt von Wolf Kaiser, aus dem »Reich der WTR« schon nicht mehr, denn »unsere gegenwärtigen Arbeiten vermitteln noch zu viele Probleme, sie erzählen nicht atemberaubend und originell genug vom sozialistischen Menschen.«[45] Auch das war im Kampf um die Einschaltquoten bald nur noch eine zweitrangige, nebensächliche Forderung. Gegen die massenmedial massenhaft zu empfangende Unterhaltungskunst des Westens, gegen West-Radio und -Fernsehen war kein Kraut gewachsen.[46] Jetzt ging es ums Ganze, jetzt wurde zum letzten Kunstgefecht geblasen: »Die sozialistisch-realistische Kunst muß sich als Massenkunst entfalten und Unterhaltungsbedürfnisse zeitigen, die mit dem gesellschaftlichen Reproduktionsprozeß eng verknüpft sind. Dabei wird die Entwicklung einer sozialistischen Unterhaltungskunst zu einem Schlüsselproblem.«[47]

Die Theaterkunst war zu ihrem Glück keine »Massenkunst« und war letztlich funktionslos geworden im Kampf der Systeme. Ihr eröffnete sich deshalb die Chance, von den Rändern her, das gesellschaftliche Zentrum in seiner Gebrechlichkeit und Künstlichkeit in den kritischen Blick zu nehmen. Die Theaterleute reagierten umsichtig und zauberten aus dem »Zeughaus der Komödie« (Brecht), dem unergründlichen Fundus der Theatergeschichte, das lange Zeiten scheel angesehene und grob stiefmütterlich behandelte komische Spiel hervor.

Manches Theater experimentierte, seine gesellschaftlich attestierte Nebenrolle geschickt ausspielend, mit den ästhetischen Eigenarten der Theaterkunst. Die gewählten Spielweisen verwiesen den genau schauenden Zuschauer entweder auf Lebensweisen, die der DDR-Gesellschaft fremd waren oder sie desavouierten Verhaltensstereotype dieser Gesellschaft. Stücktexte unterlagen der Zensur, euphemistisch staatliches Genehmigungsverfahren genannt, Spielweisen flottierten jedoch frei.[48] Das war der reale theatralische Freiraum.

Die Aufführung von *Faust. Erster Teil* in der Regie von Adolf Dresen 1968 am DT entsetzte die offizielle Kulturgemeinde: »Wir sahen einen Faust, der als ein Anti-Faust neurasthenisch von Verzweiflung zu Verzweiflung in seiner Weltbetrachtung treibt« (Abusch) und begeisterte besonders das jugendliche Publikum.[49] Ob der Wiederbelebung des komischen Spiels – infamerweise in einer *Faust*-Aufführung! Einer Tragödie! – war es um die parteipolitisch diktierte Widerspiegelungsfunktion des Theaters geschehen, umso mehr, da zeitgleich die menschliche Spieltätigkeit aus ganz schnöden wirtschaftlichen und ingenieurtechnischen Erfordernissen zusätzlich nobilitiert wurde. Schlimmer noch: Mit dem Spiel musste auch der menschlichen Phantasie, den Tagträumereien und den dunklen Nachtträumen, dem Seelischen schlechthin, vorerst in der Psychologie und Sozialpsychologie, und dann Jahre später und nur widerwillig in der Kunst, der ihnen gebührende Platz zugestanden werden.

> Wir sind heute geneigt, die Formulierung von der Freiheit als einer Einsicht in die Notwendigkeit in mancher Hinsicht zu ergänzen bzw. zu verbessern. Freiheit erscheint uns heute mehr als eine Einsicht in das Feld der Möglichkeiten. Mit solchen Möglichkeiten eben hat es die Spieltheorie zu tun. Dort, wo die Spielregeln eines Spiels so beschaffen sind, daß jeder Zug eindeutig festgelegt ist und ebenso eindeutig einen einzigen Gegenzug impliziert, liegt kein Spiel und schon gar nicht ein strategisches vor. Strategische Spiele setzen in gewissen Grenzen ein Minimum an Handlungs- und Entscheidungsfreiheit bei beiden Partnern oder mindestens bei einem von beiden voraus. [...] In spezifischen Fällen des Menschlichen kommen noch psychologische Faktoren hinzu. Nirgend tritt die Notwendigkeit des freien Individuums, das sich in einem Feld von Möglichkeiten bewegt, so klar zu Tage wie im Bereich der Spiele. Der spezielle Zauber der künstlich konstruierten Spiele liegt eben gerade darin, daß der Mensch auch unter schlechten, freiheits-

> feindlichen gesellschaftlichen Bedingungen hier eine Ersatzwelt finden kann, die ihm die Möglichkeit gibt, seine Freiheit zu betätigen, eine Möglichkeit, die er auf anderen Ebenen seiner geistigen und körperlichen Aktivität nicht besitzt. Wenn wir also davon sprachen, daß die künstlichen Spiele Abstraktionen aus wirklichen Spielen sind und für die Bewältigung wirklicher Spiele den Vorteil bringen, die Spielfähigkeit des Menschen zu verbessern, so ist damit nur eine Seite erfaßt. Es geht nicht nur um diesen Nutzen des Spiels, sondern auch noch um einen anderen: Strategische Spiele haben im Gegensatz zu reinen Würfelspielen oder Glücksspielen und zu streng determinierten Spielen, die keine Auswahlmöglichkeiten offenlassen, den Vorzug, daß sie ein Betätigungsfeld menschlicher Freiheit sind. Das ist ihr Zauber, ihre Grenze – und ihre Gefahr.[50]

Georg Klaus hatte einen systemsprengenden Basistext geschrieben. Wolfgang Heise zog auf dem Brecht-Dialog 1968 »Politik auf dem Theater« daraus weitreichende theaterästhetische und politische Konsequenzen:

> Die Perspektive des Theaters in unserer Epoche unter sozialistischen Verhältnissen sehe ich eigentlich darin, daß das Theater direkt zu einem Organ der sozialistischen Demokratie wird, zur Form einer künstlerischen Selbstverständigung der neuen Gesellschaft über ihre eigenen Probleme, Möglichkeiten, Bedürfnisse usw. [...] Wenn wir von der Funktion des Theaters in der neuen Gesellschaft sprechen, müssen wir das Theater von den anderen Formen der Massenkommunikation unterscheiden und fragen: Worin liegt seine Spezifik – neben Film oder Fernsehen? [...] Hier betrachte ich das Theater unter dem Aspekt seiner Aktivierungsleistung des Zuschauers als durch keine andere Kunstgattung zu ersetzen. Von hier hat es inhaltliche Funktionen, einmal als Organ der Selbstbesinnung der Gesellschaft auf ihr eigenes historisches Gewordensein – darin geht alles ein, was wir unter Erbe verstehen, ohne darin aufzugehen; zum zweiten als Organ der Selbstgestaltung, der Selbstdarstellung unserer Gesellschaft, einschließlich der Selbstkritik, der Überwindung des Hemmenden; und drittens ein Organ – und das paßt beides zusammen und führt es doch weiter – als eine Art Laboratorium der sozialen Phantasie. [...] Ich möchte das ein Organ der demokratischen Selbstgestaltung nennen und

> verstehe darunter nicht nur ein Organ zur Diskussion politischer Probleme, zur Entscheidung von Gestaltungsfragen sozialer Beziehungen. [...] Phantasie ist nicht nur spekulierend, sondern ist ein spielendes Erfassen gerade des real Möglichen, das dadurch in Wirklichkeit gesetzt wird.[51]

Ein Schauspieltheater griff den Gedanken auf, trommelte zum Aufbruch: die Volksbühne Berlin (Ost). Benno Besson, Manfred Karge, Matthias Langhoff, Fritz Marquardt, Dieter Klein[52] und Karl-Heinz Müller[53] krempelten ab 1969 die Volksbühne, den Erfahrungen der Brechtschen Theaterarbeit am BE vertrauend und sie zeitbedingt verändernd, dergestalt um, dass sie versuchen konnten – und das war einmalig in der Geschichte des Theaters in der DDR –, die Theater-Träume des anti-bürgerlichen-avantgardistischen und des proletarisch-revolutionären Theaters in einem großen Anlauf praktisch zu versöhnen. In ihrer Theaterarbeit sollte eine höhere Form der gesellschaftlichen Praxis aufscheinen. Der anzustrebende freie Austausch aller Fähigkeiten der gesellschaftlichen Produzenten, ein permanentes Herausarbeiten ihrer sich erweiternden Strebungen und wachsenden Bedürfnisse, eine lustbetonte, genussförderliche Praxis individueller Selbstverantwortung und wahrgenommener Solidarität sollte sich im gemeinschaftlich organisierten Spiel, im Vor- und Mitspiel und im »freien Spiel der menschlichen Wesenskräfte« (Marx), in der Spontaneität der Improvisation ankündigen.

Besson begann seine Arbeit an der Volksbühne mit dem von Heiner Müller umgeschriebenen Stück *Horizonte* von Gerhard Winterlich und scheiterte – nicht, wie später oft behauptet, mangels sinnlicher Opulenz der Inszenierung, sondern an einer Verquickung ästhetischer und gesellschaftspolitischer Missverständnisse innerhalb des Inszenierungsteams und einer instabilen Ensemblesituation. Stücktext und Inszenierung divergierten, weil beide auf unterschiedliche Weise einem grundlegenden Irrtum unterlagen. Künstlerische Darstellungen aller Art, die das Leben in der Gesellschaft, den Staat selbst und das Land insgesamt zu bessern versuchten, verloren an Resonanz. Der »Bitterfelder Weg« hatte ausgedient, die sozialistische Kulturrevolution war abgesagt. Weder das minutiöse Nachzeichnen des Arbeitsalltags noch die Sicht der Planer und Leiter fesselten die Zuschauer, und das Spiel mit gesellschaftlichen Modellen kybernetischer Observanz im Kampf ums technologische Weltniveau war, da verloren, zwecklos geworden. Die Mehrheit der DDR-Bürger wollte nicht in einem »besseren Land« leben, sie wollte besser leben. Müller sah das. Besson wollte es nicht wahrhaben, Müller konnte sich das Spiel um die *Horizonte* nur noch als karnevalistisches Treiben unmittelbar vor dem allen freiheitlichen Schein vernichtenden Aschermittwoch vorstellen, während Besson immer noch darauf sann, sozialismuseigene Möglichkeiten gesellschaftlicher Entwicklungen in Zeiten allgemein schwindender Zukunftsgewissheit zumindest spielerisch zu behaupten. Viel später erst sprach Besson das aus, was die Zusammenarbeit an *Horizonte* doch entscheidend belastete. Ging die Zusammenarbeit mit Müller bei *Ödipus, Tyrann* trotz unterschiedlicher Auslegungen der Fabel des Sophokles noch gut, da beide der unbezweifelbraren Autorität eines Sophokles ihren Respekt zollten, so prallten sie – bei aller Freundschaft – in der Sicht auf den minder-wertigeren Text von Winterlich, den umzuarbeiten nach den Usancen von Bessons Spielverständnis Müllers ästhetische Sache nicht war, aufeinander: »Heiner Müller habe ich nie inszeniert. Seine Stücke sind nicht meine Sache. Ich mag den Heiner enorm, wir sind befreundet, aber sein Theater, das mache ich nicht. Das stört ihn auch gar nicht. Er weiß ganz genau, dass er das Gegenteil von dem macht, was ich mache.«[54]

Horizonte in der Fassung Müllers war seit Kipphardts *Shakespeare dringend gesucht* aus dem Jahre 1953 das erste Stück, das die entscheidenden Genreeigentümlichkeiten der Komödie gegen das Grundübel des gesellschaftlichen Lebens in der DDR richtete. Komödie fördert das Erschrecken der Zuschauer über das Leben in selbstgewählter eingeschränkter Öffentlichkeit, da in ihr Kunst-Figuren scham- und hemmungslos ohne Rücksicht auf Verluste in aller Öffentlichkeit agieren. Nur Stücke, in denen der zentrale geellschaftliche Widerspruch zwischen öffentlichem und privatem Leben sich zur unmittelbar ausgetragenen Kollision ausweitet, sind zu dieser Zeit in dieser Gesellschaft komisch. Diese dramaturgische Konsequenz ist in *Horizonte* potenziell angelegt, aber nicht ausgeführt, denn die komische Kollision erheischt, den Schritt ins Unbekannte zu wagen. In *Horizonte* geschieht das nicht. Der Unglaube an die Möglichkeit eines zukünftig Besseren setzt sich durch. Die Komödie findet nicht statt.

Wenn Müller eine Figur sagen lässt: »Das hab ich gern: den Kommunismus für / Die Herren der Elite. Ja. Sie mein ich. Herr Kybernetiker. / Und für das Fußvolk reicht die Volksausgabe / Der Sozialismus mit Trabant und Bockwurst. / Es wird euch leid tun. Ich studier euch tot!«[55], dann prangert sie den Gegensatz zwischen propagandistisch kolorierten Erfolgen und gräulich-realer gesellschaftlicher Leistungsbilanz an. Dieser handfeste soziale Konflikt war ein grundlegender Defekt im Sozialgefüge. Derartige Defekte sind keine dialektischen Widersprüche, sondern Signale der substanziellen Schwäche des Systems.

Müller lässt keinen Zweifel, dass die WTR unter der Führung der SED im realen Produktionsprozess steckengeblieben ist und nur noch in Form wohlfeiler Phrasen durch die Gesellschaft geistert: »Wenn heute ich untauglich bin, / Morgen bists du, Genosse Pfeil. Lass mich ausreden. / Und als die Utopie am Zügel ging / Und hörte auf den Namen Prognose und / Hieß Optimierung, hast du die / Kurve gekriegt. / Der Bremsklotz ist der Bremsklotz, weg mit Schaden. / Der Sündenbock erspart die Demission.«[56]

Im dreigliedrigen Begriffsstakkato »als die Utopie am Zügel ging / Und hörte auf den Namen Prognose und / Hieß Optimierung« ist der schnelle Zusammenbruch der Hoffnungen auf Automatisierung, eine wissenschaftliche Planung und Leitung der Produktionsprozesse, die zweckdienliche Rationalisierung der gesellschaftlichen Produktion eindringlich pointiert.

1970 brach eine Energiekrise aus, erhebliche Lieferrückstände der einheimischen Konsumgüterwirtschaft und eine Missernte 1969 führten zu einer kräftigen Inflation. Im Dezember 1970 wurde durch das Politbüro gegen Ulbrichts Willen das NÖSPL verworfen. Die wissenschaftlich-technische Revolution erforderte ein anderes Wirtschaften, eine andere Gesellschaft als die zentralistisch gesteuerte und sozialistisch getönte Staatswirtschaft. Die Automatiserung hakte gewaltig und schon wurde ein neuer Ton angeschlagen, jetzt musste um den wissenschaftlich-technischen Fortschritt gekämpft werden und der erste Schritt dahin hieß Rationalisierung. Auskommen mit dem Vorhandenen. Zur Hand war die Produktivkraft Mensch: »Immerhin sind etwa 35 Prozent der Produktionsarbeiter in der Industrie noch vorwiegend manuell tätig. Ebensolche Tatbestände gibt es im Bauwesen, wo der Anteil der Handarbeit und der körperlich schweren Arbeit noch sehr groß ist. Durch die Rationalisierung wird nicht nur eine höhere Effektivität, sondern gleichzeitig eine Verbesserung der Arbeits- und Lebensbedingungen ermöglicht. Das aber ist ein wichtiger mobilisierender Faktor für die Beschleunigung des wissenschaftlich-technischen Fortschritts. Der Kampf um den wissenschaftlich-technischen Fortschritt wird in *allen* Betrieben entschieden, nicht nur in denen, die automatisieren.«[57]

Die Wirklichkeit des Jahres 1970 strich die Fragestellungen des Textes von der ökonomischen und theatralischen Tagesordnung.[58]

Besson sah nach den ernüchternden Erfahrungen von 27 Vorstellungen mit 17400 Zuschauern die reale Lage wohl ähnlich und verzichtete hinfort auf jegliche weitere unmittelbare szenische Auseinandersetzung mit der ihn umgebenden gesellschaftlichen Praxis. Dieser Verzicht beeinträchtigte die Wirkungskraft der Volksbühne nicht, gründete doch die bewirkende Kraft »seines« Theaters nicht im schnell greifbaren Stofflichen, sondern im Spiel. Für Besson waren Spielweisen vergegenständlichtes geronnenes Theaterwissen, tradierbare Verfahren, Vereinbarungen zwischen Zuschauern und Spielenden, in denen die Differenz zwischen individuell-menschlichen Vermögen und gesellschaftlichen Zwängen vorgespielt wird. Das ist der wahrlich theatralische Genuss, das menschliche Tun und Lassen in seiner sinnlichen Totalität zu erleben und somit der erstaunlichen, erschreckenden und belustigenden Differenzen zwischen sich und den anderen gegenwärtig zu werden – und so, seine Sinne spannend und entspannend, im Genießen der schauspielerischen Fähigkeiten der Schauspieler sich selbst sinnlich zu erfahren, Selbstgenuss zu gewinnen. Die in ihrer radikalen Machart alle behaglich-bescheidenen, wohltemperierten realistischen Inszenierungen aus dem Felde schlagende, in den Dienst des Theatralischen und des aktuell Politischen genommene Inszenierung der *Räuber* und die unorthodoxe, popartistische Elemente einbeschließende Art epischen Theaterspiels in der Nachfolge Brechts in *Der gute Mensch von Sezuan* waren unbestritten erfolgreich und echte Innovationen. Und Besson ging noch einen Schritt weiter. Wie schon in *Arzt wider Willen* angedeutet, suchte er mit Gozzis *König Hirsch* die aktuelle Schauspiel- und Zuschaukunst durch die Rückführung auf ursprüngliche Formen des Volkstheaters ästhetisch zu bereichern.[59]

1 Das belegen die empirischen Daten aus den in der Anmerkung Nr. 3 angeführten soziologischen Erhebungen.

2 Marx: *Grundrisse zur Kritik der Politischen Ökonomie*, Berlin (Ost) 1974, S. 396 ff. Heiner Müller kam immer wieder auf diese Gedankengänge zurück.

3 Theoretische Ansätze liefern Gerburg Treusch-Dieter: »Zur psychologischen und sozialen Situation des Schauspielers«, in: *TH* 7/1973 und Jürgen Hofmann: *Kritisches Handbuch des westdeutschen Theaters*, Berlin (West) 1981. Repräsentative Daten über die Einstellungen, Motivationen und Arbeitsbedingungen der Schauspieler und Regisseure an Theatern in der DDR wurden zwischen 1973 und 1975 von dem Soziologen Hans Röder (damals TH Karl-Marx-Stadt) und Thomas Wieck im Auftrag des VT erhoben, ausgewertet, verallgemeinert und mehrfach in Arbeitsgesprächen innerhalb des VT diskutiert. Die Ergebnisse wurden nicht veröffentlicht, liegen aber meinen Ausführungen zugrunde. Privatarchiv Th. Wieck.

4 André Müller: *Der Regisseur Benno Besson*, Berlin (Ost) 1967, S. 19.
5 Ebd.
6 Brecht: *Der Messingkauf*, in: *Über Theater*, hrsg. v. Werner Hecht, Leipzig 1966, S. 124.
7 A. K. Gladkow: »Meyerhold spricht. Äußerungen von W. E. Meyerhold bei Proben und Gesprächen«, in: *SuF* 1-2/1965, S. 51.
8 Brecht: *Kleines Organon für das Theater*, in: *Über Theater*, a.a.O., S. 225.
9 *Wörterbuch der marxistisch-leninistischen Soziologie*, Berlin (Ost) 1969, S. 279. Das Wörterbuch übergeht die Kategorie der Öffentlichkeit und ersetzt sie durch den Begriff der öffentlichen Meinung. Schon dies verdeutlicht, wie unangenehm und unpassend das Theater für die Ideologen der führenden Partei letztlich war.
10 Lukács: *Der historische Roman*, a.a.O., S. 140.
11 Brecht: »Dialektische Dramatik«, in: *Schriften. Über Theater*, a.a.O., S. 127
12 Benno Besson, in: Fred Düren: *Ich muss ja den Weg gehen, den ich gehen kann*, hrsg. v. Karl-Heinz Müller, Berlin 2007, S. 150.
13 André Müller: a.a.O., S. 40.
14 »... ob das Theater antiquiert ist?« Ulrich Pietzsch (sic!) sprach mit Benno Besson, in: *NBI* 18/ 1965, S. 39.
15 André Müller: *Der Regisseur Benno Besson*, a.a.O., S. 40 ff.
16 Besson im Gespräch mit André Müller, in: *TdZ* 24/1965, S. 9.
17 Im Jahr 1967 erschien der Sammelband: Meyerhold, Tairow, Wachtangow: *Theateroktober*, hrsg, v. Ludwig Hoffmann und Dieter Wardetzky, Leipzig 1967. Das bisher vorherrschende vereinseitige und ahistorische Stanislawski-Bild wurde durch diese Edition erstmals kontextualisiert und historisiert. Besonders Meyerholds *Balagan*-Aufsatz und seine Ausführungen zu seiner *Revisor*-Inszenierung korrespondierten vorzüglich mit der Ästhetik Bessons.
18 Diese ungewöhnliche Titelei bedeutet nicht, dass Müller in den Handlungsablauf des Sophokles-Textes eingegriffen hätte. Der Titel betont nur, dass die Übertragung Müllers eine eigenständige poetische Leistung ist, weshalb die Inszenierung vom DT auch als Uraufführung annonciert wurde.
19 Heiner Müller schrieb einen *Elektra-Text* für diese Aufführung, der auf dem Eisernen Vorhang gemalt, den optischen Auftakt und den Schlusspunkt der Inszenierung bildete.
20 Zu den »experimentellen Inszenierungen« dieser Spielzeit gehören auch *Mann ist Mann* (Regie: Uta Birnbaum mit Hilmar Thate als »Galy Gay«) am BE und *Nathan der Weise* (Regie: Friedo Solter mit Wolfgang Heinz in der Titelrolle) am DT.
21 Interview mit Benno Besson: »Sinn für Unterhaltung – Sinn in der Unterhaltung.«, in: *Einheit* 3/1972, S. 302.
22 Rainer Kerndl, in: *ND*, 5. Februar 1967.
23 Besson in »Gespräch über Ödipus, Tyrann« am 10.April 1967 im Klubhaus »Erich Weinert« in Berlin-Pankow, in: Heiner Müller, *Sophokles. Ödipus Tyrann. Nach Hölderlin*, Berlin (Ost) und Weimar 1969, S. 98 ff. Diese Inszenierungsgespräche fußten auf einer festen Verbindung des Deutschen Theaters zum Kreiskulturhaus Pankow. »Es lädt die Bürger zu unseren Aufführungen ein. Es sind oft 80 bis 90 Personen, die mit uns danach diskutieren. Der Maurerlehrling, die Hausfrau, der Professor oder der Ingenieur für Atomkraftwerksbau, alle sind gleichermaßen interessiert und außerordentlich kritisch, manchmal sogar aggressiv.«, Ursula Müller, Leiterin der Werbeabteilung des DT, in: *ND*, 9. Juli 1968.
24 Heiner Müller: »Nach der Theatersituation in der DDR gefragt bin ich in einiger Verlegenheit« (1968), in: *HMW*, Band 8, a.a.O., S. 539 ff.
25 Ebd.
26 »Im Gespräch mit Heiner Müller« (wird häufig auch unter dem Titel: Heiner Müller: »Ein Brief« zitiert), in: *TdZ* 8/1975, S. 7. Das ist eine Abwandlung der Marxschen Handlungsanweisung für dialektisches Denken: »Kritik allen Bestehenden«.
27 Ruth Berghaus im Gespräch mit Peter Zacher, in: *Union*, 16. Juli 1986, zit. nach Sigrid Neef: *Das Theater der Ruth Berghaus*, Berlin (Ost) 1989, S. 60.
28 »*Elektra* ist eins der genialsten Werke unseres Jahrhunderts. Auch in der Musik ist so vieles versteckt und jetzt haben wir endlich die Kapelle und den

Dirigenten dafür. Die Art des Musizierens gestattet die Figuren anders zu führen, als wenn der Klang rauschhaft aus dem Graben kommt. (Das Orchester war auf der Bühne plaziert, da der Orchestergraben für das Strauss-Orchester zu klein war.) Es klingt anders. Die Musik analysiert oder beschreibt nicht nur die Figuren in ihrer Feindseligkeit, sondern sie signalisiert gleichzeitig Wünsche und Hoffnungen nach Zusammengehörigkeit, Müdigkeit des Zwangs nach Rache. Die kammermusikalischen Teile – man muss die Musik durchsichtig bekommen – können bestimmte Akzente setzen, Hoffnung auf Versöhnung setzen.«, Ruth Berghaus, in: Sigrid Neef: a.a.O., S. 59.

29 »Wagners Konzept der Verdichtung und Fokussierung von Imagination, Intellekt, Emotionalisierung soll ja gewohnte Wahrnehmungen unterspülen, Rezeptionsgewohnheiten, routinierte Wahrnehmungen unterlaufen, an verdrängte Schichten von Sensibilität und Emotion rühren. Mein Bedürfnis ist, diesen Sog zu brechen, zu stören und auch sichtbar zu machen, daß man ihn stört.«, Heiner Müller: »Angst und Geometrie« (1993), in: *HMW* Band 12, hrsg. v. Frank Hörnigk, Frankfurt/M. 2008, S. 377.

30 Bertolt Brecht: *Flüchtlingsgespräche*, Frankfurt/M. 2000, S. 31 f.

31 Vgl. Peter Hacks: *Versuch über das Libretto*, in: Peter Hacks: *Oper*, Berlin (Ost) 1975, S. 246 ff.

32 Heiner Müller, in: Sigrid Neef, a.a.O., S. 181.

33 Schon die Zweitinszenierung des *Auftrags* in Bochum signalisierte die Grenze der kommunikativen Sinnhaftigkeit des Verfahrens. Die Komposition *Der Mann im Fahrstuhl* von Heiner Goebbels nach dem Text von Heiner Müller und ihre szenische Realisation durch den Komponisten unter Mitwirkung des einverständigen Heiner Müller (Sprecher) auf dem Rockfestival Frankfurt/M. 1987 überschritt die Grenze der Verständlichkeit, denn »ich komponiere und füge die Musik nach dem »Wie« des Textes diesem zu, das »Was« spielt hierbei keine Rolle.« (Heiner Goebbels). Die Wahrnehmung des Textes wird dem Zuhörer radikal versagt. Textbrocken werden zu Transportmitteln der marktkompatiblen Selbstdarstellung der zweifellos herausragenden Gesangssolisten. Der Text ist beliebig geworden und hat die Trennung der Elemente nicht überstanden, das veritable und marktgängige Musikpotpourri schwemmt ihn hinweg.

34 Regie: Manfred Karge/Matthias Langhoff; Bühnenbild: Karl von Appen. Premiere am 13. April 1967.

35 Friedrich Schiller in einem Brief an Goethe vom 26. Dezember 1797 zitiert von Brecht am 9. Januar 1948 in: *Arbeitsjournal*, Berlin (Ost) 1977.

36 Manfred Karge/Matthias Langhoff: »Arbeitsbericht«, in: Bertolt Brecht: *Der Brotladen*. Stückfragment, Frankfurt/M. 1969, S. 64 f.

37 Rainer Kerndl, in: *ND*, 25. April 1967.

38 Vgl. Tragelehn: »Nachwort«, in: Bertolt Brecht: *Die Lehrstücke*, Leipzig 1978.

39 »Das beste Lob, das man dieser Uraufführung spenden kann ist das: Sie machte begreiflich, warum Brecht 1939 das Brotladen-Fragment von 1929/30 als den ›höchsten Standard technisch‹ bezeichnete.« Ernst Schumacher, *Berliner Zeitung*, 25. April 1967, zit. nach: Ernst Schumacher: *Berliner Kritiken*, Band 1, Berlin (Ost) 1975, S. 163.

40 Tragelehn: a a.O., S. 196.

41 Horst Ullrich (Leiter des Lehrstuhls Philosophie am Institut für Gesellschaftswissenschaften beim ZK der SED), in: *ND*, 2. Juli 1965.

42 Die elektronische »Revolution«, das »global village« der Massenmedien, die neuen Massenkommunikationsmittel erzeugten im konsumtiven Wohlbefinden breiter Massen eine neue Entfremdung, die bis heute anhält.

43 Hans Koch: »Die Kultur in der entwickelten sozialistischen Gesellschaft«, in: *WB* 10/1972, S. 35 f.

44 Ingeborg Münz-Koenen: »Das Werden einer neuen Kunst und die Eroberung ihres Gegenstandes«, in: *Revolution und Literatur*, hrsg. v. Werner Mittenzwei, Leipzig 1971, S. 327.

45 Walter Nowojski (Leiter des Bereichs Dramatische Kunst im Fernsehen der DDR), in: *ND*, 22. März 1972.

46 Alfred Kurella und Alexander Abusch, Ulbrichts Statthalter im Reich der Künste, wurden von Honecker und Genossen samt ihrem Mentor 1971 in die Polit-Rente

abgeschoben. Nur ihr Schüler Hans Koch focht vergeblich und unbeachtet wacker weiter, bis er 1986 erschöpft aufgab. Kurt Hager stand spätestens 1979 allein und verlassen, verraten und verkauft von den Genossen Künstlern an der Kulturfront auf verlorenen Posten. Die Partei konnte noch einzelne Restriktionen durchsetzen, bestimmen konnte sie die Kulturpolitik nicht mehr. Sie verfügte uneingeschränkt nur noch über die primitive Agitation und Propaganda in den Massenmedien.

47 *Zur Theorie des sozialistischen Realismus*, hrsg. v. Institut für Gesellschaftswissenschaften beim ZK der SED, Berlin (Ost) 1974, S. 761.

48 In diesem Spannungsfeld arbeiteten erfolgreich neben den Berliner Theatern allein die Schauspielensembles der Stadttheater in Potsdam (von 1965 bis 1970) und Magdeburg (von 1968 bis 1972). »Jedes dieser Projekte sollte uns zwingen, neue Darstellungsmittel zu erarbeiten oder in Vergessenheit geratene neu zu erproben, um jeglichen Naturalismus, der uns mit dem Geist der Knechtschaft an das Mittelmäßige fesselt, wirkungsvoll bekämpfen zu können.«, Heiner Maaß, der damalige Chefdramaturg 1976 in einen Brief an Fritz Mierau, in: Wladimir Majakowski: *Schwitzbad*, Leipzig 1982, S. 217. Auch das Schauspielensemble des Landestheaters Halle suchte zumindest in den Spielzeiten 1966/67 und 1967/68 einen unverstellten Blick auf die Stücke und einen spielerischen Zugang im Zusammenspiel mit den Zuschauern zu gewinnen. Natürlich gab es ein, zwei Inszenierungen pro Spielzeit an den vielen anderen Theatern, die sich vom konventionellen Spiel-Niveau unterschieden, profilbestimmend für das jeweilige Theater wurden sie allesamt nicht.

49 Das inszenatorische Verfahren der Vergegenwärtigung des alten Textes durch die Aktivierung seines einstmaligen explosiven Gehalts in Form und Inhalt kraft eines radikal gegenwärtigen Spielgestus wurde »als Beleg für einen immer forcierteren Vorstoß zu aktuellen, oftmals sehr gewagten und fragwürdigen Interpretationen« (Mittenzwei) verdächtigt. Die vergangenheitsgeschichtlichen Texte wurden mit gegenwärtiger Bedeutung aufgeladen. Die entscheidende Auseinandersetzung mit der »Zulässigkeit« dieses Verfahrens wurde angesichts der Aufführung von *Faust I* am Deutschen Theater 1968 geführt. Fred Dürens intellektuell verzweifelt-scheiternder Faust war durchaus vom Prager Herbst 1968 bewegt und erregt. Letztlich siegte das Theater, eine Absetzung war unmöglich, 118 sehr gut besuchte Vorstellungen sprachen für sich. Ähnliches geschah mit der Inszenierung *Die Räuber* an der Volksbühne 1971. Wiederum siegte das Theater. Das jugendliche Publikum war begeistert.

50 Georg Klaus: *Spieltheorie in philosophischer Sicht*, Berlin (Ost) 1968, S. 55 f.

51 *Brecht-Dialog 1968: Politik auf dem Theater*, Berlin (Ost) 1968, S. 217 ff.

52 Stellvertretender Intendant und Verwaltungsdirektor der Volksbühne von 1969 bis 1979.

53 Langjähriger Dramaturg von Benno Besson und Chefdramaturg der VB von 1969 bis 1974.

54 Öffentliches Gespräch mit Benno Besson am 17. November 1987 in der AdK der DDR, Ltg. Robert Weimann, in: *MzT* Nr.217, Berlin (Ost) 1988, S. 78.

55 Heiner Müller: *Waldstück*. In: Ders.: *Shakespeare Factory I*, Berlin (West) 1985, S. 156 f. Der neue Titel war erforderlich, da Winterlich sich von der Fassung der VB distanziert hatte und sein eigenes Stück »Horizonte« grundsätzlich zurückzog.

56 Ebd., S. 122.

57 Achim Dippe, in: *ND*, 30./31. Mai 1971.

58 Vgl. André Steiner: *Von Plan zu Plan*, München 2004, »Die Wachstumskrise 69/70 und die politischen Folgen« (Kapitel 4, Abschnitt 6) und Gerhard Naumann/ Eckhard Trümpler: *Von Ulbricht zu Honecker 1970 – ein Krisenjahr der DDR*, Berlin (Ost) 1990.

59 »Die Arbeit der Volksbühne in den letzten Spielzeiten, angedeutet schon in Bessons ›Horizonte‹-Inszenierung, verfolgt als einen Hauptaspekt, den Schauspieler als verantwortlichen Final-Produzenten in seine Rechte wieder einzusetzen, seine ›Mündigkeit‹ zu behaupten. Diesem Anspruch dient die Inszenierung ›König Hirsch‹«, Martin Linzer: »Einige Aspekte der Aufführung von Gozzis ›König Hirsch‹ an der Volksbühne«, *TdZ* 3/1972, S. 17.

Die künftigen Protagonisten, ihre Schule und ihr Theater

Viele Schauspieler und Schauspielerinnen der Generation der zwischen 1940 und 1950 Geborenen entdeckten in der Volksbühne ein dynamisches, sich ständig veränderndes Theater, in dem sie das, was sie in ihrer Ausbildung erlernt hatten, endlich praktisch anwenden und weiterentwickeln konnten. Die Attraktivität der Volksbühne basierte auf der einfachen Grundthese, dass sich in der *langen Geschichte* des Theaters ein nahezu unerschöpflicher Erfahrungsfundus angesammelt hatte, den es praktisch zu nutzen galt. Bis zu Beginn der sechziger Jahre wurden die Schauspielstudenten an den drei staatlichen Schauspielschulen des Landes[1] in ihren Szenenstudien weitgehend in den Unarten illustrativen Nachahmens und Idealisieren des Seienden unterwiesen und dabei einseitig ins psychologisch kleinteilige Einfühlen oder in eine heroisch-pathetische Theatralität getrieben. Doch da sich durch die Inszenierungen von Besson am DT die Schauspielkunst in einer bis dahin unbekannten Weise als Theater-Spiel zeigte, wurde die Lust am Spiel und das dafür unerlässliche darstellerische Handwerk entideologisiert und als das Grundlegende begriffen. Die Berliner Schauspielschule nahm die Herausforderung an, unbelastet von der ideologisch verschnittenen und deutsch getrimmten Schauspielpädagogik Stanislawskis im internationalen Austausch nach den pädagogisch vermittelbaren Grundlagen des Schauspiels zu suchen.

Das DDR-geläufige »Stanislawskisystem«, offizielle Grundlage aller schauspielpädagogischen Arbeit[2], wurde in den Jahren von 1961 bis 1975 in Schöneweide enttheoretisiert, was praktisch eine radikale Entpsychologisierung der Ausbildung bedeutete. Die Schule wurde von der Lehrerschaft aus dem Grundlagenunterricht heraus geleitet und strukturiert und von den Studenten erfahren. Das schauspielerische Grundlagenseminar war das integrative Zentrum des gesamten Unterrichts. Lehrer wie Schüler begegneten sich auf der Basis gemeinsamen Wissens über das methodische Zentrum der Ausbildung. So entstand ein fachlich begründetes Vertrauen zueinander.

Die Voraussetzung für diesen erfolgreichen Umbau der Schule war die relative Eigenständigkeit des neuernannten Direktors Rudolf Penka und die ihm zugestandene Freiheit, Lehrkräfte nach seinem Dafürhalten zu engagieren. Diese Umstellung war unumgänglich, weil der Bau der Mauer am 13. August 1961 die personelle Situation der

Staatlichen Schauspielschule schlagartig veränderte, da eine Reihe von Dozenten in den westlichen Sektoren Berlins (West) wohnten und einen berufsbedingten Umzug nach Berlin (Ost) ablehnten. Die Schule rekrutierte von nun an ihre Lehrer überwiegend aus jungen, methodisch interessierten und begabten eigenen Absolventen mit einigen Jahren künstlerischer Erfahrungen in der Theaterpraxis, und der Lehrbereich Spracherziehung wurde mit jungen diplomierten Sprecherziehern ohne einer bestimmten theaterpraktischen oder -ästhetischen Präferenz besetzt.[3] Wer zur Schulphilosophie passte, wurde angesprochen, ausprobiert, einbezogen und blieb zumeist jahrelang der Schule verbunden.

> Die Schule war pluralistisch, sie nahm sich von Stanislawski und von Brecht, was produktiv erschien, und es arbeiteten Dozenten, die aus den unterschiedlichsten Theaterrichtungen kamen: Langhoff- und Heinz-Schüler, die dem psychologischen Realismus des Deutschen Theaters nahestanden, Leute aus dem Berliner Ensemble, Vertreter des epischen Theaters also, Lehrer, die vom formbewussten Komödianten Besson inspiriert waren, und jeder entwickelte, die Vorbilder verwertend, seine eigene Methode. Das war ungewöhnlich für Schulen in diesem Land, erstaunlich dogmafrei, offen für Individualität und Entdeckerlust, und es war ganz einfach die bessere Vorbereitung auf die Theaterpraxis. Wobei die unterschiedlichen Richtungen auf einem starken Fundament ruhten und von ihm zusammengehalten wurden: Das war das Grundlagen-Seminar, das von Rudolf Penka entwickelt, von anderen übernommen und weitergeführt worden war. Was in diesem Seminar methodisch (und ethisch) angelegt wurde, war kräftig genug, dass es noch in den mehr ästhetischen Diskussionen der höheren Studienjahre als Orientierung dienen konnte. Die Zentrifugalkräfte behielten Verbindung zum Zentrum.[4]

Ausschlaggebend für das Gelingen war die Personalunion von Direktor und praktizierendem Schauspiel-Pädagogen.

> Er [Rudolf Penka; ThW] meinte, jedes darstellende Talent entwirft spielend vieles. Aber das WIE er WAS tut, das ist ihm nur selten bewusst. Er muss jedoch durch das Bewusstsein gehen, (durch Beschreibungen, Rückmeldungen), sonst wird Gefundenes vergessen, ist oft nur einmalig, zufällig. Dieses »WIE« ist

> wichtiger Bestandteil beim Fixieren innerer Prozesse. Bewusst gemacht werden müssen auch die Widersprüche, der Kampf der Motive, das Entscheiden. Bewusstwerden soll, dass Gedanken, Gefühle, das Handeln »transparent« werden müssen über Körper und Sprache. (Das Wort ließ Penka in Improvisationen nie als Kommentar zu, nur als die Handlung vorantreibendes Element.) Penka: »Den Weg über das Bewusstsein erspare ich keinem« – in einem gewissen Spielabschnitt. Ihm war durchaus klar, dass dadurch zeitweise Verkrampfungen entstehen können. Er bestand jedoch darauf: je besser über »Handwerk« verfügt wird, desto besser gelingt das, was schauspielerisch beabsichtigt wird. Das sei dann zwar noch keine »Kunst«, aber die methodische Basis, deren sich die Studenten später relativ sicher sind, auf der sie aufbauen können in der Theater-Praxis. »Bewusstes wieder ins Unbewusste sinken zu lassen, ergibt sich mit zunehmender handwerklicher Kompetenz«. Penka unterband im Grundlagenstudium jeden Leistungsdruck. Ziel war, einen angstfreien Raum schaffen zum Ausprobieren eigenen Vermögens und Erlernens und Erfahrens neuer Möglichkeiten des schauspielerischen Handelns. Seine Absicht war, den Schauspielstudenten zu befähigen, nach dem Grundlagenseminar im Szenenstudium eigene Vorschläge vorstellen zu können, eine dramatische Situation spielerisch zu entschlüsseln, Eigenständigkeit (und Kompromissbereitschaft) gegenüber dem Dozenten/Regisseur zu beweisen.[5]

Die Studenten jener Aufbruchsjahre spielten in wichtigen Inszenierungen des DT und des BE mit, im *Frieden* tänzerisch/chorisch gefordert, in *Unterwegs* jugendlichen Episodenrollen sperrige Unmittelbarkeit sichernd und in *Brotladen* wiederum chorisch agierend. Die studentischen Studioinszenierungen *Mann ist Mann* (1964), *Der Mond von links* (1965) und besonders eindrucksvoll die Uraufführung *Das Märchen vom Schuhu und der fliegenden Prinzessin* (1966) überzeugten durchweg die Theaterkritik und begründeten den guten Ruf der Schule für Jahrzehnte:

> Wie die Schauspielschüler vor etwa zwei Jahren Brechts »Mann ist Mann« präsentierten, das war sehenswert und nicht weniger sehenswert ist die Art wie sie das Märchen von Hacks präsentieren.[6] Da gibt es aber nicht nur diese großen artistischen Szenen mit ihrer Mischung aus Pantomime, Akrobatik, Parodie,

> die man zuerst nennt, weil sie den Haupttenor der Aufführung bestimmen. Da gibt es auch Haltungsbeobachtungen, gestisches Material an allen Personen. Da zeigt vor allem Hermann Beyer [...] ganz präzise die Entwicklung des Schuhu ... zuerst kükenhaft-täppisch ... und immer kräftiger und bewußter, hartnäckig sein Ziel verfolgt und im Trennungs-Liebeslied eine poetisch verinnerlichte Situation mehr als nur äußere Haltungen.[7]

Unübersehbar trat eine weltgierige, uneingeschüchterte, ideologisch unkorrumpierte Kohorte von schauspielerischen Talenten auf und musterte das Theater im Lande und die Dramatik der Zeit, um herauszufinden, was sie auf und mit dem Theater veranstalten könnte.

Sie hatten viel erlebt, hineingeboren in ungeheure historische Umbrüche. Aufgewachsen unter Umständen wie keine Generation vor ihnen in Deutschland, reich an einzigartigen historischen Erfahrungen, drängte es sie in die Öffentlichkeit.

Sie sahen großartige Schauspieler vor sich.[8] Und doch, so artistisch hochgetrieben Ekkehard Schall und Hilmar Thate im *Ui*, *Coriolan* und *Mann ist Mann*, Eberhard Esche im *Drachen* auch gespielt hatten, so einzigartig Fred Düren mit Besson seine Figuren des Tartüff, des Trygaios und des Ödipus entwarf, so sehr Rolf Ludwig verwandlungsmächtig als Drache verblüffte, so waren es allesamt Figuren längst vergangener Zeiten, kunstvoll gespielt, aber fern. Die einzig gewichtige und schauspielerisch überzeugend gestaltete Gegenwartsfigur war der Sauhirt Moritz Tassow des Jürgen Holtz. Diese Figur sprach von ihren Lebensumständen, vom gesellschaftlichen Scheitern des sozialistischen Aufbruchs 1945 in der SBZ.

Doch mit diesem Stück verabschiedete Hacks sich programmatisch-prononciert vom Gegenwartsdrama und außer den indizierten Texten von Müller war der Vorrat an ernsthaften Gegenwartsstücken aufgebraucht.[9] *Der Lohndrücker*, *Die Umsiedlerin* und *Der Bau* wären für die jungen Schauspieler geeignet gewesen, ihre sozialen Erfahrungen, ihre Fragen an die deutsche Geschichte und vor allem an die Zukunft ihrer Gesellschaft lauthals auszusprechen und ihre Ansprüche an eine sozialistische Gesellschaft anzumelden.

Die Ereignisse der Jahre 1967 und 1968 konnten solche Hoffnungen schüren, schien es doch, als ob die starre Konfrontation der beiden Machtblöcke enden könne, sich die Fronten des Kalten Kriegs auflösen würden. Die jungen Arbeiter, Studenten und Schüler, die erste Nachkriegsgeneration in Ost und West, stellte die europäische Nachkriegsordnung in Frage. Sie rebellierte gegen alle Formen staatlicher Repressionen. Im »Pariser Mai« und im »Prager Frühling« kulminierten die europäischen Geschehnisse. Tief beeindruckt von Frantz Fanons radikalem Aufruf an die »Verdammten dieser Erde« und dem Sieg der kubanischen Revolutionäre, erhofften sie sich – auch angesichts der sich abzeichnenden militärischen Niederlage der USA in Vietnam – von den Befreiungskämpfen in der Dritten Welt eine weltweit sich ausbreitende revolutionäre Energie, die auch die europäischen Verhältnisse umstürzen sollte. »Seit seiner Geburt ist es für ihn [dem »verdammten kolonisierten Ding«; ThW] klar, daß diese sperrige, mit Verboten gespickte Welt nur durch die absolute Gewalt in Frage gestellt werden kann.«[10]

Doch ein realistisches Denken musste dem »Pariser Mai«, eingedenk der Pariser Commune von 1871 und der russischen Revolution von 1905, jegliche Kraft zur Revolutionierung der Gesellschaft und der Vernichtung des bürgerlichen Staatsapparates von vornherein absprechen. Die Überführung in den allgemeinen bewaffneten Volksaufstand, das lehrte schon die bürgerliche Revolution 1848 in Deutschland, war unumgänglich und nicht mit ein paar Nächten Barrikadenkampf im Pariser Studentenviertel abgetan. Der »Prager Frühling« hinwiederum scheiterte an der von seinen Protagonisten ausgelösten und bald nicht mehr von den Reformern beherrschbaren außenpolitischen Dynamik. Prag wurde zum Spielball der feindlichen Großmächte und ihrer jeweiligen Bündnisse. Aber auch der politische Generalstreik fand nicht statt, die bürgerliche Klasse Frankreichs verweigerte sich und der demokratische Sozialismus, erdacht von den kommunistischen Reformern, zerschellte am militärischen Einmarsch der Warschauerpaktstaaten. Desillusioniert nahmen die europäischen Marxisten Abschied von der Idee einer sozialistischen Revolution in den hochindustrialisierten Gesellschaften. Auch die »Große Kulturrevolution«, letzter Versuch, einen gesellschaftlich autonomen, basisdemokratischen Freiheitsraum innerhalb des kapitalistischen Systems zu erringen, scheiterte und verzog sich in die sektiererischen Hinterzimmerzirkel und in die diversen privaten Ateliers. Die öffentliche Schlacht mit der parteidiktierten Kunst und mit der kulturindustriell verwursteten Pop-Kultur war verloren.

In diesem dramatisch aufgewühlten und durchgerüttelten internationalen Umfeld schien die DDR eine vergleichsweise ruhige Insel zu sein: »Ohne Übertreibung lässt sich konstatieren, dass die DDR eine deutsche Gesellschaft minus 1968 war.«[11] Hier gab es zwar keine aktivistischen »Achtundsechziger«, keine gewaltsamen Demonstrationen wie in Polen und schon gar keinen gesellschaftspolitischen Gezeitenwechsel in der führenden Partei selbst wie in der ČSSR. Und dennoch:

> Berlin (ADN-Korr.). Vor dem Berliner Stadtgericht wurde vom 21. bis 28. Oktober in zwei Prozessen gegen sieben Bürger verhandelt, die wegen staatsfeindlicher Hetze angeklagt waren. Hierbei handelt es sich um den 19jährigen Frank Havemann und den 16jährigen Florian Havemann, den 23jährigen Thomas Brasch, die 18jährige Rosita Hunzinger, die 20jährige Sanda Weigl, die 18jährige Erika-Dorothea Berthold und den 18jährigen Hans-Jürgen Uzkoreit. So gaben die vor Gericht Stehenden zu, Flugblätter hergestellt und verbreitet zu haben, mit denen sie die auf die Festigung des Friedens gerichtete Politik unseres sozialistischen Staates diskriminierten und zu staatsfeindlichen Handlungen aufriefen. Zu ihrer gegen die sozialistische Ordnung in der DDR gerichteten Haltung wurden die Angeklagten von Robert Havemann und Wolf Biermann systematisch inspiriert. Sie wurden, zu folgenden Freiheitsstrafen verurteilt: Rosita Hunzinger: 2 Jahre, 3 Monate; Sanda Weigl: 2 Jahre; Thomas Brasch: 2 Jahre, 3 Monate; Erika-Dorothea Berthold: 1 Jahr, 10 Monate; Frank Havemann: 1 Jahr, 6 Monate; Hans-Jürgen Uzkoreit: 1 Jahr, 3 Monate. Im Falle des 16jährigen Florian Havemann beschloß das Gericht jugenderzieherische Maßnahmen.[12]

Die sozialistischen Grundgedanken des Prager Frühlings konnten auch in der DDR nicht getilgt werden:

> Mit der Überwindung der Klassenkampfgrenzen muß die sozialistische Gesellschaft schrittweise die repressiven Machtfunktionen ihrer Organe einschränken und liquidieren, die Politik entmonopolisieren, die staatsbürgerlichen Rechte und die freie Selbstbestimmung des Einzelmenschen wie der Nationen erweitern. [...] Der Sozialismus braucht nicht weniger, sondern mehr und realere Freiheiten als jede frühere Gesellschaft: Freiheit der Rede und der Presse, der Versammlung, der Vereinigung, der Bewegung, des Reisens usw.; er verlangt nicht weniger, sondern mehr und reale Rechte der Menschen: Recht auf Heimat, auf Arbeit und Bewährung, auf Bildung und Möglichkeit zur Entfaltung seiner Fähigkeiten, auf soziale Fürsorge und soziale Sicherheit, auf persönliches Eigentum, auf

> demokratische Vertretung, auf Verteidigung seiner Interessen und Teilnahme an den Entscheidungen – und zwar für alle Mitglieder der Gesellschaft.[13]
> Wir stehen derzeit vor der historisch noch nicht vollendeten Aufgabe, ein eigenes positives ökonomisches System des Sozialismus auszuarbeiten, in dem die Subjektivität der gesellschaftlichen Arbeit wirklich zur Geltung kommt. Das setzt die Befreiung der Betriebswirtschaft von der Vormundschaft des Staates voraus, wobei die Unternehmen als ökonomische Subjekte auf der Grundlage des Selbstverwaltungsprinzips konstituiert werden sollen. [...] Der Staat wird dann nicht mehr eingreifen, um die anderen Subjekte der Wirtschaftsdynamik zu ersetzen, sondern er wird die Bedingungen schaffen, unter denen die freie Wirkung der ökonomischen Interessen allen zum Nutzen gereicht und die gesamte wirtschaftliche Aktivität den Weg für den Strom von Anregungen frei macht, die von der modernen Wissenschaft Hand in Hand mit der Initiative der Werktätigen ausgehen können.[14]

Diese einen modernen Marxismus markierenden Ziele bestimmten in den nächsten zwanzig Jahren, ausgesprochen oder nicht, das marxistische Zukunftsdenken in den Gesellschaften der Warschauerpaktstaaten. Aber, und das war die täglich sich verfestigende schmerzliche Gewissheit, diese Ziele hielten zwar das kritische und dialektische Denken wach, mobilisierten aber keine politisch wirksam werdenden Massen. Die marxistische Theorie wurde nicht zur materiellen Gewalt. Politische Praxis und Gesellschaftstheorie waren unvereinbar und die Theorie flüchtete in die Kunst. Im Theater gewann die Theorie sinnlich greifbare Gestalt, wurde gegenständlich fassbar, konnte diskutiert werden, intern in den Probenprozessen und öffentlich in den sogenannten Zuschauergesprächen. Die Aufführungen wurden zu Nagelproben auf die kritische Kraft der Theorie, oftmals aber gerieten sie zum puren Anlass, um gesellschaftspolitische Sachverhalte zu verdeutlichen, verloren ihre spielerische Phantasie und wurden allzuschnell belehrend, fußgängerisch, ästhetisch stumpf. Das Gleichgewicht zwischen ästhetisch-sinnlicher Anschaulichkeit, künstlerischer Freiheit/Phantasie und zweckrationaler Sachbezogenheit war gestört.[15]

Hermann Beyer, Michael Gwisdek und Dieter Montag schließen in diesem historischen Spannungsfeld ihr Schauspielstudium ab und treten ihre ersten Engagements an.

Jürgen Holtz hatte nach der obligaten Tour durch die Provinz[16] den ersten großen Berliner Auftritt schon hinter sich und wartete seitdem sehnsüchtig und immer ungeduldiger auf ihn fordernde und fördernde Rollen. Der erste Auftritt als »Moritz Tassow« war ein szenischer Auftritt historischen Ausmaßes und Anspruchs gewesen. Plötzlich erscheint er (mittels einer aus der Unterbühne hochfahrenden Bühnenkassette) sehr weit hinten in der Mitte der Bühne, als ob er aufsteige aus dem Horizont hinter dem sich parallel zur Rampe hinziehenden mannshohen Getreidefeld und sich über die kleine Welt des Dorfes und seiner Äcker als Gesandter fremder Welten erhebe. Die szenische Metapher war klar: Da kam einer, der die zwölf schlimmen Jahre geschwiegen hatte, aus dem »Untergrund« ans Licht und über allem Irdischen schwebend kündete er die neue umstürzende Zeit.[17] Holtz wollte dem menschheitsbewegten, scheiternden Revolutionär Gestalt und Stimme geben. Er wollte der Clown nicht sein, auf den ihn Besson hinlenkte. Besson ging aus von der einfachen Erkenntnis, dies sei die einzige Möglichkeit, das Stück unbeschadet aufführen zu können. Ihm war es darum zu tun, die Komödie von vornherein eindeutig zu betonen, überzubetonen, denn nur mit diesem Kunstgriff glaubte er, Stück wie Aufführung so zu sichern, dass keine verhindernde Einsprache, kein Verbot in letzter Minute zu befürchten war. Doch das Unvorhersehbare, gerade die hohe, nahezu perfekte Kunstfertigkeit der Inszenierung wurde ihr zum Verhängnis. Der eklatante Gegensatz zwischen dieser künstlerischen Perfektion einerseits und der dadurch überscharf erscheinenden Imperfektibilität der Realität andererseits war zu viel der theatralischen Dialektik. Nach nur neun, freilich ausverkauften Vorstellungen musste die Aufführung auf ultimative Veranlassung der führenden Partei abgesetzt werden.[18]

Jürgen Holtz erinnerte:
Ich hatte ein ganz gespaltenes Verhältnis. Ich hatte einen Entwurf, als ich auf die erste Probe kam und wollte daraus noch mehr machen. Mir gefielen die Witze von Hacks nicht, das habe ich Benno Besson auch gesagt. Ich dachte bei dem Stück, man müsse dieses Überspringen der Zeiten, der Tassow will ja den Kommunismus sofort und unmittelbar, und sein Ende als ein tragisches Scheitern zeigen.

Die Zeit der Hoffnung hatte schon 1949 wieder geendet, die Erneuerung Deutschlands war durch die Teilung, den Kalten Krieg unmöglich geworden. Das sahen wir doch 1965. Die Visionen, die Utopien, alles, was wir uns vom Sozialismus versprochen hatten und was er uns verhieß, nichts davon löste sich ein. Ein »Moritz Tassow« ist in dieser Zeit nicht mehr denkbar, der vereinsamte Sozialist geht unter. Das ganze Projekt war gescheitert. Das wollte ich spielen.

Ich hatte das vorher Heiner Müller gezeigt und Müller sagte: »Das ist genial, aber das kriegst du nicht durch.« Wer aus der Emigration als Sozialist wieder nach Deutschland zurückgekommen war, geriet hier in der DDR in eine zweite Emigration, wenn er sich treu bleiben wollte. Das hab ich damals noch nicht so klar gesehen, aber gespürt und bald darauf, nach dem August 1968 war es klar geworden. Für mich war das ein sozialistischer Menschentypus, der untergehen musste und das ist eine Tragödie. Besson behauptete die Komödie mit einem für alle erträglichen flachen Ende. Ich war überhaupt nicht geneigt, diese Kompromisse zu machen, sondern wollte mit dem Kopf durch's Fenster. Aber was ist in der Kunst schon ein Kompromiss wert, den man erlaubt bekommt, den man zugestanden bekommt? Nach der Aufführung sprach ich mit Adolf Dresen und der sagte: »Es ist zu schwer, was du spielst, es ist nicht leicht genug.« – »Siehst du«, habe ich gesagt, »das Gefühl hatte ich auch, ich strenge mich viel zu sehr an.«

Wieck: Der Vorwurf interessiert mich, weil Ihnen das öfter in den Kritiken zu DDR-Zeiten vorgehalten wurde.

Jürgen Holtz: Der besteht zu Recht. Die Angestrengtheit resultiert aus einem inneren Kampf, dass man genau weiß, will man ein Stück Sozialismus durchsetzen auf dem Theater und das Theater behaupten, dann gibt es erstens einen inneren Kampf und man kann sich entscheiden und das bedeutet immer, dass man mit einem ungeheuren Kraftaufwand arbeiten muss, mit einem Bewusstsein. Aber das Bewusstsein ist die Kontrolle. Man verliert die Spontaneität, das Leichte, die Kunst.[19]

Bereits 1973 analysierte Jürgen Holtz unnachsichtig seine und seiner Kollegen kritische Situation in einem Theater der zunehmenden Beliebigkeit, eines abstrakten, eines konventionell vorgetäuschten Spiels:

> Theorie und Organisation des Theaters schaffen in ihrer Praxis bürgerliche, sogar feudale Anschauung nach innen, unbefriedigende, weil unwahre Abbilder sozialistischer Wirklichkeit nach außen. Dies wirkt unmittelbar auf die Entwicklung der Schau-

> spielkunst, auf schauspielerische Individualität. [...] Der Schauspieler ist nichts, es sei denn er ist ein politischer Schauspieler. Die Schauspielkunst ist nichts, es sei denn, sie ist politische Kunst. Politische Theaterkunst basiert auf beidem, vor allem anderen. Versteht sich eines der Teile als nur ausführend, nachvollziehend, büßt es das Beiwort politisch ein. Auch die Attribute groß, realistisch treffen nicht mehr zu. Es zieht die anderen Teile mit hinein, so auch die Zuschauer. Formalismus, Provinzialismus treten an die Stelle der Bereicherung des realistischen Fundus der Kunst, wenn Theaterkunst als Ganzes und in ihren gleichberechtigten Teilen nicht politisch definiert wird. Realismus und schauspielerische Individualität und Persönlichkeit als politische Qualitäten sind ohne Antizipation des Menschen und seiner Gesellschaft undenkbar. Der Schauspieler trägt diese Antizipation in sich. Sie ist in seiner Persönlichkeit so präsent wie in seiner Individualität besonders. Wird der Schauspieler beschnitten, verbogen, mißbraucht, so vor allem als politisches Wesen, so vor allem in seiner Intuition, Spontaneität und Antizipation. Und alle werden betrogen um den Realismus im Theater, den manche nicht verstehen, andere nicht mögen.[20]

Viele Schauspieler und Schauspielerinnen hielten sich aus all dem heraus, gehörte es doch zum Selbstverständnis des deutschen Darstellungsbeamten, allein der Kunst zu dienen, »befähigt allmählich, den Mantel nach jedem Winde zu hängen und dadurch fast zum Mantel werdend« (Friedrich Nietzsche) oder zu guter Letzt halt nur den Mantel zu wenden, Stanislawski nach außen und Brecht nach innen oder andersrum, wie's dem Regisseur halt zupass kam.

Andere hafteten am Theater, weil es ihnen ein zweites Leben im ersten Leben sicherte, indem sie ihre Konflikte mit und in dieser Gesellschaft transformieren und harmonisieren konnten in einem fiktiven Rollenleben, was sie einerseits gesellschaftlich privilegierte, andererseits künstlerisch gefährdete, da die »wirkliche Wirklichkeit« (Brecht) ihnen entglitt. Die Produzenten schauten sich selbst zu und die Zuschauer sahen ihnen zu, wie sie sich zuschauten – das Spiel war auf den Narzissmus zurückgeschraubt und das Theater brav kanalisiert.

Dies schien nun allem Vernehmen und Augenschein nach in einem Theater ganz anders zu sein und dahin drängten die Schauspieler, die sich nicht mit der (Theater-)Realität, wie sie war, abfinden mochten, unter ihnen Hermann Beyer, Michael Gwisdek und Dieter Montag.

1 Die Staatliche Schauspielschule Berlin, die Theaterhochschule »Hans Otto« Leipzig, zwischenzeitlich die Schauspielabteilung der Hochschule für Film und Fernsehen Potsdam-Babelsberg und ab 1968 die Staatliche Schauspielschule Rostock. Private Schauspielschulen und staatlich zugelassene private Schauspiellehrer gab es in der DDR seit 1950 nicht mehr.

2 Das Missverständnis des Stanislawski-Systems hatte seinen Ursprung in der anmaßenden Schrift von Ottofritz Gaillard*: Das deutsche Stanislawski-Buch. Lehrbuch der Schauspielkunst nach dem Stanislawski-System*, Berlin 1946. Gaillard schrieb das einzige übersetzte Werk Stanislawskis *Die Arbeit des Schauspielers an sich selbst, Teil 1*, (unter dem deutschen Titel *Geheimnis des schauspielerischen Erfolgs* in Zürich 1940 erschienen) ohne jede Kenntnis der Inszenierungen und Regiebücher Stanislawskis nach eigenem Gutdünken für den ost-deutschen Gebrauch um.

3 Sie sollten sich orientieren an dem Grundverständnis der Schule. »Der Schauspieler ist jemand, der mit der Sprache handelt, wenn er ein Anliegen hat, der seine (Spiel-)Partner beeinflussen will, mit dem, was er sagt und wie er spricht.«, Heinz Hellmich (langjähriger Schauspiellehrer an der Staatlichen Schauspielschule Berlin) im Gespräch mit ThW am 18. März 2008. Privatarchiv Th.Wieck.

4 Ulrich Engelmann, »Zur Schauspielausbildung an der ›Ernst Busch‹«, unveröffentlichtes Redemanuskript für eine methodische Konferenz der Hochschule für Schauspielkunst »Ernst Busch« Berlin zum schauspielerischen Grundlagenseminar 2006, S. 1. Privatarchiv Th. Wieck.

5 Veronika Drogi 2006 im Gespräch mit Thomas Wieck. Autorisierte Verschriftlichung im Privatarchiv Th. Wieck. Vgl. auch: Hannelore Monecke: »Improvisation als Lehrmethode. Die Grundlagenausbildung an der Staatlichen Schauspielschule Berlin«, in: *TdZ* 14/1968, S. 12 ff.

6 Günter Cwojdrak, in: *Die Weltbühne*, 18. Mai 1966.

7 Ingrid Seyfarth, in: *TdZ* 12/1966, S. 31.

8 Die Schauspieler beherrschten künstlerisch die Ostberliner Theaterszene jener Jahre. Auch Käthe Reichel konnte mit der Titelrolle in Strittmatters *Die Holländerbraut* am DT die Dominanz der Schauspieler-Riege nicht überspielen und Jutta Hoffmanns Spiel in Hammels *Um acht an der Achterbahn* war viel zu leichtgewichtig. Allein Inge Keller am DT und die seltenen Auftritte von Helene Weigel am BE bestanden neben den Leistungen ihrer Kollegen. Aber auch ihr Spiel war seit Jahren bekannt und geschätzt, neu war es nicht und hatte mit der Realität der sechziger Jahre wenig gemein.

9 Aus politischer Bedenklichkeit hielt Hacks seine sozialismustheoretisch gestimmte, »persisch« verfremdete Beamtentragödie *Prexaspes*, ein politisches Intrigenstück erster Güte, so lange verschlossen, bis sie anstands- und wirkungslos in der DDR gespielt werden konnte. Schlimmer noch ging er mit seinem karnevalistisch grundierten *Numa* um. Er rührte keinen Finger, dieses Stück auf das Theater zu bringen, das weder den Theatern im Westen noch der Zensur im Osten gefiel. Er widmete sich fürderhin einer eigenen, von ihm auf sein Maß zurechtgestutzten Welt und beschied sich gekonnt mit dem Unterhaltsamen und dem gründerzeitlich üppig ausgestatteten kunstvoll gefältet und reich drapierten Menschlichem an sich. Den Zeitgenossen wurde er uninteressant, was ihn nur bestätigte, denn die eben schätzte er nicht sonderlich.

10 Frantz Fanon: *Das kolonisierte Ding wird Mensch*, Leipzig 1986, S. 177.

11 Wolfgang Kraushaar: *1968. Das Jahr, das alles verändert hat*, München 1998, S. 313.

12 *ND*, 29. Oktober 1968. Der Urteilsspruch zielte auf Havemann und Biermann, denn die eigentlichen Täter wurden umgehend auf Bewährung freigelassen: »Wie die Staatsanwaltschaft von Groß-Berlin mitteilt, wurde den Personen Frank Havemann, Thomas Brasch, Rosita Hunzinger, Sanda Weigl, Erika-Dorothea Berthold und Hans-Jürgen Uzkoreit, die in zwei Prozessen in der Zeit vom 21. bis 28. Oktober zu Freiheitsstrafen verurteilt worden waren, gemäß § 349 der Strafprozeßordnung Strafaussetzung auf Bewährung zugebilligt, da die Verurteilten reuevolle Einsicht zeigten und dazu beitrugen, Klarheit über die Hintergründe der von ihnen begangenen Gesetzesverletzungen zu schaffen.« *ND*, 15. November 1968.

13 »Materialien für den außerordentlichen 14. Parteitag der KPČ 1968«, in: Radovan Richta und Kollektiv: *Technischer Fortschritt und industrielle Gesellschaft* (1968), dt.: Frankfurt/M. 1972, S. 203 f.

14 Radovan Richta und Kollektiv: »Für ein neues Modell des Sozialismus«, in: Radovan Richta und Kollektiv, a.a.O., S. 223 f.

15 Die Arbeit des Hallenser Theaters in den Jahren 1966 bis 1971 unter der Leitung von Gerhard Wolfram und Horst Schönemann verfing sich nach einem Auftakt, der die Freiheit des Spiels in den aufgeführten Komödien verheißungsvoll forcierte, bald in den Fängen der selbstgestellten Aufgabe, der WTR und ihrer Durchsetzung in der Wirtschaft der DDR theatralisch unter die Arme zu greifen. Mit den zwei Theaterabenden *Anregung I* und *II* sollte das gelingen und die Parteipresse würdigte das Vorhaben gebührend und ungewollt in seinem ästhetischen Scheitern: »Hier werden Erfahrungen vorgeführt und kommentiert, die auf Sozialisten gemäße Haltungen zielen: parteiliches Auftreten, prognostisches Denken, Sachlichkeit, Offenheit und Konstruktivität der Ansichten.« (Werner Pfelling, in: *Junge Welt*, 15. Mai 1969. Mit diesen Kritierien pflegte die führende Partei den erfolgreichen Verlauf ihrer Versammlungen und Beratungen zu verkünden. Zweifellos war die Inszenierung *Horizonte* davon frei, aber sie beredete nur das Problem der WTR und umging ihre internationale Dimension. Die WTR entwertete schlagartig die herrschende Produktionsweise der sozialistischen Gesellschaften. Jetzt war guter sozialistischer Rat teuer im wahrsten Sinne des Wortes!

16 In der sogenannten Provinz, im Stadttheater Greifswald, konnte Holtz zusammen mit Adolf Dresen und einem gutaufeinander eingestimmten und miteinander spielenden Ensemble 1964 in zwei Inszenierungen sowohl einen aufsehenerregend »clownesken« Hamlet als auch einen bestürzend arglosen, durch und durch kleinbürgerlichen gleichsam naturwüchsigen Opportunisten und keineswegs, wie üblich, einen verschmitzt-listigen plebejischen »Schwejk« in Brechts *Schwejk im II. Weltkrieg* spielen.

17 So meine Erinnerung. Schumacher beschrieb den Auftritt ähnlich: »Groß seine Epiphanie, sein panhaftes Auftauchen über sommerlichen Feldern.« *Berliner Zeitung*, 5. Oktober 1965.

18 Vgl. Gunther Nickel/Ronald Weber: *Dokumente zu »Moritz Tassow«*, in: *Argos*, Mitteilungen zu Leben, Werk und Nachwelt des Dichters Peter Hacks, Neuntes Heft, März 2012, hrsg. v. Gunther Nickel, Mainz 2012.

19 Jürgen Holtz in einem unveröffentlichten Gespräch mit Thomas Wieck am 24. Mai 2014.

20 Jürgen Holtz: »Wie ist das bei uns?«, in: *TdZ* 6/1973, S. 5 ff.

»Es ist fast unmöglich, die Fackel der Wahrheit durch ein Gedränge zu tragen, ohne jemanden den Bart zu versengen.«[1]

Hermann Beyer, Michael Gwisdek und Dieter Montag im Gespräch

Thomas Wieck: Wann hast Du etwas von dem Autor Heiner Müller gehört und wie kamst Du an die Volksbühne?

Hermann Beyer: Wir hatten einen Lehrer an der Oberschule, der uns immer ins Berliner Ensemble geschickt hat: »Das müsst ihr euch angucken!« Dann gab es eine Aufführung im Kulturhaus Ludwigsfelde: Hagen Müller-Stahl hatte mit Studenten der Bezirksparteischule der SED in Kleinmachnow *Zehn Tage, die die Welt erschütterten* aufgeführt. Anschließend war ein Gespräch mit Heiner Müller. Da habe ich ihn das erste Mal gesehen und dachte: Mann, ist der hässlich! – Ob ich schon was gehört hatte von ihm, weiß ich nicht. Aber ich weiß noch, wenn irgendeine Kritik in dem Gespräch kam, erklärte Müller immer, warum er gerade das gut findet. Und in der 10. oder 11. Klasse habe ich die Inszenierung von *Lohndrücker* gesehen. Im Maxim-Gorki-Theater. Und fand das erstaunlich. Da gab es ja diese vielen »Produktionsstücke« und ich habe mich gewundert, wieso die mich nie interessiert haben, ich aber über die Jahre immer wieder in dieses *Lohndrücker*-Heft geschaut habe, das ich mir besorgt hatte. Mich hat das sehr interessiert, ohne mitzukriegen, was das Stück bedeutete. Das kam erst, als Müller das selbst inszenierte, 1988. Schon die erste Arbeit noch als Schauspielstudent am Theater, am Deutschen Theater, war mit Problemen beladen. Eine Bearbeitung des Rosow-Stückes *Unterwegs*, übersetzt von Günter Jäniche, bearbeitet von Inge Müller.

Wieck: Da wart ihr Studenten als Kleindarsteller dabei?

Beyer: Naja, wir hatten Texte. Ich kenne ja heute noch Texte! »Das ist ja reines Nietzscheanertum!« Und Dieter Mann musste sagen: »Hast du Nietzsche gelesen?« und ich musste sagen: »Ich bin doch nicht blöd!« (Lachen) ... Wir waren fünf Studenten, die in der Inszenierung drin waren. War ein großer Erfolg. Da sind wir ja sogar in den Westen mit gefahren! Das war eines der ersten Gastspiele nach dem Mauerbau. Das war Herbst 1965, das Gastspiel war in Frankfurt/Main.[2] Ich bin nicht mitgefahren.

Wieck: Aus Protest gegen den Westen?

Beyer: Nee, weil sie Christiane Krätschell, eine Pfarrerstochter in meinem Studienjahr, nicht mitgenommen haben.

Wieck: Da bist du natürlich auch nicht mitgefahren ...

Beyer: Da haben mich alle für verrückt erklärt. Das hat über Brigitte Soubeyran Wolf Biermann erfahren und hat mir als Ersatz für die Westreise *Die Drahtharfe* geschenkt. Die schwarze Ausgabe. ... »Ich habe mit Freude von Ihnen gehört ... als Ersatz für Ihre Westreise ...«

Wieck: Na, das war ja schon Konterbande.

Beyer: Du, im Nachhinein ... An die Schule habe ich geschrieben: Ich habe ja keinen Vertrag am Deutschen Theater und ich finde das nicht in Ordnung, dass eine junge Kollegin nicht mitfahren darf ... Sie hätten mir, wenn sie gewollt hätten, 'nen Strick draus drehen können und mich rausschmeißen können. Das ist mir allerdings erst später klar geworden. Ich war so sicher, dass ich das mir leisten kann. Und es ist auch dann kein Thema mehr gewesen. Sie haben mich nur alle für verrückt erklärt. Ich hätte gut und gerne nach dem Studienende im Sommer 1966 mit einer Gruppe meines Studienjahres und der Berliner Schauspieldozentin Carla Hoffmann mit nach Parchim gehen können ... Wie Rudolstadt für die Filmhochschule Babelsberg, war Parchim das Provinz-Theater, das von der Schauspielschule immer wieder neu bestückt werden musste. Da gingen mit: Klaus-Jürgen Steilmann, Renate Krößner, Christiane Krätschell, Peer Jäger, Bettina Mahr und Günther Kurze. Alex Lang, Jenny Gröllmann, Ekke Müller und ich zu Wolfram Krempel, der war da Oberspielleiter. Krempel hatte ein paar Sachen mit uns gemacht, u. a. *Marquis von Keith*. Dabei wusste ich, ich kann mit Krempel nicht. Aus Karrieregeilheit, ich hätte ja nein sagen können, blieb ich in Berlin und ging ans Gorki.

Wieck: Deine erste Rolle war in Frischs *Don Juan oder die Liebe zur Geometrie*?

Beyer: Das war meine erste Rolle, zum Leidwesen von mir. Alex Lang die Hauptrolle, ich der kleine Freund, über den sich nur lustig gemacht wurde. Das war der Renner.

Wieck: Das Gorki-Theater war voll!

Beyer: Dann kam zwar, Gott sei Dank, Kurt Veth.[3] Das hat mich ein bisschen gerettet ... *Der Uhrmacher und das Huhn* war 'ne gute Aufführung, aber er blieb nicht lange und ich wollte unter keinen Umständen mehr am Gorki bleiben. Das waren Leute, die waren zwischen 35 und 45 Jahre. Und die hatten schon alle ihre Häuser, hatten Bars eingerichtet – ich hab das nicht gesehn, es wurde erzählt ...

Wieck: Du hast aber dort noch erlebt, dass Simmgen[4] sich mit *Horizonte* beschäftigt hatte. Denn das war ja geplant am Gorki-Theater.[5]

Beyer: Das ist mir nicht bekannt. Ich weiß nur, dass sich Hetterle[6], was Müller anbetraf – habe ich so ein Gespräch mitgehört –, dass der Müller so faul sei, dass er nicht geliefert hätte. Erinnere ich mich richtig, ging es da aber um *Weiberkomödie*. *Horizonte* lief an der Volksbühne, da bin ich nicht hin ... Simmgen kam von der Aufführung und erzählte: So geht's nicht! Und dadurch bin ich blöder Hund nicht in *Horizonte* gewesen. Obwohl ich wusste, dass Benno der Einzige ist, der diese Volksbühne bespielen kann. Wir hatten ja *Moritz Tassow* ... von den wenigen Vorstellungen habe ich zwei gesehen. Was ein Phänomen war. Da tauchte ein Mensch auf, den ich noch nie gesehen hatte: Jürgen Holtz. Eine ganze Phalanx von Schauspielern, die weder davor noch danach am Theater so gut waren.

Ich wollte weg, hatte Hetterle signalisiert, dass ich mich mit dem Gedanken trage wegzugehen, wisse nur noch nicht wohin. Und wir hatten bei Lothar Bellag an der Schauspielschule Szenen aus *Pauken und Trompeten* gemacht. Jenny Gröllmann als Viktoria, ich als Käptn Plume und in einer anderen Szene als Sergeant Kite mit Stefan Schütz und Christiane Krätschell. Wir hatten das einmal schon am BE vorgesprochen, als die für die Johanna[7] eine Darstellerin suchten.

Ich weiß noch, wie ich Schall in der Marienstraße traf; er kam volltrunken aus der »*Möwe*« und sagte: »Ich hab dir doch gesagt, du sollst dich bei mir melden! Durchgefallen biste! Durchgefallen biste!« ... Wekwerth war nicht da, nur Tenschert.[8]Deshalb habe ich auf Tenschert immer einen Rochus gehabt. ... Ich: »Herr Schall, wir waren ja gar nicht meinetwegen da, sondern wegen Jenny.« – »Durchgefallen biste! Durchgefallen biste!« – Schall wollte damals, dass ich ans Berliner Ensemble komme.

Am DT haben wir vorgesprochen, weil Uta Birnbaum wollte, dass Stefan Schütz und ich ans Deutsche kommen und ich weg vom Gorki. Ich hatte im Selbststudium »Richard Gloster«: »Winter unsres Missvergnügens, glorreicher Sommer durch die Sonne Yorks« ... Lawrence Olivier vor Augen, aus dem Film. Dann bestellte mich Wolfgang Heinz hoch in die Intendanz und sagte: »Junger Freund, ich würde sie nicht engagieren. Aber meine Regisseure wollen, dass Sie kommen. Und ich höre auf sie.« Und dann hat er mir eine Dreiviertelstunde vorgespielt, wie ich den Richard hätte spielen sollen. Es war offen. Offenbar war Dresen für mich, Solter auch. Und plötzlich kriegte ich ein Schreiben von Peter Kupke[9] aus Potsdam. Ob ich mir vorstellen könne, zu ihm nach Potsdam zu gehen. Dazu kommt noch: Ich hatte Solter gebeten, dass er mich berät; wie er das einschätzt für mich am DT. Solter sagte: Siegfried Höchst kommt zurück zu uns; ich rede nicht von Talent, aber wenn ich die Wahl habe, werde ich Siggi Höchst besetzen. – Und das war der entscheidende Punkt für mich, dass ich mich gegen das DT entschieden habe und zu Kupke ging, was aber auch 'ne Katastrophe war am Anfang. Und trotzdem mein Glück: weil ein halbes Jahr später war Perten Intendant am DT.[10] Da hab ich drei Kreuze gemacht. Das wäre nicht gut gegangen. Mit Sicherheit.

Wieck: Du sagst immer, dass du gleich mit deiner ersten Arbeit in *Egmont* mit der Titelrolle auf die Fresse gefallen bist ...

Beyer: ... aber wie!

Wieck: Naja, ich hab es ja gesehen.

Beyer: Manfred Dietrich, damals Regieassistent in Potsdam, sagt auch, das war nicht schlecht. Ich weiß nur, dass ich viel gearbeitet habe, auf den Proben und auch zu Hause. Für mich war das gut und wichtig. Aber ich hatte das Gefühl während der Vorstellung: Die wollen nicht, dass ich hier auf der Bühne stehe! Die da unten sitzen.

Wieck: Die hatten ein anderes Bild vom »Helden« Egmont. Horst Drinda[11] haben die vielleicht sehen wollen ... Dagegen warst Du natürlich eine radikale Fehlbesetzung. Aber die eigentliche Fehlbesetzung war der »Oranien«.

Beyer: Da ist ein bisschen was dran.

Wieck: Du hast dich an dem unnütz abgearbeitet. Aber im Großen und Ganzen wart ihr in Potsdam schon eine potente Truppe, viele von euch sind ja auch bald in Berlin angekommen, du ja auch.

Beyer: Kollegen aus Potsdam hatten mir erzählt von einem Mann, von Fritz Marquardt. Und das sei einfach das Größte. Auch Uta Birnbaum hatte uns während des Studiums an der Schauspielschule Berlin erzählt: »Für mich ist das nichts, aber ihr müsst nach Babelsberg gehen, da inszeniert ein Mann, Marquardt ...« Ich hatte für mich im Kopf: Wenn ich den Marquardt treffen könnte, kennenlernen könnte! Und dann war ich mit Renate Krößner in einer Aufführung des Hans-Otto-Theaters Potsdam, die in Berlin gastierte. *Sturm* von Bill-Bjelozerkowski. Das hatte ich noch mit Ernst Busch gesehen am DT in der Inszenierung von Wolfgang Langhoff. Es war riesig beeindruckend für mich. Busch spielte die Hauptrolle. Und zwischen den Szenen spielten sie über Band die Eisler-Lieder »Vorwärts, vorwärts Bolschewik« und »Linker Marsch«. Und dann trat einer auf ... es war in einer Auseinandersetzung mit einem der Konterrevolutionäre ... plötzlich war da eine Figur, die windet sich und schreit »Iiiiiiiiaaaaahiiii«. Wir horchten auf: Wer ist das?! – Das war Fritz! Ich habe ihn später gefragt, was er gesagt hat. »Ibrahim!«, nur dieses Wort. – Dann stand eines Tages Berndt Renne [12] vor meiner Berliner Wohnung: »Marquardt will mit dir was machen!« Fritz hat mich in die Volksbühne bestellt, wo gerade die Generalprobe von *König Hirsch* lief. In der Pause war Fritz weg, weil er stinksauer war, wie das inszeniert worden ist. Ich saß dann allein da. So hat das angefangen. Fritz Marquardt ist dann für mich der wichtigste Regisseur am Theater geworden. Jürgen Gosch war, als er mit uns an der Volksbühne *Leonce und Lena* inszenierte, eine Zeitlang ein ebenso wichtiger Regisseur für mich. In Potsdam hatte ich noch einen Vertrag und sie wollten mich nicht gehen lassen. Am Ende ging es, aber nur mit einer Kündigung. So saß ich nach dem Flop mit *Geist von Cranitz* –

Wieck: – auf dem Trockenen. Dabei waren die Kritiken gar nicht sooo schlecht: Da habt ihr, Hermann Beyer und Sie, Dieter Montag, auch zum ersten Mal zusammen gespielt.

Dieter Montag: Ich sollte schweben auf der Probebühne.

Beyer: Aber bist dann auf den Händen gegangen.

Montag: Ich sollte schweben und habe das eine halbe Stunde versucht. Und dann gucke ich runter und sehe: Fritz ist eingeschlafen. (Lachen)

Beyer: Und ich wollte nicht wieder zurück ans Theater. Sechs Wochen war dann Urlaub, der Zuschauerraum der Volksbühne wurde umgebaut. Ich wollte eigentlich nicht wieder zurück an die Volksbühne.

Wieck: Wie war das mit den Kollegen?

Beyer: Schwierig. Wir haben miteinander getrunken, mit Dieter, mit Bodo Krämer. Junghans war schwierig, der soll gesagt haben, so hörte ich: »Da haben sie jetzt einen Dilettanten hier engagiert.« Eines Tages waren wir mal im »Pinguin«, der Bar gegenüber vom Theater. Da erklärte Fritz, dass für dieses Stück [*Der goldene Elefant*; ThW] jede Figur ideal besetzt sei. Innerhalb von fünf Minuten lagen Fritz und Junghans sich prügelnd unterm Tisch. Die waren plötzlich verkeilt, weil Fritz erklärt hatte, alle, also auch ich, seien die ideale Besetzung. Und das war Junghans zu viel: »Ich schlag dich tot!« Danach kriegten wir Gaststättenverbot. Das werde ich nie vergessen: Ein Wort gab das andere und plötzlich lagen die wie ein Knäuel unterm Tisch und Junghans brüllte »Ich schlag dich tot!« (Lachen)

Wieck: Das zur inniglichen Zusammenarbeit Schauspieler und Regisseur und dem Zusammenstoß der Körper auf dem Theater – und anderswo ... Warum gehörte Junghans eigentlich nicht zu euch?

Beyer: Er gehörte ja dazu. Er war nur bei allem anderen noch mehr drin. Und Fritz fand ihn, fälschlicherweise ... Also ich musste mir, wenn ich die Verse gefunden ... ich musste mir das einteilen, dass ich das hinkriege. Weil ich ein rhythmischer Idiot bin. Und Junghans ... Diese große Rede als Beutler in *Bauern*: »Gott hat euch aus dem Paradies geprügelt, wir prügeln euch ins Paradies zurück.« ... Der spricht die Verse, als würde er – wahnsinnig toll! Und das hat Fritz aber, der mit Versen auch nicht so viel im Sinn hatte, nie begriffen. Er hat immer auf ihm rumgehackt. Und wenn ich dann gesagt habe: Aber der war doch hervorragend als Beutler! ... Das hab ich mir ja notgedrungen und nicht ganz freiwillig eingestehen müssen. Er hatte ja auch mehr Applaus immer ... Das hat Fritz nie wahrhaben wollen.

Wieck: Günter Junghans hab ich erlebt in seinen Rollen als einen Schauspieler voller Lust am Spiel, hemmungslos, mit allen Wassern gewaschen, er schleimte, donnerte, röhrte, salbaderte. Für mich ein Naturtalent des komischen Spiels, das sich hier reckte und spreizte. Seinen Jago fasste Kerndl schlüssig zusammen: »Er scheut nicht die ordinäre Geste und den ganz ›unklassischen‹ Ton hemdsärmeliger Kumpanei, er ist der rüde Conférencier und derb-dreiste Mitspieler.«[13]

Nach der ersten Spielzeit an der Volksbühne 1972/1973 meldete Herrmann Beyer in einem von Irene Böhme notierten Text seine Ansprüche an ein zeitgemäßes Theater an:

> [...] Überlege ich weiter, komme ich darauf, daß solche Spielweisen, wie wir sie mit den Farcen versucht haben [*Der Furz* und *Der fliegende Arzt* von Moliere, zusammen mit Dieter Montag; ThW], erst ihre wirkliche Wirkung haben können, wenn es auch um Anliegen und Inhalte geht, die die Zuschauer von heute direkter interessieren. Wir brauchen wesentliche Stücke, die etwas mit diesem Lande zu tun haben, in dem wir leben. Ich denke da an eine Reihe von vorhandenen Stücken, die kürzlich in »Sinn und Form« hoch gelobt wurden, aber eben nicht aufgeführt werden. Wenn wir um dergleichen wichtige Stücke nicht kämpfen und durchsetzen, daß sie gespielt werden, ist es zumindest auch unsere Schuld, daß zwar gute und brauchbare, aber eigentlich kleine Stücke zu den Ereignissen des Jahrhunderts auf der Bühne werden. Schauspielkunst weiterentwickeln werden wir so jedenfalls nicht. [...] Man braucht ein Theater, das Fragen aufwirft, die wirklich interessieren. Nun wird die Klassik manchmal als Trojanisches Pferd benutzt, um gegenwärtige Fragen auf dem Theater ins Gespräch zu bringen, das ist in Ordnung. Aber eigentlich können das die Stücke auf die Dauer gar nicht leisten. [...] Die Koketterie, daß man ohne oder gegen den Regisseur auskommen würde, die halte ich für tiefe Illusion. [...] Die Institution Regisseur, ich bin überzeugt, daß man darauf nicht verzichten kann. Manchmal sagen Kollegen, wir machen mal was ganz allein. Für mich ist der Regisseur schon wichtig, der wichtigste Partner bei einer Inszenierung. Nicht nur deshalb, weil er für mich so eine Art Verhältnis zum Zuschauer und zum Zuschauerraum signalisiert oder vorwegnimmt, weil er auch eine Art Stellvertreter des Publikums ist. Nein, es ist noch mehr. Zwischen Regisseur und Schauspieler, da fängt es schon an zu krei-

> seln, da gibt es einen Schwerpunkt. Es entsteht etwas Eignes aus dieser Beziehung, wenn man mitmacht. Natürlich braucht man den Regisseur, mit dem man zusammenarbeiten kann. Den kann man auch finden, meine ich. Ich teile nicht die Ansicht, daß ein Schauspieler gezwungen ist, mit einem Regisseur zusammenzuarbeiten, mit dem er nicht zusammenarbeiten kann. Der Schauspieler kann sich ein neues Kollektiv suchen, jedenfalls sind das meine Erfahrungen. [...] Etwas ganz andres ist, daß Schauspieler viel mehr können, daß sie mehr Potenz haben, als ihnen abverlangt wird. Das behaupte ich von allen Schauspielern. Das ist ja nicht einzig ein individueller Vorgang, das ist eigentlich ein gesellschaftlicher. Vertrauen, Zutrauen, Fordern, Herausfordern. Darüber könnte man noch ein wenig grübeln.[14]

Für Beyer ist der poetische Text Auftrag. Ungeformte, ungedachte Texte kann Beyer nicht spielen, denn er will im Spiel hinter den Sinn der Worte kommen, ihr Geheimnis finden. Ist da nichts auffindbar, ist nichts zu spielen. Ergreift aber der Text Beyer, dann greift Beyer nach dem Text. Der Kampf mit dem Text beginnt. Hat er ihn bezwungen, was nichts anderes heißt, als ihn begriffen zu haben, wirft er den Text, den fremden, nun aber zäh erarbeiteten, im Spiel in den Streit, ins ernste Spiel der Körper und Ideen. Gedanke, Wort, Stimme, Körper verschmelzen ineinander zur Waffe. Er stellt sich dem dramatischen Agon und stellt alle Beteiligten zur Rede, Beyer traktiert das Publikum, seine Figuren, die Partner. »Er spielt ohne Abstand, er identifiziert sich, gibt sich seinen Figuren hin. Es entsteht der Eindruck, daß er sich jedesmal voll reinhaut, aber: ohne den Kopf zu verlieren.«[15]

Er greift an und ist gierig auf Erwiderung, seine Stimme hebt sich in Erwartung der Antwort, er fragt stets danach, ob er Recht hat, um mehr und mehr recht zu bekommen. Dem kommt sein sächsischer Dialekt entgegen. Nicht grundlos hebt der Sachse am Ende jeden Satzes die Stimme mit der bangen Frage oder der auftrumpfenden Sprachgebärde: »Stimmt doch!« da schwingt auch ein bängliches »... oder etwa nich?« mit. Streitlust und Untertänigkeit in einem. Das ist ein Grundgestus des Sächsischen: »Na, sachen Se mal, habsch nich recht, das is doch wörglich soo oder etwa nisch!« Doch nicht der ständige Hader mit der deutschen Hochlautung treibt sein Sprechen an und schon gar nicht eine kurzatmige parodistisch-satirische Absicht. Beyer mobilisiert im lebendigen Spiel all seine Kräfte zum Zwecke des Veränderns, des Zurechtrückens der Dinge, Menschen, Umstände. »Eingreifendes Denken« wird bei ihm zur physischen Hochleistung.

»Er denkt von der Menschheit so groß, daß er in Gefahr kommt, die Menschen zu verachten.« (Friedrich Schiller) Doch sein Wissen um die Vergeblichkeit und Vergänglichkeit, um die Zeitweiligkeit allen Tuns, diese existentielle Gewissheit bestimmt letztlich sein Spiel und verleiht ihm dann im besten Falle eine selbstironische humoristische Leichtigkeit.

Wieck: Wie war das bei dir mit der Schauspielerei am Anfang und warum?

Michael Gwisdek: Ein Schauspieler ist einer, der sich gern produziert. Ich habe das von meinem Vater. Er war als Kneiper in Lichtenberg berühmt, ein richtiger Entertainer. Für einen Lacher hätte er seine Oma verkauft: Das ist das Grund-Gen eines Schauspielers. Mein Vater war selbstständig, ich wuchs in der harten Phase auf, in der nur Leute studieren durften, deren Vater, Großvater und Urgroßvater waschechte Arbeiterklasse sind. Also wollte ich nach West-Berlin auf eine Schauspielschule, zu Hilde Körber. Ich habe in der Kneipe meines Vaters gejobbt. Ich führte ein Doppelleben damals, ein Jahr vor dem Mauerbau. In West-Berlin arbeitete ich als Vertreter für Kochendwasser-Automaten und kriegte pro Verkauf sechzig Westmark. Aber für den Reisegewerbepass brauchte man eine Wohnung und ein Auto in West-Berlin. Die Wohnung habe ich bei Rolf Eden[16] bekommen, mit dem ich mich angefreundet hatte, und für das Auto habe ich 200 Mark angezahlt. Nach dem Mauerfall stand es allerdings nicht mehr da, wo ich es knappe dreißig Jahre vorher abgestellt hatte. Nach dem 13. August hab ich erst mal zwei Jahre vorm Fernseher gesessen und geguckt, was wird. Das Einzige, was ich schauspielerisch machen konnte, war der »Dramatische Zirkel« im Arbeitertheater Friedrichshain, aber für die Aufnahme an einer offiziellen Schule hat es damals nie gereicht. Da habe ich mir gesagt, okay, »Bitterfelder Weg«, Künstler in die Produktion, ich will die schwerste Arbeit, die es in der DDR gibt. Also ging ich in eine Spezialbrigade im Transformatorenwerk Oberspree, wo Eisenbahnwaggons beladen wurden, jeden Tag sieben Stück. Nachts um drei ging es los, und um sieben war Abfahrt. Das hat offenbar überzeugt und ich studierte von 1964 bis 1967 an der Schule in Schöneweide.[17]

Wieck: Wann hast du etwas von dem Autor Heiner Müller gehört. Welche Rolle spielte die Volksbühne für euch in Karl-Marx-Stadt?

Gwisdek: Also ich glaube, gar keine.[18] Weil ich ja anders gepolt gewesen bin. Ich fand, da wo ich war, war der Mittelpunkt der Welt. Und als wir unsere *Räuber*-Inszenierung gemacht haben, wusste ich gar nicht, dass es an der Volksbühne auch eine gibt … Ich habe die fünf Jahre in Karl-Marx-Stadt rund um die Uhr verbracht zwischen Proben, Vorstellung, Theaterclub, Opernhaus, Ballett … Ernährt habe ich mich von den Resten aus dem Kühlschrank der Schauspielstudenten aus dem Studio, gevögelt habe ich alle vom Ballett, weil ich meine feste Freundin in flagranti erwischt hatte. Aber durch sie, Cornelia Schmaus[19], hatte ich meine erste Begegnung mit Heiner Müller. Ihre Mutter[20] hat ein Essen gegeben, weil sie gehört hat, dass ihre Tochter mit einem Analphabeten zusammen ist und den kennenlernen wollte. Sie hat die Crème de la Crème der Intellektuellen eingeladen und es gab chinesisches Essen. Und da saß ich da und konnte nicht fassen, dass die keine Tapete hatten, sondern da waren Bücher. Ich bin ja aufgewachsen mit drei Büchern: van de Veldes *Die vollkommene Ehe*, war in Zeitungspapier eingewickelt, Karl May und *Robinson Crusoe*. Da saß ich mit Cornelia und am Tisch saß noch so ein Prollo wie ich … Und der hat immer gelacht, vor allem hat er über meine Witze gelacht, die die anderen immer ein bisschen pikiert anhörten. Danach habe ich gefragt, wer das war. »Das ist Heiner Müller. Und das wird mal unser Bester, der ist Schriftsteller.« Da war er offiziell der Newcomer, also für Fachleute schon ein Begriff, aber war noch nie in der Zeitung oder so. Seitdem kenne ich Heiner Müller. Das war im ersten Studienjahr Schauspielschule 1965.

Als wir 1971 gastiert haben in Berlin, haben wir diese berühmte Theatervorstellung *Arzt wider Willen* gesehen. Rolf Ludwig war der Beste! Rolf Ludwig! Deshalb ist er ja auch mein Vorbild gewesen. Pass mal auf, ich mach auch Boulevard, ich bin meine eigene Partei. Und weißt du, von wem ich das habe: von Rolf Ludwig. Die Einstellung: Ich bin Schauspieler, ich bin blöd und leckt mich am Arsch. Und im Endeffekt kommen dann die Avantgardeleute und besetzen dich auch, weil du ein bisschen hampeln kannst. Das machen nicht nur die, die da in der Kantine sitzen und bei der Gruppe dabei sind. Und auf einmal spielt der, der den Handstand ganz gut kann, dann doch … Und dann sind die wieder sauer … Das hab ich immer erlebt. … Und wir kamen mit *Diener zweier Herren*[21] zu diesem Gastspiel an die Volksbühne. Und ich bin bei allen meinen Kollegen rumgegangen, hab mich entschuldigt, hab gesagt: »Passt auf, ich will heute Abend hier engagiert werden, ich werde anders spielen als bisher, ich sag euch das gleich, geht mir aus dem Weg auf dem Weg zur Rampe, ich spiele heute um mein Leben.« (Lachen) Dann hab ich die Nummer gespielt, hatte es angesagt, brauchte kein schlechtes Gewissen zu haben, und dann habe ich mich in die Kantine gesetzt. Meine Freundin hat gesagt, ich bin 'nen Prostituierter. Sie würde jetzt nie in die Kantine gehen, das würde ja so aussehen, als ob sie da jetzt engagiert werden wolle ... Ich sage: Bleib hier und versau mir das nicht. Ich mach genau die Fresse, dass ich hier engagiert werden will. Dann bin ich hingegangen und habe mit Ursula Karusseit gesprochen. Und Usch hat gesagt: »Na, das wär doch was, wenn du hier bei uns, usw.« Ich hab gesagt: »Aber wie soll ich das machen, na klar würde ich jetzt gerne...« Sie: »Warte mal!« Und dann ging sie raus. Eine Viertelstunde später kam Benno rein, setzte sich an den Tisch ... und dann passierte gar nichts. Dann sagte Usch: »Na, der Micha, der würde gerne hier bei uns arbeiten, usw. Besson: »Mhm, naja, wie Sie sich da durchgesetzt haben an der Rampe ... hat mir imponiert ... ich brauche Schauspieler, die wissen, wo ... Ich habe keine Lust, Schauspielunterricht zu geben.« Und dann war ich engagiert! Ich war an der Volksbühne und dort traf ich dann wieder auf Heiner.

Michael Gwisdek reißt die Figur an sich, um sie einzutauchen in seine lebenserfahrene Ironie und die Figur dem Publikum auf diese Weise in ihrer Begrenztheit vorzustellen: Er erspart dem Publikum und sich selbst nicht, das Gemeine, ja selbst das Niedrige im Denken und Handeln der Figuren auszuspielen. »Er beweist sich als Menschenfreund, ohne eben einen sehr hohen Begriff von den Menschen und der Menschheit zu vermitteln.« (Schiller) Seine »Grundfigur« ist der unstete, ewig aufstrebende und sich arrangierende Einzelgänger, der eine Lücke im System für sich sucht. Er nimmt diese oder jene Sozialrolle an, ohne dass die Figur in dieser Funktion sich erschöpft. Gwisdek hält ihr immer noch einen Ausweg offen, um sich und seine Figur aus der sozialen Umklammerung zu befreien, sie und sich zurückzunehmen/zurückzuziehen aus dem Welt-Getriebe, um sie vor dem allerorten jederzeit losbrechenden Ruin zu retten. Sein Sprechen ist ganz dem Taktischen untergeordnet. Er behauptet kein allzu großes Interesse am Sprechen, am klärenden Dialog zu haben: »Mein Jott, welch Gewese. Sach ick doch die janze Zeit. Punkt. Det muss reichen ... Der andre soll doch denken, wat er will und wie's ihm passt. Ich hab meins gesagt. Basta.« Gwisdek lässt seine Figuren auf den schwachen Punkt des anderen lauern. Seine Figur ist jederzeit auf dem Sprung zuzuschnappen, und hier sind Figur und Darsteller ganz eins, um das Spiel neu zu beleben, wird aus dem Schlusspunkt ein weiterführender Doppelpunkt: »Außerdem, wat ick noch ... Aber ick kanns jern noch mal, wenn's denn sein muss ...« Eine unaufhaltsame Suada droht, gut verborgen hinter der vorgeblichen Lakonie. Aber, und das ist der große Kunstgriff, das Schweigen seiner Figuren ist oftmals außerordentlich beredt, weil er selbst sich entgegen seinem Naturell dazu zwingen muss. So ist er selbst im Schweigen, im Innehalten hochaktiv und absolut präsent. Problematisch wird es nur, wenn er abschaltet, wenn er glaubt, nicht involviert in den Bühnenvorgang zu sein oder nicht aufmerksam vom Publikum beobachtet zu werden. Dennoch, wenn er dies ummünzt ins Spiel, dann ist es wieder gut. Gwisdek ist nicht angewiesen, Helden spielen zu müssen, um das Publikum zu gewinnen. Die Nichtigkeit der Figur beeindruckend darzustellen, das ist seine Art aufmerksam auf sich zu machen. So ist er einmal der abwesend seiende Anwesende, das andere Mal der anwesend seiende Abwesende. Er umgarnt das Publikum und verfällt dennoch auffällig-unauffällig in Absencen, er geht und läuft und wandert durch die Stücke und sucht einen Ort der Einsamkeit für sich und seine Figuren.

Wieck: Und Sie, Dieter Montag, wie sind Sie dazugekommen?

Dieter Montag: Ich war ein introvertierter Junge, war auf der Kinder- und Jugendsportschule, Kanute in Neubrandenburg – aber ich hatte die Sehnsucht, Clown zu werden. Etwas anders zu sein, na ja das wurde dann umgelenkt in etwas näherliegendes, ins Schauspielerische, in einer Jugend-Theaterarbeitsgemeinschaft in Neubrandenburg und so bewarb ich mich in Babelsberg an der Filmhochschule, Fachrichtung Schauspiel.

Wieck: Schauspieler werden, um sich zu verwandeln, sich zu ändern?

Montag: So etwa. Ich bestand die Aufnahmeprüfung, aber dann stellten sie fest, dass ich doch noch viel zu jung sei. So musste ich nochmal zurück und sollte Abitur mit Facharbeiterschluss machen. Aber nach einem Jahr nahmen sie mich dann doch auf und so war ich mit zwanzig Jahren »plötzlich« an der Volksbühne zusammen mit einigen anderen aus Babelsberg auf Veranlassung von Fritz Marquardt.

Wieck: Die erste Rolle war aber bei Karge/Langhoff.

Montag: Ja, mit Roller. Und später noch Kosinsky dazu. – Arno Wyzniewski [22]: »Wie ist dein Name, Kosinsky?!« (Lachen)

Gwisdek: Für mich gibt's am Theater überhaupt nur einen Versprecher ... das kann Dieter am besten interpretieren – Ich hab ihn schon paar Mal gesagt, aber so gut, wie Dieter das sagt, so cool bin ich nicht.

Beyer: »Den Brief, Bruder!«

Gwisdek: Hermann versaut's! Siehste, so was würde ich zum Beispiel nie machen! – Ich könnte zuschlagen.

Beyer: Ich hatte gehofft, es ist etwas anderes.

Gwisdek: »Der Bruf, Brieder!«

Montag: »Der Bruuf ... Briieeder!«

Gwisdek: Die Pause! Das isses. »Der Bruuf ... Brieder!« – Pause. »Der Bruf, der Bruf!«. Die Pause zum Überlegen – und dann wird's absurd, chaotisch. Großartig

Dieter Montag, ob zentral oder peripher platziert, ist immer ein heimlicher Bezugs- und Fixpunkt, ein Maß. Er ruht in sich, horcht, beobachtet, wartet. Er erfährt etwas, etwas geschieht in ihm, die Figur kommt zu ihm, indem er sie erwartet, und er vermag lange zu warten. Hier versucht einer, sich in der Welt einzufinden und sich zu behaupten, er orientiert sich, er strengt Gedanken an. Klarheit über seine Lage gewinnt er, indem er spricht, und dann staunt die Figur darüber, was ihr geschehen, was ihr aufgegangen ist. Und dabei öffnet Dieter Montag immer einen minimalen Spalt zwischen sich und der Figur, indem er und die Figur sich nie ganz sicher zu sein scheinen, das Rechte gesagt zu haben. Diese Selbstbefragung, dieses rückversichernde Fragen zeigt den Schauspieler bei der Arbeit und die Figur in ihrer Entwicklung. Das verlangt aufmerksam beobachtende Zuschauer. Darauf besteht er in seinem Spiel. Wohlfeil macht er es nicht. Er besteht auf seiner Autonomie. Er verspricht nichts, was er nicht hält. Eher fragt er sich, ob es lohnt zu sprechen. Sprache ist und bleibt etwas Vorläufiges, es ist nur ein Werkzeug, gäbe es ein besseres, er würde es nutzen, um sich und die Welt zu vermessen. Lässt sich im Sprechen wirklich das Eigene sagen? Natürlich kann er auch anders, wenn er überläuft, der Affekt ihn packt, aber da ist er staunender Zeuge seiner eigenen Wandlung zum Sprachautomaten, was da mit ihm geschieht, was ihm geschieht. Er wird unsicher darüber, sind das tatsächlich seine eigenen Gedanken, die da hervor strömen? Ob es die Zeit ist zu sprechen, Gesprochenes bleibt, Gedanken fliegen. Wer spricht, legt sich fest und wird festgelegt. Er muss sich entscheiden zu sprechen. So zieht er sich, beschämt über sich, wieder in sich zurück. Aber er bleibt, weil er nicht anders kann, am Ort, er weiß, er ist noch nicht mit sich im Reinen. Und dann kommt die Figur in ihm zur Ruhe. Eine »Ruhe der Vollendung, nicht der Trägheit; eine Ruhe, die aus dem Gleichgewicht, nicht aus dem Stillstand der Kräfte, die aus der Fülle, nicht aus der Leerheit fließt und von dem Gefühl eines unendlichen Vermögens begleitet wird.« (Schiller) Verborgen geschah es, und doch war es sichtbar. Wie er gekommen, so kann er das Theater verlassen. Sichtbar und heimlich, einfach und unheimlich, wahrlich naiv.

Beyer: Ich will nochmal auf Fritz kommen. Fritz hatte ja mit euch eine Phalanx von jungen Leuten Karge/Langhoff ins Nest gesetzt.

Wieck: Das war die *Räuber*-Bande.

Beyer: ... die ein Glück waren für die beiden, für die Volksbühne. Unabhängig davon, wie man das einschätzt, ob man jetzt befreundet war oder nicht. Das war Dieter, das war Bodo Krämer, das war Winfried Glatzeder, das war Berko Acker. Ihr wart ja eine ... Gewalt. Ich habe in Potsdam mit Thomas Langhoff gespielt. Der sagte in der Pause: »Ja, da haben Karge und mein Bruder eine tolle Aufführung gemacht!« Und da bin ich sofort hin und habe euch gesehen.

Gwisdek: Alle von der Babelsberger Schule! Als ich kam, dachte ich: Naja, hier kannst du gleich wieder gehen, das ist ja 'ne Babelsberger Gang. Benno hat ja dann gar nicht mehr groß engagiert.

Beyer: Benno war tief enttäuscht durch den Weggang von Eberhard Esche. Später gingen auch Hilmar Thate und Rolf Ludwig. Dafür kamen die Babelsberger ...

Gwisdek: Und wir!

Wieck: Hat denn Marquardt die jungen Leute durch seine Sicht auf die Stücke besonders beeinflusst? Man muss ja irgendwas lernen an der Schule.

Montag: Das ist richtig. Aber er hat in dem Sinne keinen Unterricht geführt. Es war die Praxis ... wie er den *Woyzeck* inszeniert hat mit uns.

Wieck: ... die Auffassung von Theater eigentlich ...

Montag: Wie er meinte, wie es sein müsste ... ob durch Geschichten oder durch irgendwas. Aber er hat nicht gesagt: Macht das jetzt mal so oder macht das jetzt mal so ... Er konnte das vermitteln durch ... Ich hab das nie verstanden, aber er saß da in der Volksbühne und brauchte nur irgendwie schniefen oder irgendein Geräusch von sich geben ... da wusste ich, was ich verkehrt gemacht oder richtig gemacht habe.

Beyer: Und wenn er lachte. Gelacht wurde ja kaum. Fritz konnte auch nicht richtig lachen. Das Höchste war, wenn ihm etwas gefiel, dass man von unten hörte: Pfffff!

Wieck: Da musste man sehr aufmerksam sein. Er erzwang dadurch auch Aufmerksamkeit.

Montag: So ein Verständnis war das. Er hat nie groß eine Sache beschrieben oder so ... wie man das machen müsste oder könnte. Mein Verhältnis zu Fritz: Wir waren Lehrer und Schüler ... Und *Avantgarde*, meine erste Rolle bei ihm an der Volksbühne ... da bin ich umbesetzt worden! Nach vierzehn Tagen. Weil Fritz alles das, was nach vier Jahren Studium ... was an der Volksbühne passierte mit Ursula Karusseit, Hilmar Thate, Rolf Ludwig ... Also er traute sich nicht, denen was zu sagen. Und da habe ich's dann abgekriegt. Mit Fritz war das Verhältnis immer irgendwie ein bisschen zwiegespalten, weil, bei *Menschenhasser*[23], Henry Hübchen hat den »Cleante« vier Wochen probiert, musste ich dann übernehmen. Den »Fondrak« musste ich übernehmen. Also selten, dass ich mal von Anfang an bei Fritz was richtig gemacht habe.

Wieck: Wie haben Sie Heiner Müller kennengelernt? Wie war das bei Ihnen?

Montag: Heiner habe ich eigentlich kennengelernt, da machte Benno den *Hamlet*. Da war er manchmal mit Übersetzungen da. Da hab ich ihn kennengelernt und wir haben uns öfter mal unterhalten. Das hat mir gut gefallen.

Wieck: Das war relativ spät natürlich.

Montag: Bei *Bauern* hatte ich anderes zu tun, weil ich übernehmen musste für Rolf Ludwig.

Wieck: Warum war Ludwig ausgestiegen?

Beyer: Als Ludwig vom Deutschen Theater an die Volksbühne zurückkam, sagte Dieter Klein: »Wir freuen uns, dass Rolf Ludwig wieder voll (Lachen) zur Verfügung steht.« Dann stieg er aus, weil er wieder ans Deutsche ging.

Wieck: Es gab einige Umbesetzungen. Auch Gwisdek wechselte die Rollen.

Gwisdek: Zuerst die Geschichte, wie sich meine Beziehung zu Marquardt schlagartig verändert hat. Es ist das einzige Erlebnis in meinem Leben, wo ich auf einen Schlag hätte tot sein können. – Es war ein Unterschied: fünf Jahre Karl-Marx-Stadt, wir waren die Kings, ich war die Rampensau. Ich dachte, ich hab's erfunden. Wo ist die Rampe? Da war icke! Jetzt kommst du nach Berlin und liest Kritiken, wo viel über die Regie steht, aber der Schauspieler kriegt einen Satz ab. Es war also umgekehrt: Hier sind die Regisseure die Stars und du musst dich auch ein bisschen daran halten. Was ich auch gemacht habe. Ich habe mich da hochgearbeitet hinter Strumpfmasken, habe von der Pike angefangen. Und bei *Bauern* kam von Fritz eine Regieanweisung ... wen ich da gespielt habe, weiß ich nicht mehr, das muss Hermann wissen ... und unten machte Fritz unzufrieden Geräusche. Plötzlich machte es »Tschuchch« und ich habe am Ohr eine Berührung, einen Windzug gespürt. Und dann knallte es. Ich habe mich umgedreht und wirklich so ein großes Messer aufgehoben. Gut, das war wahrscheinlich nicht scharf, aber war ganz spitz. Und der hat das aus zehn Metern Entfernung von unten auf mich geschmissen! Weil ich damals schon viele Filme gesehen hatte, habe ich cool reagiert. Einfach überhaupt nicht ignorieren. Ganz ruhig. Wie nach einem Autounfall. Doch beim Weiterspielen merkte ich plötzlich: Jetzt geht's los! Jetzt begreife ich erst, dass dieses Ding eben ... Und aus! Ich ging noch ganz ruhig von der Bühne, kriegte dann auf dem Gang 'nen Nervenzusammenbruch und landete bei Besson oben, der gerade mit Dieter Klein eine Besprechung hatte. Ich setzte mich, konnte nicht mehr reden, dachte nur: Jetzt ist alles aus! Dann haben sie mich beruhigt und meinten, ich soll mal in die Kantine gehen. Dort saßen alle. Die Probe war natürlich unterbrochen worden. Ich setzte mich an den Tisch und wartete auf irgendjemanden, der jetzt mal was sagt. Keiner hat was gesagt. Bis dann nach 'ner Weile ein Satz von Fritz kam: »Ich hab doch daneben gezielt!« (Lachen) Aus fünfzehn Metern!

Wieck: Regisseure können so was. Das machen die aus dem Handgelenk. (Lachen) Wen hat er nun beschmissen: die Rolle oder dich?

Gwisdek: Mich! Es war sehr persönlich. Aber immer mit der Rolle auch zusammen. Ich glaube, ich weiß, was Marquardt ausgemacht hat. Er hatte die interessantesten Interpretationen der Stücke. So wie er hat man das eben noch nicht gelesen. Das war aufregend und nicht das, was mich die fünf Jahre in Karl-Marx-Stadt interessiert hat: Wie spielst du das!? Du musstest den Gedanken –

Wieck: Du musstest den Gedanken verlebendigen.

Gwisdek: Ja. Und wie du das machst, das war deine Sache. Das Schauspielerische. Auch Besson hat das nicht interessiert. Das musst du haben, das Handwerk.

So fanden die drei auf den damals begehrtesten Bühnenbrettern des Landes zusammen. Erstmals zu Dritt spielten sie in den zwei glücklosen Besson-Inszenierungen, in *Margarete in Aix* und in *Wie es Euch gefällt*, in denen sie dennoch ihre Eigenart schon kräftig ins Spiel bringen konnten: »Hermann Beyer als Orlando, da war große Spannkraft und Wandlungsfähigkeit. Dann, gleich zwei Rollen als Pfarrer und Edelmann, Dieter Montag, sparsam und wirkungsvoll im Gebrauch seiner Mittel. ... und Michael Gwisdek als Narr Probstein: Beweglichkeit, Gelassenheit und jene behände Intelligenz, die insbesondere ein shakespearescher Narr benötigt.«[24]

Zum künstlerischen Springpunkt aber wurden die außer- und ungewöhnlichen Anforderungen in den Inszenierungen der Müller-Texte. Die kunstvoll komprimierte Lakonie der Dialoge, die sich dagegen zyklopisch auftürmenden Monologe, die der Sprichwörtlichkeit nahen Spruchweisheiten und die jedes tagesübliche Gewäsch vernichtende Metaphorik waren bisher unerhört auf dem Theater. Die üblichen schauspielerischen Haltepunkte, um den Figuren aufzuhelfen, wie ausgiebige Figurengeschichten, Seelenzergliederungen und psychologische Selbstbeschau, waren rar und wenn sie doch auftauchten, dann dienten sie der Denunziation der Figuren, die sich derart entblößend selbst richteten. Müller war unnachsichtig: »Wenn ich über ein Thema schreibe, interessiert mich nur das Skelett daran.«[25] Und die Schauspieler waren sich ihrer Aufgabe bewusst: »Ich meine, dass Heiner manchmal in seinen Stücken ... die sind ja oft ganz dünn ... dass das so Gerippe sind. Und du als Schauspieler musst das Fleisch ... du musst die Figur bauen.«[26]

Für sie war eine Inszenierung politische Ansprache und Einsprache, was allein in einer bewusst deklarierten ästhetischen Brecht-Nachfolge unter den herrschenden kunstpolitischen Rahmenbedingungen zu realisieren war. Das verband sie mit Besson und der Volksbühne. Mit ihrem mutwilligen Spiel versuchten sie die reale DDR ins Bild zu setzen, zum Sprechen, bestenfalls zum Tanzen zu bringen. Sie beschieden sich nicht mit der gängigen Praxis, dramaturgisch und gedanklich Schwächeres durch Theatralisches aufzuwerten. Sie spielten sich wund an einer Gesellschaft, die alles wollte, bloß keinen Sozialismus, weder den aktuell dekretierten noch einen utopisch in der Ferne liegenden, und die deshalb zunehmend ihr Theater mied, was aber die Spieler nicht entmutigte, doch ernüchterte. Sie zeigten in ihrem Spiel streng und kühl, unnachgiebig und realitätsbewusst die Gebrechen ihrer Zeitgenossen vor. Sie waren unkäuflich.

> Ich glaube, es gibt beim Publikum einen Widerspruch zwischen Interesse und Bedürfnis. Was die Leute interessiert, ist das, was sie nicht brauchen, und das, was sie brauchen, interessiert sie nicht. Man muß wirklich Wege finden, das zu machen, was sie brauchen, obwohl sie sich dagegen wehren. [...] Da muß man einfach die Nerven haben, das durchzustehen und abzuwarten, bis sich das verbraucht hat.[27]

Damit wurde die Theaterkunst gesellschaftlich randständig. Sie entfernte sich immer weiter von ihrem eigentlichen, durchaus verbreiteten Wollen, gesellschaftsstiftend zu wirken, denn diese Gesellschaft wollte nicht dieses Theater und dieses Theater wollte diese Gesellschaft nicht.[28] Originäres sozialistisches Theater thematisiert die beiden zentralen Widersprüche der Gesellschaft des Staatssozialismus »unentfremdete Arbeit vs. entfremdete Arbeit« und »privat vs. öffentlich«, komprimiert sie ästhetisch in ihrer Dialektik und hält auf diese Weise das Publikum an, sich seiner prekären Situation bewusst zu werden. Das setzt aber voraus, dass das Spielensemble in seinem Tun über sich selbst verfügen kann, also spielen kann und sich nicht begnügt, etwas abzubilden, oder sich gar anschickt, seine Zuschauer ex cathedra belehren zu wollen. Auf den Probebühnen der Theater regte sich regelmäßig tiefer schauspielerischer Unwillen und verekelte die Lust am Spiel, wenn wieder und wieder der Gegensatz zwischen Ideal und Wirklichkeit, zwischen marxistischer Weltsicht und ideologischer Verballhornung, den jedes Gegenwartsstück unterschiedlich in sich barg, aufbrach und die individuelle und kollektive spielerische Aneignung eines Textes mit den ideologisch geforderten und gesellschaftlich anerzogenen, den pädagogisch eingebläuten Handlungsvorschriften kollidierte. Nur wenn es den Spielern gemeinsam gelang, diese Gegensätze im Spiel so auszutragen, dass das Publikum diesen, die künstlerische Existenz der Schauspieler gefährdenden Widerstreit rein und unmittelbar im und durch das Spiel erkennen konnte und ihm dieser grundlegende Gegensatz in seiner ganzen Härte und gesellschaftlichen Unlösbarkeit in der DDR in jedem Stück, in jeder Figurenhandlung, in jeder Inszenierung vorgeführt und bewusst gemacht wurde, nur dann konnten die Schauspieler sicher sein, verstanden zu werden in ihrer doppelten Existenz als spielend-reales Ich und als gespielt-fiktive Figur.

Die ursprüngliche Volkstheaterausrichtung der Volksbühne, festgehalten in den ersten programmatischen Aussagen um 1969/70, in diesem beschriebenen Sinne auszuweiten und zu schärfen, war ab 1974 unter Leitung des neu berufenen Intendanten Besson das Bestreben der Marquardt- und der Karge/Langhoff-Arbeitsgruppe. Abseits, nicht außerhalb des Grundkonzepts, stand die Straßburger-Arbeitsgruppe, die an dem ursprünglichen Konzept festhielt, ohne Rücksicht darauf, dass damit die Volksbühne ihre gerade erspielte politische Kraft freiwillig gegen eine affirmative und gefährlich naive Volkstheatertümelei eintauschen und in die Gefälligkeit des rein Artistischen eintauchen würde. Sie waren auf das blanke affirmativ abwiegelnde Unterhaltsame aus. Sie wollten geliebt werden und liefen dem Publikum nach.

1 Georg Christoph Lichtenberg: *Sudelbücher G*, G 13, in: https://www.projekt-gutenberg.org/lichtenb/aphorism/chap006.html, Stand 7.11.2021.

2 »Ein triumphaler Erfolg wurde am Donnerstagabend im Schauspielhaus Frankfurt (Main) die erste Vorstellung des Deutschen Theaters Berlin mit Viktor Rosows »Unterwegs«. Alle drei Aufführungen des Deutschen Theaters in Frankfurt waren innerhalb 48 Stunden ausverkauft.«, in: *ND*, 19. November 1965.

3 Kurt Veth war von 1966 bis 1968 Regisseur am MGT.

4 Hans-Georg Simmgen war von 1968 bis 1970. Regisseur am MGT.

5 Gemeint ist das Stück *Horizonte* von Gerhard Winterlich in einer zweiten, von ihm überarbeiteten und unveröffentlichten Fassung. Eine Aufführung fand nicht statt.

6 Albert Hetterle, Schauspieler am MGT seit 1954 und von 1968 bis 1993 Intendant des MGT.

7 *Johanna von Döbeln* von Helmut Baierl. UA 1. 4. 1969 am BE.

8 Joachim Tenschert, Chefdramaturg und Co-Regisseur von Manfred Wekwerth von 1958 bis 1970 und von 1977 bis 1992 am BE.

9 Peter Kupke war seit 1963 Regisseur und von 1968 bis 1971 Intendant am Hans-Otto-Theater Potsdam.

10 Hanns Anselm Perten war von 1970 bis 1972 Intendant des DT.

11 Horst Drinda hat die Figur des Egmont nicht gespielt, wurde aber in den sechziger Jahren als der noble, elegante und wunderbar modulierende Heldendarsteller der klassischen deutschen Dramatik vom Berliner Publikum verehrt.

12 Berndt Renne war Schauspieler, Regieassistent und Regisseur an der Volksbühne von 1972 bis 1982.

13 Rainer Kerndl, in: *ND*, 18. Oktober 1972. Handwerklich-technisch bestens geschult, stellte Junghans dem Publikum seine Figuren am Rand des hochgetriebenen Chargierens entlang balancierend, in letzter Sekunde vor der leerlaufenden und ins Nichts abstürzenden Klamotte innehaltend, vor. Er war der Artist, der sein Können vorzeigt. So gelangen ihm immer wirkungsvolle Abwandlungen eines letztlich selbstbezogenen, unglücklich-einsamen Spiels. War doch fast jede von ihm gespielte Rolle Teil einer durchgehenden Rolle, die des Komikers Junghans. Traf er mit seinem Spiel auf ein kräftiges Gegenspiel gewannen seine Figuren Schärfe und Schliff, fehlte das, vergaß er die Figur und sein Spiel wurde platt-unterhaltsam. Er sollte nach der Besson-Ära mit seinen Rollen in *Ende gut alles gut (1978)*, in *Liliom* (1979), in *Biberpelz* (1980), in *Berlin – Alexanderplatz (*1981), im *Zerbrochenen Krug* (1983) und in *Schluck und Jau* (1984) der massstabsetzende, aber auch der hochgefährdete, weil konkurrenzlose Star, der Alleinunterhalter der Volksbühne werden. In *Der Bau* zeigte er noch einmal seine Kunst im Zusammenspiel mit ihm ebenbürtigen Partnern.

14 Hermann Beyer: »Über die vierte Wand«, in: *TdZ* 7/1973, S. 4 f.

15 Manfred Dietrich/Otto-Fritz Hayner: »Zum Beispiel Hermnann Beyer«, in: *TdZ* 3/1977, S. 48 ff.

16 Westberliner Playboy- und Nachtclubbesitzer.

17 Aus einem Gespräch mit Michael Gwisdek, in: *Tagesspiegel*, 9. Februar 2010, in: www. Tagesspiegel.de /kultur/michael-gwisdek-im-interview-/1679896.html. Stand 05.09.2019.

18 Diese sachlich falsche Antwort auf die erste Frage gehörte zu den Eigentümlichkeiten des extremen Selbstbehauptungswillen Gwisdeks, ging er doch als der größte Komödiant von den drei Schauspielern in seinen Rollen wohl am weitesten aus sich und über sich hinaus und um so mehr musste er andererseits auf seiner persönlichen Autonomie, auf der Unabhängigkeit seiner Person bestehen. So ist die erste irritierende Behauptung ein Versuch, seine Eigenständigkeit zu behaupten, den Verlauf des Gesprächs zu bestimmen. Das ist keine Ignoranz oder Arroganz, sondern notwendiges Moment im ständigen Kampf des Schauspielers, sich mit seiner Eigenständigkeit zu behaupten.

19 Cornelia Schmaus, Schauspielerin. Absolventin der Staatlichen Schauspielschule Berlin. Zwischen 1968 und 1990 in Karl-Marx-Stadt, Dresden und an der Volksbühne Berin engagiert. Entscheidende Rollen »Brunhild« (Hebbel) »Penthesilea« (Kleist) und »Margarita« (Bulgakow).

20 Lily Leder (*1920, † 2006) Dramaturgin am DT, an der Volksbühne und bei henschel SCHAUSPIEL Berlin (Ost).

21 Regie führte 1970 Brigitte Soubeyran als Gast von der Volksbühne Berlin.

22 Arno Wyzniewski war engagiert an der Volksbühne von 1965 bis 1972. Er spielte in der angesprochenen *Räuber*-Aufführung die Figur des »Karl Moor«.

23 Kurt Bartsch übersetzte den Molière-Titel *Le Misanthrope* mit *Der Menschenhasser.* Seine Übersetzung hat sich nicht durchgesetzt.

24 Günther Cwojdrak: »Shakespeare, Racine, Gozzi.«, in: *Weltbühne* 22. April 1975, a.a.O., S. 104 f.

25 *HMW*, Band 10, a.a.O., S. 247. Müller folgte hier der Maxime von Heinrich Mann: »Ein Drama kann niemals nackt genug sein.«

26 Dieter Montag im Gespräch am 24.10. 2019.

27 Heiner Müller, in: »Der Dramatiker und die Geschichte seiner Zeit. Ein Gespräch zwischen Horst Laube und Heiner Müller«, in: *TH, Das Jahrbuch 1975*, S. 121.

28 Die Mehrheit der Zuschauer und der Theater verweigerten sich aus unterschiedlichen Gründen einem Theater, das Mitte der siebziger Jahre allgemein hätte durchgesetzt werden müssen, wenn das System »DDR-Theater« sich sozialistisch verstanden hätte: »Betonung und Vertiefung des spielerischen Wesens des Theatervorgangs, des theatralischen Kommunikationsereignisses als angestrebtes interaktionales Geschehen, in dem sich eine Verständigung des Theaters mit seinem Publikum über Künstlichkeit und Wirklichkeitsbezogenheit des Spiels vollzieht. Die Leistung des Schauspielers erlangt über den Versuch, im Spielvorgang das Publikum zum Mitakteur des künstlerischen Schaffens rational wie emotional zu qualifizieren, eine konnotative Bedeutsamkeit. Das Spiel bezeichnet nicht allein den textmäßig vorgeschrieben Wirklichkeitsausschnitt; es schließt den ästhetisch kodierten Verweis auf die bewirkende Kraft ein, das Vermögen der Gattung, komplizierte Kommunikationsmechanismen aufzubauen, zu erkennen und für weiter ausgreifende Zwecke zu nutzen.« Thomas Wieck: »Shakespeare –Testfeld für das Theater unserer Epoche«, in: *Shakespeare-Jahrbuch 1975*, Weimar 1975, S. 121.

Die Schlacht/Traktor an der Volksbühne Berlin

Mit der Aufführung von *Das Laken* 1974 und mit der Uraufführung der Szenenfolge *Die Schlacht,* ein Jahr darauf, skandalösen Darstellungen des nationalsozialistischen Deutschen Reiches, die in schockierenden Bildern zeigten, wie sich eine Bevölkerung willentlich und wissentlich seinen nationalsozialistischen Führern er- und hingab und sich selbst verdarb, begann die letzte Phase der innovativen Arbeit der Volksbühne. Sie wurde nicht mehr von Bessons Inszenierungen, sondern von den Inszenierungen Karge/Langhoffs und Fritz Marquardts geprägt und ist vielleicht als ein Theater der konsequenten und frontalen Konfrontation des Publikums mit sich selbst in seinem historischen und aktuellen gesellschaftlichen Versagen am treffendsten charakterisiert. Der Bann über das dramatische Frühwerk Müllers wurde durchbrochen und in den Folgejahren überprüften Schauspieler und Regisseure ungerührt ob aller aufgeregten kritischen Widerworte, mittels der alten Stücke Müllers: *Der Lohndrücker, Die Bauern, Der Bau* und der neueren *Traktor, Macbeth* und *Auftrag* das gesellschaftliche Experiment »DDR« auf seinen realen Sozialismusgehalt. Die Bilanz mutierte zur Anamnese und die Diagnose lautete: schwerkrank. Aber das geschah auf eine ermutigende Art und Weise, weil artistisch aufregend und gedanklich scharf. Das brillante Spiel der Protagonisten dieser Aufführungen Beyer, Gwisdek, Holtz, Junghans und Montag bewies, noch war alle Hoffnung nicht vergebens.

Die Schlacht/Traktor

Regie: Manfred Karge und Matthias Langhoff; Bühne und Kostüme: Lothar Scharsich/Gero Troike; Musik: Henry Krtschil/Wolfgang Pietsch

1 *Ich hatt einen Kameraden*
Werner Tietze, Hermann Beyer, Helmut Straßburger, Michael Gwisdek

2 *Kleinbürgerhochzeit* (3 Varianten)
Rolf Ludwig, Ursula Braun und Sophia Hundorf/Ulla Mothes, Carl-Hermann Risse, Winfried Wagner, Henry Hübchen, Günter Junghans, Heide Kipp, Walfriede Schmitt

3 *Das Laken oder die unbefleckte Empfängnis*
Ursula Braun, Hildegard Alex, Susanne Düllmann,

Monika Plötner-Tews, Helmut Straßburger, Klaus Mertens, Harald Warmbrunn, Henry Hübchen, Hermann Beyer, Jürgen Rothert, Michael Gwisdek, Berko Acker, Winfried Wagner, Werner Tietze, Winfried Glatzeder, Rolf Ludwig, Bodo Krämer, Eckhardt Bogda, Carl-Hermann Risse

4 *Die Nacht der langen Messer*
Günter Junghans, Dieter Montag

5 *Fleischer und Frau*
Helmut Straßburger, Ursula Karusseit, Erich Brauer, Egon Geißler, Michael Gwisdek, Klaus Mertens, Dieter Montag, Werner Senftleben, Werner Tietze, Susanne Düllmann, Carl-Hermann Risse, Hildegard Alex

6 *Traktor*
Hildegard Alex, Ursula Braun, Susanne Düllmann, Ursula Karusseit, Heide Kipp, Monika Plötner-Tews, Walfriede Schmitt, Berko Acker, Hermann Beyer, Eckhardt Bogda, Winfried Glatzeder, Michael Gwisdek, Rainer Hartmann, Henry Hübchen, Günter Junghans, Klaus Mertens, Rolf Ludwig, Dieter Montag, Carl-Hermann Risse, Jürgen Rothert, Helmut Straßburger, Werner Tietze, Winfried Wagner, Harald Warmbrunn, Bodo Krämer
Premiere: 30. Oktober 1975

Die Schlacht ist keine Fortführung der Szenen *Furcht und Elend des Dritten Reiches*. Brecht schrieb sozialpsychologische Verhaltensstudien eingeschüchterter, hilfloser, sich dem Führer und seiner Partei und seinen paramilitärischen Horden unterordnender, sich allenfalls selbst bemitleidender deutscher Bürger.

Müller beschreibt aus weitem zeitlichen Abstand das schmähliche Ende der geschlagenen »Herrenrasse« (Brecht), wie sie sich selbst, nachdem sie erst im eigenen Volk, dann in Europa ohnegleichen gehaust und geschlachtet hatte, sich selbst heroisch hinzuschlachten trachtete, und doch nur in grausiger Lächerlichkeit erstarrte. Müller verschränkte den nationalsozialistischen Wahn mit der barbarischen Wirklichkeit in den letzten Stunden des Deutschen Reiches in den Szenen *Ich hatt einen Kameraden, Kleinbürgerhochzeit, Fleischer und Frau* zu einem grotesken Tanz des Schreckens.

> Der totale Krieg, wie wir ihn erleben, ist nicht nur eine militärische, sondern zugleich auch eine geistig-kulturelle Auseinandersetzung höchsten Maßes. Geht es doch nicht um irgend-

> welche Einzelziele, sondern um den Untergang eines überlebten und siechen Zustandes und um die Schaffung eines neuen und gesunden, um den Untergang des alten und den Aufbau eines neuen Europa. Vor Deutschland erhebt sich die ungeheure Aufgabe, diesem neuen Europa auch eine neue geistige Ordnung zu geben, geistig zu durchdringen, was das Schwert erobert hat. [...] Zwei Bewegungen vor allem, die einander bedingen und befruchten, ja eine die andere voraussetzen, in Wirklichkeit daher nur eine sind, durchformen heute unser Volk: ein leidenschaftlicher politischer Gestaltungswille und ein ebenso leidenschaftliches Streben nach Selbstfindung und Selbstgestaltung, nach Erkenntnis des eigensten Wesenkernes. [...] Die jüngeren und jüngsten Kräfte, die mit der Waffe in der Hand von deutscher Art Zeugenschaft ablegen, sind es, die mit sieggewohnter Kraft und hellem Blick Entscheidungen suchen, Grenzen verschieben und um eine neue organische Ordnung ihres geistigen Reiches ringen.[1]

Nur im Kontext mit dem Roman Theodor Pliviers *Stalingrad*, dem einzigen deutschen Roman, der den mentalen und moralischen Zusammenbruch der deutschen Soldaten mit einem »wilden und wütenden Realismus« (Hermann Kant) akribisch aufzeichnete und 1946 erschien, sind diese Szenen in der *Schlacht* zu verstehen. »Wo Manneswort vor Thronen Notwendigkeit der Stunde gewesen wäre, dröhnte ein einziges Hackenschlagen von vierundzwanzig Generälen, wo nach dem Ausbleiben solchen Wortes Empörung der Soldatenmassen die Mauern der Generalsquartiere hätte umwerfen müssen, war nichts als körperliche und seelische Auflösung und Apathie und Sterben ohne Fluch auf den Lippen.«[2] Im Kessel von Stalingrad zerbrach alle Selbstgewissheit von »deutscher Art und Berufung«. Innerhalb von zwei Monaten war es um das »Tausendjährige Reich« geschehen und was als hochtragische Episode eines heroischen Endkampfes anhob, versank im barbarischen Überlebenskampf der deutschen »Helden« untereinander in »einer Art von sachlichem Wahnsinn durchorganisierten Vernichtungsbetrieb, der Stalingrad hieß.«[3]

In anderen literarischen Zusammenhängen sind die beiden anderen Szenen zu lesen. Die Szene *Nacht der langen Messer* ist die szenische Rekonstruktion einer von F. C. Weiskopf mitgeteilten Anekdote.

Ein Brief.

Genossen, ich habe Euch eine Mitteilung zu machen. Sie betrifft meinen Bruder Martin H..., von dem Ihr wißt, daß er der Geheimen Staatspolizei eine große Zahl guter Genossen ausgeliefert hat. [...] Ich will damit beginnen, wie Martin zum Spitzel gepreßt worden ist. [...] Wie Ihr wißt, konnte Martin nach dem Reichstagsbrand sich nicht mehr in seinem Bezirk halten, er war dort viel zu bekannt. Er verzog nach R..., wo er die ersten illegalen Flugblätter herstellte [...] Martin ist damals mit knapper Not der Verhaftung entgangen, aber sie kannten ihn seitdem und waren ständig hinter ihm her. [...] Als sie ihn verhafteten, hatte er falsche Papiere bei sich, aber sie bekamen heraus, wer er war und daß er von seiner früheren Arbeit her Hunderte von Genossen kennen mußte, und sie verlangten sofort, er solle ihnen Adressen nennen und Verhaftete identifizieren. Da er nichts aussagen wollte, schafften sie ihn in die General-Pape-Straße und behielten ihn dort drei Tage lang im Keller. [...] Sie haben ihn dann sechs Wochen eingesperrt gehalten und immerzu verhört, Tag und Nacht, mit ganz kurzen Pausen. Er war schließlich schon so auf dem Hund, daß sie Angst bekamen, er könnte ihnen verrecken. Das wollten sie nicht, sie hatten noch Verschiedenes mit ihm vor. Sie ließen ihn frei, wahrscheinlich hofften sie herauszufinden, mit wem er Verbindung aufnahm, aber das merkte er und blieb einfach zu Hause. [...] Gerade als er halbwegs beisammen war und auch die erste Verbindung mit den Genossen hergestellt hatte, holten sie ihn wieder [...] Er sagte mir später, er wisse selbst nicht, wie er das alles ausgehalten habe, die Prügel und die Verhöre und das stundenlange Strammstehen. [...] Dann kamen sie auf einen neuen Gedanken. Immer, wenn jemand verhaftet oder Material ausgehoben wurde, mußte Martin mitfahren, vorn, neben dem Chauffeur, so daß es aussah, als machte er den »Fremdenführer« für die Fahndungskommandos. [...] Sie ließen ihn auch bei den Verhören der Verhafteten draußen vor der Tür des Vernehmungszimmers stehen und führten die Gefangenen an ihm vorbei; drinnen sagte man ihnen dann, sie sollten nicht erst leugnen, sie seien von einem früheren Genossen schon so belastet worden, daß nur ein volles Geständnis sie retten könne. [...] Jedenfalls wollte niemand von unseren Leuten etwas mit ihm zu tun haben, als er plötzlich freigelassen wurde. [...] Er sagte mir gestern, er habe

> das damals selbst eingesehen und habe es trotzdem nicht ertragen können, als Spitzel behandelt zu werden. [...] Martin wollte über die Grenze gehen, aber sie beobachteten ihn zu gut und holten ihn vom Bahnhof weg. [...] Auch begannen sie ihn abermals stundenlang zu verhören. Sie sagten ihm immer wieder: »Ihre Genossen halten Sie für einen Schuft. Die erschlagen Sie bei der nächsten Gelegenheit wie einen tollen Hund.«. Sie haben ihn schließlich klein gekriegt. Er gestand mir gestern, er sehe ein, daß er sich hätte erschlagen lassen müssen. [...] Er hat mir alles erzählt. Zum Schluß wußte ich: er hat sich gewehrt, aber sie sind stärker gewesen, sie haben ihn zerbrochen. Ich wußte aber auch, daß ihn das nicht rechtfertigen kann, daß wir stärker sein müssen als sie; daß er recht hat: er ist verpfuscht und verdorben, es ist ihm nicht zu helfen, und er darf nicht am Leben bleiben. Ich habe den Revolver genommen, seinen eigenen Revolver, und habe ihn erschossen. Hermann H... 1934.[4]

Müller entdeckte hier eine seinem Schreiben gemäße exemplarische existentielle Situation aus der Geschichte des »Verrats im XX. Jahrhundert«, die Barbarisierung des Klassenkampfes unter den Bedingungen des nationalsozialistischen Terrors:

> A: »Zwischen uns geht ein Messer, das heißt Verrat / Und der bist du der das geschmiedet hat.«
>
> B: »Ich hab mir auf den Grund gesehn. / Die Nacht der langen Messer fragt wer wen. / Ich bin der eine und der andre ich. / Einer zuviel. Wer zieht durch wen den Strich. / Nimm den Revolver, tu was ich nicht kann / Daß ich kein Hund mehr bin, sondern ein toter Mann.«[5]

Müller gibt die Essenz des Geschehnisses und rückt es in eine prägnante historische Situation, in die Nacht der Reichstagsbrandstiftung 1933. Die sprachliche Gestaltung und die dramaturgische Einrichtung ist eine Übung im epischen Theater, dem *Antigone-Vorspiel* Bertolt Brechts aus dem Jahre 1947 nacheifernd.

> In der ganz karg auf einem schmalen Podest [...] gespielten »Nacht der langen Messer« – ein Arbeiter läßt sich von seinem durch Folterungen zum SA-Spitzel erpreßten Bruder bewegen, ihn zu erschießen – machen sich die beiden Darsteller Günter

> Junghans und Dieter Montag ganz zu Interpretatoren des Textes, ziehen sich hinter ihn zurück; das fand ich gut. Müllers Neigung, Widersprüche bis zur erbarmungslosen Konsequenz zu treiben und darin Motor für eine Handlung zu finden, kann oft nur so szenisch übersetzt werden.[6]

Inhaltlich eigenständig ist die Szene *Das Laken oder die unbefleckte Empfängnis,* die den wahrscheinlich ersten gelungenen dramatischen Text von Heiner Müller *Das Laken*, dem Vernehmen nach schon 1951 geschrieben, fortschreibt.[7]

> Berlin 1945. Ein Keller. Zwei Frauen auf Koffern.
> Ein Mann (kommt)
> Da steht der Russe. Hier steht die SS.
> Am Eck die Fleischerei ist ausgebrannt.
> Die guten Schinken.
> (Schlachtlärm. Ein Soldat stürzt herein, reißt sich die Uniform vom Leib)
> Der Soldat
> Habt ihr was gesehn?
> (Schweigen)
> Der Mann
> Das schmeckt nach Hochverrat.
> Der Soldat
> Ich brauch Zivil.
> Der Mann (zu der jungen Frau)
> Geh nachsehn, ob der Russe vorgeht.
> (Die junge Frau kriecht aus dem Keller. Schweigen. Die junge Frau kommt zurück.)
> Junge Frau
> Ja.
> (Der Mann wirft dem Soldaten eine Jacke zu.)[8]

Der Soldat hat die letzte Möglichkeit zu einer freien Entscheidung genutzt. Er desertiert. Er läuft nicht über und er ergibt sich nicht. Er desertiert in die Privatheit. Doch diese Entscheidung ist halbherzig und zu spät, da er in eine Situation gerät, die ihn wieder jeder Selbstbestimmung beraubt, er wird zum Objekt der Anderen, kann er doch jederzeit von diesen des Verrats geziehen werden. Er hat seine Situation nicht verändert, er hat sich nicht befreit – das hätte er nur als Überläufer – mit aller Konsequenz des Scheiterns. Er hat seine Lage nur verschlechtert, er hat seine Waffe weggeworfen, schon Zivilist, aber noch Soldat. Diese Zwischenlage ist tödlich für ihn. Er wird wieder manipulierbar, weil er der werden wollte, der er einst war, Glied einer Sozialität, die längst schon sich aufgelöst hat. Er hätte sich vereinsamen müssen oder er hätte ein Anderer werden müssen, von dem er nicht wissen konnte, wie es ihm als diesem Anderen, der er gewesen war, ergangen wäre, wenn er die Front gewechselt hätte.

Existentielle Grenzsituationen dieser Art, Müller spricht von »Zwangslagen«[9], sind die poetische Konsequenz biographischer Erlebnisse und historischer Erfahrungen, die er bewältigen musste, um künstlerisch zu überstehen, denn auch die lebenserhaltende Sozialität der Individuen (die sogenannte Gattungseigenschaft), die wechselseitigen gegenständlichen Abhängigkeiten sind gleichermaßen verderblich, da sie immer nur durch Not mit Macht erzwungen sind, und die so entstandenen Klassengesellschaften menschenfresserisch sind. »Der Mensch hilft dem Menschen nicht!« (Brecht) Anderes weiß die Menschheit bislang aus ihrer Geschichte über sich nicht zu berichten und deshalb ist der Gedanke von Marx utopisch: »In der wirklichen Gemeinschaft erlangen die Individuen in und durch ihre Assoziation zugleich ihre Freiheit.«[10] Dennoch muss der Gedanke möglicher Freiheit aufrecht erhalten bleiben im Denken, ist er doch das einzig gattungsgerechte Maß jeder gesellschaftlich eingreifenden revolutionären Tat und somit auch bedeutender Antrieb und somit eine weitreichende Funktion der Kunst. Das Wissen von der Vergeblichkeit, die Utopie zu bewahren, ist Heiner Müllers unveräußerliches poetisches Prinzip. Die vergeblichen Mühen der Einzelnen, ihre unendliche Verlassenheit sind nicht nur dieser Szene eigen, sie durchziehen alle Stücke Müllers, sind das, was voreilig und zu Unrecht sein privater Pessimismus gescholten wurde, war das doch die unmittelbare Lebenserfahrung seiner Generation.

In *Das Laken* sind die Handlungsmöglichkeiten der Figuren in einer »Entweder-Oder«-Situation verdichtet. Die Gesten des Verrats, das von sich Weg-Zeigen und das Hin- und damit An-Zeigen des Anderen bestimmen den Verlauf der Szene. Der Mann spricht es aus: »Da helf sich einer.« Mit diesem Stoßseufzer ist die dramatische Situation im existentialistischen Sinne umfassend zugerichtet.

»Die Situation ist ein Appell, sie schließt uns ein; sie bietet uns Lösungen, wir müssen entscheiden. Und damit die Entscheidung zutiefst menschlich ausfällt, damit sie die Totalität des Menschen aufs Spiel setzt, muß sie jedesmal Grenzsituationen auf die Bühne bringen, das heißt Situationen, die Alternativen darstellen, deren eine der Tod ist.«[11] Diese Einrichtung der szenischen Handlung hat schauspielerische Konsequenzen. Die Situation ist vorausgesetzt und entsteht nicht aus dem Handeln der dramatischen Personen. Sie wird nicht erspielt, die Figuren werden ihr ausgesetzt, werden in sie hineingerissen oder brechen in sie ein. Das entspricht dem existentialistischen Interesse »am Einzelmenschen im gesellschaftlichen Feld, in seiner Klasse inmitten der Kollektivgegenstände und anderer Einzelmenschen, also das entfremdete, versachlichte, mystifizierte Individuum, so wie es Arbeitsteilung und Ausbeutung geformt haben, das Individuum, das gleichwohl gegen die Entfremdung mit verfälschten Mitteln ankämpft und trotz allem beharrlich an Boden gewinnt«.[12]

Der Konflikt erfasst die Figuren breitseits, die Situation zwingt sie zur Entscheidung. In der »Sekunde der Entscheidung« kulminiert die Lebensgeschichte der Figur, beweist sich ihre Persönlichkeit. Die Schauspieler sind angehalten, ihre Figur so zu führen, dass sie sich in diesem Augenblick offenbart und sich ihrer selbst bewusst wird.

Die existentialistische Prägung der inneren Struktur der Müller-Stücke wurde theoretisch wie praktisch in der DDR lange Zeit nicht hinreichend beachtet, dabei war der Diskurs zwischen Existentialismus und Marxismus die philosophische Dominante der vierziger und frühen fünfziger Jahre. Diesen zwei geschichtsphilosophischen und anthropologischen Konstrukten verdankte Müller Einsichten und Verfahren, die mentalen und sozialen Konflikte jener Zeit in ihren historischen Ursachen und existentiellen Dimensionen zu verstehen.[13] Rolf Rohmer hat 1975 die existentialistische Grundierung der Müllerschen Dramaturgie angesprochen:

> Heiner Müller empfindet als tragisch die sich stets wiederherstellende Spannung zwischen denkbaren Möglichkeiten des Menschen und ihrer realen Unerfüllbarkeit im Alltag. [...] Heiner Müller ist ein bewußter, brillanter Dialektiker, der in der Sehnsucht nach fortschreitenden Lösungen mit seinen Gestalten an der Unausweichlichkeit der Negation, an ihrer Härte und Dauer leidet, daran, daß nur durch sie hindurch die Aufhebung, die Negation der Negation zu erreichen ist. Müller akzentuiert die Mühen der Menschheit auf ihrem Weg, die sich ihm gerade angesichts perspektivisch sich abzeichnender historischer Lösungen wegen ihrer Unvermeidlichkeit im Handeln der Menschen als leidvoll aufdrängen (vgl. die kurze Szene »Das Laken«).[14]

Im *Laken* erprobte Müller erstmals eine seiner zukünftig grundlegenden Dialog-Techniken. Auf die Eröffnung, den ersten Satz, folgt nicht sogleich ein zweiter Satz. Dem Sprechen der Müllerschen Figuren geht der Augenblick des Hörens voraus, die kurze Zeit des Überlegens. Dieser Einschnitt wird vom Autor Müller ästhetisch wirkungsvoll verlängert ins auffällig gemachte Schweigen der Figuren, den Stillstand der Szene riskierend. In der Zeit des Schweigens wird der gesprochene Text verstanden vom Angesprochenen und bewertet vom Zuhörenden: Was bedeutet das Gesagte für mich, den Angesprochenen angesichts meiner Situation und was will der Sprecher mit dem Gesagten bei mir hervorrufen und was will er damit für sich erreichen? Die gleichen Fragen stellt sich der zuhörende Zuschauer. Die Figuren schweigen und denken sich ihren Teil, während der Zuschauer angehalten ist zu denken, was die Figuren wohl denken und wie sie handeln werden. Das unterscheidet das konventionelle Gespräch vom dramatischen Dialog, der nur dann überhaupt eine ästhetische Qualität hat, wenn er diese doppelte Funktion besitzt und die beschriebenen Fragen beim Schauspieler und beim Zuschauer hervorruft. Wenn der Schauspieler schweigt, handelt er dennoch, er nimmt den Text wahr und prüft ihn und wenn die Szene dadurch und deswegen innehält, wird die Situation überschaubar für den Zuschauer. Die Pause ist Ergebnis des momentanen Abbruchs der Kommunikation und Moment des Entschlusses, die Kommunikation wieder aufzunehmen. Alle Beteiligten, Spieler wie Zuschauer, warten gespannt auf das Kommende. Die Handlung wird weitererzählt, eben mittels des Unterbrechens, des Verstummens, des Erschreckens, des Verstehens, des Erstaunens, des Verwunderns, des Kapitulierens, des Wartens, des Erstarrens usw. Der Schauspieler hat eine bestimmte gestische Qualität im Stillstand der Handlung zu entdecken, er hat deutlich begründet, er hat beredt zu schweigen. »Zuletzt endet aber doch alle menschliche Rede im Schweigen. Im Anblick vollkommener Schönheit und in der Erschütterung durch das Schreckliche versagt die Rede.«[15] Das Schweigen, die Pause ist Bestandteil des dramatischen Geschehens und Handlungsweisung für den Schauspieler und ist nicht dem individuellen Dafürhalten der Schauspieler freigestellt.

Aus dem Alltagsgespräch in den dramatischen Dialog überzuwechseln, gelang Müller in *Das Laken*. Er bestätigte sich als Dramatiker. Wie Müller das Verfahren ausweitete, verfeinerte, auch hypertrophierte – aus steter Furcht ins sinnige Geplausch zu verfallen – und wie, besonders in Gesprächen und Interviews von ihm obstinat wiederholt, seine Forderungen nach der totalen Dominanz des Textes auf der Bühne immer obsessiver werden und sich nahezu panisch gegen die schauspielerische Arbeit zu richten beginnen, ist später genauer zu beschreiben.[16]

Dem angehenden Dramatiker missriet 1951 jedoch der Schluss der Szene und dem erfahrenen Dramatiker glückte es auch 1974 nicht, die Szene überzeugend zu enden. Bis zum Auftritt der zwei SS-Leute ist die Handlung historisch genau. Der Führererlass vom 22. April 1945 verfügte das sofortige Exekutieren »innerer Feinde durch Erschießen oder Erhängen«. Soweit war der historische Rahmen von Müller ausgefüllt. Jetzt war der Autor mit seiner Erfindungsgabe gefordert, dem Geschehen eine überraschende Wendung zu geben, denn das dramaturgische Schema der Szene war von ihm ausgereizt. Eine neue Situation erforderte eine neue dramatische Konstruktion, doch dazu bedurfte es alternativer Handlungsmöglichkeiten, aber die Kellerinsassen hatten keine. Sie waren zum Warten verurteilt und so musste ein melodramatisch aufgeladener coup de théâtre herhalten:

> Der Mann: Ich hol die Jacke.
> (Der Mann kriecht aus dem Keller und kommt schnell zurück, ohne die Jacke.)
>
> Der Mann: Der Russe kommt. Was läuft, ist die SS. Die Jacke haben sie ihm ausgezogen.
> (Hinter ihm stürzt die Wand. Die alte Frau zerrt ein neues Laken aus dem Koffer.)
>
> Der Mann: Behalt dein Laken, Frau. Der wäscht uns weiß.
> (Er zeigt auf den Gehenkten, der hinter der stürzenden Wand sichtbar geworden ist.)[17]

Was für eine Wand stürzt hier ein? Eine Kellerwand kann es nicht gut sein, denn dann wäre nur wieder ein anderer Keller zu sehen. Aber der Soldat ist auf der Straße erhängt worden. Das war zu gewollt. Ein anderer Schluss musste her und so änderte er den Gestus und Ablauf der Szene nach der Ermordung des Deserteurs radikal, wie schon der neue Titel ankündigte: *Das Laken oder die unbefleckte Empfängnis*. Die Szene wird ins platt Affirmative gedreht. Die Wand bleibt stehen und stattdessen betreten drei sowjetische Bilderbuchsoldaten den Keller und fragen merkwürdig zielgerichtet die ältere Frau, ob der Tote, den sie auf Anweisung Müllers, wohl kaum aus eigenem Antrieb, in den

Keller tragen, ihr Sohn sei und sie antwortet lügnerisch: »Ja«. Worauf die Soldaten einen Laib Brot den Deutschen überlassen und sich freundlich verabschieden. Doch mit einem sozialistischen Krippenspiel war der Szene auch nicht geholfen. Mit der Regieanmerkung: »Über dem Toten beginnt der Kampf der Überlebenden um das Brot« rettet er sich in ein nächstes Klischee, in das der »deutschen Misere«. Die beiden unbefriedigenden Schlüsse der Szene deuten auf das dramaturgische Grundproblem Müllers: »Ich kann immer am besten arbeiten, wenn es einen Rahmen gibt, der nicht von mir ist, den ich dann anders ausfülle, als er bisher ausgefüllt worden ist.«[18] Fand Müller eine Geschichte mit Anfang und Ende und entdeckte er in ihr ein Material, das zu bearbeiten ihn reizte, dann konnte er sich in diesem Text frei bewegen und ihn nach seinem Bilde formen. Dabei war es für ihn gleichgültig, ob es ein historisches Ereignis oder ein fiktionaler Text war, die Rahmung war wichtig und das war, dramaturgisch gesprochen, nichts anderes als die von ihm geschmähte, die sich ihm verweigernde Fabel, ein Geschehnis mit Anfang und Ende.

Die Szene dramatisch auflösen kann nur SS-Mann 1, der da fragt: »Was siehst du, Kamerad?« Das ist die Fangfrage und der SS-Mann 2 lässt sich fangen: »Zwei Hochverräter.« SS-Mann 1: »Zwei?« Er richtet die Maschinenpistole auf ihn. Der SS-Mann 2 nimmt die Hände hoch: »Vier.« SS-Mann 1 examiniert ihn weiter: »Was steht auf Hochverrat?« SS-Mann 2: »Der Strick.«

Bis zu diesem Moment folgt die Szene den konkreten historischen Gegebenheiten und jetzt muss sie in eine fiktionale dramatische Situation überführt werden, um eine eigene theatralische Qualität zu gewinnen. Eine der eingeführten Personen muss eine endgültige Entscheidung treffen, die zur Auflösung der Situation führt. Und das kann nur der SS-Mann1 sein, der sich entschieden hat, die Situation in seinem Sinne aufzulösen. Er tötet alle, auch den SS-Mann neben sich, der zu versagen drohte. Und er bringt die Zivilkleidung an sich, mit der er sich – möglicherweise – in ein zweites, neues Leben rettet. Er hat gewählt und sich aus der Situation »geschossen«.

Helmut Peitsch weist zu Recht darauf hin, dass Müller in dieser Szene auf die Technik des epischen Theaters verzichtet hat, die eine andere als die zwei unbefriedigenden Schlusslösungen der Szene erlaubt hätte.[19] Alle anderen Exegeten verzichten auf eine Analyse und belassen es bei Betroffenheitsbekundungen angesichts eines angeblichen Verratsexzesses abgrundtiefer Opportunisten.[20] Sie lesen Theaterdialoge nicht als Spielanweisungen. Der erste Empfänger eines dramatischen Textes ist der Schauspieler, für niemand anderen ist ein solcher Text geschrieben und nur aus dem Wissen darum ist eine textgerechte Analyse möglich. Alle anderen Äußerungen über dramatische Texte sind freischwebende Assoziationen oder ideologische Vereinnahmungen. Die Inszenierung 1975 überspielte im Licht-Gewitter der Suchscheinwerfer mit aufrauschenden Wagner-Tönen, mit allem Aufwand des Balletts und der Grand-opéra in Kostüm und Maske die existentielle Zurichtung der Szene und nahm Zuschauer und Kellerinsassen gleichermaßen in den Zangengriff der satanisch einschwebenden schwarzen Todesengel der SS und der bescheidenen, im schlichten Feldbraun der Roten Armee auftretenden Friedensengel.

Die Inszenierung der Szene fragte auch danach, und das war eine theaterästhetische Grundfrage, ob das Zitat der persuasiven Mittel der NS-Selbstdarstellung, der Drang zum Monumentalen, zum heroischen Melodrama, geeignet ist, die Faszination der Massen durch die ästhetisierte NS-Selbstdarstellung zu erklären und zu destruieren. Die Inszenierung zielte nicht allein auf eine aufklärerische Darstellung der nationalsozialistischen Herrschaft. Sie versuchte durch die exorbitante Ästhetisierung der Gewalt, wie sie der nationalsozialistisch instrumentalisierten Kunst eigen war, die barbarische Substanz des Nationalsozialismus zu entlarven und die Techniken dieser Herrschaft in ihren Wirkungen auf die deutsche Bevölkerung zu durchleuchten.[21]

> Es ging darum Bildhaftigkeit zu erreichen. Im Gegensatz zu unserer üblichen Arbeitsmethode, während der Proben zu entwickeln, ist diese Aufführung am Tisch erfunden worden. Die Figuren sind ja im wesentlichen »Sprechmaschinen« wie Müller sagen würde. Das heißt, sie beschreiben eine bestimmte Mechanik von gesellschaftlichen Zuständen, in diesem Fall Faschismus. Die Rollen sind nicht zu »vertiefen« oder »psychologisch auszuloten«. Man kann, und das hat sich gezeigt, über eine Bildsprache zu Ergebnissen kommen. Man muß die richtigen Bilder entwickeln. Wir haben damals sehr lange an »Traktor« probiert, und für »Die Schlacht« brauchten wir nur zwölf Tage, eine enorm kurze Probenzeit. Aber das hing eben zusammen mit der Arbeit über eine Metaphorik und einer bedingungslos unpsychologischen Spielweise. So ist es letztlich zu einfachen aber eindrücklichen Bildern gekommen, die den Text transportieren. »Das Laken«, das war die gelungenste Szene. Jede der Figuren ließen wir von drei verschiedenen Schauspielern simultan

> spielen. Diese spiegelbildliche Darstellung war anfänglich entstanden (in der Spektakel-Aufführung), weil im Bühnenhaus (auf der Hinterbühne) auch ein Publikum saß. Aber als das dann wegfiel (in der Schlacht-Aufführung), haben wir die Lösung trotzdem beibehalten, weil diese Zergliederung die Entpersönlichung der Figuren sehr schön zum Ausdruck brachte.[22] Dazu die großartige Musik von Wolfgang Pietsch, die Gasmasken als »Masken«, die SS-Leute als Todesengel, das ist für mich auch heute noch eine ganz starke, ganz körperliche Empfindung.[23]

Das Publikum wurde in die Bilderschau des Grauens gezwungen. Die Schauspieler figurierten in den allegorischen Bildern, sich allein den kalten Blick in den Zuschauerraum erlaubend, den Zuschauer nicht aus dem Blick entlassend. Die Schauspieler prüften, ob das Publikum die ihm vorgehaltenen Bilder ertrug. Die Zuschauer wurden mit dem Schrecklichen konfrontiert, alle seine Sinne wurden malträtiert und sie mussten es ertragen. Der Blick des Theaters lag auf den Zuschauern, nicht schauten voller Erwartung die Zuschauer aufs Theater.

Die Ostberliner Fachkritik wehrte sich nach Leibesskräften gegen diese existentielle Zumutung, eine Zumutung, die sich ihrer Meinung nach dem Theater nicht ziemte:

> Er könne nichts dafür, hat Heiner Müller kürzlich sinngemäß geantwortet, wenn die Geschichte grausam sei. Was ihm meines Wissens auch keiner je angelastet hat. Offen bleibt nur, ob pure (theatralische) Ausstellung von solcher Grausamkeit als alleiniges und einziges Indiz für Geschichtliches genommen werden kann; ob jede andere theaterästhetische Reflexion von Geschichtlichem, was ja auch immer Entwicklung, Weiterschreiten, Fortschritt gewesen ist, als lackierte Idylle, als schönfärberisches Märchen abzuqualifizieren sei. Müller, habe ich den Eindruck, tut so. Ich bestreite es, ich sehe darin einen bis zur äußersten Verabsolutierung vorgetriebenen geschichtspessimistischen Naturalismus. Deutsches Verhalten unter deutschem Faschismus als undifferenzierter, zirzensischer Alptraum, als höhnisch-makabres Menschheitspanoptikum, als grell und düster zelebrierte schwarze Messe? – nichts als schreiender Schmerz und lähmende Furcht, nur Schlamm und Blut und Spermen?[24]

Daraus schlussfolgerte Manfred Wekwerth messerscharf und grundverkehrt:

> Für mich sind zum Beispiel die Stücke von Heiner Müller historischer Naturalismus, ja sogar Idealismus, denn dort wird eine Idee etwa von der Grausamkeit der Geschichte bewiesen, indem man das Vehikel Schauspieler zu Hilfe nimmt, um eine Theorie zu erhärten. [...] Dergleichen sehe ich in eklatanter Weise in der »Schlacht«; dort wird praktisch die Behauptung aufgestellt, das Barbarische sei ein bestimmtes soziales Element, das immer barbarische Züge trägt. Aber es ist ja einfach nicht wahr, daß die Nazis Menschenfresser waren.[25]

Eine berechtigte Frage wurde dennoch von einer verständigeren Kritik gestellt: »Was wäre, wenn man diese Schlacht ganz ohne Aufwand darböte, verhalten, karg. Wären die »Szenen aus Deutschland« dann weniger gewesen, oder wären sie vielleicht mehr geworden?«[26] Matthias Langhoff fragte sich das auch: »Vielleicht ist der Müller gut genug, d.h. die Art seines Schreibens so deutlich, d.h. in der Sprache die Aktion mit enthalten, daß man sie nicht hätte zeigen müssen.«[27] Diese ahnungsvolle Vermutung wird alle künftigen Müller-Inszenierungen nach der Uraufführung von *Schlacht* begleiten, sie wird jeden Bühnenbildentwurf problematisieren und sie wird lange Zeit gegen den berechtigten Skrupel von Matthias Langhoff entschieden. Warum? Weil sich das Vorurteil hielt, Müllers Stücke seien spröde, theatralisch schwer erschließbar.

> Auf jeden Fall muß man die beschriebenen Bilder ernstnehmen, sie in sinnliche Bilder, in theatralische Vorgänge übersetzen. Wo aber sind hier Grenzen? Wo wird die »Überschwemmung« mit Bildern und kunsthaften Zeichen, mit Bezeichnungen und Bedeutungen zur Überfülle, die Wahrnehmung abstumpft, Sinn verdunkelt, statt Sinne und Denken schärft, wach macht, in Langeweile ermüdet? Die Inszenierung von Schlacht/Traktor in der Berliner Volksbühne, die die Bildhaftigkeit betonte, Müller erregend weiterzudichten versuchte, zeigte zugleich auch, daß – zumindest bei den gegenwärtigen Sehgewohnheiten und allgemeinen ästhetischen Erwartungshaltungen von Publikumsmassen – übermäßige Häufung gedankliche und ästhetische Wirksamkeit beeinträchtigt.[28]

Manfred Karge resümierte Jahre später die erste Phase der Müller-Rezeption auf dem Theater:

> Müller hat, glaube ich, erreicht, daß man über Theater neu nachgedacht hat. Er hat dafür gesorgt, daß man nicht zu sorglos war und meinte, man habe Theater schon verstanden und kann alles im Theater realisieren. Er hat ja auch ganz bewußt Sand ins Getriebe geworfen, in die glatte geölte Theatermaschine [...] Die Texte, die Müller dem Theater gab, erschienen ja vielen als unannehmbar. Dann haben aber immer mehr zugegriffen und haben der Theatermaschine ein paar Dellen verpaßt oder einfach die Texte ein bißchen geölt.[29]

Die Aufführung des Fragments *Traktor* konterkarierte die persuasive Bilderflut der *Schlacht*-Inszenierung durch ihre optische Zurückgenommenheit zugunsten der Verkündigung des Wortes. Das »Lehrstück« war gegen das »Schaustück« gestellt und unterlag, obgleich die solistische (Hermann Beyer als Traktorist und Rolf Ludwig als Zweiter Besucher) wie die chorische gedankliche Durchdringung des Textes den Gestus des lernenden Erkennens, des Erfahrens des Textes durch seine sprachliche Vergegenwärtigung, also der Sprechakt selbst zum sinnlichen Zuschauererlebnis wurde. Das Ensemble spürte in gemeinschaftlicher Anstrengung dem Schreibprozess des Autors nach, dem Text widerfuhr höchste Gerechtigkeit, aber der Theaterraum war durch die vorhergehende Präsentation der *Schlacht* so aufgeladen, dass die Worte vergingen und die Sprechenden, obwohl unmittelbar an der Rampe positioniert, merkwürdig einsam, klein und verloren erschienen. Die taktisch verständliche Kopplung von *Traktor* mit *Schlacht* ruinierte den wichtigen Gegenwartstext, der in der DDR nur zweimal nachgespielt wurde.

> Jetzt habe ich die alten Texte, Entwürfe – meist schon in den fünfziger Jahren entstanden – hervorgeholt und zu einer Szenenfolge neu zusammengestellt. Sicher war der 30. Jahrestag [des Tags der deutschen Kapitulation, der in der DDR am 8. Mai als offizieller Tag der Befreiung gefeiert wurde; ThW] ein wichtiger Anstoß, wichtiger war der Versuch, durch die Anordnung, die Einfügung einer neuen Ebene, durch Zitate usw., historischen Abstand, einen neuen Blick von heute auf die Vergangenheit zu ermöglichen.[30]

Beyer: Nach dem Misserfolg von *Geist von Cranitz* besetzte mich Fritz mit 'ner kleinen Rolle in *Der Goldene Elefant* und als die erste *Laken*-Inszenierung kam ... die wurde ja vor das zweite Spektakel gesetzt ... was dann ausgelöst hat, dass Müller *Die Schlacht* fertiggestellt hat. Szenen, die er schon hatte, wenn mich nicht alles täuscht. Ich dachte, naja, das ist ja interessant: Du willst seit vielen Jahren Müller spielen ... und was spielst du jetzt: »Ohhhh!« Da bleibt mir am Schluss der Schrei! ... Henry (Hübchen) spielte doch den Soldaten. Und Jürgen Rothert und ich ... wir kamen, verschwanden und Henry taucht in der Mitte auf.
Wieck: Aber dann kam *Schlacht* ein Jahr später, auch mit dem *Laken* wieder, aber jetzt hattest du die große Aufgabe in *Traktor*. Wie kam es denn dazu?

Beyer: Da gab es ein Gespräch ... wir saßen zusammen ... es gab ja die Arbeitsgruppen Karge/Langhoff, Benno, Straßburger, Marquardt. Muss man immer Straßburger noch dazu sagen. Und ich habe irgendwie vermessen gesagt: Ich finde es gar nicht falsch, ich brauch gar nicht bei anderen arbeiten, ich will bei Fritz weiterarbeiten. Und vier Wochen später war ich bei Karge/Langhoff besetzt. Das hat mir zu denken gegeben. Ich dachte, das musst du wahrscheinlich immer sagen: Ich will mit euch gar nichts zu tun haben, dann wirst du besetzt. Das war meine erste große Rolle an der Volksbühne, nach *Geist von Cranitz*.

Wieck: Das war doch ein Wagnis für die beiden, oder?

Beyer: Das war ein Wagnis für die beiden. Und sie haben das aber durchgezogen. Ich hatte ja immer das Gefühl, wenn die auftraten ... die kamen zu zweit ja immer wie 'ne geballte Macht an. Die Arbeit war äußerst angenehm für mich, weil, ich war ja nicht etabliert in dem Ensemble. Also wurde mit Misstrauen geguckt. Dieser Dilettant. Ich will nicht übertreiben, aber es gab immer wieder Leute, die mir wohlgesonnen waren, die sagten, die erzählen schon wieder rum: Was will der denn hier am Theater, ist doch kein richtiger Schauspieler! Und da haben die mich einfach in Ruhe gelassen und haben die Szenen gebaut. Die waren ja vorbereitet wie sonst was. Für diesen einen Text krieg ich vom Bühnenbildner Gero Troike eine Sense in die Hand, und wo ich mit der Sense stehen musste. Ich habe nie danach gefragt, was die Sense soll, und hab mich mit dem Text beschäftigt. Und offensichtlich nicht ganz schlecht. Weil: Ich war ja scharf auf 'ne Rolle.

Fritz ist mit Lob, was *Traktor* anbetrifft, sehr zurückhaltend gewesen. Ich weiß nur, dass er, nachdem er eine der letzten Proben gesehen hat, sagte: »Beyer, du bist gut!«

Wieck: Wenn du den Text gelesen hast, ich meine jetzt noch mal *Die Schlacht*, auch speziell die *Laken*-Szene, muss dir doch die Opernhaftigkeit komisch vorgekommen sein ... oder bist du doch überwältigt worden, fandest es toll, da mitmachen zu können.

Beyer: Ich weiß nur, dass ich mit Fritz drüber gesprochen habe nach der Voraufführung und offensichtlich was gegen die Opernhaftigkeit gesagt habe. Und dann sagte Fritz: »Dann wär's auch nicht so gelaufen.« Na, und ich glaube, Fritz hat recht.

Wieck: Was den Wirkungsfaktor anlangt, auf jeden Fall.

Beyer: Die Vorgespräche waren äußerst spannend. Es gab ja viele, die reagierten: Also, das wollen wir nicht mehr hören! – Und dagegen ging das, was Karge/Langhoff gemacht haben, mit den spektakulären Theatermitteln an.

Wieck: Das Problem für mich ist bei der Aufführung, sie hat natürlich so einen Überrolleffekt gehabt. Und die Auseinandersetzungen mit dem Problem blieb äußerlich, finde ich. Und das hat *Traktor* beschädigt.

Beyer: Auf alles kannst du bei so 'ner Sache vermutlich nicht achten. Es war die zweite Durchbrechung des Müller-Boykotts.[31] Also, wenn die das irgendwo im 3. Stock gemacht hätten, da hätte kein Hahn danach gekräht.

Wieck: Das war das Problem. Das, was Marquardt sagt, stimmt schon: Es war wichtig, dass es überhaupt stattfand.

Beyer: Find ich auch. Auch als klar wurde, es sind nicht so viele, die sich dafür interessieren. Ich habe ja immer die beiden Kumpels ... was *Traktor* anbetrifft, kann ich mich nur bedanken bei ihnen – aber was andere Sachen betrifft, da war ich ja misstrauisch. Ich habe Langhoff mal gesagt: Ihr habt ja damals für das Gastspiel in Paris *Schlacht* hochpoliert und *Traktor* rausgeschmissen! – Nein, *Traktor* ist nicht rausgefallen durch uns. Den hat Müller rausgenommen. Müller hat das nicht gewollt.

Wieck: Für ein nicht-deutschsprachiges Publikum, also Paris, ist der dichte Text schwer verständlich. Und die Inszenierung ging ja besonders auf den Text, ganz im Sinne des Lehrstücks, ein.

Beyer: Jaja, das wäre auch schwierig gewesen.

Wieck: Aber ihr habt ihn dann doch auch in der DDR weggelassen. Ich fands schade, dass *Traktor* so in den Schlagschatten der *Schlacht* geraten ist. Einerseits haben Kritiker bemängelt, dass man nach diesen zwei Stunden Bombardement durch *Schlacht* schwer die Konzentration aufbringt für die völlig anders geartete Darstellungsweise von *Traktor* – aber andererseits: Ich halte das für einen der entscheidenden Texte von Müller, wenn er über DDR nachdenkt.

Beyer: Das fand ich ja auch, deswegen fand ich es auch wichtig, dass der drinbleibt. Dass der neue Held ein Kriegsverbrecher ist, dass der neue Held der Mörder von gestern ist: »In einer Nacht wie heute, Vollmond auch / Haben wir einen umgelegt in Russland.« – In *Bauern* heißt es nicht »umgelegt«, sondern »umgebracht«.

Wieck: Jetzt komm ich nochmal auf Rolf Ludwig zurück. Weil der ja aus einer völlig anderen Ecke des Denkens und Spielens kam. Der passt ja trotzdem rein.

Beyer: Der hat nicht mehr richtig reingepasst dann bei *Othello*. ... aber in *Avantgarde* war er grandios. Das werde ich nie vergessen! – Es gab diesen Augenblick in dem Ludwig als ein Arbeiter aus der Stadt, er, der Arbeiter es für den Bauern übernimmt, dessen unheilbares Pferd zu erschießen. Wie der Ludwig mit der Pistole geht! Die hängt ... er hat sie in der Hand, verschwindet hinter der Bühne, dann knallt es ... wie der gegangen ist! Er hat ja mal erzählt, dass er die Rolle nicht spielen kann, wenn er den Gang von den Rollen nicht hat.

Wieck: Genau. Das hat auch was mit dir zu tun.

Beyer: Ich habe viele Rollen mit Gang nicht erwischt ...

Wieck: ... im Gegenteil: »Flint«!

1975 wird Heiner Müller, wenngleich weiterhin kritisch betrachtet, zwar wieder in die Reihen der sozialistischen Literatur aufgenommen, nicht aber in den Schriftstellerverband. Ihm wird der Lessingpreis vom Ministerium für Kultur verliehen »für seine dramatischen Dichtungen, die zu den bedeutenden Leistungen der sozialistisch-realistischen Bühnendramatik unserer Republik gehören«.[32] Auch die Literaturwissenschaft begann sich mit Müller zu beschäftigen.

Sie scheiterte aber sogleich, da sie neben dem Frühwerk Müllers spätere Texte wie *Mauser* ignorieren musste, wurden doch die in den vierziger/fünfziger Jahren Müller beeinflussenden sozialistischen Ideen in den siebziger Jahren noch immer des verräterischen Revisionismus verdächtigt und so blieb es im allgemeinen bei einer freundlichen Besprechung von *Zement*. Und doch, eine dieser unauffälligen Heimholungen, eine Rezension der ersten Sammlung von neun Theatertexten Heiner Müllers 1975 in der DDR wird ihm überraschend gerecht:

> Arbeit allein schafft Sinn in der Welt, aber bei Müller wird sie nicht als heiteres Gattungsgeschäft betrieben, hier ist sie aufopferungsvoller, heroischer, herakleischer Kampf, ist sie voller Mühe und Qual. Arbeit ist so auch Sich-Verzehren; mit der »Handschrift seiner Arbeiten und Tode« schreibt sich der Mensch in das Buch der Welt. Tragisch und unaufhebbar ist die Spannung zwischen Natur und Ich in Müllers Weltbild, quälende Unruhe erwächst daraus: In einer ungarischen Aufführung von »Zement« steht Herakles am Ende sich selbst gegenüber, die Hydra ist er. Wir haben es mit einer Dichtung zu tun, deren beunruhigende Kraft gerade der Verschmelzung des Historischen und des Persönlich-Existentiellen entspringt. [...] Schon beim Lesen hinterläßt das Stück [*Die Bauern*; ThW] den Eindruck theatralischer Fülle. Seine Lebensnähe ist nicht die des Milieustücks, sie entspringt vielmehr der poetisch verallgemeinernden Abbildung des konfliktgeladenen Geschichtsprozesses, der Tragisches und Komisches vereint. [...] Arbeit ist für Barka [*Der Bau*, ThW] existentieller Kampf, ein unaufhörbarer und unaufgebbarer Streit mit der Welt und sich selbst, ein Kampf mit der Hydra (Richtfestszene).[33]

Da diese Rezension in der »*NDL*« erschien, kann sie gelesen werden als Rücknahme der Verdammung der *Umsiedlerin* durch den Schriftstellerverband. Einer Aufführung des alten Textes unter neuem Titel stand offenbar nichts mehr entgegen. Aus der *Umsiedlerin* wurden *Die Bauern* und diese wurden, wie es sich nicht gehörte, aber angeordnet war, uraufgeführt.

1 Franz Koch: »Vorwort«, in: *Von deutscher Art in Sprache und Dichtung*, Erster Band, Stuttgart und Berlin 1941, S. V ff.

2 Theodor Plievier: *Stalingrad*, Berlin 1984, S. 230 f.

3 Stephan Hermlin/Hans Mayer: *Ansichten über einige Bücher und Schriftsteller*, erw. und bearbeitete Ausgabe, Berlin o. J. (1947), S. 174.

4 F. C. Weiskopf: »Ein Brief«, in: *Das Anekdotenbuch*, Berlin 1959, S. 56 ff. Hier stark eingekürzt, um das »Skelett« freizulegen. Noch einmal wird Müller eine ähnliche Transposition eines epischen Textes vornehmen. Er wird aus Alexander Beks Roman *Die Wolokolamsker Chaussee* 1. und 2. Teil, (dt. Rahel Strassberg, Berlin (Ost) 1962, S. 10 bis 20) *Wolokolamsker Chaussee I, Russische Eröffnung* herausfiltern. Zwei erstaunliche poetische Leistungen, ohne dass Müller am Handlungsverlauf und der Konfliktkonstellation etwas geändert hätte. Das wird oft übersehen und Müller wird gerade dieser dramaturgischen Ingredienzien wegen gerühmt oder abgekanzelt. Es wird ausgeblendet, dass Müller, eigenem Bekunden nach unfähig zur Erfindung einer großräumigen, stücktragenden dramatischen Fabel im Sinne eines ausgearbeiteten Handlungsgeflechts war. Vgl. dazu das Verfahren der Bricolage in der Darstellung von Claude Lévi-Strauss in *Das wilde Denken.*

5 Heiner Müller: *Die Nacht der langen Messer*, in: Heiner Müller: *Die Schlacht*, hrsg. v. Volksbühne Berlin, Spielzeit 1975/76, unpaginiert.

6 Rainer Kerndl, in: *ND*, 5. November 1975.

7 Die Erfassung und Datierung früher Müller-Texte ist ein ärgerliches Desiderat der Müller-Bibliographie. Zwei Fassungen liegen vor: *Das Laken* (1966), die erste Druckfassung; und *Das Laken oder die unbefleckte Empfängnis (*1974), die VB-Spielfassung.

8 Heiner Müller: *Das Laken oder die unbefleckte Empfängnis*, in: Heiner Müller: *Die Schlacht. Szenen aus Deutschland*, a. a.O.

9 »Und das hat schon damit zu tun, dass von einem bestimmten Punkt an, wo historische Chancen verpasst sind, es eben nur noch Zwangslagen gibt, wo der subjektive Faktor kaum noch zur Geltung kommt oder nur noch zerrieben wird. Und das führt zu dieser etwas aphoristischen Form von Theater wie der Schlacht. Dieses Material braucht also (oder kann brauchen) eine solche Darstellungsart.«, Heiner Müller im Gespräch mit Bernard Umbrecht (1977), in: *HMW*, Band 10, a.a.O., S. 101.

10 Marx/Engels: *Die Deutsche Ideologie*, a.a.O., S. 74.

11 Jean-Paul Sartre : »Für ein Situationstheater« (1947), in: *Mythos und Realität des Theaters*, a.a.O., S. 40.

12 Sartre: *Marxismus und Existentialismus*, Reinbek bei Hamburg, 1964, S. 107.

13 Vgl. Sartre: *Materialismus und Revolution* und Lukács: »Existentialismus oder Marxismus?«. Müller stimmte offenkundig Sartres Vorschlag »Existentialismus und Marxismus« zu und verwarf die schroffe Alternative »Marxismus oder Existentialismus« von Lukács.

14 Rolf Rohmer: »Autorenposition Heiner Müller«, *TdZ* 8/1975, S. 58.

15 Karl Löwith: »Natur und Humanität des Menschen«, in: *Wesen und Wirklichkeit*, hrsg. v. Klaus Ziegler, Göttingen 1957, S. 81 f. Diesem Gedanken hing Müller zeitlebens nach und deshalb favorisierte er mehr und mehr das pantomimisch sich aufbauende und zum Tableaux erstarrende, alles endende Schreckbild. Er beredete nicht eine ferne Zukunft, er verschwieg sie, er zeigte ein Endbild, denn das ihm sich aufdrängende Endbild war der Beginn des Schrecken und nicht mehr das Ende des Schreckens. Er rief keine Schönheit mehr auf, sondern hüllte das Fürchterliche ins ästhetisch Gelungene. Der Schrecken verschlug die Sprache: »Der Verrat warf sich über ihn«. Der Sinnverlust des Poetischen reflektiert den Verlust der Fähigkeit, Gesellschaft menschlich gestalten zu können, wird zum ängstigenden Zeichen einer sinnentleerten und in Schönheit versinkenden Welt. In *Das Laken* war er noch nicht bereit diese Schlussfolgerung zu ziehen, in *Leben Gundlings* und in *Hamletmaschine* sehr wohl.

16 Zunehmend bediente sich Müller der Suada, die er Arie nannte, der Traumerzählung (*Hydra-Text*, *Mann im Fahrstuhl*, *Bildbeschreibung*), der rhetorischen Ansprachen (in *Bauern* und *Bau*), der Agitationsreden und des historisch-biographischen Berichts (*Korrektur* und *Der Auftrag*), um sich vom Dialogischen ganz freizumachen. Der Gebrauch des dramatischen Dialogs in

den lehrstücknahen Texten muss gesondert betrachtet werden, wie auch das komplizierte Verhältnis von »klassischem Monolog« zum Dialog in *Philoktet*. Vgl. Jens Ihwe: »Heiner Müllers *Philoktet*«, in: *Bogawus* 7/8//1966, S. 25 ff.

17 Heiner Müller: *Das Laken*, in: *SuF* Sonderheft »Probleme der Dramatik«, 1. Halbjahr 1966, S. 767 f.

18 Alexander Kluge/Heiner Müller: »Heiner Müller im Zeitenflug«, *HMW*, Band 10, a.a.O., S. 826 f.

19 Helmut Peitsch: »Fahnen, Brot und Hände«, in: *TZS* 28, S. 100.

20 Vgl. u. a. Joachim Fiebach (1977), Gottfried Fischborn (1978), Henning Rischbieter (1975), Genia Schulz (1980), Marianne Streisand (1987).

21 Vgl. den Film von Luchino Visconti *La caduta degli dei/Die Verdammten* (1968).

22 Karge ist ungenau. Die Rolle der alten Frau war nur mit einer Schauspielerin besetzt und so rückte sie, auch in Hinblick auf die ironisch-christologische Titelergänzung »die unbefleckte Empfängnis« ins Zentrum, wurde zum Negativbild der Hl. Maria. Ein ähnliches Verfahren der »Bild«-»Gegen-Bild«-Montage verwandten die Regisseure in der Szene *Ich hatt einen Kameraden*, indem sie ein pompöses Tableaux vivant des christlichen Abendmahls kontradiktorisch zur kannibalistischen Soldatenszene aus der Unterbühne auffahren ließen.

23 Karge im Gespräch mit Dieter Kranz (1987), in: *Berliner Theater*, hrsg. v. Dieter Kranz, Berlin (Ost) 1990, S. 239. f.

24 Rainer Kerndl, a.a.O.

25 Manfred Wekwerth, in: Rolf Rohmer: »Interview mit Manfred Wekwerth«, in: *WB* 3/1978, S. 55 f.

26 Günther Cwojdrak: »Müllers Zyklopenmauer«, in: *Weltbühne* 11. November 1975, zit. nach: Günther Cwojdrak: *Bei Licht besehen. Berliner Theaterkritiken*, Berlin (Ost) 1982, S. 117.

27 Matthias Langhoff, in: Inszenierungsdokumentation *Die Schlacht*, AdK Berlin, Archiv DK, ID 137.

28 Joachim Fiebach: »Nachwort«, in: Heiner Müller: *Die Schlacht/Traktor/Leben Gundlings Friedrich von Preußen Lessings Schlaf Traum Schrei*, Berlin (Ost) 1977, S. 134 f.

29 Karge: a.a.O., S. 240.

30 Heiner Müller: Gespräch mit Martin Linzer (1975), in: *HMW*, Band 10, a.a.O., S. 659.

31 Mit der Uraufführung *Zement* am BE 1973 (Regie Ruth Berghaus) war Müller für die Kulturbürokratie wieder respektabel geworden.

32 *ND*, 30. September 1975. Doch diese Ehrung war vergiftet. Hermann Kähler, literaturwissenschaftlicher Mitarbeiter der Akademie für Gesellschaftswissenschaften beim ZK der SED, jener Institution, die am schärfsten Müllers Stücke in der Vergangenheit attackiert hatte (Vgl. Werner Mittenzwei: »Eine alte Fabel, neu erzählt.« *SuF* 6/1965, S. 948 ff.; Hermann Kähler: *Gegenwart auf dem Theater*, Berlin (Ost) 1966; Werner Mittenzwei u. a.: *Theater in der Zeitenwende*, Berlin (Ost) 1972) wurde ebenfalls mit dem Lessing-Preis ausgezeichnet.

33 Jürgen Engler: »Handschriften der Arbeiten und Tode«, in: *NDL* 7/1976, S. 147 f.

Die Bauern

Regie: Fritz Marquardt, Mitarbeit: Irene Böhme, Hasso von Lenski, Berndt Renne; Bühnenbild: Pieter Hein; Kostüme: Heidi Brambach, Pieter Hein, Henning Schaller a. G.

Günter Junghans (Beutler), Hermann Beyer (Flint), Jürgen Holtz a. G./Hans Teuscher (Rammler)[1], Werner Tietze (Kaffka), Jürgen Rothert (Ketzer), Winfried Wagner (Erfasser), Winfried Glatzeder/ Michael Gwisdek (Treiber), Wilfried Ortmann (Henne), Klaus Mertens (Senkpiel), Dieter Montag (Fondrak), Heide Kipp (Niet), Rosemarie Bärhold (Beutlern), Henry Hübchen (Siegfried), Carl-Hermann Risse (Flüchtling), Klaus Brasch a. G. (Heinz), Eckhard Bogda (Junger Bauer), Wolfgang Sasse (Alter Bauer), Werner Senftleben (Polizist), Walfriede Schmitt (Schmulka), Jürgen Rothert (Ein Alter), Ursula Braun/Gisela Morgen (Eine Alte), Peter Dommisch/Michael Gwisdek (Bauer mit Mütze), Helmut Straßburger (Krüger), Berko Acker (1. Traktorist), Bodo Krämer (2. Traktorist), Harald Warmbrunn (Sieber), Harry Merkel (Simoneit), Ruth Glöss (Flinte 1), Gabriele Gysi (Flinte 2), Werner Tietze (Parteisekretär), Gisela Rubbel (Dicke Frau), Karl-Heinz Liefers (Junger Mann), Karin Ugowski (Bäuerin), Wolfgang Lohse (Ein Christ), Joachim Tomaschewsky (Pastor), Jürgen Gosch a. G. (Landrat), Susanne Düllmann (Treibern), Dieter Leuckert a. G. (Arbeiter).

Probenbeginn: 16. Februar 1976. Premiere: 30. Mai 1976.

> *Wenn man Stücke schreibt, hat man immer die gleiche Wirkungsabsicht. Die erste Funktion von Dramatik ist Zerstörung. Das kann in verschiedenen Phasen verschiedene Aspekte haben. Nur so kann Dramatik aktiv teilnehmen an einem Umwälzungsprozeß, indem sie Ablagerungen zerstört. Das ist unverändert seit damals [1960/61; ThW], bloß, daß die Exkremente sich mit der Zeit anhäufen – je langsamer der Prozeß wird, je höher steigen die Exkremente.*[2]

Fritz Marquardt erinnerte:

> Zu den *Bauern* kam es 1976, als ich schon fest in der Leitungsposition der Volksbühne war. Christoph Schroth[3] war auch am Haus. [...] Eines Tages gab es eine dieser Leitungssitzungen – unter

Besson hat es an der Volksbühne ja nie eine festgelegte Leitung gegeben; trotzdem war da natürlich eine sozusagen »illegale«, inoffizielle Leitung: Besson, Dieter Klein bzw. Karl-Heinz Müller, Karge, Langhoff und ich – eine dieser Sitzungen also, die Besson einberief, wann er wollte und mit wem er wollte: Das wurde sehr gestützt von mir, weil ich mich fragte, warum denn immer alle dabeisitzen müssten und nicht nur die, um die es jeweils geht. Wer gerade wichtig ist, wird eingeladen – und das ist dann jeweils die Leitung. Das war natürlich ein tiefes Ärgernis für viele – und es war parteischädigend. Denn natürlich saßen die Partei-Menschen in der Leitung; und wenn nun Leitungssitzungen auf Zuruf und eventuell auch gar nicht im Haus stattfanden, entzog ihnen das den Zugriff. Ohne Blick auf das Gesamtsystem DDR lässt sich die Sprengkraft der Abweichung gar nicht begreifen. Ich glaube also, dass Besson in eine Leitungssitzung kam, Christoph Schroth hatte den Vorschlag gemacht *Die Umsiedlerin* zu machen. Das war immer noch ein Tabu, ein verbotenes Stück, über das man nicht reden sollte – aber nun schlug Schroth das vor, ausgewiesen als ideologisch einwandfreier Kollege! Und in dieser Sitzung muss ich (ich nehme an, zunächst mal schweigend und tief betroffen durch mein enges Verhältnis zu Heiner) sofort nachgegrübelt haben: Warum weiß ich das nicht? Das müsste doch Müller wissen! Denn Schroth hatte das sicher nicht vorgeschlagen, ohne sich vorher abgesichert zu haben; und Besson hat dann auch gleich gewusst, wenn Schroth das vorschlägt, dann gibt es auch wirklich eine Chance! Schroth hatte seine Kontakte und dachte vermutlich, das sei doch eine Arbeit, mit der er mal richtig hätte zeigen können, was er kann und was er ist. Was hatte ich im Hintergrund? Nichts. Außer meiner Wut auf Müller, von dem ich sicher war, dass er das gewusst hat. Müller hat das natürlich dann immer bestritten – nichts habe er gewusst. Jedenfalls ist das Stück auf diese Weise überhaupt in die Planung gekommen. Ich hätte es nicht gewagt. Wenn ich das vorgeschlagen hätte, hätte es geheißen: »Na, das hat uns gerade noch gefehlt!« Das Verdienst gebührt Schroth.[4]

In einer Parteigruppenversammlung der SED werden die divergenten Haltungen zu Stück und geplanter Inszenierung sehr deutlich ausgesprochen:

Fritz Marquardt: Das Stück hat einen großen gesellschaftlichen Gegenstand, vielleicht den größten der DDR-Geschichte in einem Stück. Es ist ein außerordentlich wichtiges Stück in der Geschichte der DDR-Dramatik und auch in der Reihe der Stücke des Autors Heiner Müller. (Es ist groß, es ist umfangreich, es ist noch naiv ... so etwas wie der erste Geniestreich.) In der Reihe der Stücke der DDR-Dramatik haben wir es zu sehen neben Stücken wie »Katzgraben« – »Holländerbraut« – »Frau Flinz«. Bei der Arbeit werden wir nicht vorankommen, wenn wir künstl(erisch)-prakt(isch) ausgefahrene Wege gehen. Es geht auch nicht »mit einem Ritt«, daß man sich den Stoff aneignet. Das Stück hat Widerhaken. Es muß kontinuierlich Gespräche über die Sache geben, wir brauchen die Eindrücke von anderen, für das Regiekollektiv ist es wichtig Gesichtspunkte der Genossen zu erfahren.

Dr. Lily Leder: Ist das Stück in der Traditionslinie mit »Avantgarde« zu sehen?

Marquardt: Ja. Aber es ist ein anderer Autor und auch eine andere Weltsicht. Man muß jedes Detail neu überprüfen.

Steffi Spira: Mit gefällt das Stück sehr. Es bedient etwas, das wichtig ist. Es wird bestimmt zu einem Erfolgserlebnis für die Leute, die in der DDR geblieben sind, obwohl sie nicht ganz überzeugt waren. Fragen, die immer noch brodeln, können so behandelt werden. Das Zurückblicken ist auch sehr wichtig.

Dr. Leder: Das Verhältnis zum »Besitzdenken« wird aufgerissen. Den Bauern wird gegeben und auch wieder genommen, es wird alles infrage gestellt, auch in den persönlichen Beziehungen. Solche Fragen greifen weit über die Klasse der Bauern hinaus und auch über bäuerliches Denken.

Elke Tasche[5]: Ich habe beim Lesen immer an Breughel-Bilder gedacht. – Es ist ein großes Gesellschaftsbild von heute, nicht nur auf dem Lande. Menschen werden sich hier ihrer Persönlichkeit bewußt und ihres Widerspruchs, sie sehen ihre Schranken. Das Stück erfaßt eine ganze Entwicklungsetappe. Ich sehe Rollen. Und eine schöne Sprache.

Dr. Leder: Das Stück ist reich an Individualitäten und nachher ist es die Klasse, die reich ist.

Edwin Marian: Ein guter Griff. Es ist das beste Stück, das ich in der DDR kenne. Man muß die Charakterisierung der Figuren sichtbar machen. Das ist natürlich hervorragend schwer. Ich bin froh, daß wir's machen.

Marquardt: »Avantgarde« hatte die Dreiecksgeschichte als Trägerstruktur, eine zentrale Intrige. Bei aller Epik war es doch ein Stück, das traditionelle Haltepunkte hatte. Hier haben wir keine zentrale Intrige. Das Stück wird nur gebunden durch einige Figuren, die durch das gesamte Stück gehen. Es sind eine Fülle von Details, die eigentlich nur durch die Zeit gebunden sind. Mit Charakterisierungen im Sinne von Hauptmann wird wenig zu machen sein. Die Figuren sind gebrochen, sie charakterisieren sich auf andere Weise. Der Grundansatz für das Stück liegt bei der Komödie. Bei dem Marx-Satz: Mit Lachen von der Vergangenheit Abschied nehmen. Aber das setzt natürlich eine Fülle von tragischen und tragikomischen Aspekten voraus. Beim Lesen bemerke ich immer eine Kopflastigkeit, eine Überdimension an Stoff und geistigem Gehalt. – Die Sache »leicht« zu kriegen, das macht mir Kopfschmerzen. Den Zug zur Leichtigkeit, den kriegt man nur mit politischer Verantwortung. Das Material muß sich zueinander und gegeneinander fügen, es muß eben so gehandhabt werden, daß es nicht »schwer« und kopflastig sich gibt. Zentral geht es bei der Arbeit um einen Selbstverständigungsprozeß. Man glaubt, daß man ohnehin weiß, was war. Ich schließe mich da nicht aus. Aber wir glauben es nur zu wissen. Was wir wissen, müssen wir möglicherweise sogar vergessen, damit wir neu herausfinden, was war. Das ist die Aufgabe. Und Kunst kann Entdeckungen machen, die vielleicht die Geschichtsschreibung nicht macht.[6]

Spira: Es ist ein bißchen viel, ein bißchen überladen. z.B. der Pastor. Vielleicht kann man auf einiges verzichten.

Marquardt: Wir haben drei Ansätze gemacht, zu streichen. Ursprünglich hatten wir darauf gerechnet, mit dem Dichter diesen Arbeitsvorgang zu machen, weil der Autor natürlich anders in das Gefüge eingreifen kann. Nun steht uns aber der Autor nicht zur Verfügung. Infolgedessen können wir den Text nur in der praktischen Probenarbeit überprüfen und dann entscheiden. Meine Erfahrung sagt mir, daß man beim Lesen eine Szene für gar nicht so wichtig hält, sie sich nachher bei der Arbeit aber als zentral herausstellen kann.

Günter Junghans: Wir kennen doch die Vorgänge alle aus der Schule oder aus Filmen. Wir wissen doch Bescheid. Und nun wird uns das von Müller mit lauter Weisheiten nochmal aufgetischt. Die Figuren sind alle so weise, das ist mir nichts. In »Schlacht« da haben wir was an die Leute herangebracht. Aber das hier, das geht so über die Leute hinweg. Ich weiß auch überhaupt nicht, wie man das umsetzen soll.

Dr. Leder: Die Figuren geben »geronnene« Erfahrungen und das bricht sich dann wieder.

Junghans: Ich weiß nicht, wie man so etwas sinnlich kriegen soll ...

Marquardt: Die Figuren sind nicht »Sprachröhren des Zeitgeistes«. Das ist aber ein Problem, mit dem wir es auch bei den Klassikern zu tun haben.

Junghans: Das ist alles so weit weg, was da in dem Stück ist ...

Walfriede Schmitt: Für mich ist es große Geschichte, allerdings weiß ich auch noch nicht, wie ich damit zurechtkommen kann.

Benno Besson: Es ist ein großer Vorgang und gleichzeitig ein kleiner. Das Stück umreißt eine große geschichtliche Epoche und ist dennoch fixiert auf präzise Ereignisse in diesem Raum in einer relativ knappen Zeit. Es sind geschichtliche Bewegungen markiert. Und man kann sehen, welche Kraft aufgewendet werden muß, um solche Bewegungen, die insgesamt vielleicht gar nicht so groß erscheinen, überhaupt hervorzubringen. Eine kleine Bewegung und solche Anstrengung, solche Rückschläge auch. Wir kennen das ja selbst aus unserer Arbeit.

Helmschroth: Es muß herausgearbeitet werden, daß es nur eine Etappe ist, nicht das Ganze. Der Prozeß geht ja weiter, heute sind wir schon viel weiter. Dieser revolutionäre Prozeß, diese Etappe muß bewußt gemacht werden, weil beispielsweise junge Leute das gar nicht kennen. Und sie müssen lernen, was das ist »Klassenkampf« und lernen, daß dieser Klassenkampf bis heute nicht aufgehört hat, daß er nur mit anderen Mitteln geführt wird.

Tasche: Was sind das für Menschen? Flint macht historisch das Richtige und verhält sich oft hart zu den Menschen. Beutler verhält sich freundlich zu den Leuten und er macht, wie sich nachher herausstellt, durchaus nicht das Richtige, er ist eine miese Type. Das interessiert doch.

Dieter Klein: Die Sprache ist überhöht. Müller wirft mit Naivität Fragen auf, die zum Teil noch heute wichtig sind. Seine schönen Sätze sind oft wie Losungen. Und das Merkwürdige ist, wenn diese Sätze noch für heute bedeutungsvoll sind, dann will man nicht hinhören, dann erscheinen sie wie Phrasen und man glaubt alles zu wissen. Das wird eine Schwierigkeit sein, gerade die Dinge, die heute noch gelten, über die Rampe zu bekommen, daß dann keiner abschaltet. Spaß hat man eigentlich an den Dingen, die geschafft sind, da ist man aufmerksam und freut sich.

Besson: Ich höre, es ist ein Widerstand im Ensemble gegen das Stück.

Elfriede Florin: Mir mißfällt diese Häufung von Müller-Stücken. Ich bin nicht glücklich. Mir fällt auch die »Arsch-Rederei« auf den Wecker, daß hier keiner sagt, daß ihm das nicht gefällt, dabei weiß ich, daß viele Kollegen nicht dafür sind. Ich sehe auch keine Figuren und keine Rollen, die mich interessieren

Besson: Manche sagen, das Stück hätte früher gespielt werden müssen, es sei überholt. Einverstanden. Aber wann und wer. Es ist jetzt wichtig, meine ich. Nach »Schlacht«. Unser Ensemble hat jetzt vielleicht die Möglichkeit, diese Aufgabe zu schaffen. Und es ist wichtig, solche Aufgabe anzugehen, nicht nur weil da ein Stück schon lange liegt, das gespielt werden sollte, sondern auch, weil es was zu sagen hat, weil unser Ensemble jetzt einige Voraussetzungen erarbeitet hat und auch, weil wir uns das Vertrauen der Öffentlichkeit und der Genossen in den Leitungen erarbeitet haben, daß wir mit solch einer Sache politisch und künstlerisch verantwortungsvoll umgehen werden.[7]

Marquardt wusste, worauf er sich mit der Wiederaufführung von *Die Umsiedlerin oder das Leben auf dem Lande* unter dem neuen Titel *Die Bauern* eingelassen und auf wen er sich dabei verlassen konnte:

> Ich hatte keine Illusionen darüber, worauf ich mich da einlasse, sowohl was die innere Situation des Theaters betrifft als auch nach außen hin, aber für mich stand fest, daß ich die Aufgabe

hatte, Heiner Müller mit diesem Stück als einen Dramatiker von europäischem Format beim Publikum bekannt zu machen. Daß ich diesen Selbstauftrag einigermaßen erfüllt habe, darauf bin ich heute noch ein bißchen stolz.[8]

> Zwei Dinge habe ich gesehen: Erstens sind alle belastet durch den traditionellen Eindruck sogenannter Produktionsstücke, und die schlimmsten Produktionsstücke sind die Bauern-Stücke. Unter diesem Gewohnheitseindruck konnte man allein durch Lesen nicht dahinterkommen, daß es sich hier um etwas anderes handelt. Die andere Belastung ist die, daß Heiner Müller wunderschöne Literatur produziert, Arien schreibt, die man singen kann, aber spielen kann man das überhaupt nicht – man kann es höchstens aufsagen. Das sind Belastungen, die in der Luft liegen.[9]
>
> Wenn man unter den Schauspielern keinen Leithammel hat, kann das sehr schwer sein. Und auch die Kommunikation in der Kantine ist in diesem Zusammenhang eine unendlich wichtige, die brauche ich sogar. Wenn da keiner ist, der etwas von dem verstanden hat, was auf der Probe passiert ist und das dann auch – z.B. in der Kantine – weitergibt, dann bleibt der Prozess hängen. Ein Mann wie Hermann Beyer war deshalb enorm wichtig für meine Inszenierungen – umso schlimmer, wenn ich mich mit dem in die Haare kriegte, und das passierte natürlich regelmäßig. Was nun den Arbeitsprozeß mit »Bauern« betrifft [...] habe ich nur die ständige Nölerei der Schauspieler über dieses Scheiß-Stück und diese obszöne Sprache in Erinnerung, daß sie also die Angriffe gegen Müller völlig übernommen hatten, die hatten sie offensichtlich studiert. Dauernd diese Empörung, daß der Text doch so geschrieben sei, wie es dauernd und jeden Tag in der Zeitung steht! Als etwas Besonderes wurde der Text nicht verstanden, es gab nur eine kleine Gruppe, speziell eben um Hermann Beyer, die das anders sah.[10]

Nach vier Wochen Proben beschwerten sich die Schauspieler, Marquardt würde nichts fixieren lassen und zu selten bewerten, was sie anböten, und sie klagten, sie würden »schwimmen«. Marquardt erklärte die Grundlage seiner Inszenierungsmethodik: »Der Weg zu der Sache hin muß gefunden werden. Er ist auch mir nicht bekannt. Er muß im Arbeitsprozeß gefunden werden.« Ein Festlegen auf bestimmte Angebote zu diesem Zeitpunkt erschiene ihm ebenso problematisch wie ein Setzen von Zielpunkten. Er halte unterschiedliche Haltungen von Regie und Darstellern für fruchtbarer als ein Spielen nach den Vorschlägen des Regisseurs. Dennoch erklärte er sich zukünftig zu öfteren Wertungen bereit.[11] Aber nicht allein mit den Schauspielern hatte Marquardt einen Strauß auszufechten, auch Heiner Müller kritisierte vieles, bis der rettende Engel Benno Besson alle Wogen glättete:

> Heiner Müller war zu dieser Zeit [während der längsten Zeit der Proben zu »Die Bauern«; ThW] in Amerika. Er kam zurück, sah eine Probe und war entsetzt. Es hat aber auch dann Momente einer sehr produktiven Zusammenarbeit gegeben, parallel zu den Bühnenproben hat Heiner manchmal mit den gerade nicht beschäftigten Schauspielern am Text gearbeitet; es hat aber auch Ausbrüche und Kräche gegeben. In den Schlußproben von »Bauern« bekam ich eine Liste von Änderungswünschen, die Heiner und Dieter Klein aufgestellt hatten. Ich sollte vom Morgen zum Abend Änderungen machen. Heiner drohte mit der Rücknahme der Aufführungsrechte. Und Benno war in Paris. Das war gar nicht zu realisieren, auch wenn über einzelne Punkte zu diskutieren gewesen wäre, aber das Gesamtkonzept hätte nicht mehr gestimmt. In der Schlußprobenphase gab's einen entscheidenden Durchlauf. Niemand von uns wußte, daß Benno, der als Gastregisseur im Ausland arbeitete, angereist war. Er hatte heimlich oben im Rang die Probe gesehen. Nach dem Durchlauf war eine Diskussion angesetzt, auf der entschieden werden sollte, ob die Aufführung kommt oder nicht. Die Änderungsvorschläge von Heiner hatte ich nicht berücksichtigt. Zu dieser Zeit war Müller von einer rigorosen Theaterfeindlichkeit. Es endete damit, daß ich wie auf einer Anklagebank saß. Und auf einmal stand wie ein Geist Besson in der Tür. Alles schwieg. Er nahm dann das Wort und hat eine halbe Stunde geredet über das europäische Ereignis, das er gerade gesehen hat. Damit war jede Diskussion vom Tisch. Müller sagte kein Wort.[12]

Müller äußerte sich unmittelbar nach der Premiere jedoch unumwunden einverständig mit der Inszenierung:

> Ich hab mich da sehr mit dem Marquardt gestritten in den letzten zwei Wochen, und ich hatte da in vielem eine andere Vorstellung, aber seine Intentionen hat er entwickelt, und einige Einwände von mir hat er realisiert, das ist in sich wieder konse-

> quent. Und das ist 'ne gute Inszenierung, glaub ich. Aber auch wenn ich eine ganz andere Vorstellung hatte. Aber er hat auch die Zeit, um die es da geht, anders erlebt als ich, und er muß natürlich von seinem Erfahrungsbereich ausgehen.[13]

In einem Rundfunkgespräch mit Dieter Kranz berichten Hauptdarsteller und Regisseur über ihre gemeinsame Arbeit:

> Beyer: Die Stufen waren fast doppelt so hoch wie bei einer normalen Treppe. Darauf konnte man sich nicht »normal« bewegen. Man mußte relativ angestrengt hochsteigen und sackte beim Runtergehen immer durch. Kein normaler Schritt war möglich …
>
> Marquardt: Das finde ich von Hermann Beyer schön formuliert, denn das entspricht ja dem Stück. Diese Anläufe der Figuren, und dann immer wieder das Durchsacken. Diese ungewöhnlich hohen Stufen sind wirklich von mir verteidigt worden, auch gegen die Schauspieler. Aber schließlich ergab sich, daß sie sich gar nicht mehr anders bewegen konnten und auch nicht wollten.
>
> Beyer: Ich begegnete der Figur des Flint zunächst mit einer gewissen politischen Ehrfurcht. Und hatte Schwierigkeiten, sie differenzierter, widersprüchlicher zu zeichnen. Ich mußte immer an meinen Großvater denken, obwohl der nicht Kommunist war, sondern Sozialdemokrat. An Material war für mich ganz wichtig, daß ich zwei Texte gelesen hatte, die mir die Dramaturgin Irene Böhme empfohlen hatte: »Schatzsucher« von Erich Köhler und »Kopflohn« von Anna Seghers. Das vermittelte mir background über Landleben in der Nazi-Zeit und über Bauern. Ich bin zwar auf dem Lande großgeworden, hatte aber nur als Hütejunge Beziehungen zu den Bauern.
>
> Marquardt: Die Hauptsache am Flint des Hermann Beyer war dieses Unruhepotential in einem Meer von Leuten, die nix weiter wollten, als ihre Ruhe haben. Die anfangs ablehnende Haltung mancher Schauspieler meiner Regiemethode gegenüber, rührte natürlich daher, daß ich die naturalistische Form abgelehnt habe. Aber mir war von Anfang an klar, daß die Texte von Heiner Müller eine ganz eigene Ästhetik haben, so daß es für ihre Interpretation auf der Bühne kaum Vorbildmaterial gab. Ich habe seinerzeit die Diskussionen über Bessons Inszenierung von Müllers

»Bau« im Deutschen Theater miterlebt, die dann niemals in die Öffentlichkeit gelangt ist. Daher kannte ich die Argumente der Schauspieler gegen die Stücke von Heiner Müller: Man könne diese Art von Texten wahrscheinlich überhaupt nicht spielen. Das seien Arien, die man aufsagen kann, aber spielbar sei das grundsätzlich nicht. Von daher hatte ich auch eine Ahnung, wie man mit den Texten umgehen muß. Und ich war mir klar, daß die naturalistischen Mittel, die zu dieser Zeit das Gängige, das Normale am Theater waren. Aber für die Schauspieler war das ihr gewohntes Handwerk! So spielte man! Etwas anderes gab es nicht. Wer es anders will, versteht nix vom Theater. So war damals die Meinung. Erst als die große Resonanz aus dem Zuschauerraum kam, haben die Schauspieler gemerkt, daß wir etwas ganz Besonderes zustande gebracht hatten.[14]

Der Dramaturg Otto-Fritz Hayner und der Regisseur Manfred Dietrich beschreiben, wie Beyer sich des Bühnenbaus bemächtigte, wie er gegen die Drehscheibe kämpfte, betont groß und weit ausschritt, um den langen Weg zum Sozialismus auf dem Lande im Geschwindmarsch zu absolvieren:

> Er lief, er lief, er lief schneller – mit ausholenden Schritten – schwer in den Knien: der Acker machte steife Knie –, schimpfte, griff die Zuschauer an, machte sie verantwortlich fürs Zurückbleiben, für die Schwierigkeiten der Ebene. Die Mittel, die Beyer wählt, sind durchaus nicht »eingängig«. Bestimmte Seiten der Figur werden aufs äußerste strapaziert. (Sei es, wie Beyer durch Gang, Körperhaltung, Stimme charakterisiert oder die Höhenflüge seiner Figur körperlich aufbaut, ins Extrem treibt.) Das ist wohl etwas Wesentliches an Beyer: Er behauptet lange und hartnäckig eine Eigenart seiner Figur, bringt sie bis zu dem Punkt, wo eine neue (widersprechende) wie ein Riß durch die Figur geht oder wo ein einzelnes Detail, ein auffälliges Spielmoment den Widerspruch in seiner Figur auf unverwechselbare Weise sichtbar macht. [...] Im Schlußbild, Sturm auf die Festung »letzter Einzelbauer«, ein sehr alt gewordener Flint. Beyer spielt ihn mit steif gewordenen Schultern, Kopf und Nacken starr – die Last der Jahre hat ihn gezeichnet: versteinert, Denkmal des Parteiarbeiters, er greift nicht mehr an. Keine Regung, als er hört, der Bauer hat sich erhängt. Auffälliges Spielmoment: Die Hand, die das Messer reicht, sperrt sich. Widerspruch: Er will

nicht abschneiden, aber gefordert wird: erste Hilfe. Am Ende der Szene kommt Bewegung in ihn: es bewegt ihn nach vorn. Spricht die Schlußsentenz, in die Pausen setzt er ein Lachen, das kommentiert, Abstand schafft. Beyer wählt das sehr genau: ein meckrig-dünnes (listiges), nicht freies Lachen: die haben wir reingelegt, ich war dabei. Aber auch: mich hat bald der Sensenmann: »die Erde deckt uns alle bald genug« – Lachen des Siegers und Grabgesang eines alten Häuptlings. Beyer weiß viel über die Figuren, die er spielt, hat ein Bild, Meinung, Ziel. Aber er ist nie fertig mit seinen Figuren, er arbeitet an neuen Entwürfen. So bleibt die Spanne zwischen Bild und Entwurf, der Prozeß des Nachspürens, auch gegen Widerstände in sich. »Ich mache Sachen, von denen ich weiß, daß ich sie nicht richtig mache, aber ich mache sie, bis sie richtig sind. Zum Beispiel in den »Bauern« am Schluß das Lachen zwischen den Sätzen, ich probier das aus, bis es geht oder nicht.«[15]

Pauschales, wenngleich vernebelndes Lob herrschte vor: »Besser geht's nicht!«[16] Durch Lob sollte die Inszenierung nun tatsächlich umstilisiert werden zu einem »heiteren Abschied von der Vergangenheit«. »Weggeschrieben« wurde so das dramaturgisch-ästhetische Verfahren Müllers. Die Dramaturgie und Poetik des Werkes wurde zwar als individuelle Handschrift Müllers gewürdigt, nicht aber in ihrer tatsächlichen Vorbildlichkeit für die dramatische Auseinandersetzung mit den »deutschen Verhältnissen« gebilligt. Kerndl befleißigt sich in seiner Kritik vorbildlich dieses veränderten kulturpolitischen Umgangs mit – wohlgemerkt – ausgewählten Texten von Heiner Müller:

»Die Bauern«, das ist in metaphorischer Verknappung aufgeschriebene Historie von gesellschaftlicher Revolution und individueller Umwandlung am Beispiel des Dorfes und seiner spezifischen Problematik, abgehandelt an den bestimmenden Geschehnissen von 1945 bis 1960, von der Bodenreform bis zur Bildung voll-genossenschaftlicher Dörfer. [...] Der nahezu vierstündige Abend hat die Brisanz, die Ausschließlichkeit, die so witzvolle wie oft bitter-sarkastische Lakonik des Textes zum bestimmenden Element. Nicht immer hat er auch im Szenischen die Brisanz der Sprache. Neben Momenten, wo sich Dialektik und Konsequenz eines Vorgangs aus prägnantem gestischem Spiel ergeben, sind Szenen, wo die Bühne nur noch den Hintergrund für die Dichtung bildet. Hier sind es die einzelnen

Darsteller allein, die mit oft hervorragendem Einsatz für den Text ihre Rollen zu »theater-sinnlicher« Erfüllung bringen. Dabei kann ich nicht übersehen, daß die Aufführung sie samt und sonders mit dem Anschein des Blassen, Leidgezehrten, Bucklig- Krummen und Geschundenen versieht (die üblichen Masken betonen es noch einmal mehr)[17]. Da wird die optisch-ästhetische Konsequenz aus dem Text beinahe schon zum banalen Sturmlauf wider Schönfärberei, die von Heiner Müller ohnehin keiner erwartet hat. Marquardt hat sich von Pieter Hein einen Spielraum bauen lassen, der in seinem nackten Weiß ins Parkett übergreift (wo ringsum an den Wänden eine Unzahl von Textzitaten noch einmal zu lesen ist). Auf der ganzen Bühnenbreite ist für das erste Drittel des Stücks eine zwölfstufige Treppe, die dann von fast kahler freier Fläche abgelöst wird. [...]. Bemerkenswert und sympathisch: wie Regie und Darsteller von Anfang an einem bei aller Härte souverän-heiteren Grundton treu zu bleiben verstehen, der sich freilich anfangs vor allem mehr aggressiv-bitter äußert, später in Ironie übergeht und endlich in sarkastische Fröhlichkeit. Selten hat in den letzten Jahren eine Aufführung der Volksbühne mit solcher Deutlichkeit drauf verweisen können, wie viele blendende Schauspieler der mittleren Generation hier engagiert sind. Hier, wo immer wieder die Aufmerksamkeit auf den einzelnen gelenkt wird, offenbart es sich, und mit Gewinn. Günter Junghans' wendig-windiger Bürgermeistertyrann; Hermann Beyers rast- und ruheloser, listiger, nicht ganz unanarchistischer Kommunist mit den zwei Frauen; Winfried Wagners redseliger und anpassungswilliger Soll-Erfasser; Winfried Glatzeders larmoyant-galliger Mittelbauer, der – am Ende vom Strick geschnitten – weder im Himmel noch in der Hölle, sondern »zunächst in der LPG« aufwacht; Walfriede Schmitts sex-besessene Dorfschöne; Helmut Straßburgers phlegmatisch-demagogischer Schankwirt; Dieter Montags nihilistischer Abenteurer Fondrak mit rhetorisch-mephistophelischem Gehabe; Heide Kipps aus Liebe und Geducktsein sich aufrichtende Umsiedlerin; Peter Dommischs rührend stiller Bauer, der nicht gern die Mütze zieht; dazu neben vielen andern als Gäste vom Berliner Ensemble Jürgen Gosch als einarmiger und wortkarger Landrat, vor allem Jürgen Holtz als Großbauer von eben und Blockfreund von nun, der in genauester Kongruenz zum Text seine Rolle auf dem scharfen Grat zwischen übersteigertem Typ und Karikatur hält ... Doch so genau eben

> haben sie alle mit dem Material der Müllerschen Dichtung ihre Rollen verwirklicht. Ein hervorragendes Ensemble.[18]

Diese Wende hatten nicht alle Kritiker rechtzeitig wahrgenommen. Sie vermissten etwas, was man von der Kunst gemeinhin zu verlangen hatte: »die Veränderung des Menschen zu erleben. Revolutionärer Atem wird zu oft durch eine groteske Betrachtungsweise ersetzt«.[19]

> Weshalb erscheint der aktive, einsatzbereite Kommunist Flint permanent als der abgehetzte, nahezu hoffnungslose Einzelgänger, der keine verläßlichen Mitarbeiter gewinnt, dessen Vorangehen immer wieder von Mühsal und Irrtum abgebremst wird und dessen Persönlichkeitsbild ohnehin noch durch sein selbstsüchtiges Verhältnis zu zwei Frauen ins Spießbürgerliche rückt? Werden die Blauhemden der FDJ nur zum Zweck auf die Szene gebracht, übermäßig kabarettistische Studien dogmatischen Philosophentums zu liefern? [...] Uns wird die Möglichkeit vorenthalten, diese gesellschaftliche Umwälzung im konfliktvollen Anderswerden einzelner Menschen Schritt um Schritt zu verfolgen, deren schöpferischen Kräfte sich formen, die mehr und mehr in befreiter Arbeit ihre Erfüllung finden und die allmählich, von Erfahrung zu Erfahrung, die Übereinstimmung ihrer persönlichen Interessen mit denen der Gesellschaft begreifen.[20]

Manfred Nössig übertraf wieder einmal alle seine Genossen:

> Heiner Müller hat für sein Gestaltungsprinzip – künstlerische Erhellung und Beeinflussung der Wirklichkeit durch rigorose Auslotung und Aufgipfelung der Widersprüche –, so dünkt mich, noch nicht jene Technik gefunden (oder sie gegenüber frühen Versuchen wie dem »Lohndrücker«, dem historischen Stücktypus entsprechend noch nicht genügend ausgebaut), die ein Maximum an Rezeptionsmöglichkeit gestattet. [...] Soviel Dialektik Müller in seinem Stück walten läßt, es selbst scheint mir nicht immer sehr dialektisch: weil es die gegenseitige Bedingtheit der Widersprüche, ihr Zueinander und Auseinander, relativ wenig beachtet, und weil es deshalb zu geringe Handhaben bietet, das historische Panorama für das Heute sinnvoll anwendbar zu machen. Da entsteht dann jener Eindruck des Ferngerücktseins, der statt nach Einsichten nach ästhetischen

Finessen schauen läßt. [...] Ein Abend von fast vier Stunden, der keinen Augenblick uninteressiert läßt. Also doch Vergnügen? Ja! Doch eines, das mir zu wenig übers Chronistische, über voneinander isolierten Detailbeobachtungen hinausreicht, also die genannten Probleme nicht aufhebt. Das heißt: Ein nützliches Vergnügen, des weiteren Nachdenkens, weiterer Entwicklung der Müllerschen Wirklichkeitssicht, ihrer gestalterischen Verarbeitung wert und würdig.[21] Die mäkelnde Rezension ist ein Bubenstück unwandelbarer Parteitreue. Nössig schreibt über das Stück, als wäre es 1975 entstanden. Er übertüncht schamlos die Verbotsgeschichte des Textes, an der er von Anfang an und noch 1972 kräftig mitgewirkt hatte.[22]

Hermann Beyer im Gespräch

Wieck: Christoph Schroth wollte 1973 *Bauern* an der Volksbühne machen. Der wollte vieles umschreiben und zudem radikal streichen. Das wäre ein neues Stück geworden.[23] Wusstet ihr was davon? Marquardt spricht davon.

Beyer: Nein. Benno wollte nicht, dass Schroth ... Meine erste Sache an der Volksbühne war ja bei Schroth. Weil Armin Mueller-Stahl krank war, musste ich einspringen bei *Kap der Unruhe*. Und ich kannte Schroth aus dem Fernstudium Philosophie.[24] Und ich mochte ihn. Und ich weiß nur, es kam immer mal wieder eine Situation vor, wo Benno einem zuhörte. Und da weiß ich, dass ich Benno gefragt habe, das muss gewesen sein, als Schroth völlig unglücklich war an der Volksbühne –, wieso Schroth ... Besson: »Ich weiß nicht, der war mal begabt. Ich weiß nicht, wo das geblieben ist.« So in dieser Richtung reagierte er da.

Wieck: Habt ihr da zwischenzeitlich, bevor es überhaupt zu den Proben kam, darüber im Team gesprochen, in der Arbeitsgruppe? Oder seid ihr damit konfrontiert worden: jetzt ist es soweit, jetzt geht es los.

Beyer: Ich entsinne mich dunkel, dass wir – ohne dass die Besetzung raus war – 'ne Lesung hatten ... Ich weiß nur noch ein bisschen was über den Beginn der Proben. Wo Fritz über gefühlt mehrere Wochen nur geguckt hat und kaum was gesagt hat. Wo es dann hieß: »Der hat das Stück nicht gelesen!«

Also die Premiere war ’76, am 30. Mai. An meinem Geburtstag. Und ich habe es geschafft, dass niemand dran gedacht hat. Das war mein Geburtstagsgeschenk. Und dann hatte ich auch noch die große Schnauze. Weil ich hatte ja immer ... ohne bestimmte Eifersucht und Neid geht das nicht ab ... Die klatschten bei Junghans natürlich immer mehr als bei mir. Und ich weiß noch, Kurt Bartsch[25] lief bei der Premierenfeier oben im Salon an mir vorbei und sagte: »Du bist der Beste!« Und ich höre, wie ich sage: »Ich weiß!« (Lachen) Würde ich nie wieder über die Lippen kriegen so ohne weiteres, aber da war ich offenbar »im Zenit«.

Wieck: Du hast in einem Radio-Interview erzählt, dass du den Text von Anna Seghers lesen solltest: *Der Kopflohn.*

Beyer: Ja, das hab ich gelesen. Die wunderbare Dramaturgin von Fritz, Irene Böhme, hatte mir das Buch empfohlen

Wieck: Ich frage deshalb nach diesem Buch, weil es einerseits auf der ersten Seite sehr genau die Körperlichkeit einer Figur beschreibt, die mich sehr an deinen Flint erinnert. Das ist das eine und weil zugleich schon in diesem kurzem Eingangstext das ästhetisch unaufgeregte Zusammenspiel von naturalen und von metaphorischen, von symbolischen und kafkaschen Darstellungs- und Erzählverfahren usw. deutlich wird, ein Meisterstück epischen Erzählens, das ein Modell für das epische Theater ist:

> Sein Kopf blieb gesenkt, seine Schultern vorgezogen, weil ihm der Rücken vom vielen Bücken spannte. Vor der Haustür bückte er sich tief zum letztenmal. Er wollte zwei Kartoffeln aufheben, die Dora aus dem Korb gefallen waren. Dabei wurde ihm schwindlig. Einen Augenblick stand er vierbeinig da, die Hände auf der Erde, um nicht umzukippen. Diesen Augenblick lang trug er eine unermeßliche Last auf seinem waagrechten Rücken. Dicht hinter ihm stand der Tod, die Hand erhoben, um noch einen kleinen Brocken zu der Last zu legen: dann war es um den Mann geschehen. Er drückte sich noch rechtzeitig vom Boden ab und richtete sich stöhnend auf. In der linken Hand die beiden Kartoffeln, faßte er mit der rechten die Türklinke. Der Tür gegenüber hinter dem gedeckten Tisch saß die Frau, neben ihr auf der Bank der Größe nach vier Kinder. Das fünfte Kind hielt sie auf einem Knie. Die unbewegten Gesichter waren verschleiert

> durch den leichten Dampf, der aus der Schüssel hochstieg. Beim Geruch des Dampfes wurde dem Bauer zum zweitenmal schwindlig, wenn auch nicht so stark. Sein Inneres zog sich zusammen vor Gier. Er hatte nur den einen Wunsch, sich über die volle Schüssel zu werfen, den Kopf im Essen.[26]

Also deine spezifische Körperlichkeit ist natürlich auch durch die Treppe hervorgerufen und benutzt. Du musst immer was machen. Die kam dir dabei sehr entgegen, diese Treppe.

Beyer: Kann sein.

Wieck: Du brauchst ja auch Widerstände. Und die Treppe, dieses Riesending ... Das ist das eine. Das andere ist: Du hast beschrieben, dass der (Siegfried) Höchst für dich 'ne große Rolle gespielt hat als Grischa in *Sturm*. Ich habe eine Beschreibung gelesen, wie Höchst den »Grischa« gespielt hat und wurde sehr erinnert an gewisse Maßnahmen, die du getroffen hast ... nämlich den Nicht-Helden zu spielen. Der Nicht-Held ist ja auch bei der Seghers beschrieben. D.h. also, dieses Zusammengedrückte, das Eingedellte, und das Trotzdem-das-alles-tragen-müssen ... Du hast doch diesen Wahnsinnsauftritt gleich zu Beginn mit diesem ganzen Zeug, was du da mitschleppen musst. Du hast also immer eine imaginäre Last bewältigen müssen. Und das Treppe hoch, Treppe runter, Treppe hoch, Treppe runter ... Der Mann, der Atlas eigentlich sein müsste, aber kein Atlas ist.

Mir geht es jetzt wirklich nur um den körperlichen Ausdruck. Und das fand ich eben das Überragende. Und dagegen dann der aufgeblasene Frosch »Beutler« von Junghans. Also eine ganz andere Körperlichkeit dagegengesetzt, die Gefährlichkeit in der Aufgeblasenheit, die man versucht ist, anzustechen.

Beyer: Naja, es war ja auch die erstaunliche Kraft des Opportunismus.

Wieck: Das meine ich ja mit »Gefährlichkeit«. Ich kann mich an Dieter Montag als »Fondrak« nicht hinreichend erinnern. Es ist auffällig, wie in den Publikumsgesprächen, auch in dem Gespräch von Kranz mit Marquardt und dir, ihr versucht das Gespräch auf »Fondrak« zu lenken, ihr versucht ihn zum Gegenspieler aufzuwerten. Aber mir hat sich das schauspielerisch ... weil er eben nebenher läuft im ganzen Stück ... das hat sich nicht so sehr ins Gedächtnis gegraben.

Beyer: Also im »sozialistischen Realismus« wäre das ja die negative Figur. Aber Müller hat ja immer sagen wollen, das ist eigentlich Zukunft ... das ist eigentlich –

Wieck: Die Zukunft?

Beyer: Ja! ... »Der Mond ist dicker geworden. Du auch.« ... er war ein relevanter Gegner des »Flint«. Das hat nun auch was zu tun mit Dieter, dass ich den ja immer, sehr früh ernstgenommen habe. Also mir kam der Gedanke, eigentlich müsste ich aufhören, als ich Dieter in Karge/Langhoffs Collage von *Prometheus* und *Hinze und Kunze* gesehen habe in *Spektakel 2*. Da weiß ich noch, da habe ich zugeguckt und zugehört ... Und dann dieses Kindergesicht von Dieter damals noch ... Dieses junge Gesicht! Das war ein Spektrum für mich, »Prometheus« und »Hinze«, was immer ein Zeichen war für relevante Schauspieler und Schauspielerinnen, wenn das Spektrum so groß ist. Ich war zwei Tage hintereinander im BE, am ersten Tag in der *Dreigroschenoper* gewesen und am nächsten Tag in den *Tagen der Commune*. Und beide Male Wolf Kaiser! Also bevor er im Fernsehen »Meister Falk«[27] wurde. ... Das war für mich ... Also die Frage: Wie geht das?! Und der Kaiser, der ja nun eher so ein Typ ist für den Mackie Messer ... und dann spielt er in den *Tagen der Commune* den Papa und singt da so vor sich hin dieses Lied vom »Père Josephe«. Ich war davon tief beeindruckt. Und das meine ich mit »Spektrum«!

Wieck: Und das hattest du hier bei Dieter Montag –

Beyer: Na, Dieter, dieser junge Kerl als »Prometheus« an die Wand geklemmt in diese Unbeweglichkeit gezwungen, wo du nur den Kopf hast, und er kriegt den Text rüber in einer Weise, die mich fasziniert hat. Und ich dachte, oh Mann ... das war ja vor *Schlacht* ... Das heißt, ich war nicht voll integriert in diesem Theater. Das war ... da dachte ich schon ans Aufhören.

Wieck: Aber dann kam *Die Bauern*, du, der Protagonist. Wer war eigentlich auf deiner Seite in dem ganzen Stück? Keiner! Du alleine.

Beyer: Na ja, meine FDJler. (Lachen) Henry Hübchen! Ich habe ihn damals schauspielerisch nicht ernstgenommen. Nun habe ich die Magdeburger Sachen nicht gesehen ... jedenfalls dachte ich: diese ganzen jungen Hüpfer ... da gab es ja schon Leute, die jünger waren, aber wo ich eine gewisse Verehrung ... also Klaus Brasch war für mich eine Größe ... naja, die unwiederbringlich ist. Das war Henry für mich bis zu den *Bauern* nicht. Aber es war verblüffend, wie er diese Schärfe hatte und dadurch auch wunderbar war, sehr gut war: »Niemand will dich zwingen, Treiber/Der Sozialismus siegt durch Überzeugung. / Wir überzeugen dich, heut oder morgen /Und wenns nicht morgen ist, ists übermorgen. / Eh du nicht überzeugt bist, gehn wir dir / Nicht von der Schwelle, Treiber.« Ich habe zwar keine Agitationseinsätze gemacht, aber wir waren an einer Oberschule, wo ... manchmal hatte ich das Gefühl ein Viertel oder mehr Bauernkinder waren. Wir machten die Kartoffelernte im Herbst mit als Oberschüler und dann wollte der MTS-Vorsitzende ... war ’ne große Versammlung in der Schule, in der Aula, was damals dort die Turnhalle war ... die Sekretärin der Schule war die Frau von dem MTS-Chef ... das muss 1960 gewesen sein ... es sollte die Vollgenossenschaftlichkeit ... und es war die Rede von Freiwilligkeit ... und da stand von den Bauernkindern einer nach dem anderen auf und wollte erzählen, dass sie durchaus nicht freiwillig eingetreten sind ... Das wurde dann abgebrochen ... Dass sie gezwungen wurden. Denen ist nichts passiert ... Es wurde nur die Versammlung beendet.

Wieck: Was hat dich an dem »Flint«– außer, dass es die Hauptrolle war – noch interessiert? Das ist ja eigentlich eine absurd komische Figur: der allein kämpfende Parteisekretär – ohne Partei.

Beyer: Heiner hat sich ja auch immer beschwert, dass das zu wenig komisch ist in unserer Inszenierung. Und in Dresden haben sie den ja wirklich zum Komiker gemacht. Nichts gegen Tragelehns Aufführung. Aber mit Peter Hölzel konnte ich mich nicht ... Ich fand das Sächsische auch ein bisschen zu übertrieben. Ich habe ja auch viel auf Sächsisch gemacht, das hat Fritz immer runtergedrückt. Aber den Tonfall habe ich gelassen. – Na, ich war glücklich, dass ich da ran konnte. Heiner hat ja selten gesagt: Ich finde dich gut.

Wieck: Noch mal zum Komischen.

Beyer: Ja, ich hatte das Gefühl, das reicht. Wenn sie an den Stellen nicht darüber lachen, bist du als Schauspieler ja immer geneigt ... wenn die auf die Pointen, die notiert sind, nicht lachen, denkst du, was hast du falsch gemacht hier. Zum Beispiel: »... der Mond, auch so ein Mitläufer und kleinbürgerliches Element.« – da kam mal ein

Lacher, aber oft überhaupt nicht. Und ich hatte, Gott sei Dank, und das ist jetzt keine Ausrede … Es gibt ja Kollegen, ich will jetzt keine Namen nennen, die es unter 'ner Lacherpointe nicht machen und dann aber an Stellen, wo es gar nicht passt. … Dieter hat bei den Proben manchmal gelacht und gesagt: »Ach, Hermann, jetzt willst du auch noch komisch werden!« (Lachen)

Wieck: »Flint« registriert die Vergeblichkeit seiner ganzen Rederei, die Frau ist unterdes schlicht weggegangen. Weg ist sie. »Und ich hab den Mond agitiert.« – Na, da hast du doch Wut als »Flint« auf dich selbst. Das ist für mich kein Lacher. Denn das ist doch 'ne Katastrophe für den Mann, der mir als Zuschauer durchaus sympathisch ist, dem ich aber wünschte, er käme zu sich! Stattdessen aber »Ich hab den Mond agitiert!« Ich bin ein Idiot! Dann schimpft »Flint« aber weiter, ganz im Stile eines dogmatischen Funktionärs, der wähnt, umstellt zu sein von Ignoranten und ewig-gestrigen Zeitgenossen: »Das ist auch so ein Mitläufer und kleinbürgerliches Element.« Dein Gestus umfasst plötzlich beide Welten, die des fiktiven Dorfes und die des realen Zuschauerraums. Die fiktiven Dörfler und die realen Zeitgenossen. So geht »Flint« ab. Das ist natürlich komisch, aber kein Anlass zum Lachen, weil: »Flint« macht sich wieder was vor. Der Abgang von »Flint« ist eine Niederlage, die er sich selbst eingebrockt hat, ohne es sich einzugestehen, und letzten Endes sind wir und die unperfekte Welt dran schuld. So hab ich das gesehen.

Beyer: Und in meinem Abgang kam manchmal ein Lacher und manchmal überhaupt nicht.

Wieck: Also den Genrebegriff »Komödie« halte ich für problematisch für das Stück. Und auch wenig geeignet, um eine stückgerechte Spielweise zu finden.

Beyer: Jemand hat gesagt: Klamotte.

Wieck: Noch schlimmer. Und Hanns Eisler hat gesagt, es sei harmonisierend …

Beyer: … ja, er hätte es sogar verboten wegen Schönfärberei. (Lachen)

Wieck: Du siehst, wie groß die Bandbreite ist.

Beyer: Okay, das war aber, glaube ich, vor dem Hintergrund, dass Eisler die DDR-Geschichte kennt; das bezieht sich auf solche Sachen, wie, dass der Großbauer sich aufhängt und dann mit dem Leben davonkommt. Der Eisler wusste natürlich, dass da nicht nur viele hunderte Bauern nach dem Westen abgehauen sind, sondern auch achtzig sich aufgehängt haben.

Wieck: Das war für mich das Phänomen ... dieser Verzicht auf eine Wertung im platten Sinne. Das war ja eben der Witz, weil es war ein historisches Panorama mit einer Grundhaltung: Wir machen Theater und wir versuchen kein naturalistisches Dorfstück.

Beyer: Deshalb finde ich, dass es doch eine Komödie ist, denn die Tragödie sitzt da ja mit drin.

Wieck: Die letzte Frage zu *Bauern*: Gab es diese berühmte Rede von Benno Besson? Die Fama ist doch die, die besonders Marquardt erzählt, dass bis zur Generalprobe ein Unglaube in die Wirksamkeit der Inszenierung geherrscht habe.

Beyer: Nicht ganz so lange. Ich weiß nur, dass im Vorfeld gesagt wurde, Fritz hätte das Stück nicht gelesen, hätte keine Ahnung von Regie. Junghans und ich hatten ein Treffen bei Klein wegen Disziplinarverfahren, weil wir beide, unterschiedlich betrunken in zwei unterschiedlichen Städten, zwei Proben verpasst hatten. Ich war in Meiningen, das war 75/76, da habe ich noch als Gast gespielt dort und hatte die »Bonzenschleuder«, den durchgängigen Frühzug nach Berlin, total verpasst, weil ich, abends schwer versackt, im Hotel verschlafen habe. Junghans war in Berlin versackt. Und Benno wollte wissen, warum wir die Probe verpasst hätten. »Hat das was mit den Proben bei Fritz zu tun? Wie läuft das?« Und Junghans sagt: »Ja, man hat das Gefühl, Fritz hat das Stück nicht gelesen.« Dann hat Besson mich gefragt und ich meinte: »Naja, ich glaube nicht, dass das so ist. Ich finde die Proben okay.« Besson hat kurz überlegt, dann sagte er: »Günter, du kannst sicher sein, der Fritz hat das Stück gelesen.« (Lachen) Das war mitten in der Probenzeit. Ob danach ... Es gab ein Treffen ... ich weiß nicht, ob das mit Besson war ... vielleicht wollten sie auch Fritz nur helfen ... es gab eine Versammlung, wo das wieder Thema wurde und Fritz hat sich da irgendwie erklärt ... da saßen Manfred und Matthias dabei. Ich habe das natürlich so interpretiert: Die warten nur darauf, das zu übernehmen. Es war aber nicht so. Fritz hat sich durchgesetzt. Und

Bischoff[28] der war ja immer dabei wegen des Films von Gylfe Schollack. Und Bischoff sagte ... hatte offenbar die Proben, wo Fritz nichts gesagt hat, ziemlich genau beobachtet, war ja auch kritisch gegenüber Fritz, sagte: »Genau richtig, wie er das macht! Dass er erst einmal nichts sagt und erst einmal das ganze Terrain sondiert und reinhört in den Text.«

Wieck: Wann wusstest du, dass die Inszenierung ein Erfolg wird?
Beyer: Gar nicht. Nee. Die Hoffnung gab es. Ich war ja in Erfolgssachen immer nicht dabei.

Wieck: Nach der Premiere kam natürlich die Presse über euch. Welche Rolle spielte die, denn ihr standet ja im Fokus sozusagen – und das war ja gar nicht so eindeutig. Es gab Elogen von Schumacher und Positives in »*Theater heute*«, sehr negativ, kritisch Nössig in »*Theater der Zeit*«, bösartig »*BZ am Abend*«...

Beyer: Das war ... Bellmann!

Wieck: (lacht) Das hast du nicht vergessen! ... Spielte das überhaupt eine Rolle?

Beyer: Es spielte insofern 'ne Rolle, dass das am Brett hing, wenn mich nicht alles täuscht. Ich denke, dass wir einfach froh waren, dass das gut gelaufen war. Und natürlich die Enttäuschung, wenn das nach ein paar Vorstellungen nicht mehr voll ist. Ist ja, was die Berichte über die Auslastung der Volksbühne ... da gab es zwei Leute ... Karl-Heinz Müller und Dieter Klein ... Ich glaube, die Berichte sind alle frisiert. Also die *Spektakel* waren durchaus nicht immer ausverkauft, was immer behauptet wird. Da in fünf, sechs Räumen gespielt wurde, ist das schwer überprüfbar gewesen. Das war aber auch ein konzeptionelles Problem für die Intendanz ... Es war ja die Zeit, wo Benno diese Brandrede gehalten hat, wo er das Ensemble dreiteilen wollte. Die Gewerkschaftsleitung und die Parteileitung im Theater waren strikt dagegen. Hans Teuscher, der war BGL-Vorsitzender, er war ganz rechts: »Die deutsche Theatertradition ist ja nicht unbedingt das, was der Herr Besson da ...« – in der Richtung. Und Edwin Marian, später republikflüchtig, hat die Partei mobilisiert und dann war klar, dass das nicht stattfindet. Jürgen Gosch hat mich gefragt ... weil, es gab offenbar ein Angebot für Gosch ... Tournee! ... Hat mich gefragt, ob ich Interesse daran hätte. Aber es war klar, du konntest nicht in einer anderen Truppe ... Da hab ich ihm gesagt, ich würde ungern auf

Fritz verzichten. Das war ja dann eh nichts geworden. Aber das war schon verrückt.

Wieck: Das war die reinste Revolution. Denn das hätte ja das gesamte DDR-Theater betroffen. Und es war ja wichtig, dass der RKV ausgehebelt wird. Um den ging es ja letztendlich. Und deshalb durfte das auf keinen Fall klappen, was sich da Besson vorgenommen hatte.
Der RKV war ja nun der sozialismusfernste gesetzliche Eingriff in die Theaterarbeit, den das Theater in der DDR überhaupt erlebt hat. Die ganzen siebziger Jahre sind bestimmt durch den Kampf gegen den RKV.[29] Du hast in einem Gespräch mit Dietrich und Mattukat das Problem sehr deutlich gemacht. Du sprichst hier die innerbetrieblichen Konflikte an, die natürlich von außen geschürt wurden, damit es ein End nähme mit der Volksbühne:

> Wir sind keine Truppe, die sich außerhalb einer Institution auf freiwilliger Grundlage versammelt hat. Wir sind in einem Institut beschäftigt, wo mittlerweile viele Leute hin wollen und keiner möchte, vorläufig jedenfalls, von hier weg. Die meisten halten es doch für das produktivste Theater, das gemacht wird. Das Dilemma ist: es stimmt ja nicht, daß nichts kollektiv passiert am Theater. Wir machen Inszenierungen, gewisse kollektive Unternehmungen, haben versucht, bestimmte Probleme kollektiv zu klären, in Form von Dialogen miteinander reden, auf der Bühne passiert's sowieso, ein notgedrungen wie auch verkümmert kollektiver Vorgang, und da wird natürlich verwischt, daß anderes möglich wäre.[30]

1 Nach Erkrankung von Hans Teuscher spielte Jürgen Holtz in der Premiere die Figur »Rammler« und Winfried Glatzeder übernahm die Figur »Treiber«, die bis dahin Michael Gwisdek probiert hatte. Gwisdek übernahm dann später die Figur »Bauer mit Mütze«, die in der Premiere Peter Dommisch gespielt hatte, der zurück an das DT wechselte.

2 Heiner Müller, in »Heiner Müller: ›Die Bauern‹ /Absichten und Erfahrungen mit Stück und Inszenierung«, ein Gespräch am 22. Juni 1977, in: *MzT* Nr. 100 *Revolution und Geschichte auf dem Theater*, a.a.O., S. 40.

3 Christoph Schroth (*1937, † 2022) war 1965 Regieassistent Bessons bei *Moritz Tassow*, danach Regisseur am Landestheater Halle. 1971 ging er zurück zu Besson an die Volksbühne. Hier inszenierte er nur zwei Aufführungen im »Theater im 3. Stock«. 1973 verließ er die Volksbühne wieder. Von 1974 bis 1988 war er Schauspieldirektor, zwischenzeitlich Intendant am Mecklenburgischen Staatstheater Schwerin. Ab 1989 Regisseur am BE unter Manfred Wekwerth.

4 Fritz Marquardt: *Wahrhaftigkeit und Zorn*, hrsg. v. Michael Laages und Wolfgang Behrens, Berlin 2008, S. 89 ff. Marquardt ist hier, wie häufig in den von Michael Laages und Wolfgang Behrens auch nur ungenügend nachrecherchierten

Erinnerungen, ungenau. Den ersten Versuch *Die Umsiedlerin* wieder aufzuführen, unternahm das Schauspielensemble des Friedrich-Wolf-Theaters Neustrelitz. In *TdZ* 8/1974 ist die Uraufführung von *Die Bauern* (Regie: Wilfried Mattukat) für die kommende Spielzeit 1974/1975 angezeigt. Hasso von Lenski (Regieaspirant an der VB) berichtete von der auf behördliche Weisung bald abgebrochenen Arbeit: »Die Begründung des offiziell verfügten Abbruches der Proben: Wenn die Bauern das sehen und sich erinnern, dann nehmen sie sich wieder einen Strick.« (mitgeteilt von Gylfe Schollack, in: »Die filmische Dokumentation der Proben zu ›Die Bauern‹«, HUB, Dissertation, AdK Berlin, Archiv, Schriften DK, Nr. 34, S. 4.) Wie es zur ministeriell genehmigten Ansetzung dieser Inszenierung in Neustrelitz kam, ist mir unbekannt. Aller Erfahrung nach muss das Theater Neustrelitz Ende 1973 um die Aufführungsrechte und die Freigabe des Stückes nachgesucht haben, also etwa zur gleichen Zeit, zu der Christoph Schroth, der von dieser »Freigabe« des Stücks wohl informiert, sein Inszenierungskonzept in der Volksbühne vorgelegt hatte.

5 Elke Tasche war Dramaturgin für Öffentlichkeitsarbeit von 1974 bis 1988 an der VB.

6 Die logische Widersprüchlichkeit der Argumentation Marquardts ist ein Beispiel parteigeschuldeter Phraseologie, um den Text durchzuboxen und nicht einem ungenauen Denken Marquardts anzulasten.

7 Gespräch über *Die Bauern* am 26.1.1976 in der GO der SED an der Volksbühne. Transkription: Elke Tasche (?). Privatarchiv Th. Wieck.

8 Fritz Marquardt und Hermann Beyer im Gespräch mit Dieter Kranz, in: Dieter Kranz, a.a.O., S. 249.

9 Marquardt in *MzT* Nr.100, a a.O., S. 43.

10 Marquardt: »Ein Gespräch mit Martin Linzer am 29. Februar 1996«, in: *Kalkfell*, hrsg. v. Frank Hörnigk u. a., Berlin 1996, S. 21 ff.

11 Siehe Schollack, a.a.O., S. 118.

12 Fritz Marquardt: »Regisseure im Gespräch«, in: *TdZ* 4/1989, S. 28.

13 Heiner Müller in einem TV-Gespräch mit Horst Wandrey 1976, in: *HMW*, Band 10, a.a.O., S. 739.

14 Fritz Marquardt und Hermann Beyer im Gespräch mit Dieter Kranz, in: Dieter Kranz: a.a.O., S. 247.

15 Manfred Dietrich/Otto-Fritz Hayner: »Zum Beispiel Hermann Beyer. Ein Schauspieler-Porträt«, in: *TdZ* 3/1977, S. 16.

16 Carl Andrießen, in: *Der Eulenspiegel* 30/1976.

17 Die fahl-bleichen, ausgemergelten Schminkmasken der Bauern-Inszenierung korrespondierten sehr bewusst mit den ironisch rotgepuderten Apfelbäckchen der Bauernfiguren in B. K. Tragelehns Inszenierung von Strittmatters Katzgraben am BE 1972. Ganz im Sinne der Brechtschen Ästhetik historisierten die Inszenierungen die Texte durch den Gebrauch scharf kontrastierender ästhetischer Mittel, wurde der Blick auf ihre geschwundene oder/und unverminderte Aktualität gelenkt.

18 Kerndl: »Ein mehr sprachliches als szenisches Abbild«, in: *ND*, 10. Juni 1976. Auch er erinnerte nicht an das Stückverbot von 1961 und beschädigte damit seine seriöse Kritik.

19 Werner Pfelling: »Grotesk – heiterer Abschied von jenen frühen Jahren«, in: *Junge Welt*, 9. Juni 1976.

20 Rolf Dieter Eichler: »Die Bauern?«, in: *Nationalzeitung*, 4. Juni 1976.

21 Nössig: »Flint und die anderen. ›Die Bauern‹ von Heiner Müller an der Volksbühne Berlin«, in: *TdZ* 8/ 1976, S 30 ff.

22 »Solche Versuche bestanden darin, an die Stelle der praktischen menschlichen Bewährung beim sozialistischen Aufbau einen unabänderlichen, vom Menschen nur sehr bedingt zu beeinflussenden ›eisernen Schritt der Geschichte‹ zur Darstellung zu bringen. Das geschieht – wie in Heiner Müllers »Die Umsiedlerin« – durch Verabsolutierung von Widersprüchen und Konzentration auf ›harte‹ Konflikte, hinter denen der humanistische Inhalt der sozialistischen Gegenwart verschwindet. Deshalb vermochten es solche Kunstwerke auch nicht, die Einsicht in die realen geistigen und materiellen Probleme der neuen Zeit zu befördern und eine eindeutig-unverwechselbare Antwort in den Klassenauseinandersetzungen zwischen Sozialismus und

Imperialismus zu geben.«, Manfred Nössig, in: *Theater in der Zeitenwende*, Zweiter Band, hrsg. v. Institut für Gesellschaftswissenschaften beim ZK der SED Berlin, unter Leitung von Werner Mittenzwei, Berlin (Ost) 1972, S. 25.

23 »Die Inszenierung müßte versuchen, die Geschichte der Bauern aus großer historischer Distanz zu erzählen. Je größer der Abstand, desto größer die Komödienwirkung. Es sollten theatralische Mittel ausgewählt werden, die in der deutschen plebejischen und der englischen Volkstheatertradition wurzeln. [...] Untersuchungen und Forschungen der abgebrochenen deutschen Volkstheaterlinie und ihrer theatralischen Mittel wären nötig (Passionsspiele, Mysterienspiele, Fastnachtspiele usw.). [...] Das Stück müßte sehr zusammengestrichen werden. Diese Striche müßten besonders den kabarettistischen Szenen mit mehr anekdotischen Charakter gelten. [...] Die Arbeiterklasse, die Stadt muß verstärkt werden.«, Christoph Schroth, Konzept zu *Bauern* vom 8. 5. 1973, AdK Berlin, Archiv DK, Archiv Volksbühne Nr. 4373.

24 Hermann Beyer studierte seit 1967 im Fernstudium an der Humboldt-Universität Berlin »Marxistisch-leninistische Philosophie«; unter diesem richtungsweisenden Titel firmierte das gesamte Philosophie-Studium an den Universitäten der DDR.

25 Kurt Bartsch war verheiratet mit Irene Böhme (*1933), Theaterkritikerin am *Sonntag* und bei *Theater der Zeit* und Dramaturgin an der Volksbühne von 1969 bis 1972 und von 1974 bis 1977. 1980 Übersiedlung nach Berlin (West).

26 Anna Seghers: *Der Kopflohn* (1933), Berlin (Ost) 1951, S. 7 f.

27 Siehe S. 128.

28 Roland Bischoff, zeitweilig künstlerischer Mitarbeiter, gehörte zum Regiekollektiv der Inszenierung *Der goldene Elefant* in der Spielzeit 1972/1973 an der VB.

29 Die zentrale Festlegung im »Rahmenkollektivvertrag« (RKV) besagte, dass die Engagements aller am Theater Beschäftigten grundsätzlich zeitlich unbefristet abzuschließen seien. Davon ausgenommen waren allein Gastverträge für einzelne Rollen oder Inszenierungen und in Einzelfällen Arbeitsverträge mit einer Laufzeit von weniger als einem Jahr. (s. *Rahmenkollektivverträge*, 116/72, Berlin (Ost) 1972, II. 1. 3 und 9, S. 5 f.) Diese Regelungen galten seit 1972. Sie gründeten auf dem theaterfernen Ideologem der sozialistischen Arbeitskollektive: »Eine der wesentlichen Grundlagen unseres Theaters ist das Ensembleprinzip, das im sozialistischen Theater seine volle Entfaltung erfährt. Zu diesem Ensembleprinzip gehört die gemeinsame und langjährige Zusammenarbeit von sozialistischen Künstlerpersönlichkeiten.«, a.a.O., II, 1. 2, S. 4.

30 Dietrich/Hayner, a.a.O.

Ein Theater wird ruiniert und ein Staat verfällt

In einem Gespräch im Frühjahr 1977 zwischen Heiner Müller, Manfred Dietrich und mir sprach Müller über seine Erfahrungen mit der Volksbühne und über die ungewisse Zukunft der Volksbühne und die möglichen Folgen für sein Schreiben ohne dieses Theater.

Heiner Müller: *Bauern* war, glaube ich ... wenn ich das hinterher so ansehe, fällt mir ungeheuer auf, wie ... na, es erinnert mich sehr an mittelalterliche deutsche Kunst, also das ist so ein bisschen die Methode der Figurenzeichnung. Also Cranach, Dürer, sehr viele Details ... was man in schlechten Monografien »liebevoll« nennt ... Aber auf jeden Fall mit einem wirklichen Interesse auch für die Leute, die da vorkommen. Und das habe ich danach verloren. Und das hat auch die DDR-Dramatik verloren. Und das war ein ungeheurer Verlust, dass das nicht stattfinden durfte. Das war wirklich ein Riß, glaube ich, in der Entwicklung der Dramatik ... dass das fünfzehn Jahre gedauert hat, auch für mich. Weil, das habe ich nie wieder gefunden.

Das ist nicht unbedingt meine Schuld allein. Ein bisschen hat auch die DDR, die Regierung, aufgrund des ständigen Belagerungszustands, der ständigen Zwänge, politisch und ökonomisch, das Interesse an den Menschen verloren. Und das ist einfach eine Reflexion dieser Haltung, die dann auch in der Dramatik ablesbar ist.

Manfred Dietrich: Wenn man so will, ist das Interesse an Menschen ein Luxus, den wir uns leisten.

Müller: Ohne Leute geht es doch viel besser, das ist doch klar.

Die Scheiße ist ja, dass dieser Schritt [Müller meint *Die Umsiedlerin*; ThW] Elemente enthält, die ungeheuer wichtig gewesen wären. Und die sehr produktiv hätten sein können, wenn man sie nur bemerkt hätte. Haben alle gesagt: das ist ein schlechtes Stück ... das kann jeder bemerken. Aber das in diesem Wust Sachen waren, die sonst nirgends zu finden waren ... also der Versuch, das einfach so in eine vaterländische Lesebuchform zu bringen und auf der Ebene abzuhandeln.[1] ... Das wäre für das Theater sehr wichtig, wenn man das bemerkt hätte.

Wieck: Wobei das für einen Stückeschreiber ganz fatal sein muss, weil dieses Wissen, das er hat, – dass diese Stücke prinzipiell falsch gelesen und prinzipiell auch falsch gespielt werden – das ist, auf dem man eigentlich auch letztendlich aufbaut. Ist das so, dass das eine Schwierigkeit für einen ist oder kann man sich davon frei machen?

Müller: Ist schwierig. Mir ist das jetzt aufgefallen bei dem letzten, bei diesem Preußen-Stück [*Leben Gundling*; ThW]. Das war bei *Macbeth* eigentlich schon so: dass man eine Inszenierung mitschreibt aus Ermangelung von Inszenierungen.

Wieck: Sie sind jetzt in der Situation eines Klassikers.

Müller: Ja, man wird nicht gebraucht. (Lachen) Das ist ein Problem. Wir haben nicht herausgefunden ... oder man kann sich nicht einigen mit denen, die darüber befinden, über die Funktion, die Theater jetzt haben könnte. Das ist das Problem. Und so kommt man im Grunde immer in einen Nachvollzug, auch dem Westen gegenüber. Auch die Regisseure. Dass man immer nachvollzieht, was da gerade dran ist, sich eigentlich an kapitalistische Marktgesetze hält auch im Theater und in der Kunst, obwohl die hier gar nicht gelten in dem Bereich. Schon rein von der Finanzierung her eine ganz andere Situation. Aber für diese ganz andere ökonomische Grundlage von Theater hier ist keine Entsprechung gefunden worden in der Arbeit.

Wieck: Und dann die ideologischen Verdächtigungen, die eigentlich nur rein formal-ästhetische Fragen betreffen.

Müller: Ich bin da eigentlich nicht ganz so pessimistisch. Das war so meine Haltung in den letzten Jahren ... Bei *Macbeth* z.B. ... dass das schon beinahe was Parasitäres hat auch, die Arbeitshaltung. So wie der Picasso den Cranach variiert hat. Ein Mensch, der genügend Zeit hat, der leben kann, ohne was Neues zu machen, und der nun einfach seine Lektüre oder Bildungserlebnisse oder Genüsse nur mal so privat nachvollzieht. So was ist da drin schon. Und das entsteht aus der Situation, daß kein Theater da ist, daß es keine Praxis gibt. Da hat mich ein bisschen irritiert dann die Situation an der Volksbühne mit *Schlacht* und *Bauern*. Wo man, oder ich jedenfalls, den Eindruck hatte, daß das ganz neue Wirkungsmöglichkeiten hatte, die ich schon für gestorben hielt. Ganz besonders natürlich in der politisch angeheizten Situation November, Dezember [gemeint ist die Biermann-Ausbürgerung 1976; ThW]. Da war das ganz deutlich, daß Leute plötzlich ganz anders hinhören und was wissen wollen. Die Schwierigkeit ist eben nur, daß, wenn ein Theater so was macht, zwei Sachen hintereinander ... das ist ja schon ungeheuer viel ... dann müsste ganz schnell das dritte kommen. Dann kriegt man eine Wirkung. Dann kriegt man eine ganz andere Situation mit dem Publikum. Ein Stück mit der Kenntnis des anderen ... und es ergibt sich was. Und das wurde dann ganz schnell abgebrochen. *Schlacht* war schon ein ungenehmigtes Projekt, das ist dann nur akzeptiert worden. *Bauern* ist auch erst akzeptiert worden bei der zweiten Hauptprobe, weil die sich darauf verlassen haben, daß das so langweilig ist, daß keine Gefahr besteht. Und natürlich auch wegen Hermann Beyer. Die Figur erschien ihnen dann auch als die Garantie, daß das im Ganzen gut geht. Danach war auch bei Fritz Marquardt die Kraft und sein Mut und seine Risikobereitschaft verbraucht. Dann gibt es im Theater immer so Konföderationen zwischen Gruppen und so. Als der Besson gekündigt hatte, gab es ein kühnes Projekt: nur noch drei oder vier Stücke von mir nacheinander zu machen. Unter der Bedingung wären die bereit gewesen zu bleiben, also Karge und Langhoff. Rausgekommen ist ein Kompromiß wie immer: Besson macht »Johanna« bis zum Geburtstag [Brechts; ThW] und vielleicht machen die beiden vorher noch, das war ihre Bedingung, dieses Preußen-Stück, also wenn das durchgeht. Das ist wieder eine einzelne Sache!

Im Moment bin ich wirklich in einer ganz schwierigen Lage, weil ich ... Mir geht es so, dass ich, wenn ich irgendwas anpacke, ganz schnell schwimme ... z.B. bei dem Preußen-Stück. Meine Frau sagte, als sie das das zweite Mal gelesen hatte: Jetzt darfst du keinen Satz mehr über die DDR schreiben, das ist das Skelett, das geht nicht mehr.

Das ist mein Problem. Andererseits interessiert mich das doch, was hier stattfindet. Aber das kann mich im Moment als Autor nicht interessieren. Das ist das Problem. – Ich habe so sieben oder acht Stück-Pläne, schon sehr lange, die ich noch machen will. Mit dem ersten bin ich jetzt befasst und merke, wie das schon ... das hängt sicher damit zusammen, daß man nicht aufgeführt wird, nicht gebraucht worden ist mit dem, was man gemacht hat. Daß ich da immer wieder darauf stoße: das habe ich schon geschrieben oder das steht schon in dem Stück in einer anderen Variante. Was soll's dann. Und das ist ein Problem jetzt.[2]

Müller glaubte also noch Anfang des Jahres 1977 an eine, wenn auch »kleine« Lösung zwischen der Kulturbürokratie und den Regisseuren der Volksbühne hinsichtlich des Spielplans 1977/78. Auch Besson plante fest mit einer Inszenierung der *Heiligen Johanna der Schlachthöfe*.

Doch Barbara Berg-Schall befolgte stur die Geschäftspraxis ihrer Mutter, keine Inszenierung eines Brecht-Stückes in Berlin (Ost) neben dem BE zu genehmigen.[3] Sie verweigerte Besson, dem Brecht-Schüler, der die *Heilige Johanna der Schlachthöfe* mehrfach in den letzten zwanzig Jahren im In- und Ausland inszeniert hatte, die Aufführungsrechte für die Volksbühne. Der Affront traf Besson tief, aber auch die Gesamtsituation seines Theaters verschlechterte sich zusehends, erheischte neuartige Entscheidungen, um den eigenen ästhetischen und gesellschaftspolitischen Ansprüchen treu bleiben zu können:

> In dem Sinne geht es uns darum, daß wir nicht große Modellinszenierungen machen, sondern daß wir die Verhältnisse zwischen uns innerhalb des Theaters und zwischen den Leuten, dem Publikum, immer vielfältiger und lebendiger gestalten. So, – und das ist für meine Begriffe ein Werden, sicher auch ein vergängliches Werden, das aber doch eine Kontinuität über einige Jahre hinaus.[4]

Weniger wollte er nicht. Und dieser Zweck war akut gefährdet. Mitte der siebziger Jahre funktionierte das ursprüngliche Konzept nicht mehr, die Volksbühne verlor zunehmend Zuschauer: Hatten 1975 119 778 Zuschauer 224 Vorstellungen besucht, so waren es 1976 114 469 Zuschauer in 267 Vorstellungen. Das bedeutete ein Sinken der Auslastung des Hauses von 83 Prozent auf 70 Prozent. Ein grundlegender Umbau der Theaterarbeit war notwendig, um sowohl den künstlerischen Standard zu halten, wenn möglich zu erhöhen und zugleich neue Zuschauer zu gewinnen. Dieser Umbau war ein alter Plan aus dem Jahre 1973, bevor Besson die Intendanz übernahm, und der mit dem amtierenden Intendanten Holan nicht durchgeführt werden konnte. Karl-Heinz Müller hatte schon 1973 die ensemblepolitischen Probleme analysiert und mögliche Veränderungen vorgeschlagen:

> Von dem Ensemble, das 1969 unter der künstlerischen Leitung Benno Bessons zu arbeiten begann, hat sich etwa ein Drittel des Ensembles im Prozess der Arbeit qualifiziert, es kam und kommt mit dem künstlerischen Leitungskollektiv um Benno Besson voll zur Produktivität. Ein Drittel der 1969 engagierten Schauspielerinnen und Schauspieler ist bis 1972 ausgeschieden (durch Tod 4; Alter, Krankheit 4; Aufhebungsverträge wegen Engagementswechseln seitens der Kollegen 10; Kündigungen

seitens des Theaters 1). Dabei sind 6 Kollegen wegen der schlechten Ensemblesituation, sie wollten nicht mit wenig qualifizierten Kollegen arbeiten oder sie wollten quantitativ weniger im Theater arbeiten, (sie beklagten, daß es Kollegen gäbe, die zu wenig einsetzbar seien) oder wegen der statischen Gagenverteilung (sie fühlten sich unterbezahlt im Verhältnis zu bestehenden Verträgen) gegen den Wunsch der Leitung ausgeschieden. Für das letzte Drittel ist eine befriedigende Lösung noch nicht gefunden worden. (Die nicht in jedem Fall Trennung vom Ensemble bedeuten muß.) Es gibt im Ensemble zu wenig Schauspieler, besonders Herren, die gegenwärtig große Rollen spielen können; einige der länger dem Ensemble angehörigen Kollegen, die entsprechend bezahlt werden, erreichen die zu fordernden Leistungen nicht. Besonders bei Inszenierungen, die das alte Volksbühnenensemble in seiner ganzen Breite einbezogen, waren starke künstlerische Qualitätsverluste die Folge. [...] Nach den vorliegenden Erfahrungen gibt es einen feststehenden Teil des Ensembles, der ausgewechselt werden sollte. Diese Kolleginnen und Kollegen können in anderen Institutionen oder Theatern durchaus fruchtbar werden, sie sind es zum Teil gegenwärtig auch beim Film, Fernsehen oder in anderen Einrichtungen. In der darstellenden Kunst ist eine optimale Leistung stark von der produktiven Wechselwirkung der verschiedenen Künstlerpersönlichkeiten abhängig und die muß sich selbst bei gleichwertig aber unterschiedlich begabten nicht immer erreichen lassen. [...] Der gegenwärtige Zustand ist bedenklich für die Erhaltung und Erweiterung der künstlerischen Leistungsfähigkeit. Veränderungen im Ensemble, bezogen auf seine Qualität, müßten beschleunigt werden. Veränderungen der Struktur und der Spielplanpolitik sowie weitere grundlegende Maßnahmen – Überprüfung der gesetzlichen Regelungen (die Delegation in andere Theater oder Einrichtungen, sowie beweglichere Gagenhöhen könnten erste Maßnahmen sein) – sind zu erwägen.[5]

Das Leitungsteam modifizierte 1977 diesen Plan und schlug vor, dass sich Arbeitsgruppen bilden, die jeweils einen bestimmten Aufgabenbereich übernehmen und lösen:

Diese Arbeitsgruppen entwickeln einen Spielplan und treten untereinander in Wettbewerb. Das hieß, die künstlerischen

> Spitzenkräfte der Volksbühne, Regisseure und Schauspieler, in einem kleinen Ensemble zusammenzufassen, das, ausgestattet mit den besten Arbeitsmöglichkeiten, die konzeptionellen Vorstellungen Bessons, aber auch die von Karge, Langhoff und Marquardt auf höchstmöglichen Niveau weiterentwickelt und realisiert. Der Rest des Ensembles sollte in zwei weiteren Gruppen vor allem kleinere Repertoire-Aufführungen, Programme u.ä. produzieren, die Gastspieltätigkeit innerhalb der DDR weiterführen. Die BGL der Volksbühne lehnte diesen Vorschlag ab. Auch die Parteileitung und die übergeordnete staatliche Leitung, der Magistrat von Groß-Berlin, kritisierten den Plan. Der Vorschlag wurde alternativlos zurückgezogen.[6]

Auch die separaten Verhandlungen Benno Bessons mit dem Minister für Kultur über die weitere Arbeit der Volksbühne verliefen negativ. Weder wurde ihm die geforderte finanzielle Gleichstellung der Volksbühne mit dem Deutschen Theater und dem Berliner Ensemble eingeräumt noch wurden ihm die strukturellen und organisatorischen Veränderungen der künstlerischen Arbeit in der Volksbühne zugestanden. »Es handelte sich um Entwürfe für eine andere Art Theater, wie ich es hätte machen können. Sie erforderten Diskussionen und Zeit. Zum damaligen Zeitpunkt konnten diese Vorstellungen nicht berücksichtigt werden. Für mich stand fest, daß ich auf dem erreichten Niveau nicht weitermachen wollte.«[7] Besson trat zurück, verließ die DDR und entwich dem deutschen Stadttheatersystem für immer.

> Sein Weggang aus der DDR, deren zweite große Theaterepoche seine Signatur trägt, ist eine offene Wunde, verdankt einer feigen Kulturpolitik, feig gegen die Probleme der eignen Gesellschaft und gegen die Gruftwächter des großen Brecht. Ich habe ihm, Benno Besson, für vieles zu danken, nicht zuletzt für das, was Regisseure wie Manfred Karge, Matthias Langhoff, Fritz Marquardt von ihm gelernt haben. Am meisten vermisse ich den Streit mit ihm.[8]

Elke Tasche dokumentierte 1979 das unvollendete Projekt Volksbühne in ihrem fragmentarischen Manuskript mit dem doppelsinnigen Titel »Der Sündenfall. Die Volksbühne Benno Bessons und ihr Publikum«.[9] Sie befragte unter anderen Michael Gwisdek und Dieter Montag nach ihren Erfahrungen im Theater Bessons.[10]

Michael Gwisdek betonte den totalen Anspruch den Besson in seinen Inszenierungen an sich und seine Schauspieler stellte:

> Bei meiner ersten Probe sagte er – ich machte da einen Gang: »Auf den Bühnen Europas kann man so nicht gehen!« Diesen totalen Anspruch hat Benno – Theater für Europa, für die Welt. Er wurde auch belächelt. Aber er sagte nicht: Ich baue mir ein Volksbühnchen auf, wo man keine Sorgen hat. Er wollte für die Welt Theater machen. Und das finde ich überhaupt nicht übertrieben, sondern völlig richtig. Dieser Anspruch lag immer drunter. Und damit mußte man sich auseinandersetzen. Und wenn das nicht da ist, zieht man schnell ins Mittelmaß ab.[11]

Dieter Montag beschrieb die Zeit verständlicherweise als einen einzigen großen Lernprozess, war doch die Volksbühne sein erstes Engagement:

> Den wenigsten Leuten ist bewußt geworden, daß Benno versucht – manchmal mit harten Mitteln –, daß die Leute selbständig arbeiten für die Sache und sich selbst befreien. Und das ist eigentlich in der letzten Zeit mit Benno gut gelaufen. Die große Laertes-Szene zwischen Berko [Acker; ThW] und mir [Montag spielte den Claudius in der *Hamlet*-Inszenierung 1977; ThW] hat er zum Beispiel so gut wie nicht gearbeitet. Ich habe mit Berko jedesmal etwas anderes versucht. Benno sprach immer von Halten. Der Schauspieler muß halten, was er gearbeitet hat. Im Anfang war das schwer mit Benno, nicht nur bei mir, wenn ich mit ihm eine bestimmte Figur, bestimmte Szenen gearbeitet habe. Man ließ sich von ihm mehr inszenieren. Man hatte furchtbare Angst vor den Vorstellungen, Proben gingen noch. Aber die Vorstellungen halten, diesen Grat der Figuren, der so schmal gebaut ist. Du hattest das Gefühl, wenn du einen Schritt daneben machst, ist die ganze Figur gefährdet. Diese Angst war am Anfang da, bis ich bei *Wie es Euch gefällt* begriffen habe, mir durch eigene Arbeit und eigene Vorschläge den Grat größer zu bauen. Das meine ich mit »Halten«. Die hatten alle eine unheimliche Angst und Schiss, diesen Grat, den du dir schaffst, zu halten. Wenn du das jederzeit kannst, kannst du dann auch frei sein und variieren. [...] Er wollte Leuten nichts einpauken. Und letzten Endes hat die tägliche Schule bei mir das bewirkt, daß der Knoten platzte, daß einem die eigent-

lichen Mittel bewußt werden. Daß man Figuren auslotet in den höchsten Extremen, daß man sie abklopft – das ist nicht gut gesagt –, daß man die Grenzen ausprobierte. [...] Für mich fing die Arbeit hier bei Karge und Langhoff mit *Räuber* an. Mit »Roller« – »Kosinsky« [den Dieter Montag später neben »Roller« spielte; ThW] war schon leichter. Sie haben im Unterschied zu Benno mit wenigen Sachen, die sie dir gesagt haben, mit ganz leiser Hand die Figur geführt. Sie waren sich ganz klar, wie die Figur aussieht. Sie haben dich ganz unmerklich dahin gebracht, haben dich in deinem Angebot gelassen, dich in Bahnen gelenkt. Das ist der Unterschied zu Besson. Dann haben sie aber auch, wie Benno, die Extreme ausprobiert. Auf jeder Probe, in jeder Stunde hat man gelernt und gearbeitet. Man muß die Proben so begreifen. Und eins habe ich gelernt, daß, wenn man nicht dran ist, man nicht denkt, man ist nicht dran, sondern versucht seine Figur einzubauen: Wie verhält sich »Claudius«, auch wenn er nicht da ist? Das meine ich mit »begreifen, arbeiten zu lernen«. Das ist eine Frage von Lust und Mut, eine Grundeinstellung. Immer wird es dir nicht gelingen. Aber bei beiden, bei Benno und bei Karge/Langhoff, war das der beste Unterricht. Benno hat nicht umsonst gesagt, er macht keine Hilfsschule, keine Klippschule. Es hat ihm oft angestunken, daß er erst Voraussetzungen schaffen mußte, damit die Schauspieler arbeiten. Noch was zu Fritz [Marquardt; ThW]. Fritz ist mehr oder weniger mein Lehrer, schon auf der Schule. Die Arbeit an *Bauern* zum Beispiel. Ich war besetzt mit »Fondrak«. Das ist meine liebste und schwerste Rolle. Die Utopie der Figur zu begreifen, das habe ich mir von Vorstellung zu Vorstellung erarbeiten müssen. Du denkst als Schauspieler szenisch. [...] Bei »Fondrak« ist es die Utopie, die dann im 11. Bild eine Entwicklung nimmt. Wie ein Gedicht ist der »Fondrak«, eine riesige Sache. Er will das Bier haben, aber damit ist es nicht abgeschlossen. Und der gesamte Bogen Fondrak – wie oft begegnen dir Sachen, wo du so reagierst. Das ist präsent, gegenwärtig. Mit dem »Fondrak« ist für mich der schlüssige Beweis gelungen, daß es möglich ist, eine Figur erst zu begreifen, nachdem man sie hundertmal gespielt hat. Bei den dreien habe ich gelernt, daß man in jeder Vorstellung eine neue Sache macht, und im Sinne von »Halten« jede Vorstellung neu erarbeiten muß. [...] Je mehr ich arbeite, um so mehr gehe ich gegen meine Persönlichkeit, gegen mich, für die Sache. Es ist auch eine Frage der Eitelkeit und des Mutes, nicht nur von der Wirkung auszu-

> gehen, die man weiß. Man begreift, nicht Montag oder Marianne Wünscher oder Ursula Karusseit spielen die Figuren. Es geht erst einmal um die Figur. Ich kann das so spielen und Gosch spielt es anders. Man weiß um seine Wirkung, aber es ist eine Sache des Mutes, so tiefgründig zu arbeiten, daß man mit der Figur oder auch gegen sie denkt. Man muß den Mut haben, sich zu bekennen. Mit der Frage des Mutes meine ich auch zu sagen: Das kann ich nicht, daß man sich auch seine Grenzen eingesteht. Es ist auch unheimlich wichtig, daß man, wenn man die Grenzen kennt, stimmlich und physisch an der Sache arbeiten kann.[12]

Die Leitung und ein Teil des Ensembles der Volksbühne hatten ernsthaft begonnen. am von Wolfgang Heise entworfenen Fernziel sozialismuseigenen Theaters zu arbeiten, ohne indes die kräftigen gesellschaftspolitischen Hoffnungen des Philosophen auf die bewirkende Kraft des Theaters in einer kunstpolitisch repressiven Umwelt einlösen zu können. Aber sie hatten es verstanden, das Theater wenigstens zu einem Labor der Spielweisen umzugestalten. In diesem theaterästhetisch begrenzten Spielraum wurde durch ihre Arbeit eindrücklich die Einfalt des sozialistischen Realismus ad absurdum geführt. Das Theater wurde wieder zu einem künstlerischen Ort der theatralischen Subjekte, wurde wieder zu einer res aesthetica. Die jeweils bewusst aus der Theatergeschichte gewählten Spielweisen förderten im Kommunikationsprozess bei Zuschauern und Schauspielern ein gesteigertes ästhetisches Wahrnehmungs- und Gestaltungsvermögen – eine wahrhaft entwickelte sozialistische Kunst-Öffentlichkeit wurde hier erstmals erschlossen. Ein bescheidener, aber mutmachender Beginn, dem es jedoch nicht beschieden war, beispielhaft in die Gesellschaft hineinzuwirken, diese Gesellschaft gar anzuhalten, Kreativität und Phantasie, individuelle Risikobereitschaft und gesellschaftsformende Demokratie als unverzichtbare Werte auszubilden.

Der Abschied Bessons war nicht allein mit theaterinternen Schwierigkeiten und ministeriellen Unfähigkeiten zu erklären. Die heillosen letzten zehn Jahre der SED-Herrschaft wurden von der Partei selbst eingeläutet. Die Ausbürgerung Wolf Biermanns 1976, die Ausreise Manfred Krugs 1977, die Verhaftung, Verurteilung, Haft und Ausweisung Rudolf Bahros in den Jahren 1977 bis 1979 und die Ausschlüsse von neun Schriftstellern aus dem DSV 1979 waren keine souveränen Machtbeweise, sondern Eingeständnisse der Ohnmacht, Menetekel eines unaufhaltsam sich ausbreitenden und verschärfenden Widerspruchs zwischen äußerer Repräsentanz und inneren Schwierigkeiten. Da aber dieser Widerspruch mit aller Macht »geheim gehalten« werden sollte, schlug die führende Partei mit dem »Knüppel, dem letzten Argument« (Müller) um sich. Sie kriminalisierte Rudolf Bahro, Robert Havemann und Stefan Heym und schloss die sich mit ihnen solidarisierenden Schriftsteller 1979 aus dem Schriftstellerverband aus. Die meisten von ihnen ließen sich nicht bitten und verließen legal, das eben war eines ihrer Privilegien, umgehend die DDR. Der sozialistische Horizont schwärzte sich, Unwetter kündigten sich an. Der freiwillige Auszug von Künstlern aus dem Lande wurde alltäglich. Und die Mehrheit der im Lande verbleibenden Bürger richtete sich je nach den Bedingungen ihrer Profession und ihrer Tätigkeiten möglichst kommod in ihrer Privatheit ein.

Volker Braun notiert in einer Tagebucheintragung 1981 die Worte eines Bühnenhandwerkers beim Bier:

> Ansonsten kann man den Leuten nicht mehr viel vormachen. Sie »wissen alles« und sind vollauf beschäftigt, es zu vergessen: um nicht handeln zu müssen. Sie wagen nicht zu denken, was sie wissen, sie wissen unterdessen auch schon die Tat, die nötig wäre, aber sie reden sich tapfer heraus – daß man zuviel weiß. Auch die Literatur, die das furchtbare Wissen hinsetzt, schüchtert ein, verbreitet einen annehmlichen Schrecken. Sie kommt nicht auf die Tat zu sprechen. Sie hat die Lust verloren, die Liebe, so wird sie sinnlos. Aber eine Frage klärt das Denken, geht an die Substanz. Die Frage der Abrüstung. Man verhandelt über kleinste Beträge, man verhandelt, ohne den Erfolg zu suchen. Osten wie Westen würden ohne den militärischen Komplex ihre entleerte Struktur nicht halten, wenn die Rüstungsgelder für gänzlich andere Zwecke flössen, müßte sich der Staat umwälzen und die Gesellschaft ändern. Ost und West haben ein gemeinsames Interesse: Die Abgrenzung beweist es. Sie ist die Sackgasse, in der die Politik Amok läuft. Wir wagen nicht nach Freiheit zu fragen, aber doch nach Leben und Tod.[13]

Die gesellschafts- und kunstwissenschaftliche Intelligenz eröffnete ihre Doppelspiele. Sie trat in corpore als gestrenger Ideologiewächter auf und labte sich individuell je nach geistigem Vermögen in ihrem wissenschaftlichen Tun am marxistisch getönten westlichen Denken. Abgestoßen von diesem Durcheinander marxistisch sich blähender Besserwisserei, arg gerupfter Zukunftshoffnungen, sozialismusmüdem mäkelnden Räsonieren, düsteren Zukunftsängsten und kräftiger Schimpfkanonaden hinter vorgehaltener Hand, applaudierten viele Intellektuelle den fröhlich ins Ungewisse hinein spekulierenden, bisheriges Denken zum Ideologiemüll disqualifizierenden Schriften der maßlos überhöhten französischen Postmodernisten.

> Für viele Dichter und Künstler der ehemaligen DDR, die in scheinbarer Aussichtslosigkeit zu verharren gezwungen waren, wenn sie sich nicht kriminalisieren lassen wollten, bot der strukturale Diskurs verführerische Muster an. Das verführerische dabei war, daß in diesen Diskursen das Ende der Aufklärung und die Entbehrlichkeit der Kritik postuliert wurden: damit war der Zustand zur logischen Realität erklärt worden, der in der DDR sichtbar und greifbar vorherrschte – nur daß er hier die Folge eines tiefgreifenden Realitätsabbaus war. Bücher wie der Anti-Ödipus stellten sich aufgrund ihrer spektakulären Thesen im stagnierenden Jahrzehnt vor dem Untergang der DDR als ein Mittel zum Widerstand dar, dabei waren diese Werke selbst nur Werke der Resignation. Die scheinbare Kompromißlosigkeit ihrer Gedankenexperimente war eine Form des Rückzugs. Sie empfahlen nicht, die Sprache der Macht beim Wort zu nehmen, was sie nahelegten, waren verschiedene Möglichkeiten sich durchzumogeln.[14]

Der sozialistische Realismus verkümmerte, ästhetischer Wildwuchs breitete sich aus. Der Partei verblieben nur die zentralistisch gelenkten Massenmedien Film und Fernsehen. Doch das nützte nichts, die erhofften ideologischen Wirkungen traten nicht ein. DEFA-Filme wurden kaum besucht und das Fernsehen vergnüglich verspottet.[15] Die Gesellschaft beschied sich mit ihrem Zerfall in Privilegierte, Minderprivilegierte, Nichtprivilegierte und in Verrufene, Verfemte, Verfolgte, in Widerständige und Störenfriede und in Aussteiger und Ausreisewillige – und hätte sich doch nur knappe zehn Jahre zuvor nach dem Willen der führenden Partei zu einem »einig Volk auf freiem Grund«, zur sozialistischen Menschengemeinschaft zusammenfinden sollen.

Die unaufhaltsam fortschreitende gesellschaftliche Anomie entwertete ästhetisch anspruchsvolle Formen des bisher von der Kulturbürokratie gepflegten und beaufsichtigten unmittelbaren »unterhaltenden Verkehrs« (Jürgen Hofmann). Das Theater verlor seine

Anziehungskraft.[16] Die Zuschauerzahlen stagnierten.[17] Das ehemals die Massenkommunikation mitbestimmende Theater, besonders das Schauspiel, wurde zweitrangig. Die volle Aufmerksamkeit galt jetzt dem Massenmedium Fernsehen, denn die mediale Omnipräsenz des »West-Fernsehens« in den Wohnzimmern der DDR war nicht zu leugnen, die amerikanischen Erfolgsserien »*Dallas*« von ARD und »*Denver-Clan*« im ZDF gesendet, bestimmten seit 1981 die familiären Fernsehabende – und tags drauf die Pausengespräche in Kantinen, Büros, Schulhöfen, Universitätskorridoren.

Das Theater in der DDR spielte, wenn es denn ambitioniertes realitätsgerechtes Theaterspiel anstrebte, mit zwei Öffentlichkeiten: Es spielte dem Publikum dessen doppeltes Bewusstsein schamlos-frech vor, indem es Zitate und Verweise und Segmenten beider Öffentlichkeiten miteinander verflocht – zum Entzücken und zum Widerwillen seiner Zuschauer. König und Castorf kultivierten dieses doppelte Spiel, so bildeten sie die Wirklichkeit DDR präzise ab, ein Land in dem zwei konkurrierende Öffentlichkeiten der Bevölkerung wahlweise zur Verfügung standen. Diese Konkurrenz zersprengte zusehends jeden verbindlichen Zusammenhang von kollektiver Gesellschaftlichkeit und individuellem Engagement, gleich der Wirkung der zwei Währungen im Alltagsleben. Im Betrieb schludern, nach Feierabend jobben, einmal gegen Ost-, einmal für Westgeld. Im Rückblick wird das oftmals zu einem hintersinnigen Eigensinn stilisiert, doch es war kein Eigensinn, es war Selbstauslieferung an die marktwirtschaftlichen Versprechungen einerseits und Hoffnung auf individuelle Selbstverwirklichungs- und Konsumtionschancen in der jenseitigen »Spiegel«-Welt.

Gesellschaftlich zupackendes Widerstandspotential gegen die Abwanderungen, gegen die schleichende Erosion war nirgendwo zu mobilisieren. Das irrational erscheinende Wirken des MfS wird unter diesem Aspekt betrachtet verständlich. Das MfS war verantwortlich der Partei gegenüber, das Bewusstsein des Volkes zu schützen vor Infekten aller Art, dafür benötigte es Informationen über den Bewusstseinsstand Aller, um jeden parteifremden Keim, jeden möglichen Ansteckungsherd schonungslos zu zersetzen, zu liquidieren, auszumerzen. Das MfS schützte in seinem verblendeten Selbst-Verständnis das Volk vor sich selbst, indem es dem Volk in die Seele schaute und von schlechten Gedanken und Taten abzuhalten sich zunehmend vergeblich mühte.

Die Verkehrung von Ideal und Wirklichkeit war komplett und irreparabel, glänzend parodiert in den fiktiven Antworten des ebenso fiktiven Radio-Senders Jerewan auf vorgebliche Hörerfragen. Auf jede Anfrage, alle eingeleitet mit dem Frage-Stereotyp: »Stimmt es, dass...?« antwortete der Sender mit der eigenartigen Formel: »Im Prinzip ja, aber ...« und als paradoxes Ergebnis eines nicht zu bremsenden agitatorischen Eifers begann die radikale Selbst-Destruktion des propagandistisch errichteten Scheins: »Stimmt es, dass der Kapitalismus am Abgrund steht? Im Prinzip ja, aber wir sind bereits einen Schritt weiter.«

Das Ideal der »sozialistischen Menschengemeinschaft« verdämmerte. Die positive Lebenstätigkeit des »sozialistischen Menschen« wurde endgültig auf die unumgehbare Lohnarbeit beschränkt, der Zweck des Lebens hieß wieder »Verkauf der Ware Arbeitskraft«.[18] Das Leben in der DDR war zum Verwirrspiel zwischen Wahrheit und Lüge, zum Zerrbild idealer sozialistischer Erwartungen geworden. Die Überzeugung der Massen von der »Sieghaftigkeit des Sozialismus« war dahin, aber ein Sozialismus ohne Endziel, das war ein Unding. Die Industriearbeiter lebten ihr Leben, ein völlig anderes Leben als ihnen von den Parteiideologen eingeredet und nachgesagt wurde. Die Feier des »im Produktionsarbeiter stilisierten Idealbildes des aktiven, durch Einsicht gesteuerten, nur an Produktivitätssteigerung orientierten und kollektiv eingebundenen Menschen«[19] hatte sich erledigt.

Knappe zehn Jahre später wird in einer der berühmten Berliner Eckkneipen, dem »Metzer Eck«, rappelvoll zu Beginn der im Rundfunk übertragenen Antrittsrede von Egon Krenz am 18. Oktober 1989 ein junger Arbeiter endgültig alles ideologische Gerede von der sozialistischen Planwirtschaft zerschlagen: »Was ich will? Einfach eine gute Arbeit an modernen Maschinen haben, ein gutes Produkt herstellen, das gutes Geld einbringt und mir einen guten Lohn sichert in einem Geld, für das ich moderne Sachen kaufen kann.« Die Rede von Krenz ging bald im Kneipenlärm unter.[20]

Die glücklichen Tage des Volkstheaters an der VB endeten 1978. Karge/Langhoff inszenierten am Schauspielhaus Hamburg 1978 *Prinz von Homburg*, das *Fatzer-Fragment* (UA) von Brecht/Müller sowie *Prometheus* von Aischylos/Müller am Theatre de Carouge Geneve und von dort gingen sie an das Schauspiel Bochum.[21] Marquardt harrte beschäftigungslos zweieinhalb Jahre lang an der Volksbühne aus und spielte hin und wieder kleine Rollen in nebensächlichen DEFA-Filmen.

Jetzt schlug die Stunde des Regisseurs Jürgen Gosch. Ihm hatte die alte Leitung vor ihrem kollektiven Abgang für vier Inszenierungen in der Spielzeit 1977/78 Ensemble, Haus und Bühne zum alleinigen Gebrauch überlassen.[22] Jürgen Gosch sollte dem Publikum die ganze Wahrheit des Volkstheaters, die Kehrseite des komödischen Volkstheaters, das bitterböse schwarze Theater des Grotesken vorhalten. Der Schauspieler und Regisseur Jürgen Gosch war dafür bestens gerüstet. Als angehender Regisseur hatte er in der sogenannten Theaterprovinz (Schwerin, Brandenburg) die Kabalen und die radikalen Macht-Demonstrationen der Kulturbürokratie und ihrer geheimen Helfershelfer überstanden. Die Inszenierungen *Stella* in Schwerin (1975) und *Die Ausgezeichnete* in Brandenburg (1976) waren vor der Premiere verboten worden.[23]

Gosch plante die *Bilder aus der Vergangenheit* von Suchowo-Kobylin aufzuführen. Die Trilogie ist eine Chronik des rasenden Zerfalls einer Gesellschaft, in der alle bürgerlichen Sicherheiten ruiniert werden, zuerst der »gute Ruf«, dann die Zukunft der Kinder, dann der Familienbesitz. Zurück auf dem Schlachtplatz bleiben die Männer des bürokratischen Staatsapparats, die sich im Kampf um die Pfründe gegenseitig auffressen. Unberührt von alledem und unzerstörbar übersteht allein das Geheimbüro der Polizei und jeglicher Hauch Gerechtigkeit vergeht.

Vom Zerfall der Gesellschaft wissend und ihren Verfall im künstlerischen Spiel mit ästhetischer Finesse genießen, Aufstieg und Untergang in aller Kunstfertigkeit nachzeichnen und auszugestalten, war ästhetisch verlockend und half das künstlerische Ich schadlos aus den Zeiten zu halten, ohne sich ihnen wetterwendisch anzudienen. Diese Art und Weise im Theaterspiel die Kunst vor dem Untergang zu retten und sich in der Kunst zu bewahren und schützen vor den anomischen Entwicklungen der Gesellschaft, belebte und vereinsamte zugleich die Theater. Den schauspielerischen Wiedergewinn der Leiblichkeit im grotesken Spiel »mit dem Schönen, des Schrecklichen Anfang« (Rainer Maria Rilke), lohnte jedoch das Publikum nicht. Ihm schien dieses Spiel eitle Selbstbeschäftigung der eh schon privilegierten Schauspieler. Das kleinbürgerlich gesonnene Anrechtspublikum erschrak vor diesem durchaus erkennbaren Alleingang und mied die Vorstellungen. Es wurde ihm ungeheuerlich im Theater, das sich anschickte, gesellschaftliche Normative zu durchlöchern. Da verkroch es sich lieber, es fürchtete wohl hineingerissen zu werden, Mittäter zu werden in aller Öffentlichkeit. So zerfiel auch das Publikum gleich der Gesellschaft. Es war nicht mehr das bürgerliche Publikum, aber auch nicht das proletarisch bewusste, es war gar kein Publikum mehr – es waren viele einzelne Zuschauer, sie gingen wie sie kamen: Allein für und so vor sich hin. Es war keine Gesellschaft mehr, es gab keine selbstbewussten Klassen mehr, auch keine Staatsbürger mehr, es gab nur Bleibende, Gehende, Verwaltende und einige Träumer, viele Aufpasser und die kleine Zahl Widerständiger.

Die Inszenierung von *Leonce und Lena* gehört zu den markantesten Beispielen einer Ästhetik des zerstörerischen und zerstörten Lebens, der Vivisektion des »falschen Lebens«.

> Was hier geschieht, ist in der Tat nicht ganz geheuer. Zwei junge Leute führen da Exerzitien der Langeweile vor, sie bellen und wiehern, ulken und balgen sich – Leonce und Valerio, Landstreicher und Saufbrüder, warten auf Godot und demonstrieren die große Verweigerung. Ihre Wortspiele schlagen immer wieder um in Gewalt, hinter ihren Slapstick-Nummern lauert die Tragödie. Ihre müde Revolte ist verfremdeter Ausdruck des Leidens an einer sozial bedingten Misere, die keine Phantasie erlaubt und als Alternativen nur stumpfsinnigen Müßiggang oder unmenschliche Arbeit anzubieten hat. Das alles wird in großartige Körpersprache übertragen, in brillante Etüden. [24]

Die Zuschauer fanden sich und ihre bedrückende Umwelt auf dem Theater repräsentiert und verstanden:

> Ein junger Mann: Ich glaube, es wird mit der Aufführung gezeigt: Es gibt für die Wirklichkeit der beiden keine Möglichkeit einer Handlung mit sozialer Bedeutung. Die Gesellschaft lähmt sie. Es ist eine Situation der Ohnmacht. Und damit erklärt sich auch die latente Aggressivität ... Alles ist tot. Man kann überhaupt nichts machen. Der Prinz leidet unter der Apathie seines Systems. Alles stirbt.[25]

Ein Mädchen:

> Ich weiß nicht, ob meine Assoziationen richtig sind. Zum Beispiel das Zwischenspiel, wie die beiden aus der Tür wollen, das hat bei mir ein bißchen den Eindruck erweckt, na ja, ich weiß nicht. Vielleicht bezieht sich das auf die Westreisen, auf die Situation DDR/BRD? Das kann falsch sein. Die beiden Frauen in Uniform, ich vermute, die Staatssicherheit könnte gemeint sein.[26]

Die gesellschaftlich propagierten und ausgestalteten Lebenspläne sahen keine selbstgewählte Aus-Zeit der Selbstfindung vor. Die zwischenzeitliche innere Einkehr, die keineswegs blanke gesellschaftliche Abkehr bedeutete, war verpönt. Die dringenden Ausfahrten ins innere wie äußere Unbekannte, nicht ins Ungewisse, die leibhaftige Erfahrung des Fremden waren versperrt und verbaut. Das war zur Aus-der-Haut-fahren, die Qual, am ewig gleichen Orte verweilen zu müssen.

Die Inszenierung wurde von zwei Handlungssträngen durchzogen, die während jeder Vorstellung zwei streng getrennte Rezeptionsweisen quer durch den Zuschauerraum hervorriefen. Der Riss zwischen der extrem privat grundierten Leonce-Lena-Welt und der hochpolitisch aufgeladenen Hofwelt zeigte, dass es in diesem Staatsgefüge keine selbstständige Gesellschaft mehr gab. Es gab entweder nur Staat oder nur Privatheit – entsprechend war die Darstellungsweise auf der öffentlich-staatlichen Ebene von einer satirischen Deutlichkeit bis hin zur grotesken Überdeutlichkeit bestimmt, auf der privaten Handlungsebene dagegen herrschten Handlungen vor, die keinen Sinn mehr ergaben, außer der quälenden Langeweile etwas Unterhaltsames abzugewinnen, bleierne Zeit totzuschlagen. »Quatsch als einzige Rettung – es ist ein Unterschied, ob man Quatsch macht, oder ob der Quatsch noch die einzige Möglichkeit der Kommunikation ist.«[27]

Das Publikum der Volksbühne in seiner Mehrheit wehrte sich gegen *Leonce und Lena* und versagte vor der Aufführung. Die Inszenierung war kein Erfolg im landläufigen Sinne, öffnete aber eine neue Sicht auf die schauspielerische Arbeit. Der Schauspieler sollte sich fremd werden in seiner alltäglichen Spielroutine. Der entfremdete Schauspieler-Spieler sollte seiner Entfremdung, die ein totales Ein- und Angepasstsein ist, an sich selbst erschreckend gewahr werden. Dieses Erschrecken sollte sein Spiel initiieren, zu einer sein Spiel steuernden dritten Kraft werden, die außerhalb der fest-geschriebenen Figurenkonturen und unabhängig von seiner üblichen Spielart ihn vorwärtstreiben sollte.

Verständlich, dass die Partei während der laufenden Spielzeit 1977/78 einen neuen Intendanten einsetzte und ihn beauftragte, Gosch zu entfernen und einen affirmativen Spielplan zu realisieren, dem das Publikum, so hoffte die Kulturbürokratie, sich wieder guten Gewissens anheimgeben konnte. Aber nicht allein darum ging es. Die Berufung Fritz Rödels, des linientreuen Dramaturgen aus dem Maxim-Gorki-

Theater, der Bühne, die seit Jahren, jeder ästhetischen Innovation abhold, unterhaltsame wohltemperierte Gebrauchsstücke aufführte, rief bei den Schauspielern der Volksbühne schieres Misstrauen hervor. Sie fürchteten, die Müller-Stücke verschwänden aus dem Spielplan und Müller selbst solle vertrieben werden. Aber es kam anders als befürchtet. Müller wurde vom neuen Intendanten nicht vertrieben, sondern »Rödel war unter anderem dafür angestellt worden: Müller soll nicht in den Westen! Aber das hätte Müller ja nie gemacht. Wenn sie schlau gewesen wären, dann hätten sie gewusst, dass Müller nur unter Gefängnisandrohung das gemacht hätte.« (Hermann Beyer)

Der Bau wurde plötzlich mit fünfzehnjähriger Verspätung zur Uraufführung in der Spielzeit 1978/79 freigegeben.[28] Die Aufforderung, *Bau* zu inszenieren, sollte den schlimmstmöglichen Fall, Müllers Ausreise, verhindern helfen. Davor zitterte die Kulturbürokratie in diesen Tagen. Müller war der Schriftsteller aus der DDR, der in Westeuropa meinungsstark und erfolgreich auftrat, war er doch der einzige deutschsprachige Dramatiker weit und breit, der die Ästhetiken der verschiedenen dramaturgisch-theatralischen und – nicht zu vergessen – lyrischen Avantgardismen sich anverwandelte, um den Brecht in sich zu überwältigen. Er war ein allseits gehörter Autor, deshalb musste er im eigenen Lande befriedet werden, was gelang, da die von ihm beanspruchte Position zwischen den Blöcken und Zeiten ihm zugestanden wurde. Doch auch die Grenzen wurden ihm und vor allem seinen Anhängern, Freunden und all denen, die glaubten, nun unbedenklich Müllers Stücke spielen zu können, aufgezeigt. Rödel verstand es, Müller, der seinen Vertrag wohlweislich nicht aufgelöst hatte, an der Volksbühne zu halten und ihm einen gehörigen Spielraum einzuräumen, keinen Freiraum wohlgemerkt. So sicherte er seine Intendanz, ohne dass sein Theater sonderliche Leistungen vorweisen musste.[29] Er erfüllte seinen Auftrag, Heiner Müller demonstrativ und prominent in das DDR-Theaterleben einzubinden, auch wenn er Müllers Inszenierung von *Macbeth* rundheraus ablehnte:

> Offensichtlich produzieren Experimente in der Besetzung der Rollen (die Darstellung des Macbeth durch drei Schauspieler, die ungenügend differenzierende Übertragung mehrerer Rollen an jeweils einen Darsteller), die extreme Verschlüsselung der Bauernszenen bzw. ihre Zurücknahme, das Bühnenbild und bestimmte akustische Signale Undurchschaubarkeit wichtiger Fabelpunkte und mangelnde Deutlichkeit in bezug auf die

historisch-soziale Einbindung des Geschehens. [...] Die Bilder sind ihm nicht mißglückt. Das ist völlig richtig, doch sie führen den Zuschauer in die Irre.[30]

Ein Jahrzehnt früher wäre eine solche irreführende Inszenierung nie und nimmer zur Aufführung gelangt, der Intendant hätte es zu verhindern gewusst und wenn nicht, wäre er zur Rechenschaft gezogen worden. Nach der Biermann-Affaire funktionierten diese rüden klassenkämpferischen »Bereinigungen« im alltäglichen Kultur- und Kunstbetrieb nicht mehr. Die Zeit einfachen Verbietens und Aussonderns waren ein für allemal vorbei. Aber sie waren nicht überwunden, nicht aufgehoben, denn eine wahrhaft demokratische Öffentlichkeit innerhalb einer sozialistischen Gesellschaft fehlte nach wie vor.

> Trotz der gebührlich zu würdigenden Fortschritte, besonders seit dem VIII. Parteitag haben wir insgesamt gesehen die Öffentlichkeit als Stimulanz und Echo sozialistischer Kunst noch ungenügend zu fördern und zu nutzen verstanden. [...] ... wir haben nicht einmal gründlich nachgedacht über die besonderen Voraussetzungen und die positiven Möglichkeiten einer sozialistischen Öffentlichkeit. [...] Je mehr wir nämlich davon Abstand nehmen, sozialistische Öffentlichkeit als konfliktfreien Ausdruck einer Menschengemeinschaft zu sehen, und je weniger wir Öffentlichkeit voluntaristisch verstehen, das heißt in hurtiger Kampagne aus der Presse zu stampfen versuchen, desto dringlicher wird die Frage nach ihren tatsächlich gegebenen historischen Bedingungen und sozialen Grundlagen.[31]

Das klang gut, das klang nach Glasnost vor Glasnost, aber Weimann setzte schnell hinzu:

> Sobald dabei ein bestimmter (etwa problematischer) Bereich oder Gegenstand von Erfahrung ausgespart wird, bleibt er der anderen Seite überlassen, wird er von dieser benutzt. Neutrales Terrain gibt es im öffentlichen Gefilde der Erfahrung nicht; nur die eigene Öffentlichkeit wird dadurch begrenzt oder beschädigt. [...] Auf der anderen Seite muss nun aber jedes Plädoyer für sozialistische Öffentlichkeit den Realitäten des Kampfes dahingehend ins Auge blicken, dass uns die wohlverstandenen Erfordernisse der Sicherheit bestimmte Diskongruenzen zwischen offener und öffentlicher Diskussion stets noch aufnötigen können.[32]

1 Müller verweist hier auf die Tradition der vaterländischen Geschichtslesebücher des 19. Jahrhunderts, die nach 1945 in der SBZ umzufunktionieren verabsäumt und später in der DDR radikal verworfen wurde, so dass die deutsche Geschichte in den Schulen abstrakt und verdorrt gelehrt wurde. »Jeder Mensch hat einen eigenen Zug des Herzens, der ihn mit Vorliebe auf das Einheimische und Verwandte lenkt. Jeden spricht am stärksten das an, was seine Voreltern gethan und erlitten, was die Stadt oder das Land geduldet, das er bewohnt, was so manche Trümmer aus der Vorzeit, die noch vor seinen Augen stehen, ihm bezeugen, und was Andeutung, Vorbereitung und allmählige Schöpfung seiner jetzigen Lebensverhältnisse ist.«, Waitzmann: *Kurzgefaßte Geschichte des Königsreiches Bayern*, 1838. Am bekanntesten wurden wohl Gustav Freytags literarisch eingängigen *Bilder aus der deutschen Vergangenheit*, 1859–1867.

2 Gespräch zwischen Heiner Müller, Thomas Wieck und Manfred Dietrich, a.a.O.

3 Nur *Der Gute Mensch von Sezuan* durfte von Besson auch außerhalb des BE in Berlin inszeniert werden. Das hat ihm wahrscheinlich Helene Weigel noch zugestanden.

4 Benno Besson, in: *Arbeit an der Volksbühne seit 1969*, Faltblatt, hrsg. v. Volksbühne Berlin, Mai 1975, S. 2.

5 Karl-Heinz Müller: »Zum Ensemblegedanken und zur Ensemblesituation an der Volksbühne«, 26. April 1973, Privatarchiv Th. Wieck.

6 Peter Ullrich: »Das Theater und sein Publikum«, Akademie für Gesellschaftswissenschaften beim ZK der SED, Institut für Kunst- und Kulturwissenschaften 1978, unveröffentlichte Dissertation. AdK Berlin, Archiv DK, Schriften DK, Nr.134, S. 154 und S. 213.

7 Besson im Gespräch mit Christa Neubert-Herwig: »Stationen einer vierzigjährigen Theaterarbeit«, in: *TdZ* 3/1989, S. 32.

8 Heiner Müller: »Benno Besson oder Das Theater des bösen Blicks«, in: *Explosion of a memory. Heiner Müller DDR*. Ein Arbeitsbuch, hrsg. v. Wolfgang Storch, Berlin (West) 1988, S. 232.

9 Elke Tasche: »Der Sündenfall. Die Volksbühne Benno Bessons und ihr Publikum.«, AdK Berlin, HMA Nr. 8879.

10 Elke Tasche anonymisierte ihre Gesprächspartner in ihrem Manuskript. (Gwisdek und Montag bestätigten mir ihre Autorschaft und gestatteten mir die Verwendung ihrer Beiträge im vorliegenden Text. ThW)

11 Michael Gwisdek, in: Tasche: a.a.O., S. 65 f.

12 Dieter Montag, in: Tasche a.a.O., S. 47 ff.

13 Volker Braun: a.a.O., S. 361.

14 Wolfgang Hilbig: *Abriß der Kritik*, Frankfurt/M. 1995, S. 54.

15 Natürlich gab es Ausnahmen: *Ein Kessel Buntes*, verschiedene Programmformate des Kinderfernsehens und die beiden DEFA-Filme *Die Legende von Paul und Paula* und *Der Mann, der nach der Oma kam*.

16 Abgesehen vom Dresdner Raum. Auch die nordöstlichen Teile der Bezirke Neubrandenburg und Rostock waren »westfernsehfrei«.

17 »Seit 1965/66 hat sich die Zahl unserer jährlichen Theaterbesucher in den letzten Jahren auf etwa 12 Millionen ›eingepegelt‹, davon sind etwa die Hälfte jugendliche Zuschauer.«, Klaus Pfützner (1. Sekretär des VT), in: *ND*, 30./31. August 1975. Dieter Wiedemann bestätigte 1980 den Anteil der jugendlichen Zuschauer am Gesamtpublikum, in: *Das Theater und sein Publikum*, *MzT* Nr.136, hrsg. v. VT der DDR, S. 9.

18 »Vergeblich setzte Honecker auf das schlichte Menschenbild eines soziale Wohltaten dankbar durch Leistung honorierenden Menschen.«, Claus Krömke: »Das Scheitern des Neuen Ökonomischen Systems«, in: *Die DDR – Analysen eines aufgegebenen Staates*, hrsg. v. Heiner Timmermann Berlin 2001, S. 63.

19 Stefan Busse: *Psychologie in der DDR. Die Verteidigung der Wissenschaft und die Formung der Subjekte*, Weinheim/Basel 2004, S. 252.

20 »Kommt die D-Mark / bleiben wir / kommt sie nicht / gehen wir zu ihr!«, skandierten zwei Monate später die Montags-Demonstranten.

21 Gisela Holan, die Abteilungsleiterin Theater im MfK erläuterte, herausgefordert von Hermann Beyer, auf einer Sektionssitzung der AdK ihre Sicht auf den Abgang der Theaterleitung der VB und verband die fadenscheinigen

Begründungen mit unseriösen, nie realisierten Ankündigungen: »Diejenigen, von denen Sie sprechen, die sind gegangen, weil wir ihren Erpressungen nicht nachgegeben haben. Wenn Sie wüssten, wie viele Gespräche mit Karge und Langhoff bei uns (MfK) geführt wurden und welche Angebote wir ihnen gemacht haben. Sie werden im nächsten Jahr an der Staatsoper inszenieren ... Und Sie wissen auch, dass Besson nicht aus diesen Gründen gegangen ist, die Sie benannt haben, und dass Besson auch in der DDR und am Deutschen Theater wieder arbeiten wird, darf ich der Vollständigkeit halber hinzufügen. Wir haben das Band nicht durchschnitten, sondern ich meine, dass wir an einigen Punkten sogar bis zu einem Punkt gekommen sind, wo man Schwierigkeiten hat, ihn gegenüber den Theaterleuten zu vertreten, die mit Engagement hier arbeiten.«, AdK Berlin, Archiv AdK (O) 905, Sektionssitzung der Sektion Darstellende Kunst am 6. März 1980, S. 63.

22 *Kretschinskis Hochzeit*, Regie: Jürgen Gosch, Premiere: 7. Oktober 1977; *Tarelkins Tod* (in der deutschen Fassung von Heiner Müller), Regie und Titelrolle: Jürgen Gosch. Premiere geplant am 24. Februar 1978 (begründungslos zurückgezogen); *Leonce und Lena*, Regie: Jürgen Gosch. Die für den 8. Juni 1978 geplante Premiere musste in die nächste Spielzeit verschoben werden, da sich Michael Gwisdek verletzt hatte. In der vierten Inszenierung *Die Akte*, Regie: Berndt Renne, spielte Jürgen Gosch die zentrale Rolle des Tarelkin, Premiere 8. Oktober 1977.

23 Der Schauspieler und Regisseur Jürgen Gosch gehörte zu den Theaterleuten, die unbeirrt und trotz aller Gängelei, Behinderung und Bespitzelung mit ihren wenigen öffentlichen Auftritten und Arbeiten die Defizite und Defekte der Gesellschaft gnadenlos geißelten.

24 Heinz Klunker, »Büchner radikal und provozierend«, in: *TH* 3/1979, S. 19.

25 Aus einem Zuschauergespräch nach der öffentlichen Generalprobe am 4. September 1978, in: *Georg Büchner: Leonce und Lena, Volksbühne 1978*, Dokumentation von Otto-Fritz Hayner, AdK Berlin, Archiv DK, ID 323, S. 5.

26 Aus einem Zuschauergespräch am 8. November 1978, a.a.O., S. 4.

27 Gabriele Gysi: Probennotat, in: Birgid Gysi: »Weiße Flecken 6: »Leonce und Lena«, in: *TdZ* 11/1991, S. 72.

28 Jan-Christoph Hauschild teilt ohne Quellennachweis mit, dass am 15. Juli 1977 der Henschel-Verlag an das MfK den Antrag stellte, die Freigabe des Stückes zu prüfen und dass November 1978 die Arbeitsgespräche zu *Bau* in der Volksbühne begannen. In: Ders. *Heiner Müller oder Das Prinzip Zweifel*, Berlin 2001, S. 234.

29 Die von Rödel verantworteten Neuinszenierungen auf der Hauptbühne in den zwei Spielzeiten 1978/79 und 1979/80: *Fiktiver Report über ein amerikanisches Popfestival* (Dezember 1978), *Ende gut, alles gut* (Februar 1979), *Liliom* (April 1979) und *Von Morgens bis Mitternacht* (Mai 1980) waren ein dramaturgisches und inszenatorisches Stilgemengsel. Keine der Inszenierungen fand den Beifall der Berliner Kritik.

30 Fritz Rödel, in: »›Macbeth‹ in der Diskussion«, *TdZ* 1/83, zit. nach: *Macbeth von Heiner Müller nach Shakespeare, Volksbühne Berlin 1982*, Dokumentation von Lily Leder und Angela Kuberski, a.a.O., S. 185 ff.

31 Robert Weimann: »Kunst und Öffentlichkeit in der sozialistischen Gesellschaft«, in: Ders.: *Kunstensemble und Öffentlichkeit*, Halle-Leipzig 1982, S. 16 f.

32 a.a.O., S. 43.

Ein Stück sperrt sich gegen seine verspätete Uraufführung: *Der Bau*

Regie: Fritz Marquardt; Bühnenbild: Pieter Hein; Kostüme: Heidi Brambach. Tonmontage: Olaf Gade; Dramaturgie: Otto-Fritz Hayner

Dieter Montag (Barka, Brigadier), Günter Zschäckel (Bastian), Günter Junghans (Bolbig), Bodo Krämer (Elmer), Henry Hübchen (Klamann), Carl-Hermann Risse (Kleiber), Jörg Gillner (Galonzki), Michael Gwisdek (Donat, Parteisekretär), Jürgen Holtz (Belfert, Oberbauleiter; Bezirkssekretär der SED und ein Dichter), Hildegard Alex (Katrin Schlee, Ingeneurin), Hermann Beyer (Hasselbein, Ingenieur; alter Genosse), Karl-Heinz Liefers (Arbeiter), Klaus Hecke (ein Maler), Ursula Karusseit (Dreier, Brigadier), Joachim Tomaschewsky (Meister), Heide Kipp (Sekretärin) u. a.

Konzeptionelle Gespräche ab November 1978. Probenbeginn: 8. Mai 1979. Geplante Premiere: 16. November 1979. Voraufführungen am 28. und 29. Juni 1980. Premiere: 3. September 1980.[1]

Noch 1988, acht Jahre nach der Uraufführung, fragten sich Autor und Regisseur, ob es recht getan war, das Stück inszeniert zu haben: »Eigentlich wollte ich *Bau* nie machen. [...] Müller hat zwei Tage mich beharkt, zuhause, allein, warum es so wichtig ist, daß ich *Bau* mache und ich weiß bis heute nicht genau, ob er recht hatte oder ich.« Der Autor sekundierte dem Regisseur: »Ja, das ist so, wenn ich einen Vergleich suche, so etwas wie *Käthchen von Heilbronn*. Das ist *Bau* bei mir, also eine Mißgeburt eigentlich und ein ganz zwitterhaftes Gebilde.«[2]

Marquardt erkannte erst spät im Probenprozess, warum ihm die Inszenierung nicht zu dem großen Theater geriet, das ihm vorschwebte: »Im *Bau* ist so ungeheuer viel Utopie brandaktuell da, aber immer schon mit dem Schmerz. Und das ist es ja gerade, was das Stück so virulent hält: daß die Utopie da ist, mit dem schreienden Schmerz.«[3] Der von Marquardt in das Stück hineingelesene »schreiende Schmerz« verharmloste sich in der Inszenierung in ein larmoyantes Klagen der Figuren in dem über sie hinwegrollenden Bau. Welche Utopie Marquardt im Text zu entdecken glaubte, war der Inszenierung nicht anzusehen. Die Inszenierung scheiterte auf eine besondere Weise. Die Aufführung war zu arm an Widerständigkeit.

Sie blendete ein Kapitel der DDR-Geschichte, die Zeit des Mauerbaus und der sich anschließenden Reformversuche völlig zu Unrecht aus, und die Aufführungszeit, die aktuelle Wirkungszeit von Stück und Inszenierung, das Jahr 1980 wurde szenisch nicht ins Spiel gebracht. Beide Zeitebenen wurden weder scharf genug von einander abgehoben, noch durchdrangen sie sich, sie spiegelten sich nicht wechselseitig, sie wurden mit allgemeiner inszenatorischer Kunstfertigkeit so blank geputzt, dass der schmutzige historische Prozess im wahrsten Sinne ver-spielt wurde. Die Inszenierung spielte in einer Un-Zeit. Das machte sie kulturpolitisch akzeptabel und ließ sie künstlerisch scheitern. Wie krass die Inszenierung im beschriebenen Sinne scheiterte, dokumentierte ihre offizielle Preiswürdigkeit:

> Im II. Leistungsvergleich der Schauspiel- und Musikensembles der DDR wurden am Wochenbeginn die Ergebnisse der Wettbewerbsgruppe Berlin im Spieljahr 1980 bekanntgegeben. Der Stadtrat für Kultur, Dr. Jürgen Schuchardt, verlieh am Montag die Preise. Ein »Kollektivpreis für hervorragende Ensembleleistung« wurde der Inszenierung der Volksbühne »Der Bau« von Heiner Müller verliehen. [...] Einen »Sonderpreis für hervorragende Einzelleistung« erhielten: Hermann Beyer für seine Darstellung des Ingenieurs Hasselbein in der Inszenierung der Volksbühne »Der Bau«, Günter Junghans für seine Darstellung des Bolbig in der Inszenierung der Volksbühne »Der Bau« [...].[4]

Das Stück »schrie« 1980 geradezu danach, inszenatorisch in ein Vorher und ein Danach aufgespalten zu werden, um des Zeitenrisses 1961 gewärtig zu werden, der Staat und Gesellschaft der DDR zwanzig Jahre später zu verschlingen begann. Seit der Schlussakte von Helsinki von 1975 war die Mauer neben der desolaten ökonomischen Situation das zweite große gesellschaftliche Problem in der Zeit der sogenannten Stagnation. Die DDR wurde von der Jugend nicht mehr als schützenswertes sozialistisches Experiment verstanden und die Älteren mussten ihre Fehleinschätzung von 1961 eingestehen, auch unter dem Schutz der Mauer demokratisierte und stabilisierte sich die DDR nicht.

> Dies rührte aus einem grundsätzlichen Dilemma der SED-Spitze als der in letzter Instanz Verfügungsberechtigten über das faktisch Staats-, nominell Volkseigentum auf der einen Seite den Beschäftigten als »Gesamtunternehmer« mit entsprechendem

> Leistungsdruck gegenübertreten zu müssen und auf der anderen Seite die eigene Herrschaft als »Arbeiter-und-Bauern-Staat« und die Wirtschaft als »volkseigene« zu legitimieren. Jeder zusätzliche Leistungszwang gefährdete daher potentiell die Legitimität der SED-Macht; der Verzicht auf auf ihn tat es über den Verlust an wirtschaftlicher Leistungsfähigkeit aber ebenso.[5]

Je mehr die DDR internationale Verflechtungen und Verpflichtungen, besonders in den kulturellen und wirtschaftlichen Beziehungen einging, und sie musste sie eingehen, um ihre Modernität zu beweisen und ihre Staatlichkeit zu bestätigen, desto brüchiger wurden ihre kulturellen und wirtschaftlichen Fundamente. Die Einbrüche ins heile Weltbild häuften sich, der Globus drehte sich rasend und die östlichen Gesellschaften verloren auf breiter Front den Anschluss. Die technologische Lücke, immer von neuem beredet, aber niemals in ihren grundlegenden gesellschaftlichen Auswirkungen begriffen, vergrößerte sich zusehends. Der Osten schien nicht nur stille zu stehen, er begann aus der Zeit zu fallen und in einer ökonomisch ungewissen Zukunft zu versinken. Die Herrschaft der führenden Partei war dramatisch gefährdet, wodurch aber auch der Spielraum für sozialismusgemäße demokratische Reformen immer enger wurde, auch weil die neoliberalen Kräfte in der westlichen Hemisphäre die Gunst des wirtschaftlichen Zerfalls des Ostens zum Generalangriff gegen den sowjetischen Machtbereich konsequent ausnutzten.

Diese zeitgeschichtliche Situation ist die Folie, auf der die historischen Vorgänge des *Bau* in einer Uraufführung 1980 zu projizieren waren. Der Bau des Sozialismus ist nicht mehr im Werden, sondern im Vergehen zu zeigen. Die Uraufführung durfte sich nicht begnügen mit dem banalen Rückzug aufs Unvermeidliche, ins Jammervolle: »So ist es nun einmal, ach wie traurig.« Das Theater in der DDR steht jetzt und hier zur Disposition. Das sozialistische Gegenwartstheater gibt seinen Auftrag mangels Erfolgs zurück, löscht die Lichter, entlässt seine Spieler, verabschiedet die Zuschauer. Die gesellschaftlich wirksam eingreifende Funktion des Textes hatte sich grundlegend geändert. Im Getümmel 1964/65 um das NOESPL konnte er noch als sozialistisch bewegtes Zeitstück durchgehen. 1980 war er zum grotesken Schwanengesang der zentralistischen Planwirtschaft auf allen Gebieten mutiert. »Der volkswirtschaftliche Staatsplan war aber weitaus mehr als ein Instrument zur Koordinierung arbeitsteiliger Verflechtungen in der Wirtschaft. Er war Instrument zur Durchsetzung politischen Willens und Demonstration von Macht. Die Erfüllung der Planaufgabe war politische Pflicht. Deshalb durfte der Plan auch nicht in Frage gestellt werden, auch nicht in seinen kleinsten Einzelteilen. Es wäre ein Systembruch gewesen.«[6]

Ein theatralisch bewusst in Szene gesetztes Chaos, das »Scheitern« einer Inszenierung als konsequente theatralische Entsprechung zu den katastrophischen Stückverläufen, die hinwiederum nichts weiter darstellten als die aktuell unaufhaltsam in die Anomie hintreibende Gesellschaft lag 1980 noch außerhalb des theaterästhetisch Vorstellbaren, aber es ist im Text notiert. Im Stückgeschehen verendet der sozialistische Aufbruch, veröden die menschlichen Beziehungen, der gesellschaftliche Zusammenhalt zerbricht. Der Dialog verliert die Bindung an das äußere Geschehen, fragmentarisiert sich. Die Dramaturgie des Stückes zersplittert in Bruchstücke unverbundener Episoden, wird selbst anomisch, regellos und bindungsarm. Der Text von 1965, die sozialistische Entfremdung aufzeigend, verlangte 1980 nach einer besonderen theatralischen Historisierung, nach einem totalen Abschied aller Utopie. Das hätte geheißen, nicht nur die in der Wirklichkeit zerstörerisch wirkenden Prozesse abzuschildern, sondern auch das Kunstwerk selbst mit aller theatralischen Überzeugungskraft zu zerstören, den radikalen Zerfall einer Stück-Fabel zur Aufführungsfabel umzufunktionieren, die Selbstauflösung des Theaters als Metapher der Selbst-Zerstörung einer weltbewegenden Idee durch die gesellschaftliche Praxis auszuformen. So hätte die zunehmende Auflösung des Handlungsablaufes, der nicht mehr nach herkömmlichen dramaturgischen Normativen des Dramatischen eingerichtet ist, zur ästhetisch-theatralischen Übersetzung des Zerspellens der Hoffnungen der Figuren und zum Verweis auf das Verlöschen der Utopie werden können. Im theatralischen Vorgang, dem Sprung in die Zerstörung theatralischer Konventionen, ins blanke Chaos progredierender Regellosigkeit, wäre dem Zuschauer ein Bild seiner realen Lage vorzuzeichnen/vorzuspiegeln möglich gewesen. Er hätte erkennen können, dass er in einer Gesellschaft agierte, der ihre inneren Regularien wegbrachen. Zu diesem Inszenierungsansatz rang sich Fritz Marquardt nicht durch. Schon das erste Konzeptpapier vom 15. Februar 1979 kündigte das Dilemma an, in das die Inszenierung steuerte:

> DER BAU hat seiner Grundtendenz nach Parabel- oder metaphorischen Charakter. […] Der Grundansatz der Bühnenlösung ist: keine Baustelle auf der Bühne, sondern der ganze Theaterraum ist Bauplatz Kommunismus/Welt. Oder anders gesagt:

> Das BB schafft nicht die Illusion einer Industriebaustelle. Es erklärt durch die Ableitung wesentlicher struktureller Elemente aus gegebenen technischen Details des Vorbühnenbereichs die gesamte Bühne und das Theater zur Baustelle Welt/Kommunismus. [...] Dazu kommt der Einsatz einer großen Partitur von quasi-musikalischen Tonmitteln mit eigenständiger szenen- und raumbildnerischer Funktion.[7]

Vier Monate später reflektiert Marquardt die unbefriedigend-zwiespältigen, weil harmonisierenden szenischen Ergebnisse seines Inszenierungsansatzes:

> Jetzt ist alles verhindert, was stört, disparat ist. Es kommt darauf an, nichts rund zu machen, nichts schlüssig, nichts komplett, nichts eindeutig. Es muß etwas von Erbauern haben, aber in allem unfertig, so wie der »Bau« unfertig ist. Bau von Gesellschaft als nicht fertiger Bau. Es werden nur Punkte ausgewählt, Bausteine mit Lücken, das ist das Prinzip vom Bau einer Gesellschaft als einer unfertigen Gesellschaft. So wie die Gedanken von ganz verschiedenen auseinandergehenden Schichten, Zwängen und Überlieferungen drin sind. Es ist nicht gut, sich zu vertiefen, Abläufe zu machen, einheitliche Spielweise zu erarbeiten. Mich interessiert die Disparatheit der Teile, der Widerstand des Materials bei Müller, die Herausforderung, die verschiedenen Strukturen.[8]

Marquardt zieht eine richtige Konsequenz, wenn er eine klassische »Rundung«, die Darstellung eines geschlossenen Vorgangs, verwirft. Aber er begründet den Ansatz falsch, spricht er doch unverwandt von den Erbauern einer unfertigen Gesellschaft, statt den drohenden Zerfall dieser Gesellschaft im Stück zu entdecken. In einem Notat unmittelbar vor der ursprünglich geplanten Premiere im Herbst 1979 wird das auch zur Premiere 1980 nicht gelöste Grundproblem der Aufführung angesprochen und problematisiert:

> Bild 1 Wesentlicher Eindruck ist der von Erscheinungen auf dem Bau, Donat kriegt das Staunen (ist das eigentlich richtig?) Die Erscheinungen: Dreier als Monster Arbeiterklasse aus dem Loch mitten im Zuschauerraum, Belfert, der Betriebsleiter als Kasper-Clown hinter der Bande, der so alles überschaut; die Erscheinung des Mädchens Schlee, der ewige Student Hassel-

> bein, die Koryphäe. Es entsteht eine Spielweise, ein Gestus der Szene, der Überlegungen für weitere Szenen provoziert: Dreier erscheint noch zweimal – wie? Belfert in Spielszenen viel später, wie transportiert sich diese Figur von diesem Entree ins Stück?[9]

Die Inszenierung besaß weder eine kommunikative Eigen-Art, noch fand sie einen Weg zu den Zuschauern. Ein theatralischer Gesamtwille war nicht auffindbar, zumindest nicht ins Gestische übertragen und so mangelte es ihr an einer zielbewussten Provokanz. In einem Notat findet sich die Spur einer im Probenprozess wohl nur halbherzig verfolgten und nur punktuell realisierten Spielweise: »Holtz probiert Belfert nach Art des Kasperle. Enorm. Belfert als Chef des Bau-Zirkus, der Attraktionen vorführt und sich selbst auch dazu macht.«[10]

Müßig darüber zu spekulieren, ob diese Zirkusierung des Spiels in der Nachfolge der Inszenierungen Meyerholds (*Tarelkins Tod,* 1922 und *Revisor,* 1926) und Eisensteins (*Eine Dummheit macht auch der Gescheiteste,* 1923), die in dem Notat angedeutete triadische Verfremdung: Bau = Zirkus = DDR der Inszenierung die notwendige Schärfe und Prägnanz verliehen hätte. Zumindest waren einige schauspielerische Angebote in dieser Richtung erkennbar und auch die Inszenierung schien darauf einzugehen, doch die »Montage der Attraktionen« war zu bieder. Die Aufführung begann aufgedreht lustig mit flotter Dixieland-Musik. Dieses Entree erinnerte an die Jazz-Optimisten und an Manfred Krug, deren gemeinsame Live-Auftritte in der literarisch-musikalischen Veranstaltungsserie *Lyrik Jazz Prosa* in den sechziger Jahren stets ausverkaufte Ereignisse waren. Mit dieser Erinnerung an Krug war natürlich auch die Erinnerung an den 1980 immer noch verbotenen DEFA-Film *Spur der Steine* aus dem Jahre 1966 geweckt und nicht zu vergessen: Manfred Krug, der zweifellos beliebteste Schauspieler der DEFA gehörte 1977 zu den ersten in die Bundesrepublik übergesiedelten Künstlern.

Das Publikum wurde durch diese heiter-wehmütigen Reminiszenzen auf das weite Feld des bittersüßen Unterhaltsam-Anekdotischen gelenkt, angekündigt wurde beste Unterhaltung in kunstvoller Verpackung. Zu erwarten waren auch die inzwischen auf dem Theater eingebürgerten ironischen Untertöne über das alltägliche Leben in der »größten DDR der Welt«, und wenn es gerade noch möglich war auch einige schrill-spitze Obertöne gegen »die da Oben« und die üblichen »Engpässe« ... Der erste Auftritt erfüllte diese niedrigen Erwartungen. Der Schauspieler Gwisdek in Maske und Kostüm eines abgerissenen Clochards betritt die menschenleere Bühne, steuert auf die Bühnenmitte zu, geht an die Rampe, stellt sich und seinen abgeschabten Koffer, beliebtes Requisit der Zirkusclowns, dort ab und bis dahin erinnert der Auftritt an den eines Conférenciers der besseren Art, der sein Publikum zu nehmen weiß. Aber der Schauspieler fragt nicht in das Publikum hinein, wie das der Conférencier tun würde, sondern fragt weit in den Zuschauerraum über die Köpfe des Publikums hinaus: »Warum zertrümmert ihr das Fundament?« Welches Fundament? Kein Fundament und keine ihm zu Leibe rückenden Arbeiter waren auf der Bühne zu sehen. Wen fragt er also und warum im Zuschauerraum? Weil er etwas weiß, was der Zuschauer nicht wissen kann, denn kaum war die Frage gestellt, tauchte mitten im Zuschauerraum eine in Geschlecht und Funktion nicht zu identifizierende Gestalt auf, die mit ihren ersten Worten sofort an ihrer charakteristisch rauhen, tiefen und zugleich sanft schmelzenden Stimme als Ursula Karusseit, durch zahllose Vorstellungen der Doppelrolle Shen Tu/Shui Ta und zusätzlich durch die Rolle der Habersaat in dem fünfteiligen Fernsehmelodram *Wege übers Land* bekannt und beliebt war. Der Zuschauer ist erfreut und freut sich auf die Karusseit. So schwemmt das Theater schnell die grundsätzliche Frage des Textes: Warum zertrümmert ihr das Fundament? hinweg. Diese Frage ist eindeutig ans Publikum und an niemand anderes gerichtet, und welches Fundament gemeint ist, stand für den Zuschauer außer Frage, war er doch seit jeher im Auftrag der Gesellschaft damit beschäftigt, stets und ständig die Fundamente des Sozialismus zu erbauen und zuverlässig zu schützen. Wer 1980 nach den »Fundamenten des Sozialismus« fragte, und von keinen anderen Fundamenten konnte angesichts der leeren Bühne die Rede sein, der hatte vieles im Blick und verschiedenes im Sinn. Was erdreistete sich der hergelaufene Fremde da vorn, sie das zu fragen? Hatte er durchschaut, dass ihnen dieses Fundament nicht mehr viel wert war? Oder hatte er Leute im Blick, die das Fundament willentlich zerstörten oder zerstören wollten? Fundamente wurden in der DDR fortlaufend gelegt, gegossen und gebaut für Städte, Fabriken, für die neue sozialistische Gesellschaft und wo wurden sie jetzt, 1980, zertrümmert? »In Polen«, sagten die einen laut und deutlich, sagten andere leise und eindringlich: »bei uns, bei uns« und sie sangen still das Lied vom Pfusch:

Wir haben ein Fundament gebaut
Das Fundament, es ist versaut
Schade um die Mühe.

Das Fundament ist im Eimer, doch das
Ist halb so schlimm, darüber wächst Gras
Das Gras ist für die Kühe.

Die Kühe geben Milch und Quark
Davon wird der Sozialismus stark
Und lohnend war unsere Mühe.[11]

Diese und andere zeitkritische Konnotationen wurden inszenatorisch ängstlich umgangen. Aus der Ambiguität der Begriffe wurde kein theatralisches Kapital geschlagen. Die Metaphern zündeten nicht das Spiel, sie blieben Text und so wurde schließlich die Darstellung der Brigade zum Schmerzpunkt der Aufführung – sie verfiel dem Kunstgewerblichen und zerfiel inszenatorisch ins Ungefähre, da sie unverständlicherweise auf den DEFA-Film *Die Glatzkopfbande* (1963) referierte.

Die Brigade ist äußerlich überdeterminiert durch die Glatzenperücken, die »schmerzensreichen« Schminkmasken, an Rocker-Monturen erinnernde Kostümdetails und zusätzlich sportiv aufgemotzt durch die martialischen Shoulderpads (Schulterpolsterungen) aus dem American Football, ergänzt durch Eishockeyhelme, Basketballschuhe und endgültig überzeichnet durch Muskelberge vortäuschende Armattrappen. Doch alles Gepränge war lächerliche Zutat, verlieh der Truppe keineswegs die Aura einer kraftvoll anarchisch auftrumpfenden Freibeutertruppe. Sie waren nicht die Herren der Baustelle, denn sie waren viel zu brav von vornherein. Sie waren längst angepasst an die durchschnittliche Spielweise proletarischer Figuren auf dem DDR-Theater und »wenn der Schauspieler zu brav wird, wie soll er dann die dunklen Vorräte an Vitalität (noch nicht sozialisierter Lebenskraft) heben, die im Asozialen liegen?«[12] Michael Gwisdek definierte die vorherrschende Atmosphäre auf der Bühne sehr genau: »Grabesstimmung«.

Sämtliche Einwände gegen die Inszenierung sind jedoch wohlfeil, wenn sie nicht zugleich die kulturpolitische Situation der Aufführung berücksichtigen. Das Stück wurde, um es überhaupt zur Aufführung zu bringen, gewiss verhängnisvoll, aber aus verständlichen Gründen, umgedeutet. Das Abwägen zwischen den inszenatorischen, dramaturgischen, schauspielerischen Fragwürdigkeiten und Machinationen, um ihn durchzusetzen, und dem Gewinn, den die Aufführung im ungleichen Kampf mit den politischen Kräften bestenfalls errang, war eine der schwersten Güterabwägungen verantwortungsvoller Theaterleute.

In *Der Bau* spielten die Schauspieler ihre Figuren unter dem Generalnenner: Eine Gruppe zerfällt, jeder rette sich, wie er kann. So spielten sie zugleich ihre eigene Situation, die eines sich auflösenden Ensembles. Zwar bestand die Hoffnung, sich im Spiel zusammenzufinden, doch hier formierte sich kein neues Ensemble mehr. Im Stück zerfiel die Brigade und der Bau am Sozialismus verschlang alle Subjektivität und auf der Bühne zerfaserte ein Ensemble und jeder Spieler war bestrebt, seine Subjektivität zu retten und sich gekonnt aus dem vergeblichen Spiel zu ziehen. Und die nachbesetzte Darstellerin der Schlee fremdelte durch die Inszenierung und trug ihren Text ungerührt vor. Die vier geübten Müller-Spieler wählten sehr unterschiedliche Mittel, ihre Figuren zu konturieren, wodurch aber die Aufführung zu einer Galerie unverbunden nebeneinander herlaufender Rollenporträts mutierte.

Jürgen Holtz, gleich dreimal beschäftigt in den Rollen des Belfert, des Bezirkssekretärs und eines Dichters, konnte sich als Belfert ganz seinen clownesken Gelüsten, seiner grotesken Körperlichkeit hingeben und die Figur schamlos und hemmungslos szenisch verlächerlichen, damit aber ihre gesellschaftliche Repräsentanz vernichten. Holtz schwang sich über die Figur auf und verfehlte sie haarscharf, gehörte doch diese Figur unbedingt in die Darstellungsebene der beklemmenden Realität parteigeschützter ökonomischer Unfähigkeit und sozialer Verkommenheit und nicht in die Höhen darstellerischer Kunstfertigkeiten.

> Als Belfert erscheint er zuerst hinter einer mannshohen »Spielleiste«. Man sieht nur den Oberkörper des Schauspielers, unter dem Hut das grienende Gesicht ... Hier setzt er schon seine schnell wechselnde Mimik ein. Einmal wirft er wie eine Kasperfigur ein Bein über die »Spielleiste«, deutet in der Spielweise an, daß auch diese Gestalt, der Inszenierung entsprechend, eine spielerisch stark überhöhte Kunstfigur ist. Holtz führt da in rückgratlosen Verbiegungen auch jene charakterliche Deformation artistisch vor, die diesen Belfert bei seinen vielen Wendungen geprägt hat. Jürgen Holtz hat mit seiner Leistung eine geschichtsträchtige und zugleich sinnlich-konkrete Figur von fast tragikomischer Dimension geschaffen, auch wenn deren positive Potenzen nur in ahnbarer Andeutung bleiben.[13]

Seine zweite Rolle beschrieb Holtz selbst so:

> Die kleine Rolle des SED-Bezirkssekretärs. Die Bezirksleitung der SED war dagegen, sie hat gesagt, wenn Holtz das macht, wird das eine Karikatur. Ich habe das so seriös gespielt, wie es nur ging. Einen alten Mann, der aus dem Exil kommt und so müde ist und sagt: »Naja, schöne Scheiße hier. Oh Gott, wäre ich doch tot, dass ich das nicht sehen müsste.« Da haben die sich natürlich auch wieder aufgeregt, als die das gesehen haben. Dabei war das wahr. Ich kannte solche Leute, die so reagiert haben, so müde, auf das, was sie selbst angerichtet haben.[14]

Diese Figur hatte Holtz genau gesehen und akkurat den sozialen Typus und die Tragik seiner politischen Biographie im Spiel getroffen. Die Figur des Dichters verleitete ihn dann zu einer platten Karikatur. In der Konfrontation mit Barka und seiner Brigade und im Wechselspiel mit Barka zeigte Gwisdek einen Parteisekretär außer der Norm. Aber Gwisdek verlor das Interesse an seiner Figur in dem Moment, in dem sich der Parteisekretär ins erotische Abenteuer verirrte und wie der Flieger Sun in Brechts *Guter Mensch von Sezuan* zu sprechen begann:[15]

> ... wir stolpern schneller über die Hügel einer Brust als über den Kühlturm, der zusammenbricht am Morgen nach der Prämie, nimm dein Gesicht weg, eh ich einen Fehler mache, ich bin ein Mann. Ich bin Parteifunktionär. Wärst du häßlich, wenigstens für mich. Ich bin der letzte, der es sich leisten kann, ich habe keine Augen für den Himmel, außer er ist schwarz vom Rauch aus unseren Fabriken, gelb von unserer Chemie: Ich liebe dich.[16]

Müller verweigerte der Figur eine eigene Sprache und der Schauspieler Gwisdek reagierte entsprechend. Jetzt wanderte der Schatten der Figur durch das weitere Geschehen. Am Ende des Stücks trug Michael Gwisdek, die reine Funktionalität des Funktionärs vorzeigend, nur noch seinen Koffer und seinen Mantel breit. Er hatte sich von der Figur und aus dem Stück verabschiedet, was ihm leichtfiel, verspielte doch die Figur, da sie dem Widerspruch in sich auf billige Weise ausmerzte, jede gesellschaftliche Bedeutsamkeit. Gwisdek zeigte sein erlahmendes Interesse an der Figur durch eine offen zur Schau gestellte Nachlässigkeit, er wurde nebensächlich geschäftsmäßig und er »vergaß« seinen Koffer, so trennte er sich endgültig von der Figur. Das war eine Erfindung aus dem Arsenal des epischen Theaters. Brecht beschrieb das Verfahren anhand einer bühnenbildnerisch vergleichbaren Erfindung von Caspar Neher:

> Die Häßlichkeit eines Ortes wird nicht dadurch ausgedrückt, daß man die Bühne häßlich macht. Im Bühnenbild zu dem Stück *Baal*, das den Untergang eines nur Genießenden in der schließlichen Unfähigkeit zum Genuß darstellt, ließ der große Bühnenbauer Caspar Neher durch eine offen zur Schau gestellte Nachlässigkeit – ein Tuschestrich auf einem Leinwandfetzen mußte gegen das Ende des Stückes zu einen Wald darstellen – das erlahmende Interesse, das die Mitwelt an diesem Typus nimmt, vermuten. Hier zeigte selbst das Theater dieses erlahmende Interesse, allerdings in künstlerisch großartiger Weise.[17]

Beyer hinwiederum versteckte sich und seine Figur artistisch gekonnt hinter Maske, Brille und Kostüm. Der Ingenieur Hasselbein hat nichts zu sagen auf dem Bau und redet deshalb viel zu viel, wenn es über ihn kommt. Er redet und redet, turnt auf Stelzen, rutscht auf Knien, treibt die Figur, da in keinen Stückvorgang substanziell gebunden, intellektuell räsonierend vor sich her. Trotz aller Exaltation verschloss Beyer die Figur dennoch – sein Ingenieur kapselte sich ein, ihm ist alles Maske, alles wird ihm zum Rollenspiel, ganz seiner Selbstkarikatur als »zweiter Clown im kommunistischen Frühling« entsprechend. Nur wenn er Barka für seine technologische Neuerung gewinnen will und wenn er zu seiner eigenen Verwunderung und doch schon halb resignierend um die Schlee wirbt, durchbricht er sein monadisches Dasein kurzzeitig.

Zweifellos ist die Figur des Barka zentral, da sie den weitesten und ärgsten Weg der Erkenntnis zu gehen hat und demzufolge die gedankliche Achse des Textes bildet. Dieter Montag steigt aus der Unterbühne geschwinden Fußes, Artist, auf den Zehenballen federnd, kurz und angebunden, nur aufs Nötigste aus, Kraft und Stimme sparend, in die Oberwelt auf, wo er ständig gebremst aus der Arbeit gerissen wird, in die er auf schnellstem Wege sich eilends wieder stürzt, sobald er nur kann. Dort in der Unterwelt regiert er mit seinen Mannen, den Schmerzensmännern, den Lemuren des NOESPL und dort ist er gut verborgen vor zudringlichen Blicken und störenden Belehrungen. Unerkannt möchte er bleiben. Rumpelstilzchen, Alberich, Mime und verwandte märchenhafte und mythische Figuren evozierte Montag mit seinem Spiel bis zur Szene *Der Fehler*. In dieser Szene gibt Montag diese Spielweise auf, sein Barka beginnt mehr und sich selbst zu betrachten und seine Weltsicht neu zu konstruieren. Er tritt deshalb mehr und mehr neben den Arbeitsprozess, durchaus im doppelten Sinne als der Schauspieler Montag und als der Brigadier Barka.

Montag führt seinen »Barka« aus einem ursprünglich Konkurrenz-Denken und -Handeln: »Die Welt ist ein Boxring und die Faust hat recht«[18] und seinem anarchisch-individualistischen Aktionismus: »Der Plan, wenn er sich querstellt, ist ein Arschwisch. Du willst ihn ändern und ich habs getan/ Du in der Leitung, auf dem Baufeld ich.«[19] angesichts des ihn bezwingenden Mauerbaus hinauf in die Gesellschaft der Oberwelt. Indem er sich gesellschaftlich arrangiert, kommt er nicht um die Erkenntnis seiner totalen Entfremdung herum: »Fleisch wird Beton, der Mensch ruiniert sich für den Bau.«

> Denn je mehr der Arbeiter sich ausarbeitet, um so mächtiger wird die fremde, gegenständliche Welt, die er sich gegenüber schafft, um so ärmer wird er selbst, seine innere Welt, um so weniger gehört ihm zu eigen. Der Arbeiter legt sein Leben in den Gegenstand, aber nun gehört es nicht mehr ihm, sondern dem Gegenstand. Je größer also diese Tätigkeit, umso gegenstandsloser ist der Arbeiter. Was das Produkt seiner Arbeit ist, ist er nicht. Je größer also dieses Produkt, je weniger ist er selbst.[20]

Nicht mehr eingespannt in das Arbeitsjoch, entdeckt er in sich das Wirken der reinen Negativität, der er, um leben zu können, widerstehen muss. Das verlangt von ihm größte Anstrengungen. Er muss das Gegebene akzeptieren als das Wirkliche, um es gedanklich zu durchdringen, was ihm gelingt, weil ein Verharren im So-sein nicht Grund und Ziel seiner Existenz für ihn sein kann. Sein geplanter Parteieintritt ist der Preis, um ins Innere des Gesellschaftsgetriebes vorzudringen. Er beauftragt sich, zu beobachten, was die sogenannte sozialistische Gesellschaft mit ihm macht, wenn er sich ihr ergibt. Das Subjekt lernt sich als Objekt begreifen:

> Einmal lege ich den Akzent auf mein empirisches endliches Bewußtsein und stelle mich der Unendlichkeit gegenüber; das andere Mal schließe ich mich von mir aus, verdamme mich, gebe dem unendlichen Bewußtsein das Übergewicht ... Es sind nicht die Säulen des Herkules, die sich hart gegenüberstehen. Ich bin, und es ist in mir für mich dieser Widerstreit und diese Einigung: ich bin mir selbst als unendlich gegen mich als endlich, und als

> unendliches Bewußtsein gegen mich, mein Denken, Bewußtsein als unendlich bestimmt. Ich bin das Gefühl, die Anschauung, die Vorstellung dieser Einigkeit und dieses Widerstreites und das Zusammenhalten des Widerstreitenden, die Bemühung dieses Zusammenhaltens und die Arbeit des Gemüts, dieser Entgegensetzung, die ebenso für mich ist, Meister zu werden. Ich bin der Kampf, denn der Kampf ist eben dieser Widerstreit, der nicht Gleichgültigkeit der beiden als verschiedener, sondern das Zusammengebundensein beider ist. Ich bin nicht einer, der im Kampf begriffenen, ich bin beide Kämpfende, ich bin der Kampf selbst.[21]

In diesem Wissen findet Barka zu seinem Selbst. Er wird sich seiner Subjekt-Objekt-Rolle im historischen Progress bewusst:

> Hier erscheint also die Entäußerung des Subjekts als die gesellschaftliche Tätigkeit der menschlichen Gattung, durch die in der Gesellschaft eine selbstgeschaffene Objektivität entsteht, die ihre Lebenskräfte aus der gesellschaftlichen Tätigkeit des Subjekts schöpft, und immer reicher, verwickelter, umfassender werdend für das Subjekt an die Stelle der früheren leblosen Substanz tritt. Mit einem Wort: indem das Subjekt sich völlig entfremdet, erkennt es sich theoretisch und praktisch als identisch mit der Substanz.[22]

Müller hat vorgeschrieben, dass während dieses argen Erkenntnisprozesses, sechsunddreißig Verszeilen lang, Barka die Schlee über die Bühne trägt:

> Schlee: Sie brauchen mich nicht zu tragen, geben Sie mir nur Ihren Arm, wenn der Boden schwimmt, es geht auch vorbei.
> Barka: Kein Risiko
> Trägt sie.
> Du wärst mir leichter, wärst du schwer von mir.
> So lang der Weg reicht bist du meine Last.[23]

Das technische Problem der Szene ist klar, der Schauspieler kann unmöglich die Schauspielerin während seines Monologs quer über die Bühne tragen. Aber wer zwingt den Schauspieler diese Metapher ins Körperliche zu übersetzen, als Handlungsanweisung misszuverstehen? Gesagt ist nicht getan. Die schwangere Frau ist ihm verbotene

Lust und willkommene Last zugleich und diese zwei Seiten wären darzustellen gewesen. Er trägt sie nicht, weil er sie begehrt, da sie aber jetzt schwanger ist, muss er sie tragen. Um diesem unlösbaren Widerspruch zu entkommen, malt er sich und ihr eine menschheitsgeschichtliche Vision aus, in der er seine Begierde poetisch sublimiert. Dieser lyrische Ausbruch ist nicht in die einfache körperliche Handlung zu integrieren, er ist eine Arie, in der Zeit stillsteht, die äußere Handlung aussetzt. Die zusammengerafften lyrischen Paradoxien entspringen Barkas Mühe, seine Gier hier und jetzt zu bändigen, so versteigt und versplittert er sich ins Surreale, er gerät außer sich und findet wieder zu sich zurück, diese Ausfahrt und Heimkunft führt zur Erkenntnis und zur Annahme seiner Doppelheit als Subjekt und Objekt, seiner bewussten Kärrner-Existenz. Er weiß sich als Trittleiter der Geschichte. Hier übersteigt der Text alle dramatisch-szenische Bedingtheit. Er wird zu einer rein philosophischen Applikation, allein dem Schauspieler zuzumuten, der hier und jetzt seine Figur überspielt, indem er das Substrat des Weges der Figur im Sprachlichen, in der Ansprache, im Rhetorischen verallgemeinert.

Danach ist Barka gereinigt, abgekühlt, affektfrei und fähig, frei von allem Begehren, die Frau, mit einem schalen Witz obendrein, zum profanen Kraftwagen Marke »Wartburg« zu tragen und sie unberührt in die Klinik zu fahren. Im Rezitativ bestimmt wieder die körperliche Aktion Gestus und Ablauf der Szene.

Die von Dieter Montag gleichsam »rein« auf ein Tonband eingesprochene Arie füllt akustisch Bühne und Zuschauerraum besitzergreifend aus. Die Wiedergabe der sterilen Studioaufnahme beendete das Schauspiel. Jetzt trug der Schauspieler Dieter Montag seine Kollegin Hildegard Alex auf der Bühne der Volksbühne 1980 begleitet von seiner eigenen Stimme »sinnfrei« hin und her. Der Zuschauer wird durch die Toneinspielung des Monologs auf die nebensächliche Frage gelenkt: Innerer Monolog des Barka, den die Schlee nicht hört oder Ansprache an die Schlee? Die Szene ist aber ganz eindeutig, natürlich hört die Schlee, was Barka sagt und sie versteht ihn, entzieht sich ihm jedoch. Die Schlee antwortet nicht – und dieses bewusste Schweigen zwingt ihn zu gehen. Barka ist jetzt endgültig mit sich eins, aber gesellschaftlich vereinsamt und eingeschlossen in seinem überlegenen Bewusstsein, das unter den gegebenen Verhältnissen nicht praktisch werden kann. Barka muss weggehen, um sich dieses Wissen zu bewahren. »Das Selbst ist der arbeitende Mensch, der seine Produktion endlich begreift und sie aus der Selbstentfremdung herausführt.«[24] Welchen Weg wird er einschlagen? Ein Weg ist ihm gewiss verbaut, er kann nicht dorthin, wo sein Kontrahent, sein Gegenbild Bolbig gegangen ist. Aber am Ort bleiben kann er auch nicht ...

Hermann Beyer, Michael Gwisdek und Dieter Montag im Gespräch

Wieck: Bei *Bau* hatte ich da so meine Zweifel als Zuschauer. Mir erschien die Uraufführung seltsam verhangen, gebremst, unfrei. Es lag nicht nur daran, dass die Aufführung wahrscheinlich doch viel zu spät kam, das war es nicht allein, sondern dass sie keinen Zugang zum Tag fand, nicht die Differenz zwischen 1965 und 1980 betonte, also den Fortschritt in den Rückschritt. Das erschien mir plötzlich ein bisschen feige.

(An Gwisdek gerichtet, der nach kurzer Abwesenheit wieder am Gespräch teilnimmt)
Meine Frage war nach dem *Bau* ...

Gwisdek: ... Na, du, das haben wir in einem ...

Wieck: ... Darf ich erstmal die Frage stellen ...

Gwisdek: Ich sag's dir nur mal schnell, dann weißte die Zeit. Also praktisch in vier Wochen hat das gestanden, das Haus. Und – äh – dann war das fertig.

Beyer: (schallendes Gelächter)

Gwisdek: Zwei Jahre insgesamt. Den Bau kann man schon ein bisschen benutzen, aber ringsum, wie Du siehst, ist noch alles Baustelle. Und noch die ganzen Reservemöglichkeiten, wo ich bis hinten raus dann daran baue.

Wieck: Jetzt sprechen wir nicht über Müllers *Bau*, sondern über Gwisdeks Bau.

Gwisdek: Ach so! *Der Bau* meinst du jetzt – Hat nicht Heiner Müller darüber mal ein Stück geschrieben?!

(Alle lachen)

Wieck: Man sagt so. Ich meinte damals 1980, dass diese Inszenierung zu spät gekommen sei bzw. nicht der DDR-Geschichte genau genug auf der Spur war. Geschrieben 1964 spielte es vor und nach dem Mauerbau, dieses Stück war dadurch immer ein heikles, ein immer aktuelles Thema. Aber das »vernebelte« die Inszenierung, weil eben nicht die Geschichte der DDR deutlich wurde. Wenn ich »Bau« höre, denke ich »Knast«. Da gab es Ansätze im Bühnenbild. Aber gleichzeitig gab es das Schlussbild, in dem Barkas Monolog nur noch über Tonband lief und nicht mehr als Problem des Schauspielers bzw. der Figur deutlich wurde. Der berühmte Satz: »Mein Lebenslauf ist Brückenbau. Ich bin / Die Fähre zwischen Eiszeit und Kommunismus«.

Beyer: Oh ja! Diese Diskussionen!

Wieck: Das war einer der berühmten »falschen« Sätze der DDR-Literatur in den Ohren der Oberen. Neben Volker Brauns »Die DDR ist das langweiligste Land der Welt.« Und dieser Müller-Satz von der »Fähre zwischen Eiszeit und Kommune« ist am Ende nicht mehr dem Schauspieler anvertraut worden, aber nicht nur dieser inkrimierte Satz, sondern der ganze Monolog von Barka wurde über Band eingespielt. Man hörte Sie (zu Montag) durchaus eindrucksvoll, während Barka stumm, die Schlee tragend, langsam durch die Schneelandschaft von der Bühne abging. Aber man blieb ratlos. Wer lief hier, wer sprach hier, Barka oder Montag oder beide in einem? Oder war das getrennt hier, Montag 1980 und dort Barka, die Figur aus dem Jahre 1963? Denn der Text war doch 1980 nicht mehr ernst zu nehmen außer als Trauerrede, so war er aber 1964 nicht geschrieben. Das wäre schon anders gewesen, wenn Sie live über Mikroport gesprochen hätten. So wurde es zu einem Kommentar der Bühne, wenn auch von Ihnen gesprochen, aber es wurde weder ein innerer Monolog noch eine wirkliche zeitverschiebende Verfremdung. Es wurde nur einfach weggerückt, dieses doch praktisch gescheiterte, aber geschichtlich uneinholbare, als Idee andauernde Kommunismus-Bild. Diese Dialektik wurde durch einen technischen Trick umgangen.

Beyer: Ich fand das toll.

Wieck: Ich fand es halbherzig.

Beyer: Nee, da wär' ich nie drauf gekommen.

Montag: Da wär' ich auch nicht drauf gekommen.

Wieck: Das war meine Assoziation als Zuschauer. Und es muss ja einen Grund für eure Entscheidung gegeben haben.

Montag: Ich habe nicht vermisst, dass ich das jetzt unbedingt noch sagen muss. Es ist ja wie 'ne Art Überhöhung, oder 'ne Verkleinerung oder 'ne Vergrößerung, dass das da über Band kam. Wie ein Nachlass.

Gwisdek: Aus'm Sarg.

Montag: Merkwürdigerweise habe ich an *Bau* die wenigsten konkreten Erinnerungen.

Beyer: Als der gefährlichste Satz galt: »Hätt ich gewusst, dass ich mein eignes Gefängnis bau hier, jede Wand hätt ich mit Dynamit geladen.«

Wieck: Und sowas sagte der proletarische Held Barka!

Beyer: Ja, das war Dieter. Der stand da oben auf der Mauer, hatte eigentlich für den Sozialismus einiges gemacht. Widerwillig. Und stand jetzt vor der Tatsache der Mauer. Und deshalb gab es die Forderung von Rödel: Es soll historisch gemacht werden. Also historisierend. Diese Brecht-Forderung, dass man alte Stücke aus ihrer Zeit heraus in irgendeiner Weise verständlich machen soll. Deshalb hat Brecht ja auch diese Eingriffe gemacht ... Wo er dann immer geschrieben hat: Wenn ein verständigeres Publikum später – könnte man das alles weglassen, diese späteren Eingriffe.

Gwisdek: Hab ich den gesehen, weißt du das?

Beyer: Micha!

Montag: Der Zimmermannstanz! Unser Zweikampf!

Gwisdek: Ich weiß das nicht mehr. Dieter hat auf der Mauer gestanden? Weiß ich nicht.

Beyer: Ich habe, wahrscheinlich weil ich da eine kleine Rolle gespielt habe, auch nicht so eine Beziehung zu *Bau* gehabt. Aber weil es um unser Verhältnis zur Regie geht, ist vielleicht eines ganz interessant: Die ursprüngliche Besetzung der Rolle der Schlee war Wera Herzberg als Gast.[25] Fritz hat sie nicht gut behandelt. Und sie war auch stinksauer auf Fritz. Dann gingen Gerüchte um wegen ihrer Umbesetzung. Ich war dafür, dass sie bleibt. Klaus Brasch, der mit ihr befreundet war, war auch dafür. Es hatte schon vorher eine Umbesetzung ohne unser Einverständnis gegeben. Also sind wir zu Fritz und haben ihm gedroht: »Solltest du irgendwann in Erwägung ziehen ... Dann mach' das bitte nicht ohne uns. Weil: Wir müssen ja mit ihr zusammen spielen.« Holtz hat, glaube ich, sogar gedroht, dass er aussteigt. Am Schluss blieb von seiner Drohung übrig: »Dann gibt es nach der Premiere keine Umarmung, Fritz!« – Fritz war ziemlich unter Druck und hatte dann hinter unserem Rücken die Schlee mit Hildegard Alex besetzt. Jedenfalls saß Fritz vor mir und sagte: »Jetzt ist es passiert.« Und wir haben natürlich nichts gemacht! Weil wir wollten, dass *Der Bau* rauskommt! Nach den Vermutungen, dass *Bau* verboten wird und alles Mögliche. Keine Hand für Wera Herzberg!

Gwisdek: Ich muss jetzt die ganze Zeit fragen, wer das inszeniert hat, wer war der Regisseur?

Beyer: Fritz!

Gwisdek: Es war Fritz Marquardt. War das dann *Der Bau*, wo das Messer fliegt?

Wieck: Das waren *Die Bau----errrn.*

Gwisdek: Und ihr redet von *Bau*. Und waren wir mit dem *Bau* in Amsterdam?

Wieck/Beyer: Mit *Bauern*!

Gwisdek: Siehste.

Montag: Hatte ich mir doch das Handgelenk gebrochen und Gips am Arm ... Und da stand ganz groß »Scheiße« drauf. Weiß nicht, wer das geschrieben hat.

Gwisdek: Daran kann ich mich noch erinnern. So was weiß ich ja noch! Damals, Amsterdam.

Montag: Das war super, das Gastspiel. Fand ich.

Gwisdek: Wo wir alle draußen gewartet haben und Heiner reingegangen ist, weil da dran stand: Original Ficken auf der Bühne. Und Heiner musste rein und gucken. Und wir haben draußen zwanzig Minuten gewartet, dann kam Heiner raus und wir alle: Und? Und? – Er: Jaaa.

Montag: Ein anderer verscherbelte dann seine goldene Uhr

Gwisdek: Der kam fix und fertig raus aus der Peepshow, aus der ganz normalen primitiven Peepshow für 'ne Mark, da kam er raus und sagte: »Die hat sich in mich verliebt!« – Völlig normal, war er der Meinung. Und wir immer: Oh Mann! Der war fix und fertig »Ich muss wieder hin und muss mit der ...« – Dann hat er seine Uhr verscherbelt und wollte ... Der hat das Prinzip nicht verstanden.

Montag: Und noch ein anderer ist in so ein Etablissement gegangen und da hat das Bier plötzlich 15 Mark gekostet.

Beyer: Sprichst du jetzt den Tag an, wo ich durch die Stadt ging und plötzlich du hinterm Auto vorgesprungen bist und so ... und gesagt hast: »Ich warte auf Dieter, der ist hier oben bei 'ner Nutte.«

Gwisdek: Nein. Dieter war nie bei 'ner Nutte.

Beyer: Und ich bin, prüde wie ich bin ... nie in einer Pornoshow gewesen, nie in einem Sexshop ... doch, in einem Sexshop ...

Gwisdek: Bei mir war das immer das erste. Erstmal: Rotlicht kieken. Und dann Amsterdam, die Grachten rauf und runter. Und die Nutten haben schon immer die Augen verdreht – da kommt er schon wieder. Ich aber nirgendwo hin, will nur gucken. Ich war viel zu feige für so was. Aber die Atmosphäre fand ich immer gut. Rotlichtviertel!

Wieck: Die Reaktionen auf *Bau* waren vom Publikum nicht so toll.

Beyer: Ich habe das irgendwie verdrängt.

Montag: Das habe ich auch verdrängt. Und für uns war das gegeben, dass wir nie diese rauschenden Erfolge hatten. Dass das meistens Arbeitssachen waren. Und bei *Bauern*, bei *Macbeth*, da haben wir sie auch immer gezählt, die Zuschauer.

1 Hermann Beyer erinnert an die vielen unglückseligen Ereignisse während der Probenzeit: »Doch vor der geplanten Premiere hatte Fritz Marquardt die Arbeit unterbrochen, weil Holtz krank wurde. Einige Schauspieler haben schon gesagt: ›Ich kann doch übernehmen, was der Holtz spielt.‹ Doch Fritz, der mit Holtz immer wieder haderte, erklärte: ›Holtz ist mittlerweile zu einem integrierenden Bestandteil dieser Inszenierung geworden. Deswegen warten wir, bis er gesund ist.‹ – So ist das viel später rausgekommen und Klaus [Brasch; ThW] hat das leider nicht mehr erlebt. Wir haben ihn aber immer noch auf den Tonaufnahmen gehört.« Klaus Brasch starb am 2. Februar 1980. Günter Junghans probierte ab dem 28. April 1980 die Rolle des Bolbig.

2 Frank Hörnigk, Fritz Marquardt, Heiner Müller: »Hohe Mißgeburt«, Diskussion während der Müller-Werkschau am 7. Juli 1988, in: *Explosion of a memory*, a.a.O., S. 230. Müller übernimmt hier einen grundlegenden Gedanken von Wolfgang Schivelbusch: »Die angespannte Einheit von realistischer und metaphorischer Darstellung, ausgeführt in den für das Stück typischen langen Versreden bewirkt eine Zwitterform realistischer Metaphorik oder auch umgekehrt metaphorischer Realismus.«, Wolfgang Schivelbusch: *Sozialistisches Drama nach Brecht*, Darmstadt und Neuwied, 1974, S. 122.

3 Fritz Marquardt, in: »Gespräch über die BAU-Inszenierung an der VB«, *TdZ* 11/1980, S. 13.

4 *ND*, 25. März 1981.

5 André Steiner: a.a.O., S. 14.

6 Claus Krömke: »Das Scheitern des Neuen Ökonomischen Systems der Planung und Leitung in der DDR.«, a.a.O., S. 67 f. NOESPL war praktisch aufgegeben worden, was mit der nichtssagenden Formel NÖS (Neues Ökonomisches System) verschleiert werden sollte. Die Partei bestand auf ideologischen Kontinuitäten, wo real-materielle Brüche walteten.

7 Otto-Fritz Hayner/Felicitas Loewe: *Der Bau, Volksbühne 1980.* Dokumentation Band III, 1984, S. 2. Akademie der Künste, Archiv DK, ID 572.

8 A.a.O., Notat vom 3. September 1979.

9 Ebd., Notat vom 8. Oktober 1979.

10 Ebd., Notat vom 3. Oktober 1979.

11 Kurt Bartsch: *Lied vom Pfusch*, in: *Kaderakte*, Reinbek 1979, S. 95.

12 Brecht: *Arbeitsjournal*, a.a.O., S. 438.

13 Jochen Gleiss: TdZ-Porträt (11) »Jürgen Holtz«, in: *TdZ* 11/1980, S. 1.

14 Jürgen Holtz im Gespräch mit Thomas Wieck, a.a.O.

15 Bekanntlich kritisierte Müller besonders scharf dieses Stück von Brecht. Wenn Donat so wie der Flieger Sun redet, drückt Müller seine Distanz zu der von Neutsch erfundenen Figur des Donat deutlich aus.

16 Heiner Müller: *Der Bau*, in: *Stücke*, a.a.O., S. 175.

17 Brecht: »Die Übersetzung der Wirklichkeit unter Vermeidung der restlosen Illusion«, in: *Schriften. Über Theater*, a.a.O., S. 286.

18 Heiner Müller: *Der Bau*, a.a.O., S. 156.

19 Ebd., S. 161 f.

20 Marx: *Ökonomisch-philosophische Manuskripte*, a.a.O., S. 152.

21 G. F. W. Hegel: *Vorlesungen über die Philosophie der Religionen*, Erster Teil, 1840, S. 64.

22 Lukács: *Der junge Hegel*, a.a.O., S. 562.

23 Heiner Müller: *Der Bau*, a.a.O., S. 197.

24 Bloch: *Subjekt – Objekt. Erläuterungen zu Hegel*, Frankfurt/M. 1962, S. 42.

25 Wera Herzberg, Schauspielerin und Regisseurin.

»Der Zweite Kalte Krieg«

In den letzten zehn Jahren der DDR vertraute die Mehrzahl der Künstler dieses Landes endlich ihren eigenen Erfahrungen, verweigerte sich der verordneten Parteilichkeit und überwand den kurzsichtigen Bruch mit der deutschen Literatur- und Kunstentwicklung der letzten hundert Jahre, der internationalen Moderne und Avantgarde. Stephan Hermlins befreiender Satz auf dem Schriftstellerkongress 1978 verdichtete diese Entwicklung exemplarisch: »Die Existenz einer Literatur ist nicht deckungsgleich mit der Existenz von Staaten.« Und sein Ratschlag, den harschen unverständigen Vorhaltungen unbefugter Dritter, die Arbeit mancher Schriftsteller sei unbequem, überflüssig, halte die Leute von der wirklichen Arbeit ab, mit dem Vierzeiler Grillparzers zu widersprechen:

> Will unsere Zeit mich bestreiten
> Ich laß es ruhig geschehn
> Ich komme aus anderen Zeiten
> Und hoffe in andre zu gehen.

Hermlin ermunterte zur unbedingten Subjektivität im Kunstwerk zurückzufinden, die Gegenwart als Durchgang des Subjekts, nicht als ehernes Schicksal, dem Tribut zu zollen sei, zu begreifen, endgültig alle kunstfremden Ideologeme zu ignorieren und den »inneren Zensor« zu verabschieden.[1]

Werner Mittenzweis und seiner Genossen Schreib-Rezepturen, ihre ideologischen Verbotstafeln und scheindialektischen ästhetischen Normative hatten sich erledigt.[2] Die Literatur begann punktgenau die ddr-Realität widerzuspiegeln und das durfte nicht sein. Die ideologischen und bildungspolitischen Restriktionen, die gesellschaftspolitischen Anpassungszwänge, auch die lebenspraktischen materiellen Beschränkungen behinderten ein selbstbestimmtes Leben erheblich, verunmöglichten es auch oftmals. Nur im privaten Umfeld konnte ein widerständiger und eigenständiger, individueller Lebensentwurf sich ausbilden, bis die raue Wirklichkeit dann früher oder später zuschlug.[3]

Die DDR war eine Gesellschaft, in der die Menschen ihr individuelles Vermögen entgegen aller marxistischen *Zukunftsprojektionen* nicht als Gemeinwesen, nicht im öffentlichen Raum, nicht in der Arbeitswelt entwickeln konnten, sondern wie in allen Klassengesellschaften zurückgeworfen waren auf ihr familiäres Umfeld und in privat auszugestaltenden Freiräumen vergeblich oftmals ihr Glück suchten.

Die DDR-Verlage mussten mehr und mehr Manuskripte begutachten, die den parteipolitisch gewünschten historischen Optimismus gründlich negierten. Das denunziatorische Schlagwort vom antisozialistischen »Geschichtspessimismus« ging um, begründete die Ablehnung der Texte und vertrieb die Autoren aus der sozialistischen Gesellschaft, die sich zwar nicht mehr als sozialistische Menschengemeinschaft feierte, wohl aber immer noch als die einzige zukunftsträchtige Alternative zu allen gegenwärtigen bürgerlichen Gesellschaftsformen verstand. Die literarischen Figuren zerbrachen an den konzis geschilderten sozialistischen Realien und ihre Autoren reüssierten mit ihren doppelt verworfenen Texten im Westen.

Ein derartiges Schreiben weckte westliche Verleger-Neugier, fand literaturkritischen Zuspruch auf dem jenseitigen Literaturmarkt. Das MfS erkannte eine ernste Bedrohung, die schöne Literatur mauserte sich unter den Augen der hilflosen Kulturverwalter zu einer »Fünften Kolonne«. Der zentrale Parteiapparat trennte sich still und leise von der Kultur- und Kunstpolitik und die Staatssicherheitsorgane übernahmen die Obhut über die verwaiste Literaturpolitik auf ihre Weise: Es wurden Maßnahmen ergriffen und Gesetze erlassen, die erlaubten, den Ost-West-Transfer der Literaten und Literaturen zu kriminalisieren.[4]

Heiner Müller wurde in diesen Auflösungsprozess der starren Grenzziehungen schnell hineingezogen. Westlich vom novitätssüchtigen Feuilletonismus verbraucht und östlich in die einsamen Höhen des unnachahmlichen Tragikers erhoben, dem nachzustreben dringend abgeraten wurde, zöge das doch unweigerlich den künstlerischen Kältetod nach sich.

> Voller Beklemmung lese ich ein Drama von Heiner Müller »Die Hamlet-Maschine«, publiziert unter dem Copyright eines Verlages jenseits der Grenze. Da spricht eine Ophelia im Rollstuhl, an der Fische, Trümmer, Leichen und Leichenteile vorbei treiben: »Ich verwandle die Milch meiner Brüste in tödliches Gift. Ich nehme die Welt zurück, die ich geboren habe. Ich ersticke die Welt, die ich geboren habe, zwischen meinen Schenkeln. Ich begrabe sie in meiner Scham.« Und so weiter. Das ist kein beliebiger Figuren-Text; er sagt Wesentliches über den Sinn des Stückes. Müller hat den Pessimismus seiner Einstellung zu Welt und Geschichte auch anderwärts ausgedrückt. Besitzt

> die Idee einer – historischen, politischen, weltanschaulichen, persönlich-biographischen, künstlerischen oder wie immer gearteten – »Zurücknahme« dessen, was da vage als unsere Welt gedeutet ist, auch nur die Spur eines Anspruchs, wahr und allgemein bedeutend zu sein? Darüber ist auch und gerade in künstlerischen bzw. literarisch-publizistischen Weisen des Denkens zu befinden. Der tatsächliche Gegenbeweis wird in vielen Büchern geführt.[5]

Aber was der empört-verstörte Literaturfunktionär nicht wahrhaben wollte, 1979 platzte tatsächlich das Bild einer heilen Welt trotz aller glaubensstarken Sozialismusbekenntnisse. Die Illusion einer friedlichen Konkurrenz der Systeme schwand. Gefangen im »Labyrinth der Machtpolitik« erschien es plötzlich wieder möglich, »daß die Institution des Krieges erst durch einen letzten Weltkrieg eliminiert würde«. (Carl Fr. v. Weizsäcker)

Die geopolitischen Prophezeiungen der amerikanischen Politologen sagten innerhalb der nächsten Jahrzehnte den Zusammenbruch des russischen Reiches voraus und die darauf bauenden geostrategischen Entscheidungen sollten diesen Prozess beschleunigen und den politischen Globus neu ordnen.[6] Die Kriegsgefahr war handgreiflich nahe gerückt, war sie doch die ultimative Konsequenz des fortwährenden Wettrüstens der zwei Weltmächte. Die neue Stufe der wechselseitigen atomaren Bedrohung bildete nur den Schlusspunkt der Vorbereitungen auf den Endkampf, den »Zweiten Kalten Krieg« (Eric Hobsbawm).

Die KPdSU reagierte hektisch. Sie verfing sich in dem abenteuerlichen Versuch, in Zeiten schwerer wirtschaftlicher Turbulenzen eine weltweit agierende Kriegsmarine aufzurüsten. Zugleich verwickelte sie sich in innerafghanische Machtkämpfe bis zu dem folgenschweren bewaffneten Einmarsch auf Bitten der damaligen antifeudalen und laizistischen afghanischen Regierung. Als die Beziehungen zum Westen nach dem NATO-Doppelbeschluss am 12. Dezember 1979 einen neuen Tiefpunkt erreicht hatten, befahl Breshnew den Einmarsch. Der Nationale Sicherheitsberater von US-Präsident Jimmy Carter, Zbigniew Brzeziński, gibt an, Carter habe mit der von ihm empfohlenen Unterstützung der Mudschahedin die Wahrscheinlichkeit erhöht, dass die Sowjetunion in die – wie er es später nannte – »afghanische Falle« tappen würde.

Nach der Persischen Revolution, einem respektablen Akt der Selbstbestimmung eines Volkes, erließ Carter die imperiale Kriegsdoktrin der USA, die sogenannte Carter-Doktrin:

> Drei grundlegende Entwicklungen haben dazu beigetragen, unsere Herausforderungen zu gestalten: das stetige Wachstum und die zunehmende Projektion der sowjetischen Militärmacht über ihre eigenen Grenzen hinaus; die überwältigende Abhängigkeit der westlichen Demokratien von Öllieferungen aus dem Nahen Osten; und die Dringlichkeit des sozialen und religiösen sowie wirtschaftlichen und politischen Wandels in den vielen Nationen der Entwicklungsländer, beispielhaft dargestellt durch die Revolution im Iran. Die jetzt von sowjetischen Truppen in Afghanistan bedrohte Region ist von großer strategischer Bedeutung: Sie enthält mehr als zwei Drittel des weltweit exportierbaren Öls. Der sowjetische Versuch, Afghanistan zu beherrschen, hat die sowjetischen Streitkräfte bis auf 300 Meilen an den Indischen Ozean und in die Nähe der Straße von Hormus gebracht, einer Wasserstraße, durch die das meiste Öl der Welt fließen muß. Die Sowjetunion versucht nun, eine strategische Position zu konsolidieren, die eine ernsthafte Bedrohung für den freien Verkehr von Öl aus dem Nahen Osten darstellt. Wir verbessern auch unsere Fähigkeit, US-Streitkräfte schnell in entfernte Gebiete zu entsenden. Wir haben dazu beigetragen, die NATO und unsere anderen Bündnisse zu stärken, und vor kurzem haben wir und andere NATO-Mitglieder beschlossen, modernisierte nukleare Streitkräfte mittlerer Reichweite zu entwickeln und einzusetzen, um einer ungerechtfertigten und zunehmenden Bedrohung durch die nuklearen Waffen der Sowjetunion zu begegnen.[7]

Eine glaubhaft überlieferte Anekdote verrät das Credo der damaligen amerikanischen Administration. Als Zbigniew Brzezinski sich bei seinem Chinabesuch 1978 mit seinen Gastgebern der berühmten Mauer näherte, hatte er eine spontane Idee. Er forderte sein Gegenüber zu einem sportlichen Wettkampf auf: Wer als erster an der Mauer ankam, sollte gegen die Russen kämpfen dürfen.[8]

Parallel zu diesen machtpolitischen Demonstrationen in der westlichen Hemisphäre deutete sich ein Ende der sowjetischen Hegemonie und die Selbstzerstörung des realsozialistischen Lagers in Europa an. In der Gdańsker Lenin-Werft beginnt am 14. August 1980 ein illegaler Streik, der viele weitere Streiks in ganz Polen nach sich zieht. Am 30. August wird eine Vereinbarung zwischen den Streikenden und den Regierungsvertretern unterzeichnet, die ein Ende der Streiks unter Anerkennung aller einundzwanzig Forderungen vorsieht, darunter die Errichtung freier Gewerkschaften, der Einführung des Streikrechts und die Gewährleistung der Rede-, Druck- und Publikationsfreiheit.[9] Die bestreikten polnischen Werften waren niemals Ort eines reformsozialistischen, marxistisch grundierten Neubesinnens. Hier nahm eine nationalpolnisch inspirierte, klerikal unterstützte Arbeiterschaft Anlauf um dem Zangengriff des preußischen Kasernenhofsozialismus – so erschien ihnen die verachtete DDR – und des ewig verhassten Kremls zu entkommen.

Diese beiden Staaten waren indes 1981 selbst in eine tiefe wirtschaftliche und soziale Krise geraten, die nicht mehr aus eigener Kraft gelöst werden konnte. »Der massive Einzug der Sowjetunion in den internationalen Getreidemarkt und die Auswirkungen der Ölkrise der siebziger Jahre haben das Ende des »sozialistischen Lagers« als eine effektiv in sich geschlossene und von den Launen der Weltwirtschaft geschützte regionale Wirtschaft noch dramatisiert.«[10]

Im Frühherbst 1981 kürzte die Sowjetunion überraschend ihre Erdöllieferungen an die DDR und die anderen Warschauer Vertragsstaaten und stürzte sie in arge Planungs- und Produktionsnöte. Erich Honecker schrieb an Breshnew und forderte die Einhaltung der ursprünglichen Liefermenge. Ein Moskauer Unterhändler aus dem ZK der KPdSU machte sich auf den Weg nach Berlin und redete Honecker ins internationalistische solidarische Gewissen:

> Die Sowjetunion liegt schon fast an letzter Stelle im Vergleich der Lebensstandards aller sozialistischen Länder. Wir sagen offen, es geht nicht mehr, wir können nicht weiter zurück. Es geht um Euer Volk und unser Volk. Wenn wir den Gürtel noch enger schnallen müssen, könnten wir von unserem Volk gefragt werden: Was ist mit den sozialistischen Bruderländern? Warum muß das sowjetische Volk immer in einer solchen schlechten Lage bleiben? Aber auch das ist nicht entscheidend. Es geht um mehr, es geht um unser aller Sicherheit, und wir sind gezwungen, wenigstens bei dem Minimum zu bleiben. Das betrifft den Lebensstandard der Bevölkerung, aber auch die Bewaffnung unserer Armee.[11]

Müller diagnostizierte einen gesellschaftlichen Zustand, der sein ganzes bisheriges Schreiben zu entwerten drohte:

> … wir (befinden) uns in einer Zeit der Stagnation, wo die Geschichte auf der Stelle tritt, die Geschichte einen mit »Sie« anredet. Es gilt, eine neue Dramaturgie zu entwickeln oder das Stückeschreiben aufzugeben. Vor dieser Alternative stehe ich. Da weiß ich selbst nicht weiter.[12]

> Das ist auch ein Grund, warum ich im Moment eigentlich keinen rechten Sinn darin sehe, in den nächsten zwei Jahren weiter Stücke zu schreiben. *Hamletmaschine* ist ja schon eigentlich kein Stück mehr, beschreibt nur die Unmöglichkeit ein Stück zu schreiben.[13]

Und Müller fragte in diesen Jahren, wie es zu verhindern sei, dass die Welt in die sie vernichtende Geschichtslosigkeit gestoßen werde:

> Wenn wir vom Frieden in Europa reden, reden wir von einem Frieden im Krieg. Krieg auf mindestens drei Kontinenten. […] Hinter der Frage Krieg oder Frieden steht mit der nuklearen Drohung die schrecklichere Frage, ob noch ein andrer Frieden denkbar ist als der Frieden der Ausbeutung und der Korruption. Der Alptraum, daß die Alternative Sozialismus oder Barbarei abgelöst wird durch die Alternative Untergang oder Barbarei.[14]

Das *Fatzer*-Projekt, sein letzter Versuch epischen Theaters nach Brecht, war in Hamburg im Frühjahr 1978 mehr oder weniger wirkungslos uraufgeführt worden. Der »deutsche Stoff«, sein bisheriger dramatischer Lebensstoff, war mit *Fatzer* aufgebraucht und da er aus der DDR-Gegenwart keine Schreib-Impulse mehr gewinnen konnte,[15] wandte er sich wieder einmal der Literatur zu und durchquerte das »Museum der Moderne« (Hans Magnus Enzensberger). Hier fand er den Aus-Weg aus der Arbeitswelt »DDR« in die postmodernen »Ideen-Landschaften« der bürgerlichen Welt. Durch diese fiktiven Landschaften nomadisierte er in den nächsten Jahren.

Das ist im *Auftrag* eingeschrieben und das Motiv »Verrat«, das in der Erzählung *Licht auf dem Galgen* von Anna Seghers eher eine nebensächliche Rolle spielt, wird im Stück zum alles beherrschenden Movens der Handlung: »Es ist wohl so, daß die Verräter eine gute Zeit haben, wenn die Völker in Blut gehen.« (Müller). Der Autor wird dem epischen Theater Brechts abtrünnig und verwirft den zentralen Gegenstand dieses ihn zwei Jahrzehnte lang bedrängenden Theaterentwurfs:

> Der Gegenstand aber, den Brecht mittels Sachlichkeit und Montage im Laboratorium der Bühne vorerprobt, ist die revolutionäre Geburt der künftigen Gesellschaft und Welt in der jetzigen. Das Theater verwandelt sich derart zu einem Politikum, genauer: Brechts Regie erstrebt Leninismus an Situationen und an den Problemen, welche sie aufwerfen. Leninismus in dem Sinn, daß das Theater ein Studio wird für jeweilige »Theorie« an jeweiliger »Praxis«; sein Handlungsspiel wird derart zu einer Vorprobe politischer Haltungen und Theorien an gesetzten und wechselnden Situationen im locus minoris resistentiae der Bühne.[16]

Müller zieht einen vorläufigen Schlussstrich und rechnet mit den zwei sich gegenwärtig bekämpfenden Gesellschaftssystemen ab. Er attestiert ihnen beiden ein substanzielles Versagen seit zweihundert Jahren, seit der Französischen Revolution. Der romantische deutsche Blick von 1800 auf die Französische Revolution liefert den Ausgangspunkt:

> Man kann die Französische Revolution als das größte und merkwürdigste Phänomen der Staatengeschichte betrachten, als fast ein universelles Erdbeben, eine unermeßliche Überschwemmung in der politischen Welt oder als ein Urbild der Revolutionen, als die Revolution schlechthin. Das sind die gewöhnlichen Gesichtspunkte. Man kann sie aber auch betrachten als den Mittelpunkt und den Gipfel des französischen Nationalcharakters, wo alle Paradoxien desselben zusammengedrängt sind; als die furchtbarste Groteske des Zeitalters, wo die tiefsinnigsten Vorurteile und die gewaltsamsten Ahndungen desselben in ein grauses Chaos gemischt, zu einer ungeheuren Tragikomödie der Menschheit so bizarr als möglich verwebt sind. Zur Ausführung dieser historischen Ansichten findet man nur noch einzelne Züge.[17]

Müller hat niemals versucht, und das ist zu bedenken, bevor man sein vorgebliches geschichtsphilosophisches Konzept in der Nachfolge Benjamins ambitioniert debattiert, die gesellschaftlichen Strukturen und historischen Entwicklungen der bürgerlichen und proletarischen

Revolutionen, der antikolonialistischen, nationalrevolutionären Befreiungsbewegungen und der faschistischen und nationalsozialistischen Konterrevolutionen zu erfassen. Er schrieb keine Geschichtsdramen im Sinne des dramatischen Nachgestaltens historischer Prozesse. Geschichtliches war für ihn das Material, in dem er alle Formen der Gewalt, des Verrats vorfand, aus dem er seine Schreckbilder der Selbstzerstörung der menschlichen Gattung komponierte. Mit der Kraft der poetischen Sprache, der befreiend-übertreibenden Groteske, widerstand er jedem Geschichtsfatalismus. Revolution ist ihm kein historiographischer Begriff, der ein konkretes Geschehen definiert, Revolution ist für ihn eine weiträumige Metapher für ein existentielles Geschehen, in dem gewaltsam grundlegende gesellschaftliche Konflikte erbarmungslos über die erleidenden und handelnden Menschen hinweggehend ausgetragen werden, in dem nicht nur Gesellschaften untergehen, sondern auch die Menschheit an Menschlichkeit verliert, weil sie keinen anderen, keinen friedlichen Weg zum beglückenden Weltzustand kennt und gehen kann.

Ein aber nicht zu unterschätzender theaterpraktischer Grund für diese zwei Stücke ist der, dass sich Müllers Hoffnung auf Inszenierungen von *Germania* und *Leben Gundlings* in der DDR vorläufig erledigt hatte und er auch nicht damit rechnete, mit den Stücken in Westdeutschland zu reüssieren. Deshalb schrieb er zwei Theater-Texte, einen mit östlicher Anmutung *Der Auftrag*,[18] einen Text des Abschieds, und einen mit westlicher Anmutung *Quartett*, einen Text der Ankunft in der bürgerlichen Intimität. In *Der Auftrag* und in *Quartett* tritt erstmals auf dem Theater Heiner Müllers der allbekannte Typus des Bourgeois auf, um – und hier ist Müller grundkonservativ – demaskiert zu werden. Beide Texte sind auch Versuche, die Schreibkrise mittels Fingerübungen des dramatischen Handwerks zu bewältigen. Der Bricoleur, versiert im Nachschreiben, Umschreiben, Parodieren, Anverwandeln bekannter Texte und theatralischer Verfahren, gibt sich als Verursacher zu erkennen – nicht mehr die Dialektik des Geschehens, nein, die Intention des Autors gestaltet das Werk. Der Bastler und Sammler zeigt sich in seiner Subjektivität als Schöpfer der aus künstlerischer Secondhandware und historischen Fragmenten, Splittern, Abfällen montierten Werke. Ihre poetische Substanz und ihre theatralischen Intentionen sind unter diesem Vorbehalt zu diskutieren.

Der Auftrag ist das erste von einem in der DDR lebenden Dramatiker geschriebene und in der DDR gespielte Stück, das verschiedenartige Dramaturgien und Präsentationsweisen des bürgerlichen Theaters im zwanzigsten Jahrhundert aufgreift, ohne aber auf eine figurenzentrierte Dramaturgie, die Darstellung sozialen Handelns unter historisch genau bestimmten und beschriebenen gesellschaftlichen Umständen zu verzichten. Diese poetische Unentschiedenheit zwischen der Tendenz der avantgardistischen Dramatik zur Dezentrierung des Subjekts und Müllers Tendenz, die Figuren sozial und historisch deutlich zu bestimmen und dennoch der Modernität zu folgen, wurde von der zeitgenössischen Kritik nicht wahrgenommen. Sie biss sich fest und delektierte sich an dem von Müller ausgebreiteten sprachlichen Überschuss und dem Collageprinzip. »Müller ballt Szenen von drängender Dichte. Eine Collage wieder von scheinbar selbständigen Szenen, langen Monologen, epischen Berichten, doch beziehungsreich, dialektisch »aufgeladen« miteinander verknüpft, sprachgewaltig, voll bestürzender Bilder und Metaphern, die Historisches ins Gegenwärtige transponieren.«[19]

Müller hatte nicht folgenlos Aimé Césaires Lumumba-Stück *Im Kongo* für das Deutsche Theater sprachlich bearbeitet. Die hochgeschraubte, überdrehte, sich fort und fort überstürzende Rhetorik wartete reichlich mit Anleihen aus dem »*Schwarzen Orpheus*« (Janheinz Jahn) auf.

Müller weicht in dem Augenblick vom Ablauf der Erzählung ab, als Anna Seghers das historische Geschehen auf Jamaica zu entfalten beginnt. Jetzt trennt er sich von der Vorlage, bricht er die Kontinuität des Geschehens auf, konnte er doch eigenem Bekunden nach »keinen historischen Stoff sauber abschildern«.[20] Müller blendet den Beginn und Fortgang, die Erfolge und Rückschläge der revolutionären Untergrundarbeit der drei Emissäre der Revolution aus. Der Fortgang der dramatischen Handlung im Gefolge der Erzählung setzt erst in dem Moment wieder ein, in dem der politische Auftrag, die Revolutionierung der schwarzen Bevölkerung gegen die britische Sklavenhalteraristokratie, hinfällig ist, da die jakobinische Revolution in Paris abgewürgt wurde. Die große narrative Lücke zwischen der Ankunft auf Jamaica und der Rücknahme des Auftrags überbrückt Müller mit drei dramaturgisch disparaten, inhaltlich autonomen Textblöcken, in denen er Darstellungsweisen des Surrealen und des Grand Guignol aus den Frühzeiten avantgardistischen Theaters ausprobiert. »Die Heimkehr des verlorenen Sohnes« folgt surrealistischen Erzählmustern und ist entsprechend von freudianischer Traumdeutung aufgeladen, zitiert aber auch schon Elemente des Grand Guignol, dessen Ästhetik die zwei darauffolgenden Theaterspiele der »Weißen Revolution« und der »Schwarzen Revolution« bis hin zum abschließenden Urteilspruch des Schwarzen über den Weißen: »Grabt ihn ein!« beherrschen.[21]

Das Theater des Grand Guignol ist ein Theater, das nahe den Traumerlebnissen seine Spiele exekutiert. »Momente gibt es im Traum, deren Erinnerung wir im Leben nie vergessen können. So wirkt auch das Theater mit seinen Gestalten, Worten, Lauten, Geräuschen und Farben. [...] Die Bühne setzt alles daran, zu erschrecken, sie tut gut daran, das zu beabsichtigen und wir tun gut, das Etwas in uns zu hüten, das uns den Genuß und den Schauder dieses Schreckens noch empfinden läßt.«[22] Nicht mitleidheischende Figuren einer um Realismus bemühten theatralisch abgeschilderten Handlung erleiden den fiktiven Tod, sondern die Darsteller des Grand Guignol zeigen Töten und das Getötetwerden als tägliches, grausiges Lebens-Spiel. Sie zeigen das sonst Verdeckte und Versteckte, holen es ins Licht und delektieren sich im Spiel an vielerlei Arten des Tötens und Getötetwerdens. Das Grand-Guignol lebt wie jede gelungene Farce vom Erschrecken der Zuschauer über die Grausamkeiten menschlichen Handelns und macht sie, durch schamlose Übertreibung und ungehörige Trivialisierung, darüber lachen. Das ist der theatralische Grundvorgang, der im Spiel kenntlich werden muss, um aus der platten Abschilderung, der »ewigen Wiederkehr des Gleichen« (Nietzsche) auszubrechen. Hiervon konnte in der Inszenierung jedoch nicht die Rede sein. Die Szene blieb ungefüg, artistisch überfordert, unfrei in der Darstellung. Die Regie entschied gegen das Grand Guignol und die ihm gemäße Spielweise zugunsten eines abstrakten, psychoanalytisch aufgeladenen und im Stück so nicht fundierten Vorgangs: »Müller erfand eine irreale, phantastische Bilderwelt, um die Bühnenvorgänge nicht als direkte Realitätsabbildung, sondern als peinigenden Selbstverständigungsprozeß des Debuisson zu veranschaulichen.«[23] Er vertrieb die Komik aus dem Text. Die zwei Figuren des »schwarzen« Sasportas und des »weißen« Debuisson wurden psychologisiert und alle anderen Figuren (und ihre Schauspieler) zu Textlieferanten und Stichwortgebern degradiert. Der Text dagegen rief Denkhaltungen auf, ließ Diskursives zu Wort und Gehör kommen, das weit über die handlungsbezogenen Dialoge hinausreichte. Ein lustvoll-bewusstes Zitieren, das Jonglieren mit fremden Sprachen, Begriffen, hohlen Phrasen historisch erledigter und neuer, leerlaufender Revolutionsrhetorik wären im freien Spiel der Schauspieler zu realisieren gewesen. Aber wie das geschehen sollte, das wussten die Beteiligten der Uraufführung noch nicht.

1 Stephan Hermlin: *Äußerungen*, Berlin (Ost)/Weimar 1983, S. 387 ff.

2 »Marx' Gedanke von der Selbstverwirklichung des Menschen wurde zum Rückzug in eine selbstgefällige ›Innerlichkeit‹ benutzt. Natürlich können auch Probleme des menschlichen ›Innenlebens‹ wichtige Aufschlüsse über das Zusammenleben der Menschen geben. In der sozialistischen Weltliteratur gibt es dafür viele Beispiele. Aber der Mensch muß immer als ein gesellschaftliches Wesen erfaßt werden; denn selbst sein individuelles Vermögen entwickelt er als Gemeinwesen. Löst man den Begriff der Selbstverwirklichung aus diesem Gesamtzusammenhang heraus, verkehrt man ihn in ein bürgerlich-anthropologisches Prinzip.«, Werner Mittenzwei: »Aufgabe und Auftrag des Zentralinstituts für Literaturgeschichte«, in: *WB* 5/1970, S. 13 ff.

3 Siehe Kurt Kurt Bartsch: *Kaderakte*, Reinbek bei Hamburg 1979 und *Wadzeck*, Reinbek bei Hamburg 1980; Wolfgang Hilbig: *Unterm Neomond* (Erzählungen von 1968 bis 1980), Frankfurt/M. 1982; Einar Schleef: *Die Bande*, Frankfurt/.M 1982.

4 In § 219 *StGB* der DDR (Fassung vom 28. Juni 1979) wird der Straftatbestand der ungesetzlichen Verbindungsaufnahme definiert: »... wer Schriften, Manuskripte oder andere Materialien, die geeignet sind, den Interessen der DDR zu schaden, unter Umgehung von Rechtsvorschriften an Organisationen, Einrichtungen oder Personen im Ausland übergibt oder übergeben läßt.«, Hans Jürgen Schmitt teilt mit: »Mehr als sechzig Autoren sind mit weit über 100 Titeln zwischen 1971 und 1980 (in der BRD) verlegt worden; hinzu kommt noch ein gutes Dutzend Anthologien.«, in: *Die Literatur der DDR*, a.a.O., S. 27.

5 Hans Koch: »Kunst und realer Sozialismus Zu einigen Fragen der Entwicklung unserer Literatur.«, *ND*, 15./16. April 1978.

6 Vgl. Randell Collins/David Waller: »Der Zusammenbruch von Staaten und die Revolutionen im sowjetischen Block«, in: *Der Zusammenbruch der DDR*, hrsg. v. Hans Joas und Martin Kohli, Frankfurt/M. 1993, S. 302 ff.

7 https://millercenter.org/the-presidency/presidential-speeches/january-23-1980-state-union-address, Stand 27. Februar 2022.

8 Mitgeteilt von Rolf Paasch, in: »Ein respektabler Falke«, in: *taz*, 24. Dezember 1990, S. 6.

9 Die übrigen Forderungen waren ökonomisch und rentenpolitisch so hochgetrieben, dass sie den Zusammenbruch der polnischen Planwirtschaft herbeiführen mussten, was ein Jahr später auch folgerichtig geschah. Die scheinbar ökonomischen Streikforderungen waren politische Forderungen, die das sozialistische System in eine irreparable Krise manövrierte. 1981 musste die PVAP-Regierung ihre internationale Zahlungsunfähigkeit erklären und das Kriegsrecht ausrufen. Die Krise war von der formal noch herrschenden PVAP nur noch zu verwalten, nicht mehr zu überwinden.

10 Eric Hobsbawm: *Das Zeitalter der Extreme*, München 1998, S. 521.

11 Niederschrift des Gesprächs zwischen Erich Honecker und Konstantin Russakow, ZK-Sekretär der KPdSU, am 21. Oktober 1981, in: *Die SED. Geschichte–Organisation–Politik*, a.a.O., S. 752 ff.

12 Heiner Müller im Gespräch mit Wend Kässens und Michael Töteberg (1978), in: *HMW*, Band 10, a.a.O., S. 134.

13 »Von den Mühen der Ebenen oder Wie Autoren in der DDR schreiben und außerhalb«, Ausschnitte aus Gesprächen Oktober 1976 und Frühjahr 1978 zwischen Roland H. Wiegenstein und Heiner Müller. In: *Müller MP3*, a.a.O.

14 Heiner Müller: Diskussionsbeitrag auf der »Berliner Begegnung« vom 13. und 14. Dezember 1981, in: *Berliner Begegnung zur Friedensförderung*, Protokoll, besorgt von der Akademie der Künste der DDR, o. J., S. 43 f.

15 »Es gibt bei uns keine Notwendigkeit, Stücke zu schreiben. Die Theater, so wie sie existieren, das Publikum, so wie es ist können auskommen mit den vorhandenen Stücken. Es gibt kein wirkliches gesellschaftliches Bedürfnis für neue Stücke. Das treibt natürlich Autoren in Subjektivismus, zum Dialog mit sich selbst. Es war für mich selbstverständlich in den fünfziger und sechziger Jahren, Stücke zu schreiben über DDR-Material. Heute überhaupt nicht mehr, ich wüßte nicht worüber, ohne sofort ein unspielbares Stück zu schreiben.«, Heiner Müller: »Ich muß mich verändern, statt mich zu interpretieren«, in: *Gesammelte Irrtümer 2*, a.a.O., S. 24 f.

16 Bloch: »Romane der Wunderlichkeit und montiertes Theater«, in: *Erbschaft dieser Zeit* (1935/1962) Frankfurt/M. 1962, S. 247.

17 Friedrich Schlegel: *Aphorismen (424)*, zit. nach: *Athenäum*. Eine Zeitschrift von August Wilhelm Schlegel und Friedrich Schlegel, hrsg. v. Gerda Heinrich, Leipzig 1984, S. 145.

18 Unbekannt war der Gegenstand nicht, die Seghers-Erzählung war gerade erst einem gleichnamigen Spielfilm der DEFA zum Opfer gefallen. Der Film aus dem Jahre 1976 (Regie und Drehbuch: Helmut Nitzschke) litt unter der DEFA-eigenen Kameraführung und dem Versuch, das einzigartige, sprunghaft elliptische Schreiben von Anna Seghers im Filmschnitt zu bewahren, was das auf unmittelbares emotionales Angesprochensein hin erzogene Filmpublikum abschreckte. Der Film fotografierte kubanische Landschaften und deutsche Schauspieler im historischen Kostüm ab und war zudem noch mit einem völlig überforderten Darsteller des Debuisson geschlagen. Müller konnte hier genau sehen, wie Gehalt und Gestalt der Erzählung in einem anderen Medium nicht beizukommen war.

19 Martin Linzer: »Der Auftrag bleibt gültig«, *TdZ* 1/1981, S. 34 f.

20 Heiner Müller: »Geschichte und Drama«, in: *Basis* Jahrbuch für deutsche Gegenwartsliteratur, Band 6, hrsg. v. Reinhold Grimm und Jost Hermand, Frankfurt/.M. 1976, S. 48 ff.

21 Siehe *Grand Guignol. Das Vergnügen, tausend Tode zu sterben*, hrsg. v. Karin Kersten und Caroline Neubaur, Berlin (West) 1976.

22 Robert Walser: »Das Theater, ein Traum« (1907), in: Robert Walser: *Bedenkliche Geschichten*, Zürich und Frankfurt/M. 1985, S. 7 ff.

23 Kranz: a.a.O.

Der Auftrag

Regie: Ginka Tscholakowa[1] und Heiner Müller; Bühnenbild/Kostüme: Hans-Joachim Schlieker.
Mit: Klaus Michael Aust, Margit Bendokat, Hermann Beyer, Jürgen Holtz, Dieter Montag, Harald Warmbrunn und Iris Denise Hupfeld, Karl-Heinz Janowski.

Bauprobe: 18. August 1980. Probenbeginn: 23. August 1980. UA im Theater im 3. Stock (40 Zuschauerplätze): 13. November 1980.

> *Müllers Vorstellungen von Theater und dem Umgang mit Texten kamen mit den Erfahrungen der Schauspieler am Anfang überhaupt nicht zusammen. Es hagelte Missverständnisse, es waren zwei ganz verschiedene Sprachen. Müllers Wunsch war es, dass man nicht interpretiert, dass man den Text in Frieden lässt.*[2]

Die Inszenierung wurde belastet durch den schwer erklärlichen Entschluss, die Figur des Debuisson mehrfach zu brechen und zwar dadurch, daß der gleiche Schauspieler auch den »Antoine« und den »Mann im Fahrstuhl« spielte.[3] Die Dramaturgin Lily Leder rationalisierte die Figur, indem sie eine durchgehende Handlung der konzeptionell behaupteten, aber ungeschriebenen Figur Debuisson/Antoine erfand:

> Eine Figur, mehrmals gebrochen, Debuisson, der in der Figur des Antoine den gescheiterten Revolutionär zeigt und sich selbst dann in einer reflektiven Rückblende als revolutionärer Akteur erlebt, seine Sache dann verrät, um dann als irgendein Mensch von heute an einem nicht näher definierten Auftrag scheitert und sich in einem utopischen Bereich von Landschaften verliert, um sich neu zu begegnen.[4]

Diese im Stücktext nicht vorgesehene Neustrukturierung der Erzählung des revolutionären Auftrags und seiner Rücknahme bestimmte die Spielweise und den Inszenierungsgestus nachhaltig:

> Im schwarz verhängten – über dem leeren düsteren Raum ein weißes Bündel glänzender Seide – kleinen Saal des Theaters im 3. Stock, saßen die Zuschauer, nur vierzig, auf einer Tribüne an der Schmalseite des Raumes zwischen zwei senkrecht stehenden

Särgen, in denen zu Beginn Galloudec mit weißer, Sasportas mit schwarzer Maske aufgebahrt waren – gegenüber von Großfotos der beiden Darsteller Hermann Beyer und Dieter Montag. Sie gehen langsam zu ihren Spiegelbildern, davor sich bewegende Glasscheiben – ein irisierendes Spiegelkabinett unterlegt mit Musik aus Schuberts »Winterreise«. Klaus Michael Aust [kein Schauspieler; ThW], der »Mann, der die Pässe zerreißt«, eine Art Geheimdienstbeamter verliest den Brief von Galloudec an Antoine. Danach zerreißt er die zwei Pässe der beiden Toten und verwahrt den Pass vom überlebenden Debuisson am sicheren Ort. Hereinfährt das winzige Zimmer Antoines, dem Zuschauer dicht vor die Nase; von hinten kriecht der Matrose (Harald Warmbrunn) mit letzter Kraft heran, mit dem Brief, den Antoine nicht annehmen will. Ritualistisch gießt Antoine Rotwein auf seinen Kopf, während seine Frau ein Stück Brot kaut; erst durch diese Mischung von Kommunion und Taufe beginnt er sein Leben und seine durch den Wein-Blut-Streifen symbolisierte Verwandtschaft mit den »instinktiven« Revolutionären (Sasportas und Galloudec) zu »sehen« (mystische direkte Erkenntnis). Antoine, der zu den Toten heraufgestiegen ist, wird von ihnen umgekleidet zur Debuisson-Figur. Den Toten entronnen, wird Debuisson in die Stoffhöhle, Mutterleib und Schönheit der Welt, gesaugt, die sich wie ein Schlund strahlend aus dem Theaterhimmel öffnet. So zwingen das Theater oder sein Traum die Figur Antoine dazu, in die Figur des Debuisson hineinzutauchen, in den clownesken weißen Weltenbummler, gegen den er sich nun nicht mehr wehren kann. Dieser Vorgang wird evoziert, kommentiert und dirigiert vom »Engel der Verzweiflung«. In den folgenden Szenen steigert sich die Inszenierung weiter in alptraumhafte Bilder, die den zögernd gesprochenen, wie aus dem Unterbewußtsein heraufgeholten Text veranschaulichten: Auf einem großen Sessel sitzt eine Sklavin, auf ihrem Schoß »Erste Liebe«. Über beiden ein großes Tuch, das zu Beginn der Szene von dem hinter dem Sessel stehenden »Henker« weggezogen wird. Denkmalsenthüllung. Während des Monologs, in dem sie alle Altersstufen darstellt, durchspielt sie eine Art von Liebeshandlung zwischen den beiden Frauen, auch Mißhandlungen der Sklavin durch »Erste Liebe«. Alles wird für/gegen Debuisson gespielt, der in einem anderen Sessel gegenüber gefesselt und geknebelt sitzt/kniet. Das große Revolutionsdrama [*Dantons Tod*; ThW] wird zu einem lächerlichen Clownsstück, zu einer Art Satyrspiel zerhackt, indem die beiden Figuren Galloudec und Sasportas mit überdimensionierten, zusätzlich verkehrt herum aufgesetzten Totenköpfen, so daß die Spieler mit den Rücken zum Publikum als »Robespierre« und »Danton« agieren müssen, sich wechselseitig die Köpfe abschlagen und rüde beschimpfen, bis Sasportas die »schwarze Revolution« ausruft und den »weißen« Debuisson schließlich dem Henker übergibt.[5]

Nach der Pause folgt völlig voraussetzungslos und im Gegensatz zu den vorhergehenden Szenen der Monolog eines Mannes im Fahrstuhl – vom Schauspieler Jürgen Holtz im Dunkeln verborgen als »Hörspiel« mit beklemmender Intensität gesprochen. Die letzte große Szene, die Rücknahme des Auftrags, wird auf der nun leeren schwarzen Bühne gespielt. Zu Beginn hört Debuisson eine Komposition von Brahms von einem Kassettenrecorder ab. Am rechten Rand steht ein altertümliches TV-Gerät eingeschaltet, aber ohne Bild und mit einem leichten Brummton. Debusisson befreit sich von seinem Auftrag. Er redet sich heraus, in Klage und Selbstanklage, Anmaßung und Verzweiflung – und während er redet, reinigt Galloudec stumm seinen Revolver, hält Sasportas das Messer bereit.[6] Wild schreit Debuisson seine Qual heraus, rennt bis zur Erschöpfung gegen die Wände, gerät schließlich in einen ekstatischen, taumligen Tanz, zu dem die Sterbearie der »Manon« aus Puccinis *Manon Lescaut,* gesungen von Maria Callas, erklingt.

Müller verkehrt das freudianische Therapie-Prinzip: »Wo ›Es‹ ist, soll ›Ich‹ werden« ins Gegenteil: »Wo ›Ich‹ war, wird ›Es‹ sein.« Die Debuisson/Antoine-Figur regrediert: »Er schlug die Augen auf ... Debuisson griff nach der letzten Erinnerung, die ihn noch nicht verlassen hatte ... dann warf der Verrat sich auf ihn wie ein Himmel, das Glück der Schamlippen ein Morgenrot.«

Das »Es« triumphiert über das »Ich« und vernichtet das »Über-Ich«. Ob das befreiend oder zerstörend begriffen werden soll, ist Auslegungssache des Zuschauers, aber letztlich ziemlich egal, denn Müller senkt seine Figur hier tief ins unüberprüfbare psychoanalytische Konstrukt ein. Für die Dramaturgie der fingierten Geschichte wie für das Verständnis realer Revolutionsgeschichte ist dieser Vorgang eine unerhebliche Wendung. Die Figur ist nicht mehr interessant. Aber in der Inszenierung setzte sich der Darsteller Jürgen Holtz durch, der natürlich seine Rolle, Zentrum der Inszenierung, mit allen Mitteln bis zum letzten Atemzug behauptete. Nachdem seine Figur sich dem

Verrat ergeben hat, setzte sich der Darsteller dem Publikum gegenüber auf einen Stuhl und wartete stumm die Publikumsreaktion ab und wich nicht von der Szene, bis er, Holtz, durch Applaus aus dem Spiel entlassen wurde. Den Hintergrund der Rollengestaltung erklärte Jürgen Holtz so:

> Ich las es und hatte das deutliche Gefühl, dahin geht wirklich meine Rolle: es ist mein Abschied, das Ende. Die Revolution ist zu Ende. Nichts mehr. Ich hatte ja schon im Westen gearbeitet als DDR-Mensch. Ich dachte, ich würde das Leben dort kennen. Ich war 1978 in Hamburg, mit Müller, Karge und Langhoff. Da habe ich mir noch große Sputzen gemacht über das, was da alles möglich ist, weil ich Gast war und konnte überall rein mit meinem Pass, und ohne zu bezahlen, das war sehr privilegiert. Es war auch eine schwierige Situation, die ich, was zu Hause anlangte, nicht wahrnehmen wollte, aber im Öffentlichen schon wahrnahm, weil ich mitunter explodierte über die Verhältnisse in der DDR. Man kaufte Bücher und dann sollte man sie sich selber einwickeln. Ich hab da Zoff gemacht in der Karl-Liebknecht-Straße. Und dann haben sich die Leute in der Schlange an der Kasse über mich aufgeregt: »Sie sind wohl aus dem Westen.« Da dachte ich, ach so, ja richtig, oh Gott! Bin ich? Bin ich nicht? Bin ich auf Urlaub? Aber wo? Ich sah plötzlich viele Dinge mit völlig anderen Augen, versorgte meine Familie mit Westwaren aller Art und hab die Künstler-Agentur beschissen. Ich war plötzlich so was ähnliches wie ein freier Mensch.[7]

Holtz nutzte die Freiheit des Spiels und nahm sich die Freiheit, in die (Ost-)Berliner Wirklichkeit aus- und einzubrechen: »Im dritten Stockwerk der Ost-Berliner Volksbühne am Rosa-Luxemburg-Platz reißt einer das Fenster auf und schreit in die Nacht hinaus: ›Revolution macht müde!‹[8] Vielleicht hört ihn jemand tief unten auf der Straße und tippt sich an den Kopf. Aber wahrscheinlich verhallt die Botschaft einfach so ›Im Schlaf der Völker stehen die Generäle auf und zerbrechen das Joch der Freiheit, das so schwer zu tragen ist‹.«[9]

Dieser Schrei von Holtz in den Prenzlauer Berg hinein, das Öffnen des Spielraums hin in den Gesellschaftsraum, die kurzzeitige Synchronisierung der Spielzeit mit der realen Zeit ist der zentrale Moment der Aufführung. In das fremde und längst vergangene Geschehen drang die aktuelle Alltäglichkeit ein. Das Theater wurde jetzt zum Sinnbild der Realität des Tages. In dieser Realität konnte der Zuschauer nicht mehr der Frage ausweichen, ob die täglich Ausreisenden Verräter sind oder ob diese einer Sache fliehen, die längst, auch durch ihr murrendes Mitmachen, verraten wurde, und ob sie, die noch ausharren, die wirklichen Verräter der »dritten Sache« sind?[10]

Ähnlich bestürzend-aktuell sollte auch der oft gerühmte Monolog des »Mannes im Fahrstuhl« wirken. Ein aus seinem Schacht ausbrechender Fahrstuhl, unverkennbar ist das der verrückt spielende Paternoster in der SED-Parteizentrale am Werderschen Markt in Berlin, entführt einen dort tätigen ZK-Funktionär aus dem Gebäude und entlässt ihn auf eine peruanische Hochebene. Hier wird er – gleich Poes Helden »Gordon Pym«[11] – sein bisheriges »Ich« nicht mehr achtend, einem Unbekannten, ungewiss ob Gott oder Tod oder beiden, entgegentreten. Unmittelbar vor der Begegnung brechen der Report des Mannes aus dem Fahrstuhl wie auch die Tagebucheintragungen Pyms ab.

Der lektüregesättigte, kunstgenährte, surreal ausgestattete perfekt geschriebene Text Müllers bleibt aber der Traum eines offenbar wohlfunktionierenden ZK-Mitarbeiters, eines Mannes, über den der Zuschauer nichts weiß, und auch nichts weiter erfahren wird, außer dem, was dem Mann momentan widerfährt, weshalb sich der Zuschauer fragt, warum er sich für den Mann und seinen Befreiungs- und Ferntraum interessieren soll. Der Mann im Fahrstuhl ist ihm fremd, mag er träumen, was er will. Es bleibt ein künstliches Traumprotokoll, da der Traum einer Figur zugesprochen wird, die uninteressant ist, da sie in Charakter und Temperament dem Zuschauer verschlossen bleibt. Der poetische Aufwand ist am mediokren Sujet verschwendet.[12]

Wolfgang Hilbigs Text *Der Heizer*[13] ist ein Gegentext zu Müllers *Der Mann im Fahrstuhl,* ist der alltäglich-reale Albtraum totaler geistiger und körperlicher Erschöpfung nach einer Nachtschicht und einer zermürbende Auseinandersetzung um eine Prämienzahlung. Die ausgepowerte Person, Heizer in einem heruntergekommenen mehr oder weniger schon aufgegebenen Betriebsteil eines Großbetriebs, erlebt die Nacht und den Morgen zwischen Delirium, Wachtraum und komaähnlichen Schlaf pendelnd, zwischen Vorstellung und Wirklichkeit, ausgeliefert den Widrigkeiten der stumpfsinnigen Arbeit und den Zumutungen seiner Vorgesetzten. Alles ist real, nichts geträumt, der Aberwitz der Realität ist der wahre Alb-Traum. Dem Leser gruselt und er fürchtet um den Heizer, ob er die Kraft findet, dem alltäglichen Mahlwerk zu entfliehen.

Der Text *Der Auftrag* muss aber auch jenseits aller revolutionstheoretischen Erwägungen und theaterästhetischen Erörterungen unter einem völlig anderen Aspekt gelesen werden.[14] Der Text diente vordringlich als Spiel-Vorlage, als Libretto für den ersten inszenatorischen Selbstversuch Müllers. Die ausgewählte Besetzung lässt darauf schließen. Die Galloudec-Figur, eine maulfaule Nebenfigur, wird Hermann Beyer als Gast angetragen. Mit Margit Bendokat und Jürgen Holtz werden zwei weitere Gäste engagiert. So wird die Inszenierung zu einer exklusiven Familienunternehmung der Ehepaare Müller und Holtz mit den zwei »Trauzeugen« Montag und Beyer und dem »Standesbeamten« Schlieker unter dem Dach der Volksbühne.

> Ich sehe da eine Möglichkeit: das Theater für ganz kleine Gruppen (für Massen existiert es ja schon lange nicht mehr) zu benutzen, um Phantasiefreiräume zu produzieren. Freiräume für Phantasie – gegen diesen Imperialismus der Besetzung von Phantasie und der Abtötung von Phantasie durch die vorfabrizierten Klischees und Standards der Medien. Ich meine, das ist eine primär politische Aufgabe, auch wenn die Inhalte überhaupt nichts mit politischen Gegebenheiten zu tun haben.[15]

Müller sehnte sich nach der Theaterfamilie à la Molière und phantasiert Einigkeit herbei, »es war ein Team, wo es relativ wenig Spannung gab, wo die Leute einander mögen«, wobei er geflissentlich die radikale Spannung zwischen Holtz und Beyer und Montag, den »Krieg zwischen Holtz und den anderen« (Hans-Joachim Schlieker) verdrängte:

> Theater ist eine Lebensform und eigentlich sollte man Theater machen nur mit Leuten, mit denen man auch lebt. Das ist das Problem. Ich meine nicht nur eine Lebensform für eine gewisse Zeit. Großes Theater ist immer nur entstanden mit Leuten, die wirklich zusammengelebt haben, Stücke zusammen gearbeitet haben (Shakespeare, Molière). Ich habe sogar einmal behauptet: Die Funktion von Kunst ist es, die Wirklichkeit unmöglich zu machen. Das auszuprobieren reizt mich ja gerade beim Theater… die vielen Möglichkeiten der Ausdrucksformen für gewisse Vorgänge usw.[16]

Lily Leder sprach Heiner Müller darauf an, sie habe während der Proben beobachtet dass er Lust gehabt habe, »etwas kaputt zu machen, sei es Klischee-Vorstellungen von uns über Ausdrucksformen für Dein Textmaterial, oder eine zu ›alltägliche‹ Betrachtungsweise gewisser Problemkreise in diesem Stück. Ich denke da z.B. an die Rolle des ›Verrats‹.« Müller bestätigte das: »Ja, zeitweise hatte ich das Gefühl bei dieser Probenarbeit Zeit zu haben für solche Versuche, wieder etwas zu erforschen, nicht in einem Theater zu sein, um ein Produkt abliefern zu müssen wie auf einem Markt. Aber ich weiß auch nicht, wie man mit der heutigen Institution Theater einen Spielraum, Freiraum für solche Forschungen schaffen kann.«[17] Müller rührte hier an ein zentrales Problem sozialistischen Theaters, das wiederum nur ein kleines Teilproblem auf der Suche nach einer sozialistischen Gesellschaft darstellt:

> Gerade die sozialistische Bewegung muß solche immer mehr Menschen erfassenden Gemeinschaften entwickeln, in denen die Bedürfnisse umstrukturiert werden. [...] Nur eine solche Bewegung kann den Dualismus von Erzieher und zu Erziehenden, Elite und Masse, Theorie und Praxis – Dualismen, die alle in der kapitalistischen Gesellschaft entstanden sind – überwinden. [...] Die Theorie würde aus der Alltagspraxis hervorgehen, was natürlich nicht heißt, daß die Theorie nicht die sie hervorbringende Praxis korrigieren oder kontrollieren sollte. Es wäre jedoch nicht so, daß die Theorie die Praxis steuert, sondern die Praxis einer bestimmten Gemeinschaft würde sich in der Theorie niederschlagen, und diese Theorie würde zur Veränderung und Entwicklung anderer Gemeinschaften und ihrer Theorien beitragen.[18]

Das war ein aktueller marxistischer Entwurf jener Tage, Möglichkeiten und Notwendigkeiten neuer Formen des gemeinschaftlichen Produzierens zu wagen, eine Assoziation der Produzenten auch und besonders im Theater. In einzelnen Inszenierungen gelang das, in umfassenderen und längerfristigen theatralischen Zusammenschlüssen scheiterte der Versuch und der Auftrag bestand fort.

Hermann Beyer, Michael Gwisdek und Dieter Montag im Gespräch

Wieck: Wie war das mit *Auftrag*? Es war ja das erste Mal, dass Müller selber inszenierte. Und dazu kam: Es war der Abend von Holtz.

Beyer: Naja, der war ja überbesetzt. (Lachen) Aber im Nachhinein: Er war gut.

Wieck: Das ist unbestritten. Aber wie habt ihr euch dabei empfunden? Wusstet ihr, jetzt gehen wir ein Risiko ein? Jetzt helfen wir dem Müller. Oder mit dem Müller wird uns geholfen. Denn das Mitmachen muss doch auf einer relativ hohen Basis der Selbstverleugnung stattgefunden haben.

Beyer: Das war widersprüchlich. Holtz war ... es war zu viel. Den »Antoine«, den Fahrstuhl-Monolog und »Debuisson«! – Und ich habe mit diesen Köpfen nichts anfangen können, die uns Schlieker da verpasst hat. Ich habe mich dreingegeben. Habe mir dann hier und dort ein Band drum gemacht, um das Bein, um den Arm ... Das hat Heiner alles zugelassen. Es war mir zu wenig. Aber Dieter und ich haben uns immer verständigt, gegen Holtz.

Montag: Heiner hat nicht inszeniert, sondern Geschichten erzählt. Parabeln, um zu zeigen, wo der Weg sein soll zu der Figur. Er hat nie gesagt, macht das jetzt mal so oder so, sondern er hat irgendwas erzählt, was ihm eingefallen ist oder was er erlebt hat ... Damit du die Richtung weißt. Es war viel begreifbarer, als wenn er gesagt hätte, mach das jetzt mal so oder heb die Hand oder so was.

Beyer: Es ist ganz dilettantisch von mir, was ich dabei mit mir erlebt habe. Ich habe mich mal so reingesteigert in einen Text von Holtz ... den Schlussmonolog »Debuissons«, dass ich, was ich sonst gar nicht kann, selber geheult habe. In diesem Gemisch aus Wut und ... Aber das hatte was mit dem zu tun, der jetzt in die schöneren Welten geht, der nicht glücklich werden konnte. Um Müllers Texte spielen zu können, braucht man – wie nah man dran ist oder wie kommentiert man das macht – alles, was man zur Verfügung hat. Und man wird durch die Texte nicht reduziert als Schauspieler, sondern das Gegenteil stimmt: Wenn man sich reduziert fühlt, ist man nicht auf der Höhe dieser Texte.

Montag: Ich meine, dass Heiners Stücke – die sind ja oft ganz dünn – so Gerippe sind. Und du als Schauspieler musst das Fleisch ... du musst die Figur bauen. Das hat eben Spaß gemacht bei Heiner. Auch weil er nicht didaktisch war. Bei »Sasportas« ging es nicht nur um die Person, sondern um den Weltschmerz, die Neger und die Sklaverei überhaupt.[19] Wir haben uns schrittweise angenähert, ganz zart und ganz zaghaft. Das war eine Arbeitsweise, in der ich Freiraum besaß. Ich fühlte mich in keiner Weise eingeengt. Spiel mal einen schwarzen Sklaven. Wir haben es über Körperlichkeit hingekriegt, über die Langsamkeit, die in dem Text lag. Mit Hermann war es wunderbar, weil der ja in seiner Herangehensweise ähnlich ist. Hermann als Galloudec ist der Text aus dem Mund gefallen. Es passierte und er reflektierte nicht darüber.

Ziemer: Und die Probebühne 3. Stock war ein geschützter Raum, gut für eine erste Regiearbeit.

Beyer: Na klar. Einerseits war er, glaube ich, sauer, dass er nicht die große Bühne gekriegt hat. Andererseits auch erst mal froh, könnte ich mir denken. – Wir beide, Dieter und ich, waren letzten Endes ganz gut. Weil wir es auch nicht einfach belassen haben. Wir haben jede Vorstellung ernstgenommen. Wie es bei *Schlacht* schon war. Selbst Micha, dieser alte Affenclown, hat ja in der *Schlacht* mit größter Präzision gespielt.

Gwisdek: Also ich glaube, wenn wir heute sagen im Nachhinein ... also der Unterschied zwischen unserer Zeit, der alten Zeit, der heutigen Zeit ... Wir haben damals politisches Theater gemacht; wir haben uns so verstanden, dass wir politisches Theater machen. Heute ist das mehr Kommerz oder was weiß ich ... Wenn wir das auf so einen Nenner bringen. Und ich glaube aber ... das sind meine Erfahrungen ..., dass wir nicht so bewusst politisches Theater gemacht haben im Sinne von ..., dass wir uns wie 'ne verschworene Gemeinde hingesetzt haben und gesagt haben, wir legen hier jetzt mal 'ne Bombe!

Also wenn du die Leute, mit denen ich so ... Gosch, zum Beispiel, gar nicht ... »Die vom ZK, die Blinden, wenn die kommen« ... Da sagte – Gosch: »Du, das sind Blinde, das ist nicht das ZK!«

Beyer: Es kommt noch was dazu: Wir hatten das Gefühl, dass wir in diesem Zwei-Fronten-Krieg leben ... also einerseits für den Sozialismus sein und andererseits gegen die Leute, die es machten ... So habe ich mich relativ lange Jahre begriffen.

Wieck: Holtz hat mir erzählt, er hätte diese Figur, die ganze Aufführung begriffen als einen Abschied. Nicht ein Auftrag für etwas Zukünftiges, sondern der Abschied vom Auftrag.

Beyer/Montag: Ja, das ist es ja auch.

Wieck: Woraus resultierte eure Animosität gegenüber Holtz? War es nicht auch eine Generationenfrage?

Beyer: Ich habe ihn ja erlebt und war ein großer Verehrer. Ich habe ihn am Deutschen Theater in der Heinz-Inszenierung von Gorkis *Die Feinde* [20] erlebt, in der er den Kontoristen Pologij spielte. Grandios. Aber die Leute sagten: Ja, aber er hätte das gegen die Regie so gemacht! Da muss man aber erst mal einen Heinz haben, der das durchgehen lässt! Mit so einer völlig anderen, auffällig anderen Art und Weise zu spielen.

Montag: Es ist ähnlich wie 'ne Hassliebe. Einerseits mag ich's nicht, wenn Schauspieler sich so vor sich hertragen. Also ich bin der und der und ich mach jetzt das und das! Das mag ich eigentlich nicht. Das fängt schon beim Einstieg in die Figur an. Aber was er dann macht, ist natürlich gut. Das ist ohne Frage. –

Beyer: (lacht) Eine Wand! – Bei *Bau* kriegte ich von Fritz immer Feuer ... Ich musste auf »Belfert«, den Betriebsleiter losgehen ... Ich hatte keinen Text. Holtz hatte Text, ging rückwärts. Und ich kriegte immer ab von Fritz, dass da irgendwas falsch ist. Da hab ich zu Fritz gesagt: »Ich müsste den mal erschrecken, damit da was rüberkommt.« – Ich besorgte mir Stelzen. Und Fritz sagte: »Dann musst du aber beim nächsten Auftritt als Zwerg rauskommen.« Aber es hat sich nichts geändert! Und obwohl die Stelzen nur für die Probe gedacht waren, wurden sie rot angestrichen und ich ging plötzlich auf Stelzen und musste auf der anderen Bühnenseite auf den Knien wieder rauskommen.

Montag: Ich hab es nie verstanden!

Beyer: Ich dachte, ich schaffe es, dass Holtz eine persönliche Regung zeigt. Es hat nicht stattgefunden.

Montag: Eine menschliche Regung! (Lachen)

Beyer: Und das ist die Schwierigkeit mit dem Holtz. Man muss ihn einfach so nehmen, wie er ist. Und das ist ja über Strecken genial.

Montag: Du darfst keine Bewertung abgeben über Holtz oder seine Manierismen. Dann steigert man sich rein, so wie du. Du kannst ja nicht immer auf Stelzen laufen. Geht ja nicht. (Lachen) Man muss das akzeptieren. Ist ja grandios manchmal, überhaupt keine Frage. Aber wenn man darüber nachdenkt als Schauspieler ... Ensemble oder irgendwie 'ne Truppe ... Das existiert nicht für Jürgen.

Beyer: Das war das Problem. Ich meine, Zusammenspiel ist ja sowieso 'ne schwierige Sache auf dem Theater.[21] Mit der zeitgleichen Rezeption des Textes *Der Auftrag* begann in Ost und West [22] die systemübergreifende Wirkungsgeschichte Müllers. Müller stieg zum bekanntesten Theaterautor ohne Publikum und folgerichtig zum Star im postmodernen Theater auf und sein Werk wurde zum oft genutzten Anlass »bodenloser Interpretationen« (Müller). Genia Schulz gestand sieben Jahre später resigniert ein: »Er stört nicht mehr. Er gehört uns allen. Wir können irgendetwas mit ihm machen. Er ist bei allem dabei. Er segnet alles ab. Es funktioniert prächtig, diese Müllermaschine.«[23] Auch im Osten müllerte es gewaltig. Hier wurde er gar zu »unserem Heiner«.[24]

1 Ginka Tscholakowas Anteil an den zwei Inszenierungen Heiner Müllers, *Auftrag* und *Macbeth*, ist schwer einzuschätzen. In den Probenprozessen war sie nach Aussagen der Schauspieler eher unauffällig. Die konzeptionellen psychoanalytischen Anleihen vor allem in *Auftrag* dürfte sie angeregt haben. Eine Co-Regie hat zumindest nicht stattgefunden, eine beschreibende und beratende Regiemitarbeit wohl durchaus.

2 Hans-Joachim Schlieker, in: Stephan Suschke: *Müller macht Theater*, Berlin 2003, S. 29.

3 Vgl. Lily Leder: *»Der Auftrag« Volksbühne Berlin 1980*, Inszenierungsdokumentation AdK Berlin, Archiv DK, ID 344, S. 28.

4 Ebd.

5 Aus folgenden Texten wird zitiert: Kranz: a.a.O.; Leder: a.a.O.; Linzer: a.a.O.; Hans-Joachim Schlieker: »Zur Inszenierung »Der Auftrag/Erinnerung an eine Revolution«, Heiner Müller 1980, Volksbühne Theater im dritten Stock«, in: *ARGO 2*, Düsseldorf 1989, S. 72; Suschke: a.a.O., Andrzej Wirth: »Erinnerung an eine Revolution: sadomasochistisch«, in: *TH* 2/1981, S. 8.

6 Die Handlung rekurriert auf einen Text von Frantz Fanon: »Der Kolonisierte weiß das alles, wenn er in den Worten der anderen als Tier auftritt. Denn er weiß, daß er kein Tier ist. Und genau zur selben Zeit, da er seine Menschlichkeit entdeckt, beginnt er seine Waffen zu reinigen, um diese Menschlichkeit triumphieren zu lassen.«, Frantz Fanon: »Von der Gewalt«, in: *Kursbuch 2* August 1965, S. 7.

7 Gespräch mit Jürgen Holtz, a.a.O.

8 Bei Aimé Cesaire (*Im Kongo*) heißt es: »Die Unabhängigkeit macht uns müde.«

9 Sibylle Wirsing, in: *FAZ*, 18. November 1980.

10 Frank Castorfs Inszenierung in Anklam 1982 benutzte diese Drinnen/Draußen-Situation sehr konsequent. Ständig wird der jamaikanische Vorgang mit Nachrichten unmittelbarer Gegenwärtigkeit durchschossen, denn die in den Hof des Theaters führende Tür der Probebühne wurde als Auftritt und Abgang

ständig gebraucht, geöffnet, geschlossen, offen stehen gelassen usw. Die Spieler kamen und gingen aus einer Zeit in die andere, wanderten durch zwei Zeiten. Diese grundsätzliche Spielregel hatte Folgen für die Textfassung. Die Hermetik und die überfrachtete Komplexität des Textes wurden verständnisförderlich maßvoll reduziert. Der kollektive Prozess des historischen Erinnerns vom Heute aus bestimmte den Gestus der Aufführung. Diese Inszenierung war eine der seltenen, viel zu wenigen kritischen Auseinandersetzungen mit einem Text und einer Inszenierung Heiner Müllers.

11 »So habe ich mit zwölf, dreizehn Erzählungen von Edgar Allan Poe gelesen. Auch ›Die Abenteuer Gordon Pyms‹ standen im Regal, doch das hatte mein Vater weggenommen wegen der Kannibalismus-Szene. Deswegen habe ich es natürlich mit besonderem Eifer gelesen. Es war ein unvergeßlicher Eindruck, besonders der abgebrochene Schluß mit der Gestalt aus Schnee.«, Heiner Müller: *KoS*, S. 32. Vgl. Lily Leder: a.a.O., S. 22.

12 *Lehrerin:* »Ist die Sache mit dem Fahrstuhl ein eigener Traum von Ihnen?« *Heiner Müller*: »Ja, ja. Es ist ein richtiger Traum.« Aber wer ihn geträumt hat, beantwortete Müller nicht. *Diskussion mit Heiner Müller zu Macbeth und Der Auftrag*. Pädagogenseminar an der VB, 25. Februar 1983.

13 Wolfgang Hilbig: *Der Heizer*, in: *Unterm Neomond*, Frankurt/M. 1982. Natürlich spukt auch hier Kafka durch den Text, aber als literarische Bestätigung eigener Lebenserfahrung, nicht als Schreibvorschrift.

14 Heiner Müller gibt einige sehr genaue Auskünfte über sein Verständnis des Textes in einem Gespräch (1981) mit Monika Bellan, in: *HMW*, Band 10, a.a.O., S. 168 ff.

15 Heiner Müller: »Mich interessiert der Fall Althusser ...« (1981), in: *Heiner Müller Material*, a.a.O., S. 28.

16 Gespräch zwischen Lily Leder und Heiner Müller Februar 1981. In: Lily Leder: a.a.O., S. 27.

17 Ebd.

18 Agnes Heller: »Theorie und Praxis: ihr Verhältnis zu den menschlichen Bedürfnissen«, in: Georg Lukács u. a.: *Individuum und Praxis*, Frankfurt/M. 1975, S. 28 ff. Rudolf Bahro wird 1977 in *Die Alternative* ähnliche Gedanken verfolgen.

19 Sartre gab den Ton vor: »Dieser neue Mensch beginnt sein Menschenleben mit dem Ende, er hält sich für einen potentiellen Toten. Er wird getötet werden. Das heißt nicht nur, daß er das Risiko auf sich nimmt, sondern daß er dessen gewiß ist. Er hat so viele sterben sehen, daß er eher siegen will als überleben. Andere werden von seinem Sieg profitieren, nicht er, er ist zu müde. Aber diese Müdigkeit des Herzens ist der Grund für seinen unglaublichen Mut. Wir finden unsere Menschlichkeit diesseits von Tod und Verzweiflung, er findet sich jenseits von Folter und Tod. Wir haben den Wind gesät. Er ist der Sturm. Ein Sohn der Gewalt, schöpft er aus ihr in jedem Augenblick seine Menschlichkeit: wir waren Menschen auf seine Kosten, jetzt macht er sich auf unsere Kosten zum Menschen. Zu einem neuen Menschen – von besserer Qualität.« Jean-Paul Sartre: »Es ist noch nicht lange her...«, Vorwort zu Frantz Fanon: *»Die Verdammten dieser Erde«*, zit. nach: *Französische Essays der Gegenwart*, Berlin (Ost) 1985, S. 52.

20 Premiere am 2. Oktober 1967 im DT.

21 Zum Zeitpunkt des Gesprächs lebte und arbeitete Jürgen Holtz noch. Der große Schauspieler starb am 21. Juni 2020.

22 Die westdeutsche Erstaufführung war am 16. Mai 1981 in Frankfurt a.M., an den Kammerspielen in der Inszenierung von Wilfried Minks. In der DDR folgten unmittelbar auf die Uraufführung zwei Inszenierungen in Karl-Marx-Stadt und in Anklam, ebenfalls auf möglichst kleinen Spielflächen vor möglichst wenigen Zuschauern. 1980 wurden zwei Hörspielversionen des Stückes produziert und gesendet: Am 8. Januar 1981 vom BR, SR und WDR sowie im Rundfunk der DDR, Berliner Rundfunk am 23. April 1981. Das Stück blieb dennoch, gleich der *Hamletmaschine*, ein Text in den Händen der literaturkundlichen Exegeten.

23 Genia Schulz auf der Müller-Werkschau 1988 in Berlin (West), zit. nach: *Fragen gibt es selten in Deutschland*. Notizen von der Berliner Heiner Müller Werkschau 1988. Ein Filmbericht von Siegfried Hanusch 1988. https://www.youtube.com/watch?v=lon6t1Yg4zE, Stand 14. 12. 2021.

24 »Es gehört zu den Vorzügen des deutschen proletarischen Theaters und in seiner Nachfolge des DDR-Theaters, daß die hervorragendsten Dramatiker und Komponisten (Brecht, Eisler, Dessau, Müller u. a.) nicht nur mit ihren Werken und Konzepten, sondern auch künstlerisch-praktisch in die Theaterarbeit eingegriffen und sie entscheidend befördert haben.«, in: *Perspektivkonzeption zur Entwicklung der Theaterkunst in der DDR* (Entwurf), hrsg. v. MfK und VT der DDR, Berlin 1988.

Macbeth. Nach Shakespeare

Hermann Beyer a. G. (Macbeth 3, Macduff), Susanne Düllmann (Malcolm, alte Frau, Lord, Soldat, Hofdame, Der ewige Diener), Ruth Glöss (Lenox, Magd), Michael Gwisdek (Macbeth 2, Arzt), Corinna Harfouch a. G. (Lady Macbeth, Lady), Ursula Karusseit (Soldat, Hexe 2, Pförtner, Mörder 1), Heide Kipp (Duncan, Hexe 1, Mörder 2, Lord, Lady Macduff, Soldat, Diener), Dieter Montag (Macbeth 1), Ulrich Mühe a. G. (Banquo, junger Bauer, ein Lord, gefesselter Lord, Seyton), Walfriede Schmitt (Rosse, Hexe 3, Mörder 3, Soldat, Bote), Iris-Denise Hupfeld (Hexe, Fleance, Lord).

Regie: Heiner Müller und Ginka Tscholakowa; Bühnenbild: Hans-Joachim Schlieker; Kostüme: Jutta Harnisch
Probenbeginn: Ende März 1982. Premiere: 21. September 1982.

> *»Woher nehmt ihr denn aber das große gigantische Schicksal,*
> *Welches den Menschen erhebt, wenn es den Menschen zermalmt?« –*
> *»Also eure Natur, die erbärmliche, trifft man auf euren*
> *Bühnen, die große nur nicht, nicht die unendliche an?« –*
> *Der Poet ist der Wirt und der letzte Aktus die Zeche:*
> *Wenn sich das Laster erbricht, setzt sich die Tugend zu Tisch.«*[1]

Gleich, ob Müller den Text kannte oder nicht, der Text spricht in seinem Sinne vom Theater des Tragischen, von einem Theater »welches den Menschen erhebt, wenn es den Menschen zermalmt«. Diesen Gedanken hat Müller, irrtümlich Hölderlin zugesprochen, mit gutem Grund in einem Gespräch für sich reklamiert, in dem er präzise den ersten szenischen Interessenpunkt für eine Überarbeitung des *Macbeth* beschrieb:

> Meine erste Vorstellung war eigentlich »Macbeth«, wie er zuhört, erst mal zusieht, wie die Kinder von dem »Macduff« getötet werden, und daß er stehenbleibt, bis die Frau auch tot ist, daß man dann sie schreien hört und so. Das war die erste Vorstellung. Und das ist sicher schon eine Veränderung gegenüber der Figur bei Shakespeare. Bei Shakespeare ist das vielmehr ein Getriebener, eine getriebene Figur. Und mich interessierte die Bewußtheit der Figur, daß er also in den Mechanismus gerät, es aber sieht und weiß und es auch formulieren kann.[2]

Der von Müller bestimmte Interessenpunkt entspringt seiner aufmerksamen Grabbe-Lektüre. Müller reflektiert auf die Szene III. 1 aus *Marius und Sulla*:

> *Eine Mutter mit ihren Kindern eilt herein und wirft sich vor Sulla nieder:*
> Errettung! Gnade! Catilina haust /In unseren Hütten! Rett uns Gut und Leben!
> *Sulla:*
> Warum?
> *Das Weib bestürzt und verlegen:*
> Warum?
> *Sulla:*
> *Ja, sag mir das!*
> *Das Weib:*
> Verspott mich nicht! *auf ihre Kinder deutend*
> Errette die unschuldigen Würmer!
> *Sulla:*
> Sinds Würmer? Laß sie in die Erde kriechen!
> [...]
> *Das Weib:*
> Kann denn nichts dich rühren?
> *Sulla:*
> Rühr soviel du willst!
> *Gallier kommen*
> *Das Weib:*
> Weh, weh, da sind sie! Rett, / Errette uns!
> *Sulla:*
> Warum??
> *Die Gallier reißen das Weib mit den Kindern fort*
> *Sulla:*
> Hahaha[3]

Grabbe rechtfertigt das historisch belegte diktatorisch-terroristische Handeln Sullas in seinem Stück auf erstaunliche, Müller vermutlich bedenkenswert erscheinende Weise:

> Sullas Herz ist ein rauhes und scharfes, aber ungetrübtes Eisen. Darum spiegelt sich die Wirklichkeit deutlich darin ab. Die Vorgänge in Rom, welche ihm eben gemeldet sind, lassen ihn mit den treffendsten Schlaglichtern erkennen, wie weit und tief

> es mit der bürgerlichen Welt gekommen. Er ist viel zu eigentümlich und zu groß, um sich ihren Gang zu fügen. Er tritt nun gleichsam aus der Mitwelt heraus und stellte sich davor wie der bessernde Kritiker vor das Gemälde. Sein Entschluß ist klar und vollendet: schonungslos will er die Zeit von ihren Auswüchsen zu reinigen versuchen. Mit Schrecken will er sie niederwerfen, um dann desto sicherer das Bessere wieder aufrichten zu können. Geschehe auf diesem Wege, was da wolle, ernstliche Gewissensbisse braucht er nicht zu fürchten – dazu ist er in sich selbst zu abgerundet.[4]

Heiner Müller hatte 1971 mit seiner Bearbeitung des *Macbeth,* pedantisch an der elisabethanischen Dramaturgie entlang schreibend, eine durchaus eigenständig akzentuierende, aber keineswegs modernisierende oder gar vorwitzig ins Handlungsgefüge eingreifende Fassung des Originals gefertigt.[5] Die Uraufführung in Brandenburg an der Havel fand ohne großes Aufsehen statt. »*Theater der Zeit*« und das *ND*[6] rezensierten wohlwollend und unaufgeregt, dem Text vorsichtig zustimmend. Darauf folgte nicht etwa ein nächster inszenatorischer Versuch, sondern eine nebulöse Debatte über Geschriebenes und Ungeschriebenes im Text von Müller.[7] Allein Wolfgang Heise dachte über die Möglichkeiten und Schwierigkeiten künftiger Inszenierungen nach:

> Die balladesk geraffte Handlung jagt den Zuschauer zwischen Erschütterung und Lachen, Ekel und Entsetzen, Hitze und Kälte – ohne daß diese Gegensätze harmonisiert, ausgeglichen werden – in eine widersprüchliche Reaktion, die kein beruhigtgenießendes Mitgehen gestattet, umso mehr aber immer wieder Stellungnahme fordert, und zwar über den besonderen Anlaß hinaus zum Ganzen: gerade weil in und vermittels der Gegensätzlichkeit die Distanz und Urteilskraft gewonnen wird, von der her der Zuschauer als Gegenspieler organisiert wird.[8]

Die Probe aufs Exempel ließ lange auf sich warten. 1982 war es dann soweit.[9] Heiner Müller inszenierte an der Volksbühne *Macbeth. Nach Shakespeare*:

> Bei *Macbeth* ging es natürlich auch darum, Theatermittel und -formen auszuprobieren, eine Skala von Ausdrucksmöglichkeiten, die im Theater der DDR so massiv nie vorgekommen

> sind. [...] *Macbeth* hatte sehr viel mit Entwicklungen in der Bildenden Kunst zu tun, die in der DDR nicht öffentlich geworden sind. Daran lag es sicher, daß der Situationsbezug, der politische Bezug der Arbeit mir gar nicht so klar und wichtig war. Es ist ein ganz falscher Realismusbegriff bei uns, immer noch. Dieser Realismusbegriff entfernt von der Realität, entfremdet die Realität oder die Leute der Realität.[10]

Doch die theatralische Sonderheit der Inszenierung war auf den ersten Blick die dreifache Erscheinung der Figur des Macbeth in der Aufführung. Welche sinnvollen dramaturgischen Vorüberlegungen und welche geistreichen Interpretationen auch immer die Aufspaltung der Macbeth-Figur begründeten, erklärten und deuteten – letztlich war es ein waschechter coup de théâtre, die drei erfahrenen Müller-Spieler Beyer, Gwisdek und Montag miteinander und getrennt, nicht aber gegeneinander!, in einer Rollengestalt agieren zu lassen. Ihre Verschiedenartigkeit in Erscheinung und Wirkung, in Habitus und Ausstrahlung, in Spiel- und Sprechweise, freigesetzt und gebunden zugleich, sicherte dem ideellen Zentrum der Inszenierung eine sinnlich eindrucksvolle Realisation, die Müller ganz im Spielvorgang und in keinem Fall in der Stofflichkeit oder gar in der von Wolfgang Heise freundschaftlich herbeigeredeten Geschichtsphilosophie des Stücks sah. Müller ist trotzdem um eine griffige Formulierung eines angeblichen tieferen Sinns der Inszenierung nicht verlegen gewesen:

> Gegenstand der Bearbeitung/Inszenierung ist die Auswechselbarkeit des Menschen. Diese stürzt den Einzelnen in die Verzweiflung. Die Verzweiflung des Einzelnen ist die Hoffnung für die Kollektive. Kommunismus bedeutet die Möglichkeit der wirklichen Vereinzelung, die das Ende der Auswechselbarkeit ist. Entlassung des Menschen aus der Not seiner Vorgeschichte in das Universum seiner Einsamkeit.[11]

Müller überhöht auf die ihm eigene Art den einfachen Inszenierungsgedanken, den kollektiven Reichtum des schauspielerischen Ausdrucks aufeinander eingestimmter Spieler in der Gestalt einer Figur zu konzentrieren und zu vervielfachen, gemeinschaftliches und individuelles Rollenspiel in seiner wechselseitigen Bedingtheit in einer Figur durch einen »theatralischen Gesamtarbeiter« augenscheinlich werden zu lassen, um die bewusst angestrebte inhaltliche Leere der

Textfassung[12] kunstvoll aufzuheben. Das sicherte der Inszenierung ihre frappierende Wirkung.

Die Schauspieler waren bereit zum Experiment. In diesem überzeitlich aktuellen *Macbeth* waren sie absolut bei sich, da sie die temporäre »DDR« als spielbremsende Sichtblende endgültig überwanden. Im radikalen Macht-Spiel im Hinterhaus-Ambiente des Prenzlauer Berges entledigten sie sich der dumpfen kleinen DDR-Realität. Die Probleme dieses Staates waren für sie kein dringlicher Spiel-Anlass mehr, denn er war moribund.

Die Drittelung der Macbeth-Figur und die Offenheit der Deutungen ist die erste vordergründige und oberflächliche Rezeptionsvorgabe der Inszenierung. Der Zuschauer war aufgefordert, sich zu entscheiden, was er sehen wollte: drei Figuren und drei Schauspieler oder drei Schauspieler und eine Figur? Das war die Herausforderung der Inszenierung für den Zuschauer. Er war genötigt einen eigenen point of view für sich zu bestimmen oder er ging in der Pause und verdämmerte bis dahin im Halbschlaf.

Macbeth-Montag: Funktionsträger der Macht, Staats-Mann, proletarischer Schlächter, kraftmeierischer Fleischer. Er verkörperte die Angst, denn jede äußere Machtentfaltung versteckt auch innere Unsicherheit, den Alptraum des von Angst Gehetzten und in politischen Massenmord Sich-Flüchtenden, das Prinzip menschlichen Handelns, das nackte Gewalt braucht, vor ihr zurückschreckt, sie geistig zu sublimieren versucht.

Macbeth-Beyer: Mörder und Todeskandidat zugleich, scharfsinniger, kalt argumentierender Kommentator, Fuchsteufel, das Gehirn und der Täter, höhnisch-aggressiver Kommentator, der Ideologe, der mit sich selbst Streitende und sich dauernd Teilende, der dem Geschehen Dienende und sich ihm Entziehende.

Macbeth-Gwisdek: Privat-Mann mit seiner Sexualität, vorsichtig-vornehm, zurückhaltender Drahtzieher, der sichtbarlich, aber dezent sein Fleisch im Kostüm verhüllt, hinter und neben dem Schlächter stand. Ein aufgestiegener kleinbürgerlicher Mitspieler der (feinen) Gesellschaft; das Mannequin der Macht, der Herrscher auf dem Laufsteg, der heuchlerisch offizielle Politiker/Diplomat, der Redende und das Tun auf andere Delegierende.[13]

Dieter Kranz fragte Heiner Müller: Warum diese Aufgliederung der Macbeth-Figur?

> Heiner Müller: Das hatte einen pragmatischen Grund, an den ich inzwischen nicht mehr glaube. Die betreffenden drei Schauspieler wären in Frage gekommen für die Besetzung der Hauptrolle, also Beyer, Gwisdek und Montag. Wir fürchteten, daß keiner der drei die verschiedenen Seiten komplex genug packen würde. Inzwischen bin ich sicher, es wäre gelungen zum Beispiel mit Beyer. Aus dieser Ängstlichkeit entstand jedenfalls unsere Konzeption, die aber unabhängig davon, was den Anstoß gab, wichtige Vorzüge einbrachte. Wenn man den Macbeth mit einem Protagonisten besetzt, dann entsteht etwas ähnliches wie die Einschränkung der Auseinandersetzung mit dem Problem Stalin auf den Begriff Personenkult. Also man sieht dann mehr das politisch-moralische Problem, das an einen Charakter gebunden ist, während die Struktur und der Mechanismus dieser Machtkämpfe in den Hintergrund treten würden. Das wichtigste Argument für die Verteilung der Titelrolle auf drei Schauspieler war also, daß man dadurch drei Erscheinungsformen von Macht deutlich zeigen konnte: Gwisdek spielte das Mannequin der Macht, den Herrscher auf dem Laufsteg. Montag war der Darsteller der Angst; denn jede äußere Machtentfaltung versteckt auch innere Unsicherheit. Montag fiel also die Aufgabe zu, die Innenansicht des Mächtigen zu zeigen. Und Beyer war das Gehirn und der Täter. Diese Formulierungen sind sehr ungefähr, und ich bin nicht völlig sicher, ob sie präzis unseren Festlegungen in der Probenzeit entsprechen. Aber ungefähr – glaub ich – war's das.[14]

Das war's natürlich nicht. Der körperlich verdreifachte und geistig-ideell argumentierende gedrittelte »Macbeth« ermöglichte dem Regisseur Müller auf einfache Weise attraktive Arrangements zu bauen. Der »verdreifachte Macbeth« erscheint als raumschaffende und raumbeherrschende Kraft. Dieses Grundverfahren rhythmisiert den überlangen Text, hält ihn in Bewegung und sichert seine durchgängige Anschaulichkeit. Das ist die bühnenpraktische Begründung für die dialogische Drittelung der Figur, die szenisch eine Verdreifachung eines Willens darstellte. Das Skandalon der *Macbeth*-Inszenierung war aber nicht die Dreiteilung der Figur, da alle drei Darsteller konsequent und nachvollziehbar ihre jeweiligen »Interessenlagen«

als fabel- und personenkonstituierende Elemente so genau konturierten und voneinander absetzten, dass stets eine imaginäre Gesamtfigur »Macbeth« das Geschehen beherrschte. Das Skandalon war die theaterästhetische Selbstvergessenheit der Inszenierung, ihre obstinate Autonomie, der in ihr verschlossene Auftrag an jeden einzelnen Zuschauer, sich sein Bild im Wechsel der Bilder zu machen, die Gleichzeitigkeit der vielbedeutsamen Bedeutungen zu erkennen und genießen zu lernen:

> Das alles ist mir dann doch so vorgekommen, als habe der Dramatiker Heiner Müller seinen Text dem Regisseur Heiner Müller ausgeliefert, damit der ihn als ein Spielmaterial dazu verwende, was an totalem Theater heute möglich ist. Und darin allerdings ist diese Aufführung faszinierend. Damit überwältigt sie. Darin hat sie eine subtile Sinnlichkeit, die dann oft kaum noch fragen läßt, was die einzelnen Details, die Eigenwilligkeiten, die Mehrschichtigkeiten, die grotesken Einfälle, die szenischen Vorgänge noch bedeuten sollten als die Demonstration einer sich absolut setzenden theatralischen Phantasie.[15]

Die hundertste Offenlegung des »gesellschaftlichen Kausalnexus« der Klassengesellschaft war nicht angestrebt. Das wurde nun aber, wie kaum anders zu erwarten, das eigentliche Erklärungs- und Deutungs-Problem der Inszenierung in der theaterästhetischen Debatte, da die berufsmäßigen Kritiker reflexhaft versucht waren, jeder Inszenierung eines »klassischen Werkes« eine substanzielle geschichtsphilosophische Relevanz zuzusprechen. Die geschichtsnotorische Trivialität, »Gewalt erzeugt Gegengewalt«, die Dieter Kranz im zitierten Gespräch mit Heiner Müller anspricht, ändert nichts daran, dass in *Macbeth* Bilder moderner Machthaber aus der Erfahrungswelt des Autors figurieren und nicht das moderne überpersönliche »Labyrinth der Macht« durchmessen und gesprengt wird.

Trotz allen gegenteiligen Versicherns wird, neben anderen Zeichen und Bildern, ein dreifach gestaffeltes Stalin-Porträt, von drei Schauspielern präsentiert. Zu sehen ist der Führer des Weltproletariats – Michael Gwisdeks »Macbeth« steht gleich Stalin auf der Tribüne vor dem Lenin-Mausoleum nach dem gewonnenen Krieg im zentralen Fensterausschnitt der Beletage der Kriegs-Schloss-Hausruine, allein und unverwandt in die ihm nun zu Füßen liegende untertane Welt starrend. Zu verfolgen sind die Machinationen des schlecht schlafenden, schwachen, ja ängstlichen, ewig misstrauischen, gehemmten, einsamen Mannes, unentwegt im unendlichen Kreml unterwegs – Dieter Montag. Zu hören ist der kalt entschlossene, an den Apparat gebundene und ihn zugleich beherrschende Verwalter, der Generalsekretär des ZK der KPdSU (B), »wenn wir nicht den Apparat geschaffen hätten, wären wir verloren gewesen« (Stalin) – vorgestellt von Hermann Beyer.

Die Inszenierung wurde anders als die bisherigen »Problem-Inszenierungen« der letzten Jahre umfänglich diskutiert, dokumentiert und sogar ernsthaft analysiert. »*Macbeth* hat mich umgehauen. Eine Reihe von Bildern sind mir plastisch in Erinnerung geblieben. Der Vorgang, das Ganze in einem Berliner Hinterhof spielen zu lassen, war für mich erschreckend und es hat mich gleichzeitig nicht bevormundet. Das fand ich ganz wichtig.«[16] Der alte Feind Heiner Müllers, der Zentralrat der FDJ, strengte Einschüchterungsmethoden vergangener Jahre an: »Jugendliche wehren sich zu Recht dagegen, wenn das humanistische Erbe der Geschichtsfeindlichkeit, ja einer pessimistischen Weltsicht preisgegeben wird. Und manche Leute begrüßen das noch mit den Worten, die Jugend wolle keine ›alten Zöpfe‹. Ihnen erwidern wir, der älteste Zopf, den wir kennen, ist die Ignoranz gegenüber dem gesellschaftlichen Fortschritt. Und es stimmt: Gegen solche alten Zöpfe sind wir.«[17] Zwei Diplomarbeiten an der Theaterhochschule Leipzig[18] gehören zu den wenigen gründlichen Analysen der Theaterarbeit Müllers in der DDR.

Renate Ziemer umriss ihr analytisches Vorgehen:

> Eine Spezifik der Müllerschen Inszenierungstechnik besteht darin, daß er die Kenntnis »der Bedeutung der Bedeutung« voraussetzt. Die grundsätzliche Voraussetzung für eine werkadäquate Rezeption ist damit gegeben: der Rezipient muß in der Lage sein, gleich dem berühmten Sportpublikum des Bertolt Brecht, Herkunft, Geschichte und aktuelle Anwendung der Kunstgriffe zu kennen. Wenn Brecht meinte, daß der Zuschauer die fünfzig möglichen Gesten des Verrats kennen müßte, um die eine dargestellte als besonders zu erkennen, so geht Müller – vermutlich – davon aus, daß ein bewußter Zuschauer die kulturell vorgefertigten Gesten, Handlungen, Verhaltensweisen kennt und wiedererkennt und in der Inszenierung die Abweichung genießt. Das heißt, die bewußt hergestellte Epigonalität als in Wahrheit komisch und damit befreiend zu genießen. Das etwa nennt Brecht die Kunst des Zuschauens. Keine Inszenierung tritt

> damit an, ein Welträtsel zu lösen, weshalb keine Inszenierung an kanonisierten ästhetischen Normativen vermessen und zur ideologischen Rechenschaft gezogen werden sollte im sozialistischen Theater.[19]

Diesem Theaterverständnis folgend analysierte sie vordringlich die inszenatorischen Grundentscheidungen:

> Hans-Joachim Schlieker öffnete den ansonsten kaum bespielten Orchestergraben. Die stark ansteigende Schräge des Zuschauerraums verlängert sich in diesen Graben und steigt zugleich für den Zuschauerblick aus diesem Graben auf, da kommt etwas von Unten nach Oben ans Licht. Eine in der Mitte des gesamten Zuschauerraums, quer über den Stuhlreihen installierte Glühlampenkette teilt den Zuschauerraum in zwei Hälften. Am hinteren Ende hoch oben im Zuschauerraum – im Rücken fast aller Zuschauer – endet die Lichterkette an einem über die Stuhlreihe aufragenden eigenartig ungefügen Stuhl, auf dem schon bei Einlaß des Publikums eine Person, unkenntlich durch eine Sonnenbrille, angeschnallt sitzt. Tief unten, am anderen Ende der Lichterkette, am vorderen Rand des Orchestergrabens mündet sie in einen Steg, der quer über den Orchestergraben auf die Hauptbühne führt. […] Diese Gestaltung des Zuschauerraums ist ein Gegenentwurf zur üblichen Zweiteilung in Zuschauer- und Spielraum. Schlieker nimmt den Zuschauer in den Spielraum hinein, indem er den Spielraum mit dem Zuschauerraum verschmilzt. Der Dualismus zwischen Bühne und Zuschauerraum ist aufgehoben, ein einheitlicher Produktionsraum »Theater« geschaffen. Damit ist zugleich die soziale Hierarchie im Zuschauerraum »verkehrt«: Durch die beschriebene Veränderung des Theaterraums verschiebt sich auch der Gebrauchswert der gekauften Karten. Die gewöhnlich teuren, »guten Plätze« sind nicht mehr die in den ersten Reihen, sondern die in den hinteren Reihen, die »billigen Plätze«, die die Einsicht ins Ganze gewährleisten.[20]

Die Bühne wird szenisch bestimmt durch den Nachbau eines Hinterhofes, wie er im Umfeld der Volksbühne 1982 noch massenhaft bewohnt wurde. »Alle diese Häuser machten den Eindruck als seien es nur Attrappen, als hätten sie keine Tiefe, und wenn eine Tür offenstand, sah es aus wie eine Kulissenperspektive. Daher sah man ihre

Bewohner immer auf den Treppen sitzen oder in den Fenstern liegen; sie hatten nichts, wohin sie sich zurückziehen konnten, sie wohnten gleichsam schon auf der Straße.«[21] Der durch die rechtwinklige Anordnung der drei spiegelgleichen Häuserfassaden entstehende Innenhof ist auffällig in seinem ausgestellten illusionistischen Naturalismus. Die Fassade ist zum einen sofort identifizierbar als Kulisse, doch ist in der Herstellung besonderer Wert gelegt auf Detailtreue und Vortäuschung der Echtheit der Oberfläche des Baus. Die Details betonen den Aspekt der Verfallenheit: Der Putz ist abgeplatzt, das Mauerwerk liegt frei; die Fenster sind hohl. Der Bau ist Ruine. Diese Beschreibung einer sozialen Wirklichkeit trifft nicht nur einen realen Umstand, der einem Großteil der Zuschauer bekannt ist, weil sie darin und damit leben, sondern verweist auf das Medium Film, welches ebensolche naturalistisch gebauten Fassaden en masse benutzt, wenn es gilt, großstädtisches Nachkriegsmilieu ins Bild zu setzen. Die Hinterhausfassaden werden in der Inszenierung auch in dieser filmischen Funktion als illusionistische Kulisse vorgeführt. Im Übergang von Bild 9 zu Bild 10 (»Bauer im Block«) wird die Bühne um 180 Grad gedreht. Die Theatermaschinerie wird vorgezeigt. Das verbindet sich mit der dramaturgischen Sonderheit der Szene: Im 10. Bild wird erstmalig das Geschehen aus einem anderen Blickwinkel, aus der Sicht der untersten sozialen Schicht erzählt. Die Rückansicht der Königsebene wird kenntlich. In diesen Innenhof werden verschiedene andere Räume hinein gebaut. Da der naturalistische Bau stets anwesend ist, entstehen durch das Arrangement z.B. der Möbelstücke surreal anmutende Installationen. Es ist das bewußte Spiel mit Bildern, Collagen (an Max Ernst oder auch René Magritte erinnernd), die sich nicht sofort in Begriffe rückübersetzen lassen. Der Produktionsraum Theater behauptet für alle Beteiligten eine eigene Realität in Raum und Zeit, insistiert auf dem Erleben des Theater-Ereignisses. Besonders eine plötzlich im Hinterhof herauffahrende Telefonzelle verdeutlicht das. Sie erfüllt sehr verschiedene Funktionen: szenographisch ist sie eine Aufrauhung des Raums, eine Irritation, die Aufmerksamkeit garantiert. Handlungstechnisch wird sie genutzt, um Figuren plötzlich ins Spiel zu bringen (z.B. kommen zwei Darsteller des Macbeth mit ihr auf die Bühne, um gemeinsam mit dem dritten den Mord an Lady Macduff zu begehen) oder sang und klanglos verschwinden zu lassen. Mit Hilfe der herabfahrenden Telefonzelle werden Figuren von der Spielfläche »entfernt«: Banquos Geist verschwindet in ihr. Lady Macduffs Leiche wird entsorgt; für sie wurde sie zum gefährlichen Ort (die Flucht ist versperrt), zum Ort des Todes. Aber die Telefonzelle wird auch als ein narrativ besetzter Ort aus den verschiedensten Genrefilmen genutzt. In Kriminal-, Gangsterfilmen oder Thrillern retten sich die Helden oftmals in letzter Not in eine Telefonzelle. Daß das Telefon nicht funktioniert, Macduff nicht um Hilfe rufen kann, kommt in diesen Filmen kaum vor, jedoch im Alltag der Zuschauer, wie das hier stets einsetzende Lachen bewies. Die Banalität des Herrschens wird in seiner ganzen Trivialität entlarvt, entdämonisiert. Der hohe Stil der Repräsentation wird durchschossen, ist billiges Blendwerk und entspringt niedrigen Beweggründen.[22]

> In Bild 9 kommt es nach der Ermordung König Duncans im Off zum »blutigen« Aufeinandertreffen von Macduff und dem Diener. Dessen provozierendes Reden »Der König ist der König. Und / Ists der nicht ists ein andrer.« erregt Macduff: »Der Hund hat Politik / Unter der Zunge. Soll ich sie dir ausreißen, Kerl.« Worauf sich der Diener so unbedacht wie unerschrocken als ein solch »anderer« auf den »Thron« setzt. Jetzt muß Macduff sein Messer zücken und ihm der sozialen Ordnung halber »die Zunge« abschneiden. Macduff vollzieht die Bestrafung ungerührt, doch das schauerlich Gräßliche wird sofort vom Theater gebrochen, nicht von der Figur des Macduff, die meint es ernst. Die »Zunge« entpuppt sich als vom Schauspieler »aus dem Ärmel gezaubertes« rohes Schnitzel. Im Theater übersteht der Narr alles, ist unzerstörbar, mit dem Entsetzen wird nur blutiger Scherz getrieben. Am Ende der Szene verläßt der »zurechtgeschnittene« Diener den Ort mit dem trockenen Satz »Was aufschlägt ist das Bier«, greift zum Telefon, – während sich Lady Macbeth zum »Thron« schleppt – um einem unbekannten »Jemand« am anderen Ende der Leitung mitzuteilen: »Sie wundern sich, daß ich noch reden kann / Zwei Zungen braucht in dieser Zeit ein Mann.« Die Zuschauer reagieren mit großer Heiterkeit auf die schnelle Intelligenz dieses Dieners, der sich als weitsichtig planender Narr erweist und bewundernswerte Überlebenskünste beherrscht.[23]

Die Inszenierung versucht auch das Tragische rückzugewinnen. Einstmals galt die Standhaftigkeit des Charakters und die Unerschütterlichkeit eines einmal gewählten Standpunkts, Welt zu sehen und sich der Welt zu stellen und sie gar nach seinem Bild gestalten zu wollen, als Voraussetzung für einen tragischen Charakter und ein tragisches Schicksal. [...] Gerade deshalb war die

Figur »Macbeth« eine zentrale Rolle schauspielerischen Virtuosentums im 19. Jahrhundert. Durch den genialen Interpreten, gleich unbürgerlich wie seine Figur, wurde das gemeinhin Über-Menschliche, das Dämonische, in einer Rolle gebündelt. Dem bürgerlichen Zuschauer sollte schaudern, ob des Dämonischen, dem auch er heimlich nachstrebte, und wohlige Schauer sollte es ihm angesichts des tobenden Virtuosen bereiten, daß er fähig war diese Strebungen in sich zu bändigen und sich ihnen nicht hingab, auch wenn es ihm danach gelüstete.

> Macbeth, Stifter der Unordnung, Gestalt, geboren aus fiebrigem Wirbel, Bastard aus Ehrgeiz und Machtbesessenheit, Ausgeburt des elementaren Chaos, dessen Dämonen den Wahlspruch führen: »Schön ist wüst und wüst ist schön«, dieser Macbeth, der von sich selbst sagt, er morde den Schlaf, ist darum so lebendig als künstlerische Vision eines großen Sehers, weil er geniale Vorempfindung einer Macht ist, von der der Faust des Marlowe zu sich selbst sprechend gesteht: »Der Gott, dem du dienst, ist Deine eigene Gier, in der die Liebe Satans nistet.«[24]

Diese Dämonisierung der Macbeth-Figur empörte Müller und regte ihn an, den Shakespeare-Text, ähnlich wie den *Ödipus*, radikal zu materialisieren, den üblichen psychologischen Verkürzungen oder Ungeheuerlichkeiten entgegenzuarbeiten. Er las die Geschichte als Macht-Geschichte und so ist das zentrale Motiv seiner Macbeth-Figur der Machtgewinn. Die Frage ist, Macht wofür, gegen wen und wie – also nichts Dämonisches.

> Macbeth-Montag sitzt, sich am Sessel/Thron festhaltend, in ihn hineingepreßt mit nacktem Oberkörper starr und unbeweglich, als Macbeth-Gwisdek ihm, von hinten herantretend, die Dolche verführerisch präsentiert, sie sanft über die nackte Brust von Macbeth-Montag entlangstreicht. Macbeth-Montag genießt den Augenblick, sein Kopf ist leicht nach hinten gebeugt, die Augen geschlossen, es ist eine genußvolle Vision. Dann übernimmt er mit langsamer Bewegung die Dolche und beginnt den Monolog. Dabei hält ihm Macbeth-Gwisdek die Augen bis zur Textstelle: »Mein blutiges Geschäft nimmt meine Augen / So in die Lehre.« zu. Wieder »sehend« richtet sich Macbeth-Montag auf, sorgsam die Worte abwägend, sich selbst befragend, spricht er die folgenden Sätze leise, verhalten, bis er seine Entscheidung zum

> Mord laut herausschreit: »Mord / Ist billig, mit Blut geleimt der staubige Erdball / Schluckt seinen Schritt. Geh deinen Gang, Wegweiser / Zur Macht, morgen vielleicht in meinen Rücken.« An dieser Stelle ist eine Zäsur gesetzt: Die folgenden Worte, die seine Weltsicht zusammenfassen, mit denen er sich bedingungslos dem Prinzip des Dolches unterwirft, die Reiz-Sätze, spricht der am Thron/Elektrischen Stuhl gefesselte Macbeth-Beyer. Provozierend in Stimmlage und Lautstärke, so daß sie auch im letzten Winkel (der Welt) zu vernehmen sind: »Worte genug für einen einzigen Tod. / Die Welt hat keinen Ausgang als zum Schinder. / Mit Messern in das Messer ist die Laufbahn.« Die abschließenden Sätze werden wieder von Macbeth-Montag gesprochen, der mit schnellen Schritten abgeht. Im weiteren Verlauf der Szene trägt Macbeth-Montag den schwarzen Ledermantel, den zuvor Macbeth/Gwisdek trug. Am Ende der Szene findet wiederum ein Wechsel zwischen diesen beiden Seiten der Macbeth-Figur statt. Macbeth-Gwisdek erscheint im Schlafgewand. Er umkreist den im Sessel/Thron sitzenden Macbeth-Montag. Bedächtig zieht dieser, den Ledermantel aus, legt ihn um die Schultern von Macbeth-Gwisdek.[25]

Die drei Schauspieler spielten tatsächlich eine Figur. Von einer stilistischen Einheit der drei Macbeth-Figuren kann aber deshalb keine Rede sein. Hermann Beyer treibt die beiden anderen »Macbeth«-Figuren unerbittlich vorwärts in den Kampf um die Macht und um den Machterhalt, aber, und das ist entscheidend, im Wissen um die Unmöglichkeit eines glücklichen Ausgangs aus dem »Schlachthaus«. Beyer spricht den Rollentext im besten Sinne des epischen Theaters. Dieter Montags Sprechen ist ein in der Handlung involviertes, verstricktes Sprechen, keiner intellektuellen Durchsicht fähig, getrieben und gehetzt durch das Geschehen. Er betont die emotionale Seite der Figur, »versteigt« sich teilweise ins Heldenpathos vergangener Theaterepochen. Michael Gwisdek ist der konsequente Spieler der Selbstpräsentation, des Narziss, bedeutend nichts – die Hülle der Figur ist das Wesen der Figur. Sie ergießt sich im demagogisch einschmeichelnden Salbadern. Michael Gwisdek parodiert überkommene Weisen der bruchlos glatten Konversationstechnik.

Die Inszenierung stellte zweifellos traditionelle Prinzipien der Inszenierungskritik und -beschreibung auf die Probe. Theaterkritik und Theaterwissenschaft beachteten – und beachten – und verfolgen sehr selten die Aufführung als ein dynamisch sich ausbreitendes Textgewirk und Bühnengeschehen, das sich dem Verständnis auch streckenlang versagte, sich sperrte und dann wieder öffnete. Sie übersprangen und überspringen diesen argen Verstehensprozess und rücken sich im Nachhinein die Aufführung zu einem gerundeten Artefakt, zu einem zu beschaulicher Betrachtung einladenden Werk zurecht. Die Aufführung wird einseitig reflektiert, theoretisch begrifflich verdinglicht, aber nicht nachvollziehbar in ihrer prozessualen Unmittelbarkeit. Die kommunikativen Angebote und Anforderungen bleiben in ihrem Ablauf unbeschrieben. Gerade die Inszenierung des *Macbeth*, bewusst vom Inszenierungsteam unter dem Stichwort »Verwirrspiel«[26] annonciert, bedarf einer solchen Beschreibung der »Unmittelbarkeit«, um der Inszenierung in ihrer kommunikativen Gerichtetheit, in ihrem »Grundgestus« (Brecht) analytisch gerecht zu werden. Ein Versuch dieser Art ist das vorlaute Gespräch zwischen Renate Ziemer und Thomas Wieck während des gemeinsamen Ansehens der – qualitativ problematischen – Videoaufzeichnung einer Vorstellung des *Macbeth. Nach Shakespeare*.[27]

Vorspiel
Ja. – Morgen und morgen und morgen. Das kriecht
Mit diesem kleinen Schritt von Tag zu Tag
Zur letzten Silbe. Der Rest ist aus der Zeit.
All unsre Gestern, von Blinden am Seil geführt
In staubiges Nichts. Weißt du was andres, Seyton.
Aus, kurze Flamme. Leben ein Schatten der umgeht
Ein armer Spieler, der sich spreizt und sperrt
Auf seiner Bühne seine Stunde lang und
Nicht mehr gehört wird nachdem. Ein Märchen, erzählt
Von einem Irren, voll mit Lärm und Wut
Bedeutend nichts.

Wieck: Wer spricht da? Ich muss mich umdrehen. Nicht auf der Bühne vor meinen Augen, sondern hinter meinem Rücken beginnt der Theaterabend höchst ungewöhnlich, noch ungewöhnlicher ist der Mensch, der da spricht und was er spricht »Der Rest ist aus der Zeit« klingt nach »Hamlet« (»Der Rest ist Schweigen«; »Die Zeit ist aus den Fugen«) Ich höre: »Blinde am Seil« – und das berühmte Bild Breughels *Die Blinden* taucht in mir auf. Ich dreh mich um, sehe den Sprecher mit Sonnenbrille auf einem eindrucksvoll unbequemen Stuhl festgeschnallt, aber dennoch über allem thronend, so erinnert er mich an El Grecos *Der*

Großinquisitor, an Velasquez, aber auch an Francis Bacons Bearbeitung des Motivs. Und »das staubige Nichts« – *Prinz von Homburg* in einer Kürzestfassung. Hier werden im Schnelldurchlauf kulturgeschichtlich bedeutende Bilder aufgerufen, die als Allgemeingut gelten können. Und dann werde ich in das kommende Geschehen entlassen, das als ein nichts bedeutendes Märchen, erzählt von einem Irren, angekündigt wird. – Was für ein merkwürdiges Versprechen für einen Theaterabend? Wem sagt der Spieler das? Dem Publikum? Nein! Das geht ja über das Publikum drüber weg. Es ist ja keine Ansprache. Das ist eine Rede ins Leere eigentlich.

Ziemer: Und gleichzeitig hat es etwas von einer Rückblende. Wenn es jetzt los geht ...

W: ... ist die Geschichte von »Macbeth«, die wir zu kennen glauben, eigentlich schon zu Ende. Aber nein, er spricht ja hier ganz offenbar mit einem Menschen, denn er spricht einen Mann namens Seyton an. Aber der ist abwesend, ist nicht im Raum ...

Z: ... und deshalb ist es wahrscheinlicher, dass er ein Gespräch wiederholt, ein Gespräch, das er einstmals mit diesem Seyton geführt hat.

W: Genau. Also ist er infolge eines Geschehens, in dessen Verlauf er irgendwann mit Seyton über des Menschen Schicksal gesprochen hat, letztlich hier oben auf dem, nehmen wir es als gegeben, elektrischen Stuhl gelandet, freiwillig oder unfreiwillig bleibt die Frage. – Er erinnert sich also in letzter Stunde seines Lebensganges ... oder? Aber dann wäre das angekündigte Stück, das ich sehen wollte, bereits vorbei. Ich wäre zu spät gekommen. Aber ich war rechtzeitig hier, zehn Minuten vor Beginn. Das wäre die eine Möglichkeit. Aber ich könnte auch annehmen, das ist ein Prolog, der eine retrospektiv erzählte Geschichte einleitet.

Z: Der Schauspieler gibt das aber nicht zu erkennen, dass er das Publikum einlädt, mit ihm etwas gemeinsam zu betrachten. Das Einladen des Publikums durch den Darsteller des Prologes, das ist ja seine Funktion, scheint ins Gegenteil verkehrt.

W: Nicht nur, dass hier eine Theater-Konvention gebrochen wird, mehr noch: Der Prolog fungiert als Epilog – ein romantischer Gedanke. Tieck hat es in seiner Komödie *Die verkehrte Welt* auch so gehalten.

Die extreme räumliche Nähe zwischen Schauspieler und Zuschauer wird gekontert von der gedanklichen Distanz zwischen Figuren-Text und Publikum. Der zu erwartende und aufklärende Prolog wird verwandelt in einen verrätselten, anspielungsreichen und hermetischen Text, dem Nachzusinnen dem Publikum aber verwehrt wird. Warum Müller die Zuschauer gleich zu Beginn anschickt zu verwirren, ist mir noch nicht klar. In der Druckfassung von Müllers *Macbeth* steht dieser Part nicht als Prolog.

Z: Wir müssen weiter sehen. Wie läuft die erste Szene ab mit den dramatischen Personen König Duncan, seinem Sohn Malcolm, Lenox, einem Soldaten; später Rosse, drei Männer, die von einer nahen Schlacht und ihrem Fortgang von einem Soldaten und dann von einem Heerführer informiert werden. Wie entfaltet sich das Geschehen?

Szene 1
W: Die Bühne hellt auf und aus dem Dunkel treten fünf Figuren ins Licht, zugleich wird eine Dreistaffelung des Bühnenbaus erkennbar. Die Shakespeare-Bühne ist strukturell ins Spiel gebracht. Die Hölle, die natürlich im Shakespeare-Theater nur imaginiert in den Köpfen der Zuschauer und der Spieler war, hier wird sie ganz einfach in der offengelegten Orchestergraben-Unterbühnenwelt einsichtig gemacht. Die Bühnenebene ist die Welt, die Erde die Realität. Und oben im Zuschauerraum, da, wo der Elektrische Stuhl steht, wäre dann der Himmel, sind die Oberen Regionen ... also ist der Stuhl doch mehr ein Thron ...

Z: Dann erklingt eine Musik. Und Vorbühne und Unterbühne werden hell. Ich erkenne die Musikquelle, eine Spieluhr, die eine der Figuren, auf der Rampe sitzend, selbstvergessen abspielt.

W: Wer ist das, frag ich mich. Ich sehe anderes als der Text der Druckfassung vorgibt. Ich sehe fünf Frauen, verkleidet in Phantasiekostüme, sehr zeremoniell den Text vortragen. Frauen berichten von einer Schlacht, in der sie gekämpft haben und wieder kämpfen werden. Aber ihre Weiblichkeit spielt keine Rolle, sie figurieren darum unbekümmert als Schauspielerinnen ohne auf die Geschlechtsunterschiede irgendwo, irgendwie, irgendwann zu verweisen. Fünf Frauen sind als Männer unterwegs. In einer Gesellschaft, in der die Frauen nichts zu sagen haben. Das ist schon verwirrend.

Szene 2
Z: Die Spieluhr hört auf und es setzt eine beschwörend-hypnotische Dudelsack-Musik ein. Die Darstellerin des »Duncan« wechselt Rolle und Kostüm und stellt sich demonstrativ neben eine aus der Unterbühne hochgefahrene, barock anmutende Porträt-Büste »Duncans«. Die Schauspielerin Kipp steht jetzt vor der Büste des Mannes, von dem sie vor Sekunden noch behauptet hatte, ihn zu verkörpern. In diesem Moment kapiert der Zuschauer vielleicht eine Spielregel der Aufführung, dass die Figuren wie die Hemden gewechselt werden, dass es keine Bezüglichkeiten zwischen den von einer Schauspielerin verkörperten Figur zur anderen gibt. Es »bedeutet eben nichts«, dass Heide Kipp erst »Duncan« und dann eine »Hexe« verkörpert. Der Bruch ist total. Hier fährt weder die Hexe in eine Figur, noch fährt eine Hexe aus einer Figur.

W: Eigentlich schade. Das wäre doch schauspielerisch spannend gewesen und ich als Zuschauer kann mich schwer damit abfinden, dass die Mehrfachbesetzungen rein instrumentalen Charakter und keine ästhetische Bedeutung haben, vor allem, wenn ich deutsch-romantisch vorgeprägt bin und in der Verwandlung das Brot des Schauspielers vermute. Aber es ist halt so und damit muss ich mich abfinden: Die Schauspielerinnen spielen keine Rollen, sondern sie erfüllen unterschiedliche Funktionen. Sie tragen Texte vor, die Figuren zugesprochen sind und zugleich diese Figuren konstituieren. Wenn man den Begriff des Rollenvortragens benutzen wollte, dann ist das hier wirklich absolut da. Sie tragen die Rolle vor. Sie referieren, geben zu Protokoll.

Z: Inzwischen sind die rampenparallelen Spiegelwände an die Seitenportale geklappt, der Blick auf die Hauptbühne ist jetzt frei. Dort liegen drei Männer ineinander »verknotet«. Ein Vierter sitzt daneben. Die Hexen – noch immer begleitet von ihrer »Auftrittsmelodie« – entwirren den Haufen, nehmen je einen Mann an die Hand und kennzeichnen dessen Stirn mit einem Kreuz. Wir erkennen die Schauspieler: Beyer, Gwisdek, Montag – im Programmheft angekündigt als die drei Darsteller des Macbeth. Abrupt wechselt die Musik und die drei Paare beginnen nach einem Wiener Walzer (eine Uraltaufnahme mit Orchester und singender Säge) zu tanzen. Als die Hexen die Männer »freigeben«, verklingt die Musik, wenn Macbeth-Montag den Dialog mit dem Vierten beginnt, der während des Walzers auf dem Kopf stehend keinen Boden unter den Füßen fand und deshalb mit den Beinen in der Luft strampelnd Fahrrad fährt und nun verwirrt zu sich kommt.

W: Gleichzeitig werden wir einer Ruine eines Miethauses aus der Gründerzeit ansichtig. Das ist der dritte Anfang. Oder der vierte? Der erste Anfang ist Beyer. Der zweite Anfang ist der Bericht über die Schlacht. Der dritte Anfang sind die Hexen ... Ich fange zum vierten Mal das Stück an, weil: jetzt habe ich auch ein anderes Bühnenbild. Oder überhaupt d a s Bühnenbild. Und jetzt fühle ich mich allmählich wohl und bin jetzt bereit ... Ich habe mich damit abgefunden, dass ich nicht alles verstehe (Lachen). Also schau ich weiter zu, was jetzt an Attraktionen in diesem Spiegelkabinett mir noch geboten wird.

Z: Das ist so ein bisschen wie eine Traumsequenz, was die spielen ... als wäre das unter Hypnose. Und »Banquo« wacht mit Kopfschmerzen auf.

W: Alle haben irgendeinen Schmerz. Ich vergesse sofort die Anfänge, das war trotz aller theatralischen Anstrengungen ... Theater ist furchtbar ... Es hängt irgendwo in der dünnen Luft der Abstraktionen, die Figuren interessieren mich nicht, ich sehe sie zwar, verstehe sie aber nicht. Und konkret ist das, was du völlig zurecht sagst: Da hat einer Kopfschmerzen! Das ist die erste konkrete, nachvollziehbare schauspielerische Handlung, weil es was Subjektives ist. Sehr spannend. Weil es jetzt konkret wird. Und er spricht auch ganz anders, die sprechen ganz anders – was du mit dem Traum, Aufwachen, Zurecht-finden-wollen meinst –, also es ist ein Vorgang, würde man sagen. Figurenverhalten haben wir jetzt, was der Schauspieler produziert.

Szene 2

Banquo: Wie weit der Weg nach Forres. Wer sind die
So grau geschrumpft in ihrer wilden Tracht
Und keinem gleich, was überm Boden wohnt
Und sind doch auf ihm. Lebt ihr. Seid ihr was
Ein Mensch befragen darf. He, sie verstehn mich
Legen den schrundigen Finger an ihr Grindmaul
Jede. Weiber. Die Bärte sagens anders.
Im Staub was für ein Bild. Es gleicht dem König.
Was treibt ihr mit dem Bild der Majestät.

Z: »Wie weit der Weg nach Forres«, das hat er ja noch im Aufwachen gesprochen.

W: Das ist der Märchen-Ton

Z: Oh Gott, mein Schädel! Wie weit ist es denn noch!?

W: Jetzt wird es ganz praktisch. Es wird erstmals eine echte Beziehung zwischen Figuren aufgebaut.

Z: Hexe 3 ruft: »Heil Macbeth, König von Schottland« und Macbeth-Montag fällt vom Blitz getroffen in Ohnmacht.

W: Aber das ist doch inkonsequent, das stört mich, die Grammatik der Inszenierungsabsprachen stimmt nicht mehr, hier ist ein Fehler im System. Denn jetzt ist plötzlich nur *ein* »Macbeth« auf der Bühne.

Jetzt entsteht für den Zuschauer plötzlich die Vorstellung: Hier gibt es einen »Macbeth«, das ist der, der ausgerufen wird und der das auf sich nimmt, indem er umfällt. Was schön ist: Ich nehme es auf mich, indem ich umfalle. Weil ich umfalle, nehme ich es auf mich. Aber hier baut sich der Regisseur Müller eine Falle: Der grundlegende Spiel-Vorschlag auf der Vorderbühne wird auf der Hinterbühne nicht adäquat fortgesetzt, dort gilt das gar nicht! Die Macbeth-Figur wird gedrittelt, aber nur *ein* Schauspieler übernimmt aktiv die Macbeth-Rolle, während die beiden anderen Darsteller das passiv hinnehmen, und die Figur des Banquo wird weder von den Hexen in den Zaubertanz hineingenommen noch auf irgendeine andere Art als Figur etabliert.

Z: Das Problem ist natürlich die notwendig geschwinde Rückkehr von Hermann Beyer auf seinen »Stuhl« im Zuschauerraum. Und Gwisdek muss zugleich im mittleren Fenster der Beletage erscheinen. Die Dreiheit der Figur muss optisch wiederhergestellt werden.

W: Das wissen wir in diesem Augenblick aber nicht, dass hier schnöde bühnenpraktische Umstände die Drittelung der Figur in diesem entscheidenden Moment verhindern. Die Inszenatoren haben sich hier etwas eingehandelt, was ein bisschen zu schwierig ist.

Szene 5
Diener: Der König kommt zur Nacht.

...

Verzeiht, es ist wahr. Der Than ist auf dem Weg.
Von unsern Leuten einer ritt voraus ihm
Der kaum mehr Atem hatte nach dem Ritt
Die Botschaft auszusagen.
(Ab.)

Lady Macbeth: Der Rabe selbst
Ist heiser, der Duncans tödlichen Eingang krächzt
In meine Mauern. Großer Glamis. Cawdor.
Größer als beides mit dem Gruß aus morgen.
Dein Brief hat über dieses dumpfe Heute
Mich aufgehoben und der Augenblick
Hat den Geschmack der Zukunft.

Macbeth-Gwisdek: Duncan kommt
Hierher zur Nacht.

Lady Macbeth: Wann geht er?

Macbeth-Beyer: Morgen. So will ers.

Macbeth-Montag: Wir reden noch davon.

W: Jetzt haben wir die drei Männer mit einem Willen, einer Absicht, der Gesamtkörper »Macbeth« ist etabliert. Ich habe überhaupt keine Schwierigkeiten, es zu verstehen. Ich weiß zwar nicht, warum, einverstanden, aber jetzt ist es absolut logisch, dass das Theater drei oder wie viele »Macbethe« auch immer auftreten lassen kann, dass aber auch auf derselben Spielfläche eine Person anwesend ist, die nur eine einzige Macbeth-Person wahrnimmt. Aber die Dreiheit ist jetzt für den Zuschauer gesetzt und für die anderen Figuren bedeutet diese Dreiheit nichts, sie existiert einfach nicht in ihrer Wahrnehmung. Für »Lady Macbeth« ist das eine Person, für uns Zuschauer sind es drei Schauspieler, die einen Figurentext untereinander aufteilen und körperlich jeweils selbstständig agieren. Das ist die Spielverabredung. Der kann ich folgen, das ist nicht das Problem. – Also hier ist es dann etabliert: nach fünfzehn Minuten etwa. Und hier fängt das Stück ja eigentlich erst an. Das Stück fängt ja praktisch gesehen an mit dem Beschluss, es zu wagen: Mord an König Duncan.

Szene 23

Auf der Szene allein die drei »Macbethe« und »Seyton«, sein/ihr letzter Gefolgsmann in Erwartung des feindlichen Heeres. Macbeth-Gwisdek in der Telefonzelle, Macbeth-Beyer stumm in einer Pappmaché-Ritter-Rüstung neben Macbeth-Montag. Man hört den gellenden Schrei einer Frau. Eine lebensgroße, nackte »weibliche« Puppe fällt aus dem

Schnürboden und schlägt hinter Macbeth-Montag auf der Bühne auf. Rote Rosen-Blätter rieseln auf sie.

Macbeth-Montag: Was für ein Lärm.
Seyton: (der auf der Telefonzelle steht)
Geschrei von Weibern, Herr.
Macbeth-Montag: Seyton. Warum der Schrei.
Seyton: Die Königin, Herr, ist tot.

Dabei geht sein und unser Blick zum »Thron« im Zuschauerraum, auf dem hell angestrahlt Corinna Harfouch im Kostüm der jungen »Lady Macbeth« steht, jetzt eindeutig als die Schauspielerin, da ihre Figur ja soeben aus dem Spiel genommen wurde. Zwischen »Seyton« und ihr beginnt ein wortloser Flirt. Bleibt die Frage: flirtet Ulrich Mühe oder die Figur Seyton mit ihr? Die Spiel- und Bedeutungsebenen beginnen wieder zu verschwimmen. Während des Monologs von Macbeth-Montag: »Morgen und morgen und morgen. Das kriecht / Mit diesem kleinen Schritt von Tag zu Tag / Zur letzten Silbe. Der Rest ist aus der Zeit« demontiert Macbeth-Beyer unter Anleitung und unter Mithilfe von Macbeth-Montag seine Ritter-Rüstung, kippt dann nach vorn um und rollt unter letzten Zuckungen von hinten in die Telefonzelle, während zugleich der aufrecht in der Zelle gestorbene Macbeth-Gwisdek im silbernen Folien-Mantel eingewickelt, der sich als probater Leichensack erweist, nach vorn aus der Zelle herausfällt.

W: Eine Slapstick-Nummer im Stile des Monty-Python-Film-Spektakels *Die Ritter der Kokosnuß*. Ich beginne zu begreifen, dass die Regie anfängt, die Darsteller von den bisher verkörperten Rollen abzukoppeln, denn nun entledigt Macbeth-Montag sich der beiden anderen »Macbethe«. Wenn ich naiv gucke, sage ich, er ruiniert mutwillig seine eigene Macht, sind doch für den einen »Macbeth« die zwei anderen »Macbethe« unverzichtbar in der kommenden Endschlacht.

Z: Auch ein umfänglicheres Nachfragen ist möglich: Die Macbeth-Dreiteilung ist eine Entscheidung der Hexen gewesen, die drei Schauspieler in den Walzer lockten und in das Spiel um die Macht hetzten. Jetzt entscheidet plötzlich einer von denen über das Schicksal der beiden anderen Macbethe. Wieso, warum?

W: Aber auch diese Frage ist unangemessen, ist doch auch sie noch in der fiktionalen Ebene der Erzählung von »Aufstieg und Fall des

Macbeth« angesiedelt. Der Zuschauer muss – und das verlangt die Inszenierung fast pausenlos von ihm – auch in den Bahnen der Inszenierung denken und dann ist der Entschluss, durch einen »Macbeth« die beiden anderen, aus dem Spiel zu nehmen, absolut einsichtig. Die Regie muss sich entscheiden, wie sie aus der Erzählebene der »Macbeth«-Geschichte in die Präsentationsebene der Inszenierung des Stückes *Macbeth* zurückfindet, um das Ganze, die Aufführung zu enden. Zu diesem Zweck müssen die verschiedenen Spielebenen im Schnelldurchlauf abgebaut werden, wozu eben die Entbindung der Schauspieler von ihrer Rolle gehört, was aber nicht die Privatisierung der Darsteller bedeutet. Zuerst wird durch einen der »Macbethe« das einzelne Individuum »Macbeth« wiederhergestellt und damit die entscheidende Ebene der theatralischen Erzählung, die Dreiheit des »Macbeth«, aufgekündigt.

Z: Jetzt übernehmen die Bühnentechniker der Volksbühne das Geschehen, die Handlung jäh abbrechend und doch zugleich weiterführend. Der von Müller oft beschworene Übergang von Kunst und Leben im theatralischen Ereignis scheint auf. Die Techniker beginnen, die Vorstellung abzubauen und den Kunst-Figuren den Boden unter den Füßen wegzuziehen. Sie bemächtigen sich aber auch des Macbeth-Montag, um ihn, angewiesen von »Macduff« der zur rechten Zeit aus dem Orchestergraben auftaucht, zu töten. Wütend-verzweifelt schreit Macbeth-Montag ihnen entgegen: »Himmel und Hölle haben einen Rachen. / Mein Tod wird euch die Welt nicht besser machen.« Die unmittelbare Gegenwart macht kurzen Prozess mit der Bluthistorie.

W: Doch damit ist die Inszenierung noch nicht am Ende und hier beginnt nun ein wirkliches Problem, das im Rückschluss noch einmal die Frage nach der Verständlichkeit der Inszenierung aufwirft. Während die Bühnentechniker Macbeth-Montag »köpfen« und auf der Hauptbühne »Ordnung schaffen«, betreten »Macduff« und »Malcolm« die Vorderbühne:

Malcolm: Für Euren Kopf ist Platz auf meinem Speer.
(Macduff fällt tot um.)

Malcolm: Hab ich gesagt, ich wills. Wär ich in England.
(Er beginnt zu weinen.)

W: Der Autor Müller kommt hier dem Inszenator in die Quere. Der Autor braucht hier eine Figur, dessen Darsteller vom Regisseur gerade von der Bühne in den Orkus geschickt wurde. Hermann Beyer wird als »Macduff« gebraucht, damit der junge König »Malcolm« als erste Un-Tat eben diesen »Macduff«, den Königsmacher, umbringen kann. Das braucht Müller, um seinen Stückschluss deutlich gegen das »harmonische« Finale Shakespeares abzugrenzen. Also hier am Ende schlagen die Probleme dieser Doppelbesetzung wieder durch.

Z: Aber ungerührt ob solcher Bedenklichkeiten schließen die Spiegelwände die Hauptbühne, den Hinterhof, wieder ab. Beyer steht auf, legt das Macduff-Kostüm ab, unter dem er das Macbeth-Kostüm trägt. Die beschwörende »Hexen-Musik« vom Anfang setzt ein, Auftritt der drei Hexen. Hinter »Malcolm« versammeln sich die drei Darsteller des Macbeth und krönen ihn.

Hexen: Heil Malcolm Heil König von Schottland Heil.

Die »Hexen-Musik« bricht ab und Corinna Harfouch erinnert im Auftrittskostüm der jungen »Lady Macbeth« aus dem Zuschauerraum heraus Publikum und Spieler an das Geschehene, indem sie einen Text der Macbeth-Szene zitiert:

> Was könnt ihr gegen Geister. Auf euch baun.
> Wer seid ihr. Fremd mir selber macht ihr mich
> Ansehend meine blutigen Gesichte
> Wie nichts. Seid ihr aus ihrem Stoff, durchgängig
> Für Angst und Tod.[28]

Tango-Musik setzt ein. Die Hexen greifen sich je einen »Macbeth« und wieder beginnt in diesem Spiegelkabinett ein Macht-Tanz wie vor ca. drei Stunden. »Seyton« und »Lady Macbeth« gesellen sich wenig später dazu. Black. Finis.

W: Das ist die von mir als aufmerksamen Zuschauer lang erwartete entscheidende Aktion der Hexen, den eigentlichen Herrscherinnen dieses Theaters, die aus seinen innersten Tiefen, aus seinen Eingeweiden ausgebrochen sind und das Geschehen der Oberwelt aus der Unterwelt heraus bestimmen und jederzeit in diese einbrechen können. Die drei Darsteller des Macbeth werden von den Hexen wieder ins Spiel aufgenommen, sie tanzen mit ihnen wie schon einmal in ein neues Machtspiel. Die Hexen werden sie nach Herzenslust und getrieben von einer großen Gier auf das unendliche Zerstören jeglicher Herrschaft erneut ins mörderische Machtspiel schicken. Allein die Stunde ist noch ungewiss.[29]

Z: Wie die drei Macbeth-Spieler wieder zusammenkommen, das ist ja eigentlich ein neues Stück.

W: Genau darum geht es. Wie kommen die zwei Schauspieler Gwisdek und Montag und der »verfremdete Prologus« Beyer wieder in den, sagen wir, embryonalen Zustand, bevor sie als die drei »Macbethe« von den Hexen ausgerufen werden? Dieser Übergang ist nicht da. Ein einfacher Besetzungsirrtum, dass Hermann Beyer die zwei Figuren Macbeth und Macduff spielt, macht einen Strich durch alle sinnvollen Lösungen.

Soweit einige Auszüge aus dem Gespräch und ein abschließendes Resümee:

W: Natürlich kann eine Geschichte viele Geschichten in sich bergen, das ist nicht der Punkt, der über das Verständnis einer Inszenierung entscheidet. Entscheidend ist, wie sich diese Geschichten zueinander in der Phantasie des Zuschauers fügen und wie dieser rezeptive Grundvorgang vom Theater angeregt und auch erleichtert wird. Die Nachvollziehbarkeit, die Einsicht in die Wechsel der Erzähl-Perspektiven, der Gestaltungsweisen und eben auch der Rollenzuweisungen ist geboten, soll die Kohärenz der fiktiven Geschichte, auf der all diese ästhetisch anspruchsvollen Verfahren gründen, gewahrt bleiben. Wenn nicht, dann hat der Zuschauer keine Chance des Ko-Fabulierens geschweige denn des Ko-Produzierens, dann ist er der »Überschwemmung« ausgeliefert. Müller hat den Kanon zerbrochen.

Z: Das war die Zeit, als er Theater besonders hasste. Sagte jedenfalls Fritz Marquardt.

W: Wenn man das nun wieder positiv nimmt, dann sagt das was darüber, was möglich ist auf dem Theater, letztlich alles. Das ist die Wirkung der Bricolage und das Risiko des Bricoleurs, der plötzlich disparate Bestandteile unterschiedlicher Gerätschaften und Materialien in die Hand bekommt, und mit denen er nach seiner Weise umgeht, sich nicht um ihre zugedachte, eingeführte und erprobte

Nutzung kümmert. Setzen wir voraus, dass die totale Überforderung absichtlich und vorbedacht geschieht. Jede Gewissheit wird ihm entrissen, er kann sich seiner Urteile, Wertungen, Vermutungen niemals gewiss sein in der Flucht der rasend wechselnden Erscheinungen. – Aber das ist eine rezeptive Überforderung mittels eines Textes, dessen gesellschaftskritischer Gehalt mager, dessen »geschichtsphilosophischer Inhalt« (Heise) dünn ist. Selbst wenn ich die Aufführung irrtümlich als Anti-Stalinstück wahrnehme, sagt es wenig über die wirkliche Welt aus. Das Stück dient tatsächlich als Vorlage für ein theatralisches Vexierspiel, in das der Zuschauer verwickelt werden soll, ihm soll die radikale Autonomie des Theaters nahegebracht werden.

Z: Eine Möglichkeit steht hier dem Zuschauer nur offen, um sich zu behaupten, er muss eingreifen, im Verwirrspiel mittun. Das ihm völlig fremde, nicht zu konsumieren, sondern zu produzieren, aus dem Angebot Eigenes bilden, nicht nachfragen, was soll es bedeuten, sondern nach seinem Bilde das Geschehen ordnen und genießen. Im Genuss liegt der letzte Sinn und Zweck, wer genießt was, ich genieße meine Fähigkeiten und zwar kreative, nicht reproduktive, das ist der springende Punkt. Nicht meine Sache wird hier verhandelt, nein, nein, ich verhandle meine Sache und ob für mich oder mit anderen, das ist mir freigestellt.

W: Roland Barthes, so scheint es, hält den Schlüssel für die Inszenierung bereit:

> Denn das große Problem heutzutage ist das: aus dem Lesenden einen Schreibenden zu machen. Wenn es eines Tages gelingt, den Leser in einen virtuellen oder potentiellen Schriftsteller zu verwandeln, wird das ganze Problem der Verständlichkeit verschwinden. Wenn man nämlich einen Text, der anscheinend unlesbar ist, in der Bewegung seiner ecriture aufnimmt, versteht man ihn gut. Offensichtlich ist eine vollständige Veränderung – ich würde fast sagen – eine Umerziehung zu leisten. Dafür ist eine Veränderung der Gesellschaft nötig.[30]

Darauf ist nichts mehr zu erwidern, wir sind im Utopischen. Die theatralische Verkehrsform der Postmoderne will aus dem Zuschauer einen Mit-Autor modeln. Der Zuschauer rezipiert nicht mehr das Werk, das ja postmodernem Kunstverständnis nach sowieso inexistent ist, sondern produziert im Rezeptionsprozess, der keine einschichtige und einsträngige Rezeption eines fremden Objekts mehr sein soll, angeregt durch das entsprechend multivalente und multiperspektivische Objekt/Geschehnis, für sich allein ein fiktives und imaginäres Gebilde, dessen Substanz seiner Phantasie entspringt. Das Objekt selbst wird nicht angeeignet, sondern Elemente des Objekts werden vom Zuschauer verarbeitet. Verarbeitet zu einer eigenen künstlichen Welt. Unabhängig von der ihm fremden Autorenwelt, werden vom Zuschauer die ihm zur Verfügung gestellten Materialien, Mittel und Verfahren neu gefügt zum genussbereitenden ästhetischen Ereignis, in dem Subjekt und Objekt in einem eigenständigen Bild des Wirklichen gedanklich und sinnlich aufregend miteinander verschmelzen. Der Rezipient emanzipiert sich zu einem Koproduzenten, der sich vom ästhetischen Idiolekt des Autors befreit. Die theaterästhetischen Konfliktlinien werden deutlich. Episches Theater ist darauf gerichtet, das soziale und gesellschaftliche Handeln der Zuschauer zu aktivieren. Sie sollen Lust bekommen Gesellschaft zu gestalten, sich praktisch zu verausgaben. Das postmoderne Theater ist dazu ausersucht, die individuellen Fähigkeiten des Zuschauers zum künstlerisch modellierenden Phantasieren zu wecken und zu stärken. Die sinnlichen Sensationen des Kunstwerkes werden zum Spielfeld und Spielmobil der eigenen Gelüste und Vorstellungen. Der Zuschauer soll sich genießend individuell bereichern.

Die Aufführung von *Macbeth* ist zweifellos die erste konsequent den postmodernen Produktions- und Rezeptionsweisen verpflichtete Aufführung in der DDR und der Ausgangspunkt für künftige experimentelle Theaterarbeiten außerhalb aller sozialistisch-realistischen Normative und jenseits des Epischen Theaters.

So begann 1982 die letzte Etappe des Theaters in der DDR, aphoristisch skizziert von Martin Linzer: »In Berlin: Zwei Inszenierungen von extremer Gegensätzlichkeit Heiner Müllers ›Macbeth‹ und Fugards ›Dimetos‹ am Gorki-Theater – extensive Aktivierung aller Mittel des Theaters zu einem Bild gegenwärtiger Welt – intensive Aktivierung von Schauspielkunst zu menschlichen Psychogrammen (in dieser Welt).« Das war die Reprise des alten Streits zwischen »Brecht« und »Stanislawski«, aber befreit von ideologischen Verdächtigungen aller Art, individuelle Entscheidung der Schauspieler und Regisseure, ausgetragen jetzt im Wettstreit um die Gunst des Publikums. »[...] Und in der Republik: partielle Ergebnisse einzelner Regisseure bzw. Teams mit unterschiedlichen, an das spezifische Interesse der Macher gebundene Projekte: ›Antike Entdeckungen‹ in Schwerin, ›La Guerra‹

in Dresden, Groß' ›Denkmal‹ in Karl-Marx-Stadt, Brechts ›Trommeln in der Nacht in Greifswald‹, Müllers ›Auftrag‹ in Anklam.«[31]

Die Verbindlichkeiten hatten sich erledigt, die subjektiven Interessen der unmittelbaren Theaterproduzenten entschieden über Stückwahl und Spielweisen und kollidierten deshalb in ungeahnter Weise mit den Konventionen der Theater im Dienste der führenden Partei und mit ihren Repräsentanten, den Intendanten in den einzelnen Theatern der »Provinz«.

Frank Castorf antwortete mit einer pop-artistischen Version des *Othello*[32] aus dem Geiste des Dadaismus auf die artifiziell ausgefeilte, vieldeutige, teilweise rätselhafte, den Zuschauer auf die »ästhetische Probe« stellende *Macbeth*-Inszenierung Müllers. »Wir haben das Recht zu jeder Belustigung, sei es in Worten, Farben, Geräuschen; dies alles aber ist ein herrlicher Blödsinn, den wir bewußt lieben und verfertigen, – eine ungeheure Ironie, wie das Leben selbst: die exakte Technik des endgültig eingesehen Unsinns als Sinn der Welt.«[33] Da aber diese Aufführung nicht in der Volksbühne im 3. Stock gezeigt wurde, wo sie hingehörte, sondern in Anklam, war die Premiere die erste und letzte Vorstellung der Inszenierung.

Brecht war scheinbar rigoros aus dem Theater verwiesen. So die allgemeine Meinung, aber es war doch auch eine Erinnerung an den jungen Brecht wach, der ein schockierendes Figurenprofil einer »Maria Stuart« entworfen hatte:

> Sie pudert sich vor dem Spiegel, während sie die Arien singt. Das letzte sind ihre schönen Hände, die sehr weiß sind. Ihretwegen trägt sie die schwarzen Kleider. Die katholische Riechwasserschwemme, die alternde Kokotte, die sich auskennt. Heftig, eitel, mit Haltung. Allein sinkt sie zusammen. Burleigh, die Bulldogge, die derlei Weiber kennt. Mit ihr redend, macht er ein Toilettenschränkchen auf, er riecht an einem Fläschchen, was sie rasend macht und zu einer schönen Arie begeistert. Letzter Akt. Was sie mit ihren letzten fünf Minuten anfängt. Während sie ihren seit Wochen einstudierten Abschied von den Mädchen nimmt mit einer leisen, etwas verschleierten Stimme – in der Musik ist, daß sie weinen sollen. Aber etwas entfernt und nicht bei der Sache blickt sie beinahe unentwegt auf eine weiße große Wanduhr hinten, denn es sind die letzten fünf Minuten.[34]

Gleichgültig, ob damals bekannt oder nicht: Diese Notiz über Schillers dramatische Figur »Maria Stuart« ist grundlegend für die jetzt einsetzende Erneuerung alter Stücke, ist Vorschein eines Theaters, das sich nicht im verfremdend episierenden Spiel erschöpft, und so begann um 1982 die letzte Etappe des Theaters in der DDR mit Müller und dem jungen Brecht.

Hermann Beyer, Michael Gwisdek und Dieter Montag im Gespräch

Wieck: Wie und warum habt ihr euch eingelassen auf die Arbeit an *Macbeth* und der damit gesetzten Drittelung der Figur?

Gwisdek: Das kann ich dir sagen. Es gab einen Hauptgrund bei *Macbeth*, also aus meiner Sicht. (alle lachen) Gut, ich fang die Geschichte anders an: Ich habe 'nen großen Sprung gemacht von 'nem Trabi auf 'nen Citröen. Als erstes bin ich mit meiner Frau[35] nach Karl-Marx-Stadt gefahren. Zu meinen alten Kollegen in die Kantine und hau auf die Kacke! Komme da rein, saß da eine Schauspielerin namens Corinna Harfouch und sagte, sie habe ihren Zug verpasst und ich fahre doch wieder nach Berlin zurück und ob sie mitfahren könnte. Dann sind wir zu dritt nach Berlin gefahren, es war Schneesturm, und sie sagte von hinten: »Ich habe eine Frage, Herr Gwisdek. Soll ich das machen? Ich habe von Heiner Müller das Angebot, die Lady Macbeth zu spielen. Soll ich das machen?« Ich hab gedacht, ist die bescheuert? Aber ich musste ja fahren und die hat so leise gesprochen ... Dann hab ich sie nachhause gefahren. Und als ich zu mir nachhause kam, lagen meine Klamotten draußen auf der Treppe. Meine Frau hat meine ganzen Klamotten gleich raus ... weil ich zwei Stunden zu spät kam. Wir haben die ganze Zeit gequatscht. Aber meine Frau dachte natürlich: Zwei Stunden zu spät?! Das war's dann.

Wieck: Wusstest du bei der Autofahrt schon deine Besetzung?

Gwisdek: Ich habe von der Harfouch meine Besetzung gehört! Dass ich den »Macbeth« spielen soll. Da war von dreien noch gar keine Rede. Das fand ich ein bisschen merkwürdig von Heiner Müller, dass ich von einer Schauspielschülerin erfahre, dass ich für »Macbeth« vorgesehen bin. Dann kam die Besetzung zustande und wir waren zu dritt, wie du weißt. – Jetzt passierte Folgendes: Ich merkte natürlich, dass Heiner scharf auf die Harfouch ist. Ich hatte aber durch diese Fahrt und wegen des Rauswurfs auch mein Interesse an ihr. Bei Hermann hatte ich auch das Gefühl, bei Dieter wusste ich nicht so richtig. Jedenfalls war das die Zeit, wo alle diese merkwürdige Frau, die so 'ne Ausstrahlung hat ... Was weiß ick! Ich merkte bloß an folgenden Sachen, dass es kriminell wurde, dass ich gesagt habe: Dit Ding lass ich mir hier nicht nehmen, die Harfouch kriege ich. Während *Macbeth* habe ich es ständig verpasst, Spielangebote zu machen, habe mich aber immer in eine zentrale Spielposition gebracht, dabei konzentrierte ich mich nur auf die Eroberung Corinnas. So wurde das die statischste, innerlichste Figur, die ich je gespielt habe. Das wurde von Müller alles ins Spiel, in die Inszenierung eingebaut. Das war seine Genialität, dass er solche Dinge sah und benutzen konnte. Ich bekam gerade so mit, dass Uli Mühe sich einen Wolf spielt und die Rampe besetzt, was sonst eigentlich meine Domäne ist. Rauf auf die Telefonzelle. Und runter. Und an der Rampe hin und her. Er turnte das Ding. Aber eigentlich war ich der körperliche Schauspieler. Und ich stand da nur. Weil ich mit den Gedanken woanders war. Ich passte nur auf. Dann merkte ich, die Inszenierung ist zu Ende – und ich hab die verpasst. Uli Mühe hat alles abgespielt. Hermann konnte nicht, der war da hinten festgebunden, der konnte eh nichts machen. Dieter war der eigentliche »Macbeth«, aber ich hatte ihn nie als Gegner auf der Agenda. Und Uli Mühe, rein Corinna-mäßig, auch nicht, aber als Schauspieler. Denn eigentlich wäre ich als Erster auf der Telefonzelle, da hat er keine Chance. Aber war alles nicht. Ich stand nur da. Und jetzt ist die Pointe – ich bin ja so ein Pointenfreak – dass es später ein Foto gab in »*Theater der Zeit*« ... und in der Mitte stand ich! Die Überschrift: »Michael Gwisdek – was für ein Schauspieler!«.[36] Was hieß: Der kann auch gar nichts machen, der steht einfach nur da! Doch ich hatte gedacht: Scheiße, morgen ist Premiere, was soll ich jetzt machen? Dann bleibe ich jetzt hier stehen! Heiner war das scheißegal. Andererseits: Ich konnte mich auf Heiner total verlassen, auf seinen Geschmack, auf seinen Instinkt über den Verlauf von Vorgängen, auf die Pointen und auf seinen Umgang mit Bildern. Dabei habe ich gelernt, dass man sich auf Bilder, Bild-Wirkungen verlassen konnte. Und er hat nie psychologisiert – was Heiner Müller erklärte, hätte jede Toilettenfrau verstanden. ... Das war nicht irgendwie elitär oder sowas. Sondern das war das Geheimnis, dass wir alle irgendwo auf dem Boden geblieben sind.

Wieck: Aber noch einmal zurück: Wie habt ihr zu dritt *Macbeth* ausgehalten?

Beyer: Ich wollte nicht. Erst mal.

Wieck: Du hast damals notiert: Heiner sagt in einem Interview, er glaube nicht an Solidarität, er sei für die produktive Ausformulierung der Differenzen, das sei vielleicht das größte revolutionäre Potential. Ich bin auf Solidarität angewiesen. Umso mehr, je weniger es gibt. Der geliebte, auch von mir mit Haßliebe ersehnte Starkult ist: nicht Schauspieler sein. Schauspieler sein ist: der Horde verpflichtet sein, der Horde seine Existenz verdanken. …

> Mittags Krach mit Heiner, der sich aufschaukelt und der nicht gut ist. Heiner wird aggressiv. Ich, aus dieser blöden Demutshaltung, dann auch. Gehe. Ich will einen verkürzten Text gar nicht sagen. Heiner redet von »soufflieren«, ich werde sauer. Er sagt, er müsse mir sagen, wie schlecht ich da hinten meist noch sei. Er habe das bisher vermieden. Ich sage, daß ich darum bitte, weil ich darauf angewiesen bin. Er verstünde nicht, warum sowas immer persönlich genommen werden müsse. Ich sage etwa, das sei mein Beruf, Haltungen auf mich zu beziehen, ich könne das nicht haarscharf an mir vorbeigehn lassen; die Schauspieler, die das können, bekäme er in zwei, drei Jahren von der Schule geliefert, Leute wie Corinna seien gerade noch so durchgerutscht. Heiner: »… diese blöde Angst vorm Mißbrauch der Schauspieler.« Die Spannung zwischen der Angst vorm Mißbrauch und dem Bewußtsein des Gebrauchtwerdens macht vielleicht den Beruf aus.[37]

Montag: Deswegen mussten sie ihn festbinden. (Lachen)

Gwisdek: Ich kann mich erinnern, dass Heiner so was gesagt hat. Weil ich ihm das mit der Harfouch gesagt habe, und ich wüsste nicht, ob Hermann da auch … Hinterfotzig wie ich bin, meinte ich ja eigentlich Heiner … Und da sagte er: Den binden wir fest! (Lachen) Privates spielte sehr oft eine Rolle.

Beyer: Das war Schlieker, der … (undeutlich gemurmeltes Schimpfwort)[38]

Wieck: Der eine hasste den Bühnenbildner, der andere rannte einer Frau hinterher. Da blieb ja nur übrig, dass Dieter Montag die Hauptsache übernimmt.

Gwisdek: Die Hauptrolle war Dieter, das ist doch klar. Er musste zwar aufpassen auf der Bühne, dass er mich nicht wegrempelt, da in der Mitte.

Wieck: Manchmal hatte auch er die Mitte. Manchmal auch ihr beide, bei der Übergabe der Dolche, zum Beispiel.

Beyer: Das war gruselig für mich, wenn ich hinten saß und ihr diesen Gang hattet zu den Takten von »The End« von The Doors.

Wieck: Die Inszenierung wird am stärksten, wenn ihr drei agiert – und die Harfouch in der Mitte zermalmt.

Beyer: Ich war doch gar nicht auf der Bühne. Ich bin doch nur als »Macduff« unten gewesen.

Wieck: Du warst trotzdem im Blick und Ohr des Publikums immer anwesend. Du hast da gewacht da oben im Publikum und hast dich immer wieder eingemischt.

Beyer: Ja. – »Morgen und morgen und morgen ... All unsre Gestern, von Blinden am Seil geführt in staubiges Nichts ...« – Die Leute knüppeln mit Worten. Dann hab ich mal, weil ich es unerträglich fand, da immer zu sitzen und zuzuhören, einen Text vorgelesen –

Wieck: Den Text über die Erpel.

Beyer: Den hab ich mal so aus Quatsch reingelesen –

Montag: Furchtbar! Det nun och noch. (Lachen)

Beyer: Also im Vorfeld habe ich gesagt: Lasst das Dieter spielen, ich will da nicht drin sein. Gekündigt hatte ich ja schon. Aber dann sagte ich mir: Wer weiß, wann du nochmal zu einer solchen Arbeit kommst. Geld verdienen musste ich auch.

Wieck: Und was sagt Dieter Montag dazu, dass er eigentlich die ganze Rolle alleine spielte? Wie ist das verhandelt worden? Ihr seid doch eine Gruppe gewesen, die nicht erst am Schwarzen Brett las, dass man besetzt ist.

Gwisdek: Wir saßen ja jeden Abend in der Kantine. Da ist keiner nach Hause gegangen. Die Sachen wurden abgesprochen. Heutzutage musst du ja alles vertraglich regeln.

Montag: Das stand auch nie infrage, dass einer gesagt hätte: Nein, das will ich nicht, ich will hier allein stehen! Da wär ich gar nicht auf die Idee gekommen, weil das, was Heiner vorhatte, das wird bestimmt interessant. Ob es nun super wird, das konnte man nicht sagen. – Und da ich die beiden kannte und froh war, dass Hermann angebunden war, aber dann mit seinen eigenen Texten kam ... (Lachen) ... Und dann hatten wir wunderbare drei Hexen! Corinna war mir ein bisschen zu kalt. Doch ich wollte nichts von ihr und es passte für die Rolle.

Wieck: Es ist eine Art Un-Beziehung zu sehen zwischen euch.

Beyer: Aber das war gut für die Rolle.

Wieck: Hermann hat das Publikum sehr gut beobachten können, Gwisdek auch. Die Inszenierung war eine große Herausforderung, eine große Verwirrung. Konnte man damit arbeiten während der Vorstellung? Oder habt ihr euch allein gefühlt?

Montag: Wenn ich in meinem »Grab« unter der Bühne saß, habe ich immer die Zuschauer gezählt. Das ging schnell, so wenig waren da oft drin. Es war ein bisschen ein Kampf für mich, die zu kriegen. Das spürst du ja, wenn Totenstille ist. Manchmal warst du ja froh, wenn sie nicht gebuht haben. Also ich hatte das als Kampf empfunden. Als Figur habe ich das dann mitgenommen ins Spiel. Aber es war nicht so, dass man sich wohl fühlte.

Beyer: Ja, es war ein Kampf. Es war auch enttäuschend, wenn ich gesehen habe, da ist frei und da ist alles frei. Und ich meine, dafür hatten ja auch einige gesorgt. Am Ende der *Macbeth*-Vorstellungen war wohl keiner von uns froh, daß diese Aufführung nun nicht mehr gezeigt werden sollte.

Gwisdek: Das wurde hinterher auch immer ausgewertet. Es gab Privatkritik untereinander. Wir haben immer darüber gesprochen. – Ich weiß nicht, wie das heute ist. Aber ich kann mir nicht vorstellen, dass das heute noch so 'ne Rolle spielt, wie es damals spielte.

Montag: Das findet überhaupt nicht mehr statt. Aber auch schon damals, selbst am Deutschen Theater wurde nicht gesprochen. Einige konnten sich nicht ausstehen. Was mich immer wunderte: »Wieso?! Was hat er denn gemacht?!« – Bei uns gab es nie in irgendeiner Art und

Weise dieses: »Naja, jetzt spielt der das schon wieder, das hätte ich eigentlich gekonnt!« ... Jedenfalls kann ich mich nicht daran erinnern.

Wieck: Hat es euch beschäftigt, dass es mindestens vier Erwartungen an die Inszenierung gab unter den Zuschauern? Die DDR-Kritik hatte in ihrer Mehrheit verkündet, das ist alles ganz furchtbar, weil das ist importiertes Bildungsgut und abgekupferte Bilderflut aus dem Westen. Es gab einen Teil des Publikums, der traditionell in die Volksbühne ging, aber das Stück nicht kannte, oder nur vom Lesen, weil es über zwanzig Jahre gar keine Inszenierung in Berlin gegeben hatte. Der andere Zuschauerteil war der durch die Presse korrumpierte oder interessierte. Der sagte entweder, jetzt gucken wir uns mal diese Westscheiße an oder er war begierig, die Westware im zeitweiligen »Intershop-Theater« Volksbühne anzustaunen. Und die letzte Gruppe waren natürlich die Freunde, die Eingeweihten. Wusstet ihr, was ihr da eigentlich treibt? In dieser Gemengelage. Denn es war ein Politikum, ob ihr nun wolltet oder nicht.

Beyer: Das war uns bewusst.

Gwisdek: Wir haben uns damals so verstanden.

Wieck: Ihr drei vor allem wart Protagonisten einer bestimmten Art und Weise des Theaterspielens, nicht einer politischen Meinung. Also keine Provokateure. Aber ihr wart ästhetisch in einer Sonderstellung.

Gwisdek: Wenn du von außen darauf geguckt hast, dann war das halt die Ansammlung der interessantesten und extremsten Theaterleute, die zu der Zeit in der DDR gearbeitet haben. Das war das Verdienst von Besson. – Was ihm auch ein bisschen das Genick gebrochen hat am Ende. Meine schlimmste Begegnung mit Besson war nach *Die deutschen Kleinstädter*. Das Paradoxe daran war, dass ich am Schwarzen Brett gelesen hatte: Straßburger Regie, die beiden Hauptrollen Usch Karusseit, Michael Gwisdek. Ich werde die Premiere nie vergessen: Du siehst die beiden Zirkuspferde, Usch und icke, um die Wette spielen, das Publikum »ging ab« und wir haben uns beim Applaus gefreut, dass wir unser Handwerk beherrschen und dass wir geliebt wurden dafür. Wir gingen freudig ab – und quer über die Bühne kommt Besson und sagt zu mir: »Verräter!« ... Usch fing an zu heulen. Da hat man jahrelang alles aufgebaut und Usch und ich haben ihm alles kaputt gemacht mit dieser Scheiße hier! – Ich sagte: »Benno, ich habe mich nicht darum bemüht, ich habe von dir erfahren, dass ich das spielen muss. Und ich spiele doch jetzt nicht an der Rampe schlecht. Das geht nicht!« – Werde ich nie vergessen. Das war ein persönlicher Angriff.

Beyer: Aber dass er die Regisseur-Kommune zusammengehalten hat, das war schon eine große Leistung. Dass Besson Fritz, Karge/Langhoff, Straßburger ausgehalten hat, das war enorm. Dass diese vier Truppen über einen relativ langen Zeitraum Platz hatten! Auch wenn Fritz sich immer benachteiligt gefühlt hat …

Wieck: Besson, Karge/Langhoff, Marquardt. Das waren drei unterschiedliche Regieteams. Es ist doch auffällig, dass jeder Regisseur meinte, euch drei brauche ich.

Gwisdek: Zu uns gesagt: Das ist der harte Kern! Wir waren auch international anerkannt. Wir waren die Besten! – Auf die Frage, was er für 'ne Gage in Paris für die Regie bei *Hamlet* bekommen will, hat Benno gesagt: »Einen Dollar mehr als …« Wie hieß sein Gegenpart, der Regisseur?

Montag: Strehler.

Gwisdek: Einen Dollar mehr als Strehler! Darauf kam es ihm an. Weil es in dieser Zeit hieß: Wer ist der Beste, Strehler oder Besson?

Wieck: Das war eine alte Frage. Brecht hielt sowohl Giorgio Strehler als auch Benno Besson für seine kongenialen Regie-Nachfolger, so ging jedenfalls die Rede.

1 Friedrich Schiller: *Shakespeares Schatten. Eine Parodie*, in: Sämtliche Werke, Band 1, München 1962, S. 300.

2 Heiner Müller »Leipziger Gespräch« (1974), a.a.O, Druckfassung, in: *HMW*, Band 10, a.a.O., S. 695.

3 Christian Dietrich Grabbe: *Marius und Sulla*, 1. Fassung, in: *Dramatische Dichtungen*, 1. Band, hrsg. v. Hermann Stresau, Berlin 1944, S. 424f.

4 Christian Dietrich Grabbe: *Marius und Sulla*, 2. Fassung, in: a.a.O., S. 500.

5 Vgl. dagegen Barbara Gerson *Macbird*, Eugen Ionesco *Macbett* oder auch Edward Bond *Lear*.

6 »Müller hat den barbarischen Ausdruck der Feudalordnung und ihrer Machtkämpfe direkt gezeigt. Menschenverachtung, Grausamkeit, Mord und Totschlag auf der Szene. Über die Chance, derlei im Theater zu machen, wird gestritten. Ich glaube, daß es möglich ist – wenn die Eigenart des Mediums Theater nicht verletzt, wenn beachtet wird, daß im direkten Kontakt von Parkett und Bühne andere Wirkungen zustande kommen als von Leinwand und Bildschirm herab.« Rainer Kerndl, in: *ND*, 15. April 1972.

7 Harich attackierte Müller in *SuF* 1/1973 und Holtz schlug in *SuF* 4/1973 zurück und auf Harich ein. Zwei willkommene, weil substanzlose Ausweise einer angeblichen Öffentlichkeit.

8 Wolfgang Heise: »Notwendige Fragestellung«, *TdZ* Heft 9/1972, S. 45f.

9 Dem Intendanten Rödel war es nicht gelungen, die Volksbühne aus dem Schatten der Besson-Ära zu führen, allein die zwei Müller-Inszenierungen 1980 schlugen seiner Intendanz zu Buche. Das war aber nur das Minimum dessen, was die Kulturbürokratie von ihm erwartet hatte. Die Abteilungsleiterin im ZK der SED legte einen umfassenden Kaderplan vor, der für die Volksbühne vorsah, Rödel umgehend abzulösen, da er »das Theater offensichtlich nicht in den Griff bekommt. Die Gruppierungen sind zu widerstrebend, er hat versucht, ausgleichend zu wirken, was nicht günstig ist. Mich befragten vor kurzem der Schweriner Chefregisseur Christoph Schroth und seine Chefdramaturgin Bärbel Jaksch, wie ihre Perspektive aussähe und wo sie gebraucht werden. [...] Ich schlage vor, Schroth als Intendanten und Chefregisseur und Genossin Jaksch als Chefdramaturgin in die Volksbühne zu geben.« Ursula Ragwitz am 8.11.1981 an Hager mit der Bitte um Vortrag bei Honecker; betr. DT (Berufung von Prof. Rohmer zum Intendanten, Friedo Solter zum Chefregisseur), BE (Ablösung des Intendanten Wekwerth und Rückholung des von Wekwerth ausgebooteten Regisseurs Peter Kupke) und Volksbühne (Ablösung des Intendanten Fritz Rödel). ZPA (der SED), Archivzug Nr. 32802 (alte Signatur) S. 4f. Es ist davon auszugehen, dass ein derartig umfangreicher Personalwechsel im Vorhinein bekannt wurde. Rödel musste schnell handeln und er handelte. Er baute auf Heiner Müllers internationales Image und ermöglichte dem gesamtdeutschen Theater-Wundertäter eine großdimensionierte Aufführung eines eigenen Textes, die nur »politisch« nicht aus dem DDR-Rahmen fallen durfte. Die Rechnung ging auf. Rödel konnte die folgenden Kritiken gelassen ertragen, schließlich hatte er sich als Schirmherr Müllers ausgezeichnet. Die Inszenierung war Sache des Regisseurs Müller und Rödel stand der Inszenierung gut sozialistisch-realistisch geeicht kritisch gegenüber. Rödel hatte die Situation opportunistisch unübertrefflich gemeistert und seine Intendanz gerettet.

10 Heiner Müller: »Wozu?«, Gespräch mit Martin Linzer, in: *Regie: Heiner Müller*, hrsg. v. Martin Linzer/Peter Ullrich, Berlin 1993, S.199ff. Natürlich ist Müller gut erkennbar auf den Spuren Brechts mit seiner Adaption und seiner Inszenierung. »In der Zusammenhanglosigkeit seiner Akte erkennt man wieder die Zusammenhanglosigkeit eines menschlichen Schicksals, wenn es von jemand berichtet wird, der kein Interesse daran hat, es zu ordnen, um eine Idee, die nur ein Vorurteil sein kann, mit einem Argument zu versehen, das nicht aus dem Leben gegriffen ist. Es gibt nichts Dümmeres als Shakespeare so aufzuführen, daß er klar ist. Er ist von Natur unklar. Er ist absoluter Stoff.« Bertolt Brecht: »Vorrede zu Macbeth« *(1927)*, in: Ders.: *Aufsätze über Shakespeare*, Sonderdruck des BE zum Shakespeare-Jahr 1964.

11 Heiner Müller, 1. Juli 1982. Privatarchiv Th. Wieck

12 Müller hat die Szenen 3 und 4 gestrichen, die Szenen, in denen die Mächtigen über die stummen Bauern »hinweggehen«. Und er hat die Szene 20 gestrichen,

die im Zusammenhang mit der Szene 18 die Käuflichkeit der zu Soldaten gepressten und verwandelten Bauern zeigt.

13 Zusammengestellt aus Kritiken und Texten von Lehmann (*TH* 12/1982) sowie Fiebach, Schumacher, Wirsing, Linzer, Kerndl, Gerhard Ebert, Christoph Funke und Heiner Müller, sämtlich in: *MACBETH von Heiner Müller nach Shakespeare Volksbühne Berlin 1982*, a.a.O., S. 157 ff.

14 Kranz: a.a.O., S. 361.

15 Helmut Ullrich, in: *Neue Zeit*, 24. September 1982.

16 Wolfgang Engel: »Texte, ins Leere geworfen«, Wolfgang Engel im Gespräch mit Frank Hörnigk, in: *Kalkfell Zwei*, hrsg. v. Frank Hörnigk, Berlin 2004, S. 28. Neben Castorf war Engel, von Fritz Marquardt abgesehen, der einzige Regisseur in der DDR, der sich kontinuierlich mit Stücken Müllers inszenatorisch auseinandergesetzt hat. Tragelehn wurde daran bis ins Jahr 1985 gehindert.

17 Hartmut König: »Zu den Aufgaben des Jugendverbandes bei der Entwicklung eines reichen geistig-kulturellen Lebens« Von der Kulturkonferenz der Freien Deutschen Jugend«, in: *ND*, 22. Oktober 1982. Der Einwand war läppisch und König politisch nachrangig.

18 Frank Sécrit: »Untersuchungen zum Stück, zur Inszenierung und zur Rezeption des MACBETH von Heiner Müller« unveröffentlichte Diplomarbeit, Theaterhochschule »Hans Otto« Leipzig 1983; Renate Ziemer: »MACBETH NACH SHAKESPEARE oder Verfremdungstechnik NACH Brecht (Analytische Beschreibung der MACBETH-Inszenierung an der Volksbühne Berlin, 1982, Regie: Heiner Müller/GinkaTscholakowa«, unveröffentlichte Diplomarbeit, Theaterhochschule »Hans Otto« Leipzig 1987.

19 Ziemer, a.a.O., S. 3.

20 Die Umwandlung in einen einheitlichen theatralischen Produktionsraum wurde von Schlieker und Müller bereits in ihrer Inszenierung *Auftrag* vorgenommen, konnte aber angesichts der schmalen Ausmaße des Theaters im 3. Stock mehr oder weniger als räumliche Notlösung vom Zuschauer empfunden worden.

21 Eric Reger: *Union der festen Hand*, Berlin 1931, S. 11.

22 Die Ausführungen basieren auf der Diplomarbeit von Renate Ziemer und wurden 2020 nach mehrmaliger Ansicht einer Videoaufzeichnung der Inszenierung ergänzt.

23 *Sécrit: a.a.O., S. 72. Die Szene beweist Müllers theaterästhetische Vorliebe fürs Groteske: »So verfährt die komische Groteske. Sie ist voll überraschender Lebendigkeit. In voller Drastik springt sie uns entgegen. Was vorhin Abgrund war, wird zur Pointe.«, Wilhelm Fraenger: »E. T. A. Hoffmann und Francisco Goya«, in: *Wilhelm Fraengers Komische Bibliothek*, Dresden 1992, S. 139.

24 Wilhelm Girnus: »Deutsche Klassik und Shakespeare«, in: *SuF* Sonderheft 1. Halbjahr 1966, S. 735.

25 Sécrit: a a.O., S. 69.

26 »*Macbeth* war, in der Inszenierung 1982, ein Verwirrspiel, deshalb die Opulenz der Theatermittel. Die Situation erlaubte keine Linie, zu viel war in Bewegung.«, Heiner Müller: *KoS*, S. 344.

27 Privatarchiv Renate Ziemer.

28 Der Text ist eine Macbeth-Replik auf Rosse und Lenox am Ende der Bankettszene (Bild 13).

29 Tragelehn sagt: »Das ist die Hexenhaltung, die Freude an der Zerstörung. Und zwar die Freude an der Zerstörung des Zerstörerischen. Wenn die Gesellschaft zerstörerisch ist, dann ist die Freude an der Zerstörung was absolut Positives. ... Ja, da kann man jetzt große Ausdrücke für finden ... Praktisch ist es einfach ein großer Spaß. Das ist der Kernpunkt.«, B. K. Tragelehn diskutiert mit Henning Rischbieter, in: *ARGO 1* Zeitschrift Düsseldorfer Schauspielhaus, 1989, S. 37 ff.

30 Roland Barthes: »Où/ouva la literature«, in: *Ercrire ... Pourqui? Pourquoi?* Grenoble 1974, deutsch von Brigitte Burmeister, in Brigitte Burmeister: *Streit um den Nouveau Roman*, Berlin (Ost) 1983, S. 182.

31 Linzer, in: »Theaterkritiker zur Saison 1982/83« (II), *TdZ* 10/1983, S. 7. Gefragt war danach, welche Aufführungen waren nach ihrer Ansicht wichtig für unsere gesamte theatralische Kunstsituation?

32 Siegfried Wilzopolski: *Theater des Augenblicks*, Zentrum für Theaterdokumentation und -information Berlin 1992, S. 33.

33 Raoul Hausmann: »Der deutsche Spießer ärgert sich«, in: Ders.: *Bilanz der Feierlichkeit*, Texte bis 1933, Band 1 hrsg. v. Michael Erlhoff, München 1982, S. 84.

34 Brecht: »Maria Stuart«, in: *Schriften zum Theater*, Band I, hrsg. v. Werner Hecht, Berlin (Ost) 1964, S. 62 f.

35 Irene Weigel, damalige Lebensgefährtin von Michael Gwisdek, Regieassistentin bei der DEFA.

36 Den Satz »Michael Gwisdek, was für ein Schauspieler« schrieb Wolfgang Gersch in seiner Kritik der *Macbeth* -Aufführung, in: *Tribüne*, 1. Oktober 1982. Ein Foto in *TdZ* ist nicht auffindbar.

37 Hermann Beyer, in: *Macbeth von Heiner Müller nach Shakespeare Volksbühne Berlin 1982*, a.a.O., S. 249 ff.

38 Eingedenk der Haltung Schliekers ist das verständlich: »Es kommt wirklich darauf an, die Eitelkeit des Schauspielers in Angst umzusetzen, und in diesem Moment der Angst entstehen bei der MACBETH-Inszenierung wirklich die schönsten Momente.«, in: *Macbeth von Heiner Müller nach Shakespeare Volksbühne Berlin 1982*, a.a.O., S. 229 f.

Die Zeit ist reif für Veränderungen: *Wolokolamsker Chaussee*

Müller verabschiedete sich mit seiner *Macbeth*-Inszenierung praktisch von der Volksbühne.[1] Er begann die theatralen Zurichtungen von Bob Wilson zu sondieren, schienen sie ihm doch mit der im epischen Theater angestrebten »Trennung der theatralischen Elemente« zu korrespondieren. Tatsächlich handelte es sich aber um Spätformen der theaterexpressionistischen Versuche, wie sie Kandinsky vorbildlich und systematisch in seinem Text *Über Bühnenkomposition* schon 1912 dargelegt hatte. Entgegen allen zeitweiligen Versicherns Müllers waren die Inszenierungen Wilsons unvereinbar mit dem epischen Theater.[2] Eine konzise Beschreibung der frühen Inszenierungen Wilsons, die in Europas postmodernistisch sich wandelnder Kunstszene emphatisch begrüßt wurden, deckt das Geheimnis des Erfolgs auf:

> Sie [die Darsteller; ThW] sind in Kästen aus Licht gefangen, die Lichteffekte streichen die Menschen gleichsam durch – sie werden »ausgemacht«. Das Element des Statischen überwiegt, Zeit wird eingefroren in Zeitlupe, Landschaft wird bewußt als Kulisse gesehen. Die gesamte Bildsprache dieser Inszenierung zitiert bestimmte Tendenzen der modernen Kunst – von Magritte bis Duane Hanson, von Christo bis Kienholz. Es ist eine Kunst der Bewegungslosigkeit, ihrerseits bereits Zitat. Und was sie mitteilt, ist die Lakonie: Menschen haben nichts miteinander zu tun. [...] Leben ist eigentlich nur eine zellenbewegte Vorform von Tod. Ohne Zeit, ohne Prozeß, ohne Entwicklung. Zum chromblitzenden Boutiquen-Chic hat er das verkommen lassen in seinem auf pure Ein-Personen-Gestik reduzierten Stück »I was sitting on my patio this guy appeared I thought I was hallucinating«, das 1978 beim Berliner Theatertreffen aufgeführt wurde. Das Hauptwort der sprachlosen Darbietung war NO, es leuchtete von einer Schautafel oder wurde gebrüllt. Die Hauptsätze waren Fetzen im Disco-Stakkato: »I'm, alright.«; »You must trust me.«; »I'm fine.« – Beschwörungen, die in ein Telephon ohne Verbindung zu irgendjemandem gesprochen wurden. Wilsons Theaterpersonal ist »wie echt«, hat die Gelenkigkeit von zu graziöser Sinnlosigkeit arrangierten Schaufensterpuppen, mit echtem Menschenhaar.[3]

Dieses Urteil schreckte Müller nicht. Er spielte Wilsons theatralisch polierte Oberflächen-Installationen vergnüglich und polemisch gegen die ideologieüberladenen Stück-Interpretationen auf den deutschen Theatern in Ost und West aus und fand sich in der Position über den Dingen wohl. Wilsons Arbeiten blieben für ihn eine denkbare Form eines anderen Theaters, eines Theaters außerhalb des Schau-Spiels. »Was Bob macht, ist eine Infragestellung von Theater, und das ist produktiv, es hilft sehen, es ist so was wie Anatomie für bildende Künstler.«[4]

Auch die »Müller-Spieler« gingen ihrer Wege. Hermann Beyer hatte schon mehrmals, obwohl noch an der VB engagiert, unruhig und umtriebig wie eh, zweimal mit Ekkehard Schall gespielt, beide Mal als dessen Gegenspieler, den »Robespierre« in *Dantons Tod* 1977 am bat, dem Studiotheater des Instituts für Schauspielregie, und am BE 1979 den »Tschu Jün« in *Der große Frieden* 1979. Die Rolle in *Macbeth* spielte er schon als Gast in der Volksbühne, denn er war seit 1981 fest am BE engagiert. Seine erste und bis 1989 einzige Brecht-Rolle »Andreas Kragler« in *Trommeln in der Nacht* spielte er aber nicht am BE, sondern in Greifswald: »Beyer treibt die Figur weder in expressive Hektik noch in sentimentale Larmoyanz, er behauptet ihre Bodenständigkeit, Haltbarkeit, Unverwüstlichkeit. Und Beyer ist dabei so schlicht in seinen Mitteln wie lange nicht, verzichtet auf jedes artifizielle Kunststückchen, ohne sich indes irgendwie anzupassen. [...] Durch äußerste Genauigkeit der Analyse und Beobachtung wird jede Figur einmalig, unaustauschbar. Die Fabeln, in denen er dem Autor folgt, bersten fast unter jener ›zerreißenden Widersprüchlichkeit zwischen Erleben und Darstellen‹ (Brecht, Nachträge zum Kleinen Organon). Der Schauspieler Beyer, seine sperrig-spröde Art, auf dem Unbeschönigten zu insistieren, fand nicht immer Gegenliebe.«[5]

Dieter Montag und Michael Gwisdek verlassen bald nach *Macbeth* die Volksbühne und wechseln an das DT, Gwisdek im Jahr 1983 und Dieter Montag eine Spielzeit danach. In der Inszenierung von *Herzog Theodor von Gothland* (1984) spielten Montag und Gwisdek erstmals am DT zusammen:

> Dieter Montag verpackte die Gemeinheit und Hinterlist von »Gothlands« Kontrahenten »Berdoa« in die Form einer tänzelnden Grazie. Fremd und schön, wie einem alten Gemälde entstiegen, in rote Seide gehüllt, hat er den leichten tänzelnden

> Schritt des Fremden von einem anderen Kontinent. Ein Ungeheuer an Mordgier und Rachlust, an Verschlagenheit und Tücke, aber Montag erklärt uns seinen Helden durch einen Aufschrei der Erinnerung: der Neger wurde von Weißen grausam mißhandelt. Seitdem haßt er die Europäer und stachelt sie zur gegenseitigen Vernichtung an.
> Michael Gwisdek als alter Gothland, kraftlos aber mit einem Riesenschwert ausgerüstet, das dieser Alte kaum noch schwingen kann. Er, der sich taumelig um sich selbst im Kreise dreht, zitternd und vibrierend vor Mordlust, wie ein Geier am Meeresufer hockend und mit ruckhaften Kopfbewegungen die entfesselte Natur beäugend. Eine artifiziell hinreißende Leistung ins Groteske gejagt und so ihre Rechtfertigung erst am Schluss findend. Alle sind tot. Übriggeblieben ist nur dieses menschliche Wrack. Und während schwarz vermummte Gestalten mit Nebelschwaden den Blut und Leichengeruch ausräuchern und die Toten von der Bühne zerren, steht der taumelige Alte, dieses traurige Überbleibsel der Menschheit, da und beschwört die Erinnerung an das Haus und Geschlecht Gothlands. [...] In der Inszenierung von *Gothland* (wird) die barbarische Fratze des Krieges, der Inhumanität kunstvoll verfremdet. Das Töten, der unkontrollierte Haß und Aufruhr, die Zerstörung des eigenen Ich durch die blindwütige Vernichtung des Feindes. Ohne Reue. [...] Es sind Gezeichnete, die in dieser Landschaft stehen, Blut und Mord sind ihnen ins Gesicht gemalt – und es sind Narren. Clownsgesichter, grotesk befremdend – Narren, die sich und andere ins Verderben stürzen – und nicht zuletzt sind es Kunstfiguren, deren Habitus und Aussehen an fernöstliches Theater denken läßt.[6]

Die von Lang perfektioniert ausgestellte Künstlichkeit markierte einen Endpunkt der theatralischen Verkunstung und Bloßstellung gespielter Emotionalität, artifiziell hochgetriebener entlarvender Gegenentwurf gegen die Plattitüden und Peinlichkeiten einer sich selbst betrügenden Gesellschaft: »Alexander Langs Arbeit an Stimmen und Sprache erzeugt größtmögliche psychische Intensitäten, die die Figuren in die Nähe des Wahnsinns bringen, und er legt gleichzeitig eine zeitliche Distanz zwischen die Schauspieler und ihre Figuren, durch welche der Wahnsinn als der einer historischen Situation erscheint.«[7]

Aber diese Ästhetik wurde vom Zeitgeschehen überholt, während sie noch gefeiert wurde.[8] Glasnost und Perestroika auf der einen Seite der »Mauer« und die aggressive Ostpolitk der Reagan-Adminstration auf der anderen Seite der »Mauer« erzwangen in Ost- und Westdeutschland politischen Klartext, Rückbesinnung auf die Geschichtsverläufe seit 1945, verbunden mit der Erkenntnis, dass das Konstrukt von Jalta rissig wurde. Müller begriff die Forderung des Tages.

> Heiner Müller: Ein Autor kann in unterschiedlichen Schwierigkeitsgraden schreiben. Natürlich sind diese Texte *Wolokolamsker Chaussee* provoziert durch eine aktuelle Situation, und ich bin daran interessiert, dazu etwas zu sagen. Möglichst darauf einen Einfluß zu nehmen, soweit das mit Theaterstücken geht. Das bedeutet, daß solch ein Text für mehr Leute begreifbar sein muß, vor allem schneller begreifbar sein muß, als ein Text wie *Bildbeschreibung*. [...] Ich schreibe hier natürlich ganz kalkuliert mehr an der Oberfläche. [...] Etwas zu lernen ist immer nur in Situationen möglich, in denen sich historisch etwas bewegt und ich meine, es dreht sich jetzt etwas, es muß sich etwas drehen. Die Situation ist reif für Veränderungen. Das ist der Moment, wo wieder gelernt werden kann, gelernt werden muß, da wird auch dieses Spielmodell »Lehrstück« wieder aktuell. [...] Ganz romantisch und auch wieder mit Brecht formuliert: Man muß die Lust an der Produktivität erzeugen. [...] daß man die Leute immer mehr an den Prozessen beteiligt, daß man sie an den Entscheidungsfindungen beteiligt, daß man ihnen mehr Verantwortung gibt. Darum geht es. Da ist jetzt etwas in Bewegung gekommen, oder muß in Bewegung kommen. [...]
>
> Gregor Edelmann: Wenn ich jetzt das überdenke, was Sie gesagt haben: sind Sie da nicht insgesamt zu optimistisch?
>
> Müller: Ich fürchte ja, ich hoffe nein.[9]

Müller stellte in *Wolokolamsker Chaussee* die bange Frage, ob aus Kriegs-Recht jemals eine Friedensordnung entstehen könne, war doch nach vierzig Jahren der Schritt zum Frieden in Europa noch immer versperrt. Nachkriegsordnungen herrschten überall: in beiden deutschen Staaten, in Europa insgesamt, auch im Nahen Osten. Plötzlich aber schien Mitte der achtziger Jahre in Europa eine kontinentale Friedensordnung möglich. Müller hoffte darauf und schrieb die

Russische Eröffnung, die der erste Teil der *Wolokolamsker Chaussee* werden sollte.

Michael Gwisdek und Dieter Montag im Gespräch

Wieck: Warum seid ihr ans DT gewechselt? Das BE wäre auch eine Möglichkeit gewesen.

Gwisdek: Um das ganz klar zu sagen: Dieser Gang an ein neues Theater bedeutete für mich, erst mal nicht so viel zu spielen, Freiräume zu haben für Filmrollen. Denn eigentlich habe ich Armin Mueller-Stahl beneidet. Der kam ins Theater, holte sein Geld ab und konnte drehen. Wir drei, so wie wir hier sitzen, spielten in der Nationalmannschaft. Wir waren viel beschäftigt. Und mich, der immer im Kopf hatte Filmschauspieler zu werden, hat das Theater nur aufgehalten, weil ich dieses Leben in einer Truppe mit interessanten Leuten gut fand. Natürlich auch Eitelkeit. Wenn du als Schauspieler Karriere machen willst, musst du ans Deutsche Theater, da sagst du nicht nein.

Montag: Ich kannte Alex Lang und war ja als Gast schon bei ihm in der Uraufführung *Ah Q*.[10] Schall hat immer Briefe geschrieben, ich könnte auch gern ans Berliner Ensemble kommen. Aber dann hatte ich die Verabredung mit Alex.

Gwisdek: Ich wollte ja schon immer weg von Hermann Beyer. Schon an der Schauspielschule stand der mir nur im Weg und wir waren beide wie Feuer und Wasser. (Lachen) Und übrig geblieben ist, dass sein Leben und mein Leben nicht zu trennen sind. Ob nun beruflich oder privat. Es ist automatisch weitergelaufen wie bei Verwandten. Ich hab mir Hermann nicht ausgesucht, weil: er geht mir auf den Sack. (Lachen)

Wieck: Und wie lief es nun am DT?

Gwisdek: Das größte Erlebnis hatte ich mit Dieter, als wir beide synchron *Wolokolamsker Chaussee* gemacht haben.

Montag: Im Deutschen Theater. Das war wie eine Art Prolog vor *Winterschlacht*, was Alex Lang gemacht hat: »Wir lagen zwischen Moskau und Berlin …«[11]

Gwisdek: Das werde ich nie vergessen. Und ich glaube, das war der Punkt, wo ich zutiefst. Heiner verstanden habe. Ich habe das Ding gelesen und habe Rotz und Wasser geheult in der Küche. Ich zitterte und habe begriffen, was hier losgeht. Das war das erste Mal, wo ich den Dichter Heiner Müller körperlich ... wo der in meinen Körper ging ... *Wolokolamsker Chaussee*. Der Punkt war, dass ich das nicht über intellektuelle Formulierungen oder Raffinesse, sondern über die pure Emotion begriff. Beim ersten Mal Lesen in der Küche. Das erste Mal, dass Literatur mir so nahe kam. Es war auch die Art, wie er dich an den Kern der Emotion herangeführt hat. Das hat mich voll erwischt.

Wieck: Machte es einen Unterschied bei der Arbeit an Müller-Texten mit Alexander Lang im Verhältnis zu Müller selbst oder Marquardt?

Montag: Wir wussten mit Heiners Texten umzugehen. Da hat Alex nicht reingefunkt. Da war Micha sehr diszipliniert. Ich meine, er ist ja meistens diszipliniert (Lachen). Aber da haben wir uns immer eine Stunde vorher getroffen und sind das durchgegangen, weil uns das auf eine Art heilig war, diese Geschichte.

Alexander Lang erklärte die Grundidee der Inszenierung:

> Wir lassen Dieter Montag und Michael Gwisdek die Vers-Erzählung in hoher Kunstform sprechen. Bald löst der eine den anderen ab, bald sprechen beide gleichzeitig »chorisch«, bald verschieben wir die Texte gegeneinander, so daß Reibungen und Überschneidungen entstehen, die steigernd wirken. Und wenn Montag und Gwisdek in einem weit gespannten Crescendo das Sprech-Tempo immer mehr beschleunigen, dann soll es so sein, als ob sich das Grauen über die Entsetzlichkeit des Krieges auch lastend auf die Zuschauer überträgt.[12]

Die Beschreibung ist ungenau. Montag und Gwisdek, beide in sowjetischen Uniformen ohne Rangabzeichen, sitzen in gleich angespannter Haltung auf zwei Stühlen eng nebeneinander und sprechen ohne jeden Blickkontakt zueinander in den Zuschauerraum hinein. Was Lang mit Kunstform meint, ist nur die sprechtechnisch-artifizielle Erscheinungsweise des entscheidenden szenischen Vorgangs, in dem die beiden Sprecher zu einer Figur verschmelzen, zu einer Figur, in der zwei Stimmen sich kreuzen und in dem die eine Stimme, die des Lebenden, die andere Stimme, die des Toten, zum Schweigen bringen muss, um weiterleben zu können. Doch dem Krieg ist nicht zu entkommen. Im immer hektischer werdenden Versuch des Kommandeurs, dem Geschehnis, das er immer und immer wieder erinnern muss, zu fliehen und dem zu entkommen er zeitlebens sich vergeblich mühen wird, verschlingen sich die beiden Stimmen zu einer einzigen. Ununterscheidbar werden Opfer und Täter, Täter und Opfer: »Und immer geht der Tote meinen Schritt / ... Den ich erschießen ließ und nach dem Kriegsrecht / Als Feigling und Verräter an der Heimat / Im Kriegsjahr Einundvierzig im Oktober / Zweitausend Kilometer weit Berlin / Einhundertzwanzig Kilometer Moskau.«[13]

Der Kommandeur in Beks Erzählung ist felsenfest von der Richtigkeit und Notwendigkeit seines Urteils überzeugt. Müller akzentuiert die Figur anders. Der Kommandeur, der Täter, kann sich gedanklich nicht von dem Todesurteil und dem Opfer befreien. Das ist der Zwiespalt, in den Müller das Theater mit seiner *Russischen Eröffnung* zwingt. Weil der Kommandeur im Herbst 1941 kein Erbarmen kannte, wird er 1945 zum Befreier, was ihn nicht abhalten wird, 1956 in Ungarn gewalttätig einzugreifen – das ist die historische Dialektik der »Spur der Panzer«! Und sie war und ist wohl für immer schwer begreifbar, vorzüglich in Deutschland. Alexander Lang schickte die Figur des »Kommandeurs« und die Figur des »Verräters« die zu einem Sprachkörper verschmolzen sind, zugleich in den Tod. Ein Schuss fällt und beide Schauspieler lassen den Kopf schlagartig seitlich auf die Schulter kippen. Natürlich ist das theatralisch möglich, aber intellektuell bleibt es unbefriedigend. Doch wie hätte Lang das Problem lösen sollen auf einem Theater in der DDR, einem Staat der unverwandt am Unfehlbarkeitsdogma sowjetischer Machtpolitik festhielt?

Zwei Jahre später, Alexander Lang hat im Unfrieden das DT verlassen, wird der neue Intendant Dieter Mann ein erstaunliches Engagement abschließen. Er bietet Heiner Müller eine Inszenierung an, gedacht ist im Rahmen eines umfassenden Lessing-Projekts an Müllers *Leben Gundlings*, doch Müller hatte gute Gründe auf einer Aufführung des *Lohndrückers* zu bestehen. Das Gesellschaftsexperiment »DDR« ging in seine deutlich erkennbare entscheidende Phase und Müller wollte, seiner Biographie treu bleibend, aktiv dabei sein.

> [...] was das Zuhausesein betrifft: Ich möchte nicht in dem Sinne zu Hause sein, daß ich mich in einem Ohrensessel, der mir von der DDR eingerichtet wird, niederlasse und dann nicht mehr aufstehe. Zuhause ist für mich immer ein Ort, von dem aus ich mich bewegen kann, und wenn Sie meine Wohnung gesehen

haben, die ist immer unaufgeräumt, und es ist immer auch ein Durchgang, nicht nur ein Aufenthaltsort, sondern auch ein Zwischenaufenthalt. Und genauso ist die DDR ja kein statisches Gebilde, jedenfalls nicht für mich, und das kann sie auch gar nicht sein. Das ist ein Gebilde, das sich entwickelt und an dessen Entwicklung ich einfach mehr Anteil nehmen möchte, als es mir oft möglich gewesen ist, durch kulturpolitische Querelen, durch Mißverständnisse oder was immer ... Das ist eigentlich meine Vorstellung von »Hier-zu-Hause-Sein«, daß ich mehr Möglichkeiten habe, auf die Entwicklung Einfluß zu nehmen, mit Einschluß aller Konflikte und Streitigkeiten, die dazugehören. Ich muß nicht recht haben, andere müssen auch nicht recht haben. Aber was mir ein bißchen verlorengegangen ist, ist die Möglichkeit eines Streitgesprächs mit diesem Zuhause, zum Beispiel. Ich hab das Gefühl, daß ich das brauche. Und ich hab die Hoffnung, daß die DDR einiges von mir auch gebrauchen könnte.[14]

Jetzt kann Müller endlich sein Erstlingswerk *Der Lohndrücker*, zu seiner Entstehungszeit scheinbar eine Aufbaugeschichte der DDR-Gesellschaft, als das, was das Stück auch immer war, eine Krankengeschichte dieser Gesellschaft, aufführen. Müller und seine Schauspieler ziehen Bilanz. Sie kehren dem sozialistischen Realismus den Rücken. Sie streben nach einem grundstürzenden theatralischen Gegenentwurf zur ideologisch verblendeten Sicht auf die Wirklichkeit ihres Landes. Was 1948/49 noch sozialistischer Aufbau schien und demokratischer Aufbruch genannt wurde, enthüllte sich 1988/89 als vierzigjähriger bürokratisierter Irrweg und als Sozialismus-Abbau.[15]

Beyer: In der 10. oder 11. Klasse hab ich das Stück gesehen. Die Inszenierung am MGT. Und fand das erstaunlich. Dabei fand Müller, wie ich weiß, die Inszenierung nicht gut. Ich hab mir das *Lohndrücker*-Heft besorgt und habe mich danach immer ... da kamen ja diese vielen »Produktionsstücke« ... und habe mich gewundert, wieso die mich nie interessiert haben, ich aber über die Jahre immer wieder in dieses Buch geschaut habe. Ich hab mich gewundert, wieso mich das interessiert hat, ohne mitzukriegen, was das Stück bedeutete. Das kam erst, als Müller das selber inszenierte.

Wieck: Gut, aber da kam neues Licht auf das Stück.

Beyer: Aber völlig! Das wurde ja noch unter dem Gesichtspunkt »Bau auf! Bau auf!« gelesen, aber dass das Stück im Grunde genommen schon ein Menetekel ...

Wieck: ... weil das berühmte Krebsgeschwür noch oder schon da war.

Beyer: Aber voll! »Granaten haben sie gedreht mit allen Vieren. Wenn du mich fragst, ich trau keinem.« Müller hatte immer darauf bestanden: man kann ein DDR-Bild nicht geben, ohne die DDR im Kontext der deutschen Geschichte zu sehen, die zum größten Teil auch eine deutsche Misere ist. Nur aus diesem Kontext der deutschen Misere kriegt man ein richtiges DDR-Bild im Drama. Darum ging es.[16]

Müller bürdete sich eine ihn beinahe erdrückende Last auf. Er musste und wollte ein wildfremdes Ensemble davon abhalten, so zu spielen, wie es die Schauspieler an diesem Theater seit 80 Jahren gewohnt waren – mit Ausnahme der kleinen Unterbrechung des sechsjährigen Engagements von Benno Besson am DT. Das war für Müller eine besonders heikle Aufgabe, denn so sehr Heiner Müller die Schauspieler brauchte, es war keine Liebesbeziehung.

1 Befremdlicherweise wurde er aber noch bis März 1989 als festangestellter Dramaturg der Volksbühne in *Ensembles der Deutschen Demokratischen Republik*, hrsg. v. DTO, aufgeführt.

2 1977 lernt Müller in Kalifornien Robert Wilson kennen. Anfang 1979 trifft er ihn wieder bei *Death Destruction & Detroit* an der Schaubühne Berlin (West). März 1983 bietet ihm Wilson die Mitarbeit am deutschen Teil von *The CIVIL warS* in Köln an (UA Januar 1984). Fünf Wochen später besucht Müller Wilsons Workshop in einem Bergkloster bei Marseille.

3 Fritz J. Raddatz, in: *Die Zeit* Nr. 43, 20. Oktober 1978.

4 Heiner Müller, in: *Robert Wilson/David Byrne The Forest*, Programmheft der Freien Volksbühne, Berlin (West) 1988.

5 Linzer: »Varianten im Umgang mit Brecht« in: *TdZ* 6/1983, S. 9.

6 Ingeborg Pietzsch: »Kriegs- und Nachkriegsopfer«, in: *TdZ* 12/1984, S. 7 ff.

7 Stefanie Carp: »Wie Lang mit Gesten und Sprache arbeitet«, in: *TH* 8/1986. S. 19

8 Siehe Alexander Lang: »Überlegungen zum Theater der 90er Jahre«, in: *TdZ* 2/1986, S. 22 ff.

9 Heiner Müller im Gespräch mit Gregor Edelmann »Solange wir an unsere Zukunft glauben, brauchen wir uns nicht vor unserer Vergangenheit fürchten« *TdZ* 2/1986, S. 62 ff.

10 Christoph Hein: *Die wahre Geschichte des Ah Q*, UA am 22. Dezember 1983. Stück und Inszenierung waren hoch umstritten und vom Politbüromitglied der SED Kurt Hager und dem Präsidenten der Akademie der Künste der DDR Manfred Wekwerth scharf missbilligt. Siehe Brief von Wekwerth an Hager vom 19. März 1984 AdK Berlin, Archiv DK, Wekwerth, Manfred Nr. 233.

11 Lang erinnert, dass Müller sich für die Arbeit an *Winterschlacht* interessierte und ihm in der Kantine des DT sagte, er habe einen Text, der könnte für die *Winterschlacht*-Inszenierung passen. (Gespräch mit Th. Wieck am 3. Februar 2020).

12 Kranz, a.a.O., S. 423.
13 Heiner Müller: Wolokolamsker Chaussee I, in: Heiner Müller: Stücke, a.a.O., S. 573.
14 Gespräch Heiner Müllers mit Ulrich Dietzel am 17.7.1985, in: *SuF* 6/1985.
15 Ein Foto zeigt, wie er das Intendanzgebäude des DT verlässt, siegesbewusst vor sich hinlächelnd, nicht ohne den Kopf schamhaft zu senken, Bescheidenheit ziert den Sieger, den Einzug ins DT bewusst theatralisch und doch auch ernstgemeint feiernd. Foto von Grischa Meyer, in: *Kalkfell*, a.a.O., S. 79.
16 Aus dem Gespräch mit Hermann Beyer am 6. Februar 2020.

Der Regisseur Müller und seine Schauspieler – ein Missverständnis?

> *Schauspieler [...] befinden sich in einer sehr privilegierten Situation, sind aus sozialen Zwängen herausgehoben. Daraus entsteht eine Haltung von Privateigentümern. Sie eignen sich den Text an, machen ihn zum Privateigentum und liefern ihn nicht mehr ab, liefern nur noch die Tatsache ab, dass sie das können, wofür sie solche Privilegien erhalten.*[1]

Die Obsession Müllers gegenüber der Schauspielerschaft treibt hier ihre wunderlichen Blüten. Was Müller beschreibt, ist das Handeln des kleinen Räubers, der sich fremdes Gut unter den Nagel reißt. Der Schauspieler beraubt den Dichter und stellt diese Fähigkeit schamlos im Spiel aus, er erschleicht sich, so wäre ergänzend Müllers Gedanke fortzusetzen, das Wort des Dichters, ihm das Verfügungsrecht über sein Werk entreißend.

> Ich glaube, man muß sich dem Text überlassen und sich den Text aneignen, als Schauspieler. Sie werden aber trainiert, daß sie dem Text auf die Beine helfen müssen, und sie eignen sich die Texte an und spucken sie dann mit dem eigenen Speichel als formlose Masse wieder aus. Ich glaube, daß sich Theater, im allgemeinen, viel zu viel mit den Texten beschäftigt und versucht, das, was der Text aussagt, nochmal zu sagen. Der Text kann für sich selbst einstehen.[2]

Müller fühlt sich verraten unter den Schauspielbarbaren. Seine ästhetische Verachtung des Schauspielerstandes gründet auf der Eigenart der schauspielerischen Profession, in der berufsbedingt hoch entwickelten Fähigkeit zur Anpassung.[3] Aufschlussreich ist die anerkennend gemeinte Aussage Müllers über Hermann Beyer: »Hermann ist ja auch kein Schauspieler, der ist 'ne Existenz.«[4] Müller honorierte und schätzte, dass »Beyers Spiel keine Verwandlung im konventionellen Sinne, keinen Schein, keine Verstellung kennt. Immer zeigt er, wie er sich die Rolle denkt.«[5]

Müller äußerte sich ansonsten sehr zurückhaltend über Schauspieler. Seine veröffentlichten Aussagen sind kärglich, umso wichtiger ist ein Text:

Für Ekkehard Schall

> Als zum 532. Mal auf der Bühne stand / In der Rolle des Arturo Ui der Schauspieler / Ekkehard Schall, verließ der von ihm porträtierte / Adolf Hitler, mit Neugier auf die berühmte Darstellung / (Deren Ruhm sich herumgesprochen hatte / Unter den Toten sogar)/ heimlich sein Bunkergrab / Und reihte sich ein unter die Zuschauer im Berliner Ensemble / Und es geschah, daß er nicht erkannt wurde / Vor dem genaueren Abbild, sondern, unbemerkt / Kleiner + kleiner werden zurückschwand in seine Versenkung / So daß er genannt wurde von nun an / Von den anderen Toten nicht mehr mit seinem / Vorübergehenden Namen / Adolf Hitler, sondern nur noch: / Arturo Ui.[6]

Für Müller sind Schauspieler zweckdienliche Kombattanten, denn sie verleihen den immer wieder zu beschwörenden Toten ihr wahres Gesicht. So war sein Arbeitsverhältnis zu Schauspielern und sein Verständnis der Regie auch ganz unsentimental und zweckrational: »Regie ist die Kunst / Bild + Text / vermittels Ausbeutung / v. Schauspielern / aus/vor den Traualtar / zu zwingen + so dass eines mit dem anderen verständlich zu machen, verständlich für die ...«[7]

Aus seiner nahezu manischen Panik vor einem von ihm nie klar definierten naturalistischen Theater, was wohl vorzüglich Chiffre für die schauspielerische und inszenatorische Erscheinungsweise des sozialistischen Realismus am frühen Berliner Gorki-Theater war, resultieren seine Vorstellungen über das schauspielerische Sprechen:

> Es ging eigentlich eher darum, den Text möglichst wenig einzufärben. Das kann man sicher nie ganz vermeiden. Die meisten Schauspieler kommen aus einer Tradition, wo es eine große Rolle spielt, eine Figur in sich hineinzunehmen und mit der eigenen Subjektivität wieder auf die Bühne zu stellen. Das verdunkelt dann eher die Vorgänge bei einem Stück wie *Lohndrücker*. Ich erinnere mich, wie schwer es im Gorki-Theater war zu verhindern, daß die Schauspieler ab und zu ein »Hm« oder ein »Na, ja« einfügten, um einen Schauspielertext aus meinem Text zu machen. [...] Die Tradition der Arbeiterdarstellung kam ja aus dem Naturalismus von Hauptmann her ... Aber es ist natürlich ein Bedürfnis der Schauspieler eine Figur zu individualisieren.[8]

Ungern gab er zu, dass die Inszenierungen seiner Stücke allein dann »funktionierten«, wenn die Schauspieler sich der theatralisch heimatlosen, da figurenlosen Texte annahmen und kraft ihrer Kunst, eine Figur, zusammengehalten von ihrem schauspielerischen Intellekt und ihrem theatralen Charisma, vorstellten. Jetzt erst wurden seine Texte verständliche und kommunikationsoffene, dramatisch-theatralische Spieltexte, Teil einer übergreifenden szenischen Handlung, gefügt aus Figurenrede, szenischer Situation und schauspielerischer Präsentation. Im Zusammenhang mit Brechts Anmerkungen zum gestischen Sprechen gelesen, werden die Müllerschen Aussagen und Anforderungen an das Spiel seiner Texte verständlich. Genaueres ist einem berühmten Text von Brecht zu entnehmen, der zweifellos eine Quelle für Müllers Ansprüche an das schauspielerische Handeln und Sprechen ist:

> Es ist anzunehmen, daß der Einwand gegen die Art des Sprechens weniger gegen den ersten Teil des Stückes erfolgte als gegen den zweiten mit seinen großen Sprechpartien. Denn hier war wieder über den Einzelsinn der Sätze hinaus ein ganz bestimmter Grundgestus herausgearbeitet, der zu seiner Wahrnehmbarkeit zwar des Sinns der einzelnen Sätze nicht ganz entraten konnte, aber doch eben diesen Sinns nur mehr als Mittel zum Zweck bedurfte. Der Inhalt der Partien bestand aus Widersprüchen, und der Schauspieler mußte versuchen, den Zuschauer nicht etwa durch Identifizierung mit den einzelnen Sätzen selber in Widersprüche zu verwickeln, sondern ihn da rauszuhalten. Er mußte eine möglichst objektive Ausstellung eines widerspruchsvollen inneren Vorgangs als ein Ganzes sein. So wurden bestimmte Sätze als besonders aufschlußreich sozusagen »am besten Platz ausgestellt«, also laut gerufen. [...] Dies war der Fall mit den Sätzen »Ich verlange, daß alles aufhört!« und »Gestern abend regnete es doch!« Die Sätze (Aussprüche) wurden also nicht den Zuschauern nahegebracht, sondern entfernt, der Zuschauer wurde nicht geführt, sondern seinen Entdeckungen überlassen. Die »Argumente gegen das Urteil« waren, wie im Gedicht, durch Zäsuren in einzelne Strophen geteilt, damit der Charakter des Nacheinander-Vorbringens verschiedener Argumente entstehen konnte, wobei die Tatsache, daß die einzelnen Argumente keineswegs logische Fortführungen darstellen, eingeschätzt und sogar gerade verwertet wurde. Auch sollte der Eindruck entstehen, als läse hier ein Mann lediglich eine zu einem anderen Zeitpunkt verfasste Verteidigungsschrift vor, ohne sie im Augenblick ihrem Sinn

> nach zu verstehen. Und dieser Eindruck entstand auch bei den Zuschauern, die derlei Wahrnehmungen zu machen verstehen. Jedoch ist zuzugeben, daß die wahrhaft große Art, in der der Schauspieler Lorre diese »Inventur« veranstaltete, beim erstmaligen Sehen einfach übersehen werden konnte.[9]

Müller verlangte vom Theater, und das ist der rationale Kern seiner Überspitzungen, in der Aufführung die Multifunktionalität des Autorentextes zu beachten. Der Text konstituiert das interaktionale Figurenhandeln und schafft zugleich einen vom Spiel abgetrennten und unantastbaren Gedankenraum, den die Schauspieler nicht beschädigen, nicht verzehren und nicht verschließen dürfen: »Der Schauspieler spricht Zitate, er zitiert die Aussagen der von ihm dargestellten (berichteten) Figur.«[10]

In diesen Raum muss der Zuschauer mit seinen Phantasien und Vorstellungen operieren können – das ist für Müller der rezeptionsästhetisch entscheidende, alles bestimmende Raum. zwischen dem sicht- und hörbaren schauspielerischen Aktionsraum und dem nur wortsprachlich ganz dem Zuschauer und Leser gehörigen und geöffneten Text-Raum. Nach beiden Seiten offen, natürlich stark beeinflusst vom Spiel, aber nicht von ihm okkupiert. Dieser Zwischenraum war für Müller der eigentliche Spielraum, in dem sich das Wesentliche des Theaterabends abspielte: das Eindringen des Textes in das Unterbewusstsein des Zuschauers als vorerst unreflektierte Erfahrung, die später der Reflektion und Verarbeitung anheimgestellt werden sollte. Müller deutet diesen Raum zu einem Raum um, in dem der Zuschauer nicht nur im Brechtschen Sinne, der dieses theaterästhetische Konstrukt erstmals in der Moderne bewusst einsetzte, mit seinem Urteil zwischen die vorgespielten Handlungen der Figuren mit seinem gesellschaftlich und politisch wachen Urteil dazwischen kommen soll, sondern in dem der Zuschauer/Zuhörer unmittelbar auf den Dichter trifft und mit dessen Material und dessen Handwerkszeug selbst zu hantieren beginnt, zum diskursiven Mit-Produzenten eines allein ihm gehörigen Theaterspiels wird. Müller setzt nicht auf die Spaltung des Publikums, sondern auf die Individualisierung des Zuschauers im kollektiven Prozess, Freisetzung von Individualität im gemeinschaftlichen Produzieren, das kommunistische Arbeits-Ideal scheint hier auf.

Er brachte die alten Figuren zu einem neuen Sprechen. Die Sprache, die sie sprachen, die ihnen Müller zu-schrieb, das war der Kern seines dichterischen Eintrags in seine Zeit: »... das Theater ist doch von vornherein eine Übersetzung von Realität, und fraglich ist nur, ob man das mit Bühnenmitteln macht oder mit einer bestimmten Art, eine Geschichte zu erzählen oder zu ritualisieren ... oder ob man das mit der Sprache macht.«[11]

Müller beharrte störrisch auf der Priorität des geschriebenen Wortes, das nicht in einem wie auch immer gearteten Sprechakt fungieren sollte, rein und an und für sich sollte der Gedanke im rechten Wort gehört werden. In der stürzenden Metapher, im verqueren Vers, in der Neuartigkeit und Frechheit des Sprechens der Figuren steckte der Auftrag, eine neue Sicht auf das Alte zu gewinnen und so eine Erfahrung zu akkumulieren, die dem gegenwärtigen Handeln als Kraft zufließen sollte.

Ein klärendes Beispiel findet sich in einem Hörspiel. Heiner Müller und Hermann Beyer sprechen gemeinsam *Mommsens Block*.[12] Die Aufnahme dokumentiert, dass Müller gleichsam Urteile verliest, wenn er seine Texte vorliest. Ein Urteil darf nicht gefärbt, nicht verstellt werden durch den Sprecher, allein der Wortlaut ist entscheidend. Er teilt seinen Text mit, indem er Wort für Wort spricht und dem eingeschriebenen Rhythmus vertraut, der die Worte zum Gedanken bindet. Der Autor Müller kennt keinen Gesprächspartner, er verkündet der Öffentlichkeit den Text. Er repetiert das Geschriebene im Verlesen. Der Schauspieler Beyer spricht zu einem Partner, er will mit dem Zuhörer kommunizieren, er nutzt dazu bewusst seinen Dialekt, den er mitschwingen lässt oder gar grob ausstellt. Pflegt Beyer ein gestisches Sprechen auf der Suche nach dem wechselseitigen Austausch, so schränkt Müller sein Sprechen auf ein informelles Mitteilen ein, wozu es des Theaters nicht bedarf. Die Dreiheit des Bühlerschen Organonmodells ist zerbrochen.[13] Das Sprechen reduziert sich auf die Darstellungsfunktion. Die kommunikative Grundstruktur des Theaters ist nun aber die umfassende und bewusste künstlerische Realisation des Organonmodells. Das theatralische Sprechen bündelt und separiert die Funktionen. Die Funktionen der Sprache werden zum Spielgegenstand, die Lust am Sprechen bricht auf. Die Sprache wird zum Spiel-Zeug. Davon lebt der dramatische Text, denn nur so wird die ihm eigentümliche Kraft, die Poetiziät genannt werden kann, zum Antrieb des alle Kräfte und Sinne bewegenden und bedürfenden menschlichen Handelns, in dem Falle des Spielens, das wiederum beiträgt, den Text umfassend und ausschöpfend zu kommunizieren, zum Vergnügen/Entsetzen des Publikums.

Doch auch ein gegenteiliges Beispiel ist überliefert. Ulrich Mühe las in der Berliner Heiner Müller Werkschau 1988 die *Hamletmaschine* im Renaissance-Theater Berlin (West).[14] Mühe sprach aus dem ersten Rang und Müller saß auf der Bühne, darum gruppiert die andächtige Menge und alle hörten seinem Text zu. Das Theater des Absolutismus feierte Urständ. Ulrich Mühe sprach die *Hamletmaschine* keineswegs informativ. Er betonte akribisch die Gefertigtheit des Textes und die unter ihm liegende Gedanklichkeit, die Skrupel des Autors beim Aussprechen des eigentlich Unsagbaren. Mühe forschte sprachlich penibel den gedanklichen Prozess nach, tastend, selbst den Entschluss zu sprechen noch abwägend. Einmal entschieden, scharf betonend die Anlaute, den Gleichklang der Eingangssilben immer schärfer hervorkehrend, drängt und dringt er zum Kern des Textes vor, die Artistik des Textes aufzeigend, es ist nicht sein Text, es ist ein fremder Text, dem er sprachlich nachgeht. Der zuhörende Müller erkennt sich offenbar im Text wieder und wird anhörig, dass ihm der Text poetisch gelungen ist und übersieht, dass der Artist, indem er das Artistische reproduzierte, den Text entmaterialisiert, ihn des Sinns beraubt und den Zuschauer mit »Kunst« abgespeist hatte. Der Sinn war zerrieben. Ein solches Sprechen konnte Müller doch nicht gemeint haben, oder doch?

Aber alles ist viel einfacher. Müller focht nur den uralten Kampf zwischen Dramatikern und Schauspielern auf den deutschen Bühnen fort:

> Mein Text ist ein Telefonbuch, und so muss er vorgetragen werden, dann versteht ihn jeder. Dann ist er eine Erfahrung, die man mit einem fremden Material macht. Erfahrungen machen besteht doch darin, daß man etwas nicht sofort auf den Begriff bringen kann. Daß man später beginnt, darüber nachzudenken. Bisher sind meine Texte deshalb alle so schlecht, so falsch inszeniert worden, weil sie mit der penetrant aufklärerischen Haltung präsentiert wurden. Weil sie zu ernst genommen wurden.[15]

So erging es auch schon Brecht: »Viele unserer Schauspieler suchen nun, wenn in einer Szene etwas direkt gesagt wird, sofort unruhig etwas in ihr, was nicht direkt wäre, um dies darzustellen. Sie stürzen sich auf das ›nicht Auszudrückende‹ zwischen den Zeilen, das sie braucht. Da dadurch aber das Ausdrückbare und das Ausgedrückte zur Banalität wird, ist dieses Verhalten schädigend.«[16] Von Carl Sternheim ist eine ganz praktische und sehr empfehlenswerte Lösung überliefert: »Mein Fräulein, bitte diese etwas schlüpfrige Stelle ganz diskret, ohne Betonung; ein sittliches Publikum findet die Unanständigkeit gern selbst.«

Nach der *Macbeth*-Inszenierung schrieb Müller 1984/85 eine zweite, eine viel ausgreifendere Shakespeare-Adaption *Anatomie Titus Fall of Rome. Ein Shakespearekommentar*. Der Text ist von ihm in zwei Textkörper und zwei unterschiedliche Erzählebenen geteilt, in die von ihm sprachlich bearbeitete römische Shakespeare-Tragödie und in einen, die historische Handlung weiterführenden, episch ausschweifenden mehrstimmigen Kommentartext. Diese Dramaturgie, Handlung und Kommentar miteinander gleichberechtigt, sich aufeinander beziehend und sich voneinander lösend und wieder zusammenfindend, in einem Text zu verknüpfen und den Schauspielern freizustellen, wie sie mit diesen Textkörpern umgehen und wie sie über die Kommentare verfügen, ist Müllers letzte theaterästhetische Konsequenz seiner Brecht-Aneignung:

> Der Krebsgang des Lebens im Kapitalismus bzw. in der Koexistenz mit ihm auf dem gemeinsam unterkellerten Planeten (es flieht in die Oberfläche, in den Kellern wächst der Tod), zerreißt die Bindung des Schauspielers an das/sein Privateigentum: er spielt keine Rolle mehr. Enteignung-Befreiung des Schauspielers als Überlebensbedingung von Theater. Der Kommentar als Mittel, die Wirklichkeit des Autors ins Spiel zu bringen, ist Drama, nicht Beschreibung und sollte nicht an einen Erzähler delegiert werden. Er kann im Chor gesprochen werden; vom Darsteller der Figur, auf die er Bezug nimmt; vom Darsteller einer anderen Figur, die zur kommentierten Figur in der und der oder keiner Beziehung steht. Der Ausdruck der Emotion kann, wie im japanischen Theater, vom Kommentator (Sprecher oder Chor) übernommen werden, der Bericht über den Vorgang, der sie auslöst vom Darsteller. [...] Kein Monopol auf Rolle Maske Geste Text, Episierung kein Privileg: Jedem die Chance, sich selbst zu verfremden.[17]

In diesen Vorschlägen summieren sich augenscheinlich die Erfahrungen seiner ersten drei eigenen Inszenierungen. Müller entwirft die Struktur und Funktion eines großräumigen Gesamtvorgangs, der selbstbewusster Schauspieler bedarf, die fähig sind, zu einem theatralischen Gesamtarbeiter zusammenzufinden. Jetzt werden die den gesellschaftlichen Arbeitsteilungsprozessen geschuldeten theatralen

Dichotomien der Stile, Genres, Spielweisen, Funktionalitäten aus dem Theater selbst heraus überwindbar. Das Theater kann wieder zum Forum miteinander kooperierender und konkurrierender Spiel- und Kommunikationsweisen werden und eine künstlerische Totalität wiedergewinnen, die es arbeitsteiligen Zwängen unterworfen, jahrhundertelang verloren hatte und in der Moderne vergeblich wieder zu gewinnen sich mühte.[18] Die Totalität der Mittel ist gebunden an die Totalität der Gegenstände. Die Totalität der Gegenstände erzwingt die Totalität der Mittel, beides Gestalt gewinnend in der schauspielerischen Tätigkeit und ermöglicht durch die ästhetische Synthesis von dramatischen und epischen Gestaltungsweisen und der Darstellung historischer und gegenwärtiger Geschehnisse in ihren geschichtlichen Bezüglichkeiten und Abhängigkeiten. Das Theater nimmt die Totalität der Gesellschaften und Zeitläufte in seine Spiele auf und schafft sich einen historischen und aktuellen Bedeutungsraum. Auf diesem Spielfeld zwischen Heute und Damals lassen die Schauspieler gegenwärtige und vergangenheitsgeschichtliche Subjekte kämpfen, wird der Gang der Geschichte transparent und frag-würdig. Hier werden die blind waltenden Schicksalsmächte demaskiert, hier wird der Geschichte als Menschenwerk nachgespürt.

Im Dialog mit dem elisabethanischen vormodernen Theater, der ersten gelungenen Konstruktion eines Theaters der Neuzeit – »nie zuvor sind die Interessen so nackt aufgetreten, ohne den Faltenwurf, das Kostüm der Ideen« (Heiner Müller) – gelang es Müller, zumindest im poetologisch-programmatischen Entwurf, die Theorie und Praxis des Lehrstücks mit den vielen Darstellungsweisen und Bauformen des bisherigen »dramatischen« Theaters zu vereinen. Müller versuchte, zeitweilig durchaus erfolgreich, »seinen Texten jedes dramatische Leben auszutreiben, um wieder Literatur zu sein – die aber tauglich sein will auch für ein Theater als dessen Material; dabei aber Hermetik des Materials, an der sich das Theater verändern muss.«[19] Dieses literarische Verfahren kollidierte aufs Schönste mit den Konventionen des Theaters, wenn er seine eigenen Texte inszenierte.

Wo Prozesse zu erspielen, zu erkunden waren, sah er wechselnde Bilder. Was zwischen Bild und Bild und Bild geschah, das war im Text gesagt und verlangte nur danach vom im Bild fixierten Schauspieler ausgesprochen zu werden. Das genügte. Müller war kein Regisseur der erzählerisch gestischen Phantasie. Der erzählerisch intendierte, episodisch interessierte improvisatorisch offene Zugriff auf die Vorgänge zwischen den Schauspielern, den Figuren und den Zuschauern, die Organisation der schauspielerischen Vorgänge blieb ihm Mühsal, das überließ er oftmals nur allzu bereit den Schauspielern. Die Inszenierungen tendieren dazu einerseits ins Bildnerisch-Statuarische, andererseits ins Gestisch-Prozessuale zu zerfallen.

Der Arbeitsprozess an *Lohndrücker* ist von dieser Gegensätzlichkeit durch und durch bestimmt.[20] Doch welche wirkungsmindernden inszenatorischen Halbheiten und Eigenarten auch immer der Inszenierung anzukreiden sind, ihr Rang ist unbestreitbar.[21]

1 Heiner Müller im Gespräch mit Ruth Berghaus a.a.O., S. 182.

2 Heiner Müller, in: Vlado Obad: »Zu Müllers Poetik des Fragmentarischen«, in: *Heiner Müller Material*, a.a.O., S. 161 f.

3 Vgl. Friedrich Nietzsche: »Vom Probleme des Schauspielers«, in: *Die Fröhliche Wissenschaft*, Leipzig 1923 (*Nietzsches Werke*, Klassiker-Ausgabe, Fünfter Band), S. 311 ff. (Fünftes Buch, 361). In einem knappen Dialog mit Peter Zadek am 9. Februar 1992 spitzt Müller noch einmal zu: »Unsere Schauspieler [gemeint ist das Schauspielensemble des BE, ThW] sind vom DDR-System geprägt, sie machen, was man ihnen sagt. Sie sind eigentlich Knast-Schauspieler.«, Gesprächsnotiz von Renate Ziemer.

4 *Regie: Heiner Müller*, a.a.O., S. 46.

5 Erika Stephan: »Mit der Gier nach Wahrhaftigkeit. Der Schauspieler Hermann Beyer« in: *Notate* 5/1983, hrsg. v. Brecht-Zentrum der DDR, Berlin (Ost), S. 16.

6 Heiner Müller: *Für Ekkehard Schall* (13. Januar 1974), in: *Warten auf der Gegenschräge*, a.a.O., S. 323.

7 AdK Berlin, Archiv Literatur, HMA Nr. 8986.

8 Heiner Müller im Gespräch mit Dieter Kranz zu *Lohndrücker* am DT 1988, in: Kranz, a.a.O., S. 486 f. An diesem Theater hatte er eigener Erinnerung nach einen tiefgreifenden, wohl unauslöschlichen Schock erlitten. Siehe *KoS*, S. 150.

9 Brecht: »Zur Frage der Maßstäbe bei der Beurteilung der Schauspielkunst« (8. März 1931), in: *Schriften zum Theater* Band II, hrsg. Werner Hecht, Berlin (Ost) 1964, S. 77 ff.

10 Brecht: [»Dialoge über Schauspielkunst«], in: *Schriften zum Theater*, Band I, a.a.O., S. 232.

11 Heiner Müller im Gespräch mit Karl Corino, in: *Deutschland Archiv* 1/ 1976, S. 68 ff.

12 Heiner Müller: *Mommsens Block*, Hörspiel auf DS Kultur, 23. September 1993. Sprecher: Heiner Müller, Mann: Hermann Beyer, Frau: Ulrike Krumbiegel, 1. Treuhand: Hanns Zischler, 2. Treuhand: Jürgen Thorman. Regie Jörg Jannings.

13 Die drei Funktionen sind: Die Funktion der Darstellung von Gegenständen, Sachverhalten und Ereignissen; die Funktion des Ausdrucks der inneren Befindlichkeit, der Emotionen und der Einstellungen des Sprechenden; die Funktion des Appells, mit dem sich der Sprechende an andere wendet und mit der er sie zu bestimmten Handlungen veranlassen möchte. Vgl. Karl Bühler: *Sprachtheorie* (1934), Neudruck Stuttgart 1982, S. 24–33.

14 *Fragen gibt es selten in Deutschland*, a.a.O.

15 Heiner Müller im Gespräch mit Matthias Matussek und Andreas Rossmann (1982), in: *HMW*, Band 10, a.a.O., S. 240.

16 Brecht: »Anmerkungen zur ›Mutter‹«, in: *Schriften zum Theater*, Band II, a.a.O., S. 169.

17 Heiner Müller: *Anatomie Titus Fall of Rome Ein Shakespearekommentar*, Anhang II, »Einheit des Textes«, in: Heiner Müller: *Stücke*, a.a.O., S. 562 f.

18 Nur vereinzelte Inszenierungen an wenigen Theatern Europas hielten den Traum wach. Peter Brook brachte es auf die Formel: »Es ist stets das volkstümliche Theater, das den Tag rettet.« (*Der leere Raum*, Berlin 1983, S. 93) So geschehen in den Inszenierungen *Diener zweier Herren* von Strehler, *Oh, What a lovely War* von Joan Littlewood, *Der Frieden* von Benno Besson, *Ein Sommernachtstraum* von Peter Brook, *1789* von Ariane Mnouchkine. Diese Inszenierungen sind bekannt, aber nach wie vor unverarbeitet, sie sind nicht angeeignet.

19 Matthias Müller: »Zwischen Theater und Literatur«, in: *Deutsches Drama der 80er Jahre*, hrsg. v. Richard Weber, Frankfurt/M. 1991, S. 424.

20 Der Inszenierungsprozess ist in zwei Dokumentationen gut dokumentiert und erlaubt diese eindeutige Aussage. *Der Lohndrücker. Inszenierung am Deutschen Theater Berlin 1988*, Inszenierungsdokumentation von Stefan Suschke AdK Berlin, Archiv DK, ID 703, Band 2, S. 13. und *Der Lohndrücker Dokumentation 2*, hrsg. v. Akademie der Künste der DDR, Gesamtleitung Carena Schlewitt, o. J.

21 Neben den Dokumentationen stütze ich mich auf eine Videoaufzeichnung aus dem Jahre 1990. In diesem Vorstellungsmitschnitt spielen Michael Kind und Horst Lebinsky die Rollen von Roman Kaminski und Peter Dommisch und der Chor der Arbeiter wird von neuen Schauspielstudenten unter dem Eindruck und den Erfahrungen der Wendezeit 89/90 gespielt. Sie laufen die Arrangements ab, schon nicht mehr wissend, wovon im Stück die Rede ist.

»Was hier gescheitert ist, ist nicht der Sozialismus, sondern ein Versuch, Marx zu widerlegen.«[1] – *Der Lohndrücker* am Deutschen Theater Berlin 1988

> *Ich habe eine Aufführung gesehen im BE, auf der Probebühne des BE, das war irgendwie in den 70er Jahren. Da saß die Christel Gloger neben mir und sagte, es ist ein Wunder, daß sie dich damals nicht totgeschlagen haben für das Stück. Ich hab mich auch gewundert, ich hab mich erinnert an meine edlen Intentionen bei bestimmten Sätzen, und hab dann gehört, zwanzig Jahre später, was ich wirklich geschrieben habe, was ich aber nicht wußte damals, und es klang nach den zwanzig Jahren ganz anders.*[2]

Die Inszenierung 1988 stand eindeutig im Zeichen von Glasnost und so musste die Aufführung dem Stücktext aufhelfen, denn nun traten dessen grobe Ungenauigkeiten und Unterlassungen, Verzeichnungen zu Tage, die dringend zu berichtigen waren. Die Aufführung musste das historische Umfeld der Ringofenreparatur realitätsgerecht ins Spiel bringen. Das war gar nicht einfach, da sich Müller in seinem Stück über die historischen Sachverhalte hinweggesetzt hatte, wie er es burschikos in seiner Anmerkung zum Stück angekündigt hatte: »Das Stück spielt 1948/49 in der Deutschen Demokratischen Republik.« Die DDR wurde im Oktober 1949 ausgerufen. Die Ringofen-Reparatur fand aber 1950 statt. Warum dieses Verwirrspiel? Müller war zwar in seinem Text weitgehend den vorliegenden Erzählungen über die Ringofenreparatur gefolgt, hatte aber in einem Punkt eine einschneidende Korrektur vorgenommen. Er hatte den SAG-Betrieb »Siemens-Plania« in einen volkseigenen Betrieb, den VEB »Roter Oktober« umgewandelt. Ein SAG-Betrieb war ein deutscher Betrieb im vorübergehenden sowjetischen Besitz unter Kontrolle und Leitung eines russischen Generaldirektors.

> Die zum Bestand der SAG zählenden Betriebe trugen zur Erfüllung der sowjetischen Fünfjahrespläne bei, die Reparationsleistungen bezogen sich aber nur auf 30 Prozent der Produktion. Der Rest wurde exportiert oder der einheimischen Bevölkerung zur Verfügung gestellt. Die Werksleitungen bestanden überwiegend aus deutschen Direktoren, die sich

> selten aus dem Funktionärsapparat der SED rekrutierten. Nach 1945 hatte mit Billigung der sowjetischen Generalverwaltung der SAG in ihren Betrieben, im Gegensatz zu den volkseigenen Betrieben, kein Führungswechsel stattgefunden. Man war ausschließlich an einer kontinuierlichen und effektiven Produktion interessiert, wofür die alten Direktoren am besten geeignet erschienen.[3]

Die Lage der Arbeiter in diesen Betrieben war unverändert gegenüber den vormaligen privatkapitalistischen Arbeitsverhältnissen. »Die Produzenten, die mit den Produktionsmitteln arbeiteten, waren nicht Eigentümer geworden, aber ihre Stellung im Produktionsprozeß hatte sich dennoch verändert: Obwohl sie nicht Eigentümer der Produktionsmittel waren, wurden sie nicht mehr ausgebeutet.«[4]

Der letzte Halbsatz, 1980 veröffentlicht, beschönigt im historischen Rückblick die reale Situation, öffnet aber das Verständnis für den Sonderstatus der SAG-Betriebsbelegschaften. Die Phrase, dass sie nicht mehr ausgebeutet würden, wurde ihnen natürlich stets vorgehalten, da sie ja in einem sowjetischen Betrieb arbeiteten und den Sozialismus aufbauten, weshalb sie aber – und hier schlug die demagogische Begriffsdialektik zu – unter Beruf auf dieses historische Vorzeichen angehalten wurden, sich selbst rücksichtslos auszubeuten im Produktionsprozess. Die dadurch wieder angefachte, jahrzehntelang eingeimpfte antisowjetische Denkweise wurde besonders aktiviert, als es darum ging, »eine Wende in der Einstellung zu den vergesellschafteten Produktionsmitteln und zur Arbeit herbeizuführen. Ein konkretes Feld dieser Auseinandersetzung in den SAG-Betrieben waren die Arbeitsmoral und die Arbeitsdisziplin.«[5]

Und Müller hatte anstelle des Genossen Garbe den parteilosen Malocher Balke erfunden. Der Maurer Garbe war ein ziemlich aufmüpfiger und renitenter SED-Genosse gewesen, dem die anderen Genossen, auch Leitungsmitglieder in der Betriebsparteiorganisation und der Kreisleitung Berlin-Lichtenberg, sehr kritisch, ablehnend gar gegenüberstanden. Garbe verfiel nicht einem »besinnungslosen Malochen« (Heiner Müller), ihm ging es darum, seine Arbeit, wie letztlich jede andere Hand-Arbeit, rationell, kraft- und zeitsparend zu gestalten. Er war erpicht darauf, die Bedingungen der Arbeit »seiner Botmäßigkeit zu unterwerfen« (Marx) und ihnen nicht zu unterliegen.[6]

All diese historischen Ungenauigkeiten waren 1957 notwendig, da sonst das Stück nicht zu veröffentlichen gewesen wäre. Eine unmittelbare Auseinandersetzung mit dem Stalinismus, mit der sowjetischen Ökonomie, mit der sozialistischen Produktionsweise war zu dieser Zeit nicht denkbar, wohl aber konnte, der 17. Juni hatte es bewiesen, das ideologische Zurückbleiben und die feindliche Haltung bestimmter Kreise der nationalsozialistisch oder kapitalistisch infizierten Arbeiter als Folie von Müller benutzt werden, um zumindest der stalinistischen Idolatrie der Arbeit dramatisch wirkungsvoll zu opponieren. »Bei Müller wird sie [die Arbeit; ThW] nicht als heiteres Gattungsgeschäft betrieben, hier ist sie aufopferungsvoller, heroischer, herakleischer Kampf, ist sie voller Mühe und Qual. Arbeit ist so auch Sich-Verzehren; mit der ›Handschrift seiner Arbeiten und Tode‹ schreibt sich der Mensch in das Buch der Welt.«[7]

Stalinismus war für Müller niemals nur eine innerparteiliche Entartung des Parteilebens, sondern der gewalttätige Aufbau eines »neuen Alten« auf Kosten und Knochen derer, denen angeblich diese Zukunft gehört, der sie aber nie teilhaftig, nicht einmal ansichtig werden sollten. Müller verstand unter Stalinismus eine bestimmte Art staatlich erzwungener, gesellschaftlich organisierter Arbeit, eine machtgeschützte Produktionsweise, die nicht, wie die kapitalistische Produktionsweise, aus sich selbst heraus neue Produktivkräfte/mittel zu entwickeln und aus sich heraus die Produktionsverhältnisse zu sprengen fähig war. Der Stalinismus fesselte die Produktivkräfte und verhinderte nicht nur den Aufstieg der Arbeiterklasse zur herrschenden Klasse, er zerstörte die Klasse selbst.

Der Lohndrücker/Der Horatier/Wolokolamsker Chaussee IV

Der Lohndrücker
Dieter Montag, Roman Kaminski, Harry Pietzsch, Horst Weinheimer, Frank Lienert, Thomas Neumann, Ulrich Mühe, Horst Hiemer, Martin Trettau, Jörg-Michael Koerbl a.G., Peter Dommisch, Jan Josef Liefers, Hermann Beyer a.G., Michael Gwisdek, Jürgen Huth, Erhard Marggraf, Johanna Schall, Margit Bendokat, Ulrich Mühe, Erhard Marggraf, Peter Dommisch, Horst Herrmannek, Ina Rudolph */ Nadja Schultz* Torsten Ranft*, Frank-Michael Köbe*, Bernd-Michael Lade*, Andrey Kaminsky*, Torsten Spohn*, Sven Martinek*, Karsten Meyer*.
* Studenten des 4. Studienjahres der Hochschule für Schauspielkunst »Ernst Busch« Berlin

Der Horatier
Johanna Schall und Ulrich Mühe[8]
Heiner Müller spricht über Ton die letzten 25 Zeilen des Textes

Wolokolamsker Chaussee IV (UA)
Michael Gwisdek und Ulrich Mühe sprechen den Text als vorgefertigtes Hörspiel

Regie: Heiner Müller; Bühne: Erich Wonder a. G.; Dramaturgie: Alexander Weigel; Kostüme: Christine Stromberg; Film: Peter Voigt; Maske: Wolfgang Utzt; Regieassistenz: Petra Segtrop.
Erste konkrete Absprachen mit der Leitung des DT über Produktionsabläufe und Produktionsbedingungen am 11. März 1987. Bauprobe am 9. September 1987. Beginn der szenischen Proben am 10. September 1987.
Premiere am 29. Januar 1988.

Szenarium der Inszenierung [9]

Film »Atlantik«
Zwei Männer schlagen auf einen dritten ein. Sie stehen im Wasser.

Der Text als Untertitel und über Ton:
Sprecher 1: Kamerad, siehst du die Wolke überm Festland?
Sprecher 2: Kommt Wind, kommt Schnee.
Sprecher 1: Kamerad, wo werden unsre Leiber liegen?
Sprecher 2: Wo wir fallen, Kamerad, werden unsre Leiber liegen.[10]

Szene 1: »Arbeiterbier« [11] (1 Kneipe)
bis:
Geschke: Feiner Mann, der Geheimrat. Trinkt kein Arbeiterbier.

Szene 2: *Der Horatier*

Szene 3: »Arbeiterbier« (beginnt noch einmal) (1 Kneipe)

Szene 4: »Aktivistenbutter« (2 Kantine, Mittagspause)

Szene 5: »Gewerkschaftswahl« (3 Werkhalle, Frühstückspause)

Szene 6: »Deckel mauern« (4 Werkhalle mit Ringofen)

Szene 7: »Barfuss in den Sozialismus« (5 Buchhaltung und Büro des Direktors)

Szene 8: »Die Nacht des Direktors«
Ein Scheinwerfer wird auf den Direktor gerichtet. Er sitzt im Profil in Ausschnitt 1. Über Ton (nach Szenentitel) ist eine klappende Autotür zu hören, das Anfahren eines Autos. Ein Schalmeienorchester spielt den Anfang des Liedes »Auf, auf zum Kampf«. Über Ton der Direktor, der Lerkas Text ungläubig-verzweifelt wiederholt: »So ist das also. Da schindet man sich krumm, ins Kreuz getreten dreißig Jahre, fressen wie ein Hund und in Trab wie ein Gaul. Und jetzt heißt es: ein Saboteur! Das ist also euer Arbeiterstaat. Ihr seid nicht besser als die Nazis.[12]

Szene 9: »Das beste Pferd« (6a Buchhaltung und Büro des Direktors)

Szene 10: »Arbeiterverräter« (6b Kantine, Mittagspause)

Szene 11: »Der Denunziant« (7 Straße, Abend)

Szene 12: »Neue Tatsachen« (8a Technisches Büro)

Szene 13: »Hilfsarbeiter« (8b Werkhalle)
(Pause)

Szene 14: »Tod des Empedokles I«
Aus *Empedokles I* von Friedrich Hölderlin von einem Jungen gesprochen und über Ton eingespielt, dazu:
Dokumentarfilm (stumm) zeigt den Ausbruch eines Vulkans.
»So und möchtet Ihr an mich die Hände legen ... Ihr findet mich in Eurem Runde nimmer.«
Und anschließend
Wiederholung der letzten fünfundzwanzig Zeilen des Textes *Der Horatier* von Heiner Müller gesprochen und über Ton eingespielt.

Szene 15: »Die Jacke« (8c Hof)

Szene 16: »Der Ofen«
Balke taucht aus dem rot glühenden Ofen auf. Er steckt bis zum Bauch im Ofen. Krüger liegt auf der schrägen Bühne vorn links, mit dem Gesicht auf dem Boden. Kolbe liegt rechts neben ihm auf dem Rücken. Eine Zeitung wird von oben in die Mitte der Bühne heruntergelassen. Licht.

Szene 17: »Zeitungsschau« (8d Am Ofen)
(Der von »Kolbe« vorgelesene Zeitungstext wird über Ton eingesprochen)

Szene 18: »Das Beweisstück« (9 Ofen)

Szene 19: »Der Denkzettel«, Teil 1 (10 Kneipe, Straße, Abend,)
Die Szene spielt auf der »Straße« vor dem Eisernen Vorhang und im Zuschauerraum

Szene 20: »Der Denkzettel« Teil 2 (10 Kneipe, Straße, Abend.)
Der Eiserne Vorhang wird hochgefahren, der zweite und gekürzte Teil der Szene spielt im Bild der Kneipe

Szene 21: »Der Kandidat« (11 Büro)

Szene 22: »Arbeiterknochen« (12 Am Ofen)

Szene 23: »Die Macht im Staat« (13 Am Ofen)

Szene 24: »Arbeitermacht« (14 Kantine)
Die Szene wird gespielt bis:
Schorn: Wollt ihr den Unternehmer wiederhaben, reißt das ab.

Szene 25: *Kentauren (Wolokolamsker Chaussee, Teil IV)*

Der Parteisekretär Schorn beherrscht allein die Bühne. Im gestreiften Anzug, mit Hut und plakativ-großem Parteiabzeichen, sitzt er auf einem Stuhl, verzieht keine Miene, ein Arbeiterdenkmal gleichsam erstarrter Resignation und versteinerter Trauer, überkommt ihn Müllers Text als Alptraum; im Wechsel mit Ulrich Mühe gesprochen, hört das Publikum ihn über Band. Es ist, als reflektiere der Autor und Regisseur über Stück, Inszenierung und verkommene Zukunftsverheißung zugleich. Das Interludium endet: »In unserm Holz, He, ist der Wurm drin Hilfe« und mit der Wiederholung des Satzes »Wollt ihr den Unternehmer wiederhaben, reißt das ab« wird das »Müller-Medium« Gwisdek wieder zum Parteisekretär Schorn im »Lohndrücker«.[13]

Szene 26: »Arbeitermacht« (14 Kantine)
Fortsetzung der Szene.
Ende.

(Die das Stück in der Druckfassung beschließende Szene 15 *Fabriktor. Morgen* ist gestrichen.)

In der Inszenierung 1988 musste die historisch überfällige Konfrontation mit dem Stalinismus szenisch erfolgen, da die mittelbaren Verweise im Stücktext unverständlich geworden waren. Das konnte nicht gelingen. In die Aufführung wurden zwar zwei optische Stalin-Reminiszenzen eingebaut, ein Stalin-Bild und eine Stalinpuppe, mehr ging nicht, das Stück hätte umgeschrieben werden müssen. Da nun diese Auseinandersetzung ausfiel, konnten Stück und Inszenierung anstandslos die zugegeben schon altersmüde gewordene Parteizensur passieren und dennoch wurde die Inszenierung aufregend und bedeutungsvoll und das dankte sie einem Zufall. Einen Monat nach Probenbeginn erklärte die Technische Leitung des DT, dass sie ihre Zusage, Bühnentechniker freizustellen als Darsteller der unbenannten Arbeiterfiguren, zurückziehen müsse, da die parallel laufenden Bühnen- und Probenarbeiten alle Bühnenhandwerker dringend benötige. Die Theaterleitung stimmte dem rettenden Vorschlag zu, »Schauspielstudenten für die kleinen Rollen einzusetzen, einem Kollektiv, das aus einem engen gemeinsamen Erfahrungsbereich stammte, der Schauspielschule, und einen zusätzlichen moralischen Zusammenhalt mitbrachte – sie waren in der Studioinszenierung ihres Studienjahres nicht besetzt worden. Auf diese neue Besetzungssituation mußte mit neuen Überlegungen zur Spielweise reagiert werden, ein Vorgang, der zu neuen konzeptionellen Überlegungen führte. Hier fiel, wie ich glaube, eine der wichtigsten Entscheidungen in der Inszenierung – die bisherige Aufteilung der kurzen Einwürfe der ›Arbeiter‹ usw. auf einzelne Darsteller wurde aufgegeben. Es entstand der ›Chor‹. Der Chor rückte als Gruppe der Arbeiter in eine zentrale Position, das gesamte Stück durch wurde er zum ernsthaften Mitspieler/Gegenspieler.«[14]

Die inszenatorischen Probleme wurden im kleinen Kreis während der Arbeit intensiv diskutiert.

Gwisdek: So ein Extrem an Unterschied wie zwischen der Arbeit an *Macbeth* und *Lohndrücker* habe ich überhaupt noch nie erlebt. Das ist jetzt 'ne völlig andere Arbeit als bei *Macbeth*. Hier ist das so ... so 'ne präzise Arbeit an den Vorgängen. Das sind zwei völlig verschiedene Regisseure, der *Macbeth*-Regisseur und der von *Lohndrücker* und ich finde beides ... Ich will sagen, bei *Macbeth* hab ich das so ... genial empfunden und hier sag ich mir, das ist der pingeligste, genaueste Arbeiter, der also jeden falschen Vorgang ... oder der die Vorgänge so arbeitet, daß, hätte mir das einer beschrieben, ich nie gesagt hätte, daß das Heiner Müller ist, der jetzt im Moment inszeniert. Wahrscheinlich ist das auch für dich anstrengender jetzt als bei *Macbeth*.

Müller: Das hat sicher viele Gründe. Einmal ist es ein ganz anderes Stück und dann gibt es bei *Lohndrücker* so eine merkwürdige Verantwortung, weil es so richtig DDR-Geschichte ist. Da gibt's wirklich sowas, wo das einfach stimmen muß. Es wird nie ganz stimmen, alles klar. Und das andere Problem ist sicher, bei *Macbeth*, da war einfach so ein Haufen, mit dem man spielen konnte und die haben alle irgendwie mitgespielt. Und hier, die kommen aus ganz anderen Kindergärten und wissen gar nicht, was sie spielen oder spielen sollen. Und *Auftrag* das war ja auch 'ne Familiengeschichte. Und hier muß ich zum ersten Mal außerhalb der Familie arbeiten, was ganz schwer ist. Plötzlich geht ungeheuer vieles nicht mehr. Was ich nie vergessen werde bei Trettau, der war wirklich gut auf einer Probe, wo er fast nichts gemacht hat. Und dann saß er hinter der Bühne und dachte sein Leben als Schauspieler ist zu Ende, weil er seine Mittel nicht einsetzen konnte. Und genau das aber war das Richtige. Natürlich wird er immer wieder versuchen, als Schauspieler zu überleben und seine Mittel einzusetzen. Die kommen ja alle aus so einer Tradition der Identität von Schauspieler und Figur, absolut.

Beyer: Das ist vielleicht methodisch ein wichtiger Punkt jetzt. Es gibt einen Punkt, ich will nicht jetzt über uns als 'ne andere Qualität reden und gar keine höhere, sondern einfach 'ne andere ... Nee, der Volksbühnenpunkt ... das war ja in der Volksbühne nicht immer so, ist das eiskalte Disziplintraining: *Schlacht*.

Gwisdek: Ich glaube auch nicht, daß das was mit der Schauspielerei zu tun hat, daß jetzt die vom Deutschen Theater andere Schauspieler oder ... Sie haben bloß eins, glaube ich, nicht, nämlich daß sich 'ne Truppe zusammenfindet und alles gibt, was sie im Stande sind zu machen.[15]

Ähnliches und anderes mehr meinte wohl Müller, als er elf Tage vor der Premiere notierte: »Scheißschauspielkunst.«[16]

In der Inszenierung trafen sehr unterschiedlich gerichtete und interessierte Generationen aus der DDR-Gesellschaft aufeinander.

Die »Müller«-Generation (Harry Pietzsch, Horst Hiemer, Martin Trettau, Peter Dommisch, Horst Weinheimer) stieß mit der Generation der 1940 bis 1950 geborenen (Gwisdek, Beyer, Thomas Neumann, Montag, Jürgen Huth und Margit Bendokat) zusammen und diese wiederum mit der Generation aus den fünfziger Jahren (Jörg-Michael Koerbl, Ulrich Mühe, Roman Kaminski, Frank Lienert, Johanna Schall) und schließlich mit den Geburtsjahrgängen ab dem Jahr 1960, den Studenten der Hochschule für Schauspielkunst »Ernst Busch«.

Die Inszenierung war ein Spiel mit und in der vierzigjährigen DDR-Geschichte, was ohne diesen Aufeinanderprall der Generationen, allein mit dem Text, nicht so überzeugend möglich gewesen wäre, wenngleich Müller mit dem Einschub der Texte *Der Horatier* und *Wolokolamsker IV* historische Text-Markierungen einbaute, die den Prozess grundieren und ins groteske End- und Zerrbild des bürokratischen Veitstanzes verlängerten, in die Welt von 1988, in die Gegenwart.

Johanna Schall im Gespräch

Wieck: Eine Frage zur internen Wirkung der Inszenierung, im Theater selbst, gab es da Kämpfe untereinander? Das Deutsche Theater war ja ein vielstimmiges, meinungsfreudiges Ensemble.

Johanna Schall:[17] Obwohl, komischerweise, bei dieser Inszenierung kann ich mich daran nicht erinnern. Es gab viele Kämpfe am Deutschen und Fraktionen und allen möglichen Scheiß ... aber komischerweise ... ich überlege gerade: nee, gar nicht. Für andere Probleme, die es gab, war Fritze (Fritz Marquardt) zuständig.

Wieck: Der war doch aber eigentlich gar nicht dabei?

Schall: Nein, aber das war supergut, dass er da und nicht da war ... Ich hatte so eine komische stumme Büro-Szene und Heiner war ... das war ja eine Riesenbühne ... war immer beschäftigt mit der einen Seite, mit den Männern ... und ich musste auf der anderen Seite irgendwas veranstalten ... und da konnte mir Heiner nichts sagen ... Und dann habe ich zu Fritz gesagt: Jetzt setzt du dich da mal hin, ich mach mal was und du sagst, was dir davon gefällt. Und da haben wir das zusammen gemacht. Da wurde nie drüber geredet, das war dann so. Für so 'ne Sachen war dann eben Fritz da. Meine Generation ist durch Fritz zu Heiner Müller gekommen. Weil, wir haben ja die ganz frühen Sachen nicht gesehen. Aber wir haben in der Volksbühne eben alles gesehen und dadurch sind wir auf den Dichter gekommen. Und der hat nicht einfach dazwischen gequatscht. Der war einfach lieb genug, oft genug da zu sein. Weil er wusste: Heiner ist nicht unbedingt ein Schauspielerregisseur. Das war auch nicht der Punkt. Ich habe mich bei der Vorführung 2018 von dem Film [Videoaufzeichnung der Aufführung von *Der Lohndrücker*; ThW] auch ein bisschen mit Alexander Weigel in die Haare gekriegt, weil Weigel sagt, mehr oder weniger hätte er das inszeniert. Da habe ich gesagt: Na, stopp mal! Heiner hat dir nicht gesagt, ob du von rechts nach links gehen solltest, aber er hat dir ja inhaltlich einen Weg gebaut, was szenisch wichtig war, konnte er formulieren. Er konnte dir dann nicht sagen, was du tun musst, um da hinzukommen. ... Er hatte auch viel Bob Wilson gesehen ... Es waren wirklich sehr anstrengende Proben, sehr, sehr anstrengend. Wir haben lange probiert, aber auch die Gespräche drumherum ... Und ich weiß ... ich weiß gar nicht mehr, wer das war ... es gab so Punkte, wo alle so müde waren ... und jemand sagte: So müssen die aussehen nach der Schicht!

Renate Ziemer: Das war ich. Das erzählte zwar Alexander Weigel immer, dass er das war –

Schall: Der ganze Abend war ein Totengesang ...

Wieck: Von Anfang an?

Schall: Denke ich schon. Wir haben nicht gewusst, was danach passiert. Aber dass etwas passiert, war klar. ... Seitdem Gorbatschow an der Macht war, wussten wir, dass etwas passiert.

Wieck: Das mit der Totenklage ist genau der richtige Punkt. Hier wird eine Generation beklagt. Und die klagt selber, weil sie auch selber spielt. Das mag als schauspielerischer Vorgang nicht so sehr bewusst gewesen sein. Das Phänomen war: ... am DT! war plötzlich ... unmittelbare Lebenspraxis auf der Bühne zu sehen.

Schall: Aber in jenem Jahr 1988 waren Frank Castorf, Thomas Langhoff und Heiner Müller als Regisseure verpflichtet. Extrem unterschiedlicher konnte es gar nicht zugehen. Und dass Dieter Mann den Müller geholt hat, an dieses Haus, mit diesem Stück, das war schon was. Und ich glaube auch, dass er wusste, was er tat, als er Heiner gefragt hat.

Wieck: Die Inszenierung machte uns klar, dass die Zeit zwar chronologisch vorwärts gegangen war, dass aber die Gesellschaft einfach stehengeblieben ist. Natürlich waren wir alle aufgewachsen unter der Maßgabe, die Arbeit, die materielle, produktive Arbeit für die Gemeinschaft ist das Zentrum dieser Gesellschaft. Nicht der Antifaschismus war das Bindeglied, sondern die sozialistische Arbeit. Der ganze Grund-Marxismus ... der ist ja darin enthalten, im Begriff der Arbeit. Und das wurde nun außer Kraft gesetzt in der Inszenierung. Denn hier wurde die Arbeit wieder zur Sklavenarbeit. Hier wurde sie zur abzulehnenden Kärrnerarbeit, mühselige Sicherung der Lebensgrundlagen. Und die sich diese Arbeit auferlegen müssen, die sind böse dran. Und an der Arbeit eigentlich nicht so sehr interessiert, als vielmehr daran, wie sie aus der Arbeit entkommen können, indem sie arbeiten. Das war ihr Grund-Problem: Sie mussten arbeiten, um aus der Arbeit entkommen zu können. Man ist Rädchen im Getriebe, man muss machen, ob man will oder nicht. Man wird gezwungen; eine Scheinsolidarität ... einfach aus dem Arbeitsprozess heraus. Da kannst du nicht aussteigen. Das ist keine positive Solidarität, die den einzelnen hebt, die Verständnis für den anderen fördert. Und das war das Schöne an dieser Inszenierung, da die Studenten die graue Arbeitermasse gespielt haben, strahlte die Gruppe dennoch eine merkwürdige Kraft aus. Und gleichzeitig unterlag sie dem kollektiven Arbeits-Zwang, Und da sah man, die sind jung schon uralt.

Schall: Deswegen, meinte ich, ist es wie eine Totenklage. ...

Wieck: Es ist die Beschreibung eines langdauernden Untergangs. Wie war das nun mit den drei »Müller-Spielern« mit Beyer, Gwisdek, Montag? Hatten sie untereinander etwas Gemeinschaftliches, eine gemeinsame Sprache.

Schall: Wenn man sie nebeneinander stellt, wirken sie nicht wie eine klassische Freundesgruppe.

Ziemer: Aber das Handwerkliche, das die drei mitgebracht haben ... Ich erinnere, Heiner Müller forderte: »Wo später, z.B. in *Umsiedlerin* die Arien kommen, steht im *Lohndrücker* immer: Pause oder Schweigen. Und man muss diese Pausen und das Schweigen inszenieren.« – Und das haben die drei natürlich schon im Blut gehabt.

Schall: Aber eigentlich doch eher aus der Arbeit mit Fritz. *Macbeth* war schon was ganz Anderes. ... Ich würde *Lohndrücker* eher in Beziehung setzen zu den *Bauern*. Ich weiß nicht, ob man das so sagen kann: Hat nicht Fritz den Stil entwickelt anhand von Heiners Texten?

Wieck: Da ist was dran.

Schall: Dass Heiner der Kopf war, ist ganz klar. Aber ich kann mich erinnern, dass es wirklich sehr viel auch mit Fritz zu tun hatte. Und wir waren (durch Zusehen) sehr geprägt von der Art der Sprachbehandlung. Also wie man spricht. Nebenbei: Heutige Studenten sprechen die Müller-Texte immer ganz monoton. Man muss zwar nicht wissen, was man sagt, aber man spricht alles auf einem Ton. ...

Aber diese klare Kühle in der Sprachbehandlung, die kannten wir alle von diesen Inszenierungen. Auch die Art, Bilder zu bauen. ... Aber bestimmt kannten die sich besser. Doch für mich waren die immer so verschieden. Dieter war immer kuschelig, den kannte ich auch schon länger als Kollegen ... Hermann hatte ich einfach wahnsinnig gerne, wir mochten uns immer schon ... Und Gwisdek war eben Gwisdek, wie der so ist. Der ist toll, aber der war mir nie nahe. Der war immer so sein eigenes Ding.

Die Inszenierung war trotz alledem und entgegen aller Lobpreisungen, die kaum jemals durch eine kritische Inszenierungsanalyse gestützt wurden, schauspielästhetisch disparat, im äußeren Ablauf unrhythmisch und rezeptionsästhetisch überladen durch die an und für sich beeindruckende Aufführung des *Horatier* und die Text-Einspielung *Wolokolamsker Chaussee IV Der Kentaur* sowie durch die dilettantischen Filmeinspielungen belastet. Heiner Müller notierte elf Tage vor der Premiere: »go+stop«, »stop +go«, d. h. aus der Aktion ins Bild, aus dem Bild in die Aktion und »die Umbauten ohne Blacks.«[18] Doch diese Forderung erfüllte sich nicht. Die zahlreichen schematischen gleichförmigen und umständlichen Szenenwechsel zerhackten den Lauf der Geschichte, das waren keine Unterbrechungen im Sinne des epischen Theaters, das waren »schwarze« Löcher.[19] Das viel bewunderte, raffiniert überdeterminierte Bühnenbild drängte sich nach vorn, die völlig überflüssigen Szenenwechsel mit letztlich minimalen Umbauten waren erstarrte Manier: Die Übergänge funktionierten nicht, die Verhältnismäßigkeit zwischen Szene und Umbau war gestört.

Auch die zwei Filmeinspielungen waren eine Fehlinvestition: »Mit resignierendem Lächeln vermerkte Ulrich Mühe nach der letzten Hauptprobe, die zwei Filme seien ja nun doch wieder drin ... Müller besänftigte: ›Da, wo sie jetzt laufen, als Ouvertüre, können sie nicht mehr stören.‹ Das stimmte. Aber als Störung waren sie eigentlich gemeint gewesen.«[20]

Wesentlicher als die inszenatorischen Ungeschicklichkeiten eines wohl etwas überambitioniert in das Unternehmen gestarteten und von Wilsons Drang zur Perfektibilität geblendeten Regie-Neulings waren die im Probenprozess aufbrechenden schauspielmethodischen Differenzen zwischen den Schauspielern. Tief betroffen von der fingierten dramatischen Situation, klar abgetrennt von der theatralischen Realität des gemeinsamen Spiels, strebte ein Gruppe von Spielern eine lebensalltäglich bestätigte Glaubwürdigkeit des individuellen Figurenverhaltens an. Sie verhalten sich, wie sie sich vorstellen, dass die von ihnen zu spielende Figur, wäre sie eine reale leibhaftige Person, sich unter den gegebenen dramatisch fixierten Umständen verhalten würde. Ulrich Mühe, auch Jürgen Huth ging es um die Künstlichkeit, die bewundernswerte Handwerklichkeit des Darstellens. Die »Negativität« der jeweiligen Figur wird kunstvoll zelebriert, die Figur wird dem Publikum zum genüsslichen Verzehr vorgeworfen. Auf diese Weise rächen sich Schauspieler und Schauspielerinnen im gegenseitig stillen Einvernehmen an den real-leibhafigen Vorbildern solcher Figuren. Für einen Moment entmachtet der Schauspieler diese Vor-Bilder aus der sozialistischen Wirklichkeit, indem er sie dem Verlachen durch das Publikum preisgibt. Doch das Kunststück sprengt allzu schnell den szenischen Vorgang, die Figuren verlieren ihre Kontur, ihr soziales und gesellschaftliches Unwesen belustigt nur noch. Die Darstellung wird kabarettistisch und verraucht.

Der Grundgestus des Spiels von Beyer, Gwisdek und Montag dagegen »war von äußerster Knappheit und Kargheit. Während der Proben zeichnete sich schon relativ früh ab, daß das nicht mehr sehr viel mehr werden sollte.«[21] Hermann Beyer notierte: »Dieser Direktor, den ich jetzt so dürre spielen soll und muß, hat alle Eigenschaften dieser Idioten, die ich schon kenne, aber auch ganz dürre was von Gorbatschow.«[22]

Der »Direktor« (Hermann Beyer) und »Lerka« (Martin Trettau) stehen parallel zur Bühnenrampe nebeneinander, getrennt voneinander durch eine meterbreite undurchsichtige schwarze Zone. Links steht der Direktor en profil, die Hände wie so oft eng am Körper in den

Manteltaschen versenkt. Er schaut unverwandt auf Lerka, der rechts von ihm steht. Lerka schaut starr geradeaus in die Weite des Zuschauerraums. Der Zuschauer soll ihn verstehen und ihm zustimmen: »So ist das also. Da schindet man sich krumm. Ins Kreuz getreten dreißig Jahre. Fressen wie ein Hund. Und in Trab wie ein Gaul. Und jetzt heißt es: ein Sa boteur.« An diesem letzten Wort würgt er schwer, jedermann wusste zu diesen Zeiten, dass »Sibirien« drohte. Jetzt spricht er den Direktor an: »Das ist also Euer Ar bei ter staat.« Leicht verächtlich destruiert er das ungeliebte Wort »Arbeiterstaat«, leicht die Stimme hebend, er wird bestimmter und setzt bewusst Wort neben Wort: »Ihr ... seid ... nicht besser ... als ... die ... Naa–ZZis.«[23] Der Direktor ist jäh getroffen, die Arme zucken kurz, doch er hat sich in der Gewalt. In einem kleinen, nahezu eleganten Bogen läuft er hinein in das Dunkle hinüber zu Lerka, stellt sich seitlich versetzt hautnah hinter Lerka und verlangt von ihm, ohne ihn anzuschauen, kalt und trocken: »Sag das noch mal!« Lerka dreht sich langsam um, schaut an ihm vorbei und antwortet, mit dem Rücken zum Publikum, so sachlich wie er gefragt wurde, nicht schwankend: »Ich hab gesagt, ihr seid nicht besser als die Nazis.« Für diesen einen einzigen Augenblick sind sie auf gleicher mentaler (und auch schauspielerischer) Höhe. Blitzschnell schlägt der Direktor mit einem trockenen Faustschlag Lerka nieder. Sofort danach vergräbt er stumm die Hände in den Manteltaschen und bleibt ungerührt, mit starrem Blick in den Zuschauerraum, stehen. Er wartet. Lerka sinkt ins Dunkel und reckt dann seine rechte Hand hilfesuchend nach oben ins Licht. Die Hand findet den Körper des Direktors. Lerka richtet sich am scheinbar versteinerten Körper des Direktors emportastend wieder auf. Der Direktor lässt es geschehen. Was erwartet er, was ist von ihm zu erwarten? Lerka wendet sich zu dem regungslosen Direktor um. Nun steht er so, wie zuvor der Direktor hinter ihm, jetzt er hinter dem Direktor. Der Direktor wartet. Aber Lerka enttäuscht ihn, denn er versucht, den Direktor verbal zu schrecken, indem er sich an ihn krallt und ihm ins Ohr seine Drohung wollüstig schleimig einzischt: »Das kostet dich die Stellung, Direktor.« Der Direktor schweigt und zuckt nicht. Lerka schießt einen letzten, angesichts des eiskalten Direktors kläglich stumpfen Pfeil ab: »Das ist nicht wie bei Hitler.« Der Vergeblichkeit seines Tuns innewerdend flieht er in die Dunkelheit der Bühne. Jetzt regt sich der Direktor, er will sprechen, doch vergeblich: Er würgt am unerhörten Vorwurf, der seine Existenz angreift. Daran hat er »zu kauen«. Die Ungeheuerlichkeit kann er nicht »verdauen«. Es hat ihm die Sprache verschlagen. Mit offenem Mund schluckt und schluckt und ringt der Direktor um Worte.

Dieser kalt glühende, sich mühsam zügelnde Ingrimm, genährt von der Ahnung, sich eine unlösbare Aufgabe aufgeladen zu haben, die Menschen in diesem Rest Deutschlands zu befrieden und gerecht zu führen, bestimmte auch den Gestus der Figuren des Parteisekretärs und des »ewigen Arbeiters« Balke.

> Schorn, der Parteisekretär, wird in Michael Gwisdeks Darstellung zum Zerrissenen, aufgerieben zwischen der Solidarität mit den Arbeitern, denen er Übermenschliches, Unmenschliches gar, abverlangen muß und der Parteiraison – Hamlet als Funktionär, gebeugt, nach innen gekehrt, angekränkelt von des Gedanken Blässe. Ihm gilt Müllers Genauigkeit und Sympathie am deutlichsten, so ist er die wirklich tragische Figur geworden.[24]

> Von Anfang an steht Dieter Montags »Balke« da, die Schultern etwas hoch und nach vorn gezogen, leichter Rundrücken, die angespannte Haltung eines Tieres vor dem Sprung. Diese Haltung hat zugleich etwas Ausgrenzendes und Gefährliches. Dieses Dastehen und Gucken setzt bereits den anderen Figuren und ihren Handlungen so viel Widerstand entgegen, dass sein erster Satz »Ein Pfund Butter« und sein erster Gang zum Tisch zugleich der erste Schlag gegen alle bedeutet. [...] Indem Balke solange zuguckt und dann den sachlich-harten, aber nicht feindseligen Ton findet, zeigt sich die ganz andere Richtung – das ist ›die andere Tierart – Aktivist‹.[25]

Müller endet seine Inszenierung 1988 im deutlichen Gegensatz zu dem Stückschluss 1957. Ursprünglich gehen Balke und Karras gemeinsam an die Arbeit, im Wissen, nur eine kurze Zeit für ihre »kleine Arbeit« im Betrieb und für die »große Aufgabe« in der Gesellschaft zu haben, denn mehr räumt ihnen die Gunst der Geschichte, der historische Augenblick nicht ein. »Wir haben nicht viel Zeit.«[26] Die Reparatur gelang, die neue Gesellschaft scheiterte. Die Inszenierung 1988 fragt nach der Ursache des Scheiterns und das abschließende szenische Arrangement wird zum historischen Sinnbild:

Die zerfallene Klasse und ihre selbsterklärte Avantgarde, die deutsche Arbeiterschaft und die deutsche Kommunistische Partei, Verräter und Verratene können nicht voneinander lassen, sie werden zueinander gezwungen und so gehen sie gemeinsam unter, blind für ihre wirkliche Lage, unfreie Opfer ihres historischen Irrens. Im Würgegriff

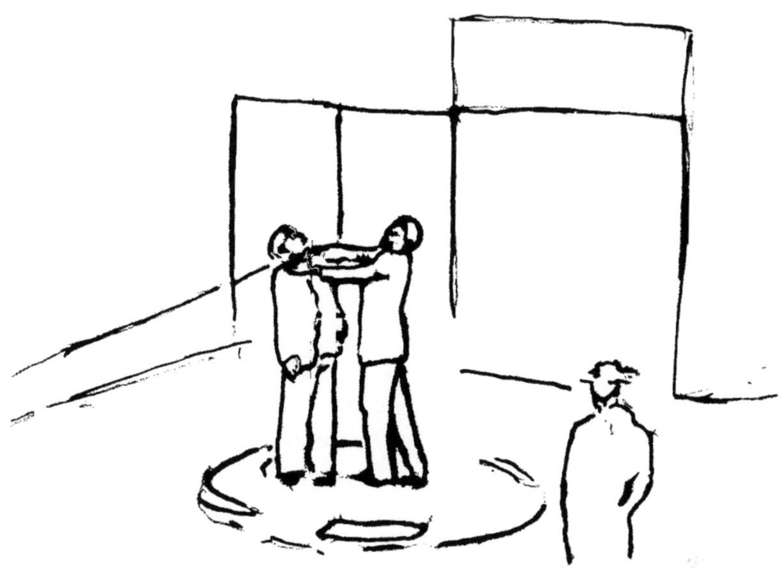

Balke: Mit Karras kann ich nicht arbeiten.
Schorn: Wer hat mich gefragt, ob ich mit dir arbeiten kann?
Direktor schaut und schweigt.
Black.

der Vergangenheit verging alle Zukunft. Der Schluss ist unerbittlich und ausweglos. Eine Hoffnung auf Kommendes barg die dreifach wiederholte Szene dennoch: die Schauspieler arbeiteten sehr wohl sehr gut miteinander. Die Möglichkeiten eines »politischen Theaters« im besten Sinne, artistisch aufregend und gedanklich scharf, schienen auf. Theater wirkte öffentlich, förderte und forderte zum Handeln auf, vorbildlich und wirksam über die Zeiten hin. Aber auch diesem Theater lief die Zeit davon. Ein ästhetisches Versprechen bleibt es allemal.

Heiner Müller: Hermann, es gibt so einen schönen Text von Brecht: »Das Würgen der Nachgeburt gegen Morgen zu ...« Das ist es, was du am Schluß auf dem Ofen siehst.

Hermann Beyer: Deswegen überlege ich auch. Jetzt drehe ich mich so ab von den beiden auf dem Ofen. Ich drehe mich ab, um nicht zu sehen, daß der Parteisekretär den Balke würgt. Beim zweiten Mal warte ich das Würgen ab und drehe mich weg, wenn ich sehe, daß er schwach ist.

Müller: Für dich ist es auch eine Wiederholung der Situation mit Lerka (Bild 5), und deswegen, glaube ich, mußt du da am Schluss voll draufgucken.

Beyer: Nicht abdrehen?

Müller: Ganz starr. Daß man diese Dreierbeziehung hat am Schluss.

Beyer: Es ist kompliziert, weil es ist auf jeden Fall ungeheuer stark, was mit den beiden passiert und ... Vielleicht hast du recht, gar kein Kommentar von mir.

Michael Gwisdek: Es ist ein starker Kommentar, wenn du dastehst und das Ganze anguckst. Das finde ich stärker als ...

Müller: Genau, du guckst da rauf auf diese Gruppe. Dadurch entsteht ein Dreieck. Es ist ja ein Problem, ein gemeinsames.

Gwisdek: Wenn da 'ne Differenziertheit bei dir oder 'ne Wertung noch passiert, nimmst du auch dem Zuschauer was weg.

Müller: Was man sehen muß am Schluß, ist dieses Dreieck, der Clinch, in dem ihr alle seid.

Beyer: Man muß nur behaupten, sie wissen alles eigentlich oder können alles wissen.

Müller: Sie müßten alles wissen eigentlich.

Beyer: Wir können. Wollen wir nicht alles so delegieren! Es ist ja nach wie vor so, daß ... Ich bin ja genauso mit an der Mauer schuld. – Uns geht's doch gut. Mir geht's gut. Ich hab 'ne schöne große Wohnung. Laßt uns doch als ehemalige Rote oder zukünftige Rote oder als dauernde Rote uns tarnen, indem wir blaue Schlipse tragen.[27]

Hermann Beyer, Michael Gwisdek und Dieter Montag im Gespräch

Gwisdek: *Lohndrücker* war die Inszenierung, wo mir als erstes einfällt: Hermann wird das nie lernen mit der Schauspielerei! Ein Schauspieler kann sich ab dem Moment ein Berufsschauspieler nennen und unterscheidet sich vom Laien, wo er 'ne Sache fixieren kann und beliebig wiederholen kann. – Da hab ich z.B. auch begriffen, dass das natürlich was ... was Hermann bis heute nicht begriffen hat ... also der einzige Schauspieler der Welt, von mir aus der beste Schauspieler ... ich hab schon zwei Mal gesagt: der beste Schauspieler ist Hermann! ... Aber er ist ein Dilettant vor dem Herrn. Also was das Handwerk ... also, wann stellst du das Glas hin und trinkst und sagst jetzt den Satz, dann nimmst du 'nen Schluck und sagst ihn an der Stelle weiter ... Das waren vierzehn Tage und danach hat er das immer noch nicht ... Ich glaube nicht, dass Hermann mit 'nem andern synchron ... Also wie wir das handwerklich geleistet haben, war schon ...

Wieck: Es war eine Geschichte von drei, vier Leuten, denen man ansah, was sie vorher alles schon einmal gemacht hatten. Also man sah etwas doppelt, sozusagen. Man sah die bisherigen Inszenierungen, bei *Bauern* angefangen. Weil, es war der Versuch, nicht über Ästhetisches im vordergründigen Sinn, sondern tatsächlich auch über Figurengestaltung ... Viel stärker als bei *Macbeth* ... D.h. hier standen drei Leute gegeneinander, miteinander. Gegeneinander als Figuren, miteinander als Spieler. Und alle aus derselben Zeit kommend und schon nicht mehr wissend, was sie eigentlich sollen, in der Zeit, in der das Stück spielte. Besser: Ihr spieltet abschließend, den Figuren jede Perspektive verweigernd, angekettet in der Zeit, einbetoniert in die Verhältnisse, die das Stück erzählte und die Inszenierung rekonstruierte. So kam mir das etwa vor. Und dazu die junge Truppe der »ausgerichteten« Arbeiter, gespielt von den Schauspielstudenten. Diese »Arbeiterschaft« war chorisch ausgerichtet. Das waren Leute, die nichts Eigenes, Individuelles zu sagen hatten. Auf der Figurenebene war das die Masse der Arbeiterschaft, die sich in der Geschichte des Landes stumm mit sich selbst beschied, was natürlich auch dazu führte, dass aus einem Neuem in der DDR nichts wurde. Die Schauspielstudenten gehörten ein Jahr später zu denen, die es dann wagten, laut dagegen anzugehen, gegen ihre eingeübte politische Passivität, das konnte man '88 noch nicht wissen, aber die Repertoirevorstellungen von *Lohndrücker* gerieten natürlich immer mehr in den Sog des Jahres 1989 und bezogen daraus auch ihre Härte und Kraft. Es war eine komplizierte Verschränkung von Biografien, die man da gesehen hat. Von Kunstbiografien, von euren eigenen Biografien, meiner eigenen ...

Etwas vergleichbares habe ich später noch einmal bei Jürgen Holtz erlebt, in *Kirschgarten* am Berliner Ensemble. Das war für mich ein ganz eigenartiger Abend, denn ich sah auf einmal Holtz viermal:

Ich sah ihn als »Firs«, dabei sah ich ihn auch als »Jean« auf der gleichen Bühne 37 Jahre zurück, und ich sah gleichsam durch den »Jean« hindurch, wie er den »Jascha« wohl heute gespielt hätte, wenn er ihn damals als junger Schauspieler gespielt hätte – und ich sah auch den gegenwärtigen »Jascha«. Diese Überblendung von vier Dienerfiguren, drei gespielten und einer imaginierten, ist ein sehr merkwürdiger, sehr berührender Vorgang für mich gewesen. Holtz hatte einen großen Auftritt. Er kommt aus einer nebulösen Vergangenheit, die da ganz hinten an der Brandmauer wabert, er geht nach vorn, aus dieser Vergangenheit und sieht uns, die Gegenwart, die Zuschauer. Einen kurzen Moment zögert er, soll er sich denen vor sich oder denen hinter sich zuwenden? Und das ist der Moment, da sind die Figur des »Firs« und der Schauspieler Holtz in einem existentiellen Zwischenraum zwischen den Zuschauern und den Spielern, den Figuren einer alten Welt da hinter ihm, in dem er sekundenlang innehält. Jetzt gilt es sich zu entscheiden. Das ist der klassische Zustand und die herausgehobene Position des Schauspielers. In diesem Moment ist er ein Sendbote zwischen Einst und Jetzt, Quartiermacher in diesen imaginären Raum/Moment des Dazwischen, zwischen Möglichem und Wirklichem, zwischen Vergangenem und Künftigem, in einem Raum, den allein das Theater darstellen und »bevölkern« kann, der vielleicht überhaupt das Theater ist. So sah ich euch in *Der Lohndrücker*. In diesem Zwischenraum. Verblüffend, wie eure Theater-Biografie gegenwärtig wurde und wie plötzlich meine, unsere gesellschaftliche Vergangenheit in ihrer Vergeblichkeit mitspielte. Deshalb ist für mich der Höhepunkt eurer gemeinschaftlichen Arbeit *Der Lohndrücker*.

Gwisdek: Wir waren halt 'ne Truppe und darum spielte auch nach der Wende Theater für mich keine Rolle mehr. Das war ein so intensives Theater, dass ich mir sagte, ich muss ein neues Leben anfangen, irgendwie anderes.

Beyer: Also es war die Hauptsache.

Montag: Es war eine Haltungsfrage!

Gwisdek: So ist es.

Montag: Es war so was wie 'ne Grundhaltung; das fing ja mit *Bauern* an.

Beyer: Und wir haben uns begriffen an der Volksbühne natürlich als eine Enklave.

Montag: Das sowieso. Wir waren die Müller-Spieler.

Gwisdek: Weißt du, worüber ich glücklich bin? Dass ich die ganze Zeit, dass ich das alles miterlebt habe.

1 Heiner Müller in seiner improvisierten Rede unmittelbar nach seiner Wahl zum Präsidenten der AdK der DDR am 16. Juli 1990, AdK, Historisches Archiv, AdK-O 1447.

2 Heiner Müller, in: Der Lohndrücker, Dokumentation 2, a.a.O., S. 15. Heiner Müller meint eine Inszenierung der Regie-Studenten Matthias Renner und Axel Richter (Institut für Schauspielregie Berlin) auf der Probebühne des BE im Jahr 1978 im Rahmen des Projekts Anfänge.

3 https://www.berlin.de/landesdenkmalamt/denkmale/denkmale-der-alliierten/udssr/pankow/sowjetische-aktiengesellschaft-sag-648095.php, Stand 26.03.2022.

4 Wolfgang Mühlfriedel: »SAG-Betriebe – Schulen des Sozialismus«, in: *Jahrbuch für Wirtschaftsgeschichte*, Band 1980/IV, Berlin (Ost) 1981, S. 178.

5 A. a. O. S. 176.

6 Vgl. Hans Garbe, in: *ND*, 10. Juni 1950: »Bei Siemens-Plania bin ich seit 1949 als Feuerungsmaurer tätig. Ich sah hier Kollegen arbeiten, die auf ein Stück Arbeit 50 Lohnstunden bekamen. Da habe ich zugeguckt und das ausgewertet. Ich dachte mir: Wie sollen wir da vorwärtskommen? Sie arbeiten zu langsam, sie arbeiten in einem langsamen Trott und sehr unbequem. Eines Tages wurden sie woanders eingesetzt. Ein Ofendeckel wurde gebraucht. Ich sagte zu meinem Helfer: ›Paß auf, wir werden diesen Deckel in 25 Stunden machen.‹ ›Wenn du das schaffst, dann werden die anderen meutern‹, war die Antwort. Das war nur die Arbeit für einen Deckel. Ich habe danach acht Verbesserungsvorschläge eingereicht, die alle prämiiert wurden.«

7 Jürgen Engler: a.a.O S. 147.

8 Müllers Inszenierung bestätigt überzeugend seine Maxime aus dem Jahre 1990: »Das Drama ist viel mehr als das Theater. Nicht das Theater ist die Vollendung des Dramas, sondern das Theater versucht, dem Drama nahe zu kommen. Das ist die Funktion.«, Jonathan Kalb, »In search of Heiner Müller«, in: American Theatre Februar 1990, S.21. (dt. ThW). Müller rechnet in der Aufführung mit der um sich greifenden Theatralisierung ab. Die Inszenierung zeigt, wie schnell und süchtig Schauspieler und Schauspielerinnen ihren theatralischen Auftrag verraten, einen autonomen Text über ein Geschehnis aus alten Zeiten und seine über die Zeiten zu bewahrende Lehre vorzutragen. Sie fühlen sich in die historischen Begebenheiten und Personen ein, verfallen dem Spiel und missbrauchen den Text zur Waffe im Kampf um ihre aktuelle theatralische Herrschaft und Deutungshoheit. Der spielerisch hochgetriebene, sich zusehends emotionalisierende Kampf der miteinander rivalisierenden Spielweisen des ironisch verlächernden Komödianten und der pathetisch affizierten Tragödin schlägt zum tödlichen Griff nach der Kehle des real-leibhaftigen Partners um. Das Spiel gerät aus den Fugen, ineinander verbissen, sich ihren Affekten ausliefernd, werden die Spieler Gefangene im Theatergeviert. Das Theater scheitert an sich selbst, die Darsteller verfehlen den ursprünglichen Auftrag, Das letztgültige, klärende Wort kann nur von außerhalb, vom Autor in das Theater hineingesprochen werden: Heiner Müller verliest über Band die letzten 25 Zeilen, den historischen Anlass und die Essenz allen Erinnerns des Historischen benennend: »Kenntlich machend die Dinge oder unkenntlich. / Tödlich dem Menschen ist das Unkenntliche.« Dazu ist der Text, das reine Wort

berufen, und das Theater muss sich ihm beugen oder vergehen. Die dialektische Pointe der Inszenierung besteht nun gerade darin, dass genau diese grundlegende Botschaft allein durch das bewusst artistische Schau-Spiel von Johanna Schall und Ulrich Mühe wirkungsvoll vermittelt wird. Ohne diesen »unreinen Rest« ist kein Theater und auch kein Text von Heiner Müller auf dem Theater zu haben.

9 Die eingeklammert, nachgestellte Szenenzählung folgt dem Stücktext, in: *Stücke*, a.a.O. Diese Fassung ist erstmals in *Kursbuch* Nr.7, 1966 erschienen.

10 Heiner Müller: »Frage und Antwort«, in: Heiner Müller: *Kopien 1*, Berlin (West) 1989, S. 132.

11 Die Szenentitel wurden, von Heiner Müller gesprochen, über Ton eingespielt.

12 Die Szene ist geschrieben für die Aufführung 1988.

13 Heinz Klunker: »Vom parasitären Umgang mit einem Gegenwartsstück – Heiner Müllers ›Wolokolamsker Chaussee‹ auf der Bühne.«, in: *Spiele und Spiegelungen von Schrecken und Tod*, Jahrbuch zur Literatur in der DDR 7, hrsg. v. Paul Gerhard Klussmann und Heinrich Mohr, Bonn, 1990, S. 36.

14 Thomas Roth: »Strukturelle Veränderungen im Inszenierungsprozeß durch die Arbeit mit Schauspielstudenten«, in: *Der Lohndrücker – Dokumentation 2*, a.a.O., S. 101. Müller behauptete unmittelbar nach der Premiere im Gespräch mit Dieter Kranz, das sei von vornherein so geplant gewesen: »Und der einzig wirkliche Eingriff (in den Text von *Lohndrücker*) besteht darin, daß alle Texte, (das war aber von Anfang an eine Idee von mir), die von nicht namentlich benannten Arbeitern gesprochen werden, (sollten) chorisch gesprochen werden.«, in: Kranz, a.a.O., S. 491. Müllers Erinnerung ist kaum glaublich, da die Bühnenarbeiter kaum chorisch sprechen gelernt hätten.

15 *Der Lohndrücker – Dokumentation 2*, a.a.O., S. S. 87 ff.

16 Ebd., S. 83.

17 Johanna Schall (*1958) Schauspielerin und Regisseurin. 1980 bis 1982 spielte sie am DT, von 1982 bis 1985 Engagement in Frankfurt/Oder und anschließend bis 1997 festengagiert am DT.

18 Heiner Müller: Probennotat vom 18. Januar 1988, *Der Lohndrücker Dokumentation*, a.a.O., S. 83.

19 In der ersten Stunde der Aufführung werden 31 Minuten *Lohndrücker*-Handlung und 22 Minuten zusätzliche Texte gespielt: 15 Minuten *Der Horatier*; 2 Minuten *Lied von der HO* und dazu kommen 5 Minuten Film und etwa 8 Minuten Umbauunterbrechungen. Der *Lohndrücker* -Text ist aufgeteilt in 8 Szenen von 5 Minuten, 8 Minuten, 4 Minuten, 10 Minuten, 2 Minuten und noch einmal 2 Minuten Länge. Diese 31 Minuten Spielzeit werden zusätzlich unterbrochen durch 16 Lichtwechsel zwischen Spiellicht, Umbaulicht, Spiellicht.

20 Peter Voigt: »Die Lohndrücker-Filme«, in: *Der Lohndrücker, Dokumentation 2*, a.a.O., S. 103.

21 Alexander Weigel, in: *Der Lohndrücker. Inszenierung am Deutschen Theater Berlin 1988*, Inszenierungsdokumentation von Stefan Suschke, a.a.O., Band 2, S. 99.

22 Hermann Beyer: »Erste Probe. Ich kann nicht sprechen. Ich kann nicht lesen. Merken: Ein Kriegstagebuch.«, in: *Explosion*, a.a.O., S. 45.

23 Martin Trettau skandierte »Na zis« so wie »So zis« wie »a sozial« wie »Ab – schaum«. Diese unausgesprochene, aber unüberhörbare Gleichsetzung (gleiche Brüder, gleiche Kappen) treibt den Direktor zur Weißglut, ergänzte doch diese umgangssprachliche Gleichsetzung von Nazis und Sozis die Anfang der fünfziger Jahre ausgearbeitete strikt antikommunistische Totalitarismus-Lehre (u. a. Hannah Arendt, Carl J. Friedrich/Zbigniew Brzezinski) trefflich.

24 Michael Merschmeier, »Stalin vor dem Tribunal der Bühne« *TH* 4/1988, S. 22

25 Carena Schlewitt: »Balke, der Neue, der das Maul nicht aufmacht«, in: *Der Lohndrücker – Dokumentation 2*, a.a.O., S. 85.

26 Das ist die letzte Replik des Textes von 1957, die Lösung des Konflikts andeutend, aber mahnend auf die Zukunft weisend.

27 Gespräch, in: *Der Lohndrücker Dokumentation 2*, a.a.O., S. 91.

Anhang

1. Ausgewählte Rollen von Hermann Beyer, Michael Gwisdek und Dieter Montag vor ihrem Engagement an der Volksbühne

Hermann Beyer (*30. Mai 1943)

1966: Schuhu in: *Der Schuhu und die fliegende Prinzessin* (Peter Hacks); Regie: Uta Birnbaum, Staatliche Schauspielschule Berlin.

1967: Don Roderigo in: *Don Juan oder die Liebe zur Geometrie* (Max Frisch); Regie: Wolfram Krempel, Maxim-Gorki-Theater Berlin.

1968: Leutnant in: *Der Uhrmacher und das Huhn* (Iwan Kotscherga); Regie: Kurt Veth, Maxim-Gorki-Theater Berlin.

1968: Jack in: *Der Stern wird rot* (Sean O´Casey); Regie: Kurt Veth, Maxim-Gorki-Theater Berlin.

1970: Egmont in: *Egmont* (Goethe); Regie: Peter Kupke, Hans-Otto-Theater Potsdam.

1970: Baron in: *Nachtasyl* (Maxim Gorki); Regie: Peter Kupke, Hans-Otto- Theater Potsdam.

1971: Beckmann in: *Draußen vor der Tür* (Wolfgang Borchert); Regie: Günter Rüger, Hans-Otto-Theater Potsdam.

Michael Gwisdek (*14. Januar 1942, † 22. September 2020)

1968: Lorbaß in: *Ein Lorbaß* (Horst Salomon); Regie: Jochen Ziller, Städtische Theater Karl-Marx-Stadt.

1969: Petrowski in: *Bolschewiki* (Michail Schatrow); Regie: Wolfram Krempel, Städtische Theater Karl-Marx-Stadt.

1970: Pantalone in: *Diener zweier Herren* (Carlo Goldoni); Regie: Brigitte Soubeyran a. G., Städtische Theater Karl-Marx-Stadt.

1971: Zweiter Gott in: *Der gute Mensch von Sezuan* (Bertolt Brecht); Regie: Hartwig Albiro/Piet Drescher, Städtische Theater Karl-Marx-Stadt.

1972: Karl Moor in: *Die Räuber* (Friedrich Schiller); Regie: Hartwig Albiro, Städtische Theater Karl-Marx-Stadt.

1972: Kreon in: *Antigone* (Sophokles), Regie: Piet Drescher, Städtische Theater Karl-Marx-Stadt.

Dieter Montag (* 1. Januar 1949)

1969: Orlando in: *Wie es euch gefällt* (Shakespeare); Regie: B. K. Tragelehn, Hochschule für Film und Fernsehen der DDR, Potsdam-Babelsberg.

2. Gesamtverzeichnis der Rollen von Hermann Beyer, Michael Gwisdek und Dieter Montag an der Volksbühne von 1970–1978

30. Dezember 1970: *Arzt wider Willen* (Molière):
Zweiter Bauer: Dieter Montag. Regie: Benno Besson
10. Februar 1971: *Die Räuber* (Friedrich Schiller):
Roller und Kosinsky: Dieter Montag. Regie: Manfred Karge/ Mathias Langhoff
25.Juni 1971: *Weiberkomödie* (Heiner Müller):[1]
Zweiter Blessierter: Dieter Montag. Regie: Fritz Marquardt

28. Februar.1972: *Die schöne Helena* (Peter Hacks):
Paris: Dieter Montag. Regie: Benno Besson

16. Juni1972: *Der Geist von Cranitz* (Erich Köhler):
Ermes Zollda: Hermann Beyer; Sein Genius: Dieter Montag.
Regie: Fritz Marquardt/Irene Böhme/Berndt Renne

14. Dezember 1972: *Der goldene Elefant* (Alexander Kopkow):
Zaplin: Hermann Beyer; Pater Lukjan: Dieter Montag.
Regie: Fritz Marquardt

11. Mai 1973: *Spektakel 1*
Der fliegende Arzt (Molière):
Sganarelle: Hermann Beyer; Gros-Rene, ein Diener: Dieter Montag.
Regie: Brigitte Soubeyran
Der Abiturmann (Arne Leonhardt),
Abiturmann: Dieter Montag. Regie: Ernstgeorg Hering

14. Oktober 1973: *Margarete in Aix* (Peter Hacks):
Bosin: Michael Gwisdek; Karl Burgund: Hermann Beyer;
Bauer: Dieter Montag. Regie: Benno Besson

31. März 1974: *Speckhut* (Francisco Pereira da Silva):
Anwalt: Michael Gwisdek; Totonio junior: Dieter Montag.
Regie: Ein Kollektiv unter Leitung von Manfred Karge und Matthias Langhoff

25. September 1974: *Spektakel 2 – Zeitstücke*
Das Laken oder die unbefleckte Empfängnis (Heiner Müller):
junger Soldat: Hermann Beyer; Erster SS-Mann: Michael Gwisdek.

Prometheus (Aischylos/Heiner Müller) und *Hinze und Kunze* (Volker Braun) – eine Montage:
Prometheus/Hinze: Dieter Montag. Regie: Manfred Karge/ Matthias Langhoff
Schlötel oder Was solls (Christoph Hein):
Schlötel: Michael Gwisdek. Regie: Manfred Karge/Matthias Langhoff

10. April 1975: *Wie es euch gefällt* (Shakespeare):
Orlando: Hermann Beyer; Probstein: Michael Gwisdek; Oliver und ein Edelmann: Dieter Montag. Regie: Benno Besson.

27. September 1975: *Der Menschenhasser* (Molière):
Alceste: Dieter Montag; Philinte: Hermann Beyer; Clitandre: Michael Gwisdek. Regie: Fritz Marquardt.

30. Oktober 1975: *Die Schlacht/Traktor* (Heiner Müller):
Das Laken: junger Soldat: Hermann Beyer; *Erster SS-Mann* Michael Gwisdek
Ich hatt einen Kameraden: 2. Soldat: Hermann Beyer; 4. Soldat: Michael Gwisdek
Die Nacht der langen Messer: B: Dieter Montag
Traktorist: Hermann Beyer. Regie: Manfred Karge/Matthias Langhoff

30. Mai 1976: *Die Bauern* (Heiner Müller):
Flint: Hermann Beyer; Fondrak: Dieter Montag; Mütze: Peter Dommisch/Michael Gwisdek. Regie: Fritz Marquardt

10. Oktober 1976: *Die deutschen Kleinstädter* (August von Kotzebue):
Bürgermeister: Michael Gwisdek. Regie Helmut Straßburger, Ernstgeorg Hering

5. November 1976: *Der Bürgergeneral* (Goethe):
Görge: Hermann Beyer. Regie: Manfred Karge/Matthias Langhoff

14. April 1977: *Hamlet* (Shakespeare):
Horatio: Michael Gwisdek; Claudius: Dieter Montag. Regie: Benno Besson.

5. September 1978: *Leonce und Lena* (Georg Büchner):
Leonce: Michael Gwisdek; Valerio: Hermann Beyer. Regie: Jürgen Gosch.

3. Zur Aufführungsgeschichte der Stücke Heiner Müllers in der DDR[2]

Meistinszenierte Stücke
Die Schlacht – neun Aufführungen und 208 Vorstellungen
Lohndrücker – neun Aufführungen und ca. 205 Vorstellungen
Der Auftrag – neun Aufführungen und 189 Vorstellungen
Wolokolamsker Chaussee I – neun Aufführungen und 107 Vorstellungen

Meistbesuchte Aufführungen[3]
Die Schlacht, VB 1975–1985: ca. 40 000 Z. (78 V.)
Lohndrücker/Korrektur, MGT 1959–196: ca. 26 000 Z. (75 V.)
Lohndrücker/Horatier/
Wolokolamsker Chaussee IV, DT 1988–1990: ca. 25 000 Z. (55 V.)
Der Bau, Volksbühne 1980–1983: ca. 25 000 Z. (56 V.)
Die Bauern, Volksbühne 1976–198: ca. 25 000 Z. (52 V.)
Die Umsiedlerin, Dresden 1985–87: ca. 21 000 Z. (24V.)
Macbeth, Volksbühne 1982–85: ca. 19 000 Z. (40 V.)
Der Bau, Karl-Marx-Stadt 1986–89: ca. 12 000 Z. (35 V.)
Anatomie Titus Fall of Rome, Dresden 1987–1989: ca. 6 000 Z. (51 V.)
Die Schlacht, Anklam 1982: ca. 7 000 Z. (28 V.)[4]

Von den insgesamt 76 Inszenierungen fanden 24 Inszenierungen auf Nebenspielstätten, Probebühnen und auf anderweitig kleinen bzw. künstlich verkleinerten Spielstätten statt. Allein in Berlin und in Dresden erreichten die Inszenierungen Durchschnittswerte des üblichen Besuchs von Schauspielaufführungen. 25 Inszenierungen hatten nur bis zu 10 Vorstellungen.

1 *Die Weiberkomödie* ist die Bühnenadaption des gleichnamigen Hörspiels von Inge Müller durch Heiner Müller. Zweifellos ist die Übertragung des Hörspiels auf die Bühne eine eigenständige dramaturgische Leistung Müllers, ohne dass aber von einer originären dramatischen Arbeit Müllers gesprochen werden kann, weshalb eine Analyse der Inszenierung hier am Orte unterbleibt.

2 Erst ab der Spielzeit 1977/78 wurde eine relativ verlässliche jährliche Theaterstatistik in der DDR veröffentlicht: *Wer spielte was? Bühnenrepertoire der DDR, Spieljahr 1978*, hrsg. v. Direktion für das Bühnenrepertoire im Auftrag des Ministeriums für Kultur, Berlin 1979 ff. Sie erfasste die Aufführungen und die Anzahl der Vorstellungen und ab 1981 auch die Besuchszahlen. Diese Zahlen beruhen allerdings auf den Angaben der Theater selbst und da diese Angaben die verkauften Karten und nicht die real anwesenden Zuschauer erfassen, sind diese Angaben nur von eingeschränktem Aussagewert über die tatsächliche Publikumsresonanz. Erfahrungsgemäß sind im Abonnement erworbene

Karten auf Grund ihres niedrigen Preises oftmals ungenutzt geblieben. Die letzten verlässlichen Angaben stammen aus dem Jahre 1987. Ab 1988 wurden die Daten zwar noch von der DTO erhoben, aber nicht mehr veröffentlicht. Erst im Juni 1993 veröffentlichte der Mykene-Verlag, Darmstadt *Wer spielte was? Bühnenrepertoire der DDR Spieljahre 1988, 1989, 1. Halbjahr 1990.* Die Angaben wurden im Nachhinein aus der Datensammlung der DTO und durch zusätzliche Direktabfragen der Theater gewonnen. Deshalb sind die Daten teilweise unvollständig, in sich widersprüchlich und nicht immer belastbar.

3 Ohne Gastspiele.

4 Die Zuschauerzahlen sind fragwürdig. Durs Grünbein berichtet von Vorstellungen der Aufführung im NVA-Standort Torgelow mit fünf Zuschauern. Durs Grünbein: »Schlacht in Torgelow 1982«, in: *Castorf*, Arbeitsbuch 25, hrsg. v. Dörte Lena Eilers et al., Berlin 2016, S. 144. Solche Abstecher-Vorstellungen in gesellschaftlichen Institutionen wurden pauschal bezahlt und dementsprechend verzerrt in der Zuschauerstatistik verzeichnet, denn nicht die real anwesenden Zuschauer, sondern die Platzkapazität der Spielstätte wurde angegeben. Dieser Trick wurde prinzipiell in der DDR-Zuschauerstatistik angewendet. Außerdem fasst der Zuschauerraum in Anklam nicht mehr als 250 Zuschauer.

4. Abkürzungen

AdK Berlin	Akademie der Künste Berlin
BBA	Bertolt-Brecht-Archiv Berlin
BE	Berliner Ensemble
BHG	Bäuerliche Handelsgenossenschaft
BGL	Betriebsgewerkschaftsleitung
BPRS	Bund proletarisch-revolutionärer Schriftsteller
DAdK	Deutsche Akademie der Künste (1950 bis 1962)
DAdK	Deutsche Akademie der Künste zu Berlin (1962 bis 1972)
DEFA	Deutsche Film AG, Sitz in Potsdam-Babelsberg, gegründet im Mai 1946
DK	Archiv Darstellende Kunst in der AdK
DSV	Deutscher Schriftstellerverband, gegründet 1952 in Berlin (Ost)
DT	Deutsches Theater Berlin
DTO	Direktion für Theater und Orchester beim Ministerium für Kultur der DDR
DWK	Deutsche Wirtschaftskommission in der SBZ
DZV	Deutsche Zentralverwaltung in der SBZ
FDJ	Freie Deutsche Jugend
GO der SED	Grundorganisation der SED
HFF	Hochschule für Film und Fernsehen Potsdam-Babelsberg, gegründet im Oktober 1954
HfÖ	Hochschule für Ökonomie Berlin (Ost), gegründet im Oktober 1950.
HJ	Hitler-Jugend (Bund deutscher Arbeiterjugend)
HMA	Heiner-Müller-Archiv, AdK Berlin
HMW	Heiner-Müller-Werkausgabe, Suhrkamp Verlag Frankfurt/M.
HO	staatliche Einzelhandelsorganisation in der DDR
HUB (HU)	Humboldt Universität zu Berlin
IM	Informeller Mitarbeiter des MfS
KgU	Kampfgruppe gegen Unmenschlichkeit, Berlin (West) (1948 bis 1959)
KoS	Krieg ohne Schlacht, diktierte Autobiografie Heiner Müllers, Köln 1992
KPdSU (B)	Kommunistische Partei der Sowjetunion (Bolschewiki)
LPG	Landwirtschaftliche Produktionsgenossenschaft
MAS	Maschinen-Ausleih-Station

MEW	Marx/Engels-Werke, Berlin (Ost)
MfK	Ministerium für Kultur der DDR
MfS	Ministerium für Staatssicherheit der DDR
MGT	Maxim Gorki Theater Berlin
MTS	Maschinen-Traktoren-Station
NÖSPL	Neues Ökonomisches System der Planung und Leitung
RIAS	Rundfunk im amerikanischen Sektor, Berlin 1946 bis 1993
RKV	Rahmenkollektivvertrag
SAG	Sowjetische Aktiengesellschaft
SAP	(auch: SAPD) Sozialdemokratische Arbeiterpartei (Deutschlands), gegründet 1931, ab 1933 illegal, 1945 selbstaufgelöst
SAPMO-B	Stiftung Archiv der Parteien und Massenorganisationen der DDR im Bundesarchiv
SBZ	Sowjetische Besatzungszone
SED	Sozialistische Einheitspartei Deutschlands
SMA	Sowjetische Militäradministration in Deutschland
StGB	Strafgesetzbuch
VB	Volksbühne Berlin (Ost)
VdgB	Vereinigung der gegenseitigen Bauernhilfe
VEG	Volkseigenes Gut
VT	Verband der Theaterschaffenden der DDR, gegründet Dezember 1966
VVB	Vereinigung Volkseigener Betriebe
WTR	Wissenschaftlich-technische Revolution
ZK der SED	Zentralkomitee der SED
ZPKK	Zentrale Parteikontrollkommission der SED

Zeitungen und Zeitschriften

DZfPh	*Deutsche Zeitschrift für Philosophie,* gegründet 1953 in Berlin (Ost)
FAZ	*Frankfurter Allgemeine Zeitung,* Tageszeitung gegründet 1949
LVZ	*Leipziger Volkszeitung*, Tageszeitung der SED-Bezirksleitung Leipzig, neu gegründet 1946
MzT	*Material zum Theater*, Schriftenreihe, hrsg. vom Verband der Theaterschaffenden der DDR von 1970 bis 1990
ND	*Neues Deutschland*, überregionale Tageszeitung, Zentralorgan der SED, gegründet 1946

NDL	*Neue Deutsche Literatur,* Monatszeitschrift, hrsg. vom Deutschen Schriftstellerverband, gegründet 1952 Berlin (Ost)
RUB	Reclams Universal Bibliothek
SuF	*Sinn und Form,* Zweimonatszeitschrift, gegründet 1949, ab Heft 5/1950 hrsg. von der Deutschen Akademie der Künste
TdZ	*Theater der Zeit*, Monatszeitschrift, gegründet Berlin
1946	
TH	*Theater heute* Monatszeitschrift, gegründet 1960
TZS	*TheaterZeitSchrift* Berlin (West), erschien von 1982 bis
1993	
WB	*Weimarer Beiträge* Zeitschrift für Literaturwissenschaft, Ästhetik und Kulturtheorie, gegründet 1954

Der Autor

Thomas Wieck absolvierte ein theaterwissenschaftliches Studium an der Theaterhochschule »Hans Otto« Leipzig von 1965 bis 1969. Seitdem war er an der Theaterhochschule »Hans Otto« Leipzig (1971–73), am Verband der Theaterschaffenden der DDR (1973–77), am Institut für Schauspielregie Berlin (1978–89), am Mecklenburgischen Staatstheater Schwerin (1989–92), dem Theater der Stadt Nürnberg (1992–95) und an der Hochschule für Schauspielkunst »Ernst Busch« Berlin (2005–11) fest angestellt. Daneben war er kontinuierlich dramaturgisch und inszenatorisch im Schauspiel- und Opernbereich von 1969–2021 gastweise und seit 2008 ständig an der Hochschule für Musik »Hanns Eisler« Berlin mit einem Lehrauftrag tätig.

Renate Ziemer arbeitete 1976–78 in der Kostümabteilung der Volksbühne Berlin; 1978–81 Studium am Institut für Schauspielregie Berlin; 1987 Diplomabschluss im Studiengang Theaterwissenschaft an der Theaterhochschule »Hans Otto« Leipzig. Von 1983 bis 1993 persönliche Mitarbeiterin von Heiner Müller und seitdem freiberuflich tätig als Redakteurin, Dramaturgin und Drehbuchautorin.

Recherchen

1 Maßnehmen: Die Maßnahme . Kontroverse Perspektive Praxis Brecht/ Eislers Lehrstück
3 Adolf Dresen – Wieviel Freiheit braucht die Kunst? . Reden Briefe Verse Spiele
4 Rot gleich Braun . Brecht-Tage 2000
6 Zersammelt . Die inoffizielle Literaturszene der DDR
7 Martin Linzer – »Ich war immer ein Opportunist ...« . 12 Gespräche über Theater und das Leben in der DDR, über geliebte und ungeliebte Zeitgenossen
8 Jost Hermand – Das Ewig-Bürgerliche widert mich an . Brecht-Aufsätze
9 Die Berliner Ermittlung von Jochen Gerz und Esther Shalev-Gerz – Theater als öffentlicher Raum
10 Friedrich Dieckmann – Die Freiheit ein Augenblick . Texte aus vier Jahrzehnten
11 Brechts Glaube . Brecht-Tage 2002
12 Hans-Thies Lehmann – Das Politische Schreiben . Essays zu Theatertexten
13 Manifeste europäischen Theaters . Theatertexte von Grotowski bis Schleef
14 Jeans, Rock & Vietnam . Amerikanische Kultur in der DDR
15 Szenarien von Theater (und) Wissenschaft
19 Die Insel vor Augen . Festschrift für Frank Hörnigk
22 Falk Richter – Das System . Materialien Gespräche Textfassungen zu »Unter Eis«
23 Brecht und der Krieg . Brecht-Tage 2004
26 Gabriele Brandstetter – BILD-SPRUNG . TanzTheaterBewegung im Wechsel der Medien
27 Johannes Odenthal – Tanz Körper Politik . Texte zur zeitgenössischen Tanzgeschichte
28 Carl Hegemann – Plädoyer für die unglückliche Liebe . Texte über Paradoxien des Theaters 1980–2005
30 VOLKSPALAST . Zwischen Aktivismus und Kunst. Aufsätze
31 Brecht und der Sport . Brecht-Tage 2005
32 Theater in Polen . 1990–2005
36 Politik der Vorstellung . Theater und Theorie
37 Das Analoge sträubt sich gegen das Digitale? . Materialitäten des deutschen Theaters in einer Welt des Virtuellen
39 Stefanie Carp – Berlin/ Zürich/ Hamburg . Texte zu Theater und Gesellschaft
40 Durchbrochene Linien . Zeitgenössisches Theater in der Slowakei
41 Friedrich Dieckmann – Bilder aus Bayreuth . Festspielberichte 1977–2006
42 Sire, das war ich . Lessings Schlaf Traum Schrei Heiner Müller Werkbuch
46 Sabine Schouten – Sinnliches Spüren . Wahrnehmung und Erzeugung von Atmosphären im Theater
48 Die Zukunft der Nachgeborenen . Brecht-Tage 2007
49 Joachim Fiebach – Inszenierte Wirklichkeit . Kapitel einer Kulturgeschichte des Theatralen
52 Angst vor der Zerstörung . Der Meister Künste zwischen Archiv und Erneuerung
54 Strahlkräfte . Festschrift für Erika Fischer-Lichte
55 Martin Maurach – Betrachtungen über den Weltlauf . Kleist 1933–1945
56 Im Labyrinth . Theodoros Terzopoulos begegnet Heiner Müller
57 Kleist oder die Ordnung der Welt
58 Helene Varopoulou – Passagen . Reflexionen zum zeitgenössischen Theater
60 Elisabeth Schweeger – Täuschung ist kein Spiel mehr . Nachdenken über Theater
61 Theaterlandschaften in Mittel-, Ost- und Südosteuropa
62 Anja Klöck – Heiße West- und kalte Ost-Schauspieler? . Diskurse, Praxen, Geschichte(n) zur Schauspielausbildung in Deutschland nach 1945
63 Vasco Boenisch . Krise der Kritik? . Was Theaterkritiker denken – und ihre Leser erwarten
64 Theater in Japan
65 Sabine Kebir – »Ich wohne fast so hoch wie er« Steffin und Brecht
66 Das Angesicht der Erde . Brechts Ästhetik der Natur . Brecht-Tage 2008
67 Go West . Theater in Flandern und den Niederlanden
70 Reality Strikes Back II . Tod der Repräsentation
71 per.SPICE! . Wirklichkeit und Relativität des Ästhetischen
72 Radikal weiblich? . Theaterautorinnen heute
74 Frank Raddatz – Der Demetriusplan . Oder wie sich Heiner Müller den Brechtthron erschlich
75 Müller Brecht Theater . Brecht-Tage 2009
76 Falk Richter – Trust
79 Woodstock of Political Thinking . Im Spannungsfeld zwischen Kunst und Wissenschaft
81 Die Kunst der Bühne . Positionen des zeitgenössischen Theaters
82 Working for Paradise . Der Lohndrücker. Heiner Müller Werkbuch
83 Die neue Freiheit . Perspektiven des bulgarischen Theaters
84 B. K. Tragelehn – Der fröhliche Sisyphos . Der Übersetzer, die Übersetzung, das Übersetzen
87 Macht Ohnmacht Zufall . Aufführungspraxis, Interpretation und Rezeption im Musiktheater des 19. Jahrhunderts und der Gegenwart
91 Die andere Szene . Theaterarbeit und Theaterproben im Dokumentarfilm

Theater der Zeit

Recherchen

Theater der Zeit

Recherchen

151 David Roesner – Theatermusik . Analysen und Gespräche
152 Viktoria Volkova – Zur Konstituierung der Kunstfigur durch soziale Emotionen
153 Wer bin ich, wenn ich spiele? . Fragen an eine moderne Schauspielausbildung?
154 Klassengesellschaft reloaded und das Ende der menschlichen Gattung . Fragen an Heiner Müller
155 TogetherText . Prozessual erzeugte Texte im Gegenwartstheater
156 Ästhetiken der Intervention . Ein- und Übergriffe im Regime des Theaters
157 Theater in Afrika II – Theaterpraktiken in Begegnung
158 Joscha Schaback – Kindermusiktheater in Deutschland
159 Inne halten: Chronik einer Krise
160 Heiner Goebbels – Ästhetik der Abwesenheit . Texte zum Theater . Erweiterte Neuauflage
161 Günther Heeg – Fremde Leidenschaften Oper . Das Theater der Wiederholung I
163 Charlotte Wegen – Der Faden der Ariadne und das Netz von Mahagonny im Spiegel von Mythos und Religion . Eine Untersuchung der Opernwerke Ariadne auf Naxos und Aufstieg und Fall der Stadt Mahagonny
164 Theresa Schütz – Theater der Vereinnahmung . Publikumsinvolvierung im immersiven Theater
165 Benjamin Wihstutz, Daniele Vecchiato und Mirjam Kreuser – #CoronaTheater . Der Wandel der performativen Künste in der Pandemie
166 Dazwischengehen! . Neue Entwürfe für Kunst, Pädagogik und Politik
167 Dramatisch lesen . Wie über neue Dramatik sprechen?
168 Der urheberrechtliche Schutz performativer Kunst . Theater Aktion Performance

Theater der Zeit